[개정3판]

한권으로 끝내는
영업정지·취소구제
행정심판

법학박사
행 정 사 김 동 근 저

변 호 사 김 요 한 감수

법률출판사

개정3판 머리글

본서의 저술목적은 초판에서부터 제3판에 이르기까지 오직 하나 당사자가 처한 영업정지 등 행정처분을 효과적으로 대응할 수 있는 길라잡이 역할을 하는 것이었습니다. 이를 위해 본서는 행정심판을 효율적으로 수행위기 위해 각 단계별로 당사자가 필요로 하는 필수 법률이론 및 판례 그리고 각종 서식들을 삽입하는 방식으로 구성하였습니다.

금번 개정판은 위와 같은 취지에 더욱 부합하기 위하여 기존 판에서 다소 부족하였지만 행정심판청구 시 매우 중요한 역할을 담당하는 집행정지신청 및 임시처분 등에 관한 이론적 내용을 대폭 보강하였고, 그 외 행정심판청구서 작성 시 구제를 위한 핵심포인트를 삽입함은 물론 필요적 전치주의 관련 이론 및 관련 사건의 유형삽입 그리고 특히 금번 청소년보호법 및 식품위생법 시행규칙 일부 개정에 따른 변경된 행정처분의 기준 등을 삽입함으로써, 본서 한권만 참고할 경우 우리생활 주변에서 일상적으로 발생할 수 있는 영업정지 등 행정분쟁에 대한 전반적인 대처나 대응능력을 향상시키는 방향으로 개정하였다는데 그 특징이 있습니다.

마지막으로 본서가 우리 일상생활에서 발생하는 여러 영업정지 등 행정처분과 관련하여 당사자에게 효율적인 대응방안 및 그 해결에 작은 도움이라도 될 수 있기를 소망해 봅니다.

2024년 5월
저자 김동근 씀

개정판 머리말

금번 개정판은 초판에서 부족하다고 여겨져 왔던 각 해당 부분의 주요 실무 이론 및 주요 판례들을 핵심만 정리하여 삽입하는 방법으로 개정을 하였다

나아가 전편에 기재되어 있지 아니한 영업정지사건과 관련 된 다양한 서식을 추가로 삽입하여 정리를 하였기 때문에 본서의 제목인 '한권으로 끝내는' 이라는 타이틀에 걸맞도록 이 한 권의 책만 참고하면 누구라도 손쉽게 각종 영업정지와 관련된 행정심판 및 행정소송을 수행하는데 불편함이 없도록 하였다는데 그 특징이 있다.

아무쪼록 소송당사자나 관련 실무 종사자 또는 행정심판 또는 행정소송에 관심이 있는 독자분들께 본서가 좋은 길라잡이 역할을 충분히 해낼 수 있기를 바라고, 혹 다시 부족하거나 미흡점에 대하여는 독자분들의 지도편달을 바라며, 판을 거듭하면서 이를 보완하고자 한다.

또한 본서의 출간을 위하여 많은 자료와 협조를 아낌없이 해주신 여러 법무법인 관계자 여러분께 이면을 빌러 고마움을 표시하고자 한다.

끝으로 어려운 가운데서도 본서의 출판에 의하여 불철주야 노력하신 법률출판사 김용성 사장님을 비롯하여 편집자 및 여러 임직원들에게도 깊은 감사를 드리는 바이다.

2019년 2월
저자 김 동 근 씀

초판 머리말

사회가 복잡다변화 되어감에 따라 행정의 기능과 역할은 날로 확대되어 가고 있다. 그 만큼 행정청의 처분과 관련된 법적분쟁도 점차 늘어가고 있는 현실이기도 하다. 하지만 이러한 현실을 반영하여 행정청과의 분쟁 즉 행정심판이나 행정소송을 유효적절하게 수행케 할 길라잡이 역할을 하는 실무서적을 찾아보기 어려운 것이 현실이다. 이러한 연유로 본 저자는 행정심판실무를 담당하는 분들에게 행정심판에 관한 이론 및 절차 등을 체계적이고 쉽게 이해할 수 있도록 하는 실무서를 집필하고자 하는 마음에 이 책을 저술하게 되었다.

이에 따라 본서는 행정심판에 대한 기본적인 이론을 모두 개관함은 물론 실제 행정심판신청 중 특히 운전면허취소나 정지처분의 취소심판 기재례 및 나아가 관련 소장들 그리고 관련 법령을 통합하여 서술함으로써 누구라도 손쉽게 행정심판의 준비 및 진행을 할 수 있도록 이론 및 절차에 대한 이해도를 높이는데 중점을 두었다.

또한 필수적으로 알아야할 중요한 사항에 대하여는 Q&A 형태로 내용을 정리하여 보다 쉽게 이해할 수 있도록 정리를 하였고, 복잡한 내용에 대하여도 해당 사안을 표로 정리하여 그 내용을 한 눈에 확인할 수 있도록 하여 이해도를 높였다는 것이 그 특징이기도 하다.

나아가 운전면허정지 및 취소처분 취소 등과 관련된 대법원의 핵심판례들을 정리하였음은 물론 그와 관련된 중앙행정심판위원회의 행정심판 재결례도 함께 수록함으로써 사건의 내용별로 법원 및 행정심판위원회의 판단은 어떻게 내려지고 있는지를 파악할 수 있도록 하였는데, 이는 실무를 담당하는 분들이 소송의뢰인과의 상담을 통해 대처방안을 모색하는데 보다 유용하게 사용될 수 있을 뿐만 아니라 실제 행정심판신청 등의 방향 및 준비를 위한 핵심 내용으로 사용될 수 있으리라 기대했기 때문이다.

아무쪼록 행정분쟁 특히 운전면허 정지 및 취소처분과 관련된 분쟁에 놓인 소송당사자나 관련 실무종사자 또는 행정법 실무를 연구하려는 독자분들께 본서가 길라잡이 역할을 충분히 해낼 수 있기를 바라고, 다만 혹시라도 다소 미흡하거나 부족한 부분들에 대하여는 독자분들의 계속된 지도편달을 바라며, 판을 거듭하면서 이를 보완해 나가고자 한다.

끝으로 여러 어려운 여건 속에서도 본서의 출판을 위하여 불철주야 노력하신 법률출판사 김용성 사장님을 비롯하여 편집자 및 여러 임직원들에게도 깊은 감사를 드리는 바이다.

2017년 3월　저자 김 동 근 씀

차 례

서식목록

제1장

행정심판 이론 일반

제1장 행정심판 이론 일반

Ⅰ. 개 설

1. 의 의

행정심판은 위법 또는 부당한 처분 기타 공권력의 행사·불행사 등으로 인하여 권리나 이익을 침해당한 자가 행정기관에 대하여 그 시정을 구하는 절차로써(법 제1조) 행정구제의 한 분야에 속한다. 이는 행정심판법에 의한 행정심판 이외에 이의신청, 심사청구, 불복신청, 심판청구 등 개별 법률에서 다양한 명칭과 형태로 운영되고 있다.

2. 행정심판과 유사한 제도와의 구별

가. 이의신청과의 구별

행정심판과 이의신청은 그 심판기관과 대상이 다르다. 즉 행정심판은 ⅰ) 원칙적으로 처분청의 직근상급행정청에 제기하는 쟁송이지만, 이의신청은 처분청 자체에 제기하는 쟁송이다. ⅱ) 행정심판은 원칙적으로 모든 위법 또는 부당한 처분에 대하여 인정되지만 이의신청은 각 개별법에서 정하고 있는 처분에 대해서만 인정된다. ⅲ) 동일한 처분에 대하여 행정심판과 이의신청이 함께 인정되는 경우에 보통 양자가 전심(이의신청), 후심(행정심판)의 관계에 있다. 그러나 양자 중 하나만 허용되는 경우도 있다.

나. 청원과의 구별

청원도 행정청에 대하여 자기반성을 촉구하고 피해의 구제를 도모하기 위한 제도라는 점에서 행정심판과 공통성을 갖는다. 그러나 행정심판은 기본적으로 권리구제를 위한 쟁송제도이지만 청원은 쟁송수단이라기 보다는 국정에 대한 국민의 정치적 의사표시를 보장하기 위한 제도라는 점에서 양자는 그 본질적인 기능면에서 차이를 갖는다.

다. 진정과의 구별

진정도 행정청에 대하여 자기반성을 촉구하고 피해의 구제를 도모하기 위한 제도라는 점에서 공통성을 갖는다. 그러나 진정은 법정의 형식과 절차가 아니라 행정청에 대하여 일정한 희망을 진술하는 행위로서 법의 구속력이나 효과를 발생시키지 않는 사실행위이다. 진정은 행정기관의 회답이 별다른 법적 의미를 가지지 못한다는 점에서 행정심판과 구별된다. 다만 진정이라는 표제를 사용하고 있더라도 그 내용이 일정한 행정행위의 시정을 구하는 것이면 행정심판으로 보아야 한다.

라. 직권재심사와의 구별

직권재심사도 행정작용에 대한 통제수단이라는 점에서 행정심판과 공통성을 갖는다. 그러나 직권재심사는 특별한 법적 근거가 없어도 가능하고 기간의 제약도 받지 않지만, 행정심판은 행정심판법에 의해 여러 가지 법적 제한과 기간의 제약을 받는다. 또한 직권재심사는 행정청 스스로의 판단에 따라 개시되고 불가변력이 발생한 행위에 대해서는 원칙적으로 허용되지 않지만, 행정심판은 개인이 이의제기에 의하여 절차가 개시되고 불가변력이 발생한 처분도 그 대상이 된다는 점에서 양자의 차이가 있다.

마. 국민고충처리와의 구별

행정청의 위법·부당한 행위의 시정을 구하는 내용의 고충민원은 그 대상이 행정심판사항과 유사한 것이라고 할 수 있다. 그러나, 행정심판은 행정구제를 위한 쟁송제도의 일종인데 반하여, 고충민원은 법적 쟁송수단이라기 보다는 비구속적인 조정제도로서 현대 각국에서 채택하고 있는 옴부즈만제도와 유사한 비쟁송적이고 보충적인 행정구제제도라고 할 수 있고, 행정심판은 위법·부당한 행정처분이나 부작위를 대상으로 하는 것인데 반하여, 고충민원은 그 외에 불합리한 행정제도도 대상으로 할 수 있다는 점에서 차이점이 있다.

또한, 행정심판은 당해 심판청구에 관하여 법률상의 이익이 있는 자가 제기할 수 있는 것이나, 고충민원은 권익을 침해당한 자뿐만 아니라 불편이나 부담을 겪는 자를 포함하여 누구든지 신청할 수 있고, 행정심판은 소정의 심판청구기간 내에 하여야 하는 것이 원칙이나, 고충민원의 경우는 그러한 제한이 없다. 그리고 행정심판의 재결은 처분청을 비롯한 관계 행정청에 대하여 기속력을 가지는 것이나, 고충민원에 대한 결정은 기속력이 인정되지 않으며 관계 행정기관에 대한 권고적 성질의 것에 그친다는 점에 커다란 차이점이 있다.

바. 행정소송과의 구별

행정심판과 행정소송은 양자 모두 행정쟁송제도로서 국민의 권익보호를 목적으로 하는 동시에 법치행정을 실현하기 위한 행정의 법적 통제를 목적으로 하는 공통성이 있다. 그러나 양제는 심판기관이 심리절차 등에 있다 다소간에 차이가 존재한다.
행정심판은 그 심판기관이 행정청으로서 행정작용에 속하고 약식쟁송인 반면, 행정소송은 그 심판기간이 법원으로서 사법작용에 해당하고 정식쟁송인 점에서 기본적인 차이가 있다.

1) 공통점

행정심판과 행정소송의 공통점으로 ① 권리구제 수단으로서의 성질을 갖는 점, ② 일정한 요건을 갖춘 당사자의 신청을 전제로 하여 절차가 개시되는 점, ③ 양당사자가 대등한 입장에서는 대심구조의 형식을 취하고 있는 점, ④ 쟁송사항이 쟁송 제기자와 구별되는 제3자의 기관에 의하여 판정된다는 점, ⑤ 적법한 쟁송의 제기가 있는 한 판정기관은 이를 심리할 의무가 있다는 점, ⑥ 청구의 변경이 인정되고 처분의 집행부정지원칙이 채택되고 있는 점, ⑦ 심리절차에 있어서 직권심리주의, 구술심리, 불이익변경금지의 원칙이 적용되는 점, ⑧ 사정재결, 사정판결이 인정되는 점, ⑨ 쟁송의 원리에 이해관계인의 참여가 인정되는 점, ⑩ 쟁송의 판정행위인 재결, 판결에 일정한 효력이 부여된다는 점 등이 있다.

2) 차이점

가) 제도의 목적

행정심판은 행정조직 내부에 있어서 행정의 적정한 운영을 위한 행정감독적 기능이 중시되는 반면에, 행정소송은 행정작용에 의하여 침해된 국민의 권익구제를 위하여 독립된 사법권에 의한 권리구제적 기능이 보다 강조된다. 즉, 행정심판은 행정감독적 기능을 통하여 국민의 권리구제를 달성하려는 제도임에 반하여 행정소송은 국민의 권리구제를 통하여 적정한 행정이 이루어지도록 하려는데 그 목적이 있다.

나) 쟁송의 판정기관

행정심판의 판정기관은 행정조직 내부의 행정청 또는 행정심판위원회 등 행정기관이 관장하는데 반하여, 행정소송은 행정부와는 독립된 법원이 관장한다.

다) 쟁송의 성질

행정심판은 행정기관이 심판기관으로서 행정처분의 위법성 및 타당성을 판단하는 작용이므로 형식적 의미의 행정작용이며, 반면에 행정소송은 법원이 소송절차를 통하여 하는 재판작용으로서 형식적 의미의 사법작용이다.

3) 쟁송사항의 범위

처분청 또는 부작위청에 대한 재결청의 지휘·감독이라는 행정의 자기통제수단으로서의 의미를 가지는 행정심판은 행정의 적법성 유무에 관한 판단뿐만 아니라 합목적성(당·부당)의 판단도 대상으로 한다. 반면에, 행정소송은 원칙적으로 행정의 적법성 유무, 즉 법률문제의 판단만을 대상으로 한다. 다만, 행정소송의 대상인 법률문제에는 재량권의 내적·외적 한계를 벗어난 재량권의 일탈·남용이 포함된다.

3. 행정심판의 법적근거

가. 헌법적 근거

1) 헌법 제107조 제3항은 '재판의 전심절차로서 행정심판을 할 수 있다. 행정심판의 절차는 법률로 정하되, 사법절차가 준용되어야 한다.'라고 사법절차를 준용하도록 명시하고 있을 뿐만 아니라 행정심판절차의 헌법에 근거를 규정하고 있다. 따라서 이 규정에 의해 행정심판에 관한 일반법으로서 행정심판법이 제정되었다.

2) 위 헌법 조항은 행정심판절차의 구체적 형성을 입법자에게 맡기고 있지만, 헌법이 직접 행정심판은 재판의 전심절차로서만 기능해야 하고, 행정심판절차에 사법절차가 준용되어야 한다고 규정하고 있으므로 여기에 입법적형성의 한계가 있다. 따라서 ① 입법자가 행정심판을 전심절차가 아니라 종심절차로 규정함으로써 정식재판의 기회를 배제하거나, ② 어떤 행정심판을 필요적전심절차로 규정하면서도 그 절차에 사법절차가 준용되지 않는다면 이는 헌법 제107조 제3항에 위반된다고 할 것이다.

나. 행정심판법

행정심판에 대한 일반법으로서 행정심판법이 헌법의 근거 하에 제정되어 있다. 행정심판법은 행정심판에 대한 일반법이므로 다른 법률에서 특별행정심판이나 행정심판절차에 대한 특례를 정한 경우에도 그 법률에서 규정하지 아니한 사항에 관하여는 행정심판법에서 정하는 바에 따라야 한다.

다. 특별행정심판

사안의 전문성과 특수성을 살리기 위하여 특히 필요한 경우에는 행정심판에 갈음하는 특별한 행정 불복절차의 경우에는 그 범위 안에서 행정심판법의 적용이 배제된다. 각 개별 법률에서 특별한 절차와 방법을 규정하고 있는 경우에는 특별법으로서 그에 따라야 하기 때문이다. 이러한 특별행정심판에는 해양사고심판, 특허심판, 국세심판, 소청심사청구 등이 있다.

4. 행정심판의 존재이유와 문제점

가. 행정심판의 존재이유

1) 행정의 자기 통제

행정심판은 행정법관계에 대한 법적 분쟁에 대하여 행정청 스스로가 판정기관이 됨으로써 행정의 자기통제 내지 행정감독의 기회를 부여하는데 그 존재 이유가 있다. 이는 행정작용에 대한 제1차적 통제권은 행정의 자율에 맡기는 것이 합리적이라는 것에 그 의미가 있다.

행정심판법은 제1조에서 "이 법은 행정심판 절차를 통하여 행정청의 위법 또는 부당한 처분이나 부작위로 침해된 국민의 권리 도는 이익을 구제하고, 아울러 행정의 적정한 운영을 꾀함을 목적으로 한다"라고 규정하여, 행정심판의 목적이 권익구제 및 자율적 행정통제에 있음을 명시하고 있다.

2) 사법기능보충

현대 산업사회의 새로운 기술, 경제적인 문제에 대해 일반법은 그 전문성이 부족하고 소송에 있어서도 경제적으로 그 분쟁해결에 많은 시간과 비용이 드는 것이 보통이다. 그러므로 이러한 보완책으로 행정쟁송의 전 단계에서라도 전문적, 기술적 문제의 처리에 적합하게 조직된 행정기관으로 하여금 그 분쟁을 심판하도록 할 필요가 있다.

3) 행정기능의 보장

사법절차에 의한 행정상의 분쟁심판은 심리와 절차가 공정하고 신중하게 이루어지므로 개인의 권리구제에 충실할 수 있다. 그러나 상당한 시일을 요하기 때문에 행정능률에 배치되는 일이 발생한다. 따라서 오늘날과 같이 신속을 요하는 행정의 수행을 위해서는 사법절차에 앞서 신속, 간편한 행정심판을 인정함으로써 행정법관계에 관한 분쟁의 신속한 해결을 도모할 필요가 있다.

나. 현행 행정심판제도의 문제점

1) 심판기관의 객관성 보장

행정심판법은 위원회의 객관적 지위확보에도 문제를 안고 있다. 따라서 행정심판절차의 사법화를 도모하는 관점에서 본다면 위원회를 개관적인 공정성이 보장되는 제3기관으로 하는 것이 바람직하다.

2) 청구인적격의 엄격성

행정쟁송에 있어 행정심판의 경우에는 적법성 및 합목적성이 심판대상이 되지만 행정소송의 경우에는 적법성만이 그 심판대상이 된다. 그럼에도 행정심판의 청구인적격을 행정소송의 원고적격과 같이 법률상 이익이 있는 자로 한정함으로써 실제로 행정심판을 통한 행정구제의 기회를 제한하는 결과를 가져올 우려가 있다.

3) 사정재결

행정심판법은 청구인의 주장이 이유가 있더라도 이를 적용하는 것이 현저히 공공복리에 반하는 경우에는 그 심판청구를 기각하는 재결을 할 수 있도록 하였다. 이러한 사정재결은 공익의 확보를 위하여 인정되는 수단이라고 하더라도 ① 행정쟁송제도의 극히 예외적 조치로서 법치국가에 반하는 성질을 가진다는 점, ② 공공복리 자체가 극히 불확정한 개념으로서 남용될 가능성이 있다는 점, ③ 권리구제를 위한 행정심판제도에서 지나치게 공익을 강조한다는 점, ④ 행정소송법상 이미 인정되고 있는 사정판결을 생각할 때 따로 행정심판절차에서 인정한다는 점들은 문제가 되고 있다.

4) 집행부정지 원칙

가) 집행정지

행정심판법은 원칙적으로 집행부정지의 원칙을 채택하면서 예외적으로 집행정지를 할 수 있는 경우를 규정하고 있다. 그러나 이러한 집행정지를 예외적으로 인정하면서 ① 그 요건에 불확정개념인 '회복하기 어려운' 또는 '공공복리' 등으로 규정하여 행정청의 자의에 맡겨 놓고 있다는 점, ② 공공복리에 중대한 영향을 미칠 우려가 있는 경우에는 집행정지를 인정하지 않아 지나치게 제한 하였다는 점, ③ 이미 내린 집행정지결정도 취소할 수 있도록 하였다는 점에서 실질적으로 국민의 권익에 장애가 되는 경우가 많다고 한다.

나) 집행정지 전 영업한 경우 영업허가취소가 가능한지 여부

행정소송법 제23조는 "① 취소소송의 제기는 처분 등의 효력이나 그 집행 또는 절차의 속행에 영향을 주지 아니한다. ② 취소소송이 제기된 경우에 처분 등이나 그 집행 또는 절차의 속행으로 인하여 생길 회복하기 어려운 손해를 예방하기 위하여 긴급한 필요가 있다고 인정할 때에는 본안이 계속되고 있는 법원은 당사자의 신청 또는 직권에 의하여 처분 등의 효력이나 그 집행 또는 절차의 속행의 전부 또는 절차의 속행을 정지함으로써 목적을 달성할 수 있는 경에는 허용되지 아니한다."라고 있다.

그리고 행정처분에 대한 집행정지결정의 효력 시한에 관하여 판례는 "행정소송법 제23조에 의한 집행정지결정의 효력은 결정주문에서 정한 시기까지 존속하며 그 시간의 도래와 동시에 효력이 당연히 소멸하는 것이므로, 일정기간 동안 영업을 정지할 것을 명한 행정청의 영업정지처분에 대하여 법원이 집행정지결정을 하면서, 주문에서 당해 법원에 계속중인 본안소송의 판결선고 시까지 처분의 효력을 정지한다고 선언하였을 경우에는 처분에서 정한 영업정지기간의 진행은 그 때까지 저지되는 것이고 본안소송의 판결 선고에 의하여 당해 정기결정의 효력은 소멸하고 이와 동시에 당초의 영업정지처분의 효력이 당연히 부활되어 처분에서 정하였던 정지기간(정지결정 당시 이미 일부 진행되었다면 나머지 기간)은 이때부터 다시 진행한다."라고 판시하였다.[1] 그런데 영업정지처분 후 법원의 집행정지결정 전에 행한 영업을 이유로 한 영업허가취소처분의 효력에 관하여 판례는 "영업정지처분을 받고도 법원의 집행정지결정이 있기 전에 영업을 한 이상 그 후 법원에서 집행정지결정이 내려지고 본안소송에서 그 처분이 위법함을 이유로 취소되었다고 하더라도 원래의 영업정지처분이 당연 무효의 하자를 가지로 있는 처분이 아닌한 그 영업정정기간 중에 영업하였음을 사유

---

[1] 대법원 1999. 2. 23. 선고 98두14471 판결, 대법원 2002. 7. 26. 선고 2000두7254 판결.

로 한 영업허가취소처분은 당연 무효가 아니다."라고 판시하였다.[2] 따라서 원래의 영업정지처분이 당연무효가 아닌 한, 영업정지의 집행정지결정 전에 영업행위를 하였음을 사유로 한 영업허가취소처분은 당초의 영업정치처분의 취소 여부와 관계없이 당연무효는 아니다.

5) 청구인의 자료 요구권

행정심판법은 당사자의 대립구조를 취하면서 청구인의 자료 요구권을 인정하고 있지 않다는 점이다.

5. 행정심판의 성격

가. 행정처분의 성질

행정심판은 일정한 행정적 의사의 발현으로서 행정법관계의 분쟁을 규율하고 일정한 행정질서를 형성, 유지, 소멸시킴으로서 행정목적의 실현을 도모하는 행정작용에 해당한다. 따라서 행정심판의 재결은 행정처분의 성질을 가지며 행정행위가 갖는 일반적 성질인 공정력, 불가변력, 불가쟁력 등을 갖는다.

나. 이중성

행정심판은 행정행위로서의 성질과 준 사법작용으로서 판단작용으로서의 성질을 갖는다. 행정심판작용과 행정행위로서의 이중성 중에서 어느 편에 더 중점을 둘 것인가는 결국 입법정책문제라 하겠다. 우리 헌법은 '재판의 전심절차로서 행정심판을 할 수 있다. 행정심판의 절차는 법률로서 정하되, 사법절차가 준용되어야 한다'고 규정하고 있어 심판 작용으로서의 성격이 강조되고 있다.

---

2) 대법원 1995. 11. 24. 선고 95누9402 판결.

Ⅱ. 행정심판의 종류

1. 행정심판제도의 유형

가. 대륙형

대륙형 행정심판은 행정청의 작용에 대한 개인의 권익구제제도로서의 의의를 가지면서도 행정의 합목적성 및 적법성을 행정권 스스로의 기관에 의하여 보장함으로써 행정목적을 효과적으로 달성하려는 행정의 자율적 통제내지 감독제도로서의 의의가 강조된 제도이다. 따라서 국민의 권리구제를 위한 판단 작용이라기보다는 원 처분을 상호 보완하는 제2차적인 행정행위로서의 성격을 강하게 가진다. 그 결과 ① 쟁송절차가 소송절차만큼 엄격하지 못하고 ② 서면심리 또는 구술심리를 취하며 ③ 직권주의가 원칙이고 ④ 심판기관의 독립이나 제3자적지위의 요청도 없었다. 그러나 대륙형 행정심판도 세계 제2차 대전 이후에는 영·미의 예에 따라 행정심판의 권리구제기능을 높이기 위하여 행정심판사항의 확대 및 심리절차의 객관화 등을 위한 입법적 노력을 하였다.

나. 영·미형

영·미형의 행정심판은 사회·경제 상태가 변화됨에 따라 행정 분쟁에 대해 간섭·규제적 작용인 사법절차에 의해서 해결함이 적당하지 않게 되자 이를 대신하기 위해 발달된 제도로서 행정기관의 전문지식을 활용하여 행정상의 분쟁을 저렴하고 신속하게 해결함으로써 보다 실효성 있는 행정구제 제도를 확보하는 사법보완적 기능에 중점이 있는 것이었다. 그 결과 ① 심판기관은 각종 행정위원회로서 통상의 행정조직으로부터 독립성이 보장되고 ② 심리절차가 사법절차와 유사하고 ③ 증거조사 등에 관해 상세한 규정이 있고④ 그 사실인정에 종국성을 인정하는 등 국민의 권리를 절차적으로 보장하는 준사법적 절차의 성격을 갖는다.

2. 행정심판의 분류 방법

가. 일반적 분류

행정심판의 종류를 분류할 때 일반적으로 쟁송의 목적에 따라 ① 주관적 쟁송과 객관적 쟁송, 쟁송단계에 따라 ② 시심적 쟁송과 복심적 쟁송, 분쟁의 전제여부에 따라 ③ 실질적 쟁송과 형식적 쟁송, 쟁송주체에 따라 ④ 민중쟁송과 기관쟁송, 형태에 따라 ⑤ 일반행정심판과 특별행정심판, 쟁송의 성질에 따라 ⑥ 항고심판과 당사자심판으로 분류한다.

쟁송성질에 의한 분류

1. 항고 행정심판
이미 시행된 행정처분의 위법·부당을 이유로 그 시정을 구하는 행정심판이다.

행정심판법에서는 행정심판, 개별법에서는 이의신청, 심사청구, 심판청구, 재심청구, 심사청구, 불복신청, 재결신청, 재조사청구 등으로 불리고 있다. 이들은 일괄하여 행정심판이라고도 한다. 모두 복심적 쟁송이다. 이들 행정심판에는 일반행정심판과 특별행정심판이 있다.

2. 당사자 행정심판
가. 의의
당사자심판이란 공권력을 전제로 하지 않고 양 당사자의 대등한 입장에서 행정법관계의 형성 또는 존부에 관하여 다툼이 있는 경우, 일방당사자의 신청에 의하여 권한이 있는 행정기관이 재결을 구하는 행정심판으로 처음부터 소송절차로 행정청의 유권적 판단을 구하는 제도로 시심적 쟁송에 해당한다. 따라서 이는 이미 행하여진 행정처분의 위법 또는 부당을 이유로 그 시정을 구하는 항고심판과는 구별된다.

나. 법적 근거
당사자심판에 있어서 재결신청에 대한 일반법은 없고 개별법에 근거가 존재한다. 그러나 재결의 신청도 행정기관에 심리, 판단의무를 부과하는 것이므로 법적 근거를 필요로 하는 바, 개별법에 근거가 없는 이상 재결신청은 불가능하다.

다. 재결기관
일반행정청이 되는 것이 보통이나 오늘날에는 재결의 신중·공정을 기하기 위하여 특별한 행정위원

회를 설치하여 일정한 행정절차를 거치게 하는 경우가 많고, 또 일반행정청이 일정한 심의위원회 또는 조정위원회 등의 의결 또는 심의를 거치는 경우가 있다.

라. 재결의 종류 및 불복

재결에는 확인재결과 형성재결이 있고, 이에 대한 불복은 개별법에서 정한 불복기간 내에 행정소송(당사자소송)을 제기할 수 있다.

마. 민중행정심판과 기관행정심판

민중행정심판은 공익 또는 법규적용의 적정을 도모하기 위하여 선거인 등 일반국민 또는 주민 등이 제기하는 행정심판을 말하며 기관행정심판은 국가 또는 공공단체의 기관 상호간의 분쟁을 해결하기 위해 기관이 당사자가 되어 제기하는 행정심판을 말한다.

나. 우리 행정심판법상 분류

행정심판법 제5조는 ① 취소심판 ② 무효 등 확인심판 ③ 의무이행심판의 3종류를 인정하고 있다. 이들은 모두 항고행정심판에 속한다.

3. 취소심판

가. 의 의

취소심판은 행정청의 위법 또는 부당한 공권력 행사나 거부 그 밖에 이에 준하는 행정작용으로 인하여 권익을 침해당한 자가 그 취소 또는 변경을 구하는 행정심판이다(법 제4조 1항). 취소심판은 공정력 있는 처분의 효력을 다투는 것이므로 일정한 기간 내에 심판청구를 제기하여야 한다.

행정심판법은 행정심판 중 가장 대표적 유형인 취소심판을 중심으로 각 절차적 규정을 마련하고 있다.

나. 성 질

1) 확인적 쟁송설

취소심판의 성질은 행정행위의 위법성 또는 부당성을 확인하는 확인적 쟁송으로 보는 견해가 있다.

2) 형성적 쟁송설

취소심판은 일정한 법률관계를 성립시킨 행정행위의 효력을 다툼으로써 당해 행정행위의 취소 또는 변경을 통하여 그 법률관계를 소멸·변경시키는 형성적 쟁송으로 보는 견해가 있다.

3) 통설 및 판례

형성적 쟁송으로 보는 견해가 통설·판례이다.

다. 재 결

1) 의의

재결이란 행정심판청구사건에 대하여 행정심판위원회가 심리의 결과를 판단하는 행위를 말한다.

2) 성질

재결은 특정한 처분이나 부작위 등에 관한 분쟁의 제기인 심판청구를 전제로 한 것일 뿐만 아니라 판단의 작용이라는 점에서 준사법행위이고, 준법률행위적 행정행위이며 기속행위이다.

3) 종 류

가) 각하 또는 기각

취소심판의 청구가 적법하지 않거나 이유 없다고 인정한 때에는 당해 심판청구를 각하

(부적법) 또는 기각(이유 없음)하는 재결을 한다. 이는 다른 유형의 행정심판과 같다.

나) 취소심판 인용

그러나 심판청구가 이유 있다고 인정한 때에는 그 심판청구를 인용하는 재결로서 그 심판청구의 대상이 된 처분을 취소변경 하거나(형성적 재결), 처분청에게 취소, 변경을 할 것을 명할 수도 있다(이행적 재결). 따라서 취소심판인용재결에는 ① 처분취소재결, ② 처분변경재결, ③ 처분취소명령재결, ④ 처분변경명령재결이 있게 된다. 변경재결은 단순히 일부취소재결 뿐만 아니라, 처분내용을 적극적으로 변경하는 재결도 가능하다. 다만 심판청구가 이유 있다고 인정하는 경우에도 이를 인용하는 것이 현저히 공익에 적합하지 않다고 인정할 때에는 그 심판청구를 기각하는 사정재결을 할 수 있다.

라. 취소심판의 특수성

취소심판에는 ① 심판청구기간의 제한(원처분이 있음을 안날부터 90일, 처분이 있은 날부터 180일 이내에 청구), ② 집행부정지원칙, ③ 집행정지 외에 임시처분제도 도입 등의 특수성을 가진다.

4. 무효 등 확인 심판

가. 의 의

무효 등 확인심판이란 행정청의 처분의 효력 유무 또는 존재 여부에 대한 확인을 구하는 행정심판이다(법제4조 2호). 무효 등 확인심판은 실제로 처분이 무효인지 취소할 수 있는 것인지를 식별한다는 것이 어렵고 처분으로서의 외형이 존재하거나 존재하는 것처럼 오인됨으로써 행정청에 의하여 집행될 우려도 있으며 또한 반대로 유효하게 존재하는 처분을 무효 또는 부존재라 하여 그것을 부인함으로써 상대방의 법률상의 이익을 침해할 수도 있기 때문이다. 무효등 확인심판에는 구체적으로 ① 무효확인심판, ② 유효확인심판, ③ 실효확인심판, ④ 존재확인심판, ⑤ 부존재확인심판이 포함된다.

나. 적용법규

무효 등 확인심판은 취소심판에서 인정되는 ① 청구기간(제18조 7항) ② 사정재결에 관한 규정(제33조 3항)이 적용되지 아니한다.

다. 성 질

무효 등 확인심판의 성질에 관하여는 확인적 쟁송설, 형성적 쟁송설, 준형적 쟁송설 등으로 견해가 대립하나, 통설적견해는 확인적 쟁송의 성질과 형성적 재송의 성질을 함께 갖는 것으로 본다.

학 설	내 용
확인적 쟁송설	무효 등 확인심판은 적극적으로 처분의 효력을 소멸시키거나 발생시키는 것이 아니라 처분의 효력 유무나 존재 여부를 공적으로 확인, 선언하는데 그친다고 보는 견해이다.
형성적 쟁송설	무효와 취소의 상대화 이론을 전제로 무효등확인심판도 결국 행정권에 의한 작용의 효력관계를 다투는 것으로서 본질적으로 형성적 쟁송으로서의 성질도 갖는 것으로 본다.
준형성적 쟁송설	무효 등 확인심판은 실질적으로 확인적 쟁송이나 형식적으로는 처분의 효력 유무 등을 직접 소송의 대상으로 한다는 점에서 형성적 쟁송으로서의 성질도 갖는 것으로 본다. 준형성적 쟁송설이 현재의 통설적인 견해이다.

라. 재결의 효력

무효 등 확인심판에 있어서 심판청구가 이유 있다고 인정하는 경우에는 심판청구의 대상이 되는 처분의 유효, 무효 또는 존재, 부존재를 확인하는 재결을 하므로 인용재결에는 ① 처분무효확인재결, ② 처분유효확인재결, ③ 처분실효확인재결, ④ 처분존재확인재결, ⑤ 처분부존재확인재결이 있다.

확인재결은 그 대상인 처분의 성질상 사인간의 법률관계를 확인의 대상으로 하는 것과는 달리 당해 행정심판의 당사자는 물론 제3자에게도 그 효력이 미친다고 할 것이다. 판례도 같은 입장이다(민사관계의 확인판결은 당해 소송당사자 및 관계인에게만 효력이 발생하는 점과 다르다).

5. 의무이행심판

가. 의의

의무이행심판이란 당사자의 신청에 대한 행정청의 위법 또는 부당한 거부처분이나 부작위에 대하여 일정한 처분을 하도록 하는 행정심판을 말한다. 행정심판법은 행정 소송과 달리 소극적인 행정작용으로 인한 국민의 권익침해에 대한 구제수단으로서의 의무이행심판을 규정하고 있다. 이는 행정심판기관이 처분청 또는 상급 감독청이므 로 사법권의 권력분립상의 한계에서 자유로울 수 있기 때문이다.

나. 법적 성질

의무이행의 법적성질에 관하여는 행정청에 일정한 처분을 명할 것을 구하는 이행쟁송 의 성질을 갖는 다는 견해와 신청에 따른 처분을 하는 형성재결과 처분할 것을 명하는 이행재결의 성질을 동시에 갖는 다는 견해가 대립하나 의무이행심판이 일정한 처분을 하도록 하는 심판이라는 점에서 이행쟁송적 성질을 갖는다는 것이 통설적 견해이다.

학설	내용
이행쟁송설	행정청에 대하여 일정한 처분을 할 것을 명하는 재결을 구하는 행정심판 이므로 이행쟁송의 성질을 가진다고 한다(통설).
이행적쟁송과 형성적 쟁송설	신청에 따른 처분을 하는 재결은 형성재결이고 처분할 것을 명하는 재결 은 이행재결이라고 하여 이행적 쟁송과 형성적 쟁송의 성질을 갖는다고 한다(소수설)

다. 장래의 의무이행심판의 가부

의무이행심판은 행정청으로 하여금 일정한 처분을 할 것을 구하는 심판이다. 따라서 의무이행심판은 현재 법률상 의무 있는 행위가 이루어지고 있지 아니한 경우에 적용 되는 것이 원칙이다. 그러나 이에 대하여 현재의 의무불이행 뿐만 아니라 장래에 이행 하여야할 법률상 의무있는 행위에 대하여도 의무이행심판을 인정해야 한다는 견해가 있기도 하지만 통설은 이를 부정한다.

학설	내용
통설	의무이행심판은 당사자의 신청에 대하여 피청구인이 일정한 처분을 해야 할 법률상 의무의 이행기가 도래하면서 현실화된 경우에 그 이행의무의 존재를 주장하는 행정심판만이 가능하고 장래의 이행쟁송은 허용되지 않는다는 견해이다.
소수설	민사소송법 제229조의 미리 청구할 필요가 있을 경우에 장래의 의무이행심판이 가능하다는 견해이다.

라. 심판청구의 대상

의무이행심판청구의 대상은 행정청의 위법 또는 부당한 거부처분 및 부작위 이다. 거부처분은 개인이 행정청에 대하여 일정한 처분을 신청한 경우 그 신청에 따른 처분을 거부하는 행위로서 소극적 행정행위의 하나이다. 의무이행심판의 대상으로서의 부작위란 행정청이 당사자의 신청에 대하여 일정한 기간 내에 일정한 처분을 하여야 할 법률상 의무가 있음에도 불구하고 이를 하지 아니하는 것을 말한다.

마. 심판청구의 제기

1) 청구인

의무이행심판청구는 행정청의 거부처분, 또는 부작위에 대하여 일정한 처분을 구할 법률상 이익이 있는 자가 할 수 있다. 여기서의 법률상 이익이란 법률상 보호되는 이익으로 보는 것이 다수설의 입장이다.

2) 심판청구기간

거부처분에 대한 의무이행심판은 거부처분이 있음을 안날로부터 90일 이내에 제기하여야 하고 처분이 있은 날부터 180일 이내에 제기하여야 한다. 그러나 부작위에 대한 의무이행심판은 처분이 존재하지 아니하므로 그 성질에 비추어 청구기간의 제한이 배제된다.

3) 문서제출

의무이행심판의 제기는 문서로서 재결청 또는 피청구인 행정청에 제출한다.

4) 집행정지

의무이행심판의 경우에는 그 성질상 집행정지가 인정되지 않는다.

바. 재 결

1) 각하재결, 기각재결, 사정재결

위원회는 의무이행심판청구의 제기요건을 결한 경우에는 각하재결, 본안심리의 결과 이유 없다고 인정되는 경우에는 기각재결, 심판청구가 이유가 있다고 인정되는 경우에도 처분을 취소, 변경시에 사정재결을 하게 된다.

2) 인용재결

위원회는 심판청구가 이유 있다고 인정할 때에는 지체 없이 신청에 따른 재결을 하는데 의무이행심판에서 재결은 재결시를 기준으로 내려진다.

가) 처분재결

(1) 의의

의무이행심판에서 위원회는 심판청구가 이유 있다고 인정할 때에는 지체 없이 신청에 따른 처분을 하는데 이를 처분재결이라 한다.

(2) 성질

처분재결은 위원회가 스스로 처분을 하는 것이므로 형성재결이다.

나) 처분명령재결

(1) 의의

의무이행심판에서 위원회가 심판청구가 이유 있다고 인정하여 처분청에 처분할 것을 명하는 재결을 처분명령재결이라 한다. 처분명령재결에는 청구인의 신청대로 처분할 것을 명하는 ① 특정처분명령재결과 신청을 방치하지 말고 어떠한 처분이든 하도록 명하는 ② 일정처분명령재결로 구분된다.

(2) 성질
처분명령재결은 처분청에게 처분을 명하는 재결이므로 이행재결이다.

(3) 처분이 재량행위인 경우
이행적 재결에서 주의할 것은 처분행위가 기속행위인 경우에는 청구인의 신청대로 처분을 할 것을 명하는 특정처분명령재결을 할 수 있지만, 재량행위인 경우에는 성질상 어떤 처분을 할 것을 명하는 일정처분명령재결을 할 수 있을 뿐이다.

(4) 직접처분권
처분명령재결의 경우에는 당해 행정청은 지체 없이 재결의 취지에 따라 원신청에 대한 처분을 할 의무를 진다. 이 경우 위원회는 당해 행정청이 처분을 하지 아니하는 때에는 당사자의 신청에 따라 그 기간을 정하여 서면으로 시정을 명하고 그 기간에 이행하지 아니하면 직접 처분을 할 수 있다고 하여 보충적으로 위원회의 직접처분권을 인정하였다.

3) 재결에 대한 불복

심판청구에 대해 재결이 있는 경우에는 당해 재결 및 동일한 처분 또는 부작위에 대하여 다시 심판청구를 제기할 수 없고(행정심판법 제39조), 다만 거부처분에 대해서는 부작위 위법확인소송 또는 재결자체에 고유한 위법이 있으면 재결소송(행정심판법 제19조단서)으로 다툴 수 있다.

Ⅲ. 행정심판의 대상

1. 행정심판 대상에 관한 입법주의

가. 개괄주의

행정심판대상을 개별화하여 제한하지 아니하고 하자있는 행정행위를 모두 일반적으로 행정심판사항으로 인정하는 주의이다. 남용의 가능성과 운영상의 어려움이 있다.

나. 열기주의

행정심판대상을 개별화하여 열기하고 그 열기된 사항만을 행정심판사항으로 인정하는 주의이다. 개괄주의는 사법제도 국가에서, 열기주의는 행정제도국가에서 채택한 바 있으나, 제2차 세계대전 이후에는 개괄주의를 채택하는 것이 일반적 경향이다.

다. 우리행정심판법의 개괄주의 채택

행정심판법 제1조 1항은 행정청의 처분 또는 부작위에 대하여 다른 법률에 특별한 규정이 있는 경우를 제외하고는 이 법에 의하여 행정심판을 제기할 수 있다고 규정하여 모든 처분 또는 부작위에 대하여 행정심판을 제기할 수 있는 개괄주의를 채택하고 있다.

2. 행정청

가. 의 의

행정청이란 처분 또는 부작위를 할 수 있는 권한을 가진 행정기관을 말하는데 행정청에는 행정조직법적 의미의 행정관청뿐만 아니라 널리 국가 또는 지방자치단체의 행정에 관한 의사를 외부에 결정, 표시할 수 있는 권한을 가진 행정기관이 모두 포함된다. 따라서 공기업 및 공공시설기관도 그 권한의 범위 내에서는 행정청이 될 수 있다. 예를 들어 한국토지공사는 공공용지의 취득 및 손실보상에 관한 특례법에 따라 실시하는 이주대책 대상자선정행위에서 행정청의 지위를 가진다. 또한 법원이나 국회도 행정처분을 하는 범위 내에서는 행정청에 포함된다. 예를 들어 국회 또는 법원의 직원에 대한 징계, 법원장의 법무사합동법인설립인가 등에 있어서는 법원이나 국회도 행정청의 지위를 가지는 것이다.

> 행정청이라 함은 국가 또는 공공단체에 관한 의사를 결정, 표시할 수 있는 권한을 가진 행정기관을 말하는데 세종대학교총장은 사립대학교 총장으로 행정청이 아니므로 행정청이 공권력의 주체로서 행하는 공법상 행위가 아니므로 이 건 심판청구는 행정심판의 대상이 아닌 사항을 대상으로 하여 제기 된 부적법한 청구라 할 것이다(국행심01-4139)

나. 권한 위임 등에 의한 행정청

1) 권한의 위임

권한의 위임이란 행정청이 그 권한의 일부를 하급행정청 또는 보조기관이나 지방자치단체의 장에게 이전하여 수임자의 권한으로 행사하도록 하는 것을 말하는데 권한의 위임에 있어서는 그 권한의 위임의 범위 내에서 당해 권한은 수임기관의 것이 되며 수임기관은 그것을 자기의 권한으로서 그의 명의와 책임으로 행사하게 되는 것이므로 수임기관은 그 수임권한에 관한 행정청이 된다.

2) 권한의 위탁

권한의 위탁이란 행정청이 그 권한의 일부를 그의 보조기관이나 하급행정청이 아닌 다른 행정기관의 장에게 이전하여 수탁자의 권한으로 행사하도록 하는 것을 말하는데 민간위탁이란 행정사무의 수탁자가 행정기관이 아닌 공공법인, 단체 또는 그 기관이나 사인이 되는 것을 말한다. 이러한 권한의 위탁을 받은 행정기관, 공공단체 및 사인의 처분, 부작위도 행정심판의 대상이 된다. 행정심판법은 해석상 의문을 없애기 위하여 이법을 적용함에 있어서 행정청에는 법령에 의하여 '행정권한의 위임 또는 위탁을 받은 행정기관, 공공단체 및 그 기관 또는 사인이 포함된다.' 라고 명시하고 있다.

다. 권한을 승계한 행정청

행정심판에 있어서의 행정청은 당해 처분 또는 부작위를 한 행정청을 가리키는 것이 원칙이나 처분이나 부작위가 있은 뒤에 그 처분이나 부작위에 관한 권한이 다른 행정청에 승계된 때에는 새로이 그 권한을 승계한 행정청이 처분청 또는 부작위청이 된다(법 17조 1항).

3. 처 분

가. 의의

'처분'이란 행정청이 행하는 구체적 사실에 관한 법집행으로서의 공권력의 행사 또는 그 거부, 그 밖에 이에 준하는 행정작용을 말한다(법2조 1항).

나. 처분의 요소

처분은 ① 공권력 발동으로서의 행위(공권력성), ② 국민에 대하여 권리설정 또는 의무의 부담을 명하며, 기타 법률상의 효과를 발생하게 하는 행위(법적 효과성), ③ 국민의 권리의무에 직접 관계가 있는 행위 즉 행정의사를 구체화하기 위한 일련의 행정과정을 구성하는 행위 중에서 최종적으로 직접적 효과를 발생시키는 행위이고 당해 행위에 의하여 일반적, 추상적인 법상태의 변동이 있는 것만으로는 부족하다는 것(분쟁의 성숙성)을 요소로 들고 있다.

다. 처분의 구체적 내용

1) 공권력의 행사

가) 의의

구체적 사실에 대한 법집행으로서의 공권력행사란 행정청에 의한 공법행위 내지 우월한 일반적의사의 발동으로 행하는 단독행위를 말한다. 따라서 행정청이 상대방과 대등한 지위에서 하는 공법상계약이나, 행정입법, 공법상합동행위, 행정청의 사법상

행위, 대외적으로 아무런 법적효과도 발생하지 않는 내부적 행위, 알선·권유·장려·권장 등 행정지도나 단순한 사실행위 등은 처분적 행위에 해당하지 않는다.

나) 그러나 용도지역변경행위나 개별지가 고시 또는 도시관리계획 결정으로 인하여 특정인의 권리의무에 직접 관계 되는 행정계획, 그리고 일반적·구체적 규율인 일반처분, 또는 다른 집행행위를 기다릴 것 없이 직접 그 자체로서 개인의 권익을 침해하는 결과를 발생케 하는 처분적 법규 및 권력적 사실행위는 행정심판의 대상인 공권력행위에 해당한다.

> 국유재산법 제51조 제1항은 국유재산의 무단점유자에 대하여는 변상금부과처분은 순전히 사경제주체로서 행하는 사법상의 법률행위라 할 수 없고 이는 관리청이 공권력을 가진 우월적 지위에서 행한 것으로서 행정소송의 대상이 되는 행정처분이라고 보아야 한다(대법원 1988. 2. 23. 선고 87누1047).
>
> 적법한 청원에 대하여 국가기관이 이를 수리, 심사하여 그 결과를 청원인에게 통보하였다면 이로서 당해 국가기관은 헌법 및 청원법상의 의무이행을 다한 것이고 그 통보 자체에 의하여 청구인의 권리의무나 법률관계가 직접 무슨 영향을 받는 것은 아니므로 비록 그 통보 내용이 청원인이 기대하는 바에는 미치지 못한다고 하더라도 그러한 통보조치가 헌법소원의 대상이 되는 구체적인 공권력의 행사 내지 불행사라고불 수는 없다(헌재 2000. 10. 25. 선고 99헌마458 결정)

2) 거부처분

가) 의의

거부처분은 현재의 법률상태를 변동시키지 않는 의사의 표현으로서 소극적 공권력 행사를 말한다. 소극적 행정행위로서 일정한 적극적 행정행위의 신청이 있는 경우에 그 신청에 따르는 처분을 할 것을 거부하는 내용의 행정행위이다. 거부처분은 신청에 대한 명시적 기각결정은 물론이고, 신청에 대하여 일정기간 내에 처분을 하지 않으면 이를 거부처분으로 본다고 규정하고 있는 경우, 즉 '간주거부'도 이에 포함한다(예를 들어 공공기관의 정보공개에 관한 법률 제9조 제4항). 행정청의 부작위와 구별된다.

나) 처분성 여부

국민의 신청에 대한 행정청의 거부처분이 행정심판의 대상이 되는 행정처분이 되기 위해서는 국민이 행정청에 대하여 그 신청에 따른 행정행위를 해줄 것을 요구할 수 있는 법규상 또는 조리상의 권리가 있어야 한다. 국민이 법령의 규정에 의하여 수익적 처분을 요구하는 경우에 행정청이 신청내용의 당부를 판단하여 신청을 거부하는 처분은 신청자의 권리 이익을 침해하는 것이므로 처분성이 인정된다. 또한 신청내용의 당부를 판단함이 없이 신청절차, 형식 등의 불비를 이유로 신청을 거부하는 절차적 거부처분에 대해서도 행정청의 심사행위를 요구하는 절차적인 신청권이 있는데 불과하지만 그 거부는 신청자의 절차적 이익을 침해하는 것이므로 처분성이 인정된다.

다) 성립시기

거부처분은 행정청이 국민의 처분신청에 대하여 거절의 의사표시를 함으로써 성립되고 그 이후 동일한 내용의 신청에 대하여 다시 거절의 의사표시를 명백히 한 경우에는 새로이 처분이 있는 것으로 보아야 할 것이며 이 경우 행정심판 및 행정소송의 제기기간은 각 처분을 기준으로 진행된다.

3) 그 밖에 이에 준하는 행정작용

이는 행정작용 중 공권력 행위작용 또는 거부처분에 해당하지 아니하면서 개인의 권익에 구체적으로 영향을 미치는 행정청의 대외적작용으로 행정구제의 필요성이 인식되는 포괄적 개념이다. 주로 취소심판 및 취소소송의 구제기능의 확대를 중시하여 일정한 행정작용이 엄격한 의미에서 공권력 행사로서의 실체를 갖추지 아니한 것이라고 하더라도 그에 대한 다른 실효적 구제수단이 없는 경우에는 당해 행정작용을 공권력 행사에 준하는 작용으로 보아 그에 대하여는 행정심판의 대상으로 인정하는 것을 말한다. 여기에는 법령이지만 처분적 성질을 갖는 처분적 법령, 권력적 사실행위도 포함된다.

가) 처분적 법령

행정입법은 구체적 사실에 관한 법 집행행위가 아니므로 처분에 해당되지 않지만 다른 행정행위를 기다릴 필요 없이 법규명령 그 자체로서 직접 개인의 권익을 침해하는 효과를 발생시키는 경우에는 그 법규명령, 처분적 법령은 처분으로서 행정쟁송의 대상이 된다.

> 행정청의 위법한 처분 등의 취소 또는 변경을 구하는 취소소송의 대상이 될 수 있는 것은 구체적인 권리의무에 관한 분쟁이어야 하고 일반적, 추상적인 법령이나 규칙 등은 그 자체로서 국민의 구체적인 권리의무에 직접적 변동을 초래케 하는 것이 아니므로 그 대상이 될 수 없다(대법원 1992. 3. 10 91누12639 판결).

나) 일반처분, 고시

(1) 일반처분

일반처분은 구체적인 사실에 관하여 불특정 다수인을 대상으로 하는 하나의 구체적인 명령을 내용으로 하는 것으로 법의 집행이라는 점에서 행정행위의 일종이라고 할 수 있다. 일반처분의 예로는 도로통행금지, 입산금지, 도로의 공용개시 및 공용폐지 등을 들 수 있다. 일반처분의 내용이 행정청의 우월적인 의사의 발동을 내포하고 있고 또한 대외적으로 영향력을 가진 최종적인 국가의사의 표시행위이기만 하면 그 형식이 일반처분 내지는 법령형식의 행위일지라도 취소송의 대상으로서의 적격성이 인정된다.

(2) 고시

고시는 행정청이 그가 결정한 사항 기타 일정한 사항을 일반에게 알리는 것인데, 원칙적으로 일반국민을 구속하는 것은 아니므로 행정심판의 대상이 되지 않는다. 그러나 고시의 형식으로 일반처분의 성질을 가진 행위가 있을 경우에는 행정심판의 대상이 될 수 있을 것이다.

다) 행정계획

(1) 의의

행정계획은 특정한 행정목적의 달성을 실현하기 위해 미래에 있게 될 행위에 대한 체계적인 사전준비과정을 거쳐 나타나는 산물로서 행정활동의 기준을 의미한다.

(2) 구속적 행정계획

대부분의 행정계획은 행정기관의 구상 또는 행정의 지침에 불과하며 대외적으로 국민에 대하여 혹은 대내적으로 행정기관에 대하여 법적구속력을 갖지 않는다. 다만 행정행위의 성격을 띠어 법적구속력을 갖는 것이 있는 바 이를 구속적 행정계획이라 한다. 이러한 구속적 행정계획의 수립에 대해서는 처분성을 인정하여 행정쟁송을 할 수 있게 하고 있다. 그러나 도시계획과 같은 구속적 행정계획이 일단 확정된 후에는 장기성, 종합성이 요구되는 행정계획의 성질상 국민에게 일일이 그 계획의 변경을 청구할 권리를 인정해 줄 순 없고 따라서 이미 확정된 도시계획등과 같은 행정계획을 변경해 달라는 신청은 이를 법규상 조리상의 권리로서 인정할 수 없다고 하여 이를 변경 내지 폐지해 달라는 청구는 행정쟁송의 대상으로 인정하지 않고 있다.

> 토지구획정리사업법 제57조 제62조 등의 규정상 환지예정지 지정이나 환지처분은 그에 의하여 직접 토지소유자 등의 권리의무가 변동되므로 이를 항고소송의 대상이 되는 처분이라고 볼 수 있으나 환지계획은 이와 같은 환지 예정지 지정이나 환지처분의 근거가 될 뿐 그 자체가 직접 토지소유자 등의 법률상의 지위를 변동시키거나 또는 환지예정지 지정이나 환지처분과는 다른 고유한 법률효과를 수반하는 것이 아니어서 이를 항고소송의 대상이 되는 처분에 해당한다고 할 수 없다(대법원 1999. 8. 20. 선고 97누6889 판결).

라) 사실행위

(1) 의의

사실행위란 일정한 법률효과의 발생을 목적으로 하는 것이·아니라 직접적으로 사실상의 결과만을 가져오는 행정주체의 행위형식의 전체를 말하며 원칙적으로 행정심판의 대상이 되지 아니한다. 공공시설(도로, 공공건물)등의 설치 유지행위, 예방접종행위, 행정조사, 보고, 경고, 행정지도, 관용차의 운전 등이 이에 해당된다.

(2) 권력적 사실행위

그러나 대집행실행행위, 전염병환자의 강제격리, 위법한 관세물품의 영치행위 등은 권력적 사실행위로서 처분성이 인정되므로 행정상 쟁송이 가능하다. 권력적 사실행위는 실제에 있어서는 단기간 내에 행위가 완료되는 경우가 많으므로 행정상 쟁송이 사실상 불가능한 경우가 많다. 그러나 계속적인 권력적 사실행위의 경우에는 행정상 쟁송이 가능하며 계속성이 없는 사실행위라도 집행정지결정을 위한 행정상 쟁송은 가능하다 할 것이다. 행정심판법에는 행정청의 사실행위에 대한 행정심판을 인정하는 명문규정이 없다.

> 이 건에 있어서 피청구인이 당산철교를 철거하기로 결정한 행위는 일종의 사실행위에 불과한 것으로서 청구인이나 기타 이해관계인들의 권리의무 내지는 법률상의 지위에 직접적인 변동을 가져오는 행정처분이라고는 할 수 없다(국행심 1997. 5. 16. 의결 97-2029).

4. 부작위

가. 의의

부작위란 행정청이 당사자의 신청에 대하여 상당한 기간 내에 일정한 처분을 하여야 할 법률상의무가 있는데도 처분을 하지 아니하는 것을 말한다. 즉 부작위가 성립하기 위해서는 적법한 신청의 존재, 상당한 기간의 경과, 처분하여야 할 의무의 존재, 아무런 처분도 하지 않을 것이 있어야 한다.

나. 부작위의 성립요건

1) 당사자의 적법한 신청의 존재

가) 행정청의 부작위가 성립되기 위해서는 먼저 당사자의 적법한 신청이 있어야 한다. 적법한 신청이 존재해야 하므로 '신청'에는 신청권이 법령에 명문으로 규정한

경우뿐만 아니라, 법해석상 특정인에게 신청이 인정되는 경우도 포함된다. 그러므로 쌍방적 행정행위나 특히 제3자효행정행위(복효적 행정행위)에서 중요한 의미를 갖는다.

나) 예컨대 일정한 건축물을 건축 하고자 하는 경우에는 건축허가를 받아야 한다는 건축법 제8조의 규정은 해석상 건축허가신청권의 근거가 된다. 그러나 단순히 행정청의 직권발동을 촉구하는 당사자의 신청, 예를 들어 독점규제 및 공정거래에 관한 법률 제49조 제2항의 규정에 의한 공정거래위원회에 대한 위반행위의 신고 등은 이에 해당되지 아니한다. 또한 오로지 행정청의 판단에 따라 그의 책임아래 이루어지는 일방적 행정행위(예를 들어 대집행을 할 것인지의 여부 또는 도시계획 결정을 할 것인지의 여부 등)에 대하여는 설혹 그에 대한 신청이 있더라도 그것은 법령에 의거한 적법한 신청이라고는 할 수 없다

2) 상당한 기간이 경과

가) 부작위가 성립되기 위해서는 당사자의 신청이 있은 후 행정청이 상당한 기간이 지나도록 아무런 처분을 하지 아니하여야 한다. 상당한 기간이란 사회통념상 당해 신청에 대한 처분을 하는데 필요한 것으로 인정되는 기간을 말한다. 응답행위가 지연되는데 대하여 객관적인 정당한 이유가 있으면 이를 참작해야 하지만, 사무량 폭주나 인력부족, 처분결정과 무관한 타사고려를 위한 시일경과는 참작사유가 될 수 없다.

나) 민원사무처리에 관한 법률 제9조에서 민원인의 편의를 위하여 법령, 훈령, 예규, 고시 등에 규정되어 있는 민원사항의 처리기간, 구비서류, 처리절차, 신청방법 등에 관한 사항을 종합한 민원사무처리기준표의 처리기간은 상당한 기간을 판정하는 일응의 기준이 될 수 있을 것이다. 부작위에 대한 의무이행심판을 인정한 현행법 제도하에서는 이들 법정처리기간이 경과된 후에는 특별한 사정이 없는 한 원칙적으로 위법한 부작위가 성립한다고 해야 할 것이다.

3) 행정청에 일정한 처분을 해야 할 법률상 의무의 존재

가) 처분을 해야 할 법률상 의무

① 법령이 일정요건을 갖춘 때에는 일정한 처분을 할 것을 명하는 뜻의 명문규정이 있는 경우, ② 법령의 취지나 당해 처분의 성질로 보아 기속행위에 해당하는 경우, ③ 재량권이 영으로 수축되는 경우도 포함된다.

나) 의무의 존재

처분을 해야 할 법률상 의무란 처분행위의 성질이 기속적인가 재량적인가를 불문하고 상당한 기간 내에 인용 또는 처분을 내려야 할 의무만 존재하면 충분하다고 본다. 이렇게 해석해야만 재량행위의 부작위에 대하여 가부간에 조속히 어떤 처분을 내려 달라는 취지의 의무이행심판이 인정되는 것을 올바르게 설명할 수 있게 된다. 따라서 처분을 할 의무를 신청에 대하여 적극적인 인용처분을 할 의무, 즉 기속의무로 해석하여서는 아니 된다. 그러나 일정한 처분을 할 것인지 여부가 오로지 행정청의 판단에 맡겨져 있거나 행정청에게 어떠한 처분을 할 수 있는 권한이 있을 뿐 의무는 없는 재량행위의 경우(예를 들어 행정대집행, 도시계획결정)에는 부작위가 성립되지 아니 한다.

4) 처분의 부존재

가) 처분

적극적, 소극적 처분을 불문하고 부작위는 행정청이 어떠한 처분도 하지 않는 상태를 말한다.

나) 부존재

따라서 처분이 존재하지 아니한다 함은 인용처분 또는 거부처분이 있었다고 볼만한 행위자체가 외부적으로 없는 것을 말한다. 처분의 부존재와 구별하여야 할 것으로 처분의 무효와 의제거부(간주거부)가 있다 즉 처분이 무효인 경우에는 처분은 당초부터 당연히 효력이 없는 것이기는 하지만 처분은 일단 행하여졌고 행위의 외관은 존재한다고 할 것이기 때문에 부작위와 구별된다. 또한 의제거부(사실상으로는 아무런 처분도 존재하지 아니하는 부작위인 때에도 법령이 일정한 상태에서의 부작위를 거부처분으로 의제한 경우)는 법적으로 거부처분이라는 소극적 처분이 있는 것으로 되므로 부작위가 성립되지 아니한다. 따라서 ① 협의의 행정행위의 부존재, ② 무효인행정행위, ③ 거부처분 및 부작위를 거부처분으로 의제한 때(간주거부)에는 부작위가 아니다.

> 토지구획정리사업법 제40조 제1항은 사업시행자에게 필요한 경우 건축물 등을 이전하거나 제거할 수 있는 권능을 부여한 규정에 지나지 아니할 뿐 사업시행자에게 그러한 의무가 있음을 규정한 것은 아니므로 이 규정을 들어 제자리 환지처분을 받은 토지소유자에게 사업시행자로 하여금 종전 토지 위의 건축물 등에 대한 이전 또는 처분철거를 이행하도록 요구 할 수 있는 신청권이 있다고 볼 수 없고 따라서 사업시행자가 토지소유자의 위와 같은 신청을 받아들이지 아니하였다고 하여 항고소송의 대상인 위법한 부작위에 해당한다고 할 수 없는 것이다(대법원 1990. 5. 25. 89누5768).

5. 처분 또는 부작위가 위법 또는 부당한 것이어야 한다

가. 처분의 위법·당 등의 사유

행정청의 처분 또는 부작위가 「위법 또는 부당」한 것이어야 행정심판을 제기할 수 있다. 여기서 '위법'이란 근거법규 위반뿐만 아니라 행정의 일반법원칙 내지 조리에 위반한 경우를 포함하며, 재량권 일탈·남용의 경우에도 위법이 된다. 행정소송은 권력분립 상 오직 위법한 처분만을 대상으로 하지만, 행정심판은 같은 행정부 내의 상급감독청이 행하는 자기 통제적 심판이므로 행정행위의 합법성이 아닌 '합목적성'까지 심판할 수 있도록 한 것이다. 타당성·합목적성까지 심판할 수 있다는 점에서 행정소송에 대한 행정심판의 제도적 가치도 여기에서 찾을 수 있을 것이다.

나. 재량권의 일탈·남용의 예

건설업 등록기준에 미달하는 건설업자 등에 대한 영업정지처분의 기준과 영업정지기간의 가중·감경에 관한 사항을 정하고 있는 구 건설산업기본법 시행령(2011. 11. 1. 대통령령 제23282호로 개정되기 전의 것, 이하 '시행령'이라 한다) 제80조 제1항 [별표

6) 및 같은 조 제2항은 영업정지기간을 개개의 사유별로 일률적으로 정하면서, 위반행위의 동기, 내용 및 횟수 등을 참작하여 영업정지기간을 2분의 1의 범위 안에서 가중 또는 감경할 수 있는 재량의 여지를 두고 있는바, 영업정지기간의 감경에 관한 참작사유가 존재하는 경우 처분청이 그 사유까지 고려하고도 영업정지기간을 감경하지 아니한 채 시행령 제80조 제1항 [별표 6]이 정한 영업정지기간대로 영업정지처분을 한 때에는 이를 위법하다고 단정할 수 없으나, 위와 같은 사유가 있음에도 이를 전혀 고려하지 않거나 그 사유에 해당하지 않는다고 오인한 나머지 영업정지기간을 감경하지 아니하였다면 그 영업정지처분은 재량권을 일탈·남용한 위법한 처분이라고 할 수 밖에 없다.[3]고 판시하면서, 영업정지기간을 감경할 만한 사유가 있음에도 행정청이 이를 고려하지 않고 법률에 규정된 대로 영업정지처분을 내렸다면 이는 재량권의 일탈·남용한 영업정지처분이라도 판시하였다. 따라서 영업정지기간을 감경할 만한 사유가 있음에도 이를 고려하지 않고 내려진 영업정지처분은 위법하다.

6. 심판청구에서 제외되는 내용

가. 대통령의 처분이나 부작위

대통령의 처분이나 부작위에 대하여는 다른 법률에서 행정심판을 청구할 수 있도록 정한 경우 외에는 행정심판을 청구할 수 없다(법 제3조 제2항). 이는 대통령의 처분과 부작위는 대통령이 행정부의 수반인 점을 감안하여 다른 법률에 특별규정이 있는 경우를 제외하고는 행정심판의 실익이 없다고 보아 직접 행정소송을 제기하도록 하였다.

나. 행정심판의 재결

심판청구에 대한 재결이 있으면 그 재결 및 같은 처분 또는 부작위에 대하여 다시 행정심판을 청구할 수 없다고 하여 행정심판재청구의 금지를 규정하고 있다(법 제39조). 행정심판의 재결에 대한 불복이 있는 경우에는 원처분의 위법을 이유로 원처분의 취소·변경 청구소송을 제기하거나, 재결자체의 위법을 이유로 직접 재결취소소송을

---

3) 대법원 2012. 12. 26. 선고 2012두18660 판결.

제기해야 한다. 따라서 종전에 있었던 심판청구에 대한 재결에 대하여 다시 심판청구가 제기된 경우에는 이 심판청구는 부적법한 심판청구로서 각하된다.

다. 다른 법률에 의한 절차

다른 법률에서 특별한 불복절차를 규정하고 있는 경우 예를 들어 통고처분, 검사의 불기소처분, 공무원에 대한 징계처분, 특허처분 등 행정구제에 관하여 특별규정이 있는 처분은 행정심판대상이 되지 않는 예외사항이다(법 제3조 제1항).

Ⅳ. 행정심판기관

1. 서 설

가. 의 의

행정심판기관이란 행정심판의 청구를 수리하여 이를 심리 재결할 수 있는 권한을 가진 행정기관을 말한다. 행정심판기관을 어떻게 설치할 것인가는 행정조직과 행정심판제도의 취지를 감안하여 결정할 문제이다. 종전에는 행정심판의 객관적인 공정성을 도모함으로서 행정심판의 권리구제제도로서의 실효성을 확보하기 위하여 심리 의결기능과 재결기능을 분리시켜 심리 의결기능은 행정심판위원회에 부여하고 재결기능은 재결청에 부여하고 있었다. 그러나 현재는 행정심판위원회가 행정심판사건에 직접 재결토록하여 재결청의 개념을 없애고 처분청에서 답변서를 행정심판위원회에 바로 송부하도록 하는 등 절차를 간소화하고 창구 일원화의 효과를 극대화하여 신속한 권리구제에 기여할 수 있도록 하고 있다.

나. 행정심판기관의 법적지위

1) 합의제의결기관

위원회는 심리, 재결의 공정성을 확보하기 위해 합의제의결기관으로 운영된다.

2) 준 사법절차

헌법 제107조 제3항은 행정심판의 절차에서 사법절차가 준용되어야 한다고 규정하고 있다. 즉 사법절차로서 심판기관의 독립성과 제3기관성이 보장되어야 한다.

2. 행정심판위원회

가. 의 의

행정심판위원회란 행정청의 처분 또는 부작위에 대한 행정심판청구사건을 심리·재결하는 기관이다. 행정심판위원회는 행정심판청구사건의 심리·재결에 대한 중추적

기능을 담당하는 합의체 행정청으로서 심리기관과 재결기관의 성격을 동시에 가진다. 행정심판위원회에는 ① 행정심판위원회와 ② 중앙행정심판위원회가 있다.

나. 행정심판법상의 행정심판위원회

구행정심판법상 행정심판기관은 심판청구사건에 대하여 심리, 의결하는 권한을 가진 행정심판위원회와 행정심판위원회의 심리, 의결에 따라 재결하는 재결청의 2원적 구조였다. 그러나 2008년 2월 29일 법개정에 따라 재결청 제도를 폐지하고 행정심판위원회가 심리, 의결과 재결을 모두 하도록 하는 1원적 구조를 취하고 있다.

1) 위원회의 설치

행정심판법상 아래 표의 각 기관들은 행정심판위원회를 설치하고 행정심판을 심리, 의결할 수 있다.

		설치
1	해당 행정청소속의 행정심판위원회 (법6조 1항)	1. 감사원, 국가정보원장, 그 밖에 대통령령으로 정하는 대통령 소속 기관의 장 2. 국회사무총장 · 법원행정처장 · 헌법재판소사무처장 및 중앙선거관리위원회사무총장 3. 국가인권위원회, 그 밖에 지위 · 성격의 독립성과 특수성 등이 인정되어 대통령령으로 정하는 행정청
2	국민권익위원회에 두는 중앙행정심판위원회	1. 제1항에 따른 행정청 외의 국가행정기관의 장 또는 그 소속 행정청 2. 특별시장 · 광역시장 · 특별자치시장 · 도지사 · 특별자치도지사(특별시 · 광역시 · 특별자치시 · 도 또는 특별자치도의 교육감을 포함한다. 이하 "시 · 도지사"라 한다) 또는 특별시 · 광역시 · 특별자치시 · 도 · 특별자치도(이하 "시 · 도"라 한다)의 의회(의장, 위원회의 위원장, 사무처장 등 의회 소속 모든 행정청을 포함한다) 3. 「지방자치법」에 따른 지방자치단체조합 등 관계 법률에 따라 국가 · 지방자치단체 · 공공법인 등이 공동으로 설립한 행정청. 다만, 제3항 제3호에 해당하는 행정청은 제외한다.
3	시 · 도지사 소속으로 두는 행정심판위원회	1. 시 · 도 소속 행정청 2. 시 · 도의 관할구역에 있는 시 · 군 · 자치구의 장, 소속 행정청 또는 시 · 군 · 자치구의 의회(의장, 위원회의 위원장, 사무국장, 사

4	(법6조 3항)	무과장 등 의회 소속 모든 행정청을 포함한다) 3. 시·도의 관할구역에 있는 둘 이상의 지방자치단체(시·군·자치구를 말한다)·공공법인 등이 공동으로 설립한 행정청
	해당 행정기관의 직근상급 행정기관에 두는 행정심판위원회 (법6조 4항)	제2항 제1호에도 불구하고 대통령령으로 정하는 국가행정기관 소속 특별지방행정기관의 장의 처분 또는 부작위에 대한 심판청구에 대하여는 해당 행정청의 직근 상급행정기관에 두는 행정심판위원회에서 심리·재결한다. 여기서 대통령령으로 정하는 국가행정기관 소속 "특별지방행정기관"이란 법무부 및 대검찰청 소속 특별지방행정기관(직근 상급행정기관이나 소관 감독행정기관이 중앙행정기관인 경우는 제외한다)을 말한다.

2) 위원회의 구성

	구성
일반행정 심판위원회(§7)	① 행정심판위원회(중앙행정심판위원회는 제외한다. 이하 이 조에서 같다)는 위원장 1명을 포함하여 50명 이내의 위원으로 구성한다. ② 행정심판위원회의 위원장은 그 행정심판위원회가 소속된 행정청이 되며, 위원장이 없거나 부득이한 사유로 직무를 수행할 수 없거나 위원장이 필요하다고 인정하는 경우에는 1. 위원장이 사전에 지명한 위원 2. 제4항에 따라 지명된 공무원인 위원(2명 이상인 경우에는 직급 또는 고위공무원단에 속하는 공무원의 직무등급이 높은 위원 순서로, 직급 또는 직무등급도 같은 경우에는 위원 재직기간이 긴 위원 순서로, 재직기간도 같은 경우에는 연장자 순서로 한다)의 순서에 따라 위원이 위원장의 직무를 대행한다. 다만 시·도지사 소속으로 두는 행정심판위원회의 경우에는 해당 지방자치단체의 조례로 정하는 바에 따라 공무원이 아닌 위원을 위원장으로 정할 수 있다. 이 경우 위원장은 비상임으로 한다. ③ 행정심판위원회의 위원은 해당 행정심판위원회가 소속된 행정청이 다음 각 호의 어느 하나에 해당하는 사람 중에서 성별을 고려하여 위촉하거나 그 소속 공무원 중에서 지명한다.
중앙행정 심판위원회(§8)	① 중앙행정심판위원회는 위원장 1명을 포함하여 70명 이내의 위원으로 구성하되, 위원 중 상임위원은 4명 이내로 한다. ② 중앙행정심판위원회의 위원장은 국민권익위원회의 부위원장 중 1명이 되며, 위원장이 없거나 부득이한 사유로 직무를 수행할 수 없거나 위원장이 필요하다고 인정하는 경우에는 상임위원(상임으로 재직한 기간이 긴 위원 순서로, 재직기간이 같은 경우에는 연장자 순서로 한다)이

위원장의 직무를 대행한다. ③ 중앙행정심판위원회의 상임위원은 일반
직공무원으로서「국가공무원법」제26조의5에 따른 임기제공무원으로
임명하되, 3급 이상 공무원 또는 고위공무원단에 속하는 일반직공무
원으로 3년 이상 근무한 사람이나 그 밖에 행정심판에 관한 지식과 경
험이 풍부한 사람 중에서 중앙행정심판위원회 위원장의 제청으로 국
무총리를 거쳐 대통령이 임명한다.
④ 중앙행정심판위원회의 비상임위원은 제7조 제4항 각 호의 어느 하나
에 해당하는 사람 중에서 중앙행정심판위원회 위원장의 제청으로 국
무총리가 성별을 고려하여 위촉한다.
⑥ 중앙행정심판위원회는 심판청구사건 중「도로교통법」에 따른 자동차
운전면허 행정처분에 관한 사건(소위원회가 중앙행정심판위원회에서
심리·의결하도록 결정한 사건은 제외한다)을 심리·의결하게 하기
위하여 4명의 위원으로 구성하는 소위원회를 둘 수 있다.

3) 위원회의 운영

구분	운영
행정 심판 위원회	① 행정심판위원회의 회의는 위원장과 위원장이 회의마다 지정하는 8명의 위원(그 중 제4항에 따른 위촉위원은 6명 이상으로 하되, 제3항에 따라 위원장이 공무원이 아닌 경우에는 5명 이상으로 한다)으로 구성한다. 다만, 국회규칙, 대법원규칙, 헌법재판소규칙, 중앙선거관리위원회규칙 또는 대통령령(제6조 제3항에 따라 시·도지사 소속으로 두는 행정심판위원회의 경우에는 해당 지방자치단체의 조례)으로 정하는 바에 따라 위원장과 위원장이 회의마다 지정하는 6명의 위원(그중 제4항에 따른 위촉위원은 5명 이상으로 하되, 제3항에 따라 공무원이 아닌 위원이 위원장인 경우에는 4명 이상으로 한다)으로 구성할 수 있다. ② 행정심판위원회는 제5항에 따른 구성원 과반수의 출석과 출석위원 과반수의 찬성으로 의결한다. ③ 행정심판위원회의 조직과 운영, 그 밖에 필요한 사항은 국회규칙, 대법원규칙, 헌법재판소규칙, 중앙선거관리위원회규칙 또는 대통령령으로 정한다.
중앙 행정 심판 위원회	① 중앙행정심판위원회의 회의(제6항에 따른 소위원회 회의는 제외한다)는 위원장, 상임위원 및 위원장이 회의마다 지정하는 비상임위원을 포함하여 총 9명으로 구성한다. ② 중앙행정심판위원회 및 소위원회는 구성원 과반수의 출석과 출석위원 과반수의 찬성으로 의결한다. ⑧ 중앙행정심판위원회는 위원장이 지정하는 사건을 미리 검토하도록 필요한 경우에는 전문위원회를 둘 수 있다. ③ 중앙행정심판위원회, 소위원회 및 전문위원회의 조직과 운영 등에 필요한 사항은 대통령령으로 정한다.

다. 행정심판법상 위원

1) 위원의 자격

대한민국 국민이 아닌 사람, 국가공무원법 제33조 각호의 어느 하나에 해당하는 사람은 제6조에 따른 행정심판위원회의 위원이 될 수 없으며, 위원이 이에 해당하게 된 때에는 당연히 퇴직한다(법제9조 4항).

2) 위원의 임기

가) 행정심판위원회 위원

① 행정심판위원회의 위원(해당 행정심판위원회가 소속된 행정청이 성별을 고려하여 위촉하거나, 그 소속 공무원 중에서 지명한)의 경우는 그 직에 있는 동안 재임한다(법제9조 1항).

② 위촉된 위원(해당 행정심판위원회가 소속된 행정청이 위촉하거나, 중앙행정심판위원회 위원장의 제청으로 국무총리가 성별을 고려하여 위촉한)의 임기는 2년으로 하되, 2차에 한하여 연임할 수 있다. 다만, 제6조 제1항 제2호에 규정된 기관에 두는 행정심판위원회의 위촉위원의 경우에는 각각 국회규칙, 대법원규칙, 헌법재판소규칙 또는 중앙선거관리위원회 규칙으로 정하는 바에 따른다(법제9조 3항).

③ 위촉된 위원은 금고(禁錮) 이상의 형을 선고받거나 부득이한 사유로 장기간 직무를 수행할 수 없게 되는 경우 외에는 임기 중 그의 의사와 다르게 해촉(解囑)되지 아니한다(법제9조 5항).

나) 중앙행정심판위원회 위원

중앙행정심판위원회 상임위원위원(중앙행정심판위원회의 상임위원은 일반직공무원으로서 「국가공무원법」 제26조의5에 따른 임기제공무원으로 임명하되, 3급 이상 공무원 또는 고위공무원단에 속하는 일반직공무원으로 3년 이상 근무한 사람이나 그 밖에 행정심판에 관한 지식과 경험이 풍부한 사람 중에서 중앙행정심판위원회 위원장의 제청으로 국무총리를 거쳐 대통령이 임명한다)의 임기는 3년으로 하며, 1차에 한하여 연임할 수 있다(법 제9조 3항).

3) 위원의 제척·기피·회피

가) 개설

행정심판법은 위원에 대한 제척, 기피, 회피 제도를 두고 있다. 이는 행정심판청구사건에 대한 위원회의 심판청구사건을 심리·재결함에 있어서 그 공정성을 보장하기 위한 것이다. 민사소송법과 형사소송법의 경우와 같이 행정심판위원회 및 중앙행정심판위원회의 위원에 제척·기피·회피 제도를 두고 있을 뿐만 아니라 위원회의 심리·재결에 관한 사무에 관하여는 '직원'에게도 이를 준용하고 있다(법제10조 7항).

나) 제척

(1) 의의

제척이란 위원 등이 당사자 또는 사건의 내용과 특수 관계가 있는 경우에 그 사건에 관하여 그 직무집행을 할 수 없도록 하는 것을 말한다.

(2) 제척사유

행정심판법은 제척사유로 ① 위원 또는 그 배우자나 배우자이었던 사람이 사건의 당사자이거나 사건에 관하여 공동 권리자 또는 의무자인 경우 ② 위원이 사건의 당사자와 친족이거나 친족이었던 경우 ③ 위원이 사건에 관하여 증언이나 감정(鑑定)을 한 경우 ④ 위원이 당사자의 대리인으로서 사건에 관여하거나 관여하였던 경우 ⑤ 위원이 사건의 대상이 된 처분 또는 부작위에 관여한 경우를 규정하고 있다(법 10조 1항).

(3) 제척신청

위원에 대한 제척신청이나 기피신청은 그 사유를 소명(疏明)한 문서로 하여야 한다. 다만, 불가피한 경우에는 신청한 날부터 3일 이내에 신청 사유를 소명할 수 있는 자료를 제출하여야 한다. 제척신청이나 기피신청이 제3항을 위반하였을 때에는 위원장은 결정으로 이를 각하한다(법제10조 3항, 4항).

(4) 효과

제척사유가 있는 위원이 관여한 심리, 의결은 본질적인 절차상의 하자가 있으므로 무효가 된다. 제척의 효과는 당사자의 주장 여부나 행정심판위원회의 결정 여부에 관계 없이 법률상 당연히 발생한다.

다) 기피

(1) 의의

기피란 위원에게 법률상 정하여진 제척원인 이외의 심리·의결의 공정을 기대하기 어려운 사정이 있는 경우에 당사자의 신청을 기다려 위원회의 위원장은 위원회의 의결을 거치지 아니하고 결정하여 위원이 심리·재결에서 배제되는 것을 말한다(법10조 2항).

(2) 공정을 기대하기 어려운 사정

위원회에게 심리, 의결의 공정을 기대하기 어려운 사정이란 통상인의 판단으로서 위원과 사건과의 관계에서 편파적이고 불공정한 심리, 의결을 하지 않을까 하는 염려를 일으킬 수 있는 객관적 사정을 의미하므로 주관적인 의혹만으로는 기피사유에 해당하지 않는다.

(3) 기피신청

위원회에 대한 기피신청은 그 사유를 소명한 문서로 하여야 하며, 위원장은 기피신청의 대상이 된 위원에게서 그에 대한 의견을 받을 수 있다(법제10조 3항, 4항)

(4) 효과

위원장이 위원회의 의결을 거치지 아니하고 행하는 기피의 결정은 제척과 는 달리 형성적이다.

라) 회피

(1) 의의

회피란 위원이 스스로 제척 또는 기피의 사유가 있다고 인정하여 자발적으로 당해 사건의 심리·재결을 회피하는 것을 말한다(법제10조 6항).

(2) 사유소명

위원장에게 사유소명회의에 참석하는 위원이 회피하고자 하는 위원은 위원장에게 그 사유를 소명하여야 한다(법제10조 6항).

마) 준용

사건의 심리·의결에 관한 사무에 관하여는 위원 아닌 직원에게도 제척·기피·회피에 관한 규정이 준용된다(법10조 7항).

라. 행정심판위원회의 권한

1) 개설

행정심판위원회의 권한으로 중심적인 것은 심판청구사건에 대하여 심리하고 의결하는 권한이다. 그 밖에 심리권에 부수된 권한, 시정조치권, 진술권 등이 있다.

2) 심리권

가) 의의

위원회는 행정청으로부터 송부되거나 제출된 행정심판청구사건에 대한 심리권을 가진다.

나) 심리의 방식

행정심판의 심리는 구술심리나 서면심리로 한다. 다만, 당사자가 구술심리를 신청한 경우에는 서면심리만으로 결정할 수 있다고 인정되는 경우 외에는 구술심리를 하여야 한다(법제40조 1항). 심리는 각 심판청구사건을 단위로 하는 것이 원칙이다. 그러나 필요하다고 인정할 때에는 청구를 병합하거나 분리하여 심리할 수 있다. 이는 심리의 능률성과 합리성을 확보하기 위한 것이다.

3) 심리권에 부수된 권한

행정심판위원회는 심판청구사건에 대한 심리권을 효율적으로 행사하기 위해 여러 부수적인 권한을 갖는다. 이러한 부수적 권한으로 ① 대표자 선정권고(청구인들이 선정대표자를 선정하지 아니한 경우에 위원회는 필요하다고 인정하면 청구인들에게 선정 대표자를 선정할 것을 권고할 수 있다. 법제15조 1항) ② 청구인의 지위 승계허가권 (심판청구의 대상과 관계되는 권리나 이익을 양수한 자는 위원회의 허가를 받아 청구인의 지위를 승계할 수 있다. 법제16조 5항) ③ 대리인허가권(청구인은 법정대리인 외에 위원회의 허가를 받은 자를 대리인으로 선임할 수 있다. 법제18조1항 5호) ④ 심판참가허가 및 요구권(위원회는 참가신청을 받으면 허가 여부를 결정한다. 법제20조 5항, 위원회는 필요하다고 인정하면 그 행정심판 결과에 이해관계가 있는 제3자나 행정청에 그 사건 심판에 참가할 것을 요구할 수 있다. 법제21조) ⑤청구변경불허가권 (위원회는 청구변경 신청에 대하여 허가할 것인지 여부를 결정한다. 법제29조 6항) ⑥ 보정명령권(위원회는 심판청구가 적법하지 아니하나 보정(補正)할 수 있다고 인정하면 기간을 정하여 청구인에게 보정할 것을 요구할 수 있다. 법제32조 1항)등이 있다.

4) 의결권

가) 재결할 내용을 의결할 권한

행정심판위원회는 심판청구사건에 대한 심리를 마치면 그 심판청구에 대하여 재결한 내용을 의결할 권한을 갖는다. 따라서 부적합한 것인 때에는 각하재결, 이유가 없는 것인 때에는 기각재결, 이유가 있는 것인 때에는 인용재결을 한다. 그리고 취소심판청구의 경우는 취소·변경재결, 무효확인 심판청구의 경우는 무효확인재결, 의무이행 심판청구의 경우는 의무이행재결을 한다(법제43조).

나) 그 밖의 의결권

행정심판위원회는 그 밖에 ① 사정재결(위원회는 심판청구가 이유가 있다고 인정하는 경우에도 이를 인용(認容)하는 것이 공공복리에 크게 위배된다고 인정하면 그 심판청구를 기각하는 재결을 할 수 있다. 법제44조) ②집행정지결정권(위원회는 처분, 처분의 집행 또는 절차의 속행 때문에 중대한 손해가 생기는 것을 예방할 필요성이 긴급하다고 인정할 때에는 직권으로 또는 당사자의 신청에 의하여 처분의 효력, 처분의 집행 또는 절차의 속행의 전부 또는 일부의 정지를 결정할 수 있다. 법제30조 2항) ③

취소권(법위원회는 집행정지를 결정한 후에 집행정지가 공공복리에 중대한 영향을 미치거나 그 정지사유가 없어진 경우에는 직권으로 또는 당사자의 신청에 의하여 집행정지 결정을 취소할 수 있다. 제30조 4항)을 결정할 수 있다 ④ 임시처분권(위원회는 처분 또는 부작위가 위법·부당하다고 상당히 의심되는 경우로서 처분 또는 부작위 때문에 당사자가 받을 우려가 있는 중대한 불이익이나 당사자에게 생길 급박한 위험을 막기 위하여 임시지위를 정하여야 할 필요가 있는 경우에는 직권으로 또는 당사자의 신청에 의하여 임시처분을 결정할 수 있다.법 제31조)을 갖는다.

5) 시정조치요구권

중앙행정심판위원회는 심판청구를 심리·재결함에 있어서 처분 또는 부작위의 근거가 되는 명령 등이 법령에 근거가 없거나 상위법령에 위배되거나 국민에게 과도한 부담을 주는 등 현저하게 불합리하다고 인정되는 경우에는 관계행정기관에 대하여 당해 명령 등의 개정·폐지 등 적절한 시정조치를 요청할 수 있다. 시정요청을 받은 관계행정기관은 정당한 사유가 없는 한 이에 따라야 한다.

6) 증거조사권

행정심판위원회는 심판청구 사건에 대한 심리를 위하여 필요하다고 인정할 때에는 당사자의 신청이나 직권에 의하여 증거조사를 할 수 있는 권한을 가진다. 위원회는 필요하다고 인정할 때에는 위원회가 소속된 행정청의 직원 또는 다른 행정기관에 촉탁하여 증거조사를 하게 할 수 있고(법제36조 2항), 관계행정기관에 대하여 필요한 서류의 제출 또는 의견을 진술할 것을 요구하거나 의견서를 제출할 것을 요구할 수 있다.

7) 의견제출·진술권

중앙행정심판위원회에서 심리·재결하는 심판청구의 경우는 소관중앙행정기관의 장은 의견서를 제출하거나 위원회에 출석하여 의견을 진술할 수 있다(법제35조 4항).

V. 행정심판의 당사자 및 관계인

1. 행정심판의 당사자

가. 개 념

1) 행정심판도 쟁송이므로 기본적으로 두 당사자의 대립되는 이해관계에 의한다. 행정심판법은 헌법 제107조 3항의 취지에 따라 행정심판절차의 사법화를 도모하기 위하여 대심구조를 취함을 원칙으로 하고 있으므로 행정심판의 절차는 청구인과 피청구인을 당사자로 하여 이들이 어느 정도 대등한 지위에서 심리를 진행한다.

2) 당사자 적격

특정의 심판사건에서 당사자가 될 수 있는 자격을 말하는 것으로서 유효하게 심판을 수행하고 재결을 받기 위해서는 청구인적격과 피청구인적격이 있어야 한다. 당사자 능력은 행정심판의 당사자가 될 수 있는 일반적 능력을 말한다. 따라서 미성년자의 친권자나 법인의 대표이사 등과 같은 법정대리인이나 변호사와 같은 소송대리인은 자기의 재결을 요구하는 자가 아니므로 당사자가 아니다.

나. 청구인

1) 의의

행정심판의 청구인은 심판청구의 대상인 처분 또는 부작위에 불복하여 그의 취소 또는 변경 등을 구하는 심판청구를 제기하는 자를 말한다. 즉, 행정청의 처분 등에 불복하여 그의 취소 또는 변경을, 처분의 효력유무 또는 존재여부에 대한 확인을 , 그리고 거부처분이나 부작위에 대하여는 일정한 처분을 각각 구할 '법률상 이익 있는 자'가 청구할 수 있다.

2) 청구인 능력

청구인은 행정심판 절차에서 청구인이 될 수 있는 능력으로써, 처분의 상대방 또는 제

3자에 관계없이 자연인 또는 법인이어야 한다. 이때 청구인은 처분의 상대방 외에 제3자, 법인이나 자연인, 법인 아닌 사단·재단도 대표자나 관리인 정해져 있는 경우 그 이름으로 행정심판을 청구할 수 있다.

3) 청구인 적격

가) 의의

청구인 적격이란 구체적사건의 행정심판절차에서 자신의 권리를 주장하고 심판을 받을 수 있는 정당한 자격을 말한다.

나) 취소심판의 청구인 적격

(1) 법률상 이익이 있는 자

취소심판은 처분의 취소 또는 변경을 구할 법률상 이익이 있는 자가 청구인적격을 가진다.

(가) 학설

여기에서 말하는 '법률상 이익'이 무엇을 의미하는 가에 관하여는 견해가 나뉘고 있다.

① 법률상 보호이익설

실정법규의 해석상 청구인이 주장하는 이익이 당해 법규에 의하여 보호되고 있는 것으로 인정되는 경우라고 보는 견해이다.

② 보호할 가치 있는 이익설

청구인이 주장하는 이익이 처분의 근거가 된 실체법규에 의해 보호되는 이익이 아니라도 쟁송절차에 의하여 보호할 만한 이익이 있으면 법률상 이익이 있다고 보는 견해이다.

(나) 소결

현재는 법률상보호이익설이 통설·판례이나 점차로 보호가치이익설 방향으로 확장 추세에 있다. 따라서 법률상 이익이 없는 자가 제기한 취소심판은 부적법한 것으로 그 심판청구는 각하된다.

(2) 처분의 효과가 소멸될 때

행정심판법은 처분의 효과가 기간의 경과, 처분의 집행, 그 밖의 사유로 소멸된 뒤에도 그 처분의 취소로 인하여 회복되는 법률상이익이 있는 자에게도 청구인 적격을 인정하고 있다.

따라서 처분의 효과 자체는 이미 소멸되었어도 그 처분의 취소로 인해 회복되는 법률상이익이 있는 경우에는(예컨대 전에 영업정지처분을 받은 경우에는 추후에 다시 위반행위를 하면 가중사유로 작용하게 된다고 할 경우) 청구인 적격이 인정된다. 다만, 그러한 청구인적격의 인정은 특별한 경우에 해당하므로 청구인이 주장·입증하여야 한다.

다) 무효 등 확인심판의 청구인 적격

(1) 확인을 구할 법률상 이익

① 무효등확인심판은 처분의 효력 유무 또는 존재 여부의 확인을 구할 법률상 이익이 있는 자가 청구할 수 있다(법제13조 2항).

② 여기에서 말하는 확인을 구할 법률상 이익이라 함은 처분의 효력 유무 또는 존재 여부에 관하여 당사자 사이에 다툼이 있어서 재결로 공권적인 확정을 하는 것이 청구인의 법적 지위의 불안정상태를 제거하기 위해 필요한 경우에 인정된다.

(2) 성질

행정심판으로서의 무효 등 확인심판은 민사소송에 있어서의 확인의소와는 달리 항고쟁송의 성질을 갖는다. 그러므로 무효 등 확인심판의 법률상 이익은 그 재결의 결과로서 얻어지는 법적 이익까지 포함하여 종합적 입체적으로 판단하여야 한다는 견해가 있다.

라) 의무이행 심판의 청구인적격

(1) 처분을 구할 법률상 이익

의무이행심판은 처분을 신청한 자로서 행정청의 거부처분 또는 부작위에 대하여 일정한 처분을 구할 법률상 이익이 있는 자가 청구할 수 있다(법제13조 3항).

(2) 관계법규 및 헌법규정

① 관계법규

이때의 법률상의 이익이 인정되기 위해서는 청구인이 권리로서 일정한 내용의 행정작용을 신청할 수 있는 것이 관계법규에 의해 보장되어야 한다. 그러나 이 경우에도 개인은 행정청에 대하여 특정처분을 구할 수 있는 것은 아니다. 그 신청의 대상행위가 기속행위인 때에는 특정한 처분을 구할 권리가 인정되지만, 재량행위인 경우에는 행정기관의 재량권이 영으로 수축되는 경우 이외에는 단지 어떠한 내용이든 재량행위를 행할 것을 청구할 수 있기 때문이다.

② 헌법규정

이러한 처분을 구할 법률상 이익은 헌법의 기본권규정에서도 도출될 수 있다는 견해도 있다.

4) 청구인의 지위승계

가) 당연승계

(1) 행정심판을 제기한 후에 청구인이 사망한 경우에는 상속인이나 그 밖에 법령에 따라 심판청구의 대상에 관계되는 권리나 이익을 승계한 자가 청구인의 지위를 승계한다(법제16조 1항).

(2) 법인 또는 법인격 없는 사단이나 재단인 청구인이 다른 법인등과 합병한 때에는 합병 후 존속하는 법인 등이나 또는 합병에 의하여 설립된 법인 등이 청구인의 지위를 승계한다(법제16조 2항). 이 경우 승계인의 지위를 승계한자는 위원회에 사망 등에 의한 권리·이익의 승계 또는 합병사실을 증명하는 서면을 첨부하여 관계 행정심판위원회에 제출하여야 한다(법제16조 3항).

나) 지위승계의 허가

(1) 행정심판을 제기한 뒤에 당해 심판청구의 대상인 처분에 관계되는 권리·이익을 양수한자는 관계행정심판위원회의 허가를 받아 청구인의 지위를 승계할 수 있다(법제16조 5항).

(2) 위원회는 허가여부를 결정하고, 지체 없이 신청인에게는 결정서정본을, 당사자와 참가인에게는 결정서 등본을 송달하여야 한다.(법제16조 7항).

(3) 지위승계에 대한 이의신청

① 지위승계를 허가하지 아니하면 신청인은 결정서 정본을 받은 날부터 7일 이내에 위원회에 이의신청을 할 수 있다(법제16조 8항).

② 이의신청은 그 사유를 소명하여 서면으로 하여야 한다.

③ 위원회가 이의신청을 받은 때에는 이를 지체 없이 위원회의 회의에 상정하여야 한다.

④ 위원회는 이의신청에 대한 결정을 한 후 그 결과를 신청인, 당사자 및 참가인에게 각각 통지하여야 한다(규칙 제13조).

다. 피청구인

1) 의의

피청구인은 심판청구를 제기 받은 당사자를 말한다. 피청구인인 행정청은 답변서제출, 답변서에 대한 보충서면 제출, 증거서류 기타 증거물의 제출, 증거조사나, 구술심리의 신청을 할 수 있다.

2) 피청구인 적격

가) 행정심판은 처분을 한 행정청(의무이행심판의 경우에는 청구인의 신청을 받은 행정청)을 피청구인으로 하여 청구하여야 한다. 다만, 심판청구의 대상과 관계되는 권한이 다른 행정청에 승계된 경우에는 권한을 승계한 행정청을 피청구인으로 하여야 한다(법제17조 1항).

나) 행정청은 국가나 지방자치단체의 기관이므로 원칙적으로 국가나 지방자치단체 등이 피청구인이 되어야 하지만, 행정소송과 마찬가지로 소송기술상의 편의에서 행정청을 피청구인으로 한 것이다.

3) 피청구인의 경정

가) 의 의

청구인이 피청구인을 잘못 지정한 경우 또는 행정심판이 청구된 후에 심판청구의 대상과 관계되는 권한이 다른 행정청에 승계된 경우 당사자의 신청에 의하여 또는 직권으로 위원회는 결정으로써 피청구인을 경정(更正)할 수 있다(법제17조 2항, 5항).

나) 절 차

(1) 위원회는 직권으로 또는 당사자의 신청에 의하여 결정으로써 피청구인을 경정(更正)한다.
(2) 위원회는 피청구인을 경정하는 결정을 하면 결정서 정본을 당사자(종전의 피청구인과 새로운 피청구인을 포함한다)에게 송달하여야 한다(법제17조 3항).

다) 효 과

이러한 결정이 있으면 종전의 피청구인에 대한 심판청구는 취하되고 새피청구인에 대한 심판청구가 처음에 심판청구를 한때에 소급하여 제기된 것으로 간주된다. 피청구인의 경정제도는 행정조직의 복잡성으로 정당한 피청구인을 명확히 판단할 수 없는 경우가 많음을 고려하여 청구인의 권리구제의 길을 확보하는데 그 의의가 있다.

라) 이의신청

당사자는 결정서 정본을 받은 날부터 7일 이내에 위원회에 이의신청을 할 수 있다(법제17조 6항). 이의신청의 처리에 관하여는 제13조, 제14조의 규정을 준용한다(규칙 제14조).

2. 행정심판의 관계인

가. 참가인

행정심판의 당사자가 아니더라도 심판결과에 대하여 이해관계가 있는 제3자나 행정청은 행정심판위원회의 허가를 받아 그 사건에 참가할 수 있다. 여기서의 이해관계는 사실상의 이해관계가 아닌 법률상의 이해관계를 말한다.

1) 의 의

참가인이란 계속 진행 중인 행정심판절차에 당사자 이외의 제3자가 자기의 권리와 이익을 보호하기 위해 참가하는 것을 말한다. 이는 심판의 결과에 이해관계 있는 자를 심판에 참여하게 하여 권리주장, 의견진술의 기회를 제공함으로써 심리의 적정성을 확보하고 관계인의 권리구제를 도모하기 위한 목적에서 인정되는 제도이다. 이때 참가인으로서 참가할 수 있는 자는 심판결과에 대하여 이해관계 있는 제3자 또는 행정청이다.

【판시사항】

보조참가의 요건(대법원 1997. 12. 26. 선고 96다51714 판결)

【판결요지】

소송사건에서 당사자의 일방을 보조하기 위하여 보조참가를 하려면 당해 소송의 결과에 대하여 이해관계가 있어야 할 것인바, 여기에서 말하는 이해관계라 함은 사실상, 경제상 또는 감정상의 이해관계가 아니라 법률상의 이해관계를 가리킨다.

가) 이해관계 있는 제3자

이해관계가 있는 제3자란 당해 처분 자체에 대하여 이해관계가 있는 자뿐만 아니라 (예컨대 체납처분으로서의 공매처분의 목적물인 재산의 소유자) 재결내용에 따라서 불이익을 받게 될 자(예컨대 공매처분의 취소를 구하는 심판청구가 제기된 경우의 당해 공매재산의 매수자)도 포함된다.

소송사건에서 당사자의 일방을 보조하기 위하여 보조참가를 하려면 당해 소송의 결과에 대하여 이해관계가 있어야 할 것인 바, 여기서 말하는 이해관계란 사실, 경제상 또는 감정상의 이해관계가 아니라 법률상의 이해관계를 말한다(대법원 1997. 12. 26. 96다51714 판결).

나) 행정청

심판청구에 참가할 수 있는 행정청은 당해 처분이나 부작위에 대한 관계행정청을 말한다.

2) 참가의 방법

가) 허가에 의한 참가

(1) 행정심판의 결과에 대하여 이해관계 있는 제3자 또는 행정청은 해당 심판 청구에 대한 위원회나 소위원회의 의결이 있기 전까지 그 사건에 대하여 심판참가를 할 수 있다(법제20조 1항).

(2) 심판 참가를 하려는 자는 참가의 취지와 이유를 적은 참가 신청서를 위원회에 제출하여야 한다. 참가 신청서를 받은 위원회는 참가신청서 부본을 당사자에게 송달하고 참가신청허가여부를 결정해서, 지체없이 신청인에게는 결정서정본을, 당사자와 다른 참가인에게는 결정서등본을 송달하여야 한다(법제20조 2항, 3항).

(3) 위원회는 기간을 정하여 당사자와 다른 참가인에게 제3자의 참가신청에 대한 의견을 제출하도록 할 수 있으며, 당사자와 다른 참가인이 그 기간에 의견을 제출하지 아니하면 의견이 없는 것으로 본다(법제20조 4항).

(4) 위원회는 참가신청을 받으면 허가 여부를 결정하고, 지체 없이 신청인에게는 결정서 정본을, 당사자와 다른 참가인에게는 결정서 등본을 송달하여야 한다(법제20조 5항).

(5) 이의신청 : 신청인은 참가허가여부결정에 대하여 송달받은 날부터 7일 이내에 이의 신청을 할 수 있다(법제20조 6항).

나) 요구에 의한 참가

이해관계인의 신청이 없는 경우에도 관계행정심판위원회는 직권으로 이해관계인에 대하여 당해 심판청구에 참가할 것을 요구할 수 있다. 이때 그 요구를 받은 이해관계인은 당연히 참가인이 되는 것이 아니라 참가 여부를 스스로 결정할 수 있으며 그 참가 여부의 의사를 관계행정심판위원회에 통지하여야 한다(법16조 3항).

3) 참가인의 지위

행정심판절차에서 당사자가 할 수 있는 심판절차상의 행위를 참가인도 할 수 있으므로. 당사자가 위원회에 서류를 제출하거나 위원회가 당사자에게 통지를 할 때에는 참가인에게도 송달되고 통지되어야 한다.

나. 행정심판의 대리인

1) 의의

심판청구의 당사자인 청구인이나 피청구인은 대리인을 선임하여 심판청구에 관한 행위를 하게 할 수 있다. 이때 그 대리인을 행정심판의 대리인이라 한다.

2) 대리인으로 선임할 수 있는 자

대리인이 아래의 조건에 해당하는 경우, 그 하나에 해당한다는 입증서류(예)가족관계증명서)와 함께 대리인 선임 신고서를 제출하면 대리인으로 선임된다.

가) 청구인의 경우(법제18조 1항)

(1) 법정대리인
(2) 청구인의 배우자, 청구인 또는 배우자의 사촌이내의 혈족
(3) 청구인이 법인이거나 청구인능력 있는 법인 아닌 사단 또는 재단인 경우 그 소속 임원직
(4) 변호사
(5) 다른 법률에 따라 심판청구를 대리할 수 있는 자
(6) 그 밖에 위원회의 허가를 받은 자

□ 아래와 같은 자는 대리인 선임서(위임장)을 행정심판위원회에 제출함으로써 대리인 자격을 얻게 되나, 그 외의 자는 청구인이 대리인 선임허가를 신청한 후 행정심판위원회로부터 허가결정을 받아야 비소로 대리인 자격을 얻게 됩니다.

- 법정대리인 (친권자, 후견인, 부재자의 재산관리인, 상속재산관리인, 유언집행자, 지정후견인, 지정유언집행자)
- 청구인의 배우자, 청구인 또는 배우자의 사촌이내의 혈족
- 청구인이 법인이거나 청구인 능력이 있는 법인이 아닌 사단 또는 재단인 경우 그 소속 임직원
- 변호사
- 다른 법률에 따라 심판청구를 대리할 수 있는 자
  - 공인노무사(노동 관계 법령에 따른 행정청의 처분 또는 부작위에 대한 행정심판)
  - 세무사(조세에 관한 행정청의 처분 또는 부작위에 대한 행정심판)

나) 피청구인의 경우(법제18조 2항)

피청구인은 그 소속직원 또는 변호사, 다른 법률에 따라 심판청구를 대리할 수 있는 자, 그 밖에 위원회의 허가를 받은 자의 어느 하나에 해당하는 자를 대리인으로 선임할 수 있다.

3) 대리인의 권한

대리인은 심판청구의 취하를 제외하고는 본인을 위하여 당해사건에 관한 모든 행위를 할 수 있다. 다만 심판청구를 취하하려면 다른 청구인들의 동의를 받아야 하며, 이 경우 동의 받은 사실을 서면으로 소명하여야 한다(법제18조 3항).

Ⅵ. 행정심판청구의 제기

행정심판절차

청구서, 신청서 제출

- **서면으로 행정심판 청구하시는 경우**
  - 행정심판청구서를 2부 작성하여 소관 행정심판 위원회 또는 처분청(처분을 한 행정기관)으로 제출하시면 됩니다.
- **온라인으로 행정심판을 청구하시는 경우**
  - 홈페이지에서 인증서를 이용한 로그인을 하시면 가능하며, 입증자료는 총 100MB 이내로 첨부 가능하며, 입증자료가 많아 첨부하기 곤란한 경우 온라인으로 심판청구서를 제출한 후 지체없이 2부를 작성하여 청구서를 제출한 기관에 제출하시기 바랍니다.
  - ※ 대리인이 온라인 청구를 작성하는 경우
  - 청구인이 아닌 대리인이 심판청구를 하는 경우에는 심판청구서의 대리인 란에 필요한 사항을 기재하여야 하며, 대리인의 자격 증빙자료를 같이 제출하시기 바랍니다.(예 : 가족관계증명서 등)

답변서 송달

- 피청구인이 행정기관의 주장이 기재된 답변서를 온라인으로 열람합니다.
- 피청구인의 답변내용에 대한 반박을 하거나 이전의 주장을 보완하고자 할 경우에는 보충서면을 작성하여 제출하면 됩니다.
  - 답변서 송달 : 온라인으로 행정심판을 청구하는 경우 피청구인(처분청)의 답변서는 우편송달 및 온라인 행정심판 포털의 웹사이트를 통하여 확인 가능합니다. 답변서가 발송되면 E-mail과 SMS로 답변서 송부 사실을 알려드립니다. (E-mail, 휴대전화번호를 기재한 경우)
  - 보충서면 제출 : 보충서면도 온라인으로 제출할 수 있습니다. 보충서면은 심리기일 전까지 제출할 수 있으며, 제출 횟수의 제한은 없습니다. 다만, 보충서면을 심리기일에 임박하여 제출하는 경우 그 내용을 깊이 있게 검토하지 못하는 경우가 발생할 수 있습니다.

심리기일안내

- 행정심판위원회가 지정한 심판청구사건에 대한 심리·의결일을 열람합니다.
- 심리기일이란 사건에 대한 검토가 완료되어 행정심판위원회가 심판의 대상이 된 처분 등의 위법·부당여부를 판단하는 기일입니다.
  - 심리기일안내 : 심리기일이 정해지면 청구인에게 홈페이지와 E-mail, 휴대전화, SMS, 우편 등으로 통지합니다.

구술심리안내

- 위원회에 직접 참석하여 진술을 하고자 하는 경우 구술심리 신청을 할 수 있습니다.
- 구술심리 신청이 받아들여지면 회의에 직접 출석하여 진술할 수 있습니다.
- 구술심리 신청은 행정심판 청구 시 또는 행정심판 진행 중에 할 수 있습니다.
  - 구술심리안내 : 구술심리 신청을 하면 행정심판위원회는 구술심리 여부를 결정하여 신청인에게 통지합니다. 다만, 이미 제출된 자료만으로도 충분한 판단이 가능하다고 인정되는 경우에는 구술심리 신청이 있더라도 서면심리결정을 하게 됩니다.

재결서 송부

- 심판청구사건에 대한 위원회의 심리결과를 열람하고 위원회의 심리에 따른 재결서를 수령할 수 있습니다.
  - 심리결과 안내 : 심판청구사건에 대한 행정심판위원회의 심리결과는 심리기일의 다음 날부터 본 사이트와 E-mail, 휴대전화 SMS 등으로 안내합니다.
  - 재결서 수령 : 행정심판위원회의 심리·재결에 따른 재결서는 재결일로부터 약 1~2주 후(위원회에 따라 차이가 있을 수 있음) 청구인에게 우편 또는 온라인행정심판 시스템을 통해 송달합니다. 재결서가 송달되면 본 사이트와 휴대전화 SMS와 E-mail 등으로 재결서 송달 사실을 안내합니다. 행정심판위원회의 재결은 행정심판청구사건에 대한 판단을 대외적으로 청구인과 피청구인에게 알리는 것으로 재결서를 청구인과 피청구인에게 송달합니다. 행정심판의 효력은 재결서가 송달되어야 발생합니다.

1. 의 의

행정심판의 제기는 ① 청구인 적격이 있는 자가 처분청 등을 피청구인으로 하여 ② 심판청구사항인 구체적인 처분이나 부작위를 대상으로 ③ 청구기간 내에 ④ 소정의 방식을 갖추어 ⑤ 처분청 또는 관할 행정심판위원회에 제기하여야 한다.

행정심판 청구 절차는 행정심판청구서 작성·제출 → 처분청의 답변서 제출 → 행정심판위원회에 회부 → 청구인과 피청구인의 주장 검토·심리 → 재결[4]의 과정을 거쳐 진행되며, 심판청구는 일정사항을 기재하여 서면으로 하는 요식행위이며, 서면심리주의이다.

심판청구시 비록 행정심판청구서라는 명칭을 사용하지 아니하고 이의 신청 등의 용어를 사용한 경우에도 이들 적법한 행정심판청구로 보아야 하며, 기타 내용에 미비한 사항이 있더라도 보정이 가능한 때에는 보정을 명하여야 하며, 보정명령에 따르지 아니하거나 보정이 불가능한 경우에 한하여 이를 각하 하여야 한다.[5]

2. 행정심판 전치여부

가. 원칙 : 임의적전치주의 원칙

행정소송법 제18조 제1항은 취소소송은 법령의 규정에 따라 당해 처분에 대해 행정심판을 제기할 수 있는 경우에도 이를 거치지 아니하고 제기할 수 있다고 규정하여 임의적 전치주의를 채택하고 있다.

즉, 행정소송법 제18조 제1항에 의하면 행정심판의 경우 임의적 행정심판전치가 원칙이고 필요적 행정심판전치주의가 예외이다.

과거 행정소송에서는 행정심판전치주의를 채택하고 있었으나 1998년 서울지방행정법원의 설립과 함께 '임의적 전치주의'를 취하여 행정심판을 거치지 않고 직접 행정소

---

4) 행정심판위원회의 재결은 행정심판청구사건에 대한 판단을 대외적으로 청구인과 피청구인에게 알리는 것으로 재결서를 청구인과 피청구인에게 송달한다.
5) 대법원 1993.6.29., 선고 92누19194 판결.

송을 제기할 수 있게 되었다.

나. 예외 : 필요적 전치주의

행정심판전치주의(行政審判前置主義)란 행정소송의 제기에 앞서서 피해자가 행정청에 대해 먼저 행정심판의 제기를 통해 처분의 시정을 구하고, 그 시정에 불복이 있을 때 소송을 제기하는 것이다.

행정소송법에서는 행정심판임의주의를 원칙으로서 하면서, 다른 법률에서 필요적으로 행정심판을 거치도록 규정한 경우에는 예외적으로 필요적 전치절차를 인정하고 있다(행정소송법 제18조, 제38조 제2항).

예를 들어, 공무원에 대한 징계 기타 불이익처분(국가공무원법 제16조 제2항, 교육공무원법 제53조 제1항, 지방공무원법 제20조의2), 각종 세법상의 처분(국세기본법 제56조 제2항, 관세법 제120조 제2항), 노동위원회의 결정 - 부당해고, 부당노동행위 등, 토지수용법에 의한 토지수용위원회의 재결, 도로교통법에 의한 처분(도로교통법 제142조) : 자동차운전면허 취소.정지 등의 사건에 적용되며, 필요적 전치를 요하는 처분 중 처분의 취소소송과 부작위위법확인소송의 제기시에는 반드시 행정심판을 거쳐야 하나, 무효확인소송의 제기에는 행정심판을 거칠 필요가 없음에 유의하여 한다.

[필요적전치주의 및 임의적전치주의 적용 사건]

구 분	적용대상	제소기간
필요적 전치주의	① 공무원에 대한 징계 기타 불이익처분(국가공무원법 제16조 제1항, 교육공무원법 제53조 제1항, 지방공무원법 제20조의2) ② 각종 세법상의 처분(국세기본법 제56조 제1항, 관세법 제120조 제2항) - 지방세는 필요적 전치규정은 삭제하고 이의신청, 심사청구 규정만 존치(지방세법 제72조) ③ 행정심판재결만이 소송의 대상이 되	(1) 공무원에 대한 징계 기타불이익처분 ① 일반공무원 소청심사위원회에 심사청구(30일 이내) → 소송제기(90일 이내) ② 교원인 공무원 교원징계재심위원회에 재심청구(30일 이내) → 소송제기(60일 이내) (2) 국세 및 관세 국세심판원(관세심사위원회)에 심사청

		구(90일 이내) → 소송제기(90일 이내)
	는 사건 ④ 도로교통법상의 운전면허처분(도로 교통법 제142조)	(3) 노동위원회의 결정 중앙노동위원회에 재심신청(10일 이내) → 소송제기(15일 이내) (4) 경찰청의 운전면허처분 행정심판위원회에 심판청구(90일 이내) → 소송제기(90일 이내)
임의적 전치주의	필요적 전치 사항을 제외한 행정처분	1. 취소소송 (1) 행정심판청구를 하지 않은 경우 처분 등이 있음을 안 날로부터 90일, 처분 등이 있은 날로부터 1년 이내에 소를 제기 (2) 행정심판청구를 한 경우 행정심판 재결서 정본을 송달 받은 날로부터 90일, 재결이 있은 날로부터 1년 이내에 소를 제기 2. 무효소송 제소기간의 제한이 없음 3. 부작위위법확인소송 부작위상태가 계속되는 한 언제라도 소를 제기할 수 있음

한편, 위와 같은 개별 법률에서 행정심판전치주의를 채택하고 있는 경우에 행정심판을 청구하면서 취소소송도 함께 제기하는 때에는 이를 부적법한 제소로 보아 각하하는 것이 아니라 재결이 있기까지 기다리거나 심판청구일로부터 60일 도과하기를 기다려 행정심판전치주의에 대한 하자가 치유된 것으로 보고 본안판단을 하는 것이 보통이다.

3. 행정심판의 제기요건

행정심판의 제기요건은 본안심리를 받기 위한 요건으로 이러한 심판청구의 제기요건들은 행정심판을 청구하는 데에 필요한 형식적 요건으로서 요건심리 결과 그 요건들이 충족되지 않는 심판청구는 부적법한 심판청구로서 각하를 받게 된다.

가. 청구인

심판청구의 청구인이 될 수 있는 것은 당해 심판청구에 대하여 법률상 이익이 있는 자로서, 청구인은 당해 심판청구의 대상인 처분이나 부작위의 상대방 또는 제3자에 관계없이 자연인 또는 법인을 모두 포함한다.

나. 심판청구의 대상

1) 행정청의 위법 또는 부당한 처분

행정청의 처분 또는 부작위에 대하여는 다른 법률에 특별한 규정이 있는 경우 외에는 이 법에 따라 행정심판을 청구할 수 있다. 대통령의 처분 또는 부작위에 대하여는 다른 법률에서 행정심판을 청구할 수 있도록 정한 경우 외에는 행정심판을 청구할 수 없다(법제3조 1항, 2항).

2) 행정청의 처분

행정청의 처분이란 행정청이 행하는 구체적 사실에 관한 법집행으로서의 공권력행사를 의미하고, 공권력행사란 행정청에 의한 공법행위 내지 우월한 일반적의사의 발동으로 행하는 단독행위를 말하므로 행정청이 상대방과 대등한 지위에서 하는 공법상계약이나, 행정입법, 공법상합동행위, 행정청의 사법상행위, 대외적으로 아무런 법적효과도 발생하지 않는 내부적 행위, 알선·권유·장려·권장 등 행정지도나 단순한사실행위 등은 행정심판의 대상에 포함되지 않는다.

3) 절차상 하자

대법원은 "식품위생법 제64조, 동법 시행령 제37조 제1항의 규정에 의한 청문제도의취지에 비추어 볼 때 행정청이 영업정지처분을 하면서 반드시 사전에 청문절차를 거쳐야 함은 물론 청문서 도달기간 등을 엄격히 지켜 영업자로 하여금 의견진술과 변명의 기회를 보장하여야 하는 것이고, 가령 동법 제59조의 사유가 분명히 존재하는 경우라도 위와 같은 청문절차를 제대로 준부하지 아니하고 한 영업정지처분은 위법을 면치 못한다."고 판시하여, 청문절차에 위법이 있는 경우 위법한 청문절차를 거쳐 내려진 영업정지처분 역시 위법하다고 보고 있다.[6]

다. 심판청구기간

1) 개 설

가) 의의

행정심판의 청구는 소정의 청구기간 내에 제기하여야 한다. 심판청구기간에 관한 문제는 '취소심판청구'와 '거부처분에 대한 의무이행심판청구'에만 해당된다. 무효등확인심판과 부작위에 대한 의무이행심판청구는 그 성질에 비추어 청구기간의 제한이 배제되기 때문이다.

나) 입법 취지

행정심판법이 처분을 다투는 심판청구에 기간의 제한을 두는 것은 처분은 그 상대방뿐만 아니라 일반대중과 이해관계가 크기 때문에 처분의 효과 등 법률관계를 가능한 빨리 안정시키기 위해서이다.

2) 원칙적인 심판청구기간

가) 행정심판은 처분이 있음을 알게 된 날부터 90일 이내에 청구하여야 하고(법제27조 1항), 처분이 있었던 날부터 180일이 지나면 청구하지 못한다. 다만, 정당한 사유가 있는 경우에는 그러하지 아니하다(법제27조 3항). 위 90일의 청구기간은 불변기간(不變期間)으로 한다(법제27조 4항). 따라서 직권조사사항이다. 이들 두 기간 중 어느 하나라도 기간이 지나면 행정심판청구를 제기하지 못한다.

나) 처분이 있음을 알게 된 날
(1) '처분이 있음을 알게 된 날'이란 통지·공고 기타의 방법에 의하여 그 처분이 있었던 사실을 현실적으로 안 날을 의미 한다.

---

6) 대법원 1992. 2. 11. 선고 91누11575 판결.

(2) 처분을 서면으로 하는 경우에는 그 서면이 상대방에게 도달한 날, 공시송달의 경우
는 서면이 상대방에게 도달한 것으로 간주되는 날을 말한다. 그러나 처분이 공고
또는 고시의 방법으로 통지하는 경우에 상대방이 이러한 처분 또는 공고를 보지 못
한 경우라도 고시를 보지 못한 경우에는 행정업무의 효율적 운영에 관한 규정 제6
조 3항에서 '특별규정이 있는 경우를 제외하고는 고시 또는 공고가 있은 후에 5일이
경과한 날부터 효력이 발생한다'고 하고 있고, 판례 또한 고시 또는 공고의 효력발
생일에 관한 명문규정이 없는 경우에는 사무관리규정이 적용되어 공고·고시에 의
한 행정처분은 5일이 경과한 후 알았다고 보아야 한다고 하고 있다.

다) 처분이 있은 날

처분이 있었던 날이란 처분이 통지에 따라 외부에 표시되고 그 효력이 발생한 날을 말
한다.[7] 송달은 다른 법령등에 특별한 규정이 있는 경우를 제외하고는 해당 문서가 송
달받을 자에게 도달됨으로써 그 효력이 발생하며(행정절차법 제15조 제1항), 정보통
신망을 이용하여 전자문서로 송달하는 경우에는 송달받을 자가 지정한 컴퓨터 등에
입력된 때에 도달된 것으로 본다(행정절차법 제14조 제3항 및 제15조 제2항). 또한,
송달받을 자의 주소 등을 통상의 방법으로 확인할 수 없는 경우나 송달이 불가능한 경
우에는 송달받을 자가 알기 쉽도록 관보·공보·게시판·일간신문 중 하나 이상에
공고하고 인터넷에도 공고해야 하며, 이러한 경우 다른 법령등에 특별한 규정이 있는
경우를 제외하고는 공고일부터 14일이 지난 때에 그 효력이 발생한다(행정절차법 제
14조 제4항 및 제15조 제3항).

한편, 고시 또는 공고에 따라 행정처분을 하는 경우에는 고시일 또는 공고일에 그 행
정처분이 있었음을 알았던 것으로 보아 청구기간을 기산해야 하는데, 통상 고시 또는
공고에 의하여 행정처분을 하는 경우, 고시가 효력을 발생하는 날인 고시 또는 공고가
있은 후 5일이 경과한 날에 행정처분이 있음을 알았다고 보아[8] 청구기간을 기산한다.

---

7) 대법원 1977. 11. 22. 선고 77누195 판결.
8) 대법원 2000. 9. 8. 선고 99두11257 판결.

3) 예외적인 심판청구기간

가) 불가항력의 경우

청구인이 천재지변, 전쟁, 사변, 그 밖의 불가항력으로 인하여 90일의 기간내에 심판청구를 할 수 없었을 때에는 그 사유가 소멸한 날부터 14일(국외에서는 30일) 이내에 행정심판을 청구할 수 있다(법제18조 2항). 이기간은 불변기간이다.

나) 정당한 사유가 있는 경우

정당한 사유가 있으면 처분이 있은 날로부터 180일을 경과한 뒤에도 심판청구를 제기할 수 있다(법제18조 3항). 이때의 정당한 사유란 처분이 있었던 날부터 180일 이내에 심판청구를 하지 못함을 정당화할만한 객관적 사유를 말하며, 불가항력보다 넓은 개념을 의미한다. 정당한 사유 역시 처분이 있음을 알게 된 날부터 90일 이내, 처분이 있었던 날부터 180일 이내에 시작되어야 한다.

다) 오고지 · 불고지의 경우

행정청이 서면에 의하여 처분을 하는 경우에 그 처분의 상대방에게 행정심판청구에 관한 사항을 고지하도록 되어 있는데, 행정청이 심판청구기간을 처분이 있음을 알게 된 날부터 90일보다 긴 기간으로 잘못 알려줘서 그로인해 청구인이 잘못 알린 기간에 심판청구를 하게 되면 그 심판청구는 90일 내에 제기된 것으로 본다(법제27또한 행정청이 심판청구기간을 알리지 아니한 경우에는 처분이 있었던 날부터 180일 이내에 심판청구를 할 수 있다(같은 조 제6항).조 5항).

행정청의 잘못된 고지 또는 불고지

행정청이 서면에 의하여 처분을 하는 경우에는 그 처분의 상대방에게 처분에 대하여 행정심판을 청구할 수 있는지, 행정심판을 청구하는 경우의 심판청구절차 및 심판청구기간을 알려주도록 규정하고 있다. 그럼에도 불구하고 행정청이 이러한 고지를 하지 않거나 잘못 알려서 청구인이 심판청구서를 다른 행정기관에 제출한때에는 당해 행정기관은 그 심판청구서를 지체없이 정당한 권한 있는 피청구인에게 송부하여야 한다($\frac{§23}{②}$). 이 경우에는 처음의 제출기관에 심판청구서가 제출된 때에 심판청구가 제기된 것으로 본다($\frac{§23}{④}$). 문제는 고지의 대상이 아닌자($\frac{제3자효행정행위로 인하여}{권리가 침해되는 제3자}$)가 다른 행정기관에 심판청구서를 제출한 경우에 대하여는 명문규정이 없다. 그러나 이러한 경우에도 당해 행정기관은 지체없이 정당한 권한 있는 행정기관에 심판청구서를 송부하여야 할 것이고, 그 경우에는 처음의 행정기관에 심판청구서가 제출된 때에 심판청구가 제기된 것으로 보아야 한다($\frac{대판1975.12.24.}{74누134}$).

---

4) 복효적행정행위의 심판청구기간

가) 복효적 행정행위에 있어서 처분의 직접상대방이 아닌 제3자가 행정심판을 제기한 경우에도 심판제기기간은 원칙적으로 처분이 있음을 안 날로부터 90일 이내, 처분이 있은 날로부터 180일 이내로 한다. 따라서 제3자가 처분이 있었음을 안 경우에는 90일의 기간 제한이 적용된다.

나) 그러나 현행법은 처분을 제3자에게 통지하도록 규정하고 있지 않기 때문에 통상적인 경우에는 제3자가 처분이 있음을 알 수 없다. 따라서 이 경우 행정심판제기기간은 '처분이 있은 날로부터 180일 이내'가 기준이 된다.

다) 행정처분의 직접 상대방이 아닌 제3자는 일반적으로 처분이 있는 것을 바로 알 수 없는 처지에 있으므로 심판청구기간 내에 심판청구를 제기하지 아니하였다고 하더라도 그 기간 내에 처분이 있는 것을 알았거나 쉽게 알 수 있었기 때문에 심판청구를 제기 할 수 있었다고 볼만한 특별한 사정이 없는 한 위 법조항 본문의 적용을 배

제할 '정당한 사유가' 있는 경우에 해당한다(대법원 1992. 7. 28. 91누12844 판결).

5) 특별법상의 심판청구기간

특별법에서는 심판청구기간에 관하여 특별규정을 두는 경우가 많다(국세기본법 등). 이들 특례규정은 행정심판법에 우선한다.

가) 조세소송

필요적 전치주의가 적용되는 국세와 관세의 부과처분에 대한 소송에는 원칙적으로 국세기본법, 관세법이 정한 특별 행정심판절차를 거쳐야 하고, 행정소송은 최종 행정심판결정을 받은 때부터 90일 이내(법정 결정기간 내에 결정통지를 받지 못한 경우에는 통지를 받기 전이라도 제소 가능)에 제기하여야 한다(국세기본법 56조 3항, 관세법 120조 3항). 감사원법상의 심사청구를 거쳐 바로 소를 제기하는 경우에도 심사청구에 대한 결정통지를 받는 날부터 90일 이내에 행정소송을 제기하여야 한다(국세기본법 56조 4항, 관세법 119조 4항).

감사원법상의 심사청구를 거쳐 비로 소를 제기하는 경우에도 심사청구에 대한 결정통지를 받은 날부터 90일 이내에 행정소송을 제기하여야 한다(국세기본법 56조 4항, 관세법 119조 4항). 위 90일의 기간은 불변기간이다.

나) 토지수용위원회의 수용 · 사용재결에 대한 소

공익사업을 위한 토지 등의 취득 및 보상에 관한 법률에 의한 지방토지수용위원회나 지방토지수용위원회의 수용 · 사용재결에 대하여 불복이 있으면, 그 재결서를 받은 날부터 30일 내에 중앙토지수용위원회에 이의를 신청할 수 있고, 이의신청을 거친 경우에는 이의재결서를 받은 날부터 30일 내에, 그렇지 않은 경우에는 수용 · 사용재결서를 받은 날부터 60일 내에 각 수용 · 사용재결의 취소를 구하는 행정소송을 제기하여야 한다(공익사업을 위한 토지 등의 취득 및 보상에 관한 법률 83조, 84, 85조).

다) 중앙노동위원회의 처분 및 재심판정에 대한 소

중앙노동위원회가 한 처분이나 재심판정에 대한 소는 처분의 통지 또는 재심판정서의 송달을 받은 날부터 15일 이내에 소를 제기하여야 한다(노동위원회법 27조 1항, 노동조합 및 노동관계조정법 85조 2항).

라) 교원징계에 대한 소

교원소청심사위원회의 결정에 대한 소는 그 결정서를 송달받은 날부터 90일 이내에 소를 제기하여야 한다(교원의 지위 향상 및 교육활동 보호를 위한 특별법 10조 3항). 교원 이외의 다른 공무원에 대하여는 소청심사위원회의 필요적 전치를 거쳐야 하나 제소기간에 관하여는 특별한 규정이 없으므로 행정소송법에 따른다.

마) 해난심판재결에 대한 소

중앙해양안전심판원의 재결에 대한 소는 재결서 정본을 송달받은 날부터 30일 이내에 중앙해양안전심판원의 소재를 관할하는 고등법원에 제기하여야 한다(해양사고의 조사 및 심판에 관한 법률 74조 1, 2항).

라. 심판청구의 방식

1) 서면주의

가) 의의

행정심판청구는 일정한 사항을 기재한 서면(심판청구서)으로 한다. 심판청구를 서면으로만 하게 한 것은 청구의 내용을 명확하게 하고 구술로 하는 경우에 생길 수 있는 지체와 복잡을 피하는데 있다. 따라서 일정사항을 기재하여 서면으로 하는 요식행위이며, 서면심리주의이다. 입법론적으로는 심판청구인의 편의를 위하여 일정한 경우에 구술로 제기하는 특례가 검토되어야 한다는 의견도 있다.

나) 전자정보처리조직을 통한 방식(법제52조)

행정심판 절차를 밟는 자는 심판청구서와 그 밖의 서류를 전자문서화 하고 이를 정보통신망을 이용하여 위원회에서 지정·운영하는 전자정보처리조직(행정심판 절차에 필요한 전자문서를 작성·제출·송달할 수 있도록 하는 하드웨어, 소프트웨어, 데이터베이스, 네트워크, 보안요소 등을 결합하여 구축한 정보처리능력을 갖춘 전자적 장치를 말한다. 이하 같다)을 통하여 제출할 수 있다. 제출된 전자문서는 제출된 것으로 보며, 부본을 제출할 의무는 면제된다. 제출된 전자문서는 그 문서를 제출한 사람이 정보통신망을 통하여 전자정보처리조직에서 제공하는 접수번호를 확인하였을 때에 전자정보처리조직에 기록된 내용으로 접수된 것으로 본다.

다) 기재사항

(1) 필요적 기재사항

	내 용	비 고
필요적 기재사항	① 청구인의 이름 및 주소 또는 사무소 ② 피청구인과 위원회, ③ 심판청구의 대상이 되는 처분의 내용, ④ 처분이 있음을 안게 된 날, ⑤ 심판청구의 취지와 이유, ⑥ 피청구인의 행정심판 고지 유무와 그 내용,	부작위에 대한 심판청구의 경우에는 위의 ①②⑤의 사항과 그 부작위의 전제가 되는 신청의 내용과 날짜를 적어야 하며(법제28조3항), 청구인이 법인이거나 능력 있는 비법인사단 또는 재단이거나 행정심판이 선정대표자나 대리인에 의하여 청구되는 것일 때에는 필요적 기재 사항과 함께 그 대표자·관리인·선정대표자 또는 대리인의 이름과 주소를 적어야 한다(법28조4항). 심판청구서에는 청구인·대표자·관리인·선정대표자 또는 대리인이 서명하거나 날인하여야 한다(법28조5항)

① 행정심판 청구서에 비록 행정심판청구서라는 명칭을 사용하지 아니하고 이의 신청 등의 다른 용어를 사용했더라도 적법한 행정심판청구로 보아야 한다. 그리고 심판청구서의 기재사항 등에 결함이 있는 경우에는 행정심판위원회는 상당한 기간을 정하여 그 보정을 요구하거나 직권으로 보정할 수 있다. 그러나 보정명령에 따르지 아니하거나 보정이 불가능한 경우에는 이를 각하 하여야 한다.

② 행정심판청구의 방식은 행정심판법 시행규칙 별지 제30호 서식에 규정되어 있지만, 엄격한 형식을 요하지 아니하는 서면행위이므로 행정청의 위법·부당한 처분으로 인하여 권익을 침해당한 사람이 당해 행정청에 그 처분의 취소나 변경을 구하는 취지의 서면을 제출하였다면 서면의 표제나 형식여하에 불구하고 행정심판청구로 봄이 타당하다(대법원 1999. 6. 22. 99두2772 판결).

(2) 임의적 기재사항

필요적 기재사항 외의 사항은 청구인에게 유리한 사유나 증거가 있으면 기재할 수 있으나 이를 기재하지 않더라도 문제가 되지 않는다.

마. 심판청구의 제출절차

1) 제출기관

행정심판을 청구하려는 자는 심판청구서를 작성하여 피청구인이나 위원회에 제출하여야 한다. 이 경우 피청구인의 수만큼 심판청구서 부본(사본 2부 첨부)을 함께 제출하여야 한다(법제23조). 심판청구 기간을 계산할 때에는 피청구인이나 위원회에 심판청구서가 제출되었을 때에 행정심판이 청구된 것으로 본다.

2) 피청구인에게 심판청구서가 제출된 경우의 처리

가) 위원회에 답변서 제출

피청구인이 심판청구서를 접수하거나 송부 받으면 10일 이내에 심판청구서와 답변서를 위원회에 보내야 한다. 다만, 청구인이 심판청구를 취하한 경우에는 그러하지 아니하다. 피청구인이 심판청구서를 보낼 때에는 심판청구서에 위원회가 표시되지 아니하였거나 잘못 표시된 경우에도 정당한 권한이 있는 위원회에 보내야 한다. 답변서를 보낼 때에는 청구인의 수만큼 답변서 부본을 함께 보내되, 답변서에는 처분이나 부작위의 근거와 이유, 심판청구의 취지와 이유에 대응하는 답변 사항을 명확하게 적어야 한다(법제24조).

나) 처분의 상대방에게 송달

피청구인은 처분의 상대방이 아닌 제3자가 심판청구를 한 경우에는 지체 없이 처분의 상대방에게 그 사실을 알려야 한다. 이 경우 심판청구서 사본을 함께 송달하여야 한다. 이 경우에 피청구인은 송부 사실을 지체 없이 청구인에게 알려야 한다(법제24조).

다) 중앙행정심판위원회에서 심판하는 경우

중앙행정심판위원회에서 심리 · 재결하는 사건인 경우 피청구인은 심판청구서를 접수하거나 송부받으면 10일 이내에 심판청구서와 답변서를 위원회에 보내야 하는데, 심판위원회에 심판청구서 또는 답변서를 보낼 때에는 소관 중앙행정기관의장에게도 그 심판청구 · 답변의 내용을 알려야 한다.

라) 피청구인의 직권취소 등

피청구인이 청구인이나 위원회로부터 심판청구서를 받은 때에 그 심판청구서가 이유 있다고 인정하면 심판청구의 취지에 따라 직권으로 처분을 취소·변경하거나 확인을 하거나 신청에 따른 처분을 할 수 있다. 이 경우 서면으로 청구인에게 알려야 한다. 피청구인이 직권취소 등을 하였을 때에는 청구인이 심판청구를 취하한 경우가 아니면 심판청구서·답변서를 보낼 때 직권취소 등의 사실을 증명하는 서류를 위원회에 함께 제출하여야 한다.

3) 위원회에게 심판청구서가 제출된 경우의 처리

가) 심판청구서 부본을 피청구인에게 송부

위원회가 심판청구서를 받으면 지체 없이 피청구인에게 심판청구서 부본을 보내야 한다(법제26조 1항).

나) 답변서 부본을 청구인에게 송달

위원회는 피청구인으로부터 답변서가 제출되면 답변서 부본을 청구인에게 송달하여야 한다(법제26조 2항).

4) 제3자가 심판청구를 한 경우

위원회는 처분의 상대방이 아닌 제3자가 심판청구를 한 경우에는 지체 없이 처분의 상대방에 알려야 하고 이 경우 심판청구서 사본을 함께 송달해야 하며, 위원회는 송부 사실을 지체 없이 청구인에게 알려야 한다.

4. 심판청구의 변경 및 취하

가. 심판청구의 변경

1) 의의

심판청구의 변경이란 심판청구의 계속 중에 청구인이 당초에 청구한 심판사항을 변경하는 것을 말한다. 행정심판법은 심판청구인은 청구의 기초에 변경이 없는 범위 안에서 청구의 취지 또는 이유를 변경할 수 있으며, 심판청구 후에 처분청인 피청구인이 그 심판 대상인 처분을 변경한 경우에는 청구인은 변경된 처분에 맞추어 청구의 취지 또는 취지를 변경할 수 있도록 규정하고 있다. 이는 당사자 간의 분쟁해결의 편의를 도모하기 위한 것으로 여기에서 청구의 기초에 변경이 없는 범위란 청구한 사건의 동일성을 깨뜨리지 않는 범위를 의미한다.

2) 청구변경의 형태

청구의 변경에는 추가적 변경과 교환적 변경의 두 가지 형태가 있다. 추가적 변경은 종전의 청구를 유지하면서 거기에 별개의 청구를 추가, 병합하는 것을 말하고 교환적 변경은 종전의 청구 대신에 신규 청구에 관한 심판을 구하는 것으로 이는 추가적 변경과 종전의 청구취소와의 결합 형태이다.

3) 청구변경의 요건

청구의 변경이 있으면 그 변경의 범위 내에서 신 청구가 생기게 되는 것이므로 그 신 청구에 대하여 심판청구의 일반적 요건을 갖추어야 한다. 그리고 신, 구 청구 사이에는 ① 청구의 기초에 변경이 없는 범위 내에서 하여야 하고, ② 심판청구가 계속 중이고, ③ 행정심판위원회의 의결 전이어야 하고 ④ 위원회의 허가를 얻어야 하는데 위원회는 청구의 변경이 이유 없다고 인정할 때에는 상대방인 당사자의 신청이나 직권에 의하여 결정함으로써 그 변경을 허가하지 아니할 수 있다.

4) 청구변경의 절차 등

청구의 변경은 서면으로 신청하여야 하며 그 부본을 상대방인 당사자에게 송달하여야 한다. 청구의 변경은 행정심판위원회가 그 허가권을 가지는 점을 고려할 경우 명문의 규정은 없지만 청구변경의 신청은 행정심판위원회에 제기하여야 한다. 위원회는 청구변경 신청에 대하여 허가할 것인지 여부를 결정하고, 지체 없이 신청인에게는 결정서 정본을, 당사자 및 참가자에게는 결정서 등본을 송달하여야 한다. 행정심판위원회는 청구의 변경이 이유 없다고 인정할 때에는 상대방인 당사자의 신청이나 직권에 의해 그 청구의 변경을 불허 할 수 있다. 이 경우에는 피청구인이 답변서를 제출한 후에도 그의 동의를 필요로 하지 않는다. 신청인은 송달받은 날부터 7일 이내에 이의신청을 할 수 있다.

5) 변경의 효과

청구의 변경결정이 있으면 처음 행정심판이 청구되었을 때부터 변경된 청구의 취지나 이유로 행정심판이 청구된 것으로 본다(법제29조 8항).

6) 새로운 처분 또는 처분변경으로 인한 변경

행정심판이 청구된 후에 피청구인이 새로운 처분을 하거나 심판청구의 대상인 처분을 변경한 경우에는 청구인은 새로운 처분이나 변경된 처분에 맞추어 청구의 취지나 이유를 변경할 수 있다(법제29조 2항).

나. 심판청구의 취하

1) 의의

심판청구의 취하란 청구인과 참가인이 심판청구에 대한 의결이 있을 때까지 심판청구 또는 참가신청을 일방적으로 철회하는 의사표시를 말한다.
참가인은 심판청구에 대하여 제7조 제6항 또는 제8조 제7항에 따른 의결이 있을 때까지 서면으로 참가신청을 취하할 수 있다(법제42조 2항).

2) 요건

심판청구의 취하는 ① 위원회의 의결이 있을 때까지는 언제든지 서면으로 심판청구를 취하할 수 있고, ② 피청구인이 답변서를 제출한 후에도 그의 동의를 요하지 않고 취하할 수 있다. 이점이 민사소송에서의 소의 취하와 다르다. ③ 취하서에는 청구인이나 참가인이 서명하거나 날인하여야 한다(법제42조 3항).

3) 절 차(법제42조)

가) 서면신청

참가인은 심판청구에 대하여 위원회의 의결이 있을 때까지 서면으로 참가신청을 취하할 수 있다.

나) 서명 또는 날인

취하서에는 청구인이나 참가인이 서명하거나 날인하여야 한다.

다) 피청구인 또는 위원회에 제출

청구인 또는 참가인은 취하서를 피청구인 또는 위원회에 제출하여야 한다.

라) 사실 통보

피청구인 또는 위원회는 계속 중인 사건에 대하여 취하서를 받으면 지체 없이 다른 관계 기관, 청구인, 참가인에게 취하 사실을 알려야 한다.

4) 효과

심판청구는 취하로 인해 소급적으로 소멸한다.

5. 행정심판청구의 효과

가. 처분청 및 행정심판위원회에 대한 효과

1) 처분청의 심판청구서 등 송부의무

가) 피청구인인 처분청은 심판청구가 이유 있다고 인정되는 때를 제외하고 심판청구서를 접수하거나 송부 받으면 10일 이내에 심판청구서(제23조 제1항·제2항의 경우만 해당된다)와 답변서를 위원회에 보내야 한다. 다만, 청구인이 심판청구를 취하한 경우에는 그러하지 아니하다(법제24저 1항).

나) 피청구인은 처분의 상대방이 아닌 제3자가 심판청구를 한 경우에는 지체 없이 처

분의 상대방에게 그 사실을 알려야 한다. 이 경우 심판청구서 사본을 함께 송달하여야 한다(법제24조 2항).

2) 위원회의 심리·재결의무

위원회는 제출받은 행정심판청구사건에 대하여 심리·재결할 의무를 진다.

나. 처분에 대한 효과

1) 행정심판법상 규정

행정심판법은 행정의 신속성과 국민의 권리구제 중 행정의 신속성을 중시하여 집행부정지를 원칙으로 하고 예외적으로 국민의 권리보호를 위할 필요가 있는 경우에 집행정지 및 임시처분을 결정할 수 있도록 하고 있다(법제30조).

2) 집행부정지의 원칙

행정심판법은 원칙적으로 행정소송법과 마찬가지로 '심판청구는 처분의 효력이나 그 집행 또는 절차의 속행(續行)에 영향을 주지 아니한다.'라고 규정하여(법제30조 1항), 집행부정지를 원칙으로 하고 있다.

3) 집행정지제도

가) 의의

행정심판법은 원칙적으로 행정심판이 제기되어도 처분의 효력(구속력, 공정력, 집행력, 불가쟁력, 불가변력 등) 등을 정지시키는 효력은 없으나 그 처분의 집행 등으로 인하여 중대한 손해가 생기는 것을 예방할 필요성이 긴급하다고 인정할 때에는 당사자의 권리·이익을 보전하기 위하여 예외적으로 위원회가 처분의 효력이나 그 집행 또는 절차의 속행의 전부 또는 일부를 잠정적으로 정지할 수 있게 하였는데 이를 집행정지라 하며, 이는 잠정적·현상유지적 성격, 임시보전적 절차로서 부종적 성격(집행정지는 본안 청구가 존재함을 전제) 그리고 집행정지는 중대한 손해가 발생될 가능성이 절박하여 재결을 기다릴 만한 여유가 없는 경우에 허용되는 긴급적 성격을 갖는다.

나) 정지요건

행정심판법 제30조(집행정지)

① 심판청구는 처분의 효력이나 그 집행 또는 절차의 속행(續行)에 영향을 주지 아니한다.

② 위원회는 처분, 처분의 집행 또는 절차의 속행 때문에 중대한 손해가 생기는 것을 예방할 필요성이 긴급하다고 인정할 때에는 직권으로 또는 당사자의 신청에 의하여 처분의 효력, 처분의 집행 또는 절차의 속행의 전부 또는 일부의 정지(이하 "집행정지"라 한다)를 결정할 수 있다. 다만, 처분의 효력정지는 처분의 집행 또는 절차의 속행을 정지함으로써 그 목적을 달성할 수 있을 때에는 허용되지 아니한다.

③ 집행정지는 공공복리에 중대한 영향을 미칠 우려가 있을 때에는 허용되지 아니한다.

④ 위원회는 집행정지를 결정한 후에 집행정지가 공공복리에 중대한 영향을 미치거나 그 정지사유가 없어진 경우에는 직권으로 또는 당사자의 신청에 의하여 집행정지 결정을 취소할 수 있다.

⑤ 집행정지 신청은 심판청구와 동시에 또는 심판청구에 대한 제7조 제6항 또는 제8조 제7항에 따른 위원회나 소위원회의 의결이 있기 전까지, 집행정지 결정의 취소신청은 심판청구에 대한 제7조 제6항 또는 제8조 제7항에 따른 위원회나 소위원회의 의결이 있기 전까지 신청의 취지와 원인을 적은 서면을 위원회에 제출하여야 한다. 다만, 심판청구서를 피청구인에게 제출한 경우로서 심판청구와 동시에 집행정지 신청을 할 때에는 심판청구서 사본과 접수증명서를 함께 제출하여야 한다.

⑥ 제2항과 제4항에도 불구하고 위원회의 심리·결정을 기다릴 경우 중대한 손해가 생길 우려가 있다고 인정되면 위원장은 직권으로 위원회의 심리·결정을 갈음하는 결정을 할 수 있다. 이 경우 위원장은 지체 없이 위원회에 그 사실을 보고하고 추인(追認)을 받아야 하며, 위원회의 추인을 받지 못하면 위원장은 집행정지 또는 집행정지 취소에 관한 결정을 취소하여야 한다.

⑦ 위원회는 집행정지 또는 집행정지의 취소에 관하여 심리·결정하면 지체 없이 당사자에게 결정서 정본을 송달하여야 한다.

(1) 적극적 요건

(가) 집행정지대상인 처분의 존재

집행정지의 대상인 처분이 존재해야 한다. 왜냐하면 처분의 집행이 이미 완료되었거나 그 목적이 달성된 경우에는 집행정지 대상인 처분의 실체가 없으므로 집행정지는 불가능하기 때문이다. 따라서 처분이 이미 집행 종료되었거나 그 목적이 달성되는 등으로 소멸하여 집행을 정지할 실체가 없게 된 때에는 집행정지가 불가능하다.

통상 집행정지의 대상이 되는 처분은 영업정지 등과 같은 침익적 행정처분이 되는 것이 원칙인바, 영업허가 등과 같은 수익적 처분은 그 대상이 되지 아니한다. 다만 수익적 처분이 제3자료를 가지는 복효적 행정행위인 경우 제3자가 그 처분의 효력을 다투는 경우 청구인인 제3자가 그 수익적 처분에 대하여 집행정지를 신청할 수 있다.

(나) 심판청구의 계속

처분에 대한 집행정지는 취소심판 등 본안 행정심판이 계속 중에 있어야 한다. 이는 심판청구 기간 등 청구 요건을 갖춘 적법한 것이어야 하는데, 그러한 적법성은 신청에 대한 결정을 하기 전에 갖추면 된다. 따라서 행정심판의 청구전 집행정지신청을 한 경우라도 그 결정이 있기 전에 행정심판을 제기한 경우 그 하자가 치유되기 때문에 집행정지결정을 발 수 있다.

이때 집행정지신청은 심판청구와 동시 도는 심판청구에 대한 행정심판위원회나 소위원회의 의결이 있기 전까지 하여야 한다.

(다) 중대한 손해의 발생우려

회복하기 어려운 손해발생의 우려가 있어야 한다. 회복하기 어려운 손해란 금전보상이 불능인 경우뿐만 아니라 금전보상으로는 사회통념상 당사자가 참고 견디기 현저히 곤란한 손해를 의미한다. 다만, 구체적인 상황을 고려하여 손해의 정도와 성질, 처분의 내용과 성질도 감안하여 손해가 회복하기 어려운 손해에 해당하지 안니하더라도 중대하다고 판단되면 집행정지를 인정할 수 있다.

한편, 행정소송의 경우에는 집행정지의 요건을 '회복하기 어려운 손해'로 규정하여 행정심판보다 그 요건을 좁게 규정하고 있다.

(라) 긴급한 필요의 존재

긴급한 필요한의 존재란 회복하기 어려운 손해의 발생이 시간적으로 절박하거나 이미 시작되어서 본안 재결을 기다릴 만한 시간적 여유가 없어야 한다. 그러므로 긴급한 필요한 손해발생의 가능성과 시간적인 적박성을 포괄하는 개념이라고 볼 수 있다.

위와 같은 요건을 갖춘 경우 당사자의 신청 또는 직권에 의하여 위원회가 집행정지결정을 할 수 있다.

(2) 소극적 요건

(가) 공공복리에 중대한 영향을 미칠 우려가 있는 경우

처분의 집행정지는 공공복리에 중대한 영향을 미칠 우려가 있는 경우에는 허용되지 않는다. 공공복리에 대한 영향이 중대한 것인지의 여부는 일반적인 공익개념에 따라 추상적으로 판단할 것이 아니라 공공복리와 청구인의 손해를 비교 형량하여 개별 구체적으로 판단하여야 한다.

이때 공공복리에 중대한 영향을 미칠 우려가 있다는 소극적 요건의 존재에 대하여는 처분청에 주장·소명책임이 있다.

(나) 본안 청구가 이유 없음이 명백한 경우

본안 소송에서의 처분의 취소 가능성이 없음에도 처분의 효력이나 집행의 정지를 인정한다는 것은 제도의 취지에 반하기 때문이다.

다) 집행정지 결정의 절차

(1) 행정심판위원회에 서면제출

집행정지신청을 하려는 당사자는 심판청구와 동시에 또는 심판청구에 대한 위원회나 소위원회의 의결이 있기 전까지, 신청의 취지와 원인을 적은 서면을 위원회에 제출하여야 한다. 다만, 심판청구서를 피청구인에게 제출한 경우로서 심판청구와 동시에 집행정지신청을 할 때에는 심판청구서 사본과 접수증명서를 함께 제출하여야 한다(법제30조 5항). 집행정지의 적극적 요건인 중대한 손해가 발생할 우려가 있다는 점과 긴급한 필요가 있다는 점에 대한 소명은 신청인이 하여야 하기 때문에 신청서에 이를 소명하는 내용을 기재하고 관련서류를 첨부하여야 한다.

(2) 행정심판위원회의 집행정지 결정

위원회는 처분, 처분의 집행 또는 절차의 속행 때문에 중대한 손해가 생기는 것을 예방할 필요성이 긴급하다고 인정할 때 즉, 집행정지의 요건이 충족된 경우에는 직권으로 또는 당사자의 신청에 의하여 처분의 효력, 처분의 집행 또는 절차의 속행의 전부 또는 일부의 정지를 결정할 수 있다. 다만, 처분의 효력정지는 처분의 집행 또는 절차의 속행을 정지함으로써 그 목적을 달성할 수 있을 때에는 허용되지 아니한다(법제30조 2항).

(3) 위원장의 갈음 결정

그러나 위원회의 심리 · 결정을 기다릴 경우 중대한 손해가 생길 우려가 있다고 인정되면 위원장은 직권으로 위원회의 심리 · 결정을 갈음하는 결정을 할 수 있다. 이 경우 위원장은 지체 없이 위원회에 그 사실을 보고하고 추인(追認)을 받아야 하며, 위원회의 추인을 받지 못하면 위원장은 집행정지 또는 집행정지 취소에 관한 결정을 취소하여야 한다(법제30조 6항). 집행정지는 긴급을 요하는 경우가 많고 행정심판위원회는 자주 열리지 아니하기 때문에 청구인의 권익보호를 위한 것이다.

라) 집행정지의 내용과 대상

집행정지결정의 내용은 처분의 효력이나 그 집행 또는 절차의 속행의 전부 또는 일부의 정지이다.

(1) 처분의 효력정지

처분의 효력정지란 처분의 효력을 잠시 정지시킴으로서 이후로부터 처분 자체가 존재하지 않은 상태에 두는 것을 말한다(예를 들어 영업허가의 취소나 정지처분에 대한 처분의 효력정지 결정이 있으면 본안 재결시까지 잠정적으로 영업을 계속할 수 있게 된다). 다만 처분의 효력정지는 처분의 집행 또는 절차의 속행을 정지함으로써 집행정지의 목적을 달성할 수 있는 경우에는 허용되지 않는다.

(2) 처분의 집행정지

처분의 집행정지란 예컨대 강제퇴거명령에 집행정지결정이 이루어지면 강제퇴거를 시킬 수 없는 경우와 같이 처분의 집행을 정지시킴으로써 처분의 내용이 실현되지 않는 상태로 두는 것을 말한다.

(3) 절차의 집행정지

절차의 집행정지란 당해 처분이 유효함을 전제로 하여 법률관계가 이어질 경우에 그 전제가 되는 처분의 효력을 박탈하여 후속되는 법률관계의 진행을 정지시키는 것을 말한다. 예컨대 행정대집행절차 중 대집행의 계고처분의 효력은 유지시키되 후속절차인 대집행영장의 통지를 정지시키는 것이다.

마) 정지결정의 효력

(1) 형성력

처분의 효력정지는 처분의 여러 구속력을 우선 정지시킴으로써 당해 처분이 없던 것과 같은 상태를 실현 시키는 것이다. 그러므로 그 범위 내에서 형성력을 가지는 것을 볼 수 있다.

(2) 대인적 효력

집행정지 결정은 당사뿐만 아니라 관계행정청과 제3자에게도 효력을 미친다고 보아야 한다. 행정소송법은 취소판결의 기속력 규정을 집행정지의 결정에 준용하도록 명시하여 당사자인 행정청과 관계행정청을 기속하도록 하고 있다(행정소송법 제23조 제6항).

(3) 시간적 효력

행정심판위원회는 집행정지 기간의 시기와 종기를 자유로이 정할 수 있는데, 집행정지결정의 효력은 당해 결정의 주문에 정해진 시기까지 존속한다. 만일 주문에 종기를 정함이 없으면 해당 심판청구에 대한 재결이 있을 때까지 정지의 효력이 존속하는 것으로 보아야 한다. 다만, 집행정지 결정의 효력이 존속하는 동안 해당 심판청구가 취하되면 해당 집행정지 결정의 효력도 소멸한다.

한편, 실무에서는 집행정지의 종기를 보통 재결이 있을 때까지로 하는데, 재결은 청구인에게 재결성의 정본이 송달되었 때에 그 효력이 생기므로 집행정지의 종기는 청구인에게 재결서의 정본이 송달되었을 때까지이다.

(4) 적용영역

집행정지결정의 적용영역은 처분을 그 대상으로 하는 취소심판·무효 등 확인 심판에서 인정되고, 거부처분이나 부작위를 그 대상으로 하는 의무이행 심판에는 적용되지 않는다.

바) 집행정지결정의 취소

위원회는 집행정지를 결정한 후에 집행정지가 공공복리에 중대한 영향을 미치거나 그 정지사유가 없어진 경우에는 직권으로 또는 당사자의 신청에 의하여 집행정지 결정을 취소할 수 있다(법제30조 4항). 이때 공공복리에 중대한 영향을 미치는지의 여부는 이해관계인의 사익과 공익을 비교·형량하여 개별적 구체적으로 판단하여야 한다.

위원회는 집행정지 또는 집행정지의 취소에 관하여 심리·결정하면 지체 없이 당사자에게 결정서 정본을 송달하여야 한다(법제30조 7항). 집행정지 결정이 취소되면 일단 발생된 집행정지 결정의 효력은 소멸되고 그때부터 집행정지 결정이 없었던 것과 같은 상태로 돌아간다.

사) 집행정지 결정 및 취소에 대한 불복

행정심판법은 집행정지 결정 및 취소 등에 관한 불복절차를 명시하고 있는 않다. 따라서 이 경우 행정심판으로는 더 이상 다툴 수 없으므로 법원에 소를 제기하여 법원으로부터 집행정지의 결정을 받아야 할 것이다.

아) 집행정지신청례

(1) 신청취지 기재례

피신청인이 2007. 3. 26.자로 신청인에게 한 과징금납입처분은 의정부지방법원 2007구호 과징금납입 처분취소 청구사건의 본안판결확정시까지 그 효력을 정지한다.
라는 결정을 구합니다.

(2) 신청서

[서식] 행정처분 집행정지 신청서

행정처분 집행정지 신청

신 청 인 ○○○

　　　　경기 00시 00동 000-00

　　　　위 신청인의 소송대리인 변호사 백 00

　　　　경기 000시 00동 000-00 00빌딩 3층(우 : 480-808)

　　　　(전화 : 031-800-0000 / 팩스 : 031-800-0000)

피신청인 구리시장

　　　　경기 구리시 아차산길 62

　　　　대표자 시장 ○○○

신 청 취 지

피신청인이 2007. 3. 26.자로 신청인에게 한 과징금납입처분은 의정부지방
법원 2007구호 과징금납입처분취소 청구사건의 본안판결확정시까지 그 효력
을 정지한다.

라는 결정을 구합니다.

신 청 이 유

1. 이 사건 처분의 내용

피신청인은 2007. 3. 26.자로 신청인에 대하여, 신청인이 식품위생법 제31

조(영업자준수사항)규정을 위반하고 영업을 하다 적발 되어 식품위생법 제58조 및 제65조(과징금처분) 규정에 의하여 영업정지 1월에 갈음한 과징금 6,000,000원의 부과 처분을 하였습니다(소갑 제1호증 : 행정처분통보 참조, 같은 호증의 2 : 과징금납입고지서 참조).

2. 신청인의 지위
신청인은 경기도 00시 00동 414-9 소재에서 제1종 유흥업소인 '000(이하 '이 사건 업소'라고만 합니다)라는 상호로 유흥주점을 운영하는 업주이며(소갑 제2호증 : 사업자등록증 참조),

신청외 ○○○는 자신이 직접 고용한 무용수들로 조직한 '나진 쇼'라는 명칭의 쇼단을 운영하며 이 사건 업소를 비롯하여 동종업종의 여러 업소를 돌아다니며 공연을 하는 자입니다(소갑 제3호증 : 사업자등록증 참조).

3. 이 사건 처분경위
가. 신청인은 2000. 4. 28. 이 사건 업소의 사업자등록을 한 후 제1종 유흥주점(이는 주로 주류를 판매하는 영업으로 유흥종사자를 두거나 유흥시설을 설치할 수 있고 손님이 노래를 부르거나 춤을 추는 행위가 허용되는 영업입니다)을 운영해 오면서 관련법규를 철저히 준수하며 영업을 해왔던 터라, 이 사건으로 단속되기 전까지 약 6년여 남짓 이 사건 업소를 운영해 오면서 단 한 번도 식품위생법 제31조(영업자준수사항)규정을 위반하는 행위를 한 적이 없고 그 밖의 사유로도 어떠한 행정처분이나 처벌을 받은 바도 없습니다.

나. 하지만, 위와 같이 관련법규를 모두 준수하며 업소를 운영해오던 신청인이 피신청인으로부터 이 사건 처분을 받는 등의 문제가 발생한 경위는,

위 장우천수가 조직하여 운영하던 나진 쇼단(이하 '이 사건 쇼가무단'이라고만 합니다)이 이 사건 업소에서 2006. 2. 26.부터 같은 해 4. 22.경까지 약 3개월간 공연을 하게 되면서입니다.

그런데, 당시 이 사건 쇼가무단은 이 사건 업소 외에도 이미 서울 등 여러 지역에 소재하는 동종업종의 업소를 돌아다니며 이 사건과 같은 공연을 해오고 있었지만 어떠한 문제도 발생치 않았던 상태였고, 무엇보다도 이 사건 쇼가무단이 합법적으로 등록된 쇼가무단이었으며 그 공연시간 또한 8분여에 불과할 정도로 아주 짧은 시간이었기 때문에 신청인으로서는 그와 같이 합법적으로 등록된 공연단의 공연이 무슨 문제가 되겠냐싶어 이 사건 업소에서 공연을 하게 하였던 것입니다.

다. 그렇지만 신청인은 이 사건 쇼가무단이 이 사건 업소에서 공연을 하는 동안에 그와 관련하여 무용수들의 무대의상, 공연내용 등의 일체의 행위에 대하여는 어떠한 관여를 한 바도 없는데, 이는 신청인이 쇼가무단 등록 등 그 운영과 관련된 법규 등에 무지하였던 이유에서이기도 하였지만, 무엇보다 그와 관련된 모든 것들은 위 쇼가무단을 조직하여 운영하였던 위 장우천수의 기획과 의도 하에 모두 진행되었던 이유에서입니다.

라. 그럼에도 불구하고, 피신청인는 마치 신청인이 무용수를 고용하여 손님들이 지켜보는 앞에서 무용수들이 브래지어 및 팬티[9]만 입은 채로 성행위를 묘사하는 춤을 추게 하는 등 음란행위를 조장·묵인하였다는 이유로 식품위생법 제31조(영업자준수사항)규정을 위반하였다며 과징금 6,000,000원의 부과 처분을 하였습니다(갑 제1호증 : 행정처분통보 참조).

마. 한편, 이 사건과 관련하여 위 무용수가 소속되어 있는 쇼가무단의 단장인 위 장우천수는 풍속영업에관한법률위반죄로 약식 기소(의정부지방법원

2006고약0000호)되어 벌금 200만 원의 처벌을 받고(소갑 제4호증 : 약식명령 참조), 이에 불복하여 곧바로 정식재판(의정부지방법원 2006고정0000호 풍속영업의규제에관한법률위반)청구를 하였고, 위 재판절차에서 동인은 공연자 등록사항이 일부 인정되어 선고유예의 판결을 선고받았습니다(소갑 제5호증 : 판결 참조).

4. 처분의 위법성
피신청인의 신청인에 대한 이 사건 처분은 아래와 같은 사유로 피신청인이 재량권을 일탈하였거나 남용한 위법한 처분입니다.

위에서 본바와 같이, ① 이 사건 쇼가무단이 합법적으로 등록된 쇼가무단인 점, ② 이 사건 업소는 무대시설이 설치된 제1종 유흥업소로서 유흥종사자를 두거나 유흥시설을 설치할 수 있고 손님이 노래를 부르거나 춤을 추는 행위까지도 허용되는 업소로서 그와 같은 곳에서 무용수가 다소 특이한 무대의상을 입고 공연을 하였다고 한들 이를 가지고 음란행위를 조장 또는 묵인하였다고 보는 데에는 다소 무리가 있는 점, ③ 더욱이 공연당시 무용수들이 입었다는 브래이저 및 팬티 또한 일반인이 입는 속옷의 개념과는 전혀 다른 단순히 무대 공연을 위하여 제작된 무대의상에 불과한 점, ④ 문제된 공연의 내용 또한 신청인과는 무관하게 모두 쇼단의 단장인 장우천수가 기획한 것이라는 점, ⑤ 그리고 위 공연을 모두 기획한 위 장우천수가 이 사건과 관련하여 관련법에 의하여 등록된 합법적인 쇼가무단을 운영하였다는 이유로 선고유예의 비교적 가벼운 판결을 선고받은 점, ⑥ 특히 이 사건이 신청인의 업태 위반과는 아무런 관련이 없는 점 등에 비추어 피신청인가 신청인에게 한 이 사건 처분은 너무 가혹하여 재량권의 범위를 일탈하였다고 볼 수밖에 없을 것입니다.

5. 긴급한 필요

가. 신청인은 현재 당뇨합병증 및 관절염, 요추 추간판탈출증(디스크) 증세로 치료를 받고 있는 환자로서, 현재의 건강상태로는 마땅히 생계를 위한 활동을 할 수조차 없는 상황이라 이러한 사정을 잘 알고 있는 주변의 친인척들의 도움으로 어렵사리 돈(가게 보증금 및 인테리어비 포함)을 빌려 생계 및 병원비 등을 마련하고자 이 사건 업소를 운영하게 되었습니다.

나. 하지만, 신청인과 같은 건강상태로는 정상인도 운영하기 힘이 든 유흥업소를 운영한다는 것이 무리였는지 점점 더 건강상태가 악화되어 부득이 업소의 운영을 위하여 종업원을 고용하여 동인에게 이를 맡기다 시피 하다 보니 당연히 그 수입 또한 변변치 못하여 업소의 한 달 평균소득이라고 해봐야 고작 금 6,000,000원 정도에 불과 하였습니다(소갑 제6호증 : 징수결정결의서 참조).

다. 더구나 위 수입 또한 모두 신청인이 얻을 수 있는 순수한 영업수익은 아니어서 이를 가지고 업소를 운영하고자 빌린 차용금에 대한 매달 이자를 지급하고, 업소 종업원들의 급료 및 가게 운영을 위한 식자재의 구입 그리고 각종 공과금(전기요금, 전화요금 등) 등을 모두 지급하고 나면 신청인의 생계비 및 병원비로 사용하기 에도 버거워 사실상 적자의 상태에서 벗어나지를 못하고 있는 실정입니다.

라. 그렇기 때문에 신청인의 경우 만일 이 사건 행정처분이 확정되어 과징금 6,000,000원을 납부하게 되거나, 또는 이를 납부하지 못하여 영업정지 1월의 처분을 받게 되어, 어느 한 달이라도 업소의 정상적인 운영을 하지 못하여 일정한 수익을 득하지 못할 경우 차용금에 대한 압박 및 자신의 생계비 및 병원비조차도 마련하지 못하여 경제적으로는 물론 건강상에도

아주 다급한 상황에 처하게 됩니다.

마. 이처럼 신청인이 위 행정처분에 대하여 급히 집행정지 결정을 받아 두지
    못할 경우 신청인은 법원에서 위 처분의 적법성 여부를 심사받을 이익도
    잃게 되는 것이므로 이 사건에 있어 행정소송법 제 23조 제2항이 규정한
    '긴급한 필요'는 더욱 뚜렷하다고 할 것입니다.

바. 그런 이유로 신청인은 현재 피신청인를 상대로 귀원에 과징금납입처분취
    소를 청구하는 본안 소송을 제기한 상태입니다(소갑 제7호증 : 소장접수
    증명원 참조).

6. 결 론
위에서 본바와 같이 피신청인의 위 과징금납입처분의 집행으로 인하여 신청
인에게 생길 회복하기 어려운 손해를 예방하기 위하여 긴급한 필요가 있으
며, 위 처분의 취소를 구하는 본안소송도 제기되어 있으므로 이 사건 신청을
인용하여 행정소송법 제23조에 의하여 위 행정처분의 효력을 정지하여 주시
기 바랍니다.

소 명 방 법

1. 소갑 제1호증의 1	행정처분통보	1부
– 2	과징금납입고지서	1부
2. 소갑 제2호증	사업자등록증	1부
3. 소갑 제3호증	사업자등록증	1부
4. 소갑 제4호증	약식명령	1부
5. 소갑 제5호증	판결	1부

| 6. 소갑 제6호증 | 징수결정결의서 | 1부 |
| 7. 소갑 제7호증 | 소장접수증명원 | 1부 |

첨 부 서 류

1. 위 소명서류각	1부
1. 소송위임장	1부
1. 송달료 영수증	1부

2007. 5.   .

위 신청인의 소송대리인

변호사 백 ○ ○

의정부지방법원 귀중

---

9) 사실은, 위 브레이저 및 팬티는 일반인이 입는 속옷 개념이 아니고 무대 공연을 위하여 제작된 무대의상에 불과한 것입니다.

[서식] 행정처분 집행정지 신청서

행정처분 집행정지 신청

신 청 인   김○○
　　　　　　서울 00구 00동 000-0 00아파트 000-000
　　　　　　위 신청인의 소송대리인 변호사 백○○
　　　　　　경기 000시 001동 000-00 00빌딩 3층(우 : 480-808)
　　　　　　(전화 : 031-800-0000 / 팩스 : 031-800-0000)

피신청인   남양주시장
　　　　　　남양주시 경춘로 641(금곡동 185-10)

신 청 취 지

피신청인이 2007. 10. 4.자로 신청인에게 한 영업정지처분은 의정부지방법원 2007 구호 영업정지처분취소 청구사건의 본안판결확정시까지 그 효력을 정지한다.

라는 결정을 구합니다.

신 청 이 유

1. 이 사건 처분의 내용
피신청인은 2007. 10. 4.자로 신청인에 대하여, 신청인이 음악산업진흥에관한법률 제27조 규정을 위반(노래연습장업 준수사항, 주류판매)하고 영업을 하다 적발되어 동법 제27조 제1항의 제5호의 규정에 의하여 영업정지 40일

(2007. 10. 15 ~ 2007. 11. 23.)의 처분을 하였습니다(소갑 제1호증의 1 : 행정처분알림, 같은 호증의 2 : 행정처분명령서 각 참조).

2. 이 사건 처분경위

가. 신청인은 현재 뇌경색, 재발성우울성장애, 신경병증 있는 당뇨병, 고혈압, 혼합성 고지혈증 등의 증세로 치료를 받고 있는 뇌병변 3급의 중증장애를 가지고 있는 장애인으로서, 생계를 위한 어떠한 구직활동도 불가능한 처지에 있는 국민기초생활보장법상의 기초생활수급자입니다(소갑 제2호증의 1 : 진단서, 같은 호증의 2 : 장애인증명서, 같은 호증의 3 : 수급자증명서 각 참조).

나. 그렇지만 신청인에게는 한 집안의 장남이자 한 가정의 가장으로서 처와 초등학교 5학년에 재학 중인 아들 그리고 현재 노환으로 거동조차도 불편한 칠순을 바라보는 아버지(김00, 2000. 00. 00.생)를 부양해야 할 형편에 있어 자신의 장애 및 그에 대한 치료를 위하여 마냥 요양이나 하고 있을 형편에 있지 아니합니다.

다. 그렇다고 장애인인 신청인의 처지에 아무리 구직활동을 한다고 한들 신청인이 원하는 곳에 취업을 할 만한 형편도 아닐 뿐만 아니라 장애를 가지고 있는 신청인을 채용하겠다고 나서는 곳조차 한 곳 없었기에 신청인은 이에 좌절한 나머지 한동안 자신의 처지를 한탄하며 자살까지도 생각하였던 적이 한 두 번이 아니었습니다.

라. 그러던 중 위와 같은 신청인의 처를 딱히 여긴 주변의 지인들이 신청인에게 "별다른 기술 없이도 아르바이트 학생 하나만 잘 두면 생계비 정도를 버는 데에는 아무런 문제가 없을 것이다"라고 하며 이 사건 노래방 영업

을 권유하는 것이었습니다.

마. 그래서 신청인은 오랜 기간 고민을 한 끝에, 현실적으로 장애를 가진 신청인이 정상인들과 같은 일을 할 수 있는 곳을 찾는 다는 것이 불가능하다는 판단하에 주변 지인들의 권유에 따라 이 사건 노래방운영을 하게 되었던 것이지만, 신청인이 그와 같은 결정을 하고나서도 정작 문제가 되었던 것은 노래방 운영을 위한 자금을 마련하는 일이었습니다.

바. 그래서 신청인은 아버지인 신청외 김ㅇㅇ에게 그와 같은 사정이야기를 하며 돈을 빌려줄 것을 부탁하여 아버지로부터 자신의 전 재산이나 다름없는 아파트를 담보로 대출받은 금 5,000만 원을 빌리고, 그 외 사채로 금 3,000만 원을 빌려 합계 금 8,000만 원을 마련한 후, '000시 00읍 00리 410-2 00빌딩 2층 약 213,24㎡'를 보증금 2,500만 원, 월차임 1,800,000원으로 정하여 임차한 후 나머지 돈으로 기계를 구입하고 돈을 빌려준 아버지 명의로 사업자등록을 한 후 00노래방(이하 '노래방'이라 합니다)이라는 상호로 난생처음 노래방이라는 것을 운영하게 되었습니다(소갑 제3호증 : 사업자등록증 참조).

사. 신청인은 위와 같이 어렵게 돈을 마련한 후 노래방운영을 전적으로 가족들의 생계를 위해 운영하는 것이라서 어떠한 문제라도 발생할 경우 당장 가족들의 생계는 물론 은행대출금에 대한 이자 및 특히 사채 이자에 대한 상환 압박을 받는 처지에 놓일 수가 있고 그렇게 되면 하루 아침에 신용불량자로까지 전락할 수가 있어 관련법규를 철저히 준수하며 영업을 하였습니다.

아. 하지만, 위와 같이 관련법규를 모두 준수하며 노래방을 운영해오던 신청

인이 피신청인으로부터 이 사건 처분을 받게 된 경위는, 대체로 노래방을 찾는 손님들이 다른 곳에서 1차로 어느 정도 술을 마시고 와서 2차로 여흥을 즐기기 위하여 찾는 손님들이 대부분 인지라, 노래방에 들어와서도 대부분은 술을 가져다 달라고 하든지 아니면 도우미를 불러 달라고 하기 일쑤였고, 만일 그와 같은 손님들의 요구를 충족시켜주지 못할 경우 그 중 대부분의 손님들은 대놓고 신청인에게 "뭐 이런 데가 다 있어, 장사를 하겠다는 거야 말겠다는 거야"라고 큰소리를 치며 가게를 박차고 나가는 일이 태반이었습니다.

자. 그러다보니 신청인은 막상 노래방 영업을 시작하였지만 주변의 지인들로부터 들었던 수익이 발생하기는커녕 시간이 지날수록 노래방을 찾는 손님들마저 뜸 해제 당장 노래방의 임대료조차 지급하기 어려운 형편에 놓였을 뿐만 아니라 사채 이자에 대한 압박을 받는 등 노래방을 운영하기 전보다 더욱더 어려운 경제적인 상태에 놓이게 되었습니다.

차. 그래서 신청인은 경제적으로 너무도 어려운 나머지 당장의 생계비 등을 마련하고자 하는 욕심에서 노래방을 찾는 손님들 중 술을 찾는 손님이 있거나 도우미를 찾는 손님이 있을 경우 처음에는 술을 팔지 않고 도우미도 없다고 말을 하다가 만일 손님들이 그 말을 듣고 노래방을 나가려고 하면 그때서야 노래방 영업상 어쩔수 없이 그들에게 술을 판매하거나 도우미를 알선해 주었던 것인데 그 경위야 어찌되었던 그에 대하여는 무어라 변명할 여지없이 그저 죄송할 따름입니다.

4. 처분의 위법성
피신청인의 신청인에 대한 이 사건 처분은 아래와 같은 사유로 피신청인이 재량권을 일탈하였거나 남용한 위법한 처분입니다.

위에서 본바와 같이, 신청인은 노래방을 운영하였던 기간이 3개월여에 불과하였고, 당초에는 관련 법규를 준수하며 노래방을 운영하였지만 그 결과 점차 시간이 흐를수록 영업상 수익이 거의 발생치 아니하여 당장의 임대료 및 사채이자 등에 대한 압박을 거세게 받는 상황에서 생계를 위하여 어쩔수 없이 관련법규를 위반하여 영업을 하였던 점, 신청인이 자신의 잘못을 깊이 반성하며 다시는 위와 같은 잘못을 반복치 않을 것을 굳게 다짐하고 있는 점, 만일 신청인이 노래방 영업을 40일 동안 정지할 경우 현재 경제적으로 조금의 여유도 없는 상황에서 당장 임대료 지급 및 은행대출금에 대한 원리금 상환 그리고 사채 이자에 대한 압박 등으로 생계에 막대한 영향을 미치게 되는 점 등에 비추어 피신청인이 신청인에게 한 이 사건 처분은 너무 가혹하여 재량권의 범위를 일탈하였다고 볼 수밖에 없을 것입니다.

5. 긴급한 필요

가. 신청인은 위에서 본 바와 같이 현재 뇌경색, 재발성우울성장애, 신경병증 있는 당뇨병, 고혈압, 혼합성 고지혈증 등의 증세로 치료를 받고 있는 뇌병변 3급의 중증장애를 가지고 있는 장애인으로서, 생계를 위한 어떠한 구직활동도 불가능한 처지에 있는 국민기초생활보장법 상의 기초생활수급자인지라 현재의 건강상태로는 마땅히 생계를 위한 활동을 할 수조차 없어 아버지로부터 돈을 빌리고 일부 사채를 빌려 생계 및 병원비 등을 마련하고자 이 사건 노래방을 운영하게 되었습니다.

나. 하지만, 신청인과 같은 건강상태로는 정상인도 운영하기 힘이 든 업소를 운영한다는 것이 무리였는지 시간이 지날수록 점점 더 건강상태가 악화되어 부득이 업소의 운영을 위하여 종업원을 고용하여 동인에게 이를 맡기다시피 하다 보니 당연히 그 수입 또한 변변치 못하여 업소의 한 달 평균소득이라고 해봐야 얼마 되지를 아니하였습니다.

다. 더구나 위 수입도 모두 신청인이 얻을 수 있는 순수한 영업수익은 아니어서 이를 가지고 노래방을 운영하고자 빌린 차용금에 대한 매달 이자를 지급하고, 업소 종업원의 급료 및 가게 운영을 위한 각종 공과금(전기요금, 전화요금 등) 등을 모두 지급하고 나면 신청인의 생계비 및 병원비로 사용하기에도 버거워 사실상 적자의 상태에서 벗어나지를 못하고 있는 실정입니다.

라. 그렇기 때문에 신청인의 경우 만일 이 사건 행정처분이 확정되어 영업정지 40일의 처분을 받게 되고, 그로 인하여, 그 기간 동안 업소의 정상적인 운영을 하지 못할 경우 차용금에 대한 압박 및 자신의 생계비 및 병원비조차도 마련하지 못하여 경제적으로는 물론 건강상에도 아주 다급한 상황에 처하게 됩니다.

마. 이처럼 신청인이 위 행정처분에 대하여 급히 집행정지 결정을 받아 두지 못할 경우 신청인은 법원에서 위 처분의 적법성 여부를 심사받을 이익도 잃게 되는 것이므로 이 사건에 있어 행정소송법 제 23조 제2항이 규정한 '긴급한 필요'는 더욱 뚜렷하다고 할 것입니다.

바. 그런 이유로 신청인은 현재 피신청인를 상대로 귀원에 과징금납입처분취소를 청구하는 본안 소송을 제기한 상태입니다(소갑 제4호증 : 소장접수 증명원 참조).

5. 결 론
위에서 본바와 같이 피신청인의 위 과징금납입처분의 집행으로 인하여 신청인에게 생길 회복하기 어려운 손해를 예방하기 위하여 긴급한 필요가 있으며, 위 처분의 취소를 구하는 본안소송도 제기되어 있으므로 이 사건 신청을 인용하여 행정소송법 제23조에 의하여 위 행정처분의 효력을 정지하여 주시기 바랍니다.

소 명 방 법

1. 소갑 제1호증의 1   행정처분알림   1부
            - 2   행정처분명령서행정처분통보   1부
2. 소갑 제2호증의 1   진단서   1부
            - 2   장애인증명서   1부
            - 3   수급자증명서   1부
3. 소갑 제3호증   사업자등록증   1부
4. 소갑 제4호증   소장접수증명원   1부

첨 부 서 류

1. 위 소명서류   각 1부
1. 소송위임장   1부
1. 송달료 영수증   1부

2007. 10.   .
위 신청인의 소송대리인
변호사 백○○

의정부지방법원 귀중

[서식] 행정처분 집행정지 신청서

행정처분 집행정지 신청

신 청 인　○○○

　　　　　000시 00동 0000-0 00아파트 0000-000

　　　　　신청인의 소송대리인 법무법인 ○○

　　　　　담당변호사 박○○

　　　　　서울 00구 00동 0000-00 00빌딩 1층(우 : 137-885)

　　　　　(전화 : 02-500-5000　/　팩스 : 02-500-5000)

피신청인　남양주시장

　　　　　남양주시 경춘로 641(금곡동 185-10)

신 청 취 지

피신청인이 2008. 10. 27.자로 신청인에게 한 영업정지처분은 00지방법원 2008 구호 영업정지처분취소 청구사건의 본안판결확정시까지 그 효력을 정지한다.

라는 결정을 구합니다.

신 청 이 유

1. 이 사건 처분의 내용

피신청인은 2008. 10. 27.자로 신청인에 대하여, 신청인이 식품위생법 제31

조 규정을 위반(영업자준수사항)하여 영업하였다는 이유로, 동법 제58조 동법시행규칙 제53조 규정에 의거하여 영업정지 2월(2008. 11. 7. ~ 2009. 1. 6.)의 처분을 하였습니다(소갑 제1호증의 1 : 청소년주류제공에 따른 영업정지 알림, 같은 호증의 2 : 청소년 주류제공에 따른 영업정지 사전통지 각 참조).

2. 이 사건 행정처분을 받기까지의 과정

가. 신청인은 2006. 3. 27. ○○○시 ○○읍 ○○리 소재에 ○○○○라는 상호의 일반 음식점을 오픈한 후 평소 나이어린 자식을 키우는 입장에서 청소년이 나쁜 길로 빠지지 않도록 어른들이 노력을 해야 된다는 신념을 갖고 가게를 운영해 왔기 때문에 지금껏 단 한 번도 식품위생법이나 청소년보호법을 위반한 사실이 없을 정도로 성실히 살아왔습니다(소갑 제2호증의 1 : 사업자등록증, 같은 호증의 2 : 부동산임대차계약서, 소갑 제3호증 : 재학증명서).

나. 더욱이 신청인은 이 사건 ○○○○를 운영하기 위하여 주변에서 많은 돈을 빌려서 투자한 상태라 만일 장사를 하면서 가게에 청소년을 출입시켰다가 영업정지처분이라도 받게 될 경우, 당장 차용금에 대한 이자부담은 물론 가족들의 생계에도 막대한 영향이 미치게 된다는 사실을 너무나 잘 알고 있었습니다.

다. 그렇기 때문에 신청인은 평소 가게를 운영하면서 청소년인 듯 외모가 어려보이는 사람이 가게에 출입할 경우 반드시 주민등록증을 통하여 나이를 확인한 후 주류를 판매해 오는 등 관련 법규를 성실히 준수하며 가게 영업을 해왔던 것이 사실입니다.

라. 그런데 OO연휴가 막 끝난 2008. 9. 16.경 그 날은 평일이기는 하였지만 짧았던 추석연휴 탓인지 인근대부분의 가게들이 문을 닫았고, 그 때문인지 신청인 운영의 가게는 평소와 달리 아주 많은 사람들로 북적거려 아내와 단 둘이서 장사를 하는데 많은 어려움이 있었습니다[10].

마. 그 와중에 같은 날 19:30경 여성손님 5명이 가게로 들어왔는데, 신청인이 보기에 그 중 한 명이 청소년인 듯 어려 보여 동인들 모두에게 주민등록증을 제시할 것을 요구하였고, 이를 직접 확인하여 보니 5명 모두 1988년생, 1989년생으로 청소년이 아니었습니다. 그래서 신청인은 동인들을 가게의 테이블로 안내한 후 동인들이 주문한 맥주 2000cc와 소주 2병과 안주류를 제공하였습니다.

바. 그 후에도 신청인은 계속해서 가게에 드나드는 손님들에 대한 주문과 서빙 및 계산 등을 하느라 분주한 시간을 보내고 있던 중, 같은 날 20:00경으로 기억되는데 위 여성손님들이 앉아서 술을 마시고 있는 테이블에서 주문 벨이 울려 가보니 이미 그 자리에는 신청인도 모르는 사이 위 여성손님들의 친구로 보이는 3~4명이 합석해 있는 상태였고, 서로가 서로에게 큰소리로 웃으며 반말로 이야기를 나누고 있었습니다[11].
그래서 신청인은 당연히 동인들도 모두 성년자라는 생각을 하였지만, 그래도 새로 합석을 한 손님들에 대한 나이 정도는 확인을 하여야 될 것 같아 동인들의 나이는 확인하고자 주민등록증의 제시를 요구하면서 나이를 물어보니 다들 서로가 서로의 친구들이라고 말하며, 이미 주민등록증으로 우리가 청소년이 아님을 확인하지 않았느냐고 짜증을 냈습니다.
더구나 당시 신청인이 보기에도 뒤늦게 들어온 여성손님들의 경우, 옷차림도 모두 정장차림이고, 헤어스타일도 긴 생머리였고, 체격도 보통보다 크며, 화장도 짙게하여 나이가 최소한 23-4세 정도 들어 보였기 때문에

청소년이라고는 상상도 못해 주민등록증을 확인 절차를 거치지 아니하고
주류를 제공하였던 것입니다.

사. 그런데 그 얼마 후 20:20경 00지구대에서 경찰관 두 명이 단속을 나왔다
며 가게로 들어와 동인들의 신분을 확인하는 과정에서 9명 중 단 한 명이
청소년으로 확인되었는데, 그때서야 신청인도 동인이 청소년이라는 것을
알고 놀라움을 금치 못하였고, 지금도 동인이 청소년이라는 사실이 도저
히 믿겨지지 않을 정도입니다.
더구나 당시 동인들을 단속하였던 경찰관들조차도 단속과정에서 그 중
한 명이 청소년이라는 것이 확인되자 깜짝 놀라며 "누가 이런 사람을 청
소년이라고 생각하겠느냐"는 말 하였을 정도로 동인은 외관상으로는 상
당히 성숙하게 보이는 사람이었습니다.

아. 경위야 어찌되었던 당시 신청인이 가게가 바쁘다는 이유로 가게로 들어
온 손님들의 신분을 모두 정확히 확인하지 못한 것은 불찰이지만, 당시
단속을 나온 경찰관에 의하여 청소년으로 확인된 사람을 제외한 나머지
사람들은 모두 성년자였고, 청소년으로 확인된 사람 또한 동인의 외모나
차림 등 외관상으로 신청인이 동인에게 주민등록증을 제시하라는 말 자
체를 꺼낼 수 없을 정도로 나이가 들어보였기 때문에, 신청인으로서는
그러한 사람이 청소년일 것이라고는 상상도 못했고, 그러한 인식자체를
기대할 수조차 없는 상황이었습니다.
참고로, 대법원은, '수학여행을 온 대학교 3학년생 34명이 지도교수의
인솔하에 피고인 경영의 나이트클럽에 찾아와 단체입장을 원하므로 그들
중 일부만의 학생증을 제시받아 확인하여 본즉 그들이 모두 같은 대학교
같은과 소속의 3학년 생들로서 성년자임이 틀림없어 나머지 학생들의 연
령을 개별적, 기계적으로 일일이 증명서로 확인하지 아니하고 그들의 단

체입장을 허용함으로써 그들 중 섞여 있던 미성년자(19세 4개월 남짓 된 여학생) 1인을 위 업소에 출입시킨 결과가 되었다면 피고인이 단체입장 하려는 위 학생들이 모두 성년자일 것으로 믿은데에는 정당한 이유가 있 었다고 할 것이고, 따라서 위와 같은 상황아래서 피고인에게 위 학생들 중 미성년자가 섞여 있을 지도 모른다는 것을 예상하여 그들의 증명서를 일일이 확인할 것을 요구하는 것은 사회통념상 기대가능성이 없다고 봄 이 상당하므로 이를 벌할 수 없다'고 판시하고 있으며(대법원 1987. 1. 20. 선고 86도847 판결 참조), 또한, 서울고등법원은, '개인이 유흥주점 에 출입함은 출입자의 비밀이 보장되어야 하는 개인적 사생활의 영역이 므로 영업자라도 모든 출입자에게 증명서의 제시를 요구할 수는 없겠으 나, 미성년자를 풍속 상 유해한 환경으로부터 격리시켜 미성년자의 비행 을 방지하고 건전한 심신의 육성을 꾀하고자 유흥주점 영업자에게 미성 년자의 출입을 막기 위한 연령조사 의무를 부과하고 그로 하여금 출입자 의 연령에 관한 증명서의 제시를 요구하여 그 연령을 확인한 후 미성년 자임이 밝혀지면 그 출입을 거부할 수 있도록 하는 한편, 출입자의 연령 을 증명서로 조사하지 아니한 채 미성년자를 출입시킨 경우에는 그에 관 한 주의의무를 다하였다고 할 수 없도록 한 것으로서 그로 인한 개인적 사생활 영역의 침해는 미성년자 보호에 필요한 최소한에 그치도록 하여 야 하고, 이를 기계적, 획일적으로 적용할 것은 아니므로, 영업자라도 외 관상 미성년자로 의심될 수 없음이 명백한 출입자에게까지 미성년자임을 확인한다는 명목으로 획일적으로 증명서의 제시를 요구할 수 없음은 물론 달리 출입자가 외관상 또는 객관적으로 보아 미성년자로 의심되거나 개별 적으로 증명서로서 미성년자 인지의 여부를 확인하여야 할 별단의 사정이 없는 한 영업자의 연령조사 의무를 다하지 못한 것은 아니라고 봄이 상당 하다'고 판시하여(서울고등법원 1986. 2. 13. 선고 85노452 판결 참고), 이 사건과 같은 경우 신청인이 영업자로서 연령조사 의무를 다하지 못한 것은 아니라고 보고 있습니다.

3. 신청인은 이 사건으로 기소유예의 처분을 받았습니다.

신청인은 이 사건으로, 위 2항과 같은 정상이 참작되어 2008. 10. 16. 의정부지방검찰청(2008형제 0000호)에서 기소유예의 처분을 받았습니다(소갑 제4호증 : 사건처분결과증명서 참조).

4. 처분의 위법성

피신청인의 신청인에 대한 이 사건 처분은 아래와 같은 사유로 재량권을 일탈하였거나 남용한 위법한 처분입니다.

위에서 말씀드린 바와 같이, ① 신청인이 2006. 3. 27. 쪼끼쪼끼를 개업한 이래 이 사건 당시까지 단 한 번도 식품위생법이나 청소년보호법을 위반한 사실이 없을 정도로 관련 법규에 따라 적법한 범위 내에서 영업을 하여온 점, ② 이 사건으로 2개월 영업정지를 당하게 될 경우 신청인이 커다란 경제적 손실을 입게 되는 점, ③ 이로 인해 0000의 정상적인 영업재개가 곤란해질 수도 있는 점, 경위야 어찌되었던 신청인이 자신의 잘못을 깊이 반성하며 다시는 이와 같은 잘못을 반복치 않을 것을 굳게 다짐하고 있는 점, ④ 만일 신청인이 0000 영업을 2개월 동안 정지할 경우 현재 경제적으로 조금의 여유도 없는 상황에서 당장 임대료 및 차용금에 대한 이자 등의 압박으로 생계에 막대한 영향을 미치는 점, ⑤ 그 밖에 위 2항에 나타난 여러 정상들 및 특히 본건과 같은 사안의 경우 검찰에서 기소유예의 처분을 받거나 법원에서 선고유예의 판결(결정)을 받을 경우 사전 통고한 영업정지 기간이 1/2로 감할 수 있는 것임에도 사전처분 그대로 2월의 영업정지 처분을 한 점[12] 등을 고려한다면 신청인에게 영업정지 2개월을 명한 피신청인의 이 사건 처분은 너무 가혹하여 재량권의 범위를 일탈하였다고 볼 수밖에 없을 것입니다.

이에 신청인은 피신청인의 이 사건 행정처분이 위와 같이 재량권의 범위를 일탈한 위법한 처분임을 내세워 그 취소를 구하는 본안의 소를 제기하게 된 것입니다.

5. 긴급한 필요

가. 피신청인이 위 처분에 따른 영업정지 기간은 2008. 11. 7. ~ 2009. 1. 6. 자까지 2개월 동안으로 위 기간의 시작이 임박한 상태입니다.

그런데 일단 위 처분이 집행된 후에는 영업정지 기간을 거치면서 위 쪼끼 쪼끼의. 고객 관계가 단절될 것이고 또한 위 처분으로 인하여 위 쪼끼쪼 끼의 신용과 명성이 크게 훼손될 것이 예상되므로 위 영업정지 처분으로 신청인이 입을 손해는 금전으로도 회복되기 어려울 것입니다.

나. 그러한 연유로 신청인은 피신청인을 피신청인으로 하여 귀원에 영업정지 가처분의 취소를 청구하는 본안소송을 제기한 상태입니다(아래 첨부하는 소장접수증명원).

위 본안소송이 종결될 때까지 최소한 수개월이 소요될 것임은 분명한 일인데, 그럴 경우 이미 위 영업정지 기간인 2개월이 경과해 신청인은 위 본안 사건에서 소의 이익을 잃게 되고 말 것입니다.

이처럼 신청인이 위 행정처분에 대하여 급히 집행정지 결정을 받아 두지 못할 경우 신청인은 법원에서 위 처분의 적법성 여부를 심사받는 이익도 잃게 되는 것이므로 이 사건에 있어 행정소송법 제23조 제3항이 규정한 '긴급한 필요'는 더욱 뚜렷하다고 할 것입니다.

다. 한편, 신청인은 위와 같이 적발된 이후 0000의 운영을 함에 있어 가게를 찾는 손님들 중 청소년인 듯 외모가 어려보이는 사람이 출입할 경우 주민 등록증을 통하여 더욱더 철저히 나이를 확인하고 있기 때문에 이 사건이 재발할 우려조차 없습니다.

그렇다면 위 본안사건의 판결선고시까지 이 사건 행정처분의 효력을 정지한다고 하여 그 것이 행정소송법 제23조 제3항이 정한 '공공복리에 중대한 영향을 미칠 우려가 있을 때'에 해당한다고 볼 여지도 없을 것입니다.

6. 결 론

위에서 본바와 같이 피신청인의 위 영업정지집행으로 인하여 신청인에게 생길 회복하기 어려운 손해를 예방하기 위하여 긴급한 필요가 있으며, 위 처분의 취소를 구하는 본안소송도 제기되어 있으므로 이 사건 신청을 인용하여 행정소송법 제23조에 의하여 위 행정처분의 효력을 정지하여 주시기 바랍니다.

소 명 방 법

1. 소갑 제1호증의 1	청소년주류제공에따른영업정지알림	1부
- 2	청소년의주류제공에따른영업정지사전통지	1부
1. 소갑 제2호증의 1	사업자등록증	1부
- 2	부동산임대차계약서	1부
1. 소갑 제3호증	재학증명서	1부
1. 소갑 제4호증	사건처분결과증명서	1부

첨 부 서 류

1. 위 소명서류	각 1부
1. 소송위임장	1부
1. 소장접수증명	1부

참 고 자 료

1. 식품위행법 시행규칙 별표 15 행정처분기준(제53조 관련)

2008. 10.   .

신청인의 소송대리인

법무법인 00

담당변호사 김 ○○

의정부지방법원 귀중

---

10) 신청인은 본건 쪼끼쪼끼를 2006. 3. 27.경 오픈한 이래 인건비라도 아껴보려는 마음에 지금껏 단 한 명의 직원도 채용치 아니하고 아내와 단 둘이(아내는 주방에서 신청인은 홀에서 일을 하였습니다)서 이를 운영해 왔습니다.

11) 당시 위 여성손님들이 앉아서 술을 마셨던 자리는 가게의 출입문 좌측에 칸막이로 가려진 곳이라, 만일 신청인이 가게의 다른 테이블에서 주문 등의 이유로 특별히 그 곳을 응시하고 있지 아니하면 그 곳에 누군가가 들어와 앉아 있더라도, 직접 그 곳으로 가서 확인을 하지 않고는 알 수 없는 곳입니다.

12) 식품위생법 시행규칙 별표 15 행정처분기준(제53조 관련)(참고자료 1 참조)

행정처분 효력 집행정지 신청

신 청 인　　홍길동 (○○○○○○-○○○○○○○)

　　　　　　○○시 ○○구 ○○동 ○○○

　　　　　　신청대리인 변호사 ○　○　○

　　　　　　○○시 ○○구 ○○동 ○○○ (우 :　　　　　　)

　　　　　　(전화 :　　　　　　,팩스 :　　　　　　)

피신청인　　○○구청장

숙박업 영업정지 처분 집행정지 신청

신 청 취 지

피신청인이 2010. 6. 5. 신청인에 대하여 한 ○○시 ○○구 ○○동 123-1 소재 "루비모텔"에 관한 영업정지(2010. 6. 6.부터 2010. 8. 5.까지) 처분은 귀원 2010구 2345호 숙박업 영업정지처분취소 청구사건의 본안판결 확정시까지 그 효력을 정지한다.

라는 결정을 구합니다.

신 청 원 인

1. 신청인은 ○○시 ○○구 ○○동 123-1 소재 루비모텔에 관하여 2007. 1. 20. 자신의 명의로 숙박업허가 명의변경을 하고 이래 위 여관을 경영하여 왔습니다.

다만 신청인은 현재 건축사로 일하고 있는 관계로 위 모텔을 직접 경영할 수 없어 신청외 김ㅇ영으로 하여금 경영하게 하다가 2009. 9. 15.부터는 신청외 문ㅇ귀로 하여금 경영하게 하고 있습니다.

그런데 피신청인은 신청인이 윤락행위알선 및 장소제공을 하였다는 이유로 2010. 6. 5. 공중위생관리법 제11조 제1항의 규정에 의하여 같은 해 6. 6.부터 2개월간 위 숙박업소에 대한 영업정지처분을 하였습니다.

2. 피신청인의 행정처분이나 명령서만으로는 구체적인 위반사항이 무엇인지 확실히는 알 수 없으나 그긴 있었던 형사사건 등으로 미루어 볼 때 위 김ㅇ영이 경영하고 있을 당시인 2009. 3. 말부터 같은 해 6. 초순경 사이에 정ㅇ지와 김ㅇ진에 대하여 윤락행위를 알선하였다는 취지인 듯 합니다. 그렇게 오래된 일이 어떻게 하여 뒤늦게 문제로 되었는지 모르겠습니다만, 신청인은 물론 단시 영영자인 위 김ㅇ영조차도 그런 일이 있는 줄은 전혀 알지 못했고 지금도 마찬가지입니다.

3. 혹시 만에 하나 당시 있던 종업원이 몰래 그런 짓을 하였는지 모르겠습니다. 가사 그렇다고 하더라도 신청인이 2007. 1.부터 오랫동안 숙박업을 해오면서도 한 번도 법에 어긋나는 짓을 하여 무슨 행정처분을 받은 적이 없는 점, 이미 상당히 오래된 일이라는 점, 알선했다는 사람도 두 사람 뿐인 점 등을 고려할 때 돌연 2개월이나 되는 영업정지 처분을 하는 것은 지나치게 가혹한 처분이라고 생각됩니다.

없는 돈에 여기 저기 끌어 모아 위 모텔을 경영하고 있는 문ㅇ귀나 그 종업원들의 입장까지 고려하면 더욱 그러합니다.

위와 같이 본건 처분은 처분의 근거가 없거나 재량권의 일탈 내지는 남용에 의한 것으로 위법부당하다 할 것이어서 마땅히 취소되어야 할 것인바, 만약 위 처분이 그대로 집행된다면 신청인이 후일 본안 소송에서 승소한다고 하더라도 이로 인하여 회복하기 어려운 손해를 입게 될 것임이 명백하므로 그 집행을 정지하여야 할 긴급할 필요가 있다고 사료되어 이 신청에 이른 것입니다.

소 명 방 법

1. 소갑 제1호증의 1   공중위생업소 행정처분
1. 소갑 제1호증의 2   영업정지명령서
1. 소갑 제2호증   숙박업 허가증
1. 소갑 제3호증의 1, 2   각 사업자등록증
1. 소갑 제4호증   행정심판청구접수증

첨 부 서 류

1. 주민등록초본   1통
1. 위임장   1통

20○○. ○. .
신청인 대리인 변호사 ○ ○ ○ (인)

○○행정법원 귀중

4) 임시처분

가) 개설

(1) 의의

위원회는 처분 또는 부작위가 위법, 부당하다고 상당히 의심되는 경우로서 처분 또는 부작위 때문에 당사자가 받을 우려가 있는 중대한 불이익이나 당사자에게 생길 급박한 위험을 막기 위하여 임시지위를 정하여야 할 필요가 있는 경우에는 직권으로 또는 당사자의 신청에 의하여 임시처분을 결정할 수 있다.

이처럼 당사자에게 생길지도 모르는 급박한 위험을 방지하고 임시로 법적 지위를 부여하여 청구인의 권리보호를 강화하기 위해 2010년 행정심판법을 개정하면서 집행정지와는 별도로 거부처분 또는 부작위에 대한 가구제 제도로 임시처분을 신설하게 되었다. 다만 이러한 임시처분은 행정소송에서는 인정되지 아니한다는 점에 유의하여야 한다.

(2) 법적 성격

임시처분은 보전의 필요성이 인정되는 범위 내에서 임시지위를 정하는 것으로 가처분의 일종에 해당한다. 민사집행법은 계쟁물에 관한 가처분과 다툼이 있는 권리관계에 대하여 임시지위를 정하기 위한 가처분을 인정하고 있다. 행정심판법은 이러한 임시처분제도를 도입함으로써 집행정지에 비해 보다 적극적으로 당사자의 임시적 권익 보호에 기여할 수 있게 되었다.

(3) 대상

임시처분의 대상은 처분 또는 부작위이다. 처분에는 침익적 처분과 수익적 처분의 거부가 있는데, 행정심판법 제31조 제3항에서 임시처분은 집행정지로 목적을 달성할 수 있는 경우에는 허용되지 아니한다고 규정하고 있는바, 침익적 처분의 경우에는 특별한 사정이 없는 한 집행정지를 통해 그 목적을 달성할 수 있는 경우가 대부분이므로 임시처분의 대상은 거부처분과 부작위가 된다.

나) 임시처분 요건

(1) 적극적 요건

처분 또는 부작위가 위법·부당하다고 상당히 의심되는 경우로서 처분 또는 부작위 때문에 당사자가 받을 우려가 있는 중대한 불이익이나 당사자에게 생길 급박한 위험을 막기 위하여 임시지위를 정하여야 할 필요가 있는 경우여야 한다.

그 외 공공복리에 중대한 영향을 미칠 우려가 없어야 하고, 처분이나 부작위가 존재하여야 하고, 본안 청구가 계속 중이어야 하며, 또한 임시처분은 집행저지와 달리 명문으로 처분 또는 부작위가 위법·부당하다고 상당히 의심되는 경우를 적극적 요건으로 규정하고 있는 바, 본안 청구의 인용에 대한 개연성도 필요하다.

(2) 소극적 요건

임시처분은 집행정지로 손해의 발생을 막을 수 없는 경우에만 보충적으로 허용되는 수단이므로 집행정지로 목적을 달성할 수 있는 경우가 아니여야 한다. 따라서 집행정지로 목적을 달성할 수 있는 경우에는 허용되지 아니한다.

다) 임시처분결정절차(법제31조)

행정심판법 제31조(임시처분)

① 위원회는 처분 또는 부작위가 위법·부당하다고 상당히 의심되는 경우로서 처분 또는 부작위 때문에 당사자가 받을 우려가 있는 중대한 불이익이나 당사자에게 생길 급박한 위험을 막기 위하여 임시지위를 정하여야 할 필요가 있는 경우에는 직권으로 또는 당사자의 신청에 의하여 임시처분을 결정할 수 있다.

② 제1항에 따른 임시처분에 관하여는 제30조 제3항부터 제7항까지를 준용한다. 이 경우 같은 조 제6항 전단 중 "중대한 손해가 생길 우려"는 "중대한 불이익이나 급박한 위험이 생길 우려"로 본다.

③ 제1항에 따른 임시처분은 제30조 제2항에 따른 집행정지로 목적을 달성할 수 있는 경우에는 허용되지 아니한다.

위원회가 직권 또는 당사자의 신청에 의하여 심리·결정을 하는데, 이때 임시처분의 신청 및 결정의 절차는 집행정지의 그것과 같다(준용된다). 한편, 신청시 임시처분의 요건인 중대한 불이익이나 급박한 위험의 발생우려가 있는 점에 대한 소명은 신청인

이 하여야 하므로, 신청서에 이를 소명하는 내용이나 증빙서류를 첨부하여야 한다.

한편, 위원회의 심리·결정을 기다릴 경우 중대한 손해가 생길 우려가 있다고 인정되면 위원장은 직권으로 위원회의 심리·결정을 갈음하는 결정을 할 수 있다. 이 경우 위원장은 지체 없이 위원회에 그 사실을 보고하고 추인(追認)을 받아야 하며, 위원회의 추인을 받지 못하면 위원장은 임시처분 또는 임시처분 취소에 관한 결정을 취소하여야 한다.

라) 임시처분결정의 효력

(1) 임시의 지위를 정하는 가처분 : 임시의 지위를 정하는 가처분은 당사자 간에 현재 다툼이 있는 권리관계 또는 법률관계가 존재하고 그에 대한 확정판결이 있기까지 현상의 진행을 그대로 방치한다면 권리자에게 뚜렷한 손해 또는 급박한 위험 등 불안한 상태가 발생될 수 있는 경우에 권리자에게 임시의 지위를 주어 그와 같은 손해나 위험을 피할 수 있게 하는 보전처분이다.

따라서 대부분 임시처분이 가능한 분야는 시험 응시자격, 국공립학교 입학자격이나 외국인 체류자격연장 등과 같이 임시지위를 결정한 후 본안 청구가 기각되는 경우 원상회복이 용이하거나 임시지위의 설정이 공공복리에 미치는 영향이 비교적 적을 것으로 예상되는 분야에서 인정된다. 한편, 임시처분의 신청대상인 임시지위가 가분적인 경우 그 일부에 대해 임시지위를 설정하는 것도 가능하다.

(2) 청구인과 피청구인뿐만 아니라 관계 행정청과 제3자에게도 미치는 대인적 효력과 결정의 주문에 정한 시기까지 임시처분의 효력이 존속하는 시간적 효력이 있다.

이러한 효력은 임시처분 결정서가 송달될 경우 행정청의 별도의 통지가 없어도 발생하고(임시지위부여), 그 처분의 시기와 종기는 집행정지의 시기와 종기의 경우와 같다.

(3) 임시처분결정의 적용영역은 처분을 대상으로 하는 취소심판·무효 등 확인심판뿐만 아니라 거부처분이나 부작위를 대상으로 하는 의무이행심판 등 모두 적용되지만, 집행정지로 목적을 달성할 수 있는 경우에는 허용되지 아니한다.

마) 임시처분결정의 취소

위원회는 임시처분을 결정한 후에 임시처분이 공공복리에 중대한 영향을 미치거나 그 정지사유가 없어진 경우에는 직권으로 또는 당사자의 신청에 의하여 임시처분 결정을 취소할 수 있다. 이는 직권 또는 당사자의 신청에 의하여 가능하며, 그 취소에 관하여 심리·결정을 하면 지체없이 당사자에게 결정서 정본을 송달하여야 하고, 결정이 취소되면 일단 발생된 임시처분 결정의 효력은 소멸되며, 그때부터 입시처분 결정이 없었던 것과 같은 상태로 회귀한다.

바) 신청취지 작성례

피신청인은 신청인들에게 2000. 00. 00.부터 2000. 00. 00.까지의 기간에 실시 예정인 '2000년도 0급 국가공무원 공개경쟁채용시험 제2차 시험'에 응시할 자격을 부여하라.

■ 행정심판법 시행규칙 [별지 제34호서식] 〈개정 2012.9.20〉

임시처분 신청서

접수번호	접수일	

사건명	0000처분 임시처분신청

신청인	성명
	주소
피신청인	처분을 한 행정청

신청 취지	임시처분을 구하는 문구를 기재합니다. 예시) 피신청인은 신청인들에게 20xx. x. x.부터 20xx. x. x.까지의 기간에 실시 예정인 '20xx년도 x급 국가공무원 공개경쟁채용시험 제2차 시험'에 응시할 자격을 부여하라.
신청 원인	임시처분이 필요한 이유를 기재합니다.
소명 방법	신청원인을 뒷받침하는 자료의 목록을 기재한 후 신청서의 뒤에 소명자료를 첨부합니다.

「행정심판법」 제31조 제2항에 따라 위와 같이 임시처분을 신청합니다.

년   월   일

신청인   (서명 또는 인)

○○ 행정심판위원회 귀중

첨부서류	1. 신청의 이유를 소명하는 서류 또는 자료 2. 행정심판청구와 동시에 임시처분 신청을 하는 경우에는 심판청구서 사본과 접수증명서	수수료 없음

처리 절차						

신청서 작성	→	접수	→	결정	→	송달
신청인		○○행정심판위원회		○○행정심판위원회		

210mm×297mm[백상지 80g/㎡]

■ 행정심판법 시행규칙 [별지 제35호서식] 〈개정 2012.9.20〉

임시처분 신청서

접수번호	접수일	

사건명	

신청인	성명
	주소
피신청인	
임시처분 결정일	
신청 취지	
신청 원인	
소명 방법	

「행정심판법」 제31조 제2항에 따라 위와 같이 임시처분을 신청합니다.

년   월   일

신청인   (서명 또는 인)

○○ 행정심판위원회 귀중

첨부서류	신청의 이유를 소명하는 서류 또는 자료	수수료 없음

처리 절차		

신청서 작성	→	접수	→	결정	→	송달
신청인		○○행정심판위원회		○○행정심판위원회		

210mm×297mm[백상지 80g/㎡]

사) 불복절차

임시처분결정취소에 대한 행정심판법상 명시적인 불복절차는 없지만, 임시처분 결정이 공공복리에 중대한 영향을 미치거나 그 임시처분의 사유가 없어진 경우를 제외하고는 임시처분 신청에 대한 거부결정, 임시처분 결정, 임시처분 취소신청에 대한 거부결정, 임시처분 취소결정 등에 대해서는 더 이상 다툴 수 없다고 할 것이다.

Ⅶ. 행정심판의 심리

1. 개 설

가. 의 의

행정심판의 심리란 재결의 기초가 될 사실관계 및 법률관계를 명백히 하기위하여 당사자 및 관계인의 주장과 반박을 듣고 증거 그 밖의 자료를 수집·조사하는 일련의 절차를 말한다. 이러한 행정심판의 심리는 행정심판위원회의 권한에 속하고 있다.

나. 심리절차의 사법화 등

행정심판법은 헌법규정에 따라 행정심판위원회가 제3자적 입장에서 심리를 진행하게 함으로써 심리절차의 사법화를 도모하고 있다.

1) 헌법규정

헌법 제107조 제3항은 '심판의 전심 절차로서 행정심판을 할 수 있다. 행정심판의 절차는 법률로 정하되 사법절차가 준용되어야 한다.'라고 규정하여 심리·재결 과정에서 공정성과 권리구제를 요구하고 있다.

2) 행정심판법규정

헌법 제107조 제3항에 따라 행정심판법은 심리 및 재결기관의 공정성을 확보하기 위해 청구인과 피청구인인 행정청을 대립되는 양당사자로 대치시킨 다음, 이들이 각각 공격·방어방법으로 의견진술과 증거 등을 제출할 수 있도록 함으로써 심리·재결절차의 사법화를 도모하였을 뿐만 아니라, 신속한 권리구제를 위해 행정심판위원회가 행정심판사건에 대하여 직접 재결하도록 하고, 행정청의 직근 상급행정기관 등 소속으로 심리·재결기관인 행정심판위원회를 두어 절차간소화를 통해 신속한 권리구제를 구하고 있다.

2. 심리의 내용과 범위

가. 심리의 내용

1) 요건심리

가) 의의

요건심리란 행정심판을 제기하는데 필요한 요건을 충족하고 있는가에 관한 심리를 의미한다. '형식적 심리' 또는 '본안전 심리'라고도 한다.

나) 심리 사항

요건심리 사항으로는 행정심판의 대상인 처분 또는 부작위의 존재 여부, 권한 있는 재결청에의 제기여부, 필요한 절차의 경유여부, 심판청구기간의 준수 여부 및 심판청구 기재사항의 구비 여부 등이 있다.

다) 보 정

위원회는 심판청구가 적법하지 아니하거나 보정할 수 있다고 인정하면 기간을 정하여 청구인에게 보정을 요구할 수 있다. 다만, 경미한 사항은 직권으로 보정할 수 있다. 청구인은 보정요구를 받으면 서면으로 보정하여야 한다. 이 경우 다른 당사자의 수만큼 보정서 부본을 함께 제출하여야 하고 위원회는 제출된 보정서 부본을 지체 없이 다른 당사자에게 송달하여야 한다. 이와 같이 보정을 한 경우에는 처음부터 적법하게 행정심판이 청구된 것으로 보며 보정기간은 재결 기간에 산입하지 아니한다.

라) 결 정

요건심리는 본안재결 전까지는 언제든지 가능한데 위원회는 심판청구가 적법하지 아니하면 그 심판청구를 재결로 각하한다. 다만 보정을 요구할 수 있다.

2) 본안심리

가) 의의

본안심리란 심판청구인의 청구가 옳은 것인지 그른 것인지에 관하여 심리하는 것으로 요건심리 결과 심판청구를 적법한 것으로 수리한 것을 전제로 당해 심판청구의 취지를 인용할 것인지 아니면 기각할 것인지 판단하기 위한 심리를 말한다.

나) 결정

위원회는 심판청구가 이유가 없다고 인정하면 그 심판청구를 기각하고, 심판청구가 이유가 있다고 인정하면 그 심판청구를 인용한다. 본안심리는 요건심리의 결과 당해 심판청구가 형식적 요건을 갖추었음을 전제로 하는 것이 원칙이다. 그러나 요건심리가 항상 본안심리보다 시간적으로 선행되어야 하는 것은 아니며 본안심리 도중에도 형식적 요건을 갖추지 못한 것이 판명되는 경우에는 언제든지 각하 할 수 있다.

나. 심리의 범위

1) 불고불리 및 불이익변경금지 적용여부

행정심판의 심리·재결에 불고불리의 원칙 및 불이익변경금지 원칙이 적용되는가의 여부에 대해 행정심판법은 행정심판의 행정구제적 기능을 살리기 위하여 행정심판의 재결에 이 원칙들의 적용을 인정하였다 따라서 행정심판위원회는 소제기가 없는 사건에 대해 심리할 수 없으며, 소제기가 있는 사건에 대해서도 당사자의 청구범위를 넘어서 심리·재결할 수 없다. 또한 심판청구의 대상이 되는 처분보다 청구인에게 불이익한 재결을 할 수 없다. 다만, 예외적으로 위원회는 필요하면 당사자가 주장하지 아니한 사실에 대하여도 심리할 수 있다.

2) 법률문제와 사실문제

행정심판의 심리에 있어서 심판청구의 대상인 처분이나 부작위에 관한 적법, 위법의 판단인 법률문제뿐만 아니라 당·부당의 재량문제를 포함한 사실문제도 심리할 수 있다. 따라서 행정심판은 당·부당의 문제까지 심리할 수 있다는 점에서 행정소송보다 국민의 권리구제에 더 효과적이다.

3) 불합리한 법령 등의 시정조치요청

중앙행정심판위원회는 심판청구를 심리·재결할 때에 처분 또는 부작위의 근거가 되는 명령 등이 법령에 근거가 없거나 상위법령에 위반되거나 국민에게 과도한 부담을 주는 등 크게 불합리하면 관계행정기관에 그 명령 등의 개정·폐지 등 적절한 시정조치를 요청할 수 있다. 시정조치요청을 받은 관계행정기관은 정당한 사유가 없으면 이에 따라야 한다.

3. 심리의 절차

가. 심리절차상의 기본원칙

1) 대심주의

가) 의의

대심주의는 서로 대립되는 당사자 쌍방에게 대등한 공격, 방어방법을 제출할 수 있는 기회를 보장하는 제도를 말한다. 행정심판법은 행정심판절차에 사법절차가 준용되어야 한다는 헌법의 취지에 따라 심판청구의 당사자를 청구인과 피청구인의 대립관계로 정립한 다음 서로 대등한 입장에서 공격 방어 방법을 제출할 수 있게 하고 행정심판위원회가 제3자적 입장에서 심리를 하도록 하는 대심주의를 채택하고 있다.

나) 구체적 내용

(1) 자료제출 요구권

위원회는 사건 심리에 필요하면 관계행정기관이 보관중인 관련 문서, 장부, 그밖에 필요한 자료를 제출할 것을 요구할 수 있다.

(2) 의견진술 및 의견서제출 요구권

위원회는 필요하다고 인정하면 사건과 관련된 법령을 주관하는 행정기관이나 그 밖의 행정기관의장 또는 그 소속 공무원에게 위원회회의에 참석하여 의견을 진술할 것을 요구하거나 의견서를 제출할 것을 요구할 수 있으며, 관계행정기관의장은 특별한 사정이 없으면 위원회의 요구에 따라야 한다. 그리고 중앙행정심판위원회에서 심리·재결하는 심판청구의 경우 소관중앙행정기관의장은 의견서를 제출하거나 위원회에 출석하여 의견을 진술할 수 있다.

2) 서면심리주의와 구술심리주의

가) 의 의

행정심판의 심리방식에는 서면심리주의와 구술심리주의가 있다. 행정심판법은 "행정심판의 심리는 구술심리나 서면심리로 한다. 다만, 당사자가 구술심리를 신청한 경우에는 서면심리만으로 결정할 수 있다고 인정되는 경우 외에는 구술심리를 하여야 한다."고 규정 하고 있다(법제40조).

나) 양자의 관계

이 규정의 의미에 대해 구술심리가 서면심리의 보충적인 것이라고 보는 견해(서면심리우선설)와 구술심리가 서면심리에 우선하는 것이라는 견해(구술심리 우선설)가 대립하고 있는데 현행 행정심판법은 서면심리의 단점을 보완하기 위해 심판절차에 구술심리를 적극적으로 활용하기 위한 것으로 구술심리를 확대한 것으로 보아야 한다는 견해가 타당하다.

3) 직권심리주의

행정심판법은 당사자주의를 원칙으로 하면서도 심판청구의 심리를 위하여 필요하다고 인정되는 경우에는 심리기관인 행정심판위원회로 하여금 당사자가 주장하지 않은 사실에 대해서도 심리하고 증거조사를 할 수 있도록 하고 있다. 그러나 행정심판법은 동시에 불고불리의 원칙도 채택하고 있으므로 직권심리라 하더라도 심판청구의 대상이 되는 처분 또는 부작위 이외의 사항에 대하여는 미칠 수 없다 할 것이다.

4) 비공개주의

비공개주의란 심판청구의 심리 · 재결을 일반인이 방청할 수 없는 상태에서 행하는 것을 말한다. 행정심판법에는 이에 관한 명문의 규정은 없으나 서면심리주의, 직권심리주의 등을 채택한 동법의 구조로 보아 비공개주의를 원칙으로 한다. 이에 대해서 행정심판이 구술심리를 우선시킨 것으로 보아 공개주의를 채택하고 있다는 입장도 있다.

나. 당사자의 절차적 권리

1) 답변서 제출권

피청구인은 심판청구서를 접수하거나 위원회로부터 심판청구서부본을 송부 받으면 10일 이내에 심판청구서와 답변서를 위원회에 보내야 한다. 다만, 청구인이 심판청구를 취하한 경우에는 그러하지 아니하다(법제24조 1항).

피청구인은 답변서를 보낼 때에는 청구인의 수만큼 답변서 부본을 함께 보내되, 답변서에는 ① 처분이나 부작위의 근거와 이유, ② 심판청구의 취지와 이유 ③ 처분의 상대방의 이름 · 주소 · 연락처와 의무 이행 여부의 답변사항을 명확하게 적어야 한다. 중앙행정심판위원회에서 심리 · 재결하는 사건인 경우 피청구인은 위원회에 심판청구서 또는 답변서를 보낼 때에는 소관 중앙행정기관의 장에게도 그 심판청구 · 답변의 내용을 알려야 한다. 위원회는 피청구인으로부터 답변서가 제출되면 답변서부본을 청구인에게 송달하여야 한다.

2) 위원 · 직원에 대한 기피신청권(법제10조)

당사자는 위원에게 공정한 심리 · 의결을 기대하기 어려운 사정이 있으면 위원장에게 기피신청을 할 수 있다. 위원에 대한 제척신청이나 기피신청은 그 사유를 소명(疏明)한 문서로 하여야 한다. 다만, 불가피한 경우에는 신청한 날부터 3일 이내에 신청 사유를 소명할 수 있는 자료를 제출하여야 한다. 위원장은 제척신청이나 기피신청의 대상이 된 위원에게서 그에 대한 의견을 받을 수 있다. 위원장은 제척신청이나 기피신청을 받으면 제척 또는 기피 여부에 대한 결정을 하고, 지체 없이 신청인에게 결정서 정본(正本)을 송달하여야 한다. 사건의 심의 · 의결에 관한 사무에 관하여는 위원 아닌 직원에게도 규정을 준용한다.

3) 구술심리 신청권

행정심판의 심리는 구술심리나 서면심리로 한다. 다만, 당사자가 구술심리를 신청한 경우에는 서면심리만으로 결정할 수 있다고 인정되는 경우 외에는 구술심리를 하여야 한다. 위원회는 구술심리 신청을 받으면 그 허가 여부를 결정하여 신청인에게 알려야 하고 그 통지는 간이통지방법으로 할 수 있다(법제40조).

4) 보충서면제출권

당사자는 심판청구서 · 보정서 · 답변서 · 참가신청서 등에서 주장한 사실을 보충하고 다른 당사자의 주장을 다시 반박하기 위하여 필요하면 위원회에 보충서면을 제출할 수 있다. 이 경우 다른 당사자의 수만큼 보충서면 부본을 함께 제출하여야 한다. 위원회는 필요하다고 인정하면 보충서면의 제출기한을 정할 수 있다. 위원회는 보충서면을 받으면 지체 없이 다른 당사자에게 그 부본을 송달하여야 한다(법제33조).

5) 물적 증거 제출권

당사자는 심판청구서 · 보정서 · 답변서 · 참가신청서 · 보충서면 등에 덧붙여 그 주장을 뒷받침하는 증거서류나 증거물을 제출할 수 있다. 증거서류에는 다른 당사자의 수만큼 증거서류 부본을 함께 제출하여야 한다. 위원회는 당사자가 제출한 증거서류의 부본을 지체 없이 다른 당사자에게 송달하여야 한다(법제34조).

6) 증거조사 신청권(법제36조)

가) 위원회는 사건을 심리하기 위하여 필요하면 직권으로 또는 당사자의 신청에 의하여 ① 당사자나 관계인(관계 행정기관 소속 공무원을 포함한다. 이하 같다)을 위원

회의 회의에 출석하게 하여 신문(訊問)하는 방법 ② 당사자나 관계인이 가지고 있는 문서·장부·물건 또는 그 밖의 증거자료의 제출을 요구하고 영치(領置)하는 방법 ③ 특별한 학식과 경험을 가진 제3자에게 감정을 요구하는 방법 ④ 당사자 또는 관계인의 주소·거소·사업장이나 그 밖의 필요한 장소에 출입하여 당사자 또는 관계인에게 질문하거나 서류·물건 등을 조사·검증하는 방법에 따라 증거조사를 할 수 있다.

나) 위원회는 필요하면 위원회가 소속된 행정청의 직원이나 다른 행정기관에 촉탁하여 증거조사를 하게 할 수 있다.

다) 증거조사를 수행하는 사람은 그 신분을 나타내는 증표를 지니고 이를 당사자나 관계인에게 내보여야 한다.

라) 당사자 등은 위원회의 조사나 요구 등에 성실하게 협조하여야 한다.

다. 심리의 병합과 분리

행정심판법은 행정심판사건에 대한 심리의 신속성과 경제성을 도모하기 위하여 심리의 병합과 분리를 인정하고 있다. 행정심판위원회는 필요하면 관련되는 심판청구를 병합하여 심리하거나 병합된 관련청구를 분리하여 심리할 수 있고, 행정심판위원회는 필요하다고 인정할 때에는 병합된 관련청구를 분리하여 심리할 수 있다(법 제37조).

Ⅷ. 행정심판의 재결 및 효력

1. 개 설

가. 의 의

재결이란 행정심판청구사건에 대하여 행정심판위원회가 심리, 의결한 개요에 따라 행정심판위원회가 행하는 종국적 판단인 의사표시를 말한다.

나. 성 질

1) 확인행위

재결은 행정법상 법률관계에 관한 분쟁에 대하여 위원회가 일정한 절차를 거쳐서 판단, 확정하는 행위이므로 확인행위로서의 성질을 갖는다.

2) 준사법행위

또한 심판청구를 전제로 한 것일 뿐만 아니라 판단의 작용이라는 점에서 판결과 성질이 비슷하므로 준사법행위에 해당한다고 볼 수 있다. 재결도 하나의 처분이고 행정심판법 제2조 제3호에서 "재결이란 행정심판의 청구에 대하여 제6조에 따른 행정심판위원회가 행하는 판단을 말한다."라고 정의하고 있으므로 재결자체에 고유한 위법이 있으면 취소소송의 대상이 된다.

2. 재결의 절차

가. 재결기간

재결은 피청구인 또는 위원회가 심판청구서를 받은 날부터 60일 이내에 하여야 한다. 다만, 부득이한 사정이 있는 경우에는 위원장이 직권으로 30일을 연장할 수 있다. 다만 연장할 경우에는 재결 기간이 끝나기 7일 전까지 당사자에게 알려야 한다(법제45조). 위의 재결기간에 보정기간은 산입되지 않는다.

행정심판법이 재결기간을 명문으로 규정한 것은 행정법관계의 조속한 확정과 신속한 심리, 재결을 도모하기 위한 것이다. 그러나 이러한 재결기간은 훈시규정으로 보기 때문에 기간이 경과한 후에 재결이 이루어지더라도 효력을 갖는다.

나. 재결의 형식

재결은 서면으로 하여야 하고 재결서에는 ① 사건번호와 사건명 ② 당사자 · 대표자 또는 대리인의 이름과 주소 ③ 주문 ④ 청구의 취지 ⑤ 이유 ⑥ 재결한 날짜 등이 포함되어야 하고, 재결서에 적는 이유에는 주문 내용이 정당하다는 것을 인정할 수 있는 정도의 판단을 표시하여야 한다(법제46조). 즉 재결의 기초가 되는 사실자료를 기초로 증거에 의하여 사실관계를 인정하고 그에 관한 법률의 해석, 적용을 명백히 하고 주문에 나타난 판단의 경로를 구체적으로 표시하여야 한다.

다. 재결의 범위

1) 불고불리 및 불이익변경금지의 원칙

행정심판법은 불고불리의 원칙과 불이익변경금지의 원칙을 명문화하여 행정심판의 권리구제의 기능을 높였다. 위원회는 심판청구의 대상이 되는 처분 또는 부작위 외의 사항에 대하여는 재결하지 못하고, 위원회는 심판청구의 대상이 되는 처분보다 청구인에게 불리한 재결을 하지 못한다. 다만 여기에 대하여 행정의 자기 통제적 시각에서 적법한 행위를 보장하기 위해서는 청구인에게 불이익한 처분도 가능할 필요가 있음을 지적하는 입장도 있다.

2) 재량기간에 대한 판단

행정심판은 행정소송과 달리 위법한 처분이나 부작위뿐만 아니라 부당한 처분이나 부작위도 그 대상이 된다. 따라서 위원회는 재량행위와 관련하여 재량의 일탈, 남용 등과 같은 재량권 행사의 위법 여부뿐만 아니라 재량 한계 내에서의 재량권 행사의 당부(當否)에 대해서도 판단할 수 있다.

라. 재결의 송달과 공고 등

1) 재결의 송달과 효력발생

가) 위원회가 재결을 한 때에는 위원회는 지체 없이 당사자에게 재결서의 정본을 송달하여야 한다. 이 경우 중앙행정심판위원회는 재결 결과를 소관 중앙행정기관의 장에게도 알려야 한다(법제46조 1항).

나) 위원회는 재결서의 등본을 지체 없이 참가인에게 송달하여야 한다(법제46조3항).

다) 처분의 상대방이 아닌 제3자가 심판청구를 한 경우 위원회는 재결서의 등본을 지체 없이 피청구인을 거쳐 처분의 상대방에게 송달하여야 한다(법제46조 4항).

라) 법령의 규정에 따라 공고·고시한 처분이 재결로써 취소되거나 변경되면 처분을 한 행정청은 지체없이 그 처분이 취소 또는 변경되었다는 것을 공고하거나 고시하여야 한다(법제49조 4항)

마) 법령의 규정에 따라 처분의 상대방 외의 이해관계인에게 통지된 처분이 재결로써 취소되거나 변경되면 처분을 한 행정청은 지체없이 그 이해관계인에게 그 처분이 취소 또는 변경되었다는 것을 알려야 한다(법제49조 5항).

바) 재결은 청구인에게 송달되었을 때에 그 효력이 생긴다(법제46조 2항).

2) 공고

법령의 규정에 따라 공고하거나 고시한 처분이 재결로써 취소되거나 변경되면 처분을 한 행정청은 지체 없이 그 처분이 취소 또는 변경되었다는 것을 공고하거나 고시하여야 한다(법제49조 4항). 법령의 규정에 따라 처분의 상대방 외의 이해관계인에게 통지된 처분이 재결로써 취소되거나 변경되면 처분을 한 행정청은 지체 없이 그 이해관계인에게 그 처분이 취소 또는 변경되었다는 것을 알려야 한다(법제49조 5항).

3. 재결의 종류

가. 각하재결

1) 의 의

각하재결이란 위원회가 요건심리의 결과 심판청구의 제기요건을 결여(예를 들어 청구인 적격이 없는 자가 행정심판을 청구한 경우)한 부적법한 심판청구라 하여 본안에 대한 심리를 거절하는 재결을 말한다. 흔히 요건 재결이라고도 한다.

2) 구체적인 예

부적법한 심판청구에 해당하는 경우는 ① 청구인적격 또는 법률상이익이 없는 자가 행정심판을 제기한 경우, ② 법정기간 경과 후에 제기한 경우, ③ 청구의 대상인 행정처분 또는 부작위가 없는 경우, ④ 처분이 소멸한 경우, ⑤ 대통령의 처분·부작위에 관한 심판청구, ⑥ 재심판청구 즉, 행정심판재청구등이다. 다만, 처분이 소멸한 뒤에도 그 처분의 취소로 인하여 회복되는 법률상이익이 있는 경우에는 본안심리를 해야한다. 본안심리에 들어간 후에도 심판청구의 제기요건이 결여된 것이 인정된 때에는 각하재결을 할 수 있다.

나. 기각재결

이는 본안심리의 결과 그 심판청구가 이유 없다고 인정하여 청구를 배척하고 원처분을 지지하는 재결을 말한다(법제43조 2항). 기각재결은 원처분을 시인하는 것일 뿐 그 효력을 확정하거나 강화하는 것은 아니므로 기각재결이 있은 후에도 위원회는 직권으로 원래의 처분을 취소 변경할 수 있다. 따라서 재결의 기속력은 기각재결에는 인정되지 않는다.

다. 사정재결

1) 의의

위원회는 심판청구가 이유가 있다고 인정하는 경우에도 이를 인용(認容)하는 것이 공공복리에 크게 위배된다고 인정하면 그 심판청구를 기각하는 재결을 할 수 있는데 이를 사정재결이라 한다. 이 경우 위원회는 재결의 주문(主文)에서 그 처분 또는 부작위가 위법하거나 부당하다는 것을 구체적으로 밝혀야 한다(법제44조 1항). 정책적인 입장에서 공익과 사익의 조절제도로 기능하는데 예를 들어 댐건설을 위한 하천점용허가처분에 대하여 어업권자로부터 취소심판이 제기된 경우가 그 예에 해당한다.

2) 요건

가) 심판청구의 이유가 인정됨에도 공공복리에 부적합한 경우

사정재결은 심판청구가 이유 있다고 인정됨에도 불구하고, 당해 행정심판청구를 인용하는 것이 현저히 공공복리에 적합하지 않다고 인정되는 경우여야 한다.

나) 피청구인의 청구 또는 위원회의 직권

사정재결은 피청구인의 청구가 있는 경우는 물론 위원회는 직권으로도 할 수 있다.

다) 재결의 주문에 위법·부당의 명시

사정재결을 할 때에는 재결의 주문에 그 처분 또는 부작위가 위법 또는 부당함을 구체적으로 밝혀야 한다. 이는 사정재결을 하더라도 위법 또는 부당한 처분이 적법처분으로 전환되는 것은 아니라는 것을 명백히 하기 위한 것이다. 동시에 원래의 처분에 대하여 행정소송을 제기하거나 국가배상청구소송을 제기하는 경우에 의미를 갖게 된다.

3) 구제방법

사정재결을 하는 경우에는 위원회는 청구인에 대하여 상당한 구제방법을 취하거나 상당한 구제방법을 취할 것을 피청구인에게 명할 수 있다(법제44조 2항). 이때의 '명할 수 있다'는 것은 '명하여야 한다.'는 취지로 본다. 따라서 위원회는 재결의 하나로 손해배상·재해시설의 설치 기타의 구제방법을 직접 강구할 수 있고, 일정한 구제방법을 하도록 처분청이나 부작위행정청에 명할 수도 있다. 청구인은 사정재결에 대하여 행정소송을 제기할 수 있음은 물론이다.

4) 적용범위

사정재결은 취소심판 및 의무이행심판에만 적용되고 무효 등 확인심판에는 인정되지 않는다(법제44조3항).

라. 인용재결

인용재결은 본안심리의 결과 심판청구가 이유 있고, 원처분이나 부작위가 위법 또는 부당하다고 인정하여 청구취지를 받아들이는 내용의 재결이다.

1) 취소 · 변경재결

가) 의의

취소심판의 청구가 이유 있다고 인정하여 당해 처분의 취소나 변경을 위원회가 직접 하거나(처분재결), 피청구인 처분청에게 그 취소 또는 변경을 명하는 내용의 재결(처분명령재결)을 한다.

나) 성질

취소 변경재결에는 처분취소재결, 처분변경재결과 처분취소명령재결, 처분변경명령 재결이 있다. 이 중 처분취소재결, 처분변경재결은 형성적 재결이고, 처분취소명령재 결, 처분변경명령재결은 이행적 재결이라 할 수 있다.

다) 내용

(1) 처분을 취소하거나 취소를 명하는 재결은 당해 처분의 전부취소와 일부취소에 관한 것이다.

(2) 변경재결은 단순히 소극적인 일부취소는 물론이고, 원처분에 갈음하여 새로운 처분으로 대체한다는 적극적의미의 변경도 포함된다(예컨대 면허취소처분을 면허정지처분으로 변경). 이러한 해석은 '취소'와 함께 '변경'을 따로 인정함과 아울러 의무이행재결을 인정하고 있는 행정심판법의 취지에 근거한 것이다.

2) 확인재결

가) 의의

확인재결이란 처분의 효력유무 또는 존재여부를 확인하는 재결을 말한다. 이러한 확인재결에는 처분유효확인재결, 처분무효확인재결, 처분존재확인재결, 처분부존재확인재결, 처분실효확인재결이 있다.

나) 효력

확인재결은 행정행위의 무효나 부존재 등을 확인하는 것이므로 형성적 효과는 발생하지 않는다.

3) 이행재결

가) 의무이행재결

(1) 의의

의무이행재결이란 의무이행심판의 청구가 이유가 있다고 인정할 때에 신청에 따른 처분을 위원회가 직접 하거나 처분할 것을 피청구인에게 명하는 재결을 말한다(법43조 5항).

(2) 종 류

(가) 처분재결

신청에 따른 처분을 하는 처분재결은 형성적 성질을 가진 이행재결이다. 통설은 신청에 따른 처분은 반드시 청구인의 신청내용대로의 처분이라고 해석하지 않는다.

(나) 처분명령재결

처분명령재결은 처분청에 처분할 것을 명하는 재결로서 행정청은 지체 없이 그 재결의 취지에 따라 원신청에 대한 처분을 하여야 한다. 처분명령재결에는 특정처분명령재결과 일정처분명령재결이 있다.

나) 처분재결과 처분명령재결 중 어느 것에 의해야 하는지 여부

(1) 문제의 소재

당사자의 신청을 거부한 처분이나 부작위로 방치한 처분에 대해 의무이행심판이 청구된 경우에 위원회가 형성적 성질을 가진 처분재결과 이행적 성질을 가진 처분명령재결 중 어떠한 재결을 하여야 하는지에 대하여 견해 대립이 있다.

(2) 학 설

학설은 이에 대하여

(가) 재결청에 재량이 부여되어 있으나 당사자의 신속한 권리구제의 측면에서 재결청이 구체적인 처분을 할 수 있을 정도로 충분한 심사를 한 경우에는 처분재결을 원칙으로 함이 타당하다는 견해와

(나) 처분청의 처분권을 존중해야 하므로 재결청은 원칙적으로 처분명령재결을 하고 처분청이 동 재결을 따르지 않는 경우에만 예외적으로 처분재결을 해야 한다는 견해

(다) 재결청은 법적으로 처분재결과 처분명령재결의 선택에 있어서 재량권을 가지지만 재량행위의 경우에는 처분명령재결을 하여 처분청이 부관을 붙일 수 있는 여지를 주는 것이 타당하다는 견해가 있다.

(3) 소 결

처분재결과 처분명령재결 중 어떠한 재결을 하여야 하는가에 관하여는 견해가 대립 되고 있으나 실무상으로는 대부분 처분명령재결을 하고 있고, 처분재결을 하는 예는 극히 드물다.

다) 재결의 내용이 특정한 행위를 대상으로 하는지 여부

(1) 문제의 소재

재결청이 특정한 처분을 직접 하거나 처분청에 대하여 특정한 처분을 명하는 경우와 신청을 방치하지 말고 어떠한 처분을 할 것을 명하는 경우가 있는데 재결청이 이 가운데 어느 것을 택할 것인지 문제된다. 특히 청구대상의 행위가 재량행위인 경우에 견해가 대립한다.

(2) 기속처분인 경우

청구대상의 행위가 기속행위인 경우에는 위원회는 재결로 청구인의 내용대로 처분을 하거나 처분할 것을 명하여야 한다. 다만, 피청구인이 관계법령에서 정하고 있는 일정한 절차를 거치지 아니한 경우나 또는 예외적으로 위원회가 쟁점에 관한 해명을 한정적으로 정하고 처분청으로 하여금 다시 관련법규의 구체적인 적용을 행하도록 하는 재결이 불가능한 것은 아니라 할 것이다.

(3) 재량처분인 겨우

청구의 대상이 행정청의 행위가 재량행위인 경우 학설은 견해가 나뉘고 있다.

(가) 일정처분명령재결설

재량행위의 경우에는 신청을 방치하지 말고 지체 없이 어떤 처분을 하도록 명하는 재결을 해야 한다는 견해이다.

(나) 위법 · 부당 구별설

위법, 부당의 경우를 구별하여 위원회는 행정청의 거부처분 또는 부작위의 위법을 이유로는 청구인의 청구내용대로 처분을 하거나 하도록 명할 수는 없고 부당을 이유로 하는 경우는 청구내용대로의 처분을 하거나 하도록 명할 수 있다고 보는 견해이다.

(다) 재량권존중설

재결시를 기준으로 특정처분을 해야 할 것이 명백한 경우에는 신청에 따른 적극적 처분을 하거나 하도록 명하고 명백하지 않다면 처분청의 재량권을 존중하여 재량의 일탈 남용 및 부당을 명시하여 하자 없는 재량행사를 명하는 재결을 해야 한다는 견해이다.

(라) 결어

행정청의 거부처분 또는 부작위에 대하여 원칙적으로 일정처분 명령재결을 함이 타당하다. 행정심판의 대상인 재량행위에 대하여 처분청에게 고유의 판단권이 있기 때문이다.

4. 재결의 효력

가. 의 의

재결은 위원회가 청구인에게 재결서 정본이 송달되었을 때 효력이 생긴다. 재결의 효력은 당해 심판청구의 대상인 처분이나 부작위에 대하여 발생한다. 행정심판법에 규정된 취소재결, 변경재결 및 처분재결에는 형성력이 발생하고, 재결은 행정행위이므로 재결 일반에 대하여 행정행위에 특수한 효력인 공정력, 불가변력, 불가쟁력 등이 인정된다.

나. 형성력

1) 형성력의 의의

재결의 형성력이란 재결의 내용에 따라 기존의 법률관계에 변동을 가져오는 효력을 말한다. 처분을 취소하는 내용의 재결이 있으면 처분의 효력은 처분청의 별도의 행위를 기다릴 것 없이 처분시에 소급하여 소멸되고, 변경재결에 의하여 원래의 처분은 취소되고 이를 대신하는 별도의 처분이 이루어진 뒤에도 새로운 처분의 효력을 즉시 발생하게 되는 것은 모두 재결의 형성력의 효과인 것이다. 판례도 형성적 재결이 있은 경우에는 그 대상이 행정처분은 재결자체에 의하여 당연히 취소되어 소멸된다(대법원 1999. 12. 16. 98두18619)고 한다. 형성력에 의한 법률관계는 제3자에게도 미친다. 그러므로 형성력은 대세적 효력이 있다.

2) 형성력 있는 재결의 종류

형성력 있는 재결에는 취소재결, 변경재결, 처분재결이 있다.

가) 처분취소재결

원처분청에 의한 별도의 취소, 처분 변경 없이 처분시에 소급하여 취소된 처분의 효력이 소멸되고 그에 따른 기존 법률관계가 변동되는 것을 말한다.

나) 변경재결

변경재결로 인한 새로운 처분은 제3자 권익을 침해하지 않는 한 소급하여 효력을 발생하고 원처분은 효력을 상실한다.

다) 의무이행재결 중 처분재결

의무이행재결 중 처분재결은 성질상 소급하지 않기 때문에 장래에 향하여 재처분의 효력이 발생한다.

라) 일부취소재결

취소된 부분에 한하여 소급적으로 효력을 상실하고 취소되지 않은 부분은 효력을 유지한다.

마) 처분취소명령재결, 처분변경명령재결, 처분명령재결

취소·변경명령재결 또는 의무이행명령재결은 형성력은 없고 기속력에 의하여 목적이 달성된다.

3) 대세적 효력

형성력에 의한 법률관계의 변동은 심판청구의 당사자뿐만 아니라 제3자 등 모든 자에게 효력이 있는바, 이를 대세적 효력이라 한다.

4) 인용재결에만 인정

형성력 있는 재결은 취소처분·변경처분·의무이행심판에 있어서의 처분재결이다. 따라서 각하·기각재결이 있은 후에도 정당한 사유가 있으면 처분청은 직권으로 원처분을 취소·변경·철회할 수 있다.

다. 불가쟁력과 불가변력

1) 불가쟁력

재결이 있으면 그 재결 및 같은 처분 또는 부작위에 대하여 다시 행정심판을 청구할 수 없다. 재결에 고유한 위법이 있는 경우에 한하여 행정소송의 제기가 가능하지만 (행정소송법 제19조), 그 경우에도 제소기간이 경과하면 더 이상 그 효력을 다툴 수 없게 되는데 이를 재결의 불가쟁력이라 한다.

2) 불가변력

재결은 다른 일반 행정행위와는 달리 쟁송절차에 의해 이루어진 판단행위이므로 분쟁을 종국적으로 해결하는 효과를 가져야 한다. 따라서 재결이 일단 이루어진 경우에는 그것이 위법 또는 부당하다고 생각되는 때에도 오산, 오기, 기타 이와 유사한 형식상의 오류가 있는 경우를 제외하고는 재결청 자신도 임의로 취소·변경할 수 없는 효력이 발생한다. 이를 재결의 불가변력이라 한다.

라. 기속력

1) 의의

심판청구를 인용하는 재결은 피청구인과 그 밖의 관계 행정청을 기속(羈束)한다(법제49조 1항). 재결의 기속력은 이와 같이 피청구인인 행정청이나 관계행정청으로 하여금 재결의 취지에 따라 행동할 의무를 발생시키는 효력을 말한다. 따라서 재결의 기속력을 재결의 구속력이라 부르기도 한다. 기각재결은 청구인의 심판청구를 배척하는 데 그치고, 관계행정청에 원처분을 유지할 의무를 부과하는 것은 아니기 때문에 재결의 기속력은 인용재결에 한하고 기각 또는 각하재결에는 인정되지 않는다.

2) 내 용

가) 반복금지의무(소극적 의무)

청구인용재결이 있게 되면 행정청은 그 재결을 준수해야한다. 그러므로 그 재결에 저촉되는 행위를 할 수 없다. 즉 관계행정청은 당해재결의 내용에 모순되는 내용의 동일한 처분을 동일한 사실관계에 하에 반복할 수 없다는 것이다.

나) 재처분의무(적극적 의무)

(1) 내 용

당사자의 신청을 거부하거나 부작위로 방치한 처분의 이행을 명하는 재결이 있으면 행정청은 지체 없이 이전의 신청에 대하여 재결의 취지에 따라 처분을 하여야 한다(법제49조 2항). 이때 기속행위 또는 영으로 수축되는 재량행위의 경우에는 신청한 대로 처분을 하여야 한다. 그러나 일반적으로 재량행위의 경우에는 청구인이 신청한 대로 처분할 필요는 없고, 다시 하자 없는 내용의 재량행위를 발령하는 것이 그 내용이 된다.

(2) 거부처분에 대한 재처분의무 문제

(가) 문제의 소재

현행 행정심판법은 재처분의무를 의무이행심판의 경우에 한정하여 규정하나 거부처분에 대하여는 의무이행심판과 거부처분취소심판을 제기할 수 있다는 점에서, 만약 거부처분에 대하여 의무이행심판을 제기하지 않고 거부처분취소심판을 제기하여 그것이 인용되어 거부처분취소재결이 있는 경우에 처분청의 재처분의무를 인정하는 명시적 규정이 없어서 과연 이를 인정할 수 있는가가 문제된다.

(나) 긍정설

행정심판법 제49조 제1항은 재결의 기속력에 관한 일반적 규정이고, 재처분의무는 기속력의 일부를 이루는 것으로 볼 수 있으므로, 취소심판에서 거부처분이 취소된 경우에도 처분청은 재결의 취지에 따른 재처분의무를 진다고 보는 견해이다.

(다) 부정설

행정심판법 제5조 제3호, 제49조 제2항 및 제3항에서 이행재결, 절차의 위법 또는 부당을 이유로 한 취소재결에 한하여 처분의 의무를 규정하고 있으므로 반대해석에 의해 그 이외의 인용재결의 경우에는 처분의무를 인정할 수 없으며 행정청에게 적극적인 의무를 인정하기 위하여는 명문의 근거가 필요하다는 견해이다.

(라) 위법설

행정심판법상 거부처분은 의무이행심판의 대상이지 취소심판의 대상이 아니기 때문에 청구인이 거부처분에 대하여 취소심판을 청구한다면, 위원회는 청구인에게 의무이행심판으로 변경하여 청구하도록 해야 할 것이고 만약 거부처분에 대한 취소심판 청구가 있고, 이에 대해 인용재결이 이루어진다면 그러한 인용재결은 위법하다는 견해이다.

다) 직접처분제도

(1) 의의

직접처분이란 위원회가 피청구인인 행정청이 처분의 이행을 명하는 재결에도 불구하고 처분을 하지 아니하는 경우에는 당사자가 신청하면 기간을 정하여 서면으로 시정을 명하고 그 기간에 이행하지 아니하면 직접 처분을 할 수 있는 것을 말한다. 다만, 그 처분의 성질이나 그 밖의 불가피한 사유로 위원회가 직접 처분을 할 수 없는 경우에는 그러하지 아니하다(법제50조 1항).

(2) 직접처분과 처분재결의 구별

직접처분은 처분청이 이행명령재결을 이행하지 않는 경우에 그 실효성을 확보하기 위하여 위원회가 처분청이 행할 처분을 직접 행하는 것이고, 처분재결은 의무이행심판에 대하여 처음부터 위원회가 재결로써 처분을 행하는 것이다.

(3) 요건

(가) 처분명령재결이 있었을 것
(나) 위원회가 당사자의 신청에 따라 기간을 정하여 시정을 명령하였을 것
(다) 당해 행정청이 그 기간 내에 시정명령을 이행하지 아니하였을 것

(4) 효 과

직접처분을 할 수 있는 범위는 처분청이 의무이행재결 취지에 따라 처분을 하지 않는 모든 경우에 인정된다. 그러나 처분청의 모든 사항을 확인 할 수 없으므로 직접처분에도 내적인 한계가 있다 예컨대 당해 행정청만이 보유하고 있는 정보의 공개청구에 대해 이행재결 등 당해 처분의 성질 기타 불가피한 사유로 재결청이 처분할 수 없는 경우에는 지체 없이 당사자에게 그 사실 및 사유를 각각 통지하여야 한다.

(5) 자치사무의 직접처분에 대한 불복 문제

지방자치단체가 자치권침해를 이유로 자치사무에 관한 직접처분의 취소를 구할 원고적격이 있는가에 대하여 견해가 나뉘고 있다.

(가) 부정설

직접처분은 성질상 처분재결이므로 지방자차단체가 불복할 수 없다는 견해와

(나) 긍정설

지방자치단체의 자치권을 지방자치단체의 법률상 이익으로 볼 수 있고, 지방자치단체는 독립된 법주체이기 때문에 자치권의 침해를 이유로 직접처분의 취소를 구할 수 있다는 견해가 있다.

3) 기속력의 범위

가) 주관적 범위

재결은 청구인, 참가인, 피청구인과 그 밖의 관계 행정청을 기속(羈束)한다.

나) 객관적 범위

기속력의 객관적 범위는 재결의 주문 및 재결이유 중 그 전제가 된 요건사실의 인정과 처분의 효력의 판단에 미치고, 이와 직접 관계없는 다른 처분에는 영향을 주지 않는다.

다) 기속력의 시간적 범위

통설 판례는 처분의 위법성판단의 기준 시점을 처분 시로 보고 있기 때문에 기속력은 처분 시까지의 사유를 판단의 대상으로 한다. 따라서 처분시 이후의 새로운 법률관계나 사실관계는 재결의 기속력이 미치지 않는다.

5. 재결에 대한 불복

가. 재심판청구의 금지

행정심판법은 심판청구에 대한 재결이 있으면 그 재결 및 같은 처분 또는 부작위에 대하여 다시 행정심판을 청구할 수 없다(법제51조 1항)라고 규정하여 행정심판의 단계를 단일화하였다. 따라서 재결에 불복이 있는 경우에는 행정소송에 의한다. 다만, 국세기본법과 같이 각 개별법에서 다단계의 행정심판이 인정되고 있는 경우는 그에 의한다.

나. 재결에 대한 행정소송

재결도 행정행위의 일종인 이상 재결자체에 고유한 위법이 있음을 이유로 재결의 취소, 변경을 구하거나 재결에 무효사유가 있음을 이유로 무효확인을 구하는 행정소송을 제기할 수 있다(행소법 19조). 행정심판 재결에 대하여 불복하는 자는 행정소송을 제기할 수 있는데, 이때 행정소송의 대상은 재결이 아니라 원처분을 대상으로 제기하여야 한다. 재결내용에 불복이 있더라도 원처분의 위법성을 가지고 행정소송에서 다투어야 한다.

Ⅸ. 고지제도

1. 개 설

가. 의 의

고지제도란 행정청이 처분을 함에 있어서 그 상대방에게 당해 처분에 대하여 행정심판을 제기할 경우 필요한 사항(청구절차, 청구기간, 불복여부 등)을 아울러 고지할 의무를 지우는 제도를 말한다.

나. 제도의 취지

고지제도는 다분히 계몽적인 의의를 가진다. 이는 직접적으로는 관계인에게 행정심판을 제기하는 것에 대한 지식과 정보를 제공함으로서 행정심판청구의 기회를 보장하고 행정의 신중, 적정화를 도모하기 위한 제도로서 의미가 클 뿐만 아니라 행정심판제도의 활성화에도 이바지하는 기능을 갖는다.

다. 성 질

1) 사실행위

고지는 사실행위이다. 이는 행정청의 일정한 개념이나 의사를 알리는 것이 아니라 기존법규의 내용을 구체적으로 알리는 비권력적 사실행위로서 그 자체로서 아무런 법적 효력도 수반하지 않는다. 따라서 고지 그 자체는 행정소송의 대상이 되지 않는다.

2) 강행규정, 의무규정

한편 행정심판법상의 고지에 관한 규정은 강행규정이나 의무규정의 성질을 갖는다고 보는 것이 일반적 견해이다. 따라서 불고지나 오고지인 경우에도 당해 처분의 효력에는 영향이 없지만 절차법상 제재적 효과가 따르며, 불복고지 또는 오고지로 손해가 발생한 경우는 국가배상청구를 할 수 있다.

3) 고지요청을 거부하는 행위

당사자로부터 행정심판에 관련된 사항에 대한 고지요청을 받은 경우 이를 거부하는 행위는 거부처분으로서 행정행위의 성질을 갖는다고 보아 행정쟁송의 대상이 된다.

라. 법적근거와 입법례

현재 우리나라의 고지제도는 행정심판법 제58조 이외에 행정절차법 제26조, 공공기관의 정보공개에 관한 법률(동법13조)에서 규정하고 있다.

2. 고지의 종류

가. 직권에 의한 고지

행정청이 처분을 할 때에는 처분의 상대방에게 ① 해당 처분에 대하여 행정심판을 청구할 수 있는지 ② 행정심판을 청구하는 경우의 심판청구 절차 및 심판청구 기간에 관한 사항을 알려야 한다(법제58조 1항).

1) 고지의 주체

고지의 주체는 국가나 지방자차단체의 행정청이다. 이때의 행정청에는 법령에 의하여 행정권한의 위임 또는 위임을 받은 행정기관, 공공단체 및 그 기관 또는 사인도 포함 된다.

2) 고지의 상대방

고지의 상대방은 처분의 직접 상대방에 대하여 고지하여야 한다. 복효적행정행위에는 침해받는 제3자가 있는 때에는 그 제3자에게도 직권으로 고지하는 것이 바람직하다.

3) 고지의 방법 및 시기

고지방법에는 명시적 규정이 없으나 고지의 유무·내용에 분쟁을 방지하기 위해서는 서면으로 함이 원칙이고, 고지 시기는 원칙으로 처분 시에 행해야한다. 다만, 처분 시에 하지 않고 처분 후에 고지한 경우에는 불고지의 하자가 치유되고, 그 고지의 효과에는 영향이 없다고 본다.

4) 고지의 대상

가) 서면에 의한 처분

고지의 대상은 서면에 의한 처분이다. 따라서 구술에 의한 처분은 고지의 대상이 아니다.

나) 처분

고지의 대상이 되는 처분은 행정심판법상의 심판청구의 대상이 되는 처분에 국한 되는 것이 아니라 다른 법률에 의한 행정심판의 대상이 되는 서면에 의한 처분도 포함된다고 보는 것이 통설이다. 상대방에게 부담을 주는 처분의 경우는 원칙으로 고지를 요한다. 신청을 거부하는 거부처분이나 수익적처분이라도 부관부행정행위는 고지해야한다. 그러나 처분이 아닌 사경제적작용은 처분이 아니므로 고지할 필요가 없고. 처분의 내용이 당사자에게 수익적인 경우, 신청대로 행한 처분, 행정심판의 재결에는 고지를 요하지 않는다.

5) 고지의 내용

행정심판 처분의 상대방에게 해당 처분에 대하여 행정심판을 청구할 수 있는지, 행정심판을 청구하는 경우의 심판청구 절차 및 심판청구 기간, 기타 필요한 사항을 고지해야 한다.

나. 청구에 의한 고지

처분의 이해관계인이 고지를 요청하면 당해 행정청은 지체 없이 고지를 하여야 한다(법제58조 4항).

1) 고지의 청구권자

고지의 청구권자는 당해 처분에 대한 이해관계인이다. 여기서 이해관계인이란 당해 처분에 의하여 직접 자기의 법률상의 이익이 침해되었다고 주장하는 제3자가 보통이지만 처분의 상대방으로서 고지를 받아야 함에도 불구하고 고지를 받지 못한 자도 포함된다. 고지를 청구한 자는 당해 처분에 대하여 이해관계가 있음을 밝혀야 한다.

2) 고지의 대상

청구에 의한 고지의 대상은 직권에 의한 경우와 달리 서면에 의한 처분에 한하지 않고 모든 처분이 그 대상이 될 수 있다.

3) 고지의 내용

고지의 내용은 당해 처분이 행정심판의 대상이 되는 처분인지, 행정심판의 대상이 되는 경우 소관위원회 및 심판청구기간을 알려주어야 한다.

4) 고지의 방법 및 시기

고지의 방법에서 구두로도 가능하나, 서면으로 알려줄 것을 요구받은 때에는 서면으로 알려주어야 한다. 고지의 요구를 받은 행정청은 지체 없이 고지하여야 한다.

	직권고지	신청에 의한 고지
주체	행정청	행정청
상대방	처분의 직접 상대방	이해관계인
신청여부	불요	이해관계인의 신청을 요함
대상	서면처분	모든 처분
내용	심판제기 가부, 심판청구절차, 청구기간	심판대상 여부, 청구기간
방법	서면	서면요구시 서면
시기	처분시	신청받고 지체 없이

3. 불고지 · 오고지의 효과

행정청이 고지를 하지 않거나 잘못 고지한 경우에는 고지의무를 위반한 것이 되며 행정심판법상 일정한 효과가 발생하게 된다. 이때의 고지의무위반에 대하여 행정심판법은 제출기관과 청구기간에 미치는 효과를 다음과 같이 정하고 있다.

가. 불고지의 효과

1) 제출기관

행정청이 고지를 하지 아니하여 청구인이 심판청구서를 다른 행정기관에 제출한 때에는 그 행정기관은 그 심판청구서를 지체 없이 정당한 권한 있는 피청구인에게 보내야 한다. 심판청구서를 보낸 행정기관은 지체 없이 그 사실을 청구인에게 알려야 한다. 이 경우 심판청구기간계산은 다른 행정기관에 제출된 때에 심판청구가 제기된 것으로 본다(법제23조 2항, 3항).

2) 청구기간

원래 심판청구는 처분이 있음을 안 날로부터 90일 이내에 제기하여야 한다. 그러나 행정청이 청구기간을 고지하지 아니한 때에는 처분이 있었던 날부터 180일 이내에 행정심판청구를 하면 된다(법제27조 6항). 이 경우에는 청구인이 처분이 있은 것을 알았는지의 여부와 심판청구기간에 관하여 알고 있었는지 여부는 문제되지 않는다.

나. 오고지의 효과

1) 제출기관

고지를 한 행정청이 잘못 고지하여 청구인이 그 고지에 따라 심판청구서를 다른 행정기관에 잘못 고지한 경우는 위의 불고지의 경우와 같이 그 심판청구서를 접수한 그 행정기관은 그 심판청구서를 지체 없이 정당한 권한이 있는 피청구인에게 보내야 하고(법제23조 2항) 그 사실을 청구인에게 통지하여야 한다.

2) 청구기간

행정청이 심판청구기간을 소정의 심판기관보다 긴 기간으로 잘못 알린 경우 그 잘못 알린 기간에 심판청구가 있으면 소정의 심판기간에 청구된 것으로 본다(법제27조 5항).

다. 불고지, 오고지 경우의 당해 처분의 효력

불고지나 오고지가 당해 처분에 영향을 미치는지 문제되나 고지의무 위반의 효과는 불고지, 오고지라는 의사 그 자체의 흠결에 기인한 것이 아니라 고지제도의 실효성 확보를 위하여 행정심판법에서 특별히 규정한 것으로서 당해 처분 자체의 효력에 직접 영향을 미치지 않는다고 본다.

X. 행정심판에 대한 특별절차

1. 행정심판법의 일반법적 지위

일반적 심판절차로서의 행정심판법상의 행정심판에 대하여 광범위한 행정 분야에서 특례규정을 두고 있다. 이에 대해서 행정심판법 4조는 '사안(事案)의 전문성과 특수성을 살리기 위하여 특히 필요한 경우 외에는 이 법에 따른 행정심판을 갈음하는 특별한 행정 불복절차(이하 "특별행정심판"이라 한다)나 이 법에 따른 행정심판 절차에 대한 특례를 다른 법률로 정할 수 없다.'라고 하여 특별절차의 남설 금지조항을 두고 있음에도 불구하고 행정의 다양한 분야에서 특례절차가 광범위하게 인정되고 있는 것은 그 타당성을 인정하기 어렵다고 보고 시급히 이들 특례절차를 정비 내지 개혁하여야 한다고 한다.

2. 특별행정심판

가. 특별행정심판의 의의

특별행정심판이란 사안의 전문성과 특수성을 살리기 위하여 필요한 경우에 개별 법률에서 행정심판법에 따른 행정심판을 갈음하는 특별한 절차와 방법을 규정하고 있는 경우에는 특별법으로서 그에 따라야 하며 이를 총칭하여 특별행정심판이라 한다.

나. 유 형

1) 특별행정심판절차

특별행정심판은 심판사항의 기술성 · 전문성 · 특수성을 고려하여 예외적으로 채택된 제도로서 특수형태적인 행정심판을 말하는바, 국세심판, 소청심사청구, 특허심판, 해양사고심판, 중앙노동위원회의 재심, 감사원에의 심사청구, 보험급여결정 등에 대한 근로복지공단에의 심사청구 등을 들 수 있다.

2) 약식절차(이의신청)

토지거래불허가처분에 대한 이의신청, 지방자치단체의 사용료 등의 부과처분에 대한 이의신청 등이 이에 해당한다.

다. 심 급

1) 대법원 관할

해양사고심판의 재결에 대한 소송은 대법원의 관할에 전속시키고 있다.

2) 2심제

그리고 특허심판은 특허법원 및 대법원에서 재판하도록 2심제를 취하고 있다.

3) 3심제

그러나 특별행정심판은 사안의 전문성과 특수성을 살리기 위해 필요한 경우에 개별 법률에서 행정심판법에 따른 행정심판을 갈음하는 특별한 심판이기 때문에 국세심판, 소청심사청구, 중앙노동위원회의 처분, 감사원에의 심사청구 및 보험급여결정 등에 대한 근로복지공단에의 심사청구의 재결 등에 대한 소는 모두 3심제를 채택하고 있다.

라. 특별행정심판과 행정심판과의 관계

개별 법률에서 특별행정심판을 규정하고 있는 경우 일반적으로는 행정심판을 갈음하는 것이 통상적이지만, 개별 법률에서 이의신청을 규정하고 있는 경우 그 이의신청과 행정심판과의 관계가 문제되는데 이의신청이 인정되는 경우에는 그 이의신청은 임의 절차화되어 있는 것이 보통이며 따라서 이의신청의 결정에 대하여 불복하는 자는 다시 행정심판을 제기할 수도 있고, 또한 다시 행정심판을 제기함이 없이 바로 행정소송을 제기할 수 있다.

마. 행정소송과의 관계

행정심판을 갈음하는 특별행정심판의 경우는 사법절차가 준용되어야 하고, 일반적으로 필요적 전치주의를 취하고, 소의 대상은 재결주의를 취하는 경우가 있다. 예컨대 노동위원회의 처분에 대한 재심의 판정, 감사원의 변상판정에 대한 재심의 판정, 특허의 심결에 대한 소, 해양심판의 재결, 교원 소청심사위원회에 대한 사립학교 교원이 신청한 재심결정을 들 수 있다.

제2장

영업정지·취소구제 행정심판

제2장
영업정지·취소구제 행정심판

I. 영업정지·취소구제 행정심판의 준비

1. 행정심판의 대상 및 종류

행정심판이란 행정청의 위법·부당한 처분으로 권리를 침해받은 국민을 위한 권리구제 절차이다(행정심판법 제1조). 국민들이 행정청의 위법·부당한 처분이나 부작위로 인하여 피해를 입은 경우 그 취소·변경을 구하는 취소심판, 처분이 무효임을 확인해 줄 것을 요구하는 무효등확인심판, 일정한 처분을 해 줄 것을 요구하는 의무이행심판 등을 제기할 수 있다. 이중 실제로는 어떤 처분의 취소나 변경을 구하는 취소심판 이외에는 거의 사용되지 않으므로 행정심판의 주된 것은 처분의 취소나 변경을 구하는 취소심판이 대부분이다.

[심판의 대상 등]

심판의 대상		• 국민들이 행정청의 위법·부당한 처분이나 부작위로 인하여 피해를 입은 경우에는 행정심판을 제기할 수 있음. • 처분이란 행정청의 공법상 행위로서 법규에 의하여 국민에게 특정한 권리를 설정하여 주거나 의무의 부담을 명하는 것과 국민의 권리의무에 직접적으로 관계되는 행정행위를 말함. • 부작위란 행정청이 당사자의 신청에 대하여 상당한 기간 내에 일정한 처분을 하여야 할 법률상 의무가 있음에도 불구하고 이를 하지 아니 하는 것을 말함.
청구대상 아님(각하)	행정청이 아닌 경우	• 개인, 회사, 사립대학(정보공개청구 제외), 입법부, 사법부는 행정청 아님 • 다만, 법령 또는 자치법규에 따라 행정권한을 가지고 있거나 위탁을 받은 공공단체나 그 기관 또는 사인(私人)의 처분은 심판청구의 대상이 됨
	처분 또는 부작위에	• 민원 회신, 질의응답, 법령해석 • 행정청의 내부행위(ex.감사결과 적발통보 및 처분요구, 신고사

해당하지 않는 행위	건 송부 및 이송처리, 기관 간 협조요청, 행정지침 하달, 도로교통법상 벌점부과 등) • 사실행위(ex. 질의답변, 확인, 설명, 자료제출요구, 공공시설 설치 및 유지, 행정조사, 행정지도, 예방접종 등) • 알선, 권고, 조정 등 • 손해배상, 손실보상 청구, 공법상 부당이득반환청구 • 사법(私法)상의 행위(ex. 계약 등 개인 간의 관계, 물품매매 계약, 지방채 모집, 공중보건의 채용계약 등) • 일련의 절차를 구성하는 행위(ex. 도시계획결정을 위한 공람·공고, 행정처분을 위한 청문 등)
청구인 적격이 없는 경우	• 행정행위의 상대방이 아닌 '제3자'가 청구(법률상 이익 침해가 있다면 가능) • 행정행위의 효력이 소멸된 후 심판을 청구(향후 가중처벌이 규정된 경우는 가능) • 행정행위를 취소하더라도 원상회복이 불가능한 경우(처분의 취소로 회복되는 법률상 이익이 있다면 가능)
다른 법률에 의한 별도의 구제절차가 있는 경우	• 국세, 지방세, 관세의 부과와 징수 관련 처분 ☞ 조세심판원 • 실업급여, 육아휴직급여, 출산전후휴가급여, 피보험자격 취득·상실확인 관련 처분 ☞ 고용보험심사위원회(고용노동부 소속) • 산업재산권(특허·실용신안·의장·상표) 등 관련 처분 ☞ 특허심판원 • 산재보험의 보험급여, 약재비, 진료비 등 관련 처분 ☞ 산재보상보험심사위원회(고용노동부 소속) • 건강보험의 가입자격, 보험료, 보험급여 및 요양급여비용 등 관련 처분 ☞ 건강보험분쟁조정위원회(보건복지부 소속) • 토지등의 수용·사용·보상 재결, 개발부담금 부과·징수 ☞ 중앙토지수용위원회(국토교통부 소속) • 독점규제, 공정거래, 약관의 규제 등 공정거래위원회의 처분 ☞ 공정거래위원회 • 공무원의 징계처분 기타 그 의사에 반하는 처분 ☞ 소청심사위원회 • 공무원연금법(군인연금법)에 따른 급여 결정, 기여금징수 등 ☞ 공무원(군인)연금급여재심위원회 • 군인사법에 따른 군인의 징계처분 등 ☞ 중앙군인사소청심사위원회, 구인사소청심사위원회, 항고심사위원회 • 광업권, 조광권 관련 처분 ☞ 광업조정위원회(산업통상자원부 소속) • 검찰·경찰의 수사, 법원의 재판
재심판청구	심판청구에 대한 재결이 있으면 그 재결 및 같은 처분 또는 부작위에 대해 다시 청구할 수 없음

비 교	행정심판	행정소송
쟁송목적의 중점	약식쟁송으로서 행정조직내부에 있어서의 행정통제에 중점.	정식쟁송으로서 독립한 사법권에 의한 행정구제에 중점
쟁송사항 (대상)	법률문제(적법·위법)외에 당·부당 (공익)문제도 대상이 된다.	법률문제(적법성·위법성)만 쟁송대상이 된다.
판정기관	행정기관(행정심판위원회)	법원(사법기관)
판정절차	약식절차로서 구술심리주의 또는 서면심리주의가 병행적용, 직권심리주의, 비공개주의가 원칙	정식절차로서 구두변론(구술심리)주의, 당사자주의, 공개주의가 원칙
종 류	취소심판, 무효 등 확인심판, 의무이행심판	취소소송, 무효 등 확인소송, 부작위위법확인소송
제기기간	처분있음을 안 날부터 90일 처분있은 날부터 180일	처분있음을 안날부터90일 처분있은 날부터 1년
적극적 변경문제	적극적변경가능	적극적변경불가능(취소소송에서 '변경' 문제)
가구제제도	집행정지외에도 임시처분인정	집행정지만 인정, 가처분제도는 명문규정없음
거부처분에 대한쟁송 형태	의무이행심판+취소심판	의무이행소송규정없으므로 거부처분 취소소송
의무이행 확보수단	위원회의 직접처분권인정	간접강제제도 인정
고지규정	규정있음	규정없음

2. 용어의 정의

행정심판법에서 사용하는 "처분"이란 행정청이 행하는 구체적 사실에 관한 법집행으로서의 공권력의 행사 또는 그 거부, 그 밖에 이에 준하는 행정작용을 말하며, "부작위"란 행정청이 당사자의 신청에 대하여 상당한 기간 내에 일정한 처분을 하여야 할 법률상 의무가 있는데도 처분을 하지 아니하는 것을 말하고, "재결(裁決)"이란 행정심판의 청구에 대하여 행정심판위원회가 행하는 판단을 말한다. 그 외 "행정청"이란 행정에 관한 의사를 결정하여 표시하는 국가 또는 지방자치단체의 기관, 그 밖에 법령 또는 자치법규에 따라 행정권한을 가지고 있거나 위탁을 받은 공공단체나 그 기관 또는 사인(私人)을 말한다(법 제2조).

3. 행정심판 기관 – 행정심판위원회

종래 행정심판법은 행정심판을 심리·의결하는 기관인 행정심판위원회와 재결하는 기관인 재결청을 분리하고 있었다. 그러나 2008. 2. 29. 개정된 행정심판법에서는 행정심판위원회가 행정심판사건에 직접 재결토록하여 재결청의 개념을 없애고 처분청에서 답변서를 행정심판위원회에 바로 송부하도록 하는 등 절차간소화를 통하여 사건처리기간을 대폭 단축함으로써 청구일원화의 효과를 극대화하고 행정심판제도의 본래 취지인 신속한 권리구제에 기여하게 되었다.

가. 처분청 소속 행정심판위원회

감사원, 국가정보원장, 그 밖에 대통령령으로 정하는 대통령 소속기관의 장, 국회사무총장·법원행정처장·헌법재판소사무처장 및 중앙선거관리위원회사무총장, 국가인권위원회, 진실·화해를위한과거사정리위원회, 그 밖에 지위·성격의 독립성과 특수성 등이 인정되어 대통령령으로 정하는 행정청의 처분 또는 부작위에 대한 행정심판의 청구에 대하여는 해당 행정청에 두는 행정심판위원회에서 심리·재결한다(법 제6조).

나. 중앙행정심판위원회

가. 항에 따른 행정청 외의 국가행정기관의 장 또는 그 소속 행정청, 특별시장·광역시장·특별자치시장·도지사·특별자치도지사(특별시·광역시·특별자치시·도 또는 특별자치도의 교육감을 포함한다. 이하 "시·도지사"라 한다) 또는 특별시·광역시·특별자치시·도·특별자치도의 의회(의장, 위원회의 위원장, 사무처장 등 의

회 소속 모든 행정청을 포함한다), 「지방자치법」에 따른 지방자치단체조합 등 관계 법률에 따라 국가·지방자치단체·공공법인 등이 공동으로 설립한 행정청(다만, 제3항 제3호에 해당하는 행정청은 제외한다.)의 처분 또는 부작위에 대한 심판청구에 대하여는 「부패방지 및 국민권익위원회의 설치와 운영에 관한 법률」에 따른 국민권익위원회(이하 "국민권익위원회"라 한다)에 두는 중앙행정심판위원회에서 심리·재결한다.

▶ 중앙행정심판위원회는 심판청구사건 중 도로교통법에 따른 자동차운전면허 행정처분에 관한 사건을 심리·의결하기 위하여 4명의 소위원회를 둘 수 있다. 한편 중앙행정심판위원회의 회의는 위원장, 상임위원 및 위원장이 회의마다 지정하는 비상임위원을 포함하여 총 9명으로 구성하며, 구성원 과반수의 출석과 출석위원 과반수의 찬성으로 의결한다.

다. 시·도지사 소속 행정심판위원회

시·도 소속 행정청, 시·도의 관할구역에 있는 시·군·자치구의 장, 소속 행정청 또는 시·군·자치구의 의회(의장, 위원회의 위원장, 사무국장, 사무과장 등 의회 소속 모든 행정청을 포함한다), 시·도의 관할구역에 있는 둘 이상의 지방자치단체(시·군·자치구를 말한다)·공공법인 등이 공동으로 설립한 행정청의 처분 또는 부작위에 대한 심판청구에 대하여는 시·도지사 소속으로 두는 행정심판위원회에서 심리·재결한다.

라. 직근 상급행정기관에 두는 행정심판위원회

법무부 및 대검찰청 소속 특별지방행정기관(직근 상급행정기관이나 소관 감독행정기관이 중앙행정기관인 경우는 제외한다)의 장의 처분 또는 부작위에 대한 심판청구에 대하여는 해당 행정청의 직근 상급행정기관에 두는 행정심판위원회에서 심리·재결한다.

행정심판위원회 전화번호

구 분		전화번호
중앙행정심판위원회		지역번호 없이 110
시·도 행정심판위원회	서울특별시	(02) 120
	부산광역시	(051) 120
	대구광역시	(053) 803-0114
	인천광역시	(032) 120
	대전광역시	(042) 270-3114
	광주광역시	(062) 120
	울산광역시	(052) 229-2000
	세종특별자치시	(044) 300-3114
	경기도	(031) 120
	강원도	(033) 254-2011
	충청북도	(043) 220-2114
	충청남도	(041) 635-2000
	전라북도	(063) 280-2114
	전라남도	(061) 247-0011
	경상북도	(053) 959-0114
	경상남도	(055) 211-2114
	제주특별자치도	(064) 120
시·도 교육청 행정심판위원회	서울특별시	(02) 399-9186
	경기도	(031) 249-0114
	강원도	(033) 258-5348
	충청북도	(043) 290-2000
	충청남도	(041) 640-7777
	전라북도	(063) 239-3114
	전라남도	(061) 260-0607
	경상북도	(053) 603-3673
	경상남도	(055) 268-1100
	제주특별자치도	(064) 710-0342

시·도 교육청 행정심판위원회	강원도	(033) 258-5348
	충청북도	(043) 290-2000
	충청남도	(041) 640-7777
	전라북도	(063) 239-3114
	전라남도	(061) 260-0607
	경상북도	(053) 603-3673
	경상남도	(055) 268-1100
	제주특별자치도	(064) 710-0342
고등검찰청 행정심판위원회	서울	(02) 530-3114
	대전	(042) 470-3000
	광주	(062) 231-3114
	대구	(053) 740-3300
	부산	(051) 606-3300
지방교정청 행정심판위원회	서울	(02) 476-0716
	대전	(042) 543-7100
	광주	(062) 975-5900
	대구	(053) 654-5811
감사원 행정심판위원회		(02) 2011-2281
국가정보원 행정심판위원회		지역번호 없이 111
대통령비서실 행정심판위원회		(02) 730-5800
방송통신위원회 행정심판위원회		(02) 2110-1317
국가인권위원회 행정심판위원회		(02) 2125-9773
국회사무처 행정심판위원회		(02) 788-2114
법원행정처 행정심판위원회		(02) 3480-1246
헌법재판소 사무처 행정심판위원회		(02) 2075-2253,4
중앙선거관리위원회 행정심판위원회		(02) 503-2190
기타		

4. 행정심판의 청구인

행정심판의 청구인은 보통 처분의 상대방이겠지만, 제3자라도 어떤 처분으로 인하여 권리가 침해당하였다는 등 행정심판을 청구할 법적이익이 있다면 청구할 수 있다.

가. 청구인 적격

취소심판은 처분의 취소 또는 변경을 구할 법률상 이익이 있는 자가 청구할 수 있다. 처분의 효과가 기간의 경과, 처분의 집행, 그 밖의 사유로 소멸된 뒤에도 그 처분의 취소로 회복되는 법률상 이익이 있는 자의 경우에도 또한 같다. 그 외 무효등확인심판은 처분의 효력 유무 또는 존재 여부의 확인을 구할 법률상 이익이 있는 자가 청구할 수 있으며, 의무이행심판은 처분을 신청한 자로서 행정청의 거부처분 또는 부작위에 대하여 일정한 처분을 구할 법률상 이익이 있는 자가 청구할 수 있다(법 제13조). 한편, 법률상 보호되는 이익인지의 여부는 행정청에 당해 처분의무를 부과한 관계법의 취지가 공익뿐만 아니라 관계 제3자의 이익까지도 보호하고자 하는 취지인지의 여부를 기준으로 판단하여야 한다.

나. 법인이 아닌 사단 또는 재단

법인이 아닌 사단 또는 재단으로서 대표자나 관리인이 정하여져 있는 경우에는 그 사단이나 재단의 이름으로 심판청구를 할 수 있다(법 제14조).

다. 선정대표자

1) 선정

여러 명의 청구인이 공동으로 심판청구를 할 때에는 청구인들 중에서 3명 이하의 선정대표자를 선정할 수 있으며, 청구인들이 선정대표자를 선정하지 아니한 경우에 위원회는 필요하다고 인정하면 청구인들에게 선정대표자를 선정할 것을 권고할 수 있다.

2) 권한

선정대표자는 다른 청구인들을 위하여 그 사건에 관한 모든 행위를 할 수 있다. 다만, 심판청구를 취하하려면 다른 청구인들의 동의를 받아야 하며, 이 경우 동의받은 사실을 서면으로 소명하여야 한다. 또한 선정대표자가 선정되면 다른 청구인들은 그 선정대표자를 통해서만 그 사건에 관한 행위를 할 수 있다.

3) 해임 · 변경

선정대표자를 선정한 청구인들은 필요하다고 인정하면 선정대표자를 해임하거나 변경할 수 있다. 이 경우 청구인들은 그 사실을 지체 없이 위원회에 서면으로 알려야 한다(법 제15조).

라. 대리인에 의한 청구

변호사법에 따르면 변호사는 행정심판을 대리할 수 있고, 변리사법에 따르면 특허 등 산업재산권 사건에 관하여는 변리사가 특허청에, 세무사법에 따르면 조세에 관한 행정심판에 대하여는 세무사가, 공인노무사법에 의하면 노동관계법률에 기한 행정심판에 대하여는 노무사가 행정심판을 대리할 수 있도록 규정하고 있다(18조).

반면, 행정심판법은 위 각 내용보다 확대하여 다음의 어느 하나에 해당하는 자까지 확대하여 대리인으로 선임할 수 있도록 하였다.

1) 청구인의 배우자, 청구인 또는 배우자의 사촌 이내의 혈족
2) 청구인이 법인이거나 제14조에 따른 청구인 능력이 있는 법인이 아닌 사단 또는 재단인 경우 그 소속 임직원
3) 변호사
4) 다른 법률에 따라 심판청구를 대리할 수 있는 자
5) 그 밖에 위원회의 허가를 받은 자

5. 행정심판의 제기기간

행정청의 어떠한 처분에 대하여 장기간이 경과한 후에도 행정심판을 제기할 수 있도록 한다면 장기간 미확정 상태로 있게 되는 처분으로 인하여 행정은 상당히 불안정하게 된다. 따라서 행정심판법은 행정의 안정성 확보 및 국민의 신속한 권리구제 등을 이유로 일정기간 내에 행정심판을 제기하도록 정하고 있다.

가. 제기요건

① 청구인 적격 있는 자가, ② 심판청구사항인 구체적인 처분이나 부작위를 대상으로, ③ 청구기간 내에, ④ 법정형식과 절차를 갖추어, ⑤ 피청구인인 행정청 또는 위원회에 제기해야 한다.

나. 제기기간

1) 원칙

행정심판법은 행정심판은 처분이 있음을 알게 된 날[13]부터 90일 이내에, 처분이 있었던 날부터 180일 이내에 제기하여야 한다(법 제27조). 위 기간은 불변기간(不變期間)이며, 직권조사 사항이다.

그러므로 행정처분이 있음을 알고 처분에 대하여 곧바로 취소소송을 제기하는 방법을 선택한 때에는 처분이 있음을 안 날부터 90일 이내에 취소소송을 제기하여야 하고, 행정심판을 청구하는 방법을 선택한 때에는 처분이 있음을 안 날부터 90일 이내에 행정심판을 청구하고 행정심판의 재결서를 송달받은 날부터 90일 이내에 취소소송을 제기하여야 한다. 따라서 처분이 있음을 안 날부터 90일 이내에 행정심판을 청구하지도 않고 취소소송을 제기하지도 않은 경우에는 그 후 제기된 취소소송은 제소기간을 경과한 것으로서 부적법하고, 처분이 있음을 안 날부터 90일을 넘겨 청구한 부적법한 행정심판청구에 대한 재결이 있은 후 재결서를 송달받은 날부터 90일 이내에 원래의 처분에 대하여 취소소송을 제기하였다고 하여 취소소송이 다시 제소기간을 준수한 것으로 되는 것은 아니다.[14]

---

13) 처분에 위법이 있음을 안 때, 라는 의미가 아니라 처분이 공고 또는 고시의 방법에 의하여 통지되는 경우에는 처분의 상대방이 실제로 공고 또는 고시를 보았으면 당해 공고 또는 고시를 본 날이 '처분이 있음을 알게 된 날'이 될 것이다.
14) 대법원 2011. 11. 24. 선고 2011두18786 판결.

2) 예외

가) 90일에 대한 예외

다만, 청구인이 천재지변, 전쟁, 사변(事變), 그 밖의 불가항력으로 인하여 90일 내에 심판청구를 할 수 없었을 때에는 그 사유가 소멸한 날부터 14일 이내에 행정심판을 청구할 수 있다. 다만, 국외에서 행정심판을 청구하는 경우에는 그 기간을 30일로 한다.

나) 180일에 대한 예외

행정심판은 처분이 있었던 날부터 180일이 지나면 청구하지 못한다. 다만, 정당한 사유가 있는 경우에는 그러하지 아니하다. 정당한 사유란 처분이 있었던 날부터 180일 이내에 심판청구를 하지 못함을 정당화할만한 객관적 사유를 말하며, 이는 앞서의 불가항력보다 넓은 개념이다. 정당한 사유 역시 처분이 있음을 알게 된 날부터 90일 이내, 처분이 있었던 날부터 180일 이내에 시작되어야 한다. 정당한 사유가 있는 경우에는 180일의 기간은 불변기간이 아니다

다) 불고지, 오고지

행정청이 심판청구 기간을 긴 기간으로 잘못 알린 경우 그 잘못 알린 기간에 심판청구가 있으면 그 행정심판은 가)에 규정된 기간에 청구된 것으로 보며, 심판청구 기간을 알리지 아니한 경우에는 나)에 규정된 기간에 심판청구를 할 수 있다.

> **Q** 행정심판청구의 대상이 되는 행정처분이 서면으로 명하여지고 동 처분시 행정청이 심판청구 기간을 알리지 아니한 경우의 심판청구기간
>
> **A** 행정심판법 제18조 제1항의 규정에 의하면 '심판청구는 처분이 있음을 안 날부터 90일이내에 제기하여야 한다'라고 되어 있고, 동조 제3항의 규정에 의하면 '심판청구는 처분이 있은 날로부터 180일을 경과하면 제기하지 못한다. 다만, 정당한 사유가 있는 경우에는 그러하지 아니하다'라고 되어 있는 바, 원칙적으로 심판청구는 처분이 있음을 안 날, 즉 청구인이 통지·고지 등의 방법에 의하여 처분이 있었음을 현실적으로 안 날부터 90일이내에 제기하여야 하고, 어

떠한 사정으로 처분이 있었음을 알지 못하였다 하더라도 다수의 이해관계에 영향을 미치는 행정법관계를 무한정 불안정한 상태로 둘 수 없으므로 처분이 있은 날부터 180일이 지나면 행정심판을 제기할 수 없도록 한 것이라고 하겠습니다. 한편, 행정심판법 제18조 제6항의 규정에 의하면 '행정청이 심판청구기간을 알리지 아니한 때에는 제3항의 기간내에 심판청구를 할 수 있다'라고 되어 있고, 동법 제42조 제1항의 규정 에 의하면 '행정청이 처분을 서면으로 하는 경우에는 그 상대방에게 처분에 관하여 행정심 판을 제기할 수 있는지의 여부, 제기하는 경우의 심판청구절차 및 청구기간을 알려야 한다'라고 하여 행정청의 고지의무를 부과하고 심판청구기간을 고지하지 아니한 경우에는 처분이 있은 날부터 180일 이내에 심판청구를 할수 있도록 하고 있는 바, 이는 제18조 제1항의 특례 규정으로서 행정청에 고지의무를 부과하여 국민에게 행정처분에 대한 불복의 기회가 있다는 사실을 명시하여 줄 뿐만 아니라 심판청구기간을 알려 주어 행정법관계의 안정성을 도모하 기 위한 것이라고 할 것입니다. 따라서, 행정청이 서면으로 처분을 하는 경우 심판청구기간 을 알리지 아니한 때에는(비록 심판청구를 할 수 있다는 사실을 서면으로 고지하였더라도) 당해처분이 있은 날부터 180일이내에 심판을 청구할 수 있습니다. 이 경우 청구인은 처분이 있은 것을 알았는지의 여부는 문제가 되지 않는다고 하겠습니다.

다. 무효등확인심판의 경우

행정심판의 제기기간 규정은 무효등확인심판청구와 부작위에 대한 의무이행심판청구에는 적용하지 아니한다.

Ⅱ. 행정심판청구서의 작성

1. 행정심판청구서 작성 – 서면청구주의

행정심판청구는 행정관청에 비치된 양식을 사용하는 것이 편리하다. 이는 비치된 양식을 사용하지 아니하였다고 하여 청구서로서의 효력이 없는 것은 아니지만 양식을 사용할 경우 아래에서 설명하는 필수적 기재사항을 빠뜨릴 위험성이 적기 때문이다.

▶ 행정심판청구서를 2부 작성하여 처분청(처분을 한 행정기관)이나 국민권익위원회 (서울종합민원사무소 또는 세종청사 종합민원상담센터)에 제출하면 된다. 행정심판청구서는 본 사이트의 행정심판 관련 서식란(위원회 자료/행정심판)에서 다운받아 작성하시거나 처분청이나 국민권익위원회(서울종합민원사무소 또는 세종청사 종합민원상담센터)에서 교부받아 작성하면 된다.

가. 필요적 기재사항

행정심판 청구서에는 ⅰ) 청구인의 이름과 주소 또는 사무소, ⅱ) 피청구인과 위원회, ⅲ) 심판청구의 대상이 되는 처분의 내용, ⅳ) 처분이 있었음을 알게 된 날, ⅴ)심판청구의 취지와 이유, ⅶ) 심판청구인의 행정심판고지 유무와 그 내용을 반드시 기재하여야 한다. 부작위에 대한 심판청구의 경우에는 위의 ⅰ)·ⅱ)·ⅴ)의 사항과 그 부작위의 전제가 되는 신청의 내용과 날짜를 적어야 하며 청구인이 법인이거나 능력 있는 비법인사단 또는 재단이거나 행정심판이 선정대표자나 대리인에 의하여 청구되는 것일 때에는 위 사항과 함께 그 대표자·관리인·선정대표자 또는 대리인의 이름과 주소를 적어야 한다.

또한, 심판청구서에는 청구인·대표자·관리인·선정대표자 또는 대리인이 서명하거나 날인하여야 한다. 이들을 결한 경우 보정을 명할 수 있고, 그렇지 않는 경우에는 각하하게 된다(법 제28조). 비록 행정심판청구서라는 명칭을 사용하지 아니하고 이의신청 등의 용어를 사용한 경우에도 이들 적법한 행정심판청구로 보아야 하며, 기타 내용에 미비한 사항이 있더라도 보정이 가능한 때에는 보정을 명하여야 하며, 보정명령

에 따르지 아니하거나 보정이 불가능한 경우에 한하여 이를 각하 하여야 한다.[15]

[심판청구서 기재사항]

제목	처분에 대한 심판청구	부작위에 대한 심판청구
당사자	– 청구인의 이름과 주소 또는 사무소 – 피청구인인 행정청과 행정심판위원회	
본문	– 심판청구의 대상이 되는 처분의 내용 – 처분이 있은 것을 안날 – 심판청구의 취지와 이유 – 행정청의 행정심판 고지유무와 그 내용	– 심판청구의 취지와 이유 – 부작위의 전제가 되는 신청의 내용과 날짜
서명날인	청구인, 대표자, 관리, 선정대표자 또는 대리인이 서명날인	

나. 임의적 기재사항

청구인에게 유리한 증거가 있으면 이를 기재할 것이나, 없으면 기재하지 않아도 상관 없다.

다. 정보통신망에 의한 청구

행정심판법에 따른 행정심판절차를 밟는 자는 심판청구서와 그 밖의 서류를 전자문 서화 하고 이를 정보통신망을 이용하여 위원회에서 지정·운영하는 전자정보처리조 직을 통하여 제출할 수 있다. 이 경우 부본을 제출할 의무가 없으며, 전자정보처리조 직에서 제공하는 접수번호를 확인하였을 때 접수되고 행정심판이 청구된 것으로 본 다. 다만, 위원회는 전자정보처리조직을 통하여 절차를 밟으려는 자에게 본인임을 확 인할 수 있는 '전자서명법'에 따른 공인전자서명이나 그 밖의 인증을 요구할 수 있다.

---

15) 대법원 1993. 6. 29. 선고 92누19194 판결.

2. 행정심판청구서의 기재방법

[서식] 행정심판 청구서

■ 행정심판법 시행규칙 [별지 제30호서식] 〈개정 2012.9.20〉

행정심판 청구서

접수번호	접수일	
청구인	성명	
	주소	
	주민등록번호(외국인등록번호)	
	전화번호	
[ ] 대표자 [ ] 관리인 [ ] 선정대표자 [ ] 대리인	성명	
	주소	
	주민등록번호(외국인등록번호)	
	전화번호	
피청구인	서울지방경찰청장	
소관 행정심판위원회	[ ] 중앙행정심판위원회　　[ ] ○○시·도행정심판위원회 [ ] 기타	
처분 내용 또는 부작위 내용	영업정지취소 심판청구	
처분이 있음을 안 날	2016. 11. 19.	
청구 취지 및 청구 이유	별지로 작성	
처분청의 불복절차 고지 유무	2016. 11. 25. 통지받음	
처분청의 불복절차 고지 내용		
증거 서류		

「행정심판법」 제28조 및 같은 법 시행령 제20조에 따라 위와 같이 행정심판을 청구합니다.

년　　월　　일

청구인　　　　　　(서명 또는 인)

○○행정심판위원회 귀중

첨부서류	1. 대표자, 관리인, 선정대표자 또는 대리인의 자격을 소명하는 서류(대표자, 관리인, 선정대표자 또는 대리인을 선임하는 경우에만 제출합니다.) 2. 주장을 뒷받침하는 증거서류나 증거물	수수료 없음

처리 절차			
청구서 작성 →	접수 →	재결 →	송달
청구인	○○행정심판위원회	○○행정심판위원회	

210mm×297mm[백상지 80g/㎡]

청 구 취 지

▶ 취소심판 : "피청구인이 ○○년 ○월 ○일 청구인에 대하여 한 ○○처분을 취소한다"라는 재결을 구
  합니다.

▶ 무효등확인심판 : "피청구인이 ○○년 ○월 ○일 청구인에 대하여 한 ○○처분이 무효임을 확인한다"
  라는 재결을 구합니다.

▶ 의무이행심판 : "청구인에게 ○○을 발급한다/ ○○을 이행하라"라는 재결을 구합니다.

청 구 원 인

1. 이 건 처분에 이르게 된 경위
 (청구인이 피청구인으로부터 이 건 처분을 받게 된 경위를 육하원칙에 의해 시간적인 순서에 따라 기
재합니다.)

2. 이 건 처분의 위법 · 부당성

  가. 이 건 처분의 위법성
  (피청구인이 이 건 처분이나 이 건 처분의 원인이 되는 사실에서 적법한 절차를 준수하였는지 여부 등
적법성에 대하여 기재합니다.)

  나. 이 건 처분의 부당성
  (이 건 처분으로 인해 청구인이 입게 되는 어려움 등 처분의 가혹성에 대하여 기재합니다.)

3. 결론
  따라서, 이 건 처분은 ····하여(위법 · 부당사유를 요약합니다) 위법 · 부당하므로 취소되어야 합니다.

증 거 서 류

(청구인이 제출하는 증거서류의 목록을 기재하고 뒤에 첨부합니다.)

청구인 ○ ○ ○ (서명 또는 날인)

가. 당사자의 표시

일반적으로 소송에서의 당사자의 표시는 서로 대립관계에 있는 원고와 피고로 표기를 하지만, 행정심판청구에서는 당사자를 청구인과 피청구인으로 표기하며, 여기서 피청구인은 처분청이 된다. 이는 필수적 기재사항이므로 반드시를 기재를 하여야 한다.

만일, 청구인이 미성년자일 경우에는 변론능력이 없으므로 그의 법정대리인(통상 부모가 된다)를 기재하여야 하며, 법인이 경우에는 그 기관인 대표자 또는 대표이사 등의 인적사항을 함께 기재를 하여야 한다. 이때 피청구인은 통상 명칭만 표기하면 충분하고 그 외 주소 등을 기재할 필요는 없다.

나. 심판청구 대상인 처분

행정심판청구서에는 어떠한 처분에 대하여 불복하여 취소 또는 변경을 구하는지 특정하여 표시를 하여야 한다. 구체적인 처분의 내용은 나중에 표기를 하여도 되므로 심판청구서에는 간략하게 제목 정도를 표기하여도 충분한데, 쉽게 생각하면 행정소송의 소장을 작성할 때 쓰는 사건명과 동일한 정도의 표기(예를 들어, 운전면허처분 취소를 구하는 경우 - 자동차운전면허 취소처분)면 된다.

다. 심판청구의 취지 기재

> ▶ 취소심판 : "피청구인이 ㅇㅇ년 ㅇ월 ㅇ일 청구인에 대하여 한 ㅇㅇ처분을 취소한다"라는 재결을 구합니다.
> ▶ 무효등확인심판 : "피청구인이 ㅇㅇ년 ㅇ월 ㅇ일 청구인에 대하여 한 ㅇㅇ처분이 무효임을 확인한다"라는 재결을 구합니다.
> ▶ 의무이행심판 : "청구인에게 ㅇㅇ을 발급한다/ ㅇㅇ을 이행하라"라는 재결을 구합니다.

심판청구의 취지는 소장의 청구취지와 마찬가지로 청구인이 궁극적으로 심판청구를 통하여 얻고자 하는 내용을 기재하는 것이라 보면된다. 일반적으로 원하는 재결의 결론을 간략하게 표기하고 그러한 재결을 구한다는 취지로 표기하면 된다.

따라서 심판청구의 취지는 재결의 취지를 그대로 기재를 하면 되는데, 예를 들어, "피청구인이 2016. 1. 1. 청구인에 대하여 한 자동차운전면허(서울 제1종 보통 0-000000-00호)의 취소처분을 취소하라."는 내용을 기재를 하고 덧붙여 "~라는 재결을 구합니다."라고 기재를 한다.

[기재례–신청취지]

> 피청구인이 20ㅇㅇ. ㅇ. ㅇ. 청구인에 대하여 한 20ㅇㅇ. ㅇ. ㅇ.부터 같은 해 ㅇ. ㅇ까지(2개월)의 영업정지처분은 이를 취소한다.
> 라는 재결을 구합니다.

라. 심판청구의 이유

심판청구의 이유는 통상 소송의 청구원인을 기재하는 것이라 보면 된다. 즉, 심판청구의 취지가 상당히 추상적으로 기재되기 때문에, 무슨 이유로 처분의 취소 또는 변경을 구하는 것인지 그 이유를 구체적으로 밝히는 것으로 보면 된다. 결국 심판청구의 취지와 심판청구의 이유가 합쳐서 청구인의 신청하는 내용이 구체적으로 특정되어지는 것이다. 그런데 심판청구의 이유를 기재하는 방법에 대하여는 별도의 형식이 정해져 있는 것은 아니다. 통상 어떠한 경위로 행정청의 처분이 있었는지를 그 경위를 간단히 기재하고, 청구인이 그 처분에 대하여 어떠한 점이 부당하고 위법한 것인지 각 사항별로 그 이유를 설득력 있고 논리적으로 기재를 하여야 한다.

대부분 심판청구서의 이유를 기재하는 난은 협소하여 위와 같은 내용을 모두 기재하는 것이 불가능하기 때문에 별지에 따로 이유를 기재하고, 이 부분 양식의 란에는 "별지와 같음"이라고 표기를 한다.

[기재례–신청이유] 영업정지처분 취소심판 청구

> ### 2. 처분의 위법성
> 이 사건 처분은 다음과 같은 점에서 위법하므로 취소되어야 합니다.
> 　가) 음악산업진흥에관한법률상 노래연습장업자의 준수사항으로 "주류를 판매·제공하지 아니할

것"라고 규정하고 있는바, 원고의 업소에서는 노래방 이용손님에게 주류를 판매·제공한 사실이 없습니다. 이 사건의 경우는 30대 중반 남자 김OO외 4명이 위 노래방에 들어와 1시간동안 노래를 부르고 가겠다고 하여 1시간대실료 금 13,000원을 받고 노래기기에 음악을 제공한 사실은 있었으나 음악산업진흥에관한법률 제22조 제1항 제3호에 정한 "주류를 판매·제공"한 행위에 해당하지 아니한다 할 것입니다.

나) 이 사건 당일 21:00경 위 30대 남자 안OO외 일행 4명이 만취상태에서 노래방에 들어와 1시간만 노래를 부르고 가겠다고 하여 201호를 대실한 사실이 있으나 위 손님 중에 1명이 품속에 캔맥주 5개를 노래방종사자 모르게 반입하여 5명이 201호 내에서 나누어 마신 후 빈 캔을 휴지통에 버린 것을 피고의 소속 단속공무원이 원고가 주류반입을 묵인한 것으로 오인하여 위 같은 처분한 것으로 사료됩니다.

3. 처분의 부당성

원고는 위와 같다면 노래방 종사자로 내방 손님이 품속에 주류를 숨겨 반입하는 것까지 이를 막을 방법이 없다할 것입니다. 가사 원고가 주류반입을 알고 있었다고 하더라도 만취한 손님에게 주류반입을 금지할 경우 손님이 이에 응할 손님이 거의 없는 현실에서 단순히 소극적으로 이를 제지하지 아니하였다는 이유로 원고에게 생계수단인 노래방 영업정지처분은 가혹하고 부당하다할 것입니다. 따라서 위 같은 사정에 비추어 원고를 비난하기 어렵고, 이 사건의 실체에 비추어 볼 때 이 사건처분은 지나치게 형식에만 치우쳐 그 처분으로 달성하려는 원래 목적에서 일탈하는 결과에 이르게 될 것인 바, 그렇다면 이 사건 처분은 원고에게 과도한 것으로 부당하다고 아니할 수 없어 마땅히 취소를 면키 어렵다고 할 것입니다.

마. 처분을 한 행정청의 고지의 유무 및 내용

고지제도란, 행정청이 처분을 함에 있어 그 상대방 또는 이해관계인에게 해당 처분에 대해 불복청구의 가능성 및 그에 필요한 사항을 알려주는 제도를 말한다. 행정심판법은 처분의 상대방 또는 이해관계인에 대한 처분청의 직권 또는 청구에 기한 고지의무를 규정하고, 그 불고지 또는 오고지에 대한 구제수단을 마련하고 있다. 대개는 서면으로 알려주는 것이 보통이며, 심판청구서의 이 부분 란에는 통지를 받은 경우 그 날짜를 기재하면 되고, 통지를 받은 바 없다면 처분이 있은 것을 안날을 기재하면 된다. 이 날짜는 행정심판을 행정심판의 제기기간 기산점으로 하여 제기기간 준수여부를 판단하는 자료가 되므로 주의하여 기재를 하여야 한다.

행정청이 한 해당처분에 대해 행정심판을 청구할 수 있는지의 여부

행정심판을 청구하는 경우 다음의 사항

- 심판청구의 절차

- 심판청구의 기간

- 심판청구서를 제출해야 할 행정기관

바. 첨부서류

행정심판의 이유 부분에서 청구인이 행정청의 처분이 위법 또는 부당함을 이유로 그 취소를 구하는 주장을 하였다면, 그러한 주장이 맞다고 인정할 증거를 제출하여야 한다. 첨부서류를 기재하는 란에는 바로 청구인의 청구를 입증할 증거서류와 제출하는 서류의 제목을 적으면 된다. 행정심판청구서에 이러한 증거를 첨부하여 제출할 경우에는 그 사본을 첨부하는 것으로 충분하다. 마지막으로 재결청을 표시하면 심판청구의 필요적 기재사항과 임의적 기재사항을 모두 기재하게 되는 것이며, 이러한 완성된 심판청구서에 간인을 하여 제출하면 된다.

사. 기 타

위와 같은 사항들을 모두 기재한 후 그 아래에 심판청구서를 제출하는 일자와 청구인의 성명을 쓰고 날인하면 되고, 만일 대리인에 의하여 제출되는 경우라는 대리인의 성명을 쓰고 날인하면 된다.

아. 심판청구서 작성 부수

행정심판청구의 경우 심판청구서는 피청구인의 수에 따른 부본을 한부 더 제출하면 된다. 그러므로 피청구인이 1인이면 부본을 1부 더 작성하여 제출하여야 한다. 만일 원본에 증거서류가 첨부되어 있으면 부본에도 이를 복사하여 원본과 같이 첨부하여야 한다.

구 분	내 용
청구인	먼저 청구인이 개인인지 법인 · 단체인지를 먼저 선택합니다. 〈개인의 경우〉 1. 청구인의 성명과 주민등록번호를 기재합니다. 주민등록번호는 사건진행 현황 조회시 사건번호를 모르는 경우 필요합니다. ※ 청구인이 여러 명일 경우에는 별도의 용지에 청구인들의 이름, 주민등록번호, 주소 등을 각각 기재하여 첨부할 수 있으며, 필요에 따라 3명 이하의 대표자를 선정할 수 있습니다. 2. 연락가능한 전화번호, 휴대전화번호, E-mail 주소 등을 기재합니다. 휴대전화번호, E-mail주소는 심판진행 과정에서의 각종 SMS, E-mail 안내를 위하여 필요합니다. 3. 주소는 주민등록표상 주소, 거주하는 장소를 기재하여, 주소 외에 행정심판 관련서류를 받고자 하는 장소가 있는 경우에는 송달장소란에 기재할 수 있습니다. 4. 사망한 자, 소멸한 법인, 사업장, 법인의 지점 등 청구인이 될 수 없는 자의 이름을 기재하면 부적법한 청구가 되어 각하재결되니 주의하시길 바랍니다 〈법인 또는 단체의 경우〉 1. 법인이나 단체의 이름을 법인/단체명란에 기재하고 대표자의 성명을 대표자성명란에 기재하며, 법인이나 단체의 법인번호나 사업자등록번호 또는 대표자 주민등록번호 등을 기재합니다. 법인번호나 사업자등록번호, 대표자 주민등록번호는 사건진행 현황 조회시 필요합니다. 2. 대표자의 연락가능한 전화번호, 휴대전화번호, E-mail 주소 등을 기재합니다. 휴대전화번호, E-mail주소는 심판진행 과정에서의 각종 SMS, E-mail 안내를 위하여 필요합니다. 3. 주소는 법인인 경우 법인의 주된 사무소가 소재하는 곳(법인등기부상의 주소)를 기재하고, 단체인 경우 단체의 주된 사무소가 소재하는 곳 또는 대표자의 주소를 기재합니다. 주소 외에 행정심판 관련서류를 받고자 하는 장소가 있는 경우에는 송달장소 란에 기재할 수 있습니다.
대리인	1. 행정심판법에서 정하는 아래의 대리인이 선임된 경우 기재합니다. 　- 법정대리인 　- 청구인의 배우자, 청구인 또는 배우자의 사촌 이내의 혈족 　- 청구인이 법인이거나 청구인 능력이 있는, 법인이 아닌 사단 또는 재단인 경우

	그 소속 임직원
	    – 변호사
	    – 다른 법률의 규정에 의하여 심판청구의 대리를 할 수 있는 자
	    – 그 밖에 위원회의 허가를 받은 자
	
	2. 대리인이 개인인 경우, 대리인의 성명과 주민등록번호를 기재하며, 법인이나 단체인 경우 법인이나 단체의 이름을 법인/단체명란에 기재하고 대표자의 성명을 대표자성명란에 기재한 후, 법인이나 단체의 법인번호나 사업자등록번호 또는 대표자 주민등록번호 등을 기재합니다. 대리인이 법무법인, 노무법인 등의 구성원인 변호사 또는 노무사인 경우에는 해당 구성원을 대표자란에 기재합니다. 대리인의 기재사항은 법인 · 단체인 청구인의 기재사항을 참고하시기 바랍니다.
	
	3. 대리인의 유형은 반드시 기재하여야 합니다.
	
	4. 대리인의 주소를 기재합니다. 대리인이 선임된 사건은 심판진행과정에서 발생하는 각종 통지 및 문서의 송달을 대리인의 주소지나 연락처로 합니다.

피청구인	1. 행정심판의 상대방으로 반드시 기재하여야 합니다. 2. 피청구인이란 귀하께서 무효 · 위법 또는 부당하다고 주장하시는 행정처분을 행한 행정기관을 말합니다. 3. 피청구인의 명칭은 보통 귀하에 대하여 어떤 처분을 한 행정기관의 장이 됩니다. 4. 피청구인의 기관검색 목록에 없는 기관은 온라인 행정심판이 지원되지 않거나 중앙행정심판위원회의 소관이 아닌 기관입니다.
처분내용	1. 심판청구에서 다투고자 하는 행정기관의 처분내용을 기재합니다. (예시) 제0종 자동차운전면허 취소 · 정지처분, 허가거부처분, 과징금부과처분, 영업(업무)정지 · 취소처분 등 2. 일정한 신청 또는 청구에 대하여 아무런 처분을 하지 아니하는 것에 대한 심판청구인 경우에는 "ㅇㅇㅇ부작위처분" 으로 기재합니다. 3. 처분의 내용은 행정심판의 대상물을 확정하는 것이므로 반드시 기재하여야 합니다.
처분일	1. 심판대상인 처분을 알게 된 날을 기재합니다. 문서로써 처분을 통지받은 경우 문서에 기재된 날이 아닌 실제로 처분을 알게 된 날을 기재합니다. (예시) 행정관청으로부터 2012년 1월 20일부터 2012년 1월 30일까지 처분을 한다는 내용의 문서를 2012년 1월 10일 발송하여 2012년 1월 15일 수령

	하였다면 처분일은 2012년 1월 15일입니다. 2. 처분일을 잘 모를 경우 기재하지 않아도 됩니다.
고지여부 및 고지내용	1. 행정관청이 처분당시 처분에 대하여 불복하고자 하는 경우의 절차 및 기한 등에 대하여 청구인에게 알려주었는지 여부와 알려준 내용을 기재합니다. 2. 대부분의 고지는 처분을 한 문서에 기재되므로 처분을 한 문서의 내용을 확인 후 고지 유무를 기재하고, 고지의 내용은 처분한 문서에 기재된 내용을 옮겨 적으시면 됩니다. 3. 고지여부 및 고지내용을 잘 모를 경우 기재하지 않아도 됩니다.
청구취지	1. 행정심판을 청구하여 재결청으로부터 구하고자 하는 재결의 내용을 간략히 기재합니다. (예시) "피청구인이 2012년 1월 1일 청구인에 대하여 한 자동차운전면허취소처분은 이를 취소한다"는 재결을 구함. "피청구인이 2012년 1월 1일 청구인에게 한 과징금부과처분은 이를 취소한다."라는 재결을 구함. 2. 청구취지는 반드시 기재하여야 합니다.

청구원인	행정심판을 청구하게 된 이유와 처분의 위법·부당성 등에 대한 청구인의 구체적인 주장으로 반드시 기재하여야 합니다. 청구원인의 기재는 따로 형식이 정하여 진 것은 아니나 일반적으로 다음과 같은 순서로 기재합니다.
	
	1. 이 건 처분에 이르게 된 경위
	  - 청구인이 처분 등을 받게 된 경위를 육하 원칙에 따라 기재합니다.
	
	2. 이 건 처분의 위법·부당성
	  - 피청구인의 처분이 위법하거나 부당하다고 생각하는 이유와 근거를 제시합니다.
	
	3. 결 론
	  - 청구인이 결론적으로 주장하고자 하는 바를 기재합니다.
	※ 청구원인은 본란에서 직접 작성하거나 워드프로세서로 작성하여 파일로 제출하여도 됩니다.

Ⅲ. 행정심판청구의 제기

행정청의 처분 ……	− 행정청의 위법한 처분에 대하여 취소소송 제기가능 − 행정청의 처분 등의 효력 유무 또는 존재 여부를 다투는 경우 무효등확인소송 제기가능 − 행정청의 처분이 존재하지 아니하지만, 행정청의 처분의무가 있는 경우 부작위위법확인소송 제기가능
행정심판절차 ……	− 원칙적으로 임의적 전치주의 − 예외적으로 필요적 전치주의(공무원에 대한 징계 기타 불이익처분에 대한 소청심사청구, 조세처분에 대한 이의신청, 심사청구, 심판청구, 운전면허취소처분 등에 대한 재결청구 등)
행정소송절차 ……	− 당사자적격(원 · 피고적격), 제소기간, 필요적전치주의 적용소송에서 전치절차의 경유여부 등의 구비 − 항고소송의 경우 제소기간의 준수 여부가 문제되므로 확인 필요(이 때 행정심판을 청구한 경우와 청구하지 않은 경우에 있어서도 차이가 나므로 반드시 구별하여 확인)
준 비 절 차 ……	− 변론을 열기 전에 쟁점을 정리하는 단계임 − 답변서 및 준비서면의 서면공방이 이루어짐 − 증인신청, 검증 및 감정신청도 가능한바, 소송진행상황에 맞추어 준비절차에서 신청하거나, 변론기일에서 신청하여도 무방함.
변 론 기 일 ……	− 이미 제출한 소장, 답변서, 준비서면 등의 진술 − 조정절차 회부가능
판 결 선 고 ……	− 판결문 정본을 송달받은 후 14일 이내 상소(항소 및 상고)제기가능 − 항소제기시에는 제한이 없으나, 상고제기시에는 상고장접수증명원을 송달받은 후 20일 이내에 상고이유서를 제출하여야 하고, 제출하지 아니할 경우 심리불속행 기각되므로 주의(반면, 상고이유서에 대한 답변서는 상고이유서 송달일로부터 10일 이내에 제출하여야 하므로 가급적 위 기간을 준수하여야 하나, 위 기간 내에 제출하지 아니하였다고 하더라도 패소하는 것은 아님)

1. 심판청구서 제출기관 및 심판청구 기산일

가. 심판청구 제출기관

행정심판을 청구하려는 자는 심판청구서를 작성하여 피청구인이나 위원회에 제출하여야 한다. 이 경우 피청구인의 수만큼 심판청구서 부본을 함께 제출하여야 하며, 심판청구서는 피청구인인 행정청(처분청)에 제출할 수도 있고 또는 위원회에 제출할 수도 있다.

나. 심판청구기간의 기산일

심판청구기간을 계산함에 있어서는 ⅰ) 제27조에 따른 심판청구기간을 계산할 때에는 피청구인이나 위원회에 제출되었을 때 ⅱ)오고지나 불고지로 청구인이 다른 행정기관에 제출한 경우에는 다른 행정기관에 심판청구서가 제출되었을 때에 행정 심판이 청구된 것으로 본다(법 제23조 제4항).

다. 심판청구서가 미비한 경우

청구서 서식은 행정심판법 시행규칙 제6조 제3항 제7호에 의한 별지 제29호 서식이 원칙이나, 청구인·피청구인·청구취지·청구대상 등을 확인할 수 있으면 동 서식이 아니라도 무방하다(일부하자를 이유로 반려하여서는 아니됨).

따라서 비록 제목이 "진정서"로 되어 있고, 재결청의 표시, 심판청구의 취지 및 이유 처분을 한 행정청의 고지의 유무 및 그 내용 등 행정심판법 제19조 제2항 소정의 사항들을 구분하여 기재하고 있지 아니하여 행정심판청구서로서의 형식을 다 갖추고 있다고 볼 수는 없으나, 피청구인인 처분청과 청구인의 이름 주소가 기재되어 있고, 청구인의 기명이 되어 있으며, 문서의 기재내용에 의하여 심판청구의 대상이 되는 행정처분의 내용과 심판청구의 취지 및 이유, 처분이 있은 것을 안 날을 알 수 있는 경우, 위문서에 기재되어 있지 않은 재결청, 처분을 한 행정청의 고지의 유무 등의 내용과 날인 등의 불비한 점은 보정이 가능하므로 위 문서를 행정처분에 대한 행정심판청구

로 보는 것은 옳다.[16]

2. 심판청구서의 접수 및 처리

가. 심판청구가 피청구인에 제출된 경우

1) 위원회에 답변서 제출

피청구인이 청구인이나 위원회로부터 심판청구서를 받은 때에는 피청구인의 직권취소나 청구인의 심판청구를 취하하는 경우를 제외하고는 심판청구서를 접수하거나 송부 받으면 10일 이내에 심판청구서와 답변서를 위원회에 보내야한다. 피청구인이 심판청구서를 보낼 때에는 심판청구서에 위원회가 표시되지 아니하였거나 잘못 표시된 경우에도 정당한 권한 있는 위원회에 보내야한다.

▶ 답변서 기재사항

피청구인이 답변서를 보낼 때에는 청구인의 수만큼 답변서부본을 함께 보내되, 답변서에는 ⅰ) 처분이나 부작위의 근거나 이유 ⅱ) 심판청구의 취지와 이유에 대응하는 답변 ⅲ) 처분의 상대방이 제3자인 경우에는 처분의 상대방의 이름·주소·연락처와 의무이행여부를 명확하게 적어야 한다.

2) 피청구인의 직권취소 등

피청구인이 청구인이나 위원회로부터 심판청구서를 받은 때에 그 심판청구서가 이유 있다고 인정하면 심판청구의 취지에 따라 직권으로 처분을 취소·변경하거나 확인을 하거나 신청에 따른 처분을 할 수 있다. 이 경우 서면으로 청구인에게 알려야 한다. 피청구인이 직권취소 등을 하였을 때에는 청구인이 심판청구를 취하한 경우가 아니면 제24조 제1항 본문에 따라 심판청구서·답변서를 보낼 때 직권취소 등의 사실을 증명하는 서류를 위원회에 함께 제출하여야 한다(법 제25조).

---

16) 대판 2000.6. 9, 98 두2621, 동지 대판 1995. 9. 5, 91누16250 판결 참조.

나. 심판청구가 위원회에 제출된 경우

1) 피청구인에 심판청구서 부본 송부

위원회가 심판청구서를 받으면 지체없이 피청구인에게 심판청구서 부본을 보내야 한다.

2) 청구인에 답변서 부본 송부

위원회는 피청구인으로부터 답변서가 제출되면 답변서 부본을 청구인에게 송달하여야 한다.

3. 심판청구의 변경 · 취하

가. 심판청구의 변경

1) 청구의 변경

청구인이 행정심판청구를 한 후에 청구의 기초에 변경이 없는 범위에서 청구의 취지나 이유를 변경하는 것을 말하며, 이는 분쟁해결의 간편을 도모한 제도이다.

가) 요건

청구의 변경이 있으면 그 변경의 범위 내에서 신청구가 생기게 되는 것이므로 그 신청구에 대하여 심판청구의 일반적 요건을 갖추어야 하고 구청구와의 관계에 있어서는 ⅰ) 청구의 기초에 변경이 없어야하고 ⅱ) 심판청구가 계속 중이고 위원회의 결정전이어야 하고 ⅲ) 위원회의 허가를 얻어야 한다. 위원회는 청구의 변경이 이유 없다고 인정할 때에는 상대방인 당사자의 신청이나 직권에 의하여 결정함으로써 그 변경을 허가하지 아니할 수 있다.

나) 방식 및 절차

심판청구의 변경은 서면으로 신청하여야 하며, 피청구인과 참가인의 수만큼 청구변경신청서부본을 함께 제출해야 한다. 위원회는 청구변경서 부본을 피청구인과 참가인에게 송달하여야 한다. 위원회는 청구변경 신청에 대하여 허가할 것인지 여부를 결정하고, 지체 없이 신청인에게는 결정서 정본을, 당사자 및 참가자에게는 결정서 등본을 송달하여야 한다. 이 경우 신청인은 송달받은 날부터 7일 이내에 이의신청을 할 수 있다(법 제29조).

다) 효과

청구의 변경결정이 있으면 처음 행정심판이 청구되었을 때부터 변경된 청구의 취지나 이유로 행정심판이 청구된 것으로 본다(법 제29조 제5항).

2) 새로운 처분이나 처분변경으로 인한 청구의 변경

행정심판이 청구된 후에 피청구인이 새로운 처분을 하거나 심판청구의 대상인 처분을 변경한 경우에는 청구인은 새로운 처분이나 변경된 처분에 맞추어 청구의 취지나 이유를 변경할 수 있다.

3) 심판청구의 취하

심판청구의 취하란 청구인은 위원회의 의결이 있을 때까지 서면으로 심판청구를 철회하는 일방적 의사표시를 말한다.

가) 요건

심판청구의 취하는 ⅰ) 위원회의 의결이 있을 때까지는 언제든지 서면으로 심판청구를 취하할 수 있고 ⅱ) 피청구인이 답변서를 제출한 후에도 그의 동의를 요하지 않고 취하할 수 있다. 이점이 민사소송에서의 소의 취하와 다르다. ⅲ) 취하서에는 청구인이 서명하거나 날인하여야 한다.

나) 방식 및 절차

참가인은 심판청구에 대하여 위원회의 의결이 있을 때까지 서면으로 참가신청을 취하할 수 있다. 피청구인 또는 위원회는 계속 중인 사건에 대하여 취하서를 받으면 지체없이 다른 관계기관, 청구인, 참가자에게 취하 사실을 알려야 한다.

다) 효과

취하에 의하여 심판청구는 소급적으로 소멸한다.

[서식] 심판청구 취하서

■ 행정심판법 시행규칙 [별지 제40호서식] 〈개정 2012.9.20〉

심판청구 취하서

접수번호	접수일	

사건명	

청구인	성명
	주소

피청구인	

청구인과의 관계	[ ] 본인 [ ] 대표자 [ ] 관리인 [ ] 선정대표자 [ ] 대리인

취하 취지	
취하 이유	

「행정심판법」 제15조 제3항, 제42조 제1항·3항 및 같은 법 시행령 제30조에 따라 위와 같이 심판청구를 취하합니다.

년   월   일

취하인   (서명 또는 인)

○○행정심판위원회 귀중

첨부서류	선정대표자가 취하하는 경우에는 다른 청구인들의 취하 동의서	수수료 없음

처리 절차

취하서 작성	→	접수
취하인		○○행정심판위원회

210mm×297mm[백상지 80g/㎡]

4. 행정심판제기의 효과

가. 처분청 및 행정심판위원회에 대한 효과

처분청은 심판청구가 이유 있다고 인정되는 때를 제외하고 심판청구서를 받은 날부터 10일 이내에 심판청구서와 답변서를 위원회에 보내야 한다. 피청구인은 처분의 상대방이 아닌 제3자가 심판청구를 한 경우에는 지체 없이 처분의 상대방에게 그 사실을 알림과 동시 심판청구서 사본을 함께 송달하여야 한다. 위원회는 제출받은 행정심판청구사건에 대하여 심리·재결할 의무를 진다.

나. 행정처분에 대한 효과

이는 행정의 신속성·실효성과 국민의 권리구제 중 어느 것을 더 중시하는가에 따른 입법정책상의 문제이다. 행정심판법은 전자를 중시하여 집행부정지 원칙을 취함과 동시에 예외적으로 국민의 권리구제를 위해 집행정지 및 임시처분을 인정하고 있다. 국민의 임시구제 내지 가구제를 위해서 집행정지와 임시처분을 인정한 것이다.

Ⅳ. 영업정지 및 취소 유형별 행정심판

1. 개 관

현행법상 영업자의 법규위반에 대한 제재로서 영업정지를 규정한 경우가 많은데, 실무에서 접하게 되는 영업정지 관련 소송은 대부분은 식품위생법 제75조 제1항 제13호, 제44조 제2항 제2호, 제4호 따라 청소년출입·고용금지업소에 청소년을 출입시키거나 청소년에 주류를 제공하였다가 영업정지처분을 받은 식품접객업업자, 음악산업진흥에 관한 법률 제27조 제1항 제5호, 제22조 제1항, 제3,4호에 따라 주류를 판매·제공하거나 남녀 접대부를 고용·알선하였다가 영업정지처분을 받은 노래연습장업자, 성매매알선 등 행위의 처벌에 관한 법률 제4조 제2호, 제2호 제1항 제2호 나.목에 위반하여 성매매의 장소를 제공하였다가 공중위생관리법 제11조 제1항에 따라 영업정지를 받은 숙박업자가 영업정지처분을 받아 이의 취소를 구하는 사안 등 이다.

[주요 쟁점 및 소송수행 요령]

식품접객업 및 노래연습장업 관련 소송	• 제재처분 사유
	  - 식품접객영업자의 청소년 주류제공 행위
	  - 일반음식점 또는 단란주점 영업자의 유흥접객행위
	  - 노래연습장업자의 주류판매 및 접대부 고용·알선 행위 등
	• 제재처분
	  - 영업허가 또는 등록의 취소
	  - 영업장폐쇄, 영업정지 또는 영업정지 처분에 갈음하여 과징금 부과
	• 주장 및 입증사항
	  - 재량권의 일탈·남용을 적극 주장
	  - 집행정지 신청을 통한 영업 계속 여부가 하나의 관건이 됨
	  - 재판부의 조정권고가 많은 사안이므로, 처분감경사유에 대한 적극적 소명 필요 및 이의 수용여부에 대한 원고의 입장이 신속히 정리되어야 함

[영업정지 감경사유]

- 위법행위가 고의적인지 또는 과실인지
- 영업기간은 어느 정도 되었는지
- 규모 및 수익은 어느 정도 되는지
- 위법행위 발생원인은 무엇인지
- 경제적인 생활고가 있는지
- 유일한 생계수단의 여부
- 당일 판매수익 정도
- 선행, 표창 등 정상참작 사유가 있는지
- 재발방지를 위한 대책을 도모하고 있는지
- 반성

가. 특정 기간의 영업정지 처분에 대한 효력정지 결정이 있었을 때의 유효기간

행정소송법 제23조에 의한 집행정지결정의 효력은 결정주문에서 정한 시기까지 존속하며 그 시기의 도래와 동시에 효력이 당연히 소멸하는 것이므로, 일정기간 동안 영업을 정지할 것을 명한 행정청의 영업정지처분에 대하여 법원이 집행정지결정을 하면서 주문에서 당해 법원에 계속 중인 본안소송의 판결선고 시까지 처분의 효력을 정지한다고 선언하였을 경우에는 처분에서 정한 영업정지기간의 진행은 그때까지 저지되는 것이고, 본안소송의 판결 선고에 의하여 당해 정지결정의 효력은 소멸하고 이와 동시에 당초의 영업정지처분의 효력이 당연히 부활되어 처분에서 정하였던 정지기간(정지결정 당시 이미 일부 진행되었다면 나머지 기간)은 이때부터 다시 진행하게 된다.

나. 처분의 효력기간 경과 후 취소소송의 가능성

행정소송법 제12조는 "취소소송은 처분등의 취소를 구할 법률상 이익이 있는 자가 제기할 수 있다고. 처분등의 효과가 기간의 경과, 처분등의 집행 그 밖의 사유로 인하여 소멸된 뒤에도 그 처분등의 취소로 인하여 회복되는 법률상 이익이 있는 자의 경우에는 또한 같다."라고 규정하고 있다. 이와 관련하여 행정처분에 효력기간이 정하여져 있는 경우 및 식품위생법 등 각종 규칙상의 행정처분기준에 관한 규정에서 위반 횟수에 다라 가중처분하게 되어 있는 경우, 그 효력기간 경과 후에 행정처분의 취소를 구할 법률상의 이익이 있는지 등이 문제될 수 있다.

대법원은 이에 대하여 "행정처분에 효력기간이 정해져 있는 경우 그 기간의 경과로 그 행정처분의 효력은 사실되므로 그 기간 경과 후에는 그 처분이 외형상 잔존함으로 인하여 어떠한 법률상 이익 침해되었다고 볼 만한 별다른 사정이 없는 한 그 처분의 취소를 구할 법률상 이익이 없다."고 판시하였다가,[17] 2006. 6. 26. 판결에서는 종래의 견해를 변경하여 "제재적 행정처분이 그 처분에서 정한 제재기간의 경과로 인하여 그 효과가 소멸되었으나 부령인 시행규칙 또는 지방자치단체의 규칙의 형식으로 정한 처분기준에서 제재적 행정처분을 받은 것을 가중사유나 전제요건으로 삼아 장래의 제재적 행정처분을 받을 우려가 현실적으로 존재하는 경우에는 선행처분을 받은 상대방은 비록 그 처분에서 정한 제재기간이 경과하였다 하더라도 그 처분의 취소소송을 통하여 그러한 불이익을 제거할 권리보호의 필요성이 인정된다고 할 것이므로 선행처분의 취소를 구할 법률상의 이익이 있다."고 판시하였다.

그렇다면 변경된 판례에 따라 행정처분에 효력기간이 정하여져 있는 경우 그 기간이 경과하였다 하더라도 신인도 감점 등의 불이익이 여전히 존재하는 이상 그 처분의 취소를 구할 법률상의 이익이 있다고 볼 수 있다.

한편, 행정소송법 제23조에 의한 집행정지결정의 효력은 결정주문에서 정한 시기까지 존속하며 그 시기의 도래와 동시에 효력이 당연히 소멸하는 것이므로, 일정기간 동안 영업을 정지할 것을 명한 행정청의 영업정지처분에 대하여 법원이 집행정지결정을 하면서 주문에서 당해 법원에 계속중인 본안소송의 판결선고시까지 처분의 효력을 정지한다고 선언하였을 경우에는 처분에서 정한 영업정지 기간의 진행은 그때까지 저지되는 것이고 본안소송의 판결선고에 의하여 당해 정지결정의 효력은 소멸하고 이와 동시에 당초의 영업정지처분의 효력이 당연히 부활되어 처분에서 정하였던 정지기간(정지결정 당시 이미 일부 집행되었다면 나머지 기간)은 이때부터 다시 진행한다.[18]

---

17) 대법원 1995. 10. 17. 선고 94누14148 판결, 대법원 2002. 7. 26. 선고 2000두7254 판결.
18) 대법원 1993. 8. 24 선고 92누18054 판결.

다. 양도 전 사유로 영업정지 처분의 가부

공중위생법 제11조 제1항은 "시장·군수·구청장은 공중위생영업자가 ⅰ) 제3조 제1항 전단에 따른 영업신고를 하지 아니하거나 시설과 설비기준을 위반한 경우, ⅱ) 제3조 제1항 후단에 따른 변경신고를 하지 아니한 경우, ⅲ) 제3조의2 제4항에 따른 지위승계신고를 하지 아니한 경우, ⅳ) 제4조에 따른 공중위생영업자의 위생관리의무등을 지키지 아니한 경우, ⅴ) 제8조 제2항을 위반하여 영업소 외의 장소에서 이용 또는 미용 업무를 한 경우, ⅵ) 제9조에 따른 보고를 하지 아니하거나 거짓으로 보고한 경우 또는 관계 공무원의 출입, 검사 또는 공중위생영업 장부 또는 서류의 열람을 거부·방해하거나 기피한 경우, ⅶ) 제10조에 따른 개선명령을 이행하지 아니한 경우, ⅷ) 「성매매알선 등 행위의 처벌에 관한 법률」, 「풍속영업의 규제에 관한 법률」, 「청소년 보호법」, 「아동·청소년의 성보호에 관한 법률」 또는 「의료법」을 위반하여 관계 행정기관의 장으로부터 그 사실을 통보받은 경우의 어느 하나에 해당하면 6월 이내의 기간을 정하여 영업의 정지 또는 일부 시설의 사용중지를 명하거나 영업소폐쇄등을 명할 수 있다. 다만, 관광숙박업의 경우에는 당해 관광숙박업의 관할행정기관의 장과 미리 협의하여야 한다." 규정하고 있고, 또한 같은 법 제11조의4 제4항은 "「성매매알선 등 행위의 처벌에 관한 법률」 등 외의 법률의 위반으로 제11조 제1항에 따른 폐쇄명령이 있은 후 6개월이 경과하지 아니한 때에는 누구든지 그 폐쇄명령이 이루어진 영업장소에서 같은 종류의 영업을 할 수 없다."라고 규정하고 있다.

그런데 공중위생영업에 있어 그 영업을 정지할 위법사유가 있는 경우, 그 영업이 양도·양수되었다 하더라도 양수인에 대하여 영업정지처분을 할 수 있는지에 관하여 대법원은 "구 공중위생관리법(2000. 1. 12. 법률 제6155호로 개정되기 전의 것) 제11조 제5항에서 영업소 폐쇄명령을 받은 후 6개월이 지나지 아니한 경우에는 동일한 장소에서는 그 폐쇄명령을 받은 영업과 같은 종류의 영업을 할 수 없다고 규정하고 있는 점 등을 고려하여 볼 때 영업정지나 영업장 폐쇄명령은 모두 대물적 처분으로 보아야 할 것이므로, 양수인이 그 양수 후 행정청에 새로운 영업소 개설통보를 하였다 하더라도, 그로 인하여 영업양도·양수로 영업소에 관한 권리·의무가 양수인에게 이전하는 법률효과까지 부정되는 아니므로, 만일 어떠한 공중위생영업에 대하여 그 영업을 정지할 위법사유가 있다면, 관할 행정청은 그 영업이 양도·양수되었다 하더라도 그 업소의 양수인에 대하여 영업정지처분을 할 수 있다."라고 판시하였다.[19] 따라서 양도인이 양수인에게 양도전 위반사유가 있어 영업을 정지할 위법사유가 있었던 경우일지라도 양수인에게 영업정지처분이 가능하다.

【판시사항】
영업장 면적 변경에 관한 신고의무가 이행되지 않은 일반음식점 영업을 양수한 자가 그 신고의무를 이행하지 않은 채 영업을 계속하는 경우, 영업허가 취소나 영업정지의 대상이 되는지 여부(대법원 2014. 3. 13. 선고 2012두18882 판결)

【판결요지】
구 식품위생법(2010. 1. 18. 법률 제9932호로 개정되기 전의 것, 이하 같다) 제37조 제4항, 구 식품위생법 시행령(2011. 3. 30. 대통령령 제22794호로 개정되기 전의 것) 제21조 제8호, 제26조 제4호에 의하면, 신고대상인 일반음식점 영업을 하고자 하는 때와 해당 영업의 영업장 면적 등 중요한 사항을 변경하고자 하는 때에는 이를 구청장 등에게 신고하여야 하고, 구 식품위생법 제75조 제1항 제7호에서는 영업자가 위와 같은 신고의무를 위반한 경우에는 영업허가를 취소하거나 6개월 이내의 기간을 정하여 그 영업의 전부 또는 일부를 정지할 수 있도록 규정하고 있으며, 구 식품위생법 제39조 제1항은 영업의 신고를 한 자가 그 영업을 양도한 때에는 양수인이 영업자의 지위를 승계하도록 규정하는바, 위 신고의무 조항 및 허가취소 등 조항의 취지는 신고대상인 영업을 신고 없이 하거나 해당 영업의 영업장 면적 등 중요한 사항을 변경하였음에도 그에 관한 신고 없이 영업을 계속하는 경우 이에 관하여 허가취소나 영업정지 등의 제재처분을 할 수 있도록 함으로써 그 신고를 강제하고 궁극적으로는 미신고 영업을 금지하려는 데 있는 것으로 보이는 점도 고려하면, 영업장 면적이 변경되었음에도 그에 관한 신고의무가 이행되지 않은 영업을 양수한 자 역시 그와 같은 신고의무를 이행하지 않은 채 영업을 계속한다면 허가취소나 영업정지의 대상이 될 수 있다고 보아야 한다(대법원 2010. 7. 15. 선고 2010도4869 판결 등 참조).

라. 영업을 영위하면서 취소처분의 효력을 다툴 수 있는지

행정소송법 제23조는 "취소소송이 제기된 경우에 처분 등이나 그 집행 또는 절차의 속행으로 인하여 생길 회복하기 어려운 손해를 예방하기 위하여 긴급한 필요가 있다고 인정할 때에는 본안이 계속되고 있는 법원은 당사자의 신청 또는 직권에 의하여 처분

---

19) 대법원 2001. 6. 29. 선고 2001두1611 판결, 대법원 2003. 10. 23. 선고 2003두8005 판결.

등의 효력이나 그 집행 또는 절차의 속행의 전부 또는 일부의 정지를 결정할 수 있다. 다만, 처분의 효력정지는 처분등의 집행 또는 절차의 속행을 정지함으로써 목적을 달성할 수 있는 경우에는 허용되지 아니한다."고 규정하고 있고, 대법원 "행정소송법 제23조 제2항에서 회복하기 어려운 손해라 함은 특별한 사정이 없는 한 금전으로 보상할 수 없는 손해를 말하고 이는 금전보상이 불가능한 경우 뿐만 아니라 금전보상으로는 사회관념상 행정처분을 받은 당사자가 참고 견디기가 현저히 곤란한 경우의 유형·무형의 손해를 일컫는다. 이 사건에서 상대방이 위 본안소송에서 승소할 것인지 여부가 불분명하지만, 만일 위 처분이 효력이 정지되지 아니한 채 본안소송이 진행된다면 상대방은 그 동안 주유소 영업을 계속할 수 없게 되어 수입을 얻지 못하게 됨은 물론, 거래선으로부터의 신용 또한 보상될 수 있는 성질의 것이 아니어서 사회관념상 회복하기 어려운 손해에 해당한다."판시하였다.[20]

따라서 만일 주류판매면허취소처분취소소송을 제기한 경우 그 처분의 집행이나 절차의 속행으로 인하여 회복하기 어려운 손해를 예방하기 위하여 긴급한 필요가 있다고 인정할 때, 즉, 본안판결까지 기다릴 여유가 없고 만일 기다릴 경우 금전으로써 보상될 수 없는 유·무형의 손해가 발생할 우려가 있는 경우에는 본안이 계속되고 있는 법원에 대하여 그 처분의 효력 정지를 신청해 볼 수 있다.

마. 수익적 행정처분의 취소와 관계이익의 교량

수익적 행정처분을 취소하거나 중지시키는 경우에는 이미 부여된 그 국민의 기득권을 침해하는 것이 되므로, 비록 취소 등의 사유가 있다고 하더라도 그 취소권 등의 행사는 기득권의 침해를 정당화 할 만한 중대한 공익상의 필요 또는 제3자의 이익보호의 필요가 있는 때에 한하여 상대방이 받는 불이익과 비교교량하여 결정하여야 하고, 그 처분으로 인하여 공익상의 필요보다 상대방이 받게 되는 불이익 등이 막대한 경우에는 재량권의 한계를 일탈한 것으로서 그 자체가 위법하다. 따라서 대중음식점 경영자인 원고의 종업원들이 서울특별시 고시에 의한 영업마감시간인 24:00를 30분 지나도록 단골손님 등 약 20여명의 고객을 상대로 영업을 함으로써 영업시간을 위반하고,

---

20) 대법원 1987. 6. 23. 선고 86두18 결정.

그 중 일부의 요구를 받아들여 유흥접객업소에서만 허용되는 유흥종사자인 기타연주자 1명을 불러 주었는데, 위 업소는 약 21억 여원의 시설비를 들인 아파트단지 부근의 음식점으로서 약 15명 정도의 종업원을 두고 주로 경양식을 조리, 판매해 왔으며 유흥접객부 등 유흥종사자는 고용하지 않았고, 한편 서울특별시장으로부터 피고에게 단속강화지침이 시달되기 이전에는 이 사건과 같은 위반사안에 대하여 영업정지처분 대신 과징금을 부과해 왔다면, 위와 같은 1차의 위반사실에 대하여 바로 2개월의 영업정지를 명한 처분은 위 처분을 받게된 경위, 위반정도, 위 처분으로 원고가 입게 될 손해 등을 고려하면 너무 가혹하여 재량권의 범위를 일탈한 위법이 있다 할 것이다.[21]

바. 행위자가 아닌 책임자에게 행정법규 위반에 대한 제재 가부

행정법규 위반에 대하여 가하는 제재조치는 행정목적의 달성을 위하여 행정법규 위반이라는 객관적 사실에 착안하여 가하는 제재이므로 반드시 현실적인 행위자가 아니라도 법령상 책임자로 규정된 자에게 부과되고 특별한 사정이 없는 한 위반자에게 고의나 과실이 없더라도 부과할 수 있다(대법원 2000. 5. 26. 선고 98두5972 판결, 대법원 2003. 9. 2. 선고 2002두5177 판결 등 참조). 따라서 가령 호텔을 운영하는 자는 공중위생영업관리자로서 호텔 내에서 성매매가 이루어지는 것을 방지하여야 할 의무를 지고 있기 때문에, 성매매 알선 및 장소의 제공에 대한 고의 등이 없다고 하더라고 그에 기하여 영업정지처분이 내려질 수 있고, 그러한 제재처분은 적법하다.[22]

사. 유리하게 변경된 처분도 취소소송의 대상이 되는지

행정청이 식품위생법령에 따라 영업자에게 행정제재처분을 한 후 그 처분을 영업자에게 유리하게 변경하는 처분을 한 경우, 변경처분에 의하여 당초 처분은 소멸하는 것이 아니고 당초부터 유리하게 변경된 내용의 처분으로 존재하는 것이므로, 변경처분에 의하여 유리하게 변경된 내용의 행정제재가 위법하다 하여 그 취소를 구하는 경우 그 취소소송의 대상은 변경된 내용의 당초 처분이지 변경처분은 아니고 , 제소기간의

---

21) 대법원 1991. 5. 14. 선고 90누9780 판결.
22) 대법원 2012. 5. 10. 선고 2012두1297 판결.

준수 여부도 변경처분이 아닌 변경된 내용의 당초 처분을 기준으로 판단하여야 한다.

【판시사항】

행정청이 식품위생법령에 따라 영업자에게 행정제재처분을 한 후 당초 처분을 영업자에게 유리하게 변경하는 처분을 한 경우, 취소소송의 대상 및 제소기간 판단 기준이 되는 처분(=당초 처분)(대법원 2007. 4. 27. 선고 2004두9302 판결)

【판결요지】

행정청이 식품위생법령에 따라 영업자에게 행정제재처분을 한 후 그 처분을 영업자에게 유리하게 변경하는 처분을 한 경우, 변경처분에 의하여 당초 처분은 소멸하는 것이 아니고 당초부터 유리하게 변경된 내용의 처분으로 존재하는 것이므로, 변경처분에 의하여 유리하게 변경된 내용의 행정제재가 위법하다 하여 그 취소를 구하는 경우 그 취소소송의 대상은 변경된 내용의 당초 처분이지 변경처분은 아니고, 제소기간의 준수 여부도 변경처분이 아닌 변경된 내용의 당초 처분을 기준으로 판단하여야 한다.

아. 행정소송에서도 가처분이 가능한지

가처분은 금전 이외의 특정한 급부를 목적으로 하는 청구권의 집행보전을 도모하거나 분쟁이 있는 관리관계에 관하여 임시의 지위를 정함을 목적으로 하는 가구제 제도이다. 이러한 가처분 제도에 관하여는 민사집행법 제300조에서 규정하고 있다. 반면 행정소송법에서는 집행정지제도가 규정되어 있지만 이것으로 영업허가를 잠정적으로 내는 것은 불가하며, 만일 행정소송에서도 가처분제도가 있다면 이러한 잠정적인 허가를 명하는 조치가 가능할 것입니다. 그런데 행정소송법이니 행정절차법 어디에도 그러한 가처분에 대한 규정은 없다. 다만, 행정소송법 제8조에서는 행정소송에 관하여 이 법에 특별한 규정이 없는 사항에 대하여 법원조직법과 민사소송법 및 민사집행법의 규정을 준용한다고 규정하여 민사집행법상 가처분을 준용할 수 있는 여지가 있어 보이지만, 대법원은 이 규정에도 불구하고 민사집행법 중 가분분에 관한 규정은 준용되지 않는다고 판시하였다.[23]

---

23) 대법원 1980. 12. 22. 선고 80두5 결정.

자. 영업허가 취소 후 제3자가 같은 장소에서 동종영업허가 신청이 가능한지

식품위생법 제75조 제1항 및 제2항은 식품의약품안전청장 또는 특별자치도지사·시장·군수·구청장은 영업자가 식품위생법의 일정 규정을 읿한 때에는 대통령령으로 정하는 바에 따라 영업허가를 취소하거나 6월 이내의 기간을 정하여 그 영업의 전부 또는 일부를 정지하거나, 영업소의 폐쇄를 명할 수 있고, 영업자가 위 규정에 의한 영업의 정지명령에 위반하여 계속 영업행위를 하는 때에는 그 영업의 허가를 취소하거나 영업소의 폐쇄를 명할 수 있다."고 규정하고 있고, 또한 같은 법 제38조 제1항 제2호는 제75조 제1항 또는 제2호에 따라 영업허가가 취소(제44조 제2항 제1호를 위반하여 영업허가가 취소된 경우와 제75조 제1항 제18호에 따라 영업허가가 취소된 경우는 제외한다)되고 6개월이 지나기 전에 같은 장소에서 같은 종류의 영업을 하려는 경우. 다만, 영업시설 전부를 철거하여 영업허가가 취소된 경우에는 그러하지 아니하다."고 규정하고 있다.

만일, 영업시설의 전부를 철거한 경우가 아닌 경우에는 위 규정에 단서 사항에 속하지 아니하기 때문에 결국 영업허가가 취소된 장소에서 동종의 영업을 하려는 경우에는 최소 6개월의 지나야 허가를 받을 있을 것이다.

한편, 같은 법 제78조는 "영업자가 영업을 양도하거나 법인이 합병되는 경우에는 제75조 제1항 각호, 같은 조 제2항 또는 제76조 제1항 각 호를 위반한 사유로 종전의 영업자에게 행한 행정 제재처분의 효과는 그 처분기간이 끝난 날부터 1년간 양수인이나 합병 후 존속하는 법인에 승계되며, 행정 제재처분 절차가 진행 중인 경우에는 양수인이나 합병 후 존속하는 법인에 대하여 행정 제재처분 절차를 계속할 수 있다. 다만, 양수인이나 합병 후 존속하는 법인이 양수하거나 합병할 때 그 처분 또는 위반 사실을 알지 못하였음을 증명한 때에는 그러하지 아니하다."규정하고 있다.

2. 식품위생법상 식품접객업 관련

가. 식품접객업

식품위생법상 식품접객업은 동법 제36조 제2항 동법 시행령 제21조 제8호의 규정에 따라 ⅰ) 휴게음식점영업(주로 다류(茶類), 아이스크림류 등을 조리·판매하거나 패스트푸드점, 분식점 형태의 영업 등 음식류를 조리·판매하는 영업으로서 음주행위가 허용되지 아니하는 영업)[24] ⅱ) 일반음식점영업(음식류를 조리·판매하는 영업으로서 식사와 함께 부수적으로 음주행위가 허용되는 영업) ⅲ) 단란주점영업(주로 주류를 조리·판매하는 영업으로서 손님이 노래를 부르는 행위가 허용되는 영업) ⅳ) 유흥주점영업(주로 주류를 조리·판매하는 영업으로서 유흥종사자를 두거나 유흥시설을 설치할 수 있고 손님이 노래를 부르거나 춤을 추는 행위가 허용되는 영업) ⅴ) 위탁급식영업(집단급식소를 설치·운영하는 자와의 계약에 따라 그 집단급식소에서 음식류를 조리하여 제공하는 영업) ⅵ) 제과점영업(주로 빵, 떡, 과자 등을 제조·판매하는 영업으로서 음주행위가 허용되지 아니하는 영업) 등을 말한다.

나. 식품접객업자 등의 준수사항 등

1) 개설

식품접객업자에 대한 영업정지 처분 등의 가장 빈번한 사유는 식품위생법 제44조에 규정된 준수사항의 위반이다. 식품접객영업자 등 영업자와 그 종업원은 영업의 위생관리와 질서유지, 국민의 보건위생 증진을 위하여 영업의 종류에 따라 법 제44조에 규

---

24) 다만, 편의점, 슈퍼마켓, 휴게소, 그 밖에 음식류를 판매하는 장소(만화가게 및 「게임산업진흥에 관한 법률」 제2조 제7호에 따른 인터넷컴퓨터게임시설제공업을 하는 영업소 등 음식류를 부수적으로 판매하는 장소를 포함한다)에서 컵라면, 일회용 다류 또는 그 밖의 음식류에 물을 부어 주는 경우는 제외한다.

정된 사항을 준수하여야 하는데, 이에 대한 구체적인 의무사항은 법 제44조 제1항의 위임에 따라 동 시행규칙 제57조 [별표 17] 제6호에서 식품접객업자의 준수사항을 구체적으로 정하고 있으며, 이에 대한 개별적인 처분기준은 동 시행규칙 제89조 [별표 23] II, 개별기준 가운데 3. 식품접객업 부분 중 제10호, 가.목이 규정하고 있다. 이에는 다시 [별표 17] 제6호를 함께 검토하여야 한다.

[식품접객업자의 주의의무]

- 아무리 바빠도 신분증 확인은 필수적으로 하라(청소년 주류판매 주의)
- 몰래들어 오거나 합석손님 신분증검사는 필수적으로 하라(성년자와 미성년자 혼술주의, 사후동석 주의)
- 신분증을 손으로 직접 만져보면서 확인하라(위조 신분증, 휴대폰에 저장된 주민증 등 사용 주의)
- 청소년에게 주류판매 금지 부착(청소년에 주류판매금지 업소임을 명시)
- 눈짐작으로 나이 판단 금지(화장 등으로 더 성숙해 보이는 경우가 많음)
- 서빙 직원이나 아르바이트생에게 교육필수(미확인시 책임은 결국 사업자의 몫)
- 단체손님이라도 일일이 신분증 확인(같은 대학생이라도 미성년자가 끼어있을 수 있음)
- CCTV 설치(업주의 주민증확인 영상 및 미성년자의 위조 등 신분증 제시장면 등의 증거확보를 위해 필요 : 이는 행정처분의 면제에 있어 핵심증거로 활용됨)

[영업정지 처분시 감경요소[25])]

- 위법 행위가 고의적인지 과실인지 여부(관련 법률을 위반하여 처분을 받게된 경위가 고의성이 다분한 경우에는 구제받을 가능성은 떨어진다)
- 위법행위가 일어난 원인은 무엇인지
- 영업을 영위한 기간은 얼마나 되었는지
- 사업의 영세성(영업장소의 면적, 평수, 테이블 수 , 수입 등)
- 가족들 중 병자가 있는 경우 매월 상당한 정도의 치료비 등이 소요되고 있다는 등의 사실(진단서 등)
- 생계의 비중(모든 가족구성원이 하나의 사업장에서 수입을 창출하는 경우 수입의 비중이 집중되어 구제확률이 높아진다)
- 동종전과 관계(초범 등 참작사유)
- 생활고(주거형태, 동거가족 구성형태, 부모님께 생계비 지급 등)

---

25) 행정심판청구서 및 행정소송 소장작성시 정상참작 내용으로서 최소한 위 기재내용은 기재하여야 한다.

– 사업의 어려움(사업의 어려움의 사업장의 수입과 비용으로 본다. 비용적인 측면은 인건비, 유지관리
  비, 임대료, 각종 공과금, 사업자금대출 등으로 측정한다)

– 행위로 인한 수익이 적다

– 선행 등 참작사항(평소 마을에서 어떠한 활동을 해왔는지 : 방법대원 등)

– 진심으로 반성하고 있는자(반성문 및 주변지인들의 탄원서 등 제출)

– 재발방지 대책은 무엇인지

– 상훈관계가 있으면 그와 관련된 사실

위 각 사실들은 행정심판청구시 과잉금지의 원칙(비례의 원칙)의 위반을 주장하여 구제를 받기위한 위
한 핵심사유들이다. 과잉금지의 원칙이란 국민의 기본권을 제한하는 법이 헌법적으로 인정을 받으려면
목적의 정당성, 수단의 적합성, 침해의 최소성, 법익의 균형성 등 4가지 요건을 모두 갖춰야 한다는 헌
법상의 원칙을 말한다.

대한민국 헌법 제37조 제2항이 이 원칙을 명시적으로 선언하고 있으며, 이를 비례의 원칙이라고도 하
는데, 실제 행정심판위원회에서 구제된 사안들을 분석해 보면 구제된 대부분의 사건들이 처분으로 인
한 공익과 침해되는 사익을 비교형량하여 사익의 침해가 현저한 경우 즉, 비례의 원칙을 위반한 경우들
이다. 따라서 이러한 비례의 원칙에 대한 정확한 이해와 그에 따라 잠작사유의 정리가 수반되지 아니할
경우 실제 영업정지 등 행정심판에서의 구제율이 현저히 떨어질 수 있음에 주의를 요한다.

2) 식품접객업자의 준수사항 등

가) 준수사항

식품접객영업자 등 대통령령으로 정하는 영업자[26]와 그 종업원은 영업의 위생관리와

---

26) 법 시행령 제29조 (준수사항 적용 대상 영업자의 범위)
　① 법 제44조 제1항에서 "식품접객영업자 등 대통령령으로 정하는 영업자"란 다음 각 호의
　　영업자를 말한다.
　　1. 제21조 제1호의 식품제조 · 가공업자
　　2. 제21조 제2호의 즉석판매제조 · 가공업자
　　3. 제21조 제3호의 식품첨가물제조업자
　　4. 제21조 제4호의 식품운반업자
　　5. 제21조 제5호의 식품소분 · 판매업자
　　6. 제21조 제6호가목의 식품조사처리업자
　　7. 제21조 제8호의 식품접객업자
　② 법 제44조 제3항에서 "대통령령으로 정하는 영업"이란 제21조 제8호라목의 유흥주점영업을
　　말한다.

질서유지, 국민의 보건위생 증진을 위하여 영업의 종류에 따라 다음에 해당하는 사항을 지켜야 한다(법 제44조).

(1) 「축산물 위생관리법」 제12조에 따른 검사를 받지 아니한 축산물 또는 실험 등의 용도로 사용한 동물은 운반·보관·진열·판매하거나 식품의 제조·가공에 사용하지 말 것

(2) 「야생생물 보호 및 관리에 관한 법률」을 위반하여 포획·채취한 야생생물은 이를 식품의 제조·가공에 사용하거나 판매하지 말 것

(3) 유통기한이 경과된 제품·식품 또는 그 원재료를 조리·판매의 목적으로 소분·운반·진열·보관하거나 이를 판매 또는 식품의 제조·가공에 사용하지 말 것

(4) 수돗물이 아닌 지하수 등을 먹는 물 또는 식품의 조리·세척 등에 사용하는 경우에는 「먹는물관리법」 제43조에 따른 먹는물 수질검사기관에서 총리령으로 정하는 바에 따라 검사를 받아 마시기에 적합하다고 인정된 물을 사용할 것. 다만, 둘 이상의 업소가 같은 건물에서 같은 수원(水源)을 사용하는 경우에는 하나의 업소에 대한 시험결과로 나머지 업소에 대한 검사를 갈음할 수 있다.

(5) 제15조 제2항에 따라 위해평가가 완료되기 전까지 일시적으로 금지된 식품등을 제조·가공·판매·수입·사용 및 운반하지 말 것

(6) 식중독 발생 시 보관 또는 사용 중인 식품은 역학조사가 완료될 때까지 폐기하거나 소독 등으로 현장을 훼손하여서는 아니 되고 원상태로 보존하여야 하며, 식중독 원인규명을 위한 행위를 방해하지 말 것

(7) 손님을 꾀어서 끌어들이는 행위를 하지 말 것

(8) 그 밖에 영업의 원료관리, 제조공정 및 위생관리와 질서유지, 국민의 보건위생 증진 등을 위하여 총리령으로 정하는 사항

(9) 식품접객영업자는 「청소년 보호법」 제2조에 따른 청소년에게 청소년을 유흥접객원으로 고용하여 유흥행위를 하게 하는 행위, 「청소년 보호법」 제2조 제5호가목3)에 따른 청소년출입·고용 금지업소에 청소년을 출입시키거나 고용하는 행위, 「청소년 보호법」 제2조 제5호나목3)에 따른 청소년고용금지업소에 청소년을 고용하는 행위, 청소년에게 주류(酒類)를 제공하는 등의 행위를 하여서는 아니 된다.

(10) 누구든지 영리를 목적으로 식품접객업을 하는 장소(유흥종사자를 둘 수 있도록 대통령령으로 정하는 영업을 하는 장소는 제외한다)에서 손님과 함께 술을 마시거나 노래 또는 춤으로 손님의 유흥을 돋우는 접객행위(공연을 목적으로 하는 가수, 악사, 댄서, 무용수 등이 하는 행위는 제외한다)를 하거나 다른 사람에게 그 행위를 알선하여서는 아니 되며, 이에 따른 식품접객영업자는 유흥종사자를 고용·알선하거나 호객행위를 하여서는 아니 된다.

나) 실무상 문제

(1) 풍기문란 등 방지의무

(가) 의무위반

① 의무위반행위

식품접객업자(위탁급식영업자는 제외한다)와 그 종업원은 업소 안에서는 도박이나 그 밖의 사행행위 또는 풍기문란행위를 방지하여야 하며, 배달판매 등의 영업행위 중 종업원의 이러한 행위를 조장하거나 묵인할 경우 아래 (나)와 같은 행정처분을 받게 된다(법 시행규칙 제57조[별표 17] 제6호 다.목).

② 구체적인 태양

영업자 등의 준수사항을 규정한 식품위생법 시행규칙 제57조 [별표 17] 중 식품접객업자에 관한 제6호의 다.목에는 "업소 안에서는 도박이나 그 밖의 사행행위 또는 풍기문란 행위를 방지하여야 하며, 배달판매 등의 영업행위 중 종업원의 이러한 행위를 조장하거나 묵인하여서는 아니 된다"라고 규정되어 있고, 같은 제6호의 거. 목에는 "업소 안에서 선량한 미풍양속을 해치는 공연, 영화, 비디오 또는 음반을 상영하거나 사용하여서는 아니 된다"라고 규정되어 있는바, 이 때 위 다.목의 규정은 식품접객업자의 물적·인적 영업시설이 도박, 사행행위, 풍기문란 행위에 제공되는 것을 방지하기 위한 취지로 볼 수 있다.

한편, ① 식품접객업자의 준수사항들 중 위생, 보건에 관련된 사항에 대해서는 [별표 17] 제6호의 다른 항목에서 별도로 상세하게 규정하고 있는 점 ② 구 공중위생법

(1999. 2. 8. 법률 제5839호로 폐지된 것) 제12조 , 청소년보호법 제30조 등 다른 법령에서 '풍기문란'이라는 문언은 선량한 성풍속을 해칠 우려가 있는 행위와 연관지어 규정되어 있는 점('풍기문란의 우려가 있는 미성년 남녀의 혼숙', '청소년을 남녀 혼숙하게 하는 등 풍기를 문란하게 하는 영업행위') ③ 풍속영업규제에 관한법률 제3조에 따른 풍속영업자 준수사항에서 금지하는 행위도 '성매매 알선 등 행위, 음란행위를 하게 하거나 알선, 제공하는 행위, 음란한 문서 등을 반포, 판매, 대여, 관람, 열람 등을 하게 하는 행위, 도박 기타 사행행위'로서 도박 기타 사행행위를 제외하고는 모두 성풍속에 관련되는 사항인 점 ④ 관세법 제234조 제1호에 수출입 금지 물품으로 규정된 '헌법질서를 문란하게 하거나 공공의 안녕 또는 풍속을 해치는 서적 · 간행물 · 도화 · 영화 · 음반 · 비디오물 · 조각물 기타 이에 준하는 물품'에서 '풍속을 해치는'이라 함은 특별한 사정이 없는 한 성풍속을 해치는 '음란성'을 의미하는 것으로 해석되는 점[27]등을 고려하면, 이 사건 업소와 같이 공중을 상대로 영업을 하는 경우 영업자에게 금지되는 풍기문란 행위란 선량한 풍속 중 특히 성에 관한 건전한 도의관념을 해치는 행위를 주로 의미한다고 볼 수 있다.[28]

(나) 행정처분

① 행정처분

식품접객업자(위탁급식영업자는 제외한다)와 그 종업원은 업소 안에서는 도박이나 그 밖의 사행행위 또는 풍기문란행위를 방지의무를 위반할 경우 아래 표와 같은 처분을 받게 된다.

의무위반 유형	1차	2차	3차
사행행위 또는 풍기문란 방지의무 위반	영업정지 2개월	영업정지 3개월	영업허가 취소 또는 영업소 폐쇄

② 식품접객업자에 대한 영업정지 등 행정처분에 있어서 행정청의 재량행위 기준

---

27) 대법원 2009. 6. 23. 선고 2008두23689 판결, 대법원 2004. 2. 26. 선고 2002도7166 판결.
28) 서울행정법원 2013. 3. 27. 선고 2012구단21300 판결.

구 식품위생법(1995. 12. 29. 법률 제5099호로 개정되기 전의 것) 제58조 제1항에 의한 영업정지 등 행정처분의 적법 여부는 같은 법 시행규칙(1996. 12. 20. 보건복지부령 제41호로 개정되기 전의 것) 제53조 [별표 15]의 행정처분기준에 적합한 것인가의 여부에 따라 판단할 것이 아니라 법의 규정 및 그 취지에 적합한 것인가의 여부에 따라 판단하여야 하는 것이고, 행정처분으로 인하여 달성하려는 공익상의 필요와 이로 인하여 상대방이 받는 불이익을 비교·형량하여 그 처분으로 인하여 공익상 필요보다 상대방이 받게 되는 불이익 등이 막대한 경우에는 재량권의 한계를 일탈한 것으로서 위법하다.[29]

(다) 구체적인 사례

① 식품접객영업자가 종업원으로 하여금 손님과 여관에서 윤락행위를 할 것을 알선한 것이 풍기문란행위를 방지하여야 한다는 준수사항을 지키지 아니한 경우에 해당하는지 여부

식품접객영업자가 수차례에 걸쳐 주점의 종업원으로 하여금 주점에서 술을 마신 고객들과 업소 밖의 여관에 투숙하며 윤락행위를 하도록 알선하였다면, 그 식품접객영업자의 이러한 행위가 바로 업소 내에서는 풍기문란행위를 방지하여야 한다는 식품접객영업자로서의 식품위생법시행규칙 제42조 [별표13] 중 제7호 규정의 준수사항을 지키지 아니한 경우에 해당한다.[30]

② 여관종업원이 주인 몰래 성매매를 알선한 경우 주인의 책임

가령, 여관을 경영하던 중 여관 종업원이 개인적인 목적으로 투숙객을 상대로 한 성매매를 알선하다 적발되었고, 이를 이유로 여관주인이 영업정지처분을 받게될 경우 종업원의 독단적인 행위로 업주가 받는 행정처분이 과도하다고 여기질 수 있다. 따라서 이럴 경우 업주의 이에 대응할 수 있는 법적 방안이 문제될 수 있다.

공중위생법 제11조 제1항은 시장·군수·구청장은 공중위생영업자가 이법 또는 이법에 의한 명령에 위반하거나 또는 성매매알선 등 행위의 처벌에 관한 법률, 풍속영업

---

29) 대법원 1997. 11. 28. 선고 97누12952 판결.
30) 대법원 1995. 9. 26. 선고 95누8898 판결.

의 규제에 관한 법률, 청소년보호법, 의료법 등에 위반하여 관계행정기기관의 장의 요
청이 있는 때에는 6월 이내의 기간을 정하여 영업의 정지 또는 일부 시설의 사용중지
를 명하거나 영업소폐쇄 등을 명할 수 있다. 다만, 관광숙박업의 경우에는 당해 관광
숙박업의 관할행정기관의 장과 미리 협의하여야 한다."고 규정하고 있고, 또한 같은
법 제11조의2 제1항은 " 시장 · 군수 · 구청장은 제11조 제1항의 규정에 의한 영업정
지가 이용자에게 심한 불편을 주거나 그 밖에 공익을 해할 우려가 있는 경우에는 영업
정지 처분에 갈음하여 1억원 이하의 과징금을 부과할 수 있다. 다만, 「성매매알선 등
행위의 처벌에 관한 법률」, 「아동 · 청소년의 성보호에 관한 법률」, 「풍속영업의 규제
에 관한 법률」 제3조 각호의 1 또는 이에 상응하는 위반행위로 인하여 처분을 받게 되
는 경우를 제외한다."고 규정하고 있으며, 또한 이와 관련한 행정처분은 같은 법 시행
규칙 제19조 [별표 7]에 따라 처분한다."고 규정하고 있다.

이와 관련하여 대법원은 "공중위생법 제23조 제1항(현 공중위생법 제11조 제1항)은
처분권자에게 영업자가 법에 위반하는 종류와 정도의 경중에 따라 제반 사정을 참작
하여 위 법에 규정된 것 중 적절한 종류를 선택하여 합리적인 범위 내의 행정처분을
할 수 있는 재량권을 부여한 것이고 이를 시행하기 위하여 동 제4항(현 공중위생관리
법 제11조 제2항)에 의하여 마련된 공중위생법 시행규칙 (현 공중위생관리법 시행규
칙)은 형식은 부령으로 되어 있으나 그 성질은 행정기관 내부의 사무처리준칙을 규정
한 것에 불과한 것으로서 공중위생법 제23조 제1항(현 공중위생관리법 제11조 제1항)
에 의하여 보장된 재량권을 기속하거나 대외적으로 국민이나 법원을 기속하는 것은
아니다. 또한 일반적으로 제재적 행정처분이 사회통념상 재량권의 범위를 일탈하거
나 남용하였는지의 여부는 처분사유로 된 위반행위의 내용과 당해 처분에 의하여 달
성하려는 공익목적 및 이에 따르는 제반 사정 등을 객관적으로 심리하여 공익침해의
정도와 그 처분으로 인하여 개인이 입게될 불이익을 비교형량하여 판단하여야 한다."
라고 판시하고 있다.[31] 공중위생관리법 시행규칙의 법적성질을 판례와 같이 본다면
영업정지처분이 이러한 시행규칙에 따른 처분이라는 이유만으로 곧 적법하다고 단정
지을 수는 없게 된다. 이는 이 규정은 외부적 효력이 없는 행정규칙이므로 국민은 물

---

31) 대법원 1992. 6. 23. 선고 92누2851 판결, 대법원 2002. 2. 5. 선고 2001두7138 판결.

론 법원을 구속하는 효력이 없기 때문이다. 그리고 영업정지처분의 적법성 여부는 재량의 수권법률인 공중위생관리법 제11조 제1항의 규정취지에 적합한 것인가 여부에 따라 판단하여야 할 것이며, 이 경우에는 비례성의 원칙 등 행정법의 일반원리가 그 기준이 될 것이다.

따라서 이 사건의 경우 종업원의 위반행위의 정도에 비하여 지나치게 가혹하여 재량권의 범위를 일탈 또는 남용한 것이라고 볼 여지가 있는 경우 영업정지처분취소청구를 할 수 있을 것이다.

【판시사항】

식품위생법시행규칙 제53조 별표 15의 법규성 유무(대법원 1991. 5. 14. 선고 판결)

【판결요지】

식품위생법시행규칙 제53조에서 별표 15로 식품위생법 제58조에 따른 행정처분의 기준을 정하였다고 하더라도, 이는 형식은 부령으로 되어 있으나 그 성질은 행정기관 내부의 사무처리준칙을 정한 것에 불과한 것으로서, 보건사회부장관이 관계행정기관 및 직원에 대하여 그 직무권한행사의 지침을 정하여 주기 위하여 발한 행정명령의 성질을 가지는 것이지 식품위생법 제58조 제1항의 규정에 의하여 보장된 재량권을 기속하는 것이라고 할 수는 없고, 대외적으로 국민이나 법원을 기속하는 힘이 있는 것은 아니다.

Ⅰ. 일반기준

1. 위반행위가 2 이상인 경우로서 그에 해당하는 각각의 처분기준이 다른 경우에는 그 중 중한 처분기준에 의하되, 2 이상의 처분기준이 영업정지에 해당하는 경우에는 가장 중한 정지처분기간에 나머지 각각의 정지처분기간의 2분의 1을 더하여 처분한다.

2. 행정처분을 하기 위한 절차가 진행되는 기간 중에 반복하여 같은 사항을 위반한 때에는 그 위반횟수마다 행정처분 기준의 2분의 1씩 더하여 처분한다.

3. 위반행위의 차수에 따른 행정처분기준은 최근 1년간(「성매매알선 등 행위의 처벌에 관한 법률」 제4조를 위반하여 관계 행정기관의 장이 행정처분을 요청한 경우에는 최근 3년간) 같은 위반행위로 행정처분을 받은 경우에 이를 적용한다. 이 경우 기간의 계산은 위반행위에 대하여 행정처분을 받은 날과 그 처분 후 다시 같은 위반행위를 하여 적발된 날(수거검사에 의한 경우에는 해당 검사결과를 처분청이 접수한 날을 말한다)을 기준으로 한다.

4. 제3호에 따라 가중된 행정처분을 하는 경우 가중처분의 적용 차수는 그 위반행위 전 행정처분 차수

(제3호에 따른 기간 내에 행정처분이 둘 이상 있었던 경우에는 높은 차수를 말한다)의 다음 차수로 한다.

5. 행정처분권자는 위반사항의 내용으로 보아 그 위반정도가 경미하거나 해당위반사항에 관하여 검사로부터 기소유예의 처분을 받거나 법원으로부터 선고유예의 판결을 받은 때에는 II. 개별기준에 불구하고 그 처분기준을 다음의 구분에 따라 경감할 수 있다.

   가. 영업정지 및 면허정지의 경우에는 그 처분기준 일수의 2분의 1의 범위안에서 경감할 수 있다.

   나. 영업장폐쇄의 경우에는 3월 이상의 영업정지처분으로 경감할 수 있다.

6. 영업정지 1월은 30일을 기준으로 하고, 행정처분기준을 가중하거나 경감하는 경우 1일 미만은 처분기준 산정에서 제외한다.

(2) 유흥접객원 고용 및 접객행위 등

(가) 유흥접객원의 개념 등

① 유흥접객원의 개념

'유흥종사자'란 손님과 함께 술을 마시거나 노래 또는 춤으로 손님의 유흥을 돋우는 부녀자인 유흥접객원을 말하며, '유흥시설'이란 유흥종사자 또는 손님이 춤을 출 수 있도록 설치한 무도장을 말한다(법 시행령 제22조).

② 유흥접객원 해당여부에 관한 판단기준

식품위생법 제22조 제1항, 동법 시행령 제7조 제8호 (라)목, 제8조 제1항, 제2항, 동법 시행규칙 제42조 [별표 13] 식품접객영업자 등의 준수사항 5. 타. (1) 등에서 규정하고 있는 '유흥접객원'이란 반드시 고용기간과 임금, 근로시간 등을 명시한 고용계약에 의하여 취업한 여자종업원에 한정된다고는 할 수 없지만, 적어도 하나의 직업으로 특정 업소에서 손님과 함께 술을 마시거나 노래 또는 춤으로 손님의 유흥을 돋우어 주고 주인으로부터 보수를 받거나 손님으로부터 팁을 받는 부녀자를 가리킨다고 할 것이다.[32]

---

32) 대법원 2001. 12. 24. 선고 2001도5837 판결, 대법원 2005. 3. 24. 선고 2005도86 판결, 대법원 2005. 9. 28. 선고 2005도5552 판결, 대법원 2008. 11. 13. 선고 2008도7878 판결 등 참조.

(나) 의무위반행위

허가를 받거나 신고한 영업 외의 다른 영업시설을 설치하거나 또는 휴게음식점영업자·일반음식점영업자 또는 단란주점영업자가 유흥접객원을 고용하여 유흥접객행위를 하게 하거나 종업원의 이러한 행위를 조장하거나 묵인하는 행위 등을 할 경우 아래 (다)와 같은 행정처분을 받게 된다(법 시행규칙 제57조 [별표 17] 제6호 타.목 3).

(다) 행정처분

① 행정처분의 내용

휴게음식점영업자 등이 유흥접객원을 고용하여 유흥접객행위를 하게 하거나 종업원의 이러한 행위를 조장하거나 묵인할 경우 아래와 같은 처분을 받게 된다.

의무위반 유형	1차	2차	3차
유흥접객원 고용 또는 종업원의 유흥접객행위 조작, 묵인	영업정지 1개월	영업정지 2개월	영업허가취소 또는 영업소 폐쇄

② 행정처분의 감경

식품접객업의 경우 위반사항 중 그 위반의 정도가 경미하거나 고의성이 없는 사소한 부주의로 인한 경우, 행정처분의 기준이 영업정지인 경우에는 정지처분 기간의 1 / 2 범위에서, 영업허가 취소 또는 영업장 폐쇄의 경우에는 영업정지 3개월 이상의 범위에서 각각 그 처분을 감경할 수 있다.

더 나아가 해당 위반사항에 관하여 검사로부터 기소유예의 처분을 받거나 법원으로부터 선고유예의 판결을 받은 경우로서 그 위반사상이 고의성이 없거나 국민건강상 인체의 건강을 해할 우려가 없다고 인정되는 경우에는 행정처분의 기준이 영업정지인 경우에는 정지처분 기간의 1/2 이하의 범위 내에서, 영업허가 취소 또는 영업장 폐쇄의 경우에는 영업정지 3월 이상의 범위에서 각각 그 처분을 경감할 수 있다.

(라) 구체적인 사례

① 바텐더

기록에 의하면, 피고인이 운영한 이 사건 주점은 중앙에 바(bar)가, 그 외부에 테이블이 따로 설치된 형태인 사실, 공소외인은 평소 바 안쪽에서 바 시중원(이른바 바텐더)으로 일하면서 손님들로부터 주류 등을 주문받아 이를 제공하는 일을 하였고, 이 사건 당시에도 바 안쪽에서 일하면서 바에 앉은 손님이 권하는 술을 받아 마시게 된 것이며 그 양도 맥주 1-2잔 정도에 불과한 사실, 공소외인은 피고인으로부터 1시간당 5,000원의 고정 보수를 받았던 사실을 알 수 있고, 이러한 사정에다가 공소외인은 제1심 법정에서 이 사건 당시 술에 취한 손님들이 바 테이블에 앉아 자신에게 술을 강권하므로 그들의 비위를 맞춰주기 위해서 어쩔 수 없이 술을 받아 두었던 것뿐이고, 평소 손님들과 어울려 술을 마시거나 그러한 일로 피고인으로부터 보수 외의 금원을 받거나 손님으로부터 팁을 받은 적이 없다고 진술한 점, 실제로 공소외인이나 다른 여자 종업원이 평소에도 테이블이나 바에서 손님들을 상대로 술시중을 들면서 손님들과 함께 술을 마신다거나 피고인이 이 사건 주점을 그러한 방식으로 운영한다고 의심할 만한 다른 사정은 없는 점 등을 종합적으로 고려하면, 공소외인이 이 사건 당시 바 시중원으로 일하면서 일시적으로 손님들이 권하는 술을 받아 마셨다는 사정만으로는 공소외

인을 식품위생 관계 법령에서 정한 유흥접객원으로 볼 수는 없다.[33]

② 음식을 나르기 위하여 고용된 종업원

음식을 나르기 위하여 고용된 종업원이 손님의 거듭되는 요구에 못이겨 할 수 없이 손님과 합석하여 술을 마시게 된 경우 그 종업원은 이에 포함되지 아니한다 할 것이다.[34]

③ 단란주점의 여자종업원이 '손님과 함께 술을 마시거나 노래 또는 춤으로 손님의 유흥을 돋구는 행위'에 해당하는지 여부

식품위생법시행령 제8조 제2항에 의하면 "유흥접객원은 손님과 함께 술을 마시거나 노래 또는 춤으로 손님의 유흥을 돋구는 부녀자를 말한다."고 규정되어 있고, 같은 조 제1항 제3호에 의하면 "단란주점에서는 손님의 노래를 반주하기 위하여 악기를 연주하는 자 1인"을 둘 수 있도록 규정되어 있는바, 종업원이 손님과 동석하여 함께 술을 마신 것도 아니고 무대에 선 채로 손님으로부터 목을 축이라는 뜻으로 주는 맥주 1잔을 받아 마신 행위를 손님과 함께 술을 마셔 손님의 유흥을 돋구는 행위에 해당한다고 볼 수도 없고, 또 탬버린을 흔드는 행위는 악기를 연주하는 행위에 포함된다고 보이므로, 결국 단란주점에서의 여자종업원의 이 정도의 행위는 같은 조 제2항 소정의 '손님과 함께 술을 마시거나 노래 또는 춤으로 손님의 유흥을 돋구는 행위'에 해당한다고 볼 수 없다.[35]

④ 단란주점영업허가를 받은 자가 20세 미만의 유흥접객원을 두고 특수조명시설에 대한 시설개수명령에 불응하고 시간외 영업을 한 경우

단란주점영업허가를 받은 자임에도 불구하고 당해 주점에 유흥주점영업허가를 받은 자만이 둘 수 있는 유흥접객원을 8명이나 두고 영업하여 왔을 뿐 아니라, 그 유흥접객원 중 2명은 식품위생법령상 유흥주점영업자도 유흥접객원으로 고용하여서는 아니되도록 규정된 20세 미만의 자이었고, 단란주점영업자가 설치하여서는 아니되는 특

---

33) 대법원 2009. 3. 12. 선고 2008도9647 판결.
34) 대법원 2005. 3. 24. 선고 2005도86 판결.
35) 부산지방법원동부지원 1998. 10. 23. 선고 97고단1380 판결 : 확정.

수조명시설(우주볼)을 설치한 것에 대하여 이미 지방자치단체장으로부터 2차에 걸쳐 시설개수명령을 받았음에도 위 명령에 응하지 않고 위 시설 중 일부를 철거하지 않은 채 영업하여 온 데다가, 식품위생법령에 정해진 영업시간제한 규정에 위배하여 영업하였던 것이므로, 이와 같은 위반의 정도 및 그 내용, 위반 전력 등에 비추어 보면 지방자치단체장의 당해 영업정지처분이 재량권의 범위를 일탈하여 위법한 것이라고 보기 어렵다.[36]

(3) 일반음식점 영업자의 주류 등 판매행위

(가) 일반음식점

일반음식점이란 주로 음식류를 조리, 판매하는 영업으로서 식사와 함께 부수적으로 음주행위가 허용되는 영업을 말한다.

[음식점 영업행위 비교표]

업 종	주영업 형태	부수적 영업형태
휴게음식점	음식류 조리 판매	음주행위 금지, 공연가능
일반음식점	음식류 조리 판매	식사와 함께 부수적인 음주행위 허용, 공연가능
단란주점	주류, 조리 판매	손님 노래가능, 공연가능
유흥주점	주류, 조리 판매	유흥접객원, 유흥시설 설치 허용, 공연 및 음주가무 허용
위탁급식	음식류 조리 판매	음주행위 금지
제과점	음식류 조리 판매	음주행위 금지

(나) 일반음식점 영업자의 의무

일반음식점영업자가 주류만을 판매하거나 주로 다류를 조리, 판매하는 다방형태의 영업을 하여서는 아니된다(법 시행규칙 제57조 [별표17] 제6호 타.목 3).

(다) 행정처분

일반음식점영업자가 주류만을 판매하거나 주로 다류를 조리, 판매하는 다방형태의

---

36) 대법원 1997. 11. 28. 선고 97누12952 판결.

영업을 영위할 경우 아래와 같은 행정처분을 받는다.

의무위반 유형	1차	2차	3차
일반음식점영업자가 주류만을 판매하거나 주로 다류를 조리, 판매하는 다방 형태의 영업을 하는 행위	영업정지 15일	영업정지 1개월	영업정지 3개월

(라) 구체적인 사례

① '음식류의 조리·판매보다는 주로 주류의 조리·판매를 목적으로 하는 소주방·호프·카페 등의 형태로 운영되는 영업'이 구 식품위생법상 일반음식점영업자가 적법하게 할 수 있는 행위에 속하는지 여부 및 일반음식점 영업자가 위와 같은 형태로 영업한 행위를 '주류만을 판매하는 행위'를 금지한 구 식품위생법상 준수사항을 위반한 것으로 볼 수 있는지 여부

식품위생법령 및 청소년보호법령의 규정 체계와 내용 등을 종합해 보면, 구 식품위생법(2010. 1. 18. 법률 제9932호로 개정되기 전의 것, 이하 같다) 관련 법령에서 상정하고 있는 일반음식점영업의 가장 전형적인 형태는 음식류를 조리·판매하는 것을 위주로 하면서 부수적으로 주류를 판매하는 영업이라고 할 수 있다. 그러나 주로 주류를 판매하면서 음식류는 오히려 부수적으로 조리·판매하지만, 손님이 노래를 부르게 하거나 유흥종사자를 두는 등 단란주점영업이나 유흥주점영업에서만 허용되는 행위는 하지 아니하는 형태의 영업에 대해서는 구 식품위생법과 식품위생법 시행령에서 별도의 영업허가 종류로 구분하여 분류하고 있지 아니하고, 더구나 구 청소년보호법(2012. 1. 17. 법률 제11179호로 개정되기 전의 것)과 청소년보호법 시행령에서는 이를 명시적으로 일반음식점영업의 한 형태로 규정하고 있다. 이에 비추어 청소년보호법 시행령 제3조 제4항 제2호에서 규정한 것 같은 형태의 영업, 즉 '음식류의 조리·판매보다는 주로 주류의 조리·판매를 목적으로 하는 소주방·호프·카페 등의 영업형태로 운영되는 영업'은 구 식품위생법상 식품접객업의 종류 중에서는 일반음식점영업 허가를 받은 영업자가 적법하게 할 수 있는 행위의 범주에 속한다고 보는 것이 타

당하다. 그러므로 일반음식점 영업자가 위와 같은 형태로 영업하였다고 하여 이를 '주류만을 판매하는 행위'를 하여서는 아니 된다고 규정한 일반음식점 영업자의 준수사항을 위반한 것이라고 보는 것은 죄형법정주의의 정신과 위 법령 규정의 체계에 어긋나는 것이다.[37]

② 일반음식점 내 무도장의 설치·운영행위가 위 시행규칙 조항에 정한 업종별 시설기준 위반에 해당하여 시설개수명령의 대상이 되는지 여부

일반음식점에서 손님들이 춤을 출 수 있도록 하는 시설(이하 '무도장'이라 한다)을 설치해서는 안 된다는 내용이 명시적으로 규정되어 있지 않고, 다만 시행규칙 제89조가 법 제74조에 따른 행정처분의 기준으로 마련한 [별표 23] 제3호 8. 라. 1)에서 위반사항을 '유흥주점 외의 영업장에 무도장을 설치한 경우'로 한 행정처분 기준을 규정하고 있을 뿐이다. 그러나 이러한 행정처분 기준은 행정청 내부의 재량준칙에 불과하므로, 재량준칙에서 위반사항의 하나로 '유흥주점 외의 영업장에 무도장을 설치한 경우'를 들고 있다고 하여 이를 위반의 대상이 된 금지의무의 근거규정이라고 해석할 수는 없다. 또한 업종별 시설기준에 관한 시행규칙 조항의 '8. 식품접객업의 시설기준'의 구체적 내용을 살펴보더라도, 시설기준 위반의 하나로서 '유흥주점 외의 영업장에 무도장을 설치한 경우'를 금지하고 있다고 해석할 만한 규정이 없고, 달리 식품위생법령에 이러한 내용의 시설기준 위반 금지의무를 부과하고 있는 규정을 찾아보기 어렵다.

그리고 법 제37조 제1항, 제4항, 식품위생법 시행령 제21조가 식품접객업의 구체적 종류로 허가 대상인 유흥주점영업과 신고 대상인 일반음식점영업을 구분하고 있지만, 업종 구분에 기반한 영업질서를 해치는 위반행위를 반드시 업종별 시설기준 위반으로 규제해야 하는 것은 아니고, 이를 업태 위반(법 제94조 제1항 제3호)이나 식품접객영업자의 준수사항 위반(법 제44조 제1항, 제75조 제1항 제13호)으로도 규제할 수 있는 것이므로, 이러한 식품위생법령상 업종 구분만으로 일반음식점에 무도장을 설치하는 것이 업종별 시설기준을 위반한 것이라고 볼 수는 없다.[38]

---

37) 대법원 2012. 6. 28. 선고 2011도15097 판결.
38) 대법원 2015. 7. 9. 선고 2014두47853 판결.

③ 일반음식점 허가를 받은 사람이 주로 주류를 조리·판매하는 형태의 주점영
   업을 하였을 경우 단란주점영업에 해당하는지 여부

구 식품위생법(2006. 12. 28. 법률 제8113호로 개정되기 전의 것) 제22조 제1항, 같은
법 구 시행령(2006. 12. 21. 대통령령 제19769호로 개정되기 전의 것) 제7조 제8호의
각 규정의 취지를 종합하면, 위 시행령에서 단란주점영업을 "주로 주류를 조리·판매
하는 영업으로서 손님이 노래를 부르는 행위가 허용되는 영업"으로 규정하고 있으므
로, 주로 주류를 조리·판매하는 영업이라고 하더라도 손님으로 하여금 노래를 부르
게 하는 것이 가능하지 않은 형태의 영업은 위 시행령 소정의 단란주점영업에 해당한
다고 볼 수 없다(대법원 1999. 5. 25. 선고 98도3964 판결 참조). 같은 취지에서 원심
이, 피고인이 일반음식점 허가를 받은 후 주점을 운영하면서 주로 주류를 조리·판매
하는 형태의 영업을 하였다고 하더라도 손님으로 하여금 노래를 부를 수 있는 시설을
갖추고 노래를 부를 수 있게 한 바 없는 이상, 위 주점 영업을 식품위생법 소정의 단란
주점영업에 해당한다고 볼 수 없다.[39]

다. 영업허가 및 등록취소 일반

1) 영업허가 등

영업을 하려는 자는 영업 종류별 또는 영업소별로 식품의약품안전처장 또는 특별자
치시장·특별자치도지사·시장·군수·구청장의 허가를 받아야 한다. 허가받은 사
항 중 중요한 사항을 변경할 때에도 또한 같다(식품위생법 제37조).

> **Q** 저는 단란주점을 경영하기 위하여 건물을 신축한 후 영업허가를 받으려고 하였으나, 관할 관
> 청에서는 건물이 「하천법」상의 허가를 받지 않은 무허가건물이므로 영업허가를 내줄 수 없다
> 고 합니다. 위 건물은 「식품위생법」 및 같은 법 시행규칙이 요구하는 시설요건을 모두 갖추고
> 있을 뿐 아니라, 건축물관리대장도 작성되었고 소유권보존등기도 되어 있습니다. 그런데도
> 다른 법령상의 허가를 받지 않은 건물이라는 이유로 영업허가를 해주지 않는 것은 위법·부당
> 한 것이 아닌지요?

---

39) 대법원 2008. 9. 11. 선고 2008도2160 판결.

A 「식품위생법」제36조는 일정한 영업을 하려는 자는 총리령으로 정하는 시설을 갖추도록 규정하고 있고 단란주점은 같은 법 시행령 제21조 제8호에 따라 식품접객업에 해당되며 같은 법 시행규칙 제36조 [별표14] 업종별 시설기준에 의하면 식품접객업의 영업허가를 위하여 갖추어야 할 영업장, 조리장, 급수시설, 화장실 등과 같은 시설기준을 규정하고 있습니다.

위 사안의 경우와 같이 식품위생법상 영업허가를 받기 위한 물적 시설요건을 갖추었으나 그 물적 시설이 건축관련 법규에 위반되는 경우, 영업허가를 받을 수 있는지 문제됩니다. 이에 관하여 판례는 "건축물대장은 건축허가 또는 신고의 대상이 아닌 건축물에 대하여도 당사자의 기재요청에 의하여 행정사무집행의 편의와 사실증명의 자료로 삼기 위하여 작성되는 것이고, 한편 보존등기는 미등기 부동산에 관하여 최초로 행하여지는 등기로서 단지 그 소유권을 공시하는 것이므로, 어느 건축물에 관하여 건축물대장이 작성되고 아울러 그에 기하여 소유권보존등기가 경료되었다고 하더라도 그로 인하여 당해 건축물이 가지는 건축관련 법령상의 위법사항까지 치유되는 것은 아니라고 할 것이고, 식품위생법 제24조 제1항, 제21조 제1항 제3호, 식품위생법시행규칙 제20조 [별표9] 업종별시설기준 제8항의 각 규정에 의하면, 식품접객업의 영업허가를 받기 위하여 갖추어야 할 영업장 · 조리장 · 화장실 등과 같은 여러 물적 시설에 관한 시설기준을 규정하고 있는바, 여기서 말하는 시설기준은 그 대상이 되는 물적 시설이 당연히 건축관련 법규에 적합할 것을 전제로 하는 것이므로, 식품접객업의 영업허가를 신청한 당해 건축물이 하천법 제45조(현행 하천법 제40조) 소정의 허가를 받지 아니한 무허가 건물이라고 한다면, 비록 그 건물이 식품위생법이 규정하는 물적 시설요건을 갖추었다고 하더라도 적법한 식품접객업의 영업허가를 받을 수 없으며, 일반적으로 행정상의 법률관계 있어서 행정청의 행위에 대하여 신뢰보호의 원칙이 적용되기 위하여는, 첫째 행정청이 개인에 대하여 신뢰의 대상이 되는 공적인 견해표명을 하여야 하고, 둘째 행정청의 견해표명이 정당하다고 신뢰한 데에 대하여 그 개인에게 귀책사유가 없어야 하며, 셋째 그 개인이 그 견해표명을 신뢰하고 이에 어떠한 행위를 하였어야 하고, 넷째 행정청이 위 견해표명에 반하는 처분을 함으로써 그 견해표명을 신뢰한 개인의 이익이 침해되는 결과가 초래되어야 하며, 어떠한 행정처분이 이러한 요건을 충족할 때에는, 공익 또는 제3자의 정당한 이익을 현저히 해할 우려가 있는 경우가 아닌 한, 신뢰보호의 원칙에 반하는 행위로서 위법하게 된다고 할 것인데, 건축물관리대장이 작성되고 소유권보존등기가 경료되었다고 하더라도 그것이 하천관리청의 신축허가를 받지 아니한 건물에서의 일반음식점영업허가가 가능하게 된다는 등의 신뢰를 갖게 하는 공적인 견해를 표명한 것으로 볼 수 없다."라고 하였습니다(대법원 1999. 3. 9. 선고 98두19070 판결, 2002. 11. 18. 선고 2001두1512 판결).

또한 식품위생법에 따른 식품접객업의 영업신고 요건을 갖추었으나, 그 영업신고를 한 당해 건축물이 무허가 건물일 경우 영업신고가 적법한지에 관하여 판례는 "식품위생법과 건축법은 그 입법 목적, 규정사항, 적용범위 등을 서로 달리하고 있어 식품접객업에 관하여 식품위생법이 건축법에 우선하여 배타적으로 적용되는 관계에 있다고는 해석되지 않는다. 그러므로 식품위생법에 따른 식품접객업(일반음식점영업)의 영업신고의 요건을 갖춘 자라고 하더라도, 그 영업신고를 한 당해 건축물이 건축법 소정의 허가를 받지 아니한 무허가 건물이라면 적법한 신고를 할 수 없다."라고 하였습니다.(2009. 4. 23. 선고 2008도6829 판결)

따라서 이러한 대법원 판결에 비추어 보면 관할 관청의 귀하에 대한 영업불허가 처분은 적법한 것이라고 보입니다.

참고로 「식품위생법 시행령」상 식품접객업 중 일반음식점영업은 같은 법 시행령의 개정(1999. 11. 13 대통령령 제16595호)에 의하여 허가제에서 신고제로 바뀌었습니다(제25조 제1항 제8호).

2) 영업허가 등의 제한

가) 영업허가 제한

다음의 어느 하나에 해당하면 제37조 제1항에 따른 영업허가를 하여서는 아니 된다(법 제38조).

(1) 해당 영업 시설이 제36조에 따른 시설기준에 맞지 아니한 경우

(2) 제75조 제1항 또는 제2항에 따라 영업허가가 취소(제44조 제2항 제1호를 위반하여 영업허가가 취소된 경우와 제75조 제1항 제18호에 따라 영업허가가 취소된 경우는 제외한다)되고 6개월이 지나기 전에 같은 장소에서 같은 종류의 영업을 하려는 경우. 다만, 영업시설 전부를 철거하여 영업허가가 취소된 경우에는 그러하지 아니하다.

(3) 제44조 제2항 제1호를 위반하여 영업허가가 취소되거나 제75조 제1항 제18호에 따라 영업허가가 취소되고 2년이 지나기 전에 같은 장소에서 제36조 제1항 제3호에 따른 식품접객업을 하려는 경우

(4) 제75조 제1항 또는 제2항에 따라 영업허가가 취소(제4조부터 제6조까지, 제8조 또는 제44조 제2항 제1호를 위반하여 영업허가가 취소된 경우와 제75조 제1항 제18호에 따라 영업허가가 취소된 경우는 제외한다)되고 2년이 지나기 전에 같은 자

(법인인 경우에는 그 대표자를 포함한다)가 취소된 영업과 같은 종류의 영업을 하려는 경우

(5) 제44조 제2항 제1호를 위반하여 영업허가가 취소되거나 제75조 제1항 제18호에 따라 영업허가가 취소된 후 3년이 지나기 전에 같은 자(법인인 경우에는 그 대표자를 포함한다)가 제36조 제1항 제3호에 따른 식품접객업을 하려는 경우

(6) 제4조부터 제6조까지 또는 제8조를 위반하여 영업허가가 취소되고 5년이 지나기 전에 같은 자(법인인 경우에는 그 대표자를 포함한다)가 취소된 영업과 같은 종류의 영업을 하려는 경우

(7) 제36조 제1항 제3호에 따른 식품접객업 중 국민의 보건위생을 위하여 허가를 제한할 필요가 뚜렷하다고 인정되어 시 · 도지사가 지정하여 고시하는 영업에 해당하는 경우

(8) 영업허가를 받으려는 자가 피성년후견인이거나 파산선고를 받고 복권되지 아니한 자인 경우

Q 음식점 영업을 하다가 2006. 3. 12. 관할 행정청으로부터 2006. 3. 19.부터 같은 해 6. 18.까지의 영업정지 3월의 처분을 받고서 이에 대하여 행정소송을 제기하여, 종전 처분이 같은 해 4. 3. 집행정지되었다가 같은 해 7. 18. 위 행정소송에서 패소하였는데, 행정청은 그 다음해 1. 9. 이 음식점에 대하여 종전 처분의 원인이 되었던 그 사유를 이유로 종전 처분의 영업정지기간이 시작된 2006. 3. 19.부터 종전 처분이 집행 정지된 같은 해 4. 3.의 전일까지의 15일을 제외한 나머지 2개월 15일(2006. 1. 16.부터 같은 해 3. 30.까지)간 영업을 정지하는 내용으로 종전 처분을 변경하는 처분을 하였습니다. 종전 처분의 취소를 구하는 행정소송에서 패소하여 그 다음날부터 종전 처분의 집행이 속행되었으므로 종전 처분은 이미 실효되었는데도 다시 영업정지처분을 하는 것은 부당한 것이 아닌지요?

A 「행정소송법」제23조에 의한 집행정지결정의 효력은 결정주문에서 정한 시기까지 존속하며 그 시기의 도래와 동시에 효력이 당연히 소멸하는 것이므로, 일정기간 동안 영업을 정지할 것을 명한 행정청의 영업정지처분에 대하여 법원이 집행정지결정을 하면서 주문에서 당해 법원에 계속 중인 본안소송의 판결 선고시까지 처분의 효력을 정지한다고 선언하였을 경우에는 처분에서 정한 영업정지기간의 진행은 그 때까지 저지되는 것이고, 본안소송의 판결 선고에 의하

여 당해 정지결정의 효력은 소멸하고 이와 동시에 당초의 영업정지처분의 효력이 당연히 부활되어 처분에서 정하였던 정지 기간(정지결정 당시 이미 일부 진행되었다면 나머지 기간)은 이때부터 다시 진행하게 됩니다.

이러한 법리는 영업정지처분을 할 때 그 정지기간의 시기와 종기를 특정하여 행한 경우에도 특별한 사유가 없는 한 마찬가지라고 할 것이어서, 당초 영업정지처분에서 지정한 기간이 집행정지 중에 지나가 버렸다고 하더라도 패소판결의 확정되어 집행정지결정의 효력이 소멸함과 동시에 다시 남은 기간의 영업정지처분의 효력이 부활하여 진행한다는 것이 판례의 태도입니다.

따라서 본 사안의 경우, 2006. 3. 12.자로 같은 달 19.부터 같은 해 6. 18.까지 3월간 영업정지를 명하는 종전 처분을 받고서 법원에 그 취소를 구하는 소송을 제기하면서 집행정지신청을 하여 같은 해 4. 3. 법원으로부터 판결 선고시까지 종전 처분의 집행을 정지한다는 결정을 받았다가 같은 해 7. 18. 패소판결을 선고받았으므로, 집행정지결정의 효력은 그 결정 주문에서 정한 본안소송 판결선고일인 같은 해 7. 18. 당연히 실효되고 일시 정지되었던 종전 처분의 효력은 당연히 부활되어 그 때부터 종전 처분에서 정한 3월의 영업정지기간 중 집행정지결정이 있기 전에 일부 진행된 15일을 공제한 나머지 2월15일간의 영업정지기간이 다시 진행되고, 그 2월 15일이 지나면 종전 처분은 집행이 완료되어 효력을 상실하였다고 보아야 합니다.

이와 같이 이미 실효된 처분에 대하여 당초 영업정지처분에서 지정한 기간이 그 집행정지 중에 지나가 버렸다는 이유로 행정청이 당초 처분의 목적과 필요성을 감안하여 다시 기간을 정하여 새로이 영업정지처분을 할 수 있다고 볼 수 없습니다(대법원 1993. 8. 24. 선고 92누18054 판결, 1999. 2. 23. 선고 98두14471 판결).

따라서 그러한 처분은 종전 처분과 동일한 사유로써 종전 처분을 변경하여 한 것으로 일사부재리의 원칙에 위배되어 위법하므로 취소를 구할 수 있을 것으로 보입니다.

Q 저는 여관을 경영하던 중 여관 종업원이 개인적인 이득을 목적으로 다른 직원들 모르게 투숙객을 상대로 한 성매매를 알선하다 적발되어 甲구청장으로부터「공중위생관리법」제11조 제1항에 의하여 2개월의 영업정지처분을 받았습니다. 제가 직접 행한 행위도 아니고 종업원 독단적인 위반행위로 1회 적발되었는데도 2개월의 영업정지처분이 내려진 것은 다소 과도한 행정처분이라 생각됩니다. 이 경우 제가 대응할 수 있는 법적 방안이 있는지요?

A 「공중위생관리법」제11조는 "①시장·군수·구청장은 공중위생영업자가 이 법 또는 이 법에 의한 명령에 위반하거나 또는「성매매알선 등 행위의 처벌에 관한 법률」·「풍속영업의 규제에

관한 법률」·「청소년보호법」·「의료법」에 위반하여 관계행정기관의 장의 요청이 있는 때에는 6월 이내의 기간을 정하여 영업의 정지 또는 일부 시설의 사용중지를 명하거나 영업소폐쇄등을 명할 수 있다. 다만, 관광숙박업의 경우에는 당해 관광숙박업의 관할행정기관의 장과 미리 협의하여야 한다. ②제1항의 규정에 의한 영업의 정지, 일부 시설의 사용중지와 영업소폐쇄명령등의 세부적인 기준은 보건복지부령으로 정한다"라고 규정하고 있고 같은 법 제11조의2 제1항은 "시장·군수·구청장은 제11조 제1항의 규정에 의한 영업정지가 이용자에게 심한 불편을 주거나 그 밖에 공익을 해할 우려가 있는 경우에는 영업정지 처분에 갈음하여 3천만원 이하의 과징금을 부과할 수 있다. 다만, 풍속영업의규제에관한법률 제3조 각호의 1 또는 이에 상응하는 위반행위로 인하여 처분을 받게 되는 경우를 제외한다."라고 규정하고 있습니다. 또한 행정처분은 같은 법 시행규칙 제19조 [별표7]에 따라 처분합니다.

위 사안과 관련하여 영업정지 처분의 근거인 공중위생관리법 위반행위에 대한 처분에 있어 같은 법 시행규칙의 기속력 유무와 영업정지처분이 재량권의 범위를 일탈하였거나 남용하였는지 문제됩니다.

이와 관련하여 판례는 "공중위생법 제23조 제1항(현행 공중위생관리법 제11조 제1항)은 처분권자에게 영업자가 법에 위반하는 종류와 정도의 경중에 따라 제반 사정을 참작하여 위 법에 규정된 것 중 적절한 종류를 선택하여 합리적인 범위 내의 행정처분을 할 수 있는 재량권을 부여한 것이고 이를 시행하기 위하여 동 제4항(현행 공중위생관리법 제11조 제2항)에 의하여 마련된 공중위생법시행규칙(현행 공중위생관리법시행규칙)은 형식은 부령으로 되어 있으나 그 성질은 행정기관 내부의 사무처리준칙을 규정한 것에 불과한 것으로서 공중위생법 제23조 제1항(현행 공중위생관리법 제11조 제1항)에 의하여 보장된 재량권을 기속(羈束)하거나 대외적으로 국민이나 법원을 기속하는 것은 아니다. 또한 일반적으로 제재적 행정처분이 사회통념상 재량권의 범위를 일탈하였거나 남용하였는지의 여부는 처분사유로 된 위반행위의 내용과 당해 처분에 의하여 달성하려는 공익목적 및 이에 따르는 제반 사정 등을 객관적으로 심리하여 공익침해의 정도와 그 처분으로 인하여 개인이 입게 될 불이익을 비교교량하여 판단하여야 한다."라고 하였습니다(대법원 1992. 6. 23. 선고 92누2851 판결, 대법원 2002. 2. 5. 선고 2001두7138 판결).

「공중위생관리법 시행규칙」의 법적 성질을 판례와 같이 행정규칙으로 본다면, 甲구청장의 영업정지처분이 이러한 시행규칙에 따른 처분이라는 이유만으로 곧바로 적법하다고 단정지을 수는 없게 됩니다. 왜냐하면 이 규정은 외부적 효력이 없는 행정규칙이므로 국민은 물론 법원을 구속하는 것이 아니기 때문입니다.

그리고 영업정지처분의 적법성 여부는 재량의 수권법률인 「공중위생관리법」 제11조 제1항의 규정취지에 적합한 것인가 여부에 따라 판단하여야 할 것이며, 이 경우에는 비례성의 원칙 등 행정법의 일반원리가 그 기준이 된다 할 것입니다.

따라서 귀하의 경우 종업원의 위반행위의 정도에 비하여 지나치게 가혹하여 재량권의 범위를 일탈 또는 남용한 것이라고 볼 경우 영업정지처분취소청구를 하여 볼 수 있을 것입니다.

Q 저는 최근 점포를 얻은 후 단란주점영업을 하려고 관할구청에 영업허가신청을 하였으나 3개월 전 같은 장소에서 같은 업종의 영업허가가 취소되었기 때문에 3개월이 더 지나야 허가가 날 수 있다고 합니다. 저는 영업허가취소를 받은 당사자도 아닌데 바로 허가를 받을 수 없는지요?

A 「식품위생법」제75조 제1항 및 제2항은 "식품의약품안전청장 또는 특별자치도지사 · 시장 · 군수 · 구청장은 영업자가 식품위생법의 일정 규정을 위반한 때에는 대통령령이 정하는 바에 따라 영업허가를 취소하거나 6월 이내의 기간을 정하여 그 영업의 전부 또는 일부를 정지하거나, 영업소의 폐쇄를 명할 수 있고, 영업자가 위 규정에 의한 영업의 정지명령에 위반하여 계속 영업행위를 하는 때에는 그 영업의 허가를 취소하거나 영업소의 폐쇄를 명할 수 있다." 고 규정하고 있고, 같은 법 제38조 제1항 제2호는 "제75조 제1항 또는 제2항에 따라 영업허가가 취소(제44조 제2항 제1호를 위반하여 영업허가가 취소된 경우와 제75조 제1항 제18호에 따라 영업허가가 취소된 경우는 제외한다)되고 6개월이 지나기 전에 같은 장소에서 같은 종류의 영업을 하려는 경우. 다만, 영업시설 전부를 철거하여 영업허가가 취소된 경우에는 그러하지 아니하다."고 규정하고 있습니다.

따라서 귀하의 경우는 영업시설의 전부를 철거한 경우가 아니므로 위 규정의 단서사항에 속하지 않고, 결국 3개월 전에 영업허가가 취소된 영업과 동일한 장소에서 동종의 영업을 하고자 하는 한 3개월이 더 지나야 허가를 받을 수 있을 것입니다.

참고로 위와 같은 영업허가 취소 등의 대인적 효력을 보면, 「식품위생법」제75조 제1항 또는 제2항에 따라 영업허가가 취소(제4조부터 제6조까지, 제8조 또는 제44조 제2항 제1호를 위반하여 영업허가가 취소된 경우와 제75조 제1항 제18호에 따라 영업허가가 취소된 경우는 제외한다)되고 2년이 지나기 전에 같은 자(법인인 경우에는 그 대표자를 포함한다)가 취소된 영업과 같은 종류의 영업을 하고자 하는 때에도 영업허가를 할 수 없습니다(같은 법 제38조 제1항 제3호).

한편, 같은 법 제78조는 "영업자가 영업을 양도하거나 법인이 합병되는 경우에는 제75조 제1항 각 호, 같은 조 제2항 또는 제76조 제1항 각 호를 위반한 사유로 종전의 영업자에게 행한 행정 제재처분의 효과는 그 처분기간이 끝난 날부터 1년간 양수인이나 합병 후 존속하는 법인에 승계되며, 행정 제재처분 절차가 진행 중인 경우에는 양수인이나 합병 후 존속하는 법인에 대하여 행정 제재처분 절차를 계속할 수 있다. 다만, 양수인이나 합병 후 존속하는 법인이 양수하거나 합병할 때에 그 처분 또는 위반사실을 알지 못하였음을 증명하는 때에는 그러하지 아니하다."고 규정하고 있습니다.

나) 영업신고 또는 등록 제한

다음 각 호의 어느 하나에 해당하는 경우에는 제37조 제4항에 따른 영업신고 또는 같은 조 제5항에 따른 영업등록을 할 수 없다.

(1) 제75조 제1항 또는 제2항에 따른 등록취소 또는 영업소 폐쇄명령(제44조 제2항 제1호를 위반하여 영업소 폐쇄명령을 받은 경우와 제75조 제1항 제18호에 따라 영업소 폐쇄명령을 받은 경우는 제외한다)을 받고 6개월이 지나기 전에 같은 장소에서 같은 종류의 영업을 하려는 경우. 다만, 영업시설 전부를 철거하여 등록취소 또는 영업소 폐쇄명령을 받은 경우에는 그러하지 아니하다.

(2) 제44조 제2항 제1호를 위반하여 영업소 폐쇄명령을 받거나 제75조 제1항 제18호에 따라 영업소 폐쇄명령을 받은 후 1년이 지나기 전에 같은 장소에서 제36조 제1항 제3호에 따른 식품접객업을 하려는 경우

(3) 제75조 제1항 또는 제2항에 따른 등록취소 또는 영업소 폐쇄명령(제4조 부터 제6조까지,제8조 또는 제44조 제2항 제1호를 위반하여 등록취소 또는 영업소 폐쇄명령을 받은 경우와 제75조 제1항 제18호에 따라 영업소 폐쇄명령을 받은 경우는 제외한다)을 받고 2년이 지나기 전에 같은 자(법인인 경우에는 그 대표자를 포함한다)가 등록취소 또는 폐쇄명령을 받은 영업과 같은 종류의 영업을 하려는 경우

(4) 제44조 제2항 제1호를 위반하여 영업소 폐쇄명령을 받거나 제75조 제1항 제18호에 따라 영업소 폐쇄명령을 받고 2년이 지나기 전에 같은 자(법인인 경우에는 그 대표자를 포함한다)가 제36조 제1항 제3호에 따른 식품접객업을 하려는 경우

(5) 제4조 부터 제6조까지 또는 제8조를 위반하여 등록취소 또는 영업소 폐쇄명령을 받고 5년이 지나지 아니한 자(법인인 경우에는 그 대표자를 포함한다)가 등록취소 또는 폐쇄명령을 받은 영업과 같은 종류의 영업을 하려는 경우

3) 영업자등의 준수사항

식품접객영업자는 청소년보호법 제2조의 규정에 의한 청소년에 대하여 다음의 행위를 하여서는 아니 된다(식품위생법 제44조 2항).

가) 청소년을 유흥접객원으로 고용하여 유흥행위를 하게 하는 행위

【판시사항】

청소년유해업소인 유흥주점의 업주가 종업원을 고용할 때 대상자의 연령을 확인하여야 하는 의무의 내용(대법원 2013. 9. 27. 선고 2013도8385 판결)

【판결요지】

청소년 보호법의 입법목적 등에 비추어 볼 때, 유흥주점과 같은 청소년유해업소의 업주에게는 청소년 보호를 위하여 청소년을 당해 업소에 고용하여서는 아니 될 매우 엄중한 책임이 부여되어 있으므로, 유흥주점의 업주가 당해 유흥업소에 종업원을 고용할 때에는 주민등록증이나 이에 유사한 정도로 연령에 관한 공적 증명력이 있는 증거에 의하여 대상자의 연령을 확인하여야 하고, 만일 대상자가 제시한 주민등록증상의 사진과 실물이 다르다는 의심이 들면 청소년이 자신의 신분과 연령을 감추고 유흥업소 취업을 감행하는 사례가 적지 않은 유흥업계의 취약한 고용실태 등에 비추어 볼 때, 업주로서는 주민등록증상의 사진과 실물을 자세히 대조하거나 주민등록증상의 주소 또는 주민등록번호를 외워보도록 하는 등 추가적인 연령확인조치를 취하여야 할 의무가 있다.

나)「청소년 보호법」제2조 제5호가목3)에 따른 청소년출입·고용 금지업소에 청소년을 출입시키거나 고용하는 행위

다)「청소년 보호법」제2조 제5호나목3)에 따른 청소년고용금지업소에 청소년을 고용하는 행위

라) 청소년에게 주류(酒類)를 제공하는 행위, 이렇듯 청소년에게 주류를 제공하는 행위를 하였을 경우 식품위생법 제제75조에서 식품의약품안전청장 또는 특별자치

도지사 · 시장 · 군수 · 구청장은 대통령령이 정하는 바에 따라 영업허가 취소를 하거나 6월의 기간 내에서 영업의 전부 또는 일부에 대한 정지처분 또는 영업소를 폐쇄할 수 있도록 규정하고 있다.

위 법규의 해석과 관련하여 대법원은 "음식점을 운영하는 사람이 그 음식점에 들어온 여러 사람의 일행에게 술을 판매한 행위가 청소년보호법 제51조 제8호에 규정된 '청소년에게 술을 판매하는 행위'에 해당하기 위해서는, 그 일행에게 술을 내어 놓을 당시 그 일행 중에 청소년이 포함되어 있었고 이를 음식점 운영자가 인식하고 있었어야 할 것이므로, 술을 내어 놓을 당시에는 성년자들만이 자리에 앉아서 그들끼리만 술을 마시다가 나중에 청소년이 들어와서 합석하게 된 경우에는 처음부터 음식점 운영자가 나중에 그렇게 청소년이 합석하리라는 것을 예견할 만한 사정이 있었거나, 청소년이 합석한 후에 이를 인식하면서 추가로 술을 내어 준 경우가 아닌 이상, 합석한 청소년이 상 위에 남아 있던 소주를 일부 마셨다고 하더라도 음식점 운영자가 청소년에게 술을 판매하는 행위를 하였다고는 할 수 없다."라고 판시하였다. 따라서 영업주가 처음부터 청소년이 그 술자리에 합석할 것을 예견하거나

또는 청소년이 그 술자리에 합석한 이후에 이러한 사실을 인식하면서 추가로 술을 더 내어준 경우가 아니라 단순히 사후에 합석한 청소년이 그 술자리에 남아있던 술을 마신 것에 불과하다면 이에 대한 영업정지처분에 대해서는 행정소송 등을 통해 다투어 볼 여지가 있다.

4) 허가의 취소 등

식품의약품안전처장 또는 특별자치시장 · 특별자치도지사 · 시장 · 군수 · 구청장은 영업자가 다음 각 호의 어느 하나에 해당하는 경우에는 대통령령으로 정하는 바에 따라 영업허가 또는 등록을 취소하거나 6개월 이내의 기간을 정하여 그 영업의 전부 또는 일부를 정지하거나 영업소 폐쇄를 명할 수 있다(법 제75조 제1항).

가) 위해식품 등의 판매 등 금지의무를 위반한 경우
나) 병든 동물 고기 등의 판매 등 금지의무를 위반한 경우
다) 기준 · 규격이 고시되지 않은 화학적 합성품 등의 판매 등 금지의무를 위반한 경우

라) 기준 · 규격에 맞지 않는 식품 · 식품첨가물의 판매 등 금지의무를 위반한 경우

마) 유독기구 등의 판매 · 사용금지의무를 위반한 경우

바) 기준 · 규격에 맞지 않는 기구 · 용기 · 포장의 판매 등 금지의무를 위반한 경우

사) 영양표시기준을 위반한 경우

아) 유전자재조합식품표시가 없는 식품 등의 판매 등의 금지의무를 위반한 경우

자) 허위표시 등의 금지의무를 위반한 경우

차) 영업자간 긴급대응이 필요하다고 판단되는 위해식품 등을 제조 · 판매하는 경우

카) 판매 또는 영업에 사용할 목적으로 식품 등을 수입하려는 자와 해외 판매자의 사이버몰(컴퓨터 등과 정보통신설비를 이용하여 재화 등을 거래할 수 있도록 설정된 가상의 영업장) 등으로부터 식품 등의 대신 구매 등을 하는 구매대행자가 식품의약품안전처장에게 신고하지 않은 경우

타) 주문자상표부착방식 등을 신고하는 경우 유통기한의 설정사유를 허위의 보고를 하거나 변경 보고를 하지 않은 경우

파) 자가품질검사의무를 위반한 경우

하) 시설기준에 맞는 시설을 갖추지 못한 경우

거) 영업소 소재지 변경허가의무를 위반한 경우

너) 영업소의 성명, 명칭, 상호, 영업장 면적 변경신고의무를 위반한 경우

더) 폐업신고의무를 위반한 경우

러) 영업소의 성명, 명칭, 상호, 영업소의 소재지, 영업장 면적 변경신고의무를 위반한 경우

머) 중요한 사항의 변경, 폐업신고의무를 위반한 경우

버) 식품 또는 식품첨가물을 제조, 가공시 보고의무를 위반한 경우

서) 중요한 사항의 변경, 폐업신고의무를 위반한 경우

어) 식품 또는 식품첨가물을 제조, 가공시 보고의무를 위반한 경우

저) 영업허가시 붙인 조건이행의무를 위반한 경우

처) 등록사항을 변경하는 경우 변경등록을 하지 않거나 변경신고를 하지 않은 경우

커) 영업허가를 받으려는 자가 피성년후견인이거나 파산선고를 받고 복권되지 않은 경우

터) 건강신단 결과 타인에게 위해를 끼칠 우려가 있는 질병이 있다고 인정하는 자의 영업종사금지의무를 위반한 경우

퍼) 영업자의 위생교육을 받지 아니한 자의 영업종사금지의무를 위반한 경우

허) 원료관리, 제조공정, 그 밖에 식품 등의 위생적 관리사항을 지키지 않은 경우

갸) 시도지사의 영업시간 및 영업행위의 제한을 위반한 경우

냐) 영업자의 준수사항을 위반한 경우

댜) 위해식품 등의 회수, 필요조치이행의무를 위반한 경우

랴) 위해식품 등의 회수계획을 보고하지 않거나 거짓으로 보고한 경우

먀) 식품안전관리인증기준을 준수하지 않은 경우

뱌) 식품이력추적관리를 등록하지 않은 경우

샤) 식품접객업 중 복어를 조리, 판매하는 영업의 운영자가 조리사를 두어야 하는 의무를 위반한 경우

야) 시정명령의무를 위반한 경우

쟈) 식품 등의 회수, 폐기명령, 식품 등의 원료 등 변경명령에 위반한 경우

챠) 위해식품 등의 공표명령에 위반한 경우

캬) 시설의 개수명령에 위반한 경우

탸) 성매매할선 등 행위의 처벌에 관한 법률 제4조에 따른 금지행위를 한 경우

Q 저는 주점을 경영하면서 미성년자에게 술을 판매하였다는 이유로 1개월간 영업정지처분을 받고 이에 불복하여 집행정지결정을 받았습니다. 그 후 본안소송에서도 위 처분이 위법하다는 이유로 취소되었는데, 위 영업정지처분 후 그 집행정지결정 전에 영업행위를 하였다는 이유로 다시 영업허가취소처분을 받았습니다. 이 경우 영업허가취소처분은 무효가 아닌지요?

A 「행정소송법」제23조는 "①취소소송의 제기는 처분등의 효력이나 그 집행 또는 절차의 속행에 영향을 주지 아니한다. ②취소소송이 제기된 경우에 처분등이나 그 집행 또는 절차의 속행으로 인하여 생길 회복하기 어려운 손해를 예방하기 위하여 긴급한 필요가 있다고 인정할 때에는 본안이 계속되고 있는 법원은 당사자의 신청 또는 직권에 의하여 처분등의 효력이나 그 집행 또는 절차의 속행의 전부 또는 일부의 정지(이하 "집행정지"라 한다)를 결정할 수 있다. 다

만, 처분의 효력정지는 처분등의 집행 또는 절차의 속행을 정지함으로써 목적을 달성할 수 있는 경우에는 허용되지 아니한다."라고 규정하고 있습니다.

그리고 행정처분에 대한 집행정지결정의 효력 시한에 관하여 판례는 "행정소송법 제23조에 의한 집행정지결정의 효력은 결정주문에서 정한 시기까지 존속하며 그 시기의 도래와 동시에 효력이 당연히 소멸하는 것이므로, 일정기간 동안 영업을 정지할 것을 명한 행정청의 영업정지처분에 대하여 법원이 집행정지결정을 하면서 주문에서 당해 법원에 계속중인 본안소송의 판결 선고시까지 처분의 효력을 정지한다고 선언하였을 경우에는 처분에서 정한 영업정지기간의 진행은 그 때까지 정지되는 것이고 본안소송의 판결선고에 의하여 당해 정지결정의 효력은 소멸하고 이와 동시에 당초의 영업정지처분의 효력이 당연히 부활되어 처분에서 정하였던 정지기간(정지결정 당시 이미 일부 진행되었다면 나머지 기간)은 이 때부터 다시 진행한다."라고 하였습니다(대법원 1999. 2. 23. 선고 98두14471 판결, 2002. 7. 26. 선고 2000두7254 판결).

그런데 영업정지처분 후 법원의 집행정지결정 전에 행한 영업을 이유로 한 영업허가취소처분의 효력에 관하여 판례는 "영업정지처분을 받고도 법원의 집행정지결정이 있기 전에 영업을 한 이상 그 후 법원에서 집행정지결정이 내려지고 본안소송에서 그 처분이 위법함을 이유로 취소되었다고 하더라도 원래의 영업정지처분이 당연무효의 하자를 가지고 있는 처분이 아닌 한 그 영업정지기간 중에 영업하였음을 사유로 한 영업허가취소처분은 당연무효가 아니다."라고 하였습니다(대법원 1995. 11. 24. 선고 95누9402 판결).

따라서 귀하의 경우에도 원래의 영업정지처분이 당연무효가 아닌 한, 영업정지처분의 집행정지결정 전에 영업행위를 하였음을 사유로 한 영업허가취소처분은 당초의 영업정지처분의 취소 여부와 관계없이 당연무효가 아니라 할 것입니다.

5) 처분기준

식품접객업에 대한 처분기준은 아래와 같다.

위반사항	근거 법령	행정처분기준		
		1차 위반	2차 위반	3차 위반
1. 법 제4조를 위반한 경우 가. 썩거나 상하여 인체의 건강을 해칠 우려가 있는 것	법 제72조 및 법 제75조	영업정지 15일과 해당 음식물 폐기	영업정지 1개월과 해당 음식물 폐기	영업정지 3개월과 해당 음식물 폐기
나. 설익어서 인체의 건강을 해칠 우려가 있는 것		영업정지 7일과 해당 음식물 폐기	영업정지 15일과 해당 음식물 폐기	영업정지 1개월과 해당 음식물 폐기

다. 유독·유해물질이 들어 있거나 묻어 있는 것이나 그러할 염려가 있는 것 또는 병을 일으키는 미생물에 오염되었거나 그러할 염려가 있어 인체의 건강을 해칠 우려가 있는 것				
1) 유독·유해물질이 들어 있거나 묻어 있는 것이나 그러할 염려가 있는 것		영업허가 취소 또는 영업소 폐쇄와 해당 음식물 폐기		
2) 병을 일으키는 미생물에 오염되었거나 그러할 염려가 있어 인체의 건강을 해칠 우려가 있는 것		영업정지 1개월과 해당 음식물 폐기	영업정지 3개월과 해당 음식물 폐기	영업허가 취소 또는 영업소 폐쇄와 해당 음식물 폐기
라. 불결하거나 다른 물질이 섞이거나 첨가된 것 또는 그 밖의 사유로 인체의 건강을 해칠 우려가 있는 것		영업정지 15일과 해당 음식물 폐기	영업정지 1개월과 해당 음식물 폐기	영업정지 3개월과 해당 음식물 폐기
마. 법 제18조에 따른 안전성 평가 대상인 농·축·수산물 등 가운데 안전성 평가를 받지 아니하였거나 안전성 평가에서 식용으로 부적합하다고 인정된 것		영업정지 2개월과 해당 음식물 폐기	영업정지 3개월과 해당 음식물 폐기	영업허가 취소 또는 영업소 폐쇄와 해당 음식물 폐기
바. 수입이 금지된 것 또는 「수입식품안전관리 특별법」 제20조 제1항에 따른 수입신고를 하지 아니하고 수입한 것		영업정지 2개월과 해당 음식물 폐기	영업정지 3개월과 해당 음식물 폐기	영업허가 취소 또는 영업소 폐쇄와 해당 음식물 폐기
사. 영업자가 아닌 자가 제조·가공·소분(소분 대상이 아닌 식품 및 식품첨가물을 소분·판매하는 것을 포함한다)한 것		영업정지 1개월과 해당 음식물 폐기	영업정지 2개월과 해당 음식물 폐기	영업정지 3개월과 해당 음식물 폐기
2. 법 제5조를 위반한 경우	법 제72조 및 법 제75조	영업허가취소 또는 영업소 폐쇄와 해당 음식물 폐기		

3. 법 제6조를 위반한 경우	법 제72조 및 법 제75조	영업허가 취소 또는 영업소 폐쇄와 해당 음식물 폐기		
4. 법 제7조 제4항을 위반한 경우 가. 식품 등의 한시적 기준 및 규격 을 정하지 아니한 천연첨가물, 기구 등의 살균·소독제를 사 용한 경우	법 제71조, 법 제72조 및 법 제75조	영업정지 15일과 해당 음식물 폐기	영업정지 1개월과 해당 음식물 폐기	영업정지 3개월과 해당 음식물 폐기
나. 비소, 카드뮴, 납, 수은, 중금 속, 메탄올, 다이옥신 또는 시 안화물의 기준을 위반한 것		영업정지 1개월과 해당 음식물 폐기	영업정지 2개월과 해당 음식물 폐기	영업정지 3개월과 해당 음식물 폐기
다. 바륨, 포름알데히드, 올소톨루 엔, 설폰아미드, 방향족탄화수 소, 폴리옥시에틸렌, 엠씨피디 또는 세레늄의 기준을 위반한 것		영업정지 15일과 해당 음식물 폐기	영업정지 1개월과 해당 음식물 폐기	영업정지 2개월과 해당 음식물 폐기
라. 방사능잠정허용기준을 위반한 것		영업정지 1개월과 해당 음식물 폐기	영업정지 2개월과 해당 음식물 폐기	영업정지 3개월과 해당 음식물 폐기
마. 농약잔류허용기준을 초과한 농산물 또는 식육을 원료로 사용한 것(「축산물가공처리 법」 등 다른 법령에 따른 검사 를 받아 합격한 것을 원료로 사용한 경우는 제외한다)		영업정지 1개월과 해당 음식물 폐기	영업정지 3개월과 해당 음식물 폐기	영업허가취소 또는 영업소폐쇄와 해당 음식물 폐기
바. 곰팡이독소 또는 패류독소 기 준을 위반한 것		영업정지 1개월과 해당 음식물 폐기 및 원료 폐기	영업정지 3개월과 해당 음식물 폐기 및 원료 폐기	영업허가취소 또는 영업소폐쇄와 해당 음식물 폐기 및 원료 폐기
사. 항생물질 등의 잔류허용기준 (항생물질·합성항균제 또는 합성호르몬제)을 초과한 것을 원료로 사용한 것(「축산물가공 처리법」 등 다른 법령에 따른 검사를 받아 합격한 것을 원료 로 사용한 경우는 제외한다)		영업정지 1개월과 해당 음식물 폐기 및 원료 폐기	영업정지 3개월과 해당 음식물 폐기 및 원료 폐기	영업허가취소 또는 영업소폐쇄와 해당 음식물 폐기 및 원료 폐기

아. 식중독균 검출기준을 위반한 것으로서			
1) 조리식품 등 또는 접객용 먹는 물		영업정지 1개월과 해당 음식물 폐기 및 원료 폐기	영업정지 3개월과 해당 음식물 폐기 및 원료 폐기	영업허가취소 또는 영업소폐쇄와 해당 음식물 폐기 및 원료 폐기
2) 조리기구 등		시정명령	영업정지 7일	영업정지 15일
자. 산가, 과산화물가, 대장균, 대장균군 또는 일반세균의 기준을 위반한 것				
1) 조리식품 등 또는 접객용 먹는 물		영업정지 15일과 해당 음식물 폐기	영업정지 1개월과 해당 음식물 폐기	영업정지 2개월과 해당 음식물 폐기
2) 조리기구 등		시정명령	영업정지 7일	영업정지 15일
차. 식품첨가물의 사용 및 허용기준을 위반한 것을 사용한 것				
1) 허용 외 식품첨가물을 사용한 것 또는 기준 및 규격이 정하여지지 아니한 첨가물을 사용한 것		영업정지 1개월과 해당 제품 폐기	영업정지 2개월과 해당 제품 폐기	영업허가취소 또는 영업소 폐쇄
2) 사용 또는 허용량 기준에 초과한 것으로서				
가) 30퍼센트 이상을 초과한 것		영업정지 15일과 해당 음식물 폐기	영업정지 1개월과 해당 음식물 폐기	영업정지 2개월과 해당 음식물 폐기
나) 10퍼센트 이상 30퍼센트 미만을 초과한 것		영업정지 7일과 해당 음식물 폐기	영업정지 15일과 해당 음식물 폐기	영업정지 1개월과 해당 음식물 폐기
다) 10퍼센트 미만을 초과한 것		시정명령	영업정지 7일	영업정지 15일
카. 식품첨가물 중 질소의 사용기준을 위반한 경우	영업허가 취소 또는 영업소 폐쇄와 해당 음식물 폐기			

타. 이물이 혼입된 것			
1) 기생충 및 그 알, 금속(쇳가루는 제외한다) 또는 유리의 혼입	영업정지 2일	영업정지 5일	영업정지 10일
2) 칼날 또는 동물(설치류, 양서류, 파충류 및 바퀴벌레만 해당한다) 사체의 혼입	영업정지 5일	영업정지 10일	영업정지 20일
3) 1) 및 2) 외의 이물의 혼입	시정명령	영업정지 2일	영업정지 3일
파. 식품조사처리기준을 위반한 것을 사용한 것	시정명령	영업정지 7일	영업정지 15일
하. 식품등의 기준 및 규격 중 식품 원료 기준이나 조리 및 관리기준을 위반한 경우로서(제1호부터 제3호까지에 해당하는 경우는 제외한다)			
1) 사료용 또는 공업용 등으로 사용되는 등 식용을 목적으로 채취, 취급, 가공, 제조 또는 관리되지 않은 원료를 식품의 조리에 사용한 경우	영업허가·등록 취소 또는 영업소 폐쇄와 해당 음식물 폐기		
2) 온도 기준 또는 냉동식품의 해동 기준을 위반한 경우	영업정지 7일	영업정지 15일	영업정지 1개월
3) 그 밖의 사항을 위반한 경우	시정명령	영업정지 7일	영업정지 15일
거. 그 밖에 가목부터 하목까지 외의 사항을 위반한 것	시정명령	영업정지 5일	영업정지 10일
5. 법 제8조를 위반한 경우	법 제75조	시정명령	영업정지 15일	영업정지 1개월
6. 법 제9조 제4항을 위반한 경우	법 제71조 및 법 제75조	시정명령	영업정지 5일	영업정지 10일
7. 법 제22조 제1항(법 제22조의3에 따라 비대면으로 실시하는 경우를 포함한다)에 따른 출입·검사·수거를 거부·방해·기피한 경우	법 제75조	영업정지 1개월	영업정지 2개월	영업정지 3개월

8. 법 제36조 또는 법 제37조를 위반한 경우 가. 변경허가를 받지 아니하거나 변경신고를 하지 아니하고 영업소를 이전한 경우	법 제71조, 법 제74조 및 법 제75조	영업허가취소 또는 영업소 폐쇄	
나. 변경신고를 하지 아니한 경우로서 1) 영업시설의 전부를 철거한 경우 (시설 없이 영업신고를 한 경우를 포함한다)		영업허가취소 또는 영업소 폐쇄	
2) 영업시설의 일부를 철거한 경우	시설개수명령	영업정지 15일	영업정지 1개월
다. 영업장의 면적을 변경하고 변경신고를 하지 아니한 경우	시정명령	영업정지 7일	영업정지 15일
라. 시설기준 위반사항으로 1) 유흥주점 외의 영업장에 무도장을 설치한 경우	시설개수명령	영업정지 1개월	영업정지 2개월
2) 일반음식점의 객실 안에 무대장치, 음향 및 반주시설, 특수조명시설, 침대, 욕실을 설치한 경우	시설개수명령	영업정지 1개월	영업정지 2개월
3) 음향 및 반주시설을 설치하는 영업자가 방음장치를 하지 아니한 경우	시설개수명령	영업정지 15일	영업정지 1개월
마. 법 제37조 제2항에 따른 조건을 위반한 경우	영업정지 1개월	영업정지 2개월	영업정지 3개월
바. 시설기준에 따른 냉장·냉동시설이 없는 경우 또는 냉장·냉동시설을 가동하지 아니한 경우	영업정지 15일	영업정지 1개월	영업정지 2개월
사. 급수시설기준을 위반한 경우 (수질검사결과 부적합 판정을 받은 경우를 포함한다)	시설개수명령	영업정지 1개월	영업정지 3개월
아. 그 밖의 가목부터 사목까지 외의 허가 또는 신고사항을 위반한 경우로서			

1) 시설기준을 위반한 경우		시설개수명령	영업정지 15일	영업정지 1개월
2) 그 밖의 사항을 위반한 경우		시정명령	영업정지 7일	영업정지 15일
9. 법 제43조에 따른 영업 제한을 위반한 경우	법 제71조 및 법 제75조			
가. 영업시간 제한을 위반하여 영업한 경우		영업정지 15일	영업정지 1개월	영업정지 2개월
나. 영업행위 제한을 위반하여 영업한 경우		시정명령	영업정지 15일	영업정지 1개월
10. 법 제44조 제1항을 위반한 경우 가. 식품접객업자의 준수사항(별표 17 제7호자목·파목·머목 및 별도의 개별 처분기준이 있는 경우는 제외한다)의 위반으로서	법 제71조 및 법 제75조			
1) 별표 17 제7호타목1)을 위반한 경우		영업정지 1개월	영업정지 2개월	영업허가 취소 또는 영업소 폐쇄
2) 별표 17 제7호다목·타목5) 또는 버목을 위반한 경우		영업정지 2개월	영업정지 3개월	영업허가 취소 또는 영업소 폐쇄
3) 별표 17 제7호타목2), 같은 호 거목 또는 서목을 위반한 경우		영업정지 1개월	영업정지 2개월	영업허가 취소 또는 영업소 폐쇄
4) 별표 17 제7호나목 및 타목3)·4) 하목, 어목, 저목 또는 처목을 위반한 경우		영업정지 15일	영업정지 1개월	영업정지 3개월
5) 별표 17 제7호 너목을 위반한 경우				
가) 수질검사를 검사기간 내에 하지 아니한 경우		영업정지 15일	영업정지 1개월	영업정지 2개월
나) 부적합 판정된 물을 계속 사용한 경우		영업허가·등록 취소 또는 영업소 폐쇄		

6) 별표 17 제7호러 목을 위반한 경우	영업정지 15일	영업정지 2개월	영업정지 3개월
7) 별표 17 제7호커 목을 위반하여 모범업소로 오인·혼동할 우려가 있는 표시를 한 경우	시정명령	영업정지 5일	영업정지 10일
8) 별표 17 제7호터 목을 위반한 경우로서			
가) 주재료가 다른 경우	영업정지 7일	영업정지 15일	영업정지 1개월
나) 중량이 30퍼센트 이상 부족한 것	영업정지 7일	영업정지 15일	영업정지 1개월
다) 중량이 20퍼센트 이상 30퍼센트 미만 부족한 것	시정명령	영업정지 7일	영업정지 15일
9) 별표 17 제7호허 목을 위반한 경우	시정명령	영업정지 7일	영업정지 15일
10) 별표 17 제7호카목을 위반한 경우			
가) 소비기한이 경과된 제품·식품 또는 그 원재료를 조리·판매의 목적으로 운반·진열·보관한 경우	영업정지 15일	영업정지 1개월	영업정지 3개월
나) 소비기한이 경과된 제품·식품 또는 그 원재료를 판매 또는 식품의 조리에 사용한 경우	영업정지 1개월	영업정지 2개월	영업정지 3개월
11) 별표 17 제7호타 목7)을 위반한 경우	영업정지 2개월	영업정지 3개월	영업허가 취소 또는 영업소 폐쇄
12) 별표 17 제7호로 목을 위반한 경우	영업정지 7일	영업정지 15일	영업정지 1개월
나. 위탁급식업영업자의 준수사항 (별도의 개별 처분기준이 있는 경우는 제외한다)의 위반으로서			
1) 별표 17 제8호 가목·다목·차목, 카목 또는 파 목을 위반한 경우	영업정지 15일	영업정지 1개월	영업정지 2개월

2) 별표 17 제8호사 목을 위반한 경우		영업정지 7일	영업정지 15일	영업정지 1개월
3) 별표 17 제8호마 목을 위반한 경우				
가) 수질검사를 검사기간 내에 하지 아니한 경우		영업정지 15일	영업정지 1개월	영업정지 3개월
나) 부적합 판정된 물을 계속 사용한 경우		영업정지 1개월	영업정지 3개월	영업허가 취소 또는 영업소 폐쇄
4) 별표 17 제8호타 목을 위반한 경우		시정명령	영업정지 5일	영업정지 10일
5) 별표 17 제8호라 목을 위반한 경우				
가) 소비기한이 경과된 제품·식품 또는 그 원재료를 조리의 목적으로 진열·보관한 경우		영업정지 15일	영업정지 1개월	영업정지 2개월
나) 소비기한이 경과된 제품·식품 또는 그 원재료를 판매 또는 식품의 조리에 사용한 경우		영업정지 1개월	영업정지 2개월	영업정지 3개월
6) 별표 17 제8호하목 또는 거목을 위반한 경우		영업정지 15일	영업정지 1개월	영업정지 2개월
7) 1)부터 6)까지를 제외한 준수사항을 위반한 경우		시정명령	영업정지 7일	영업정지 15일
11. 법 제44조 제2항을 위반한 경우 가. 청소년을 유흥접객원으로 고용하여 유흥행위를 하게 하는 행위를 한 경우	법 제75조	영업허가취소 또는 영업소 폐쇄		
나. 청소년유해업소에 청소년을 고용하는 행위를 한 경우		영업정지 3개월	영업허가취소 또는 영업소 폐쇄	
다. 청소년유해업소에 청소년을 출입하게 하는 행위를 한 경우		영업정지 1개월	영업정지 2개월	영업정지 3개월
라. 청소년에게 주류를 제공하는 행위를 한 경우		영업정지 7일	영업정지 1개월	영업정지 2개월

12. 법 제51조를 위반한 경우	법 제71조 및 법 제75조	시정명령	영업정지 7일	영업정지 15일
12의2. 법 제72조 제1항·제2항에 따른 압류·폐기를 거부·방해·기피한 경우	법 제75조	영업정지 1개월	영업정지 2개월	영업정지 3개월
13. 영업정지 처분 기간 중에 영업을 한 경우	법 제75조	영업허가취소 또는 영업소 폐쇄		
14. 「성매매알선 등 행위의 처벌에 관한 법률」 제4조에 따른 금지행위를 한 경우	법 제75조	영업정지 3개월	영업허가 취소 또는 영업소 폐쇄	
15. 그 밖에 제1호부터 제14호까지를 제외한 법을 위반한 경우 (법 제101조에 따른 과태료 부과 대상에 해당하는 위반 사항과 별표 17 제7호자목·머목은 제외한다)	법 제71조 및 법 제75조	시정명령	영업정지 7일	영업정지 15일

마. 영업정지기간 중 영업

1) 관련규정

식품위생법 제75조 및 같은 법 시행규칙 제89조 및 [별표 23]'Ⅱ.개별기준'의 '3.식품접객업'의 13.에 따르면 시장은 영업정지 처분 기간 중에 영업을 한 경우에는 영업허가 취소 또는 영업소 폐쇄를 명할 수 있다.

2) 행정처분

행위유형	1차
영업정지 기간중 영업	1차만으로도 영업허가·등록취소 또는 영업소 폐쇄

3) 영업의 동일성 판단

가) 식품위생법 제25조 제2항의 '영업의 정지명령에 위반하여 계속하여 영업행위를 한 때'에 해당되는 사례

두부류 제조영업의 정지명령을 받은 자의 종업원들이 영업정지명령 기간 중에 영업자의 손익계산 아래 두부제조용 성형상자, 두부판 등의 시설물을 다른 두부류제조허가업체로 옮겨 그곳의 제조시설을 이용하여, 두부를 제조하여 종전의 거래처에 공급하였다면 이는 식품위생법 제25조 제2항 소정의 '영업자가 영업정지명령을 위반하여 계속하여 영업행위를 한 때'에 해당한다.[40)]

나) 영업정지명령 후 종업원이 70m 떨어진 곳에서 영업

대중음식점 영업정지명령을 받은 자의 종업원들이 그 영업정지기간 중에 그 음식점 건물과 같은 과수원 울타리 안의 불과 70여 미터 떨어진 곳에 농막과 평상 등을 설치하고 그 영업자의 집기 등을 이용하여 대중음식점 영업을 한 경우에 식품위생법 제58조 제2항 소정의 영업자가 영업정지명령을 위반하여 계속적으로 영업행위를 한 때에 해당한다.[41)]

바. 영업정지 등의 처분에 갈음하여 부과하는 과징금처분

1) 과징금부과

식품의약품안전처장, 시·도지사 또는 시장·군수·구청장은 영업자가 제75조 제1항 각 호 또는 제76조 제1항 각 호의 어느 하나에 해당하는 경우에는 대통령령으로 정하는 바에 따라 영업정지, 품목 제조정지 또는 품목류 제조정지 처분을 갈음하여 10억원 이하의 과징금을 부과할 수 있다. 다만, 제6조를 위반하여 제75조 제1항에 해당하는 경우와 제4조, 제5조, 제7조, 제10조, 제12조의2, 제13조, 제37조, 제43조 및 제44조를 위반하여 제75조 제1항 또는 제76조 제1항에 해당하는 중대한 사항으로서 총리령으로 정하는 경우는 제외한다(식품위생법 제82조).

---

40) 대법원 1979. 3. 13. 선고 98누472 판결.
41) 대법원 1991. 5. 14. 선고 90누8435 판결.

2) 과징금 제외 대상(법 시행규칙 89조 별표[23])

식품위생법시행규칙 제89조 별표 23 Ⅲ에서 규정하고 있는 과징금 제외 대상은, 유흥접객원 고용·종업원 유흥접객행위, 청소년 유해업소에 청소년을 고용하거나 출입하게 하는 행위, 청소년에게 주류를 제공하는 행위, 성매매알선 등 행위의 처벌에 관한 법률 제4조에 따른 금지행위를 한 경우 등이다.

3) 영업정지처분을 과징금처분으로 변경해달라는 행정심판의 가부

식품위생법 제82조 제1항은 영업의 정지, 허가취소 등의 사유가 있는 경우 대통령령으로 정하는 바에 따라 영업정지 등의 처분에 갈음하여 10억원 이하의 과징금을 부과할 수 있도록 규정하고 있다. 이미 영업정지 처분이 나온 경우, 견해의 대립이 있기는 하나 행정심판법 제43조 제3항에 의하면 행정심위원회는 취소심판의 청구가 이유 있다고 인정하면 처분을 취소 또는 다른 처분으로 변경할 것을 피청구인에게 명할 수 있다고 규정하고 있으며, 위 규정상의 변경은 처분내용의 적극적인 변경을 의미한다고 해석하고 있어 행정심판 재결로서 영업정지 처분을 과징금부과처분으로 변경하는 것도 가능하다 할 것이다.

Q 각종 인·허가에 관하여 행정법규상 관련법령 및 허가조건 등을 위반하였을 경우 소정의 영업정지 또는 과징금처분을 할 수 있도록 되어 있고 그 중 영업정지처분을 받은 자가 영업정지기간중에 행정심판을 청구하여 과징금으로 변경처분을 원하는 경우 다음과 같은 양설이 있어 질의하오니 회신하여 주시기 바랍니다. 가. 갑 설 : 행정처분을 함에 있어 영업정지 또는 과징금처분을 선택할 수 있도록 한 입 법취지가 수허가자의 고통 최소화, 편의도모, 영업정지처분을 하였을 경우 예상되는 불법영 업행위등의 악순환을 예방하기 위함에 있다 할 것이므로 영업정지처분중이라 하더라도 수허 가자가 요청할 경우 영업정지처분을 취소하고 과징금처분으로 변경할 수 있다. 나. 을 설 : 사전통지와 청문시에 처분내용을 고지하였고 과징금처분을 요청하지 않았으면 일단의 영업정지처분을 한 것은 불가변력이 있기 때문에 변경처분할 수 없다.

A 1. 귀도의 질의내용은, 영업정지처분을 받은 자가 동처분의 취소등을 구하는 행정심판을 제기함에 있어, 처분의 근거법률이 영업정지처분에 갈음하는 과징금부과처분이 가능하도록 되어 있으므로 동영업정지처분을 그에 갈음하는 과징금부과처분으로 변경하여 줄 것을 함께 청구

한 경우 행정심판재결로써 영업정지처분을 그에 갈음하는 과징금부과처분으로 변경하는 것이 가능한지의 여부에 대한 것으로 이해됩니다. 2. 귀도의 질의와 관계되는 법령은 행정심판법으로서, 동법 제32조 제3항에 의하면 재결청 은 취소심판의 청구가 이유있다고 인정할 때에는 처분을 취소 또는 변경하거나, 처분청에게 취소 또는 변경할 것을 명한다고 규정되어 있으며, 동규정상의 "변경"은 일반적으로 처분내 용의 적극적 변경을 의미하는 것으로 해석되고 있습니다. 따라서 행정심판재결로써 영업정지처분을 법령이 규정하고 있는 바에 따라 그에 갈음하는 과징금부과처분으로 변경하는 것 도 가능하다고 할 것입니다. 다만, 행정심판법 제36조 제2항은 재결청은 심판청구의 대상이 되는 처분보다 청구인에게 불이익한 재결을 하지 못한다고 규정하고 있는 바, 영업정지처분 을 그에 갈음하는 과징금부과처분으로 변경하는 경우에도 불이익 변경금지원칙에 반하지 않는 범위내에서만 가능할 것입니다.

사. 사건진행절차 및 관련서식 등

- 영업정지 · 취소처분을 안날부터 90일 이내(처분통지를 직접받지 못한 경우 180일 이내)에 심판청구서 2부를 해당 구청(처분청)민원실 접수 ▶ 접수를 받은 해당구청(처분청)은 2부 중 1부를 갖고 10일 이내에 상급행정청에 심판청구서와 답변서 송부 ▶ 행정심판위원회에서는 해당 구청(처분청)으로부터 수령한 답변서를 청구인에게 발송 ▶ 답변서를 송부받은 청구인은 1주일 이내에 행정심판 보충서면 2부를 행정심판위원회에 발송(필요시) ▶ 행정심판위원회는 행정심판청구를 접수한 후 약 2개월 내에 행정심판위원회 개최 ▶행정심판위원회의 재결서는 재결일로부터 1주일 후 청구인에게 우편으로 발송(행정심판의 효력은 재결서가 송달되어야 발생)

[행정심판 업무처리절차]

법 : 행정심판법, 영 : 행정심판법 시행령

청구인 : 피청구인 또는 행정심판위원회에 행정심판 청구서 제출

〈법 제23조 제1항, 제28조〉

※ 청구서를 위원회로 제출하면 피청구인으로 송부하여 답변서 제출을 요구하는 과정이 추가됨

〈법 제26조〉

※ 법 제27조에 따른 심판청구기간 계산 〈법 제23조 제4항〉

- 청구인 행정심판청구서 도달

* 답변서 작성 시간의 여유를 위하여 청구서는 수령 즉시 피청구인에게 팩스로 송부

- 행정심판청구서 접수 : 청구요지 파악하여 위원장에 보고

피청구인은 청구서를 접수한 후 10일 이내에 답변서를 작성하여 행정심판위원회로 제출 ※ 청구서를 피청구인이 제출받은 경우 청구서 원본을 위원회로 함께 송부함

〈법 제24조〉

- 답변서 제출 요구 : 피청구인에게 위원들에게 줄 총 부수를 아예 제출토록 알려줌

- 피청구인 접수

- 답변서 도달

* 최종 답변서 제출받기 전에 보정할 내용은 없는지 초안을 가지고 방문, 혹은 초안을 미리 제출하도록 할 수도 있음

행정심판위원회는 청구인에게 답변서 부본 송부〈법 제26조〉

※ 답변서는 행정심판청구의 상대방인 피청구인의 의견으로 행정심판위원회의 의견이나 판단내용이 아님

- 청구인에게 답변서 부본 송부

사건심리

- 행정심판위원회는 관련된 사실 조사 및 확인, 법률검토 등

※ 청구된 사건에 대해 60일 이내에 재결하지 못할 부득이한 사유가 잇는 경우 동 기간 종료의 7
   일 전까지 연장통지
- 청구인은 필요한 경우 각종 제출, 신청, 신고 등(보충서면, 증거서류, 집행정지 신청, 청구변경
   신청, 구술심리 신청, 주소변경신고, 대표자선정 신고, 대리인선임 신고 등) ※ 제출, 신청, 신고
   등은 심판청구시부터 가능함

청구인이 재결 결과에 불복할 경우 재결서를 받은 날로부터 90일 이내에 피청구인을 관할하는 행
정법원에 행정소송 제기 가능(최소소송 기준)

- 답변서 확인 검토
- 피청구인측 및 사건 현장 방문
- 청구인의 보충서면 도달하면 보충서면 위원장 결재, 피청구인에게 송부
- (현장)조사 보고서 결재

보충서면과 반박서면
당사자는 주장한 사실을 보충하고 다른 당사자의 주장을 다시 반박하기 위하여 필요하면 위원회
에 보충서면을 제출할 수 있다. 이 경우 다른 당사자의 수만큼 보충서면 부본을 제출하여야 한다.
위원회는 보충서면의 제출기한을 정할 수 있으며, 보충서면을 받으면 지체없이 다른 당사자에게
그 부본을 송달하여야 한다.
〈법 제33조〉

청구인의 보충서면 접수

청구인 보충서면을 피청구인에게 송부

청구인 보충서면에 대한 피청구인의 반박서면(보충서면) 접수

피청구인의 반박서면(보충서면) 청구인에게 송부

참석 가능한 위원 사전 연락하여 구성
행정심판위원회는 위원장과 위원장이 회의마다 지정하는 8명의 위원 : 총 9명
위원장이 공무원일 경우에는 위촉위원을 6명이상으로 하여야 함
〈법 제7조 제5항〉

- 행정심판위원회 개최 내부결재
   (내부결재 시 검토위원을 포함한 위원 구성 현황이 포함되어야 함)

위원회는 검토위원 지정하여 보고를 받을 수 있음

〈영 제4조 제2항〉

검토위원 지정 알림

– 심리기일 결정 및 통지 : 결정된 심리기일을 7일전까지 당사자에게 통지

〈영 제26조〉

심리기일 3일전까지 구술심리 신청

〈법 제40조 제1항, 영 제27조〉

대리인 허가 신청

〈법 제18조.〉

심리기일 통지 시 구술심리 신청과 대리인 선임 신청에 대하여 알림

양 당사자에게 심리 기일 알림 :

회의 통지, 회의 개최 5일전까지 각 위원에게 '서면'으로 알려야 함

〈영 제10조〉

행정심판위원회 개최 알림

구술심리 여부 통보

구술심리 신청을 받으면 그 허가 여부를 신청인에게 알려야 함, 간이통지 가능

구술심리 시 출석 통지

〈법 제40조 제2항〉

대리인 허가

대리인 허가 신청을 받으면 이를 심사하여 허가 여부를 지체없이 신청인에게 알려야 함

〈영 제16조 제2항.〉

신청자에게 대리인 선임 허가 알림

심리 재결에 따라 재결서를 작성하여 당사자에게 송달

※ 재결 효력은 청구인이 재결서를 받은 때 발생

재결 : 회의구성원 과반수 출석과 출석위원 과반수 찬성으로 재결함

– 재결서는 정본 3부 작성 : 청구인, 피청구인, 위원회 보관용

1) 행정심판

가) 신청취지 기재례

피청구인이 20○○년 ○월 ○일 청구인에 대하여 한 서울 ○○구 ○○길 ○○번지에 있는 대중음식점 ○○에 대한 영업허가취소처분을 취소한다.
라는 재결을 구합니다.

피청구인이 20○○. ○. ○. 청구인에 대하여 한 20○○. ○. ○.부터 같은 해 ○. ○.까지 (1개월)의 일반 음식점 영업정지처분은 이를 취소한다.
라는 재결을 구합니다.

나) 감경사유

행정법규 위반에 대하여 가하는 제재조치는 행정법규 위반이라는 객관적 사실에 착안하여 가하는 제재이므로, 위반자에게 그 의무해태를 탓할 수 없는 정당한 사유가 있는 경우 등의 특별한 사정이 없는 한 위반자에게 고의나 과실이 없다고 하더라도 부과된다(대법원 2012. 6. 18. 선고 2010두24371 판결).

다만, 위와 같은 제재적 행정처분의 경우 목표달성을 위해 적용하고자 하는 수단으로부터 나오는 사익에 대한 침해가 목적하는 공익상의 효과를 능가하여서는 아니되는데 이를 비례의 원칙이라 한다.

이러한 제재적 행정처분이 재량권의 범위를 일탈 남용하였는지 여부는 처분사유로 된 위반행위의 내용과 그 위반의 정도, 당해 처분에 의하여 달성하려는 공익상의 필요와 개인이 입게 될 불이익 및 이에 따르는 제반 사정 등을 객관적으로 심리하여 공익침해의 정도와 그 처분으로 인하여 개인이 입게 될 불이익을 비교•형량하여 판단하여야 한다.

위 내용을 기초로 실제 구제된 내용을 살펴보면, 이 사건 위반 건수가 1회에 그치는 점, 청구인이 동일한 위반행위로 행정처분을 받은 사실이 없는 점, 위반의 정도가 경미하고 고의성이 없는 사소한 부주의로 인한 것인 점 등을 감안(그 외 영업기간, 수익 정도, 손님의 의도성 등 고려 대상이다)하면 이 사건 처분으로 인하여 청구인이 입을 피해가 과정하다고 보여지는 영업정지 0일의 처분은 영업정지 0일로 감경함이 타당하다는 내용이다.

즉, 처분으로 인한 공익에 비해 제반 사안을 살펴볼 때 사익의 침해가 현저하다는 내용, 다시 말해 비례의 원칙에 위반하였다는 내용이며, 대부분의 구제 사례는 위와 같은 내용이다.

다) 관련서식

[서식] 영업허가 취소 처분 취소심판 청구서(대중음식점)

<table>
<tr><td colspan="5" align="center">행정심판청구</td></tr>
<tr>
<td rowspan="2">청 구 인</td>
<td align="center">이 름</td>
<td align="center">○○○</td>
<td align="center">주민등록
번 호</td>
<td align="center">111111-1111111</td>
</tr>
<tr>
<td align="center">주 소</td>
<td colspan="3" align="center">○○시 ○○구 ○○길 ○○</td>
</tr>
<tr>
<td>선정대표자, 관리인
또는 대리인</td>
<td colspan="4">○○○ (또는 대리인 변호사 ○ ○ ○)
○○시 ○○구 ○○길 ○○(우편번호 ○○○ - ○○○)</td>
</tr>
<tr>
<td>피 청 구 인</td>
<td colspan="2">△△특별시 △△구청장</td>
<td align="center">재 결 청</td>
<td align="center">□□특별시장</td>
</tr>
<tr>
<td>청구대상인 처분내용
(부작위의 전제가 되는
신청내용일자)</td>
<td colspan="4">피청구인이 20○○. ○. ○. 청구인에 대하여 한 영업허가 취소처분</td>
</tr>
<tr>
<td>처분 있음을 안 날</td>
<td colspan="4">20○○년 ○월 ○일</td>
</tr>
<tr>
<td>심판청구취지 이유</td>
<td colspan="4">별지기재와 같음</td>
</tr>
<tr>
<td>피청구인의 행정심판
고지유무</td>
<td colspan="2">20○○년 ○월 ○일</td>
<td align="center">고 지 내 용</td>
<td align="center">영업허가 취소</td>
</tr>
<tr>
<td>증거서류</td>
<td colspan="4">재직증명서, 경력증명서, 전세계약서, 주민등록등본
(또는 1. 별지기재와 같음)</td>
</tr>
<tr>
<td>근거법조</td>
<td colspan="4">행정심판법 제28조, 동법시행령 제20조</td>
</tr>
<tr>
<td colspan="5">위와 같이 행정심판을 청구합니다.
　　　　　　20○○년 ○월 ○일
　　　　　청 구 인 ○ ○ ○ (인)
　　　　(또는 대리인 변호사 ○ ○ ○ ㉑)

△△ 특별시 △△ 구청장 귀하</td>
</tr>
<tr>
<td align="center">첨부서류</td>
<td colspan="2" align="center">청구서부본</td>
<td align="center">수 수 료</td>
<td align="center">없 음</td>
</tr>
</table>

(별 지)

청 구 취 지

피청구인이 20○. ○. ○. 청구인에 대하여 한 ○○시 ○○구 ○○길 ○○ 소재 대중음식점 ☆☆에 관한 영업정지처분을 취소한다.
라는 재결을 구합니다.

청 구 이 유

1. 처분의 경위
청구인이 ○○시 ○○구 ○○길 ○○에서「☆☆」라는 상호로 대중음식점 영업을 하여 오던 중, 피청구인은 청구인이 20○. ○. ○. 00:00부터 00:30경 까지 위 식당에서 시간외 영업을 하였다는 이유로 식품위생법 제30조 및 같은 법 시행 규칙 제53조의 규정에 의하여 20○○. ○. ○.자로 청구인에 대하여 같은 해 ○. ○부터 ○. ○까지 2개월 간 위 음식점에 대한 영업정지를 명하는 이 사건 처분을 하였습니다.

2. 이 사건처분의 위법사항
1) 청구인은 19○○. ○. ○. 피청구인으로부터 대중음식점 영업허가를 받아 서 울 ○○시 ○○구 ○○길 ○○에서 40평 실내규모의 방5개와 홀을 만들어 ☆ ☆라는 상호로 대중음식점(일식)을 영업해 왔습니다.
2) 소외 김ㅁㅁ외 2명은 20○○. ○. ○. 21:00 경부터 홀에 들어와 식사를 하 던 중 영업주는 위 손님들에게 영업시간이 끝났으니 나가 달라고 부탁하고 손님들이 아직 이야기 안 끝났으니 기다리라고 하면서 일부 반찬은 테이블에 남은 상태에서 홀 안의 집기정리 등을 하고 있는 동안에 00:30분경 단속반 이 갑자기 들어와서 청구인은 영업시간을 위반한 것이 아님에도 영업시간위 반으로 인정한 이 사건처분은 사실을 오인한 것으로서 위법합니다. 당시 위 업소에는 위 소외인들 외에 다른 손님은 없었습니다.
3) 또한 이 사건처분으로 인하여 청구인이 입을 불이익은 너무나 큰 것입니다
4) 위 사항을 종합하면 이 사건처분은 너무 가혹하여 재량권의 범위를 일탈한 위법한 처분입니다

[서식] 영업정지 처분 취소심판 청구서(대중음식점)

<table>
<tr>
<td colspan="6" align="center"><h1>행정심판청구</h1></td>
</tr>
<tr>
<td rowspan="2" align="center">청 구 인</td>
<td align="center">성 명</td>
<td>○ ○ ○
(○ ○ ○)</td>
<td align="center">주민등록번호</td>
<td colspan="2">111111-1111111</td>
</tr>
<tr>
<td align="center">주 소</td>
<td colspan="4">○○시 ○○구 ○○길 ○○</td>
</tr>
<tr>
<td align="center">선정대표자 · 관리인
또는 대리인</td>
<td colspan="5">대리인 변호사 ○ ○ ○</td>
</tr>
<tr>
<td align="center">피 청 구 인</td>
<td colspan="2">△△특별시 △△구청장</td>
<td align="center">재 결 청</td>
<td colspan="2">서울특별시장</td>
</tr>
<tr>
<td align="center">청구대상인 처분
내용(부작위의 전제가
되는 신청내용 · 일자</td>
<td colspan="5">피청구인이 20○○. ○. ○. 청구인에 대하여 한 대중음식점
영업허가 정지처분을 취소한다</td>
</tr>
<tr>
<td align="center">처분이있음을 안날</td>
<td colspan="5">20○○. ○. ○</td>
</tr>
<tr>
<td align="center">심판청구취지 · 이유</td>
<td colspan="5">(별지와 같음)</td>
</tr>
<tr>
<td align="center">처분청의 고지유무</td>
<td colspan="2" align="center">유</td>
<td align="center">고지내용</td>
<td colspan="2" align="center">통 지</td>
</tr>
<tr>
<td align="center">증거서류(증거물)</td>
<td colspan="5">통지서, 허가증, 진술서, 확인서, 관보</td>
</tr>
<tr>
<td align="center">근거법조</td>
<td colspan="5">행정심판법 제19조, 동법시행령 제18조</td>
</tr>
<tr>
<td colspan="6">위와 같이 행정심판을 청구합니다

 20○○년 ○월 ○일
청구 대리인 변호사 ○ ○ ○ (인)
△△시 △△구청장 귀하</td>
</tr>
<tr>
<td colspan="6">첨부서류 : 청구서부본, 위 각 증거서류 각 1통</td>
</tr>
</table>

심 판 청 구 의 취 지

피청구인이 20○○년 ○월 ○일 청구인에 대하여 한 서울 ○○구 ○○길 ○○번지에 있는 대중음식점 ○○에 대한 영업허가취소처분을 취소한다.
라는 재결을 구합니다.

청 구 이 유

1. 이 사건 처분의 경위

청구인은 20○○년 ○월 ○일 피청구인으로부터 대중음식점 영업허가를 받아 서울 ○○구 ○○길 ○○번지에서 ○○라는 상호로 대중음식점 영업을 해 오던 중 20○○년 ○월 ○일 위 업소에 청소년에게 주류를 제공하였다는 이유로 ○○구청 소속 단속반원들에게 적발되었습니다.

이에 피청구인은, 금번에 적발되기 전 20○○년 ○월 ○일과 ○○년 ○월 ○일 2차례에 걸쳐 같은 내용으로 적발되어 영업정지에 갈음한 과징금 처분을 하였고 청소년에게 주류를 제공, 식품위생법 제44조 영업자의준수사항을 위반하였다는 이유로 영업허가 취소사유에 해당 같은 법 시행규칙 제89조의 별표23에 규정된 행정처분기준을 적용하여 20○○년 ○월 ○일 청구인에 대하여 위 대중음식점 영업허가를 취소하는 처분을 하였습니다.

2. 처분의 위법

가. 사실오인

청구인이 제3차로 적발될 당시 저녁8시 무렵 손님이 많은 관계로 청년과 청소년들을 구분하기가 쉽지 않았을 뿐만 아니라 처음에 3명의 건장한 청년들이 들어와 고기와 술을 시켜서 먹고 마시고 있었고 다음에 청소년이 들어와 자연스럽게 앉아서 고기를 먹고 있었던 터라 청구인은 전혀 의심을 하지 않았습니다. 청구인은 3명의 청년들과 같이 있는 걸로 보아 같은 또래로 착각을 할 수밖에 없었습니다. 그 당시로는 그 중에서 1명이 청소년인줄을 전혀 인식할 수 없었고 이로 말미암아 단속반들에 적발되어 영업허가를 취소당하였는바, 그 당시 청소년이 술을 마셨는지 정확히 규명하지 아니하고 청소년에게 주류를 제공하는 행위로 이 사건 처분은 사실을 잘못 인정한 것으로서 위법합니다.

나. 재량남용, 일탈

가사 청소년에게 주류를 제공하는 위반사실이 인정된다 하더라도 처음 3명은 청소년이 아니었고 나중에 온 청소년은 전혀 예상할 수가 없었을 뿐 아니라 이 사건 음식점은 5명의 종업원을 두고 주로 고기 등을 조리판매 하면서 영업을 운영하고 있을 뿐만 아니라 청구인은 이미 2번에 걸쳐 같은 내용으로 적발되어 행정처분을 받은 상태라 평소 많은 주의를 가지고 영업을 해왔습니다.

3. 이러한 여러 사정등을 종합하여 보면, 청구인이 위와 같이 식품위생법 제44조를 위반하였다는 사유로 상당기간의 영업정지처분을 하는 것은 별론으로 하고 곧바로 이 사건 음식점의 영업으로 청구인은 청소년을 출입시켜 수익을 올리고 싶은 생각은 전혀 없었습니다.

또한 적발당시의 청소년이 술을 마셨는지 정확한 규명이 없었으며 이러한 정황을 비추어 볼 때 청소년에 대한 주류판매로 인하여 이 사건 음식점에 대한 영업허가가 취소됨으로써 청구인은 막대한 경제적 손해를 입게 되는 것입니다. 취소까지 한 이 사건처분은 그에 의하여 실현하고자 하는 공익목적을 감안한다 하더라도 재량권의 한계를 현저히 일탈한 위법한 처분인 것입니다.

입 증 방 법

1. 소갑 제1호증   통지서사본
1. 소갑 제2호증   허가증사본

1. 소갑 제3호증   진술서

1. 소갑 제4호증   확인서

첨 부 서 류

1. 위 입증방법   각 1통

1. 심판청구서부본   1통

20○○년　○월　○일

위 청구인　○　○　○　(인)

△△특별시 △△구청장 귀하

행정심판청구

청 구 인　　ㅇ　ㅇ　ㅇ(주민등록번호)

　　　　　　　ㅇㅇ시 ㅇㅇ구 ㅇㅇ길 ㅇㅇ

　　　　　　　청구대리인 소속변호사 ㅁ　ㅁ　ㅁ

　　　　　　　ㅇㅇ시 ㅇㅇ구 ㅇㅇ길 ㅇㅇ (우편번호 ㅇㅇㅇ - ㅇㅇㅇ)

피청구인　　△△시 △△구청장

영업정지처분취소 심판청구

청 구 취 지

피고가 20ㅇㅇ. ㅇ. ㅇ. 원고에 대하여 한 ㅇㅇ시 ㅇㅇ구 ㅇㅇ길 ㅇㅇ 소재 주점 ☆☆에 대한 영업정지처분은 이를 취소한다.

라는 재결을 구합니다.

청 구 원 인

1. 청구인은 20ㅇㅇ. ㅇ. ㅇ. 청구 외 김ㅁㅁ이 경영하던 ㅇㅇ시 ㅇㅇ구 ㅇㅇ길 ㅇㅇ소재 주점(약108평)을 시설비 및 권리금을 6,000만원으로 하여 양수받고 건물주인 청구외 이ㅁㅁ 외 1인과 임차보증금 1억원, 월 임료 300만원의 조건으로 새로 임대차계약을 체결하였습니다.

2. 이에 청구인은 약 1억원 정도의 비용을 들여 새로 인테리어를 한 다음 피청구인에게 영업허가를 신청하였고, 20○○. ○. ○. 자로 영업허가를 취득하였습니다.

3. 그런데 청구인이 위 ☆☆를 인수하기 전인 20○○. ○. ○. 전의 영업주인 청구외 김ㅁㅁ이 수명의 대학생들에게 생맥주를 판매하다가 그 중 2명의 여학생이 아직 만 19세가 되지 아니한 대학신입생이었고, 이것이 적발되는 바람에 위 호프집에 대해 행정처분 절차가 진행 중에 있었다고 합니다.

4. 청구인은 이러한 사실을 모르고 전 영업주로부터 이 사건 점포를 양수받았는바, 그로부터 약 1년이 경과된 지금에 와서야 피고는 위 20○○. ○. ○. 자 적발내용을 이유로 청구인에게 2개월간의 영업을 정지하라는 처분을 고지하였습니다.

5. 영업정지와 같은 행정처분은 단속법규를 위반한 영업자에 대한 대인적 제재 조치로서 강학상 이른바 대인처분이라고 할 것이고 이러한 대인처분은 원칙적으로 사업양수인에게 승계되지 아니한다 할 것입니다.
   다만 식품위생법 제78조에 의하면 영업자가 그 영업을 양도할 경우 행정제재 처분의 절차가 진행 중인 때에는 양수인에 대하여 행정제재처분의 절차를 속행할 수 있으나 이때에도 양수인이 양도시에 그 처분 또는 위반사실을 알지 못하였음을 증명하는 때에는 그러하지 아니하다고 규정되어 있는 바, 청구인은 전 영업주로부터 이러한 사실을 들은 바 없이 위 호프집을 양수받았던 것이므로 피청구인이 양수인인 청구인에 대해 본 건과 같은 영업정지처분을 하는 것은 부당하다고 할 것입니다.

6. 그 외에도 청구인이 확인한 바에 의하면 전 영업주인 위 최ㅁㅁ은 평소 미성년자의 업소출입을 강력히 금지하여 왔으나 그날 많은 손님이 몰려들어 일

일이 그들이 미성년자인지 확인하는 것이 사실상 곤란하였고, 또한 단속에 적발된 그 여대생과 같이 온 남학생들은 평소에도 업소에 자주 출입하는 단골로서 대학 3학년생들이었기 때문에 동반한 여학생들도 당연히 성년의 대학생 친구로만 알고 굳이 미성년자인지 여부를 확인하지 않았던 것이며 실제로도 그녀들은 머지않아 곧 만19세가 되는 여학생이었다고 합니다.

7. 따라서 비록 청소년보호법에 의해 아직 정서적으로 보호받아야 하는 청소년들에게 유해환경을 제공한 영업자에게 행정제재를 가함으로써 청소년을 보호해야 하는 공익적 요청 또한 무시할 수 없는 것이나, 이러한 행정제재는 행정목적 달성에 필요한 한도 내에서 최소한에 그쳐야 하는 것인 바 원고의 경우 본인이 직접 위반행위를 행한 바가 없고 전 영업자로부터 그 제재처분을 승계한 자로서 영업양수시 그러한 사실을 알지 못하였으며 또 전 영업자가 출입시켜 주류를 제공한 여학생들의 경우 외견상 청소년으로 보이지도 않았고 실제로도 머지않아 만19세가 되는 등 위반행위의 태양에 있어서도 참작할 사유가 있음에도 이를 고려함이 없이 무조건 획일적으로 동종의 위반행위를 한 다른 업소와 동일하게 2개월의 영업정지를 명하는 행정처분을 하는 것은 재량권의 한계를 일탈하거나 남용한 위법한 처분이라고 할 것입니다.

8. 이에 청구인은 피청구인의 이 사건 행정처분의 취소를 구하기 위하여 이 사건 청구에 이르게 되었습니다.

입 증 방 법

1. 갑제1호증	영업신고증
1. 갑제2호증의 1	식품위생법위반업소 영업정지 통보
1. 갑제2호증의 2	영업정지명령서
1. 갑제3호증	임대차계약서

1. 갑제4호증   인증서
1. 갑제5호증   탄원서

첨 부 서 류

1. 위 입증방법   각 1통
1. 심판청구서부본   1통
1. 위임장   1통

20○○년 ○월 ○일

위 청구대리인

변호사 ○ ○ ○ (인)

△△시 △△구청장 귀중

[서식] 영업정지 처분 취소심판 청구서(유흥음식점)

행 정 심 판 청 구

1. 사 건   영업정지처분 취소청구
2. 청구인   성명 : ○ ○ ○(주민등록번호)
              주소 : ○○시 ○○구 ○○길 ○○ (우편번호 ○○○ – ○○○)
3. 피청구인 : 서울시 △△구청장
4. 심판청구의 내용 : 유흥음식점 영업정지취소 청구
5. 처분이 있음을 안 날 : 20○○. ○. ○.

심판청구의 취지

피청구인이 20○○. ○. ○. 청구인에 대하여 결정 고지한 1월의 영업정지처분은 이를 취소한다.
라는 재결을 구합니다.

심판청구의 내용

1. 청구인은 ○○시 ○○구 ○○길 ○○에서 20○○. ○. ○.부터 '☆☆투게더'라는 상호로 유흥음식점을 운영하여 왔는데, 서울시 △△구청장으로부터 미성년자 □□□를 고용하였다는 이유로 20○○. ○. ○. 영업정지 1월의 처분을 고지 받았습니다.

2. 검찰청에서 ○○시 ○○구 ○○길 ○○ 소재 '★★'라는 무허가직업소개소를 수사하면서 이 소개소를 통하여 유흥접객업소에서 일하였다는 □□□의 진술에 따라 청구인 이외에 유흥업소 주인 13명이 검찰청에서 조사를 받았는데 수사공무원이 □□□ 본인이 청구인의 업소에서 일했다는데 뻔한 것 아니냐고 하면서 사실확인도 해보지 아니하고 벌금 1,000,000원의 약식기소가 되었고 검찰청이 피청구인에게 통보함으로써 이 사건 처분이 있게 된 것입니다.

3. 그러나 평소 유흥업소에 출입하는 아가씨들은 가명을 쓰는 경우가 많아 청구인으로서는 ㅁㅁㅁ 본인을 직접 대면하지 않고서는 ㅁㅁㅁ가 청구인의 업소에서 일하였는지의 여부를 알 수 없으므로, 청구인은 ㅁㅁㅁ의 거주지를 수소문하여 ㅁㅁㅁ 본인과 직접 만난 결과 청구인의 업소에서 일한 종업원이 아니었음을 확인하였습니다.

4. 또한 청구인은 19ㅇㅇ. ㅇ.부터 유흥음식점을 경영해왔는데, 종업원 고용시 반드시 주민등록증으로 미성년자인지 여부를 확인해 이 사건 처분시까지 일체의 형사 · 행정적 처분을 받은 일이 없습니다.

5. 사실이 이러하므로 청구인은 위 약식명령에 대하여 정식재판을 청구할 예정이며, 이 사건 처분도 사실을 오인한 처분이므로 위법한 처분인 바, 이를 취소하여 주시기 바랍니다.

입 증 방 법

1. 갑제1호증	행정처분통지서 사본
1. 갑제2호증	확인서
1. 갑제3호증	공소장
1. 갑제4호증	탄원서

첨 부 서 류

1. 위 입증방법	각 1통
1. 심판청구서부본	1통

20ㅇㅇ년　ㅇ월　ㅇ일

위 청구인　ㅇ　ㅇ　ㅇ (인)

△△시 △△구청장 귀 중

[서식] 영업정지 처분 취소심판 청구서(일반음식점)

행 정 심 판 청 구

청 구 인   ○　○　○(주민등록번호)

                 ○○시 ○○구 ○○길 ○○ (우편번호 ○○○ － ○○○)

피청구인   △△광역시 △△구청장

영업정지 처분 취소심판 청구

심 판 청 구 취 지

피청구인이 20○○. ○. ○. 청구인에 대하여 한 20○○. ○. ○.부터 같은 해 ○. ○.까지 (1개월)의 일반음식점 영업정지처분은 이를 취소한다.
라는 재결을 구합니다.

심 판 청 구 이 유

1. 청구인은 ○○시 ○○구 ○○길 ○○에서 ☆☆레스토랑을 운영하는 자입니다.

2. 그런데 20○○. ○. ○.에 손님 청구외 ㅁㅁㅁ가 접대하는 여자가 없다고 하면서 스스로 접대부를 전화로 불러(소위 보도) 접대를 하게 되었습니다.

3. 마침 이때 피청구인 소속의 공무원 ◇◇◇에게 발각되었고, 피청구인은 일반음식점에서 여자접대부를 고용하였다는 이유로 20○○. ○. ○.부터 같은 해 ○. ○.까지 1개월간의 영업정지처분을 하였습니다.

4. 그러나 이러한 처분은 청구인이 모르는 사이 손님이 한 행위로 영업정지처분을 함을 부당하고 또한 이는 너무나 과다한 행정처분이므로 행정심판을 구하고자 이 건 청구에 이른 것입니다.

입 증 방 법

1. 갑제1호증   영업정지 행정처분
1. 갑제2호증   일반음식점 신고증
1. 갑제3호증   사업자등록증

첨 부 서 류

1. 위 입증방법   각 1통
1. 심판청구서부본   1통

20○○년 ○월 ○일

위 청 구 인 ○ ○ ○ (인)

○○ **광역시** ○○**구청장 귀중**

2) 행정소송

(1) 신청취지 기재례

1. 피고가 2009. 4. 8. 원고에 대하여 한 영업정지 1월의 처분을 취소한다.
2. 소송비용은 피고가 부담한다.
라는 판결을 구합니다.

1. 피고가 2008. 12. 26. 원고에 대하여 한 영업정지처분을 취소한다.
2. 소송비용은 피고의 부담으로 한다.
라는 판결을 구합니다.

(2) 관련서식

[서식] 영업정지 처분 취소 청구 - 소장

소　장

신 청 인　　　육 ○○

　　　　　　　00시 00동 00-00 00아파트 000-000

　　　　　　　원고의 소송대리인 법무법인 00

　　　　　　　담당변호사 김 0 0

　　　　　　　서울 00구 00동 000-00 00빌딩 1층

　　　　　　　(전화 : 02-000-0000　/　팩스 : 02-000-0000)

피 원 고　　　남양주시장

　　　　　　　남양주시 경춘로 641(금곡동 185-10)

청 구 취 지

1. 피고가 2008. 10. 27. 원고에 대하여 한 영업정지처분을 취소한다.
2. 소송비용은 피고의 부담으로 한다.

라는 판결을 구합니다.

청 구 원 인

1. 이 사건 처분의 내용

피고는 2008. 10. 27.자로 원고에 대하여, 원고가 식품위생법 제31조 규정을 위반(영업자준수사항)하고 영업하였다는 이유로, 동법 제58조 동법시행규칙 제53조 규정에 의거하여 영업정지 2월(2008. 11. 7. ~ 2009. 9. 6.)의 처분을 하였습니다(갑 제1호증의 1 : 청소년주류제공에 따른 영업정지 알림, 같은 호증의 2 : 청소년 주류제공에 따른 영업정지 사전통지 각 참조).

2. 이 사건 행정처분을 받기까지의 과정

가. 원고는 2000. 00. 00. 00시 00읍 00리 소재에 0000라는 상호의 일반음식점을 오픈한 후 평소 나이어린 자식을 키우는 입장에서 청소년이 나쁜 길로 빠지지 않도록 어른들이 노력을 해야 된다는 신념을 갖고 가게를 운영해 왔기 때문에 지금껏 단 한 번도 식품위생법이나 청소년보호법을 위반한 사실이 없을 정도로 성실히 살아왔습니다(갑 제2호증의 1 : 사업자등록증, 같은 호증의 2 : 부동산임대차계약서, 갑 제3호증 : 재학증명서).

나. 더욱이 원고는 이 사건 0000를 운영하기 위하여 주변에서 많은 돈을 빌려서 투자한 상태라 만일 장사를 하면서 가게에 청소년을 출입시켰다가 영업정지처분이라도 받게 될 경우, 당장 차용금에 대한 이자부담은 물론 가족들의 생계에도 막대한 영향이 미치게 된다는 사실을 너무나 잘 알고 있었습니다.

다. 그렇기 때문에 원고는 평소 가게를 운영하면서 청소년인 듯 외모가 어려보이는 사람이 가게에 출입할 경우 반드시 주민등록증을 통하여 나이를 확인한 후 주류를 판매해 오는 등 관련 법규를 성실히 준수하며 가게영업을 해왔던 것이 사실입니다.

라. 그런데 추석연휴가 막 끝난 2000. 00 00.경 그 날은 평일이기는 하였지만 짧았던 추석연휴 탓인지 인근대부분의 가게들이 문을 닫았고, 그 때문인지 원고 운영의 가게는 평소와 달리 아주 많은 사람들로 북적거려 아내와 단 둘이서 장사를 하는데 많은 어려움이 있었습니다[42].

마. 그 와중에 같은 날 19:30경 여성손님 5명이 가게로 들어왔는데, 원고가 보기에 그 중 한 명이 청소년인 듯 어려 보여 동인들 모두에게 주민등록증을 제시할 것을 요구하였고, 이를 직접 확인하여 보니 5명 모두 2000년생, 2000년생으로 청소년이 아니었습니다. 그래서 원고는 동인들을 가게의 테이블로 안내한 후 동인들이 주문한 맥주 2000cc와 소주 2병과 안주류를 제공하였습니다.

바. 그 후에도 원고는 계속해서 가게에 드나드는 손님들에 대한 주문과 서빙 및 계산 등을 하느라 분주한 시간을 보내고 있던 중, 같은 날 20:00경으로 기억되는데 위 여성손님들이 앉아서 술을 마시고 있는 테이블에서 주문 벨이 울려 가보니 이미 그 자리에는 원고도 모르는 사이 위 여성손님들의 친구로 보이는 3~4명이 합석해 있는 상태였고, 서로가 서로에게 큰소리로 웃으며 반말로 이야기를 나누고 있었습니다[43].
그래서 원고는 당연히 동인들도 모두 성년자라는 생각을 하였지만, 그래도 새로 합석을 한 손님들에 대한 나이 정도는 확인을 하여야 될 것 같아 동인들의 나이는 확인하고자 주민등록증의 제시를 요구하면서 나이를 물어보니 다들 서로가 서로의 친구들이라고 말하며, 이미 주민등록증으로 우리가 청소년이 아님을 확인하지 않았느냐고 짜증을 냈습니다.

더구나 당시 원고가 보기에도 뒤늦게 들어온 여성손님들의 경우, 옷차림도 모두 정장차림이고, 헤어스타일도 긴 생머리였고, 체격도 보통보다 크며, 화장도 짙게하여 나이가 최소한 23−4세 정도 들어 보였기 때문에 청소년이 라고는 상상도 못해 주민등록증을 확인 절차를 거치지 아니하고 주류를 제 공하였던 것입니다.

사. 그런데 그 얼마 후 20:20경 00지구대에서 경찰관 두 명이 단속을 나왔다며 가게로 들어와 동인들의 신분을 확인하는 과정에서 9명 중 단 1명이 청소년 으로 확인되었는데, 그때서야 신청인도 동인이 청소년이라는 것을 알고 놀 라움을 금치 못하였고, 지금도 동인이 청소년이라는 사실이 도저히 믿겨지 지 않을 정도입니다.

더구나 당시 동인들을 단속하였던 경찰관들조차도 단속과정에서 그 중 한 명이 청소년이라는 것이 확인되자 깜짝 놀라며 "누가 이런 사람을 청소년이 라고 생각하겠느냐"는 말 하였을 정도로 동인은 외관상으로는 상당히 성숙 하게 보이는 사람이었습니다.

아. 경위야 어찌되었던 당시 원고가 가게가 바쁘다는 이유로 가게로 들어온 손 님들의 신분을 모두 정확히 확인하지 못한 것은 불찰이지만, 당시 단속을 나온 경찰관에 의하여 청소년으로 확인된 사람을 제외한 나머지 사람들은 모두 성년자였고, 청소년으로 확인된 사람 또한 동인의 외모나 차림 등 외 관상으로 원고가 동인에게 주민등록증을 제시하라는 말 자체를 꺼낼 수 없 을 정도로 나이가 들어보였기 때문에, 원고로서는 그러한 사람이 청소년일 것이라고는 상상도 못했고, 그러한 인식자체를 기대할 수조차 없는 상황이 었습니다.

참고로, 대법원은, '수학여행을 온 대학교 3학년생 34명이 지도교수의 인솔 하에 피고인 경영의 나이트클럽에 찾아와 단체입장을 원하므로 그들 중 일부만의 학생증을 제시받아 확인하여 본즉 그들이 모두 같은 대학교 같은과 소속의 3학년 생들로서 성년자임이 틀림없어 나머지 학생들의 연령을 개별적, 기계적으로 일일이 증명서로 확인하지 아니하고 그들의 단체입장을 허용함으로써 그들 중 섞여 있던 미성년자(19세 4개월 남짓 된 여학생) 1인을 위 업소에 출입시킨 결과가 되었다면 피고인이 단체입장하려는 위 학생들이 모두 성년자일 것으로 믿은데에는 정당한 이유가 있었다고 할 것이고, 따라서 위와 같은 상황아래서 피고인에게 위 학생들 중 미성년자가 섞여 있을지도 모른다는 것을 예상하여 그들의 증명서를 일일이 확인할 것을 요구하는 것은 사회통념상 기대가능성이 없다고 봄이 상당하므로 이를 벌할 수 없다'고 판시하고 있으며(대법원 1987. 1. 20. 선고 86도847 판결 참조),

또한, 서울고등법원은, '개인이 유흥주점에 출입함은 출입자의 비밀이 보장되어야 하는 개인적 사생활의 영역이므로 영업자라도 모든 출입자에게 증명서의 제시를 요구할 수는 없겠으나, 미성년자를 풍속 상 유해한 환경으로부터 격리시켜 미성년자의 비행을 방지하고 건전한 심신의 육성을 꾀하고자 유흥주점 영업자에게 미성년자의 출입을 막기 위한 연령조사 의무를 부과하고 그로 하여금 출입자의 연령에 관한 증명서의 제시를 요구하여 그 연령을 확인한 후 미성년자임이 밝혀지면 그 출입을 거부할 수 있도록 하는 한편, 출입자의 연령을 증명서로 조사하지 아니한 채 미성년자를 출입시킨 경우에는 그에 관한 주의의무를 다하였다고 할 수 없도록 한 것으로서 그로 인한 개인적 사생활 영역의 침해는 미성년자 보호에 필요한 최소한에 그치도록 하여야 하고, 이를 기계적, 획일적으로 적용할 것은 아니므로, 영업자라도 외관상 미성년자로 의심될 수 없음이 명백한 출입자에게까지 미성년자임을 확인한다는 명목으로 획일적으로 증명서의 제시를 요구할 수 없음은 물론 달리 출입자가 외관상 또는 객관적으로 보아 미성년자로 의심되거나 개별적으로 증명서로서 미성년자 인지의 여부를 확인하여야 할 별단의 사정이 없는 한 영업자의 연령조사 의무를 다하지 못한 것은 아니라고 봄이 상당하다'고 판시하여(서울고등법원 1986. 2. 13. 선고 85노452 판결 참고),

이 사건과 같은 경우 원고가 영업자로서 연령조사 의무를 다하지 못한 것은 아니라고 보고 있습니다.

3. 처분의 위법성

피고의 원고에 대한 이 사건 처분은 아래와 같은 사유로 재량권을 일탈하였거나 남용한 위법한 처분입니다.

위에서 말씀드린 바와 같이, ① 원고가 2000. 00 00. 0000를 개업한 이래 이 사건 당시까지 단 한 번도 식품위생법이나 청소년보호법을 위반한 사실이 없을 정도로 관련 법규에 따라 적법한 범위 내에서 영업을 하여온 점, ② 이 사건으로 2개월 영업정지를 당하게 될 경우 원고가 커다란 경제적 손실을 입게 되는 점, ③ 이로 인해 0000의 정상적인 영업재개가 곤란해질 수도 있는 점, 경위야 어찌되었던 피고가 자신의 잘못을 깊이 반성하며 다시는 이와 같은 잘못을 반복치 않을 것을 굳게 다짐하고 있는 점, ④ 만일 원고가 0000 영업을 2개월 동안 정지할 경우 현재 경제적으로 조금의 여유도 없는 상황에서 당장 임대료 및 차용금에 대한 이자 등의 압박으로 생계에 막대한 영향을 미치는 점, ⑤ 그 밖에 위 2항에 나타난 여러 사정들 및 특히 본건과 같은 사안의 경우 검찰에서 기소유예의 처분을 받거나 법원에서 선고유예의 판결(결정)을 받을 경우 사전 통고한 영업정지 기간이 1/2로 감할 수 있는 것임에도 사전처분 그대로 2월의 영업정지 처분을 한 점[44] 등을 고려한다면 신청인에게 영업정지 2개월을 명한 피신청인의 이 사건 처분은 너무 가혹하여 재량권의 범위를 일탈하였다고 볼 수밖에 없을 것입니다.

4. 정상관계

가. 원고의 형편

원고는 2003.경 00시 00동 소재에서 조그만 분식점을 운영하다가 경험부족으로 투자금 상당의 손실을 본 후 마땅한 생계수단을 찾지 못하고 있던 차에, 이를 딱히 여긴 주변 친인척들의 도움으로 이 사건 가게를 운영하게 되었습니다.

하지만, 원고는 난생처음으로 OOOO와 같은 술집을 운영하는 것이라 경험미숙 등으로 지금껏 자리를 잡지 못할 정도로 운영상 많은 어려움을 겪고 있기 때문에 당연히 그 수입도 또한 변변치 못하여 매달 가게를 운영하고자 빌린 차용금에 대한 이자를 지급하고, 가게 운영을 위한 식자재의 구입 그리고 각종 공과금(전기요금, 전화요금 등) 등을 모두 지급하고 나면 가족의 생계비로도 사용하기에도 부족하여 사실상 적자의 상태에서 벗어나지를 못하고 있는 실정입니다. 그러한 상황에서 만일 원고가 이 사건으로 영업정지 2월의 처분을 받게 되어, 정상적인 가게운영을 하지 못하게 될 경우, 원고는 차용금에 대한 압박 및 가족들의 생계비 부담 등으로 아주 어려운 상황에 직면하게 됩니다.

나. 원고는 이 사건으로 기소유예의 처분을 받았습니다.
원고는 이 사건으로, 위 제2항과 같은 정상이 참작되어 2008. 10. 16. OO지방검찰청(2008형제 OOOO호)에서 기소유예의 처분을 받았습니다(갑 제4호증 : 사건처분결과증명서 참조).

5. 결 론
따라서 피고의 원고에 대한 이 사건 처분은 피고가 재량권을 일탈하였거나 남용한 위법한 처분으로서 마땅히 취소되어야 할 것인바, 이를 구하기 위해 이 사건 청구에 이른 것입니다.

입 증 방 법

1. 갑 제1호증의 1   청소년주류제공에따른영업정지알림   1부
         - 2   청소년 주류제공에 따른 영업정지 사전통지   1부
1. 갑 제2호증의 1   사업자등록증   1부
         - 2   부동산임대차계약서   1부
1. 갑 제3호증   재학증명서   1부

1. 갑 제4호증   사건처분결과증명서   1부

첨 부 서 류

1. 위 입증방법   각 1부
1. 소송위임장   1부

참 고 자 료

1. 식품위생법 시행규칙 별표 15호 행정처분기준(제53조 관련)

2000.   00.   .

원고의 소송대리인

법무법인 ○○

담당변호사 김 ○○

의정부지방법원   귀중

---

42) 원고는 본건 쪼끼쪼끼를 2006. 3. 27.경 오픈한 이래 인건비라도 아껴보려는 마음에 지금껏
단 한 명의 직원도 채용치 아니하고 아내와 단 둘이(아내는 주방에서 원고는 홀에서 일을
하였습니다)서 이를 운영해 왔습니다.

43) 당시 위 여성손님들이 앉아서 술을 마셨던 자리는 가게의 출입문 좌측에 칸막이로 가려진
곳이라, 만일 원고가 가게의 다른 테이블에서 주문 등의 이유로 특별히 그 곳을 응시하고
있지 아니하면 그 곳에 누군가가 들어와 앉아 있더라도, 직접 그 곳으로 가서 확인을 하지
않고는 알 수 없는 곳입니다.

44) 식품위생법 시행규칙 별표 15호 행정처분기준(참고자료 1 참조)

소　　장

원　　고　　　　김 길 동(주민등록번호)

　　　　　　　　서울시 은평구 불광동 ○번지

　　　　　　　　(전화 000-000, 팩스 000-000)

피　　고　　　　서울특별시 은평구청장

영업정지 처분 취소의 소

청 구 취 지

1. 피고가 2009. 4. 8. 원고에 대하여 한 영업정지 1월의 처분을 취소한다.
2. 소송비용은 피고가 부담한다.
라는 판결을 구합니다.

청 구 원 인

1. 처분의 경위

(1) 원고는 2009. 3.경 서울 ○○구 ○○동 831-46에 있는 '○○○'라는 상호의 일반 음식점(이하 '이 사건 음식점'이라 한다)의 영업을 전 영업자인 윤○○로부터 양수한 다음, 그 무렵 피고에게 이 사건 음식점에 대한 영업자지위승계신고를 하였습니다.

(2) 한편, 윤○○는 2008. 12. 24. 00:30경 여종업원 김○○이 테이블에서 남

자손님 3명에게 술을 따라주다가 단속경찰관에 의해 적발되었는바, 이에 피고는 전 영업자 윤○○가 이 사건 음식점에서 유흥접객원을 고용하여 유흥접객행위를 하였다는 이유로, 구 식품위생법(2009. 2. 6. 법률 제9432호로 개정되기 전의 것) 제31조 제1항, 제58조 제1항 제1호, 구 식품위생법 시행규칙(2009. 8. 2. 보건복지가족부령 제132호로 개정되기 전의 것) 제53조 [별표 15] 행정처분기준을 적용하여 2009. 4. 8. 영업자 지위를 승계한 원고에 대하여 영업정지 1월(2009. 4. 24.부터 같은 해 5. 23.까지)의 처분을 하였습니다(이하 '이 사건 처분'이라 한다).

2. 처분의 위법성

종업원 김○○이 손님의 요구에 못 이겨 테이블세팅 후 술을 따라 준 정도의 봉사 행위를 식품위생법상의 유흥접객행위를 한 것으로 볼 수는 없고, 따라서 원고의 업소 운영과 영업형태를 잘못 오해하여 이루어진 이 사건 처분은 그 처분사유가 존재하지 않습니다.

가사 처분사유가 존재한다 할지라도, 위반행위에 이르게 된 경위와 이 사건 음식점은 지금까지 단 한 차례도 행정처분을 받은 전력이 없는 점 등을 감안하면 영업정지 1월의 이 사건 처분은 재량권을 일탈·남용한 것입니다.

따라서 이 사건 처분은 위법합니다.

3. 결 론

위와 같이 피고의 처분은 위법한 행정처분에 해당하므로 이의 취소를 구하는 본건 행정소송에 이르게 되었습니다.

입 증 방 법

1. 갑 제1호증
2. 갑 제2호증

첨 부 서 류

1. 위 각 입증방법 각 1부
2. 송달료 납부서
3. 소장부본

20 .   .   .

위 원고   (날인 또는 서명)

서울행정법원   귀중

[참고] 소가 : 95,000원(=20,000,100원×0.0045+5,000원)

[이하 같음]

행정처분 집행정지 신청

신 청 인   김 길 동(주민등록번호)

  (원고)   서울시 은평구 불광동 ○번지

                      전화(000-000) / 팩스(000-000)

피신청인   서울특별시 은평구청장

  (피고)

신 청 취 지

피신청인이 2009. 4. 8. 신청인에 대하여 한 영업정지처분은 이 법원 2009 구합 14743호 영업정지처분취소 청구사건의 판결 선고 시까지 그 집행을 정지한다.

라는 결정을 구합니다.

신 청 이 유

1. 신청인은 2009. 3.경 서울 ○○구 ○○동 831-46에 있는 '○○○'라는 상호의 일반 음식점(이하 '이 사건 음식점'이라 한다)의 영업을 전 영업자인 윤○○로부터 양수한 다음, 그 무렵 피고에게 이 사건 음식점에 대한 영업자지위 승계신고를 하였습니다.

2. 한편, 윤○○는 2008. 12. 24. 00:30경 여종업원 김○○이 테이블에서 남자 손님 3명에게 술을 따라주다가 단속경찰관에 의해 적발되었는바, 이에 피고

는 전 영업자 윤○○가 이 사건 음식점에서 유흥접객원을 고용하여 유흥접객
행위를 하였다는 이유로, 구 식품위생법(2009. 2. 6. 법률 제9432호로 개정
되기 전의 것) 제31조 제1항, 제58조 제1항 제1호, 구 식품위생법 시행규칙
(2009. 8. 2. 보건복지가족부령 제132호로 개정되기 전의 것) 제53조 [별표
15] 행정처분기준을 적용하여 2009. 4. 8. 영업자 지위를 승계한 원고에 대
하여 영업정지 1월(2009. 4. 24.부터 같은 해 5. 23.까지) 의 처분을 하였습
니다(이하 '이 사건 처분'이라 한다).

3. 이에 신청인은 2009.4.12. 피신청인의 영업정지처분을 취소해 달라는 행정
   소송을 제기한 바 있습니다.

4. 피신청인의 이 건 처분은 본 신청인이 이 사건 음식점을 양수하기 전의 사유
   로 내려진 것으로서, 그 처분의 위법성이 명백히 존재합니다.

5. 또한 본 신청인이 이 사건 음식점을 인수한 지 1개월도 되지 않아 1개월 간
   의 영업정지처분이 내려진 것은 피신청인의 재량권을 일탈·남용한 것이며,
   이 처분이 집행될 경우 본 신청인이 입는 경제적 타격은 매우 크다고 할 수
   있습니다.

6. 결 론
이에 피신청인의 이 사건 처분의 위법성 여부가 판결될 때까지 그 처분의 집행
을 정지시켜달라는 본 건 신청을 하게 되었습니다.

소 명 방 법

1. 소갑 제 1호증 행정처분명령서
1. 소갑 제 2호증 영업허가증

1. 소갑 제 3호증 사업자등록증

첨 부 서 류

1. 송달료 납부서   1부
1. 신청서 부본   1부

20 . . .
위 신청인   (날인 또는 서명)

서울행정법원   귀중

소송절차 수계 신청서

사　　건	2009구합 14743
원　　고	김 길 동(주민등록번호)
	서울시 은평구 불광동 ○번지

신 청 인	김 걱 정
	서울시 은평구 불광동 ○번지
	○○○ － ○○○○

피　　고	서울특별시 은평구청장

위 당사자간 귀원 2009구합(단) 14743호 사건에 200 ． ． ． 원고의 사망으로 소송절차가 중단되었으나, 신청인 ○○○은 독자로서 원고의 유산을 단독 상속하였으므로 본 소송절차를 수계하기 위하여 이에 신청합니다.

첨 부 자 료

1. 호적등본　　　　　1부.

20 ． ． ．

위 신청인　　　(날인 또는 서명)

서울행정법원　　　귀중

소　장

원　　고	김 길 동(주민등록번호)
	서울시 종로구 ○○동 ○번지
피　　고	서울특별시 종로구청장

영업허가 취소 처분 취소

청 구 취 지

1. 피고가 2008. 10. 13.(소장 청구취지 기재 '2008. 10. 12.'는 오기로 보인다) 원고에 대하여 한 영업허가취소처분을 취소한다.
2. 소송비용은 피고의 부담으로 한다.
라는 판결을 구합니다.

청 구 원 인

1. 처분의 경위
(1) 원고는 2007. 6. 26. 피고로부터 유흥주점 허가를 받아 서울 종로구 ○○○ 소재에서 '○○○가요장'(이하 '이 사건 업소'라 한다)이라는 상호로 유흥주점을 운영하여 왔습니다.

(2) 서울영등포경찰서장은 2008. 3. 31. 이 사건 업소를 실질적으로 운영해오

던 박길자(원고의 처)가 2007. 9.경부터 같은 해 12.경까지 이 사건 업소에서 청소년인 ○○○ (16세)을 고용하여 손님들과 동석하게 하여 유흥을 돋구는 등 접객행위를 하게 하였다는 등의 행위를 적발하여 이를 피고에게 통보하였습니다.

(3) 피고는 2008. 9. 23. 원고에게 위와 같은 법규위반행위를 이유로 영업허가취소처분사전통지를 하여 그 의견을 들은 다음, 2008. 10. 31. 식품위생법 제58조 제1항 제1호, 제31조 제2항 제1호, 같은 법 시행규칙 제53조의 규정을 각 적용하여 이 사건 업소에 관한 영업허가취소처분(이하 '이 사건 처분'이라 한다)을 하였습니다.

(4) 박길자는 위 위반행위와 관련하여 2008. 7. 14. 서울남부지방법원에서 청소년보호법위반죄로 벌금 300만 원의 약식명령을 발령받았고, 위 약식명령은 그 무렵 확정되었습니다.

2. 처분의 위법성
(1) 박길자는 이 사건 업소에서 일한 바 없음에도 수사기관의 강압적인 태도 때문에 사실과 다르게 진술하였으므로, 이러한 ○○○의 잘못된 진술을 바탕으로 이루어진 이사건 처분은 위법합니다.

(2) 재량권 일탈·남용 주장
가사 원고가 ○○○을 고용한 것으로 인정된다 할지라도, 원고는 이 사건 처분 이전까지 한 번도 미성년자를 고용하거나 식품위생법을 위반한 전력이 없는 점, 원고와 원고의 처는 많은 비용을 들여서 이 사건 업소를 시작하였고, 또한 앞으로 임대차기간이 2년 이상 남아있는 점, 이 사건 업소의 운영을 통한 수입으로 자녀를 부양하고 있는 점 등에 비추어 볼 때, 이 사건 처분은 지나치게 가혹하여 재량권의 범위를 일탈하였거나 재량권을 남용한 위법이 있습니다.

3. 결 론

이상과 같이 이 사건 각 처분은 위법하므로 이의 취소를 구하는 본 건 행정소송에 이르게 되었습니다.

입 증 방 법

1. 갑 제1호증
2. 갑 제2호증
3. 갑 제3호증
4. 갑 제4호증
5. 갑 제5호증

첨 부 서 류

1. 위 각 입증방법   각 1부
2. 송달료 납부서
3. 소장부본

20   .   .   .

위 원고   (날인 또는 서명)

서울행정법원   귀중

2008구합 41687

1. 이 사건 업소를 실질적으로 운영하던 ㅇㅇㅇ은 2007. 9.경부터 같은 해 12.경까지 이 사건 업소에서 'ㅇㅇ' 보도방을 통하여 소개받은 청소년인 ㅇㅇㅇ(16세)을 시간제로 고용하여 손님들과 함께 술을 마시거나 노래 또는 춤 등으로 손님의 유흥을 돋구게 하는 접등으로 청소년을 유흥접객원으로 고용하여 유흥행위를 하게 하였음을 인정할 수 있다.

따라서 이 사건 처분의 처분사유가 존재하지 않는다는 원고의 이 부분 주장은 받아들이지 아니한다.

2. 이 사건 위반행위의 내용은 유흥주점에서 청소년을 접대부로 고용하여 유흥접객행위를 하게 한 것으로서 사회적인 비난가능성이 매우 높을 뿐만 아니라 그 위반행위가 청소년의 건전한 인격형성에 미칠 악영향이 크고 청소년을 유해한 환경으로부터 보호할 공익상의 필요가 절실한 점, 행정법규 위반에 대한 제재조치는 행정목적 달성을 위하여 행정법규 위반이라는 객관적인 사실에 착안하여 가하는 제재로서 특별한 사정이 없는 한 원칙적으로 위반자의 고의나 과실을 요하지 않는 점 등에 비추어 보면, 원고가 주장하는 사정들을 참작한다 하더라도 이 사건 처분이 그 위반 정도에 비하여 원고에게 미치는 불이익이 지나치게 가혹하여 재량권을 일탈·남용한 것이라고 할 수는 없다. 원고의 이 부분 주장도 받아들이지 아니한다.

[서식] 영업정지 처분 취소 청구의 소

소 장

원 고   김 길 동(주민등록번호)

              서울시 강동구 ○○동 ○번지

피 고   서울특별시 강동구청장

영업정지 처분 취소

청 구 취 지

1. 피고가 2008. 12. 26. 원고에 대하여 한 영업정지처분을 취소한다.
2. 소송비용은 피고의 부담으로 한다.

라는 판결을 구합니다.

청 구 원 인

1. 처분의 경위

(1) 원고는 서울 강동구 ○○○에서 '○○○치킨'이란 상호로 일반음식점(이하 '이 사건 음식점'이라 한다)을 운영하고 있습니다.

(2) 피고는 2008. 10. 14. 이 사건 음식점에 대한 위생점검을 실시한 결과 원고가 위 음식점을 운영하면서, ① 유통기한이 경과된 햄과 소시지를 조리장 내의 냉장고에 보관하였고, ② 영업장 밖에 테이블 및 의자를 설치하여 영

업을 한 사실을 적발하였고, 이에 따라 식품위생법 제58조 제1항, 제31조 제1항 및 구 식품위생법 시행규칙(2009. 4. 3. 보건복지가족부령 제102호로 개정되기 전의 것) 제53조 관련 [별표 15] 행정처분 기준 Ⅰ. 일반기준 1호 가목 및 Ⅱ. 개별기준 3. 식품접객업 14호 가목 (4)와 19호의 각 규정을 적용하여 2008. 11. 12. 원고에게 영업정지 18일(2008. 11. 24.부터 2008. 12. 11.까지)의 처분을 하였습니다.

(3) 이에 원고는 2008. 11. 14. 피고를 상대로 위 영업정지처분의 취소를 구하는 이 사건 소를 제기함과 아울러 이 법원 2008아3010호로 위 영업정지처분의 효력정지를 신청하였는바, 이 법원은 2008. 11. 21. 위 신청사건의 심문기일에서 원고 및 피고에게 "1. 피고는 2008. 11. 12. 원고에 대하여 한 영업정지 18일의 처분을 영업정지 7일 및 과징금 80만 원의 처분으로 변경처분한다. 단, 2008. 11. 24.부터 이 법원 2008아3010 집행정지사건에 관한 결정의 효력개시일 전날인 2008. 11. 30.까지 이미 집행된 기간은 위 7일의 영업정지기간에 산입한다. 2. 원고는 제1항의 변경처분 통지를 받으면 이 사건 소를 취하하고, 피고는 이에 동의한다."는 내용으로 분쟁을 해결할 것을 권고하였고, 원고는 위 권고안에 따라 피고가 변경처분을 할 경우 이 사건 소를 취하하는 데 동의하였습니다.

(4) 그 후 피고는 이 법원의 위 권고안을 수용하여 2008. 12. 26.자로 영업정지기간을 7일로 감경함과 아울러 과징금 80만 원을 부과하는 내용의 변경처분을 하였습니다(이하 위와 같이 변경된 내용의 처분을 '이 사건 처분'이라 한다).

2. 처분의 위법성

피고가 2008. 10. 14. 이 사건 음식점에 대한 위생점검을 실시하였을 당시 유통기한이 경과한 채로 발견된 햄과 소시지는 손님들에게 조리하여 판매하기 위한 용도로 보관 중이던 것이 아니라, 이 사건 음식점의 종업원들의 식용 목적으로 보관하였던 것이고, 또한 피고가 영업장 밖에 테이블과 의자를 설치한 것으로 인정한 장소는 건물의 처마 안쪽에 속해 있어 주변 인도 및 차도와 완전히 구분되어 있으므로 엄연히 이 사건 음식점의 일부에 해당한다고 보아야 합니다. 따라서 원고는 식품위생법을 전혀 위반한 바가 없다 할 것이고 이와 다른 전제에서 피고가 행한 이 사건 처분은 처분사유가 불비된 것으로서 위법하므로 취소되어야 합니다.

3. 결 론

위와 같은 이유로 피고의 이 사건 처분은 위법하므로 이의 취소를 구하는 본 건 행정소송에 이르게 되었습니다.

입 증 방 법

1. 갑 제1호증
2. 갑 제2호증

첨 부 서 류

1. 위 각 입증방법 각 1부
2. 송달료 납부서
3. 소장부본

20 . . .

위 원고   (날인 또는 서명)

서울행정법원   귀중

2008구합 45511

앞서 본 바에 의하면 원고는 피고가 이 법원의 권고안에 따라 변경처분을 할 경우 소를 취하하겠다는 의사표시를 하였고 피고가 변경처분을 한 것은 위 권고안을 따른 것이므로, 원고와 피고는 피고가 변경처분을 할 경우 소를 취하하기로 합의한 것으로 보아야 할 것이고, 이와 같이 소송당사자 사이에 소취하의 합의가 존재하는 이상 그 합의는 유효하여 원고에게 권리보호의 이익이 인정되지 아니한다 할 것이므로 (대법원 1982. 3. 9. 선고 81다312 판결 참조), 결국 원고의 이 사건 소는 부적법하다.

[서식] 영업정지 처분 취소 청구의 소

소　　장

원　　고　　　　　김 길 동(주민등록번호)

　　　　　　　　　서울시 ○○구 ○○동 ○번지

　　　　　　　　　(전화 000-000, 팩스 000-000)

피　　고　　　　　서울특별시 ○○구청장

영업정지 처분 취소

청 구 취 지

　1. 피고가 2009. 4. 8. 원고에 대하여 한 영업정지 1월의 처분을 취소한다.

　2. 소송비용은 피고가 부담한다.

라는 판결을 구합니다.

청 구 원 인

1. 처분의 경위

　(1) 원고는 2009. 3.경 서울 ○○구 ○○동 831-46에 있는 '○○○'라는 상호의 일
　　반 음식점(이하 '이 사건 음식점'이라 한다)의 영업을 전 영업자인 윤○○로부
　　터 양수한 다음, 그 무렵 피고에게 이 사건 음식점에 대한 영업자지위승계신
　　고를 하였습니다.

(2) 한편, 윤○○는 2008. 12. 24. 00:30경 여종업원 김○○이 테이블에서 남자손님 3명에게 술을 따라주다가 단속경찰관에 의해 적발되었는바, 이에 피고는 전 영업자 윤○○가 이 사건 음식점에서 유흥접객원을 고용하여 유흥접객행위를 하였다는 이유로, 구 식품위생법(2009. 2. 6. 법률 제9432호로 개정되기 전의 것) 제31조 제1항, 제58조 제1항 제1호, 구 식품위생법 시행규칙(2009. 8. 2. 보건복지가족부령 제132호로 개정되기 전의 것) 제53조 [별표 15] 행정처분 기준을 적용하여 2009. 4. 8. 영업자 지위를 승계한 원고에 대하여 영업정지 1월(2009. 4. 24.부터 같은 해 5. 23.까지)의 처분을 하였습니다(이하 '이 사건 처분'이라 한다).

2. 처분의 위법성

종업원 김○○이 손님의 요구에 못 이겨 테이블세팅 후 술을 따라 준 정도의 봉사행위를 식품위생법상의 유흥접객행위를 한 것으로 볼 수는 없고, 따라서 원고의 업소 운영과 영업형태를 잘못 오해하여 이루어진 이 사건 처분은 그 처분사유가 존재하지 않습니다.

가사 처분사유가 존재한다 할지라도, 위반행위에 이르게 된 경위와 이 사건 음식점은 지금까지 단 한 차례도 행정처분을 받은 전력이 없는 점 등을 감안하면 영업정지 1월의 이 사건 처분은 재량권을 일탈·남용한 것입니다.

따라서 이 사건 처분은 위법합니다.

3. 결 론

위와 같이 피고의 처분은 위법한 행정처분에 해당하므로 이의 취소를 구하는 본건 행정소송에 이르게 되었습니다.

입 증 방 법

1. 갑 제1호증

2. 갑 제2호증

3. 갑 제3호증

첨 부 서 류

1. 위 각 입증방법 각 1부

2. 송달료 납부서

3. 소장부본

20 . . .

위 원고   (날인 또는 서명)

서울행정법원   귀중

2009구합 14743

식품위생법 및 식품위생법 시행규칙의 관련 규정에 의하면 일반음식영업자가 유흥접객원을 고용하여 유흥접객행위를 하게 하거나 종업원의 이러한 행위를 조장하거나 묵인하는 행위를 금지하고 있고, 유흥접객원은 손님과 함께 술을 마시거나 노래 또는 춤으로 손님의 유흥을 돋구는 부녀자로 규정되어 있는바, 위 규정 등을 종합하면 '유흥접객원'이란 반드시 고용기간과 임금, 근로시간 등을 명시한 고용계약에 의하여 취업한 여자종업원에 한정된다고는 할 수 없지만, 적어도 하나의 직업으로 특정업소에서 손님과 함께 술을 마시거나 노래 또는 춤으로 손님의 유흥을 돋우어 주고 주인으로부터 보수를 받거나 손님으로부터 팁을 받는 부녀자를 가리킨다고 할 것이다(대법원 2005. 9. 28. 선고 2005도5552 판결, 대법원 2008. 11. 13. 선고 2008도7878 판결 등 참조).

갑제3호증의 1 내지 3, 갑제4호증, 을제4, 5호증, 을제7호증의 1, 2의 각 기재, 증인 김○○의 증언 및 변론 전체의 취지에 의하면, 이 사건 음식점의 종업원인 김○○은 2008. 12. 24. 00:30경 9번 테이블에서 남자손님 3명에게 술을 따라준 사실, 이 사건 음식점은 라이브로 음악을 연주하는 업소로서 밀폐되지 않은 13개 정도의 테이블이 있고, 이 사건 무렵에는 테이블세팅이나 식음료를 서빙하기 위하여 정복을 착용한 4명 정도의 여자 종업원이 근무하고 있었던 사실, 김○○은 시급 1만 원을 받으면서 술과 안주를 주문받고 이를 서빙하는 종업원으로 고용되어 근무하여왔는데, 업소 방침에 따라 평소에는 손님에게 술을 따라 주지 않았으나, 이 사건 당시 손님 중 일본인으로부터 술을 따라 줄 것을 요구받아 처음에는 이를 거부하였으나, 라이브 연주로 시끄러운 상태에서 의사소통이 제대로 이루어지지 않아 어쩔 수 없이 선 채로 손님들에게 술을 1잔씩 따라주게 된 사실을 각 인정할 수 있다.

이와 같은 이 사건 음식점의 규모, 형태 및 영업방식과 종업원 김○○이 손님들에게 술을 따라주게 된 경위와 김○○의 채용 형식 및 근무형태 등을 종합적으로 고려하여보면, 단지 손님들에게 술을 따라주었다는 사정만으로 여종업원 김○○을 식품위생관계 법령에서 정한 유흥접객원으로 볼 수 없다고 할 것이고, 달리 윤○○가 그 무렵 이 사건 음식점에서 유흥접객원을 고용하여 유흥접객행위를 하였음을 인정할만한 증거가 없다.

따라서 이 사건 처분은 그 처분사유가 인정되지 않아 위법하다.

소 장

원   고   김 길 동(주민등록번호)

              서울시 강남구 ○○동 ○번지

피   고   서울특별시 강남구청장

업무정지 처분 취소

청 구 취 지

1. 피고가 2006. 11. 10. 원고에 대하여 업무정지처분을 취소한다.
2. 소송비용은 피고의 부담으로 한다.
라는 판결을 구합니다.

청 구 원 인

1. 처분의 경위

(1) 원고는 서울 강남구 논현동에서 A한의원이라는 상호로 한의원을 개설·운영
   하고 있는 한의사입니다.

(2) 피고는 2006. 11. 10. 원고가 2006. 9. 20.자 동아일보에 기사 형식으로
   게재한 한의원의 광고(이하 '이 사건 광고'라 한다) 중 '한·양방 협진시스템'
   이라고 기재한 부분이 구 의료법(2007. 1. 3. 법률 제8203호로 개정되기

전의 것) 제46조 제1항에서 정한 '의료기관의 과대광고'에 해당한다는 이유로 구 의료법(2007. 4. 11. 법률 제8366호로 전문 개정되기 전의 것) 제51조 제1항 제5호, 제53조의2, 제53조의3, 의료법 시행령 제33조 [별표] 2. 과징금 부과기준 중 12등급, 의료관계 행정처분규칙 제4조 [별표](2007. 4. 9. 보건복지부령 제394호로 개정되기 전의 것) 2. 개별기준 중 나.의 .항을 적용하여 원고에 대하여 업무정지 1월에 갈음하는 과징금 13,125,000원을 부과하는 이 사건 처분을 하였습니다.

2. 처분의 위법성

원고는 한의사로서 질병으로 고통받는 환자들의 치료를 효율적으로 하기 위하여 양방과 한방의 장점을 살려 치료하여야겠다는 생각으로 'B이비인후과'와 협진약정을 체결하여 한방만으로 치료가 어려운 환자에 대하여 한.양방 협진으로 치료하였으므로 이 사건 광고 중 '한.양방 협진시스템'이라는 문구가 과대광고에 해당함을 전제로 한 이 사건 처분은 위법하고, 설령 과대광고에 해당한다 하더라도 원고의 경제적 어려움, 그 동안 지역사회에 봉사하여 온 점 등을 감안하면, 이 사건 처분은 과잉금지의 원칙 또는 비례의 원칙에 위배하여 재량권을 일탈·남용한 처분이어서 위법합니다.

3. 결 론

이상과 같이 이 사건 각 처분은 위법하므로 이의 취소를 구하는 본 건 행정소송에 이르게 되었습니다.

입 증 방 법

1. 갑 제1호증
2. 갑 제2호증

```
                          첨 부 서 류

      1. 위 각 입증방법 각 1부

      2. 송달료 납부서

      3. 소장부본

                          20  .  .  .
                          위 원고        (날인 또는 서명)


      서울행정법원 귀중
```

관계법령

의료법

제56조 (의료광고의 금지 등) ① 의료법인·의료기관 또는 의료인이 아닌 자는 의료에 관한 광고를 하지 못한다.

② 의료법인·의료기관 또는 의료인은 다음 각 호의 어느 하나에 해당하는 의료광고를 하지 못한다.

1. 제53조에 따른 평가를 받지 아니한 신의료기술에 관한 광고

2. 치료효과를 보장하는 등 소비자를 현혹할 우려가 있는 내용의 광고

3. 다른 의료기관·의료인의 기능 또는 진료 방법과 비교하는 내용의 광고

4. 다른 의료법인·의료기관 또는 의료인을 비방하는 내용의 광고

5. 수술 장면 등 직접적인 시술행위를 노출하는 내용의 광고

6. 의료인의 기능, 진료 방법과 관련하여 심각한 부작용 등 중요한 정보를 누락하는 광고

7. 객관적으로 인정되지 아니하거나 근거가 없는 내용을 포함하는 광고

8. 신문, 방송, 잡지 등을 이용하여 기사(記事) 또는 전문가의 의견 형태로 표현되는 광고

9. 제57조에 따른 심의를 받지 아니하거나 심의받은 내용과 다른 내용의 광고

10. 제27조 제3항에 따라 외국인환자를 유치하기 위한 국내광고

11. 그 밖에 의료광고의 내용이 국민건강에 중대한 위해를 발생하게 하거나 발생하게 할 우려가 있는 것으로서 대통령령으로 정하는 내용의 광고

③ 의료법인·의료기관 또는 의료인은 거짓이나 과장된 내용의 의료광고를 하지 못한다.

④ 의료광고는 다음 각 호의 방법으로는 하지 못한다.

1. 「방송법」 제2조 제1호의 방송

2. 그 밖에 국민의 보건과 건전한 의료경쟁의 질서를 유지하기 위하여 제한할 필요가 있는 경우로서 대통령령으로 정하는 방법

⑤ 제1항이나 제2항에 따라 금지되는 의료광고의 구체적인 기준 등 의료광고에 관하여 필요한 사항은 대통령령으로 정한다.

⑥ 보건복지부장관, 시장·군수·구청장은 제2항 제2호부터 제4호까지 및 제6호·제7호와 제3항을 위반한 의료법인·의료기관 또는 의료인에 대하여 제63조, 제64조 및 제67조에 따른 처분을 하려는 경우에는 지체 없이 그 내용을 공정거래위원회에 통보하여야 한다.

제51조 (설립 허가 취소) 보건복지부장관 또는 시·도지사는 의료법인이 다음 각 호의 어느 하나에 해당하면 그 설립 허가를 취소할 수 있다.

1. 정관으로 정하지 아니한 사업을 한 때

2. 설립된 날부터 2년 안에 의료기관을 개설하지 아니한 때

3. 의료법인이 개설한 의료기관이 제64조에 따라 개설허가를 취소당한 때

4. 보건복지부장관 또는 시·도지사가 감독을 위하여 내린 명령을 위반한 때

5. 제49조 제1항에 따른 부대사업 외의 사업을 한 때

제67조 (과징금 처분) ① 보건복지부장관이나 시장·군수·구청장은 의료기관이 제64

조 제1항 각 호의 어느 하나에 해당할 때에는 대통령령으로 정하는 바에 따라 의료업 정지 처분을 갈음하여 5천만 원 이하의 과징금을 부과할 수 있으며, 이 경우 과징금은 3회까지만 부과할 수 있다. 다만, 동일한 위반행위에 대하여 「표시·광고의 공정화에 관한 법률」 제9조에 따른 과징금 부과처분이 이루어진 경우에는 과징금(의료업 정지 처분을 포함한다)을 감경하여 부과하거나 부과하지 아니할 수 있다.

② 제1항에 따른 과징금을 부과하는 위반 행위의 종류와 정도 등에 따른 과징금의 액수와 그 밖에 필요한 사항은 대통령령으로 정한다.

③ 보건복지부장관이나 시장·군수·구청장은 제1항에 따른 과징금을 기한 안에 내지 아니한 때에는 지방세 체납처분의 예에 따라 징수한다.

제68조 (행정처분의 기준) 제63조, 제64조 제1항, 제65조 제1항, 제66조 제1항에 따른 행정처분의 세부적인 기준은 보건복지부령으로 정한다.

의료법 시행령

제43조 (과징금의 산정 기준) 법 제67조에 따른 과징금의 금액은 위반행위의 종류와 위반 정도 등을 고려하여 보건복지부령으로 정하는 의료업 정지처분 기준에 따라 별표 1의 과징금 산정 기준을 적용하여 산정한다.

[별표 1] 〈개정 2009.4.20〉
과징금 산정 기준(제43조 관련)
1. 일반기준
    가. 의료업 정지 1개월은 30일을 기준으로 한다.
    나. 위반행위 종별에 따른 과징금의 금액은 의료업 정지기간에 라목에 따라 산정한 1일당 과징금 금액을 곱한 금액으로 한다.
    다. 나목의 의료업 정지기간은 법 제68조에 따라 산정된 기간(가중 또는 감경을 한 경우에는 그에 따라 가중 또는 감경된 기간을 말한다)을 말한다.

라. 1일당 과징금의 금액은 위반행위를 한 의료기관의 연간 총수입액을 기준으로 제2호의 표에 따라 산정한다.

마. 과징금 부과의 기준이 되는 총수입액은 의료기관 개설자에 따라 다음과 같이 구분하여 산정한 금액을 기준으로 한다. 다만, 신규 개설, 휴업 또는 재개업 등으로 1년간의 총수입액을 산출할 수 없거나 1년간의 총수입액을 기준으로 하는 것이 불합리하다고 인정되는 경우에는 분기별, 월별 또는 일별 수입금액을 기준으로 산출 또는 조정한다.

1) 의료인인 경우에는 「소득세법」 제24조에 따른 처분일이 속하는 연도의 전년도의 의료업에서 생기는 총수입금액

2) 의료법인, 「민법」이나 다른 법률에 따라 설립된 비영리법인인 경우에는 「법인세법 시행령」 제11조 제1호에 따른 처분일이 속하는 연도의 전년도의 의료업에서 생기는 총수입금액

3) 법 제35조에 따른 부속 의료기관인 경우에는 처분일이 속하는 연도의 전년도의 의료기관 개설자의 의료업에서 생기는 총수입금액

바. 나목에도 불구하고 과징금 산정금액이 5천만원을 넘는 경우에는 5천만원으로 한다.

2. 과징금 부과 기준

등급	연간 총수입액 (단위 : 100만원)			1일당 과징금 금액 (단위 : 원)
1			50 이하	75,000
2	50 초과	~	100 이하	112,500
3	100 초과	~	200 이하	150,000
4	200 초과	~	300 이하	187,500
5	300 초과	~	400 이하	225,000
6	400 초과	~	500 이하	287,500
7	500 초과	~	600 이하	325,000
8	600 초과	~	700 이하	350,000

9	700 초과	~	800 이하	375,000
10	800 초과	~	900 이하	400,000
11	900 초과	~	1,000 이하	425,000
12	1,000 초과	~	2,000 이하	437,500
13	2,000 초과	~	3,000 이하	450,000
14	3,000 초과	~	4,000 이하	462,500
15	4,000 초과	~	5,000 이하	475,000
16	5,000 초과	~	6,000 이하	487,500
17	6,000 초과	~	7,000 이하	500,000
18	7,000 초과	~	8,000 이하	512,500
19	8,000 초과	~	9,000 이하	525,000
20			9,000 초과	537,500

의료관계 행정처분규칙

제4조 (행정처분기준) 「의료법」 제68조와 「의료기사 등에 관한 법률」 제25조에 따른 행정처분기준은 별표와 같다.

[별표] 행정처분기준(제4조 관련)

2. 개별기준

　　나. 의료기관이 의료법(이하 이 표에서 "법"이라 한다) 및 의료법시행규칙(이하 이 표에서 "규칙"이라 한다)을 위반한 때

위반사항	근거법령	행정처분기준
(17) 법 제46조 제1항의 규정을 위반하여 의료업무 또는 의료인의 경력에 관하여 과대광고를 한 때	법 제56조 제3항	업무정지 1월

2006구합 43184

1. 원고 경영의 A한의원이 부설 병의원을 두고 있는 한방병원 또는 양방병원에 부속된 부설 한방병원처럼 일반적으로 한·양방 협진시스템을 두고 있는 의료기관의 형태와 달리 다른 지역에 위치하는 B이비인후과와 협진약정서를 체결하였을 뿐이고, 그 협진 사례도 소수에 불과하며 그 내용도 다른 지역에 위치한 B이비인후과에 가 알레르기반응검사를 받도록 권유하는 정도에 그쳤음에도, 이 사건 광고에 앞서 인정한 바와 같은 문구를 기재함으로써 의료지식이 부족한 일반인으로 하여금 마치 원고 경영의 A한의원이 일반적으로 한·양방 협진병원을 운영하고 있는 의료기관처럼 하나의 의료기관에서 의사와 한의사의 긴밀하고 유기적인 협조 아래 한방과 양방의 종합적인 검사와 치료를 받을 수 있는 것으로 오인하게 할 우려가 있다.

2. 재량권 일탈·남용 여부

가) 앞에서 본 바와 같이 원고의 광고 내용이 과대광고에 해당하고, 이러한 과대 광고로 인하여 환자의 의료기관 선택에 혼란을 야기하며 의료행위를 대상으로 한 광고의 경우에는 일반 국민의 건강에 직접적인 영향을 미치는 관계로 과대광고를 엄격히 규제하여야 할 공익상의 필요는 매우 크다고 할 것이나, 이 사건에서 과대광고로 문제되고 있는 부분은 장문의 기사형식의 광고 중 '한·양방 협진시스템'이라는 하나의 문구에 한정되어 있고, 의료인의 입장에서 보면 A한의원과 B이비인후과 사이의 협진약정서도 협진의 문언적 의미가 가지는 형태 중 하나로 해석될 여지가 있는 점, 원고는 위 과대광고로 인한 의료법위반사건에 관하여 검찰로부터 혐의없음 결정을 받은 점, 원고가 이 사건 이전에 구 의료법 제46조 제1항에서 금지하고 있는 과대광고로 인하여 처벌받은 전력이 있음을 인정할 자료가 없는 점 등을 종합하여 보면, 이 사건 처분은 그로 인하여 달성하려고 하는 공익목적을 감안하더라도 원고의 위반 정도와 신용상실, 재산적 손해 등의 불이익에 비하여 지나치게 무겁다고 할 것이어서 재량권을 일탈·남용하여 위법하다고 할 것이다.

[서식] 과징금 부과처분 취소 청구의 소

<h1 align="center">소　장</h1>

원　고　　　　　김 길 동(주민등록번호)
　　　　　　　　서울시 강남구 ○○동 ○번지

피　고　　　　　서울특별시 강남구청장

과징금 부과처분 취소

<h2 align="center">청 구 취 지</h2>

1. 피고가 2008. 9. 18. 원고에 대하여 한 과징금 63,600,000원의 부과처분을
   취소한다.
2. 소송비용은 피고의 부담으로 한다.
라는 판결을 구합니다.

<h2 align="center">청 구 원 인</h2>

1. 처분의 경위
(1) 원고는 2005. 12. 29.부터 서울 강남구 삼성동에서 ○○○라는 상호로 유흥
   주점(이하 '이 사건 영업장'이라 한다)을 운영하고 있습니다.

(2) 서울○○경찰서장은 2008. 6. 27. 피고에게 '이 사건 영업장의 종업원인 ○
   ○○를 비롯한 강남구 일대의 유흥주점의 종업원들이 2008. 2.경부터 같은

해 3. 경까지 사이에 각 자신이 근무하는 유흥주점을 찾은 손님들을 성매매알 선업자인 ○○○ 등에게 소개하여 주고 1인당 5만원씩의 성매매알선비를 수수하는 등으로 성매매알선 등 행위의 처벌에 관한 법률을 위반하였다'는 취지의 수사결과를 통보하면서 이 사건 영업장을 운영하는 원고 등에 대한 행정처분을 의뢰하였습니다.

(3) 이에 피고는 처분사전통지 및 청문절차를 거쳐 2008. 9. 18. 원고에게 ○○○의 위와 같은 성매매알선행위(이하 '이 사건 성매매알선행위'라 한다)와 관련하여 '종업원이 영업장을 벗어나 시간적 소요의 대가로 금품을 수수하거나, 종업원의 이러한 행위를 조장하거나 묵인하는 행위(윤락행위 알선)'를 하였음을 이유로 구 식품위생법(2007. 12. 21. 법률 제8779호로 개정되기 전의 것, 이하 '구법'이라 한다) 제31조 제1항, 제58조 제1항 제1호, 제65조 제1항, 구법 시행규칙 제42조 관련 [별표 13] 제5호 타목 (5) 등을 적용하여 영업정지 2월에 갈음하는 과징금 63,600,000원을 부과하였습니다(이하 '이 사건 처분'이라 한다).

2. 처분의 위법성

이 사건 성매매알선행위는 구법 시행규칙 제42조 관련 [별표 13] 제5호 타목 (5) 소정의 '식품접객업자의 영업자 또는 종업원이 영업장을 벗어나 시간적 소요의 대가로 금품을 수수한 행위'에 해당한다고 볼 수 없고, 가사 이 사건 성매매알선행위가 위 규정 소정의 행위에 해당한다고 하더라도, 원고가 종업원인 ○○○의 그와 같은 행위를 조장하거나 묵인한 바가 없으므로, 피고가 위 규정을 적용하여 한 이 사건 처분은 위법합니다.

3. 결 론

이상과 같이 이 사건 처분은 위법하므로 이의 취소를 구하는 본 건 소송에 이르게 되었습니다.

입 증 방 법

1. 갑 제1호증
2. 갑 제2호증

첨 부 서 류

1. 위 각 입증방법   각 1부
2. 송달료 납부서
3. 소장부본

20   .   .   .

위 원고   (날인 또는 서명)

서울행정법원   귀중

제2조 (정의) ① 이 법에서 사용하는 용어의 정의는 다음과 같다.

　2. "성매매알선 등 행위"라 함은 다음 각목의 어느 하나에 해당하는 행위를 하는 것
　　을 말한다.

　　가. 성매매를 알선·권유·유인 또는 강요하는 행위

　　나. 성매매의 장소를 제공하는 행위

　　다. 성매매에 제공되는 사실을 알면서 자금·토지 또는 건물을 제공하는 행위

제4조 (금지행위) 누구든지 다음 각호의 어느 하나에 해당하는 행위를 하여서는 아니
된다.

　1. 성매매

　2. 성매매알선 등 행위

　3. 성매매 목적의 인신매매

　4. 성을 파는 행위를 하게 할 목적으로 타인을 고용·모집하거나 성매매가 행하여
　　진다는 사실을 알고 직업을 소개·알선하는 행위

　5. 제1호·제2호 및 제4호의 행위 및 그 행위가 행하여지는 업소에 대한 광고행위

3. 음악산업진흥에 관한 법률상 노래연습장업 관련

가. 노래연습장의 개념

"노래연습장업"이라 함은 연주자를 두지 아니하고 반주에 맞추어 노래를 부를 수 있
도록 하는 영상 또는 무영상 반주장치 등의 시설을 갖추고 공중의 이용에 제공하는 영
업을 말한다(음악산업진흥에 관한 법률 제2조 13호). 나아가 노래반주장치를 갖추고
입장료 또는 시설이용료를 받으면서 영업한 경우, 비록 녹음방이라는 상호를 사용하
였더라도 실제 영업형태가 풍속영업인 노래연습장에 해당한다.[45]

---

45) 대법원 1998. 2. 13. 선고 97도3099 판결.

나. 노래연습장업자의 준수사항 등

노래연습장업자는, 영업소 안에 화재 또는 안전사고 예방을 위한 조치를 할 것, 당해 영업장소에 대통령령이 정하는 출입시간외에 청소년이 출입하지 아니하도록 할 것,[46] 주류를 판매·제공하지 아니할 것, 접대부(남녀를 불문한다)를 고용·알선하거

---

46) 다만, 부모 등 보호자를 동반하거나 그의 출입동의서를 받은 경우 그 밖에 대통령령이 정하

나 호객행위를 하지 아니할 것, 「성매매알선 등 행위의 처벌에 관한 법률」 제2조 제1항의 규정에 따른 성매매 등의 행위를 하게 하거나 이를 알선·제공하는 행위를 하지 아니할 것, 건전한 영업질서의 유지 등에 관하여 대통령령이 정하는 사항을 준수할 것 다음의 사항을 지켜야 하며, 누구든지 영리를 목적으로 노래연습장에서 손님과 함께 술을 마시거나 노래 또는 춤으로 손님의 유흥을 돋우는 접객행위를 하거나 타인에게 그 행위를 알선하여서는 아니 된다(법 제22조). 한편, 풍속영업의 규제에 관한 법률 제3조 제5호, 같은 법 시행령 제2조 제5호, 제5조 제6호의 입법 취지에 비추어 볼 때, 같은 법 시행령 제5조 제6호 단서 소정의 '18세 이상의 보호자'는 그 다음에 열거하고 있는 친족 또는 감독자와 같은 정도로 동반한 미성년자와 관계에서 그를 보호할 책임과 지위에 있는 자이어야 하고, 단순히 18세 이상인 자라고 하여 모두 보호자가 될 수 있는 것은 아니다.[47]

【판시사항】
청소년보호법상 '고용'의 의미(대법원 2005. 7. 29. 선고 판결)

【판결요지】
청소년보호법 제24조 제1항의 규정에 의하면, 청소년유해업소인 노래연습장 또는 유흥주점의 각 업주는 청소년을 접대부로 고용할 수 없는바, 여기의 고용에는 시간제로 보수를 받고 근무하는 경우도 포함된다. 따라서 청소년이 이른바 '티켓걸'로서 노래연습장 또는 유흥주점에서 손님들의 흥을 돋우어 주고 시간당 보수를 받은 사안에서 업소주인이 청소년을 시간제 접대부로 고용한 것으로 보고 업소주인을 청소년보호법위반죄로 처단한 원심의 조치를 정당하다.

는 경우에는 그러하지 아니하다.
47) 제주지방법원 1998. 11. 5. 선고 98구536 판결 : 항소.

다. 등록취소 등

시 · 도지사 또는 시장 · 군수 · 구청장은 제2조 제8호 내지 제11호 및 제13호의 규정에 따른 영업을 영위하는 자가 다음의 어느 하나에 해당하는 때에는 그 영업의 폐쇄명령, 등록의 취소처분, 6개월 이내의 영업정지명령, 시정조치 또는 경고조치를 할 수 있다. 다만, 제 가) 또는 제 나)에 해당하는 때에는 영업을 폐쇄하거나 등록을 취소하여야 하며, 이에 따라 영업의 폐쇄명령 또는 등록의 취소처분을 받은 자는 그 처분의 통지를 받은 날부터 7일 이내에 신고증 또는 등록증을 반납하여야 한다(법 제27조).

가) 거짓 그 밖의 부정한 방법으로 신고 또는 등록을 한 때

나) 영업의 정지명령을 위반하여 영업을 계속한 때

다) 제18조의 규정에 따른 시설기준을 위반한 때

라) 제21조의 규정에 따른 변경신고 또는 변경등록을 하지 아니한 때

마) 제22조의 규정에 따른 노래연습장업자 준수사항을 위반한 때

바) 제29조 제3항에 해당하는 음반등을 제작 · 유통 또는 이용에 제공하거나 이를 위하여 진열 · 보관 또는 전시한 때

라. 휴업 후 다시 영업하는 경우 신고를 하여야하는지 여부

풍속영업의규제에관한법률 제5조 제1항, 제11조 제1항의 각 규정을 종합하면, 같은 법 제5조 제1항의 규정에 의한 신고를 하고 풍속영업을 영위하는 자가 일시 휴업하였다가 다시 영업을 하는 경우에는 같은 법 제11조 제1항에 따라 과태료에 처할 수 없는 것으로 해석된다.[48]

마. 과징금 부과

시장·군수·구청장은 노래연습장업자가 제18조의 규정에 따른 시설기준을 갖추지 못한 때, 제22조 제1항 제2호 또는 제6호의 규정을 위반한 때 중 어느 하나에 해당하여 영업정지처분을 하여야 하는 때에는 대통령령이 정하는 바에 따라 그 영업정지처분에 갈음하여 3천만 원 이하의 과징금을 부과할 수 있다. 이 경우 시장·군수·구청장은 과징금의 부과·징수에 관한 사항을 기록·관리하여야 한다. 또한, 시장·군

---

48) 대법원 1994. 4. 27. 자 94마257 결정.

수 · 구청장은 이에 따라 과징금으로 징수한 금액에 상당하는 금액을 노래연습장업의 건전한 운영, 노래연습장업자의 교육 및 자율지도호의 용도에 사용하여야 하며 매년 다음 연도의 과징금 운용계획을 수립 · 시행하여야 한다(법 제27조).

바. 행정처분이 기준

1) 주요기준

위반행위	행정처분기준			
	1차 위반	2차 위반	3차 위반	4차 위반
청소년출입시간외에 청소년을 출입시킨 경우(과징금 대체 가능)	영업정지 7일	영업정지 1개월	영업정지 3개월	등록취소 또는 영업폐쇄
주류를 판매 · 제공하는 행위	영업정지 10일	영업정지 1개월	영업정지 3개월	등록취소 또는 영업폐쇄
접대부(남녀불문)를 고용 · 알선하는 행위	영업정지 1개월	영업정지 2개월	등록취소 또는 영업폐쇄	
청소년을 접대부로 고용 · 알선하는 행위	등록취소 또는 영업폐쇄			

2) 법 제27조 제1항에 따른 행정처분 기준

법 제27조 제1항에 따른 행정처분의 기준은 아래 별표 2와 같다(법 시행규칙 제15조 제1항).

행정처분의 기준(제15조 관련)

2. 개별기준

위반사항	근거법령	행정처분기준			
		1차위반	2차위반	3차위반	4차위반
가. 거짓 그 밖의 부정한 방법으로 신고 또는 등록을 한 때	법 제27조 제1항 제1호	등록취소 영업폐쇄			
나. 영업의 정지명령을 위반하여 영업을 계속한 때	법 제27조 제1항 제2호	등록취소 영업폐쇄			
다. 법 제18조에 따른 노래연습장 시설기준을 위반한 때	법 제27조 제1항 제3호				
1) 투명유리창 및 마이크 시설이 시설기준을 위반한 때		경고	영업정지 10일	영업정지 20일	영업정지 1개월
2) 그 외의 시설이 시설기준을 위반한 때		영업정지 10일	영업정지 1개월	영업정지 3개월	등록취소
라. 법 제21조에 따른 변경신고 또는 변경등록을 하지 아니한 때	법 제27조 제1항 제4호	경고	영업정지 10일	영업정지 20일	영업정지 1월
마. 법 제22조에 따른 노래연습장업자의 준수사항을 위반한 때 1) 영업소 안에 화재 또는 안전사고 예방을 위한 조치를 취하지 아니한 때	법 제27조 제1항 제5호	경고	영업정지 10일	영업정지 20일	영업정지 1월
2) 청소년 출입시간 외에 청소년을 출입시킨 때		영업정지 7일	영업정지 1월	영업정지 3월	등록취소 영업폐쇄
3) 주류를 판매·제공한 때		영업정지 10일	영업정지 1월	영업정지 3월	등록취소 영업폐쇄
4) 접대부(남녀를 불문한다)를 고용·알선한 때		영업정지 1월	영업정지 2월	등록취소 영업폐쇄	
5) 청소년을 접대부(남녀를 불문한다)로 고용·알선하는 행위를 한 때		등록취소 영업폐쇄			
6) 호객행위를 한 때		영업정지 10일	영업정지 20일	영업정지 1월	영업정지 3월

위반사항	근거법령	1차	2차	3차	4차
7) 「성매매알선 등 행위의 처 벌에 관한 법률」 제2조 제1항에 따른 성매매 등의 행위를 하게 하거나 이를 알선·제공하는 행위를 한 때		등록취소 영업폐쇄			
8) 보호자 동반 없이 청소년실 외의 객실에 청소년을 출입하게 한 때		영업정지 7일	영업정지 20일	영업정지 1월	영업정지 3월
9) 업소 안에 주류를 보관한 때		영업정지 10일	영업정지 20일	영업정지 1월	영업정지 3월
10) 이용자의 주류 반입을 묵인한 때		영업정지 10일	영업정지 20일	영업정지 1월	영업정지 3월
11) 등록증을 출입자가 쉽게 볼 수 있는 곳에 붙이지 아니한 때		경고	영업정지 10일	영업정지 20일	영업정지 1월
바. 법 제29조 제3항에 해당하는 음반등을 제작·유통 또는 이용에 제공하거나 이를 위하여 진열·보관 또는 전시한 때	법 제27조 제1항 제6호				
1) 법 제29조 제3항에 해당하는 음반등을 제작한 때		영업정지 3월	등록취소 영업폐쇄		
2) 법 제29조 제3항에 해당하는 음반 등을 유통한 때					
가) 적발수량이 5개 미만인 때		경고	영업정지 10일	영업정지 20일	영업정지 1월
나) 적발수량이 20개 미만인 때		영업정지 10일	영업정지 1월	영업정지 3월	등록취소
다) 적발수량이 20개 이상인 때		영업정지 1월	영업정지 3월	등록취소 영업폐쇄	영업폐쇄
3) 법 제29조 제3항에 해당하는 음반 등을 이용에 제공한 때		영업정지 1월	영업정지 3월	등록취소 영업폐쇄	
4) 법 제29조 제3항에 해당하는 음반 등을 제작·유통 또는 이용에 제공하기 위하여 진열·보관 또는 전시한 때					
가) 적발수량이 20개 미만인 때		경고	영업정지 10일	영업정지 1월	영업정지 2월
나) 적발수량이 20개 이상인 때		영업정지 10일	영업정지 1월	영업정지 2월	등록취소 영업폐쇄

사. 행정처분의 감경

음악산업진흥에관한법률 시행규칙 제15조 [별표2] 행정처분기준에 따른 위반사항의 내용으로 보아 그 위반의 정도가 경미하거나 위반행위가 고의·과실이 아닌 사소한 부주의나 오류로 이한 것으로 인정되는 경우에는 영업정지처분에 해당되는 경우에 한하여 그 처분기준의 2분의 1 범위에서 감경하여 처분할 수 있다.

아. 관련 서식

1) 행정심판

가) 기재례-신청취지

> 피청구인이 20○○. ○. ○. 청구인에 대하여 결정 고지한 45일의 영업정지처분은 이를 취소한다.
> 라는 재결을 구합니다.

나) 감경사유

일반적으로 제재적 행정처분이 사회통념상 재량권의 범위를 일탈한 것인가의 여부는 처분사유인 위반행위의 내용과 당해 처분에 의하여 달성하려는 공익목적 및 이에 따르는 제반사정 등을 객관적으로 심리하여 공익 침해의 정도와 그 처분으로 인하여 개인이 입을 불이익을 비교, 교량하여 판단하여야 한다(대법원 1989. 4. 25. 선고 88누 3079 판결 등 참조).

그런데 「음악산업진흥에 관한 법률」에 따르면 피청구인은 노래연습장업자의 주류보관 행위에 대하여 영업정지 또는 과징금 부과처분 중 선택하여 처분할 수 있는 재량을 가지고 있으므로 이 사건 처분 역시 위와 같은 판단기준에 따라 그 재량권의 일탈·남용 여부를 보아야 한다.

또한, 법 제22조에 의하면 노래연습장업자는 접대부를 고용·알선하거나 주류를 판매·제공하여서는 아니되고, 법 제27조, 시행규칙 제15조 및 별표 2는 접대부 고용·알선 1차 위반시 1월의 영업정지, 주류판매 2차 위반시 1월의 영업정지를 처분할 수 있도록 정하고 있다.

[노래방 파파라치 사건]

대전지방법원 판례에서'노래연습장에 손님으로 온 일행이 처음부터 경찰에 신고할 의도로 일부러 원고로 하여금 위반행위를 하도록 유도한 뒤 실제로 경찰에 신고하였다 하더라도, 제반 사정에 비추어 볼 때 당시 위반행위를 할 의사가 전혀 없는 상태에서 오로지 손님의 유도행위에 의하여 위반행위가 야기되었다고 볼 수 없고, 다만 이들은 상황에 따라 접대부 알선 의사를 가지고 있는 원고에게 접대부 알선 기회를 제공한 것에 불과하므로, 원고는 이런 사유를 들어 위와 같은 위반행위로 인한 행정처분을 면할 수 없다'(대전지방법원 2008. 6. 25. 선고 2008구합1049 판결)고 판시하고 있다.

또한 음악산업법 제22조 제4항에서 노래연습장업자의 준수사항으로 주류 판매·제공 및 도우미 알선 행위를 금지하고 있는 바, 이는 노래연습장업자의 영업질서를 유지함과 동시에 변태영업으로 인한 미풍양속의 저해를 방지하고자 하는 데에 그 취지가 있는 것이므로, 위와 같은 공익목적에 비추어 보면 청구인은 손님이 주류 판매 및 접대부 알선을 요구하였다고 하더라도 노래연습장업자로서 주류 판매·제공 및 도우미 알선 행위 금지를 준수하여야 할 의무가 있다.는 등의 사유로 구제를 받기는 쉽지 않은 것이 현실이다.

또한, 시행규칙 제15조 별표 2 1.일반기준 가호에, 위반행위가 2 이상인 경우로서 그에 해당하는 각각의 처분기준이 다른 경우에는 그 중 무거운 처분기준에 따르며 다만, 둘 이상의 처분기준이 영업정지인 경우에는 6개월의 범위에서 무거운 처분기준의 2분의 1 이내에서 가중할 수 있고 이 경우 그 행정처분은 각 위반행위별 처분기준을 합산한 기간을 초과할 수 없도록 정하고 있다.

위의 내용을 기초로 실제 구제사례를 살펴보면, 청구인이 이 사건과 관련하여 서울○○지방검찰청으로부터 기소유예의 처분을 받은 점, 이 사건 업소의 동일 위반전력이 없다는 점 등을 감안(그 외 영업기간, 주류 등 판매량이 소량, 가정적·경제적 형편, 노래방 영업이 유일한 생계수단. 처분으로 입게 될 경제적 피해 - 생계곤란, 깊은 반성, 도우미 제공시 손님들의 신고를 위한 계획적인 불법행위 유도 등)할 때 이 사건 처분이 달성하고자 하는 공익목적보다 청구인이 입게 될 불이익이 크다 할 것이어서 다소 가혹하다라는 내용으로, 공익과 사익을 비교형량한 비례의 원칙에 근거함에 유의하여 관련 구제절차를 진행하여야 한다.

다) 관련서식

[서식] 영업정지 처분 취소심판 청구서(노래방)

행 정 심 판 청 구

청 구 인   ○ ○○(주민등록번호)

              ○○시 ○○구 ○○길 ○○ (우편번호 ○○○ - ○○○)

피청구인   △△도 지방경찰청장

영업정지 처분 취소 청구

심판청구의 취지

피청구인이 20○○. ○. ○. 청구인에 대하여 결정 고지한 45일의 영업정지처분은 이를 취소한다.
라는 재결을 구합니다.

심판청구의 내용

1. 청구인은 ○○시 ○○구 ○○길 ○○ 소재 지하층 30평을 임차하여 '☆☆☆ 노래방'이라는 상호로 노래연습장을 경영하고 있습니다.

2. 이 사건 단속경위
청구인은 20○○. ○. ○. ○○:○○경 위 노래연습장의 종업원인 김ㅁㅁ의 친구인 이ㅁㅁ가 그의 일행 5명을 데리고 왔기에 이들의 주민등록증을 확인하기

위해 주민등록증 제시를 요구하였으나 위 이□□만 주민등록을 소지하고 있어 그의 주민등록증으로 만 18세가 넘었음을 확인하고, 박□□과 최□□에게 나머지 일행들은 모두 친구들이냐고 묻자 그렇다는 말을 믿고 출입시켰는데, 20분 뒤에 피청구인의 관할인 역전파출소 소속 경찰관 2명으로부터 만 18세미만인 박□□ 일행을 입장시켰다는 이유로 단속되었습니다.

3. 위 이□□은 주민등록상 분명히 만 18세가 넘는 자이고, 그 일행 중 2명이 18세 미만자라는 이유로 단속되었는 바, 청구인으로서는 위 이□□ 일행이 종업원의 친구라 하고 이□□이 18세 미만자가 아님이 확인되었기에 일행중 일부가 연령미달자라고 의심할 여지가 없었던 점에 비추어 본건 처분은 지나치게 가혹한 것이라 생각됩니다.

4. 또한 청구인은 사업 실패 후 은행과 친구들로부터 막대한 돈을 빌려 이 사건 노래연습장을 임차해 내부시설 투자를 하고, 영상가요 반주기를 구입하여 영업을 하면서 생계를 꾸려나가고 있는데, 이 사건 행정처분으로 수입도 얻지 못하게 되어 채무이행은 물론이고 당장 생계유지도 힘든 형편입니다.

5. 따라서 이 사건의 단속경위 등 여러 사정을 참작할 때 피청구인의 45일간의 영업정지처분은 부당하므로 이를 취소하여 주시기 바랍니다.

입 증 방 법

1. 갑 제1호증　　　　　　　행정처분통지서 사본
1. 갑 제2호증　　　　　　　종업원 진술서
1. 갑 제3호증　　　　　　　탄원서

첨 부 서 류

1. 위 입증방법   각 1통
1. 심판청구서부본   1통

20○○년 ○월 ○일

위 청구인   ○   ○   ○ (인)

△△도 지방경찰청장   귀중

행 정 심 판 청 구

청 구 인 　　　　　○○○ (○○○○○○-○○○○○○○) (전화 :　　　)
　　　　　　　　○○시 ○○구 ○○동 ○○　　　(우 :　　　)

피청구인 　　　　　○○지방경찰청장

영업정지 처분 취소 청구

청 구 취 지

피청구인이 20○○. ○. ○. 청구인에 대하여 결정 고지한 45일의 영업정지처분은 이를 취소한다.
라는 재결을 구합니다.

청 구 원 인

1. 청구인은 ○○시 ○○구 ○○동 ○○ 소재 지하층 30평을 임차하여 '○○○ 노래방'이라는 상호로 노래연습장을 경영하고 있습니다.

2. 이 사건 단속경위
청구인은 20○○. ○. ○. ○○:○○경 위 노래연습장의 종업원인 김○○의 친구인 이○○가 그의 일행 5명을 데리고 왔기에 이들의 주민등록증을 확인하기 위해 주민등록증 제시를 요구하였으나 위 이○○만 주민등록을 소지하고 있어 그의 주민등록증으로 만 19세가 넘었음을 확인하고, 박○○과 최○○에게 나머지 일행들은 모두 친구들이냐고 묻자 그렇다는 말을 믿고 출입시켰는데, 20분 뒤에 피청구인의 관할인 ○○파출소 소속 경찰관 2명으로부터 만 19세 미만인 박○○ 일행을 입장시켰다는 이유로 단속되었습니다.

3. 위 이○○은 주민등록상 분명히 만 19세가 넘는 자이고, 그 일행 중 2명이 만 19세 미만자라는 이유로 단속되었는 바, 청구인으로서는 위 이○○ 일행이 종업원의 친구라 하고 이○○이 만 19세 미만자가 아님이 확인되었기에 일행 중 일부가 연령미달자라고 의심할 여지가 없었던 점에 비추어 본건 처분은 지나치게 가혹한 것이라 생각됩니다.

4. 또한 청구인은 사업 실패 후 은행과 친구들로부터 막대한 돈을 빌려 이 사건 노래연습장을 임차해 내부시설 투자를 하고, 영상가요 반주기를 구입하여 영업을 하면서 생계를 꾸려나가고 있는데, 이 사건 행정처분으로 수입도 얻지 못하게 되어 채무이행은 물론이고 당장 생계유지도 힘든 형편입니다.

5. 따라서 이 사건의 단속경위 등 여러 사정을 참작할 때 피청구인의 45일간의 영업정지처분은 부당하므로 이를 취소하여 주시기 바랍니다.

입 증 방 법

1. 갑 제1호증	행정처분통지서 사본
1. 갑 제2호증	종업원 진술서
1. 갑 제3호증	탄원서

첨 부 서 류

1. 위 입증서류	각 1통

1. 주민등록초본   1통
1. 심판청구서 부본   1통

20○○. ○. ○.

위 청구인 ○ ○ ○ (인)

○○지방경찰청장   귀하

2) 행정소송

가) 기재례-신청취지

1. 피고가 20○○. ○. ○. 원고에 대하여 한 20○○. ○. ○.부터 같은 해 ○. ○까지(2개월)의 영업정지
처분은 이를 취소한다.
2. 소송비용은 피고의 부담으로 한다.
라는 판결을 구합니다.

1. 피고가 2000. 00. 00. 원고에 대하여 한 영업정지처분을 취소한다.
2. 소송비용은 피고의 부담으로 한다.
라는 결정을 구합니다.

나) 관련서식

[서식] 영업정지 처분 취소 청구의 소

소 장

원   고   김   OO
                서울 OO구 OO동 OOO OO아파트 OOO동 OOO호

                위 원고의 소송대리인 변호사 OOO
                OO시 OO동 353-10 OO빌딩 3층
                (전화 : 031-OOO-OOOO / 팩스 : 031-OOO-OOOO)

피   고   남양주시장
                남양주시 경춘로 641(금곡동 185-10)

영업정지 처분 취소 청구의 소

청 구 취 지

1. 피고가 2000. 00. 00. 원고에 대하여 한 영업정지처분을 취소한다.
2. 소송비용은 피고의 부담으로 한다.
라는 결정을 구합니다.

청 구 이 유

1. 이 사건 처분의 내용

피고는 2007. 10. 4.자로 원고에 대하여, 원고가 음악산업진흥에관한법률 제27조 규정을 위반(노래연습장업 준수사항, 주류판매)하고 영업을 하다 적발 되어 동법 제27조 제1항의 제5호의 규정에 의하여 영업정지 40일(2007. 10. 15 ~ 2007. 11. 23.)의 처분을 하였습니다(갑 제1호증의 1 : 행정처분알림, 같은 호증의 2 : 행정처분명령서 각 참조).

2. 이 사건 처분경위

가. 원고는 현재 뇌경색, 재발성우울성장애, 신경병증있는 당뇨병, 고혈압, 혼합성 고지혈증 등의 증세로 치료를 받고 있는 뇌병변 3급의 중증장애를 가지고 있는 장애인으로서, 생계를 위한 어떠한 구직활동도 불가능한 처지에 있는 국민기초생활보장법상의 기초생활수급자입니다(갑 제2호증의 1 : 진단서, 같은 호증의 2 : 장애인증명서, 같은 호증의 3 : 수급자증명서 각 참조).

나. 그렇지만 원고에게는 한 집안의 장남이자 한 가정의 가장으로서 처와 초등학교 5학년에 재학 중인 아들 그리고 현재 노환으로 거동조차도 불편한 칠순을 바라보는 아버지(김00, 1900. 00. 00.생)를 부양해야 할 형편에 있어 자신의 장애 및 그에 대한 치료를 위하여 마냥 요양이나 하고 있을 형편에 있지 아니합니다.

다. 그렇다고 장애인인 원고의 처지에 아무리 구직활동을 한다고 한들 원고가 원하는 곳에 취업을 할 만한 형편도 아닐 뿐만 아니라 장애를 가지고 있는 원고를 채용하겠다고 나서는 곳조차 한 곳 없었기에 원고는 이에 좌절한 나머지 한동안 자신의 처지를 한탄하며 자살까지도 생각하였던 적이 한 두 번이 아니었습니다.

라. 그러던 중 위와 같은 원고의 처를 딱히 여긴 주변의 지인들이 원고에게 "별다른 기술 없이도 아르바이트 직원 하나만 잘 두면 생계비 정도를 버는 데

에는 아무런 문제가 없을 것이다"라고 하며 이 사건 노래방 영업을 권유하는 것이었습니다.

마. 그래서 원고는 오랜 기간 고민을 한 끝에, 현실적으로 장애를 가진 원고가 정상인들과 같은 일을 할 수 있는 곳을 찾는 다는 것이 불가능하다는 판단 하에 주변 지인들의 권유에 따라 이 사건 노래방 운영을 하게 되었던 것이지만, 원고가 그와 같은 결정을 하고나서도 정작 문제가 되었던 것은 노래방 운영을 위한 자금을 마련하는 일이었습니다.

바. 그래서 원고는 아버지인 소외 김00에게 그와 같은 사정이야기를 하며 돈을 빌려줄 것을 부탁하여 아버지로부터 자신의 전 재산이나 다름없는 아파트를 담보로 대출받은 금 5,000만 원을 빌리고, 그 외 사채로 금 3,000만 원을 빌려 합계 금 8,000만 원을 마련한 후, '00시 00읍 00리 00, 00빌딩 2층 약 213.24㎡'를 보증금 2,500만 원, 월차임 1,800,000원으로 정하여 임차한 후 나머지 돈으로 노래방 기계를 구입하고 돈을 빌려준 아버지 명의로 사업자등록을 한 후 00노래방(이하 '노래방'이라 합니다)이라는 상호로 난생 처음 노래방이라는 것을 운영하게 되었습니다(갑 제3호증 : 사업자등록증 참조).

사. 원고는 위와 같이 어렵게 돈을 마련한 후 노래방운영을 전적으로 가족들의 생계를 위해 운영하는 것이라서 어떠한 문제라도 발생할 경우 당장 가족들의 생계는 물론 은행대출금에 대한 이자 및 특히 사채 이자에 대한 상환 압박을 받는 처지에 놓일 수가 있고 그렇게 되면 하루 아침에 신용불량자로까지 전락할 수가 있어 관련법규를 철저히 준수하며 영업을 하였습니다.

아. 하지만, 위와 같이 관련법규를 모두 준수하며 노래방을 운영해오던 원고가 피고로부터 이 사건 처분을 받게 된 경위는, 대체로 노래방을 찾는 손님들

이 다른 곳에서 1차로 어느 정도 술을 마시고 와서 2차로 여흥을 즐기기 위하여 찾는 손님들이 대부분 인지라, 노래방에 들어와서도 대부분은 술을 가져다 달라고 하든지 아니면 도우미를 불러 달라고 하기 일쑤였고, 만일 그와 같은 손님들의 요구를 충족시켜주지 못할 경우 그 중 대부분의 손님들은 대놓고 원고에게 "뭐 이런 데가 다 있어, 장사를 하겠다는 거야 말겠다는 거야"라고 큰소리를 치며 가게를 박차고 나가는 일이 태반이었습니다.

자. 그러다보니 원고는 막상 노래방 영업을 시작하였지만 주변의 지인들로부터 들었던 수익이 발생하기는커녕 시간이 지날수록 노래방을 찾는 손님들마저뜸 해제 당장 노래방의 임대료조차 지급하기 어려운 형편에 놓였을 뿐만 아니라 사채 이자에 대한 압박을 받는 등 노래방을 운영하기 전보다 더욱더 어려운 경제적인 상태에 놓이게 되었습니다.

차. 그래서 원고는 경제적으로 너무도 어려운 나머지 당장의 생계비 등을 마련하고자 하는 욕심에서 노래방을 찾는 손님들 중 술을 찾는 손님이 있거나 도우미를 찾는 손님이 있을 경우 처음에는 술을 팔지 않고 도우미도 없다고 말을 하다가 만일 손님들이 그 말을 듣고 노래방을 나가려고 하면 그때서야 노래방 영업상 어쩔수 없이 그들에게 술을 판매하거나 도우미를 알선해 주었던 것인데 그 경위야 어찌되었던 그에 대하여는 무어라 변명할 여지없이 그저 죄송할 따름입니다.

4. 처분의 위법성
피고의 원고에 대한 이 사건 처분은 아래와 같은 사유로 피고의 재량권을 일탈하였거나 남용한 위법한 처분입니다.

위에서 본바와 같이, 원고는 노래방을 운영하였던 기간이 3개월여에 불과하였고, 당초에는 관련 법규를 준수하며 노래방을 운영하였지만 그 결과 점차 시간이 흐를수록 영업상 수익이 거의 발생치 아니하여 당장의 임대료 및 사채이자 등에 대한 압박을 거세게 받는 상황에서 생계를 위하여 어쩔수 없이 관련법규를 위반하여 영업을 하였던 점, 원고가 자신의 잘못을 깊이 반성하며 다시는 위와 같은 잘못을 반복치 않을 것을 굳게 다짐하고 있는 점, 만일 원고가 노래방 영업을 40일 동안 정지할 경우 현재 경제적으로 조금의 여유도 없는 상황에서 당장 임대료 지급 및 은행대출금에 대한 원리금 상환 그리고 사채 이자에 대한 압박 등으로 생계에 막대한 영향을 미치게 되는 점 등에 비추어 피고가 원고에게 한 이 사건 처분은 너무 가혹하여 재량권의 범위를 일탈하였다고 볼 수밖에 없을 것입니다.

5. 정상관계

가. 원고는 위에서 본 바와 같이 현재 뇌경색, 재발성우울성장애, 신경병증있는 당뇨병, 고혈압, 혼합성 고지혈증 등의 증세로 치료를 받고 있는 뇌병변 3급의 중증장애를 가지고 있는 장애인으로서, 생계를 위한 어떠한 구직활동도 불가능한 처지에 있는 국민기초생활보장법 상의 기초생활수급자인지라 현재의 건강상태로는 마땅히 생계를 위한 활동을 할 수조차 없어 아버지로부터 돈을 빌리고 일부 사채를 빌려 생계 및 병원비 등을 마련하고자 이 사건 노래방을 운영하게 되었습니다.

나. 하지만, 원고와 같은 건강상태로는 정상인도 운영하기 힘이 든 업소를 운영한다는 것이 무리였는지 시간이 지날수록 점점 더 건강상태가 악화되어 부득이 업소의 운영을 위하여 종업원을 고용하여 동인에게 이를 맡기다시피 하다 보니 당연히 그 수입 또한 변변치 못하여 업소의 한 달 평균소득이라고 해봐야 얼마 되지를 아니하였습니다.

다. 더구나 위 수입도 모두 원고가 얻을 수 있는 순수한 영업수익은 아니어서 이를 가지고 노래방을 운영하고자 빌린 차용금에 대한 매달 이자를 지급하고, 업소 종업원의 급료 및 가게 운영을 위한 각종 공과금(전기요금, 전화요금 등) 등을 모두 지급하고 나면 원고의 생계비 및 병원비로 사용하기에도 버거워 사실상 적자의 상태에서 벗어나지를 못하고 있는 실정입니다.

라. 그렇기 때문에 원고의 경우 만일 이 사건 행정처분이 확정되어 영업정지 40일의 처분을 받게 되고, 그로 인하여, 그 기간 동안 업소의 정상적인 운영을 하지 못할 경우 차용금에 대한 압박 및 자신의 생계비 및 병원비조차도 마련하지 못하여 경제적으로는 물론 건강상에도 아주 다급한 상황에 처하게 됩니다.

5. 결 론
따라서 피고의 원고에 대한 이 사건 처분은 피고가 재량권을 일탈하였거나 남용한 위법한 처분으로서 마땅히 취소되어야 할 것인바, 이를 구하기 위해 이 사건 청구에 이른 것입니다.

입 증 방 법

1. 갑 제1호증의 1   행정처분알림   1부
         - 2   행정처분명령서행정처분통보   1부
2. 갑 제2호증의 1   진단서   1부
         - 2   장애인증명서   1부
         - 3   수급자증명서   1부
3. 갑 제3호증   사업자등록증   1부

첨 부 서 류

1. 위 소명서류   각 1부

1. 소송위임장   1부
1. 송달료 영수증   1부

2007. 10.   .
위 원고의 소송대리인
변호사 ○ ○ ○

○○○**지방법원 귀중**

[서식] 영업정지 처분 취소 청구의 소

소　장

원　고　　　　　○ ○ ○(주민등록번호)

　　　　　　　　○○시 ○○구 ○○길 ○○ (우편번호 ○○○-○○○)

피　고　　　　　△△시 △△구청장

　　　　　　　　○○시 ○○구 ○○길 ○○ (우편번호 ○○○-○○○)

영업정지 처분 취소 청구의 소

청 구 취 지

1. 피고가 20○○. ○. ○. 원고에 대하여 한 20○○. ○. ○.부터 같은 해 ○.
　○까지(2개월)의 영업정지처분은 이를 취소한다.
2. 소송비용은 피고의 부담으로 한다.
라는 판결을 구합니다.

청 구 원 인

1. 처분의 경위
원고는 20○○. ○월경 ○○시 ○○구 ○○길 ○○소재 지하실 "☆☆노래방"이
라는 상호의 노래방을 인수하여 영업의 승계인 신고를 하여 피고로부터 갱신등
록증을 득한 후 경영해 왔는데, 피고는 원고가 20○○. ○. ○. 21:00경 위 노
래방에 주류를 반입을 묵인하였다는 이유로 20○○. ○. ○.자로 원고에 대하여

20○○. ○. ○.부터 같은 해 ○. ○까지 2개월 간 위 노래방의 영업을 정지할
것을 명하는 처분을 하였습니다.

2. 처분의 위법성
이 사건 처분은 다음과 같은 점에서 위법하므로 취소되어야 합니다.

가) 음악산업진흥에관한법률상 노래연습장업자의 준수사항으로 "주류를 판매·
제공하지 아니할 것"라고 규정하고 있는바, 원고의 업소에서는 노래방 이용
손님에게 주류를 판매·제공한 사실이 없습니다. 이 사건의 경우는 30대 중
반 남자 김ㅁㅁ외 4명이 위 노래방에 들어와 1시간동안 노래를 부르고 가겠
다고 하여 1시간대실료 금 13,000원을 받고 노래기기에 음악을 제공한 사
실은 있었으나 음악산업진흥에관한법률 제22조 제1항 제3호에 정한 "주류
를 판매·제공"한 행위에 해당하지 아니한다 할 것입니다.

나) 이 사건 당일 21:00경 위 30대 남자 안ㅁㅁ외 일행 4명이 만취상태에서 노
래방에 들어와 1시간만 노래를 부르고 가겠다고 하여 201호를 대실한 사실
이 있으나 위 손님 중에 1명이 품속에 캔맥주 5개를 노래방종사자 모르게
반입하여 5명이 201호 내에서 나누어 마신 후 빈 캔을 휴지통에 버린 것을
피고의 소속 단속공무원이 원고가 주류반입을 묵인한 것으로 오인하여 위
같은 처분한 것으로 사료됩니다.

3. 처분의 부당성
원고는 위와 같다면 노래방 종사자로 내방 손님이 품속에 주류를 숨겨 반입하는
것까지 이를 막을 방법이 없다할 것입니다. 가사 원고가 주류반입을 알고 있었
다고 하더라도 만취한 손님에게 주류반입을 금지할 경우 손님이 이에 응할 손님
이 거의 없는 현실에서 단순히 소극적으로 이를 제지하지 아니하였다는 이유로
원고에게 생계수단인 노래방 영업정지처분은 가혹하고 부당하다할 것입니다.

따라서 위 같은 사정에 비추어 원고를 비난하기 어렵고, 이 사건의 실체에 비추어 볼 때 이 사건처분은 지나치게 형식에만 치우쳐 그 처분으로 달성하려는 원래 목적에서 일탈하는 결과에 이르게 될 것인 바, 그렇다면 이 사건 처분은 원고에게 과도한 것으로 부당하다고 아니할 수 없어 마땅히 취소를 면키 어렵다고 할 것입니다.

입 증 방 법

1. 갑 제1호증   행정처분 통지서
1. 갑 제2호증   노래방 등록증
1. 갑 제3호증   사업자등록증
1. 갑 제4호증   사실확인서

첨 부 서 류

1. 위 입증방법   각 1통
1. 소장부본   1통
1. 납부서   1통

20○○년 ○월 ○일

원 고 ○ ○ ○ (인)

○ ○ 행 정 법 원 귀중

[서식] 영업정지 처분 취소 청구의 소

소 장

원 고 　　　　　　○ ○ ○ (○○○○○○-○○○○○○○)
　　　　　　　　　○ ○ 시 ○ ○ 구 ○ ○ 동 ○ ○ (우 :　　　　　　)

피 고 　　　　　　○ ○ 시 ○ ○ 구청장
　　　　　　　　　○ ○ 시 ○ ○ 구 ○ ○ 동 ○ ○ (우 :　　　　　　)

영업정지 처분 취소 청구의 소

청 구 취 지

1. 피고가 20○○. ○. ○. 원고에 대하여 한 20○○. ○. ○.부터 같은 해 ○. ○까지(2개월)의 영업정지처분은 이를 취소한다.
2. 소송비용은 피고의 부담으로 한다.
라는 판결을 구합니다.

청 구 원 인

1. 처분의 경위

원고는 20○○. ○월경 ○○시 ○○구 ○○동 ○○소재 지하실 "○○노래방"이라는 상호의 노래방을 인수하여 영업의 승계인 신고를 하여 피고로부터 갱신등록증을 득한 후 경영해 왔는데, 피고는 원고가 20○○. ○. ○. 21:00경 위 노래방에서 주류를 판매 · 제공하였다는 이유로 20○○. ○. ○.자로 원고에 대하여 20○○. ○. ○.부터 같은 해 ○. ○까지 2개월 간 위 노래방의 영업을 정지할 것을 명하는 처분을 하였습니다.

2. 처분의 위법성

이 사건 처분은 다음과 같은 점에서 위법하므로 취소되어야 합니다.

가. 영화 및 비디오물의 진흥에 관한 법률상 노래연습장업자의 준수사항으로
"주류를 판매·제공하는 행위"를 금지하고 있는바, 원고의 업소에서는 노
래방 이용 손님에게 주류 반입을 묵인하거나 판매·제공한 사실이 없습니
다. 이 사건의 경우는 30대 중반 남자 김○○외 4명이 위 노래방에 들어와
1시간동안 노래를 부르고 가겠다고 하여 1시간 대실료 금 15,000원을 받고
노래기기에 음악을 제공한 사실은 있었으나 영화및비디오물의진흥에관한법
률 제62조 제3항 가목에 정한 주류를 판매·제공한 행위"에 해당하지 아
니한다 할 것입니다.

나. 이 사건 당일 21:00경 위 30대 남자 안○○외 일행 4명이 만취상태에서 노
래방에 들어와 1시간만 노래를 부르고 가겠다고 하여 201호를 대실한 사실
이 있으나 위 손님 중에 1명이 품속에 캔맥주 5개를 노래방 종사자 모르게
반입하여 5명이 201호 내에서 나누어 마신 후 빈 캔을 휴지통에 버린 것을
피고의 소속 단속공무원이 원고가 주류반입을 묵인한 것으로 오인하여 위
같은 처분한 것으로 사료됩니다.

3. 처분의 부당성

원고는 위와 같다면 노래방 종사자로 내방 손님이 품속에 주류를 숨겨 반입하는
것까지 이를 막을 방법이 없다 할 것입니다. 가사 원고가 주류반입을 알고 있었
다고 하더라도 만취한 손님에게 주류반입을 금지할 경우 손님이 이에 응할 손님
이 거의 없는 현실에서 단순히 소극적으로 이를 제지하지 아니하였다는 이유로
원고에게 생계수단인 노래방 영업정지처분은 가혹하고 부당하다 할 것입니다.

따라서 위 같은 사정에 비추어 원고를 비난하기 어렵고, 이 사건의 실체에 비추어 볼 때 이 사건처분은 지나치게 형식에만 치우쳐 그 처분으로 달성하려는 원래 목적에서 일탈하는 결과에 이르게 될 것인 바, 그렇다면 이 사건 처분은 원고에게 과도한 것으로 부당하다고 아니할 수 없어 마땅히 취소를 면키 어렵다고 할 것입니다.

입 증 방 법

1. 갑 제1호증행정처분통지서
1. 갑 제2호증노래방등록증
1. 갑 제3호증사업자등록증
1. 갑 제4호증사실확인서

그 밖의 입증서류는 변론시 수시 제출하겠습니다.

첨 부 서 류

1. 위 입증서류 사본   각 1통
1. 주민등록초본   1통
1. 소장부본   1통

20○○. ○. ○.

위 원고 ○ ○ ○ (인)

○○행정법원 귀중

[서식] 영업정지 처분 취소 청구의 소

소 장

원　　고　　　　　○○○ (000000-0000000)

　　　　　　　　　00시 00구 00로 12(00동)(우 : 000-000)

피　　고　　　　　00시 00구청장

　　　　　　　　　00시 00구 00로 23(00동)(우 : 000-000)

영업정지 처분 취소 청구의 소

청 구 취 지

1. 피고가 2000. ○. ○. 원고에 대하여 한 2000. ○. ○.부터 같은 해 ○. ○까지(2개월)의 영업정지처분은 이를 취소한다.
2. 소송비용은 피고의 부담으로 한다.
라는 판결을 구합니다.

청 구 원 인

1. 처분의 경위

원고는 2000. ○월경 00시 00구 00로 34(00동) 소재 지하실 "00노래방"이라는 상호의 노래방을 인수하여 영업의 승계인 신고를 하여 피고로부터 갱신등록증을 득한 후 경영해 왔는데, 피고는 원고가 2000. ○. ○. 21:00경 위 노래방에서 주류를 판매 · 제공하였다는 이유로 2000. ○. ○.자로 원고에 대하여 2000. ○. ○.부터 같은 해 ○. ○까지 2개월 간 위 노래방의 영업을 정지할 것을 명하는 처분을 하였습니다.

2. 처분의 위법성

이 사건 처분은 다음과 같은 점에서 위법하므로 취소되어야 합니다.

가. 영화 및 비디오물의 진흥에 관한 법률상 노래연습장업자의 준수사항으로
   "주류를 판매·제공하는 행위"를 금지하고 있는바, 원고의 업소에서는 노래
   방 이용 손님에게 주류 반입을 묵인하거나 판매·제공한 사실이 없습니다.
   이 사건의 경우는 30대 중반 남자 김○○외 4명이 위 노래방에 들어와 1시
   간동안 노래를 부르고 가겠다고 하여 1시간 대실료 금 15,000원을 받고 노
   래기기에 음악을 제공한 사실은 있었으나 영화및비디오물의진흥에관한법률
   제62조 제3항 가목에 정한 주류를 판매·제공한 행위"에 해당하지 아니한
   다 할 것입니다.

나. 이 사건 당일 21:00경 위 30대 남자 안○○ 외 일행 4명이 만취상태에서
   노래방에 들어와 1시간만 노래를 부르고 가겠다고 하여 201호를 대실한 사
   실이 있으나 위 손님 중에 1명이 품속에 캔맥주 5개를 노래방 종사자 모르
   게 반입하여 5명이 201호 내에서 나누어 마신 후 빈 캔을 휴지통에 버린 것
   을 피고의 소속 단속공무원이 원고가 주류반입을 묵인한 것으로 오인하여
   위 같은 처분한 것으로 사료됩니다.

3. 처분의 부당성

원고는 위와 같다면 노래방 종사자로 내방 손님이 품속에 주류를 숨겨 반입하는
것까지 이를 막을 방법이 없다 할 것입니다. 가사 원고가 주류반입을 알고 있었
다고 하더라도 만취한 손님에게 주류반입을 금지할 경우 손님이 이에 응할 손님
이 거의 없는 현실에서 단순히 소극적으로 이를 제지하지 아니하였다는 이유로
원고에게 생계수단인 노래방 영업정지처분은 가혹하고 부당하다 할 것입니다.

따라서 위 같은 사정에 비추어 원고를 비난하기 어렵고, 이 사건의 실체에 비추어 볼 때 이 사건처분은 지나치게 형식에만 치우쳐 그 처분으로 달성하려는 원래 목적에서 일탈하는 결과에 이르게 될 것인 바, 그렇다면 이 사건 처분은 원고에게 과도한 것으로 부당하다고 아니할 수 없어 마땅히 취소를 면키 어렵다고 할 것입니다.

입 증 방 법

1. 갑 제1호증 행정처분통지서
1. 갑 제2호증 노래방등록증
1. 갑 제3호증 사업자등록증
1. 갑 제4호증 사실확인서
그 밖의 입증서류는 변론시 수시 제출하겠습니다.

첨 부 서 류

1. 위 입증서류 사본   각 1통
1. 주민등록초본   1통
1. 소장부본   1통

20 .   .   .

위 원고   ○○○ (인)

○○행정법원 귀중

4. 청소년보호법관련

가. 청소년의 개념 등

1) 청소년의 개념

청소년보호법은 청소년에게 유해한 매체물과 약물 등이 청소년에게 유통되는 것과 청소년이 유해한 업소에 출입하는 것 등을 규제하고 청소년을 유해한 환경으로부터 보호·구제함으로써 청소년이 건전한 인격체로 성장할 수 있도록 함을 목적으로 하는데, 이 법에서 규정한 청소년이라 함은 만 19세 미만인 사람을 말한다. 다만, 만 19세가 되는 해의 1월 1일을 맞이한 사람은 제외한다.

2) 청소년유해약물

'청소년유해약물등'이란 청소년에게 유해한 것으로 인정되는 다음 가.의 약물과 청소년에게 유해한 것으로 인정되는 다음 나.의 물건을 말한다.

가) 청소년유해약물

(1) 「주세법」에 따른 주류

(2) 「담배사업법」에 따른 담배

(3) 「마약류 관리에 관한 법률」에 따른 마약류

(4) 「화학물질관리법」에 따른 환각물질

주세법 제3조 (정의)

이 법에서 사용하는 용어의 뜻은 다음과 같다.

1. '주류'란 다음 각 목의 것을 말한다.

가. 주정(酒精)[희석하여 음료로 할 수 있는 에틸알코올을 말하며, 불순물이 포함되어 있어서 직접 음료로 할 수는 없으나 정제하면 음료로 할 수 있는 조주정(粗酒精)을 포함한다.]

나. 알코올분 1도 이상의 음료[용해(鎔解)하여 음료로 할 수 있는 가루 상태인 것을 포함하되, 「약사법」에 따른 의약품으로서 알코올분이 6도 미만인 것은 제외한다.]

1의2. '전통주'란 다음 각 목의 어느 하나에 해당하는 주류를 말한다.

가. 「무형문화재 보전 및 진흥에 관한 법률」 제17조에 따라 인정된 주류부문의 국가무형문화재 보유자 및 같은 법 제32조에 따라 인정된 주류부문의 시 · 도무형문화재 보유자가 제조하는 주류

나. 「식품산업진흥법」 제14조에 따라 지정된 주류부문의 식품명인이 제조하는 주류

다. 「농업 · 농촌 및 식품산업 기본법」 제3조에 따른 농업경영체 및 생산자단체와 「수산업 · 어촌 발전 기본법」 제3조에 따른 어업경영체 및 생산자단체가 직접 생산하거나 주류제조장 소재지 관할 특별자치시 · 특별자치도 또는 시 · 군 · 구(자치구를 말한다. 이하 같다) 및 그 인접 특별자치시 또는 시 · 군 · 구에서 생산된 농산물을 주된 원료로 하여 제조하는 주류 중 농림축산식품부장관의 제조 면허 추천을 받은 주류

나) 청소년유해물건

청소년에게 음란한 행위를 조장하는 성기구 등 청소년의 사용을 제한하지 아니하면 청소년의 심신을 심각하게 손상시킬 우려가 있는 성 관련 물건으로서 대통령령으로 정하는 기준에 따라 청소년보호위원회가 결정하고 여성가족부장관이 고시한 것 및 청소년에게 음란성 · 포악성 · 잔인성 · 사행성 등을 조장하는 완구류 등 청소년의 사용을 제한하지 아니하면 청소년의 심신을 심각하게 손상시킬 우려가 있는 물건으로서 대통령령으로 정하는 기준에 따라 청소년보호위원회가 결정하고 여성가족부장관이 고시한 것을 말한다.

나. 청소년 주류제공

1) 금지의무

식품접객영업자 등 영업자와 그 종업원은 영업의 위생관리와 질서유지, 국민의 보건위생 증진을 위하여 청소년에게 제공하는 행위를 하여서는 아니되며(식품위생법 제44조 2항 제4호), 식품의약품안전처장 또는 특별자치시장 · 특별자치도지사 · 시장 · 군수 · 구청장은 영업자가 청소년에게 주류제공 등 그 위반하여 영업행위를 할 경우

영업허가 또는 등록을 취소하거나 6개월 이내의 기간을 정하여 그 영업의 전부 또는 일부를 정지하거나 영업소 폐쇄(제37조 제4항에 따라 신고한 영업만 해당한다. 이하 이 조에서 같다)를 명할 수 있다(법 제75조 제1항 제13호, 제44조 제2항 제4호).

2) 행정처분

영업자가 법 제75조의 의무를 위반하여 청소년에게 주류를 제공할 경우 아래와 표와 같은 행정처분을 받게된다.

[식품위생법 시행규칙 제89조 (별표23) 행정처분기준]

의무위반 유형	1차	2차	3차
청소년에 주류제공 등 의무위반	영업정지 7일	영업정지 1개월	영업정지 2개월

3) 구체적인 사례

① 음식점 운영자가 술을 내어 놓을 당시에는 성년자들만이 있었으나 나중에 청소년이 합석하여 술을 마신 경우, 청소년보호법 제51조 제8호 소정의 '청소년에게 술을 판매하는 행위'에 해당하는지 여부

음식점을 운영하는 사람이 그 음식점에 들어온 사람들에게 술을 내어 놓을 당시에는 성년자들만이 있었고 그들끼리만 술을 마시다가 나중에 청소년이 들어와서 합석하게 된 경우에는, 처음부터 음식점 운영자가 나중에 그렇게 청소년이 합석하리라는 것을 예견할 만한 사정이 있었거나, 청소년이 합석한 후에 이를 인식하면서 추가로 술을 내어 준 경우가 아닌 이상, 나중에 합석한 청소년이 남아 있던 술을 일부 마셨다고 하더라도 음식점 운영자는 청소년보호법 제51조 제8호에 규정된 '청소년에게 술을 판매하는 행위'를 하였다고는 할 수 없고, 이 같은 법리는 음식점 운영자가 나중에 합석한 청소년에게 술을 따라 마실 술잔을 내주었다 하여 달리 볼 것은 아니다.[49]'

---

49) 대법원 2002. 1. 11. 선고 2001도6032 판결.

② 청소년보호법 제51조 제8호에 정한 '청소년에게 주류를 판매하는 행위'의 의미 및
   그 기수시기

청소년보호법 제51조 제8호 소정의 '청소년에게 주류를 판매하는 행위'란 청소년에게
주류를 유상으로 제공하는 행위를 말하고, 청소년에게 주류를 제공하였다고 하려면
청소년이 실제 주류를 마시거나 마실 수 있는 상태에 이르러야 한다. 따라서 유흥주점
운영자가 업소에 들어온 미성년자의 신분을 의심하여 주문받은 술을 들고 룸에 들어
가 신분증의 제시를 요구하고 밖으로 데리고 나온 사안에서, 미성년자가 실제 주류를
마시거나 마실 수 있는 상태에 이르지 않았으므로 술값의 선불지급 여부 등과 무관하
게 주류판매에 관한 청소년보호법 위반죄가 성립하지 않는다.[50]

③ 청소년을 동반한 성년자에게 술을 판매한 경우, 청소년보호법 제51조 제8호에서
   정한 '청소년에게 주류를 판매하는 행위'에 해당하는지 여부

청소년을 포함한 일행이 함께 음식점에 들어와 술을 주문하였고, 청소년도 일행과 함
께 술을 마실 것이 예상되는 상황에서 그 일행에게 술을 판매하였으며, 실제로 청소년
이 일행과 함께 그 술을 마셨다면, 이는 청소년보호법 제51조 제8호 소정의 '청소년에
게 주류를 판매하는 행위'에 해당되며, 이 경우 성년자인 일행이 술을 주문하거나 술
값을 계산하였다 하여 달리 볼 것은 아니다.[51]

④ 청소년보호법상 법정대리인의 동의를 받은 미성년자에 대한 술 판매행위가 허용
   되는지 여부

구 청소년보호법(1998. 2. 28. 법률 제5529호로 개정되기 전의 것)은 일반 사법인 민
법과는 다른 차원에서 청소년에게 유해한 매체물과 약물 등이 청소년에게 유통되는
것과 청소년이 유해한 업소에 출입하는 것 등을 규제함으로써 청소년을 유해한 각종
사회환경으로부터 보호 · 구제하고 나아가 이들을 건전한 인격체로 성장할 수 있도록

---

50) 대법원 2008. 7. 24. 선고 2008도3211 판결.
51) 대법원 2004. 9. 24. 선고 2004도3999 판결.

함을 그 목적으로 하여 제정된 법으로서, 그 제2조에서 18세 미만의 자를 청소년으로 정의하고 술을 청소년유해약물의 하나로 규정하면서, 제26조 제1항에서는 누구든지 청소년을 대상으로 하여 청소년유해약물 등을 판매·대여·배포하여서는 아니된다고 규정하고, 제51조 제8호에서 위 규정에 위반하여 청소년에게 술이나 담배를 판매한 자를 처벌하도록 규정하고 있는바, 위와 같은 위 법의 입법 취지와 목적 및 규정 내용 등에 비추어 볼 때, 18세 미만의 청소년에게 술을 판매함에 있어서 가사 그의 민법상 법정대리인의 동의를 받았다고 하더라도 그러한 사정만으로 위 행위가 정당화될 수는 없다.[52)]

⑤ 청소년보호법의 적용대상이 되는 청소년의 연령의 하한

사회적 의미에서의 청소년이라 함은 12~13세부터 20대의 사람을 가리키는 것으로 일반적으로 통용되고 있기는 하지만 일정한 연령을 한계로 한 획일적인 기준은 없는 것으로 보이고, 법적 의미에서의 청소년의 의미도 그 법령의 입법 취지 및 목적을 기초로 한 입법자의 결단에 의하여 비로소 구체화되는 개념으로 일률적인 것은 아니며, 사회적 의미에서의 청소년의 의미와 달리 법적 의미에서의 청소년의 의미는 법적 안정성과 예측가능성을 확보하기 위하여 명확하게 정의되어 있어야 할 것이지만 그것이 불명확한 경우에는 그 법령의 규정 내용과 입법 취지는 물론 입법 취지가 유사한 다른 법령과의 관계나 사회통념 등을 종합적으로 고려하여 보충될 수 있는 것으로 보아야 할 것인바, 이러한 관점을 기초로 하여 청소년기본법상의 청소년의 정의에 관한 규정 및 입법 취지와 청소년보호법과의 관계, 아동복지법상의 아동의 정의에 관한 규정 및 입법 취지와 청소년보호법과의 관계, 사회통념 등을 종합적으로 고려하면 청소년보호법의 청소년에는 19세 미만의 모든 사람이 포함되는 것으로 새길 것이 아니라 적어도 청소년기본법이 정하는 연령의 하한인 9세 이상으로 새기는 것이 타당하다.[53)]

---

52) 대법원 1999. 7. 13. 선고 99도2151 판결.
53) 서울행정법원 2001. 12. 20. 선고 2001구33822 판결 : 확정.

⑥ 청소년과 동행한 성년자에 술판매

주점의 종업원이 자신이 제공하는 술을 청소년도 같이 마실 것이라는 점을 예상하면서 그와 동행한 청소년이 아닌 자에게 술을 판매한 경우, 청소년보호법 제51조 제8호, 제26조 제1항 소정의 청소년에 대한 술 판매금지규정 위반행위에 직접 해당되지 않는다.[54]

3) 행정처분의 감경

식품접객업의 경우 위반사항 중 그 위반의 정도가 경미하거나 사소한 부주의로 인한 경우, 행정처분의 기준이 영업정지인 경우에는 정지처분 기간의 2분의 1 이하의 범위에서 영업허가 취소 또는 영업장 폐쇄의 경우에는 영업정지 3월 이상의 범위에서 각각 그 처분을 감경할 수 있다. 또한, 해당 위반사항에 관하여 검사로부터 기소유예의 처분을 받거나 선고유예의 판결을 받은 경우로서 그 위반사항이 고의성이 없거나 국민건강상 인체의 건강을 해할 우려가 인정되지 않는 경우, 행정처분의 기준이 영업정지인 경우에는 정지처분 기간의 2분의 1 이하의 범위에서 영업허가 취소 또는 영업장 폐쇄의 경우에는 영업정지 3개월의 범위에서 각각 그 처분을 경감할 수 있다.

다. 청소년 유흥접객원 고용

1) 금지의무

식품의약품안전처장 또는 특별자치시장·특별자치도지사·시장·군수·구청장은 영업자가 청소년을 유흥접객원으로 고용하는 등 그 위반하여 영업행위를 할 경우 영업허가 또는 등록을 취소하거나 6개월 이내의 기간을 정하여 그 영업의 전부 또는 일부를 정지하거나 영업소 폐쇄를 명할 수 있다(법 제75조 제1항 제13호, 제44조 제2항 제1호).

---

54) 대법원 2001. 7. 13. 선고 2001도1844 판결.

2) 행정처분

영업자가 법 제75조의 의무를 위반하여 청소년을 유흥접객원으로 고용할 경우 아래와 표와 같은 행정처분을 받게된다.

의무위반 유형	1차
영업자가 청소년을 유흥접객원으로 고용	1차만으로도 영업허가 · 등록취소 또는 영업소폐쇄

3) 구체적 사례

① 청소년고용금지업소의 업주가 유흥종사자를 고용함에 있어서 연령확인에 필요한 의무의 내용

청소년보호법의 입법목적 등에 비추어 볼 때, 유흥주점과 같은 청소년유해업소의 업주에게는 청소년의 보호를 위하여 청소년을 당해 업소에 고용해서는 안 될 매우 엄중한 책임이 부여되어 있다 할 것이다. 그러므로 유흥주점영업의 업주가 당해 유흥업소에 종업원을 고용함에 있어서는 주민등록증이나 이에 유사한 정도로 연령에 관한 공적 증명력이 있는 증거에 의하여 대상자의 연령을 확인하여야 한다. 만일 대상자가 신분증을 분실하였다는 사유로 그 연령 확인에 응하지 아니하는 등 고용대상자의 연령확인이 당장 용이하지 아니한 경우라면 청소년유해업소의 업주로서는 청소년이 자신의 신분과 연령을 감추고 유흥업소 취업을 감행하는 사례가 적지 않은 유흥업계의 취약한 고용실태 등에 비추어 대상자의 연령을 공적 증명에 의하여 확실히 확인할 수 있는 때까지 그 채용을 보류하거나 거부하여야 할 것이다. 그리고 건강진단수첩(속칭 보건증) 제도가 폐지된 후 건강진단결과서 제도가 마련된 취지와 경위, 건강진단결과서의 발급목적, 건강진단결과서가 발급되는 과정에서 피검자에 대한 신분을 확인하는 검증절차 및 피검자의 동일성에 관한 건강진단결과서의 증명도 등을 두루 감안해 볼 때 비록 그 결과서에 피검자의 주민등록번호 등 인적 사항이 기재되어 있다고 하더라도 이는 주민등록증에 유사한 정도로 연령에 관한 공적 증명력이 있는 증거라고 볼 수는 없다고 할 것이므로 유흥업소의 업주가 다른 공적 증명력 있는 증거를 확인해 봄이 없이 단순히 건

강진단결과서상의 생년월일 기재만을 확인하는 것으로는 청소년보호를 위한 연령확인의무이행을 다한 것으로 볼 수 없다(대법원 2002. 6. 28. 선고 2002도2425 판결 등 참조).[55]

4) 행정처분의 감경

식품접객업의 경우 위반사항 중 그 위반의 정도가 경미하거나 사소한 부주의로 인한 경우, 행정처분의 기준이 영업정지인 경우에는 정지처분 기간의 2분의 1 이하의 범위에서 영업허가 취소 또는 영업장 폐쇄의 경우에는 영업정지 3월 이상의 범위에서 각각 그 처분을 감경할 수 있다. 또한, 해당 위반사항에 관하여 검사로부터 기소유예의 처분을 받거나 선고유예의 판결을 받은 경우로서 그 위반사항이 고의성이 없거나 국민건강상 인체의 건강을 해할 우려가 인정되지 않는 경우, 행정처분의 기준이 영업정지인 경우에는 정지처분 기간의 2분의 1 이하의 범위에서 영업허가 취소 또는 영업장 폐쇄의 경우에는 영업정지 3개월의 범위에서 각 그 처분을 경감할 수 있다.

라. 청소년 유해업소에 청소년 고용

1) 청소년 유해업소

'청소년유해업소'란 청소년의 출입과 고용이 청소년에게 유해한 것으로 인정되는 다음 가목의 업소(이하 '청소년 출입·고용금지업소'라 한다)와 청소년의 출입은 가능하나 고용이 청소년에게 유해한 것으로 인정되는 다음 나목의 업소(이하 '청소년고용금지업소'라 한다)를 말한다. 이 경우 업소의 구분은 그 업소가 영업을 할 때 다른 법령에 따라 요구되는 허가·인가·등록·신고 등의 여부와 관계없이 실제로 이루어지고 있는 영업행위를 기준으로 한다.

가) 청소년 출입·고용금지업소

(1) 「게임산업진흥에 관한 법률」에 따른 일반게임제공업 및 복합유통게임제공업 중 대통령령으로 정하는 것

---

55) 대법원 2006. 3. 23. 선고 2006도477 판결.

(2) 「사해행위 등 규제 및 처벌 특례법」에 따른 사해행위영업

(3) 「식품위생법」에 따른 식품접객업 중 대통령령으로 정하는 것

(4) 「영화 및 비디오물의 진흥에 관한 법률」 제2조 제16호에 따른 비디오물감상실업 · 제한관람가비디오물소극장업 및 복합영상물제공업

(5) 「음악산업진흥에 관한 법률」에 따른 노래연습장업 중 대통령령으로 정하는 것

(6) 「체육시설의 설치 · 이용에 관한 법률」에 따른 무도학원업 및 무도장업

(7) 전기통신설비를 갖추고 불특정한 사람들 사이의 음성대화 또는 화상대화를 매개하는 것을 주된 목적으로 하는 영업. 다만, 「전기통신사업법」 등 다른 법률에 따라 통신을 매개하는 영업은 제외한다.

(8) 불특정한 사람 사이의 신체적인 접촉 또는 은밀한 부분의 노출 등 성적 행위가 이루어지거나 이와 유사한 행위가 이루어질 우려가 있는 서비스를 제공하는 영업으로서 청소년보호위원회가 결정하고 여성가족부장관이 고시한 것

(9) 청소년유해매체물 및 청소년유해약물등을 제작 · 생산 · 유통하는 영업 등 청소년의 출입과 고용이 청소년에게 유해하다고 인정되는 영업으로서 대통령령으로 정하는 기준에 따라 청소년보호위원회가 결정하고 여성가족부장관이 고시한 것

(10) 「한국마사회법」 제6조 제2항에 따른 장외발매소(경마가 개최되는 날에 한정한다)

(11) 「경륜 · 경정법」 제9조 제2항에 따른 장외매장(경륜 · 경정이 개최되는 날에 한정한다)

나) 청소년고용금지업소

(1) 「게임산업진흥에 관한 법률」에 따른 청소년게임제공업 및 인터넷컴퓨터게임시설제공업

(2) 「공중위생관리법」에 따른 숙박업, 목욕장업, 이용업 중 대통령령으로 정하는 것

(3) 「식품위생법」에 따른 식품접객업 중 대통령령으로 정하는 것

(4) 「영화 및 비디오물의 진흥에 관한 법률」에 따른 비디오물소극장업

(5) 「화학물질관리법」에 따른 유해화학물질 영업. 다만, 유해화학물질 사용과 직접 관련이 없는 영업으로서 대통령령으로 정하는 영업은 제외한다.

(6) 회비 등을 받거나 유료로 만화를 빌려 주는 만화대여업

(7) 청소년유해매체물 및 청소년유해약물등을 제작 · 생산 · 유통하는 영업 등 청소년

의 고용이 청소년에게 유해하다고 인정되는 영업으로서 대통령령으로 정하는 기준에 따라 청소년보호위원회가 결정하고 여성가족부장관이 고시한 것

【판시사항】

청소년보호법 제24조 제1항, 제50조 제2호에서 '고용'의 의미 및 청소년고용금지 위반죄의 성립 여부와 범의의 판단 기준(대법원 2011. 1. 13. 선고 2010도10029 판결)

【판결요지】

청소년보호법 제24조 제1항은 '청소년유해업소의 업주는 청소년을 고용하여서는 아니된다'고 규정하고, 같은 법 제50조 제2호는 ' 제24조 제1항의 규정에 위반하여 청소년을 유해업소에 고용한 자를 3년 이하의 징역 또는 2,000만 원 이하의 벌금에 처한다'고 규정하고 있다. 이 때 '고용'이란 당사자 일방이 상대방에 대하여 노무를 제공할 것을 약정하고 상대방은 이에 대하여 보수를 지급할 것을 약정하는 계약으로서(민법 제655조), 민법상의 다른 전형계약과 마찬가지로 당사자의 합의만으로 성립하고 특별한 방식을 요하지 아니하며 묵시적인 의사의 합치에 의하여도 성립할 수 있다. 한편 청소년고용 금지 의무 위반행위는 일반적으로 고용이 노무의 제공이라는 계속적 상태를 요구한다는 점에서 계속범의 실질을 가지는 것으로서 청소년에 대한 고용을 중단하지 않는 한 가벌적 위법상태가 지속되므로, 그 위반죄의 성립 여부 및 범의는 청소년 고용이 지속된 기간을 전체적으로 고려하여 판단하여야 한다. 따라서 청소년유해업소의 업주는 청소년을 고용하여서는 아니됨에도 피고인이 자신이 운영하는 유흥 주점에 청소년인 갑(17세)을 종업원으로 고용하였다는 청소년보호법 위반의 공소사실에 대하여, 업주인 피고인이 갑을 직접 고용하였다고 볼 수 없고 위 주점의 지배인이 갑을 고용한 것으로 보일 뿐이라는 이유로 피고인에게 무죄를 선고한 원심판결에 같은 법 제24조의 '고용'의 해석 및 그 적용에 관한 법리오해의 위법이 있다.

2) 금지의무

식품의약품안전처장 또는 특별자치시장·특별자치도지사·시장·군수·구청장은 영업자가 청소년 유해업소에 청소년을 고용할 경우 영업허가 또는 등록을 취소하거나 6개월 이내의 기간을 정하여 그 영업의 전부 또는 일부를 정지하거나 영업소 폐쇄를 명할수 있다.

3) 행정처분

영업자가 법 제75조의 의무를 위반하여 청소년에게 주류를 제공할 경우 아래와 표와 같은 행정처분을 받게된다.

의무위반 유형	1차	2차
영업자가 청소년유해업소에 청소년 고용	영업정지 3개월	영업허가, 등록취소 또는 영업소폐쇄

4) 구체적인 사례

① 청소년보호법 제24조 제1항, 제50조 제2호에서 '고용'의 의미

청소년보호법 제24조 제1항은 '청소년유해업소의 업주는 청소년을 고용하여서는 아니된다'고 규정하고, 같은 법 제50조 제2호는 '제24조 제1항의 규정에 위반하여 청소년을 유해업소에 고용한 자를 3년 이하의 징역 또는 2,000만 원 이하의 벌금에 처한다'고 규정하고 있다. 이 때 '고용'이란 당사자 일방이 상대방에 대하여 노무를 제공할 것을 약정하고 상대방은 이에 대하여 보수를 지급할 것을 약정하는 계약으로서(민법 제655조), 민법상의 다른 전형계약과 마찬가지로 당사자의 합의만으로 성립하고 특별한 방식을 요하지 아니하며 묵시적인 의사의 합치에 의하여도 성립할 수 있다.[56]

② 청소년고용금지 위반죄의 성립 여부와 범의의 판단 기준

한편 청소년고용 금지의무 위반행위는 일반적으로 고용이 노무의 제공이라는 계속적 상태를 요구한다는 점에서 계속범의 실질을 가지는 것으로서 청소년에 대한 고용을 중단하지 않는 한 가벌적 위법상태가 지속되므로, 그 위반죄의 성립 여부 및 범의는 청소년 고용이 지속된 기간을 전체적으로 고려하여 판단하여야 한다.[57]

---

56) 대법원 2011. 1. 13. 선고 2010도10029 판결.
57) 대법원 2011. 1. 13. 선고 2010도10029 판결.

③ 청소년유해업소의 업주로부터 위임을 받은 종업원이 업무와 관련하여 청소년을 고용한 경우, 그 종업원과 업주가 모두 청소년보호법 제50조 제2호의 적용대상이 되는지 여부

청소년보호법 제50조 제2호, 제24조 제1항은 청소년을 고용한 청소년유해업소의 업주를 3년 이하의 징역이나 2천만 원 이하의 벌금에 처하도록 규정하고 있고, 같은 법 제54조(양벌규정)는 개인의 대리인, 사용인 기타 종업원이 개인의 업무에 관하여 같은 법 제50조 등의 죄를 범한 때에는 행위자를 벌하는 외에 개인에 대하여도 각 해당 조의 벌금형을 과하도록 규정하고 있는바, 위 양벌규정은 벌칙규정의 실효성을 확보하기 위하여 그 행위자와 업주 쌍방을 모두 처벌하려는 데에 그 취지가 있다고 할 것이므로(대법원 1999. 7. 15. 선고 95도2870 전원합의체 판결, 2004. 5. 14. 선고 2004도74 판결 등 참조), 청소년유해업소의 업주로부터 위임을 받은 종업원이 업무와 관련하여 청소년을 고용하였다면 그 종업원과 업주는 모두 청소년보호법 제50조 제2호의 적용대상이 된다고 할 것이다.[58]

④ 청소년보호법이 주로 주류의 조리 · 판매를 목적으로 하는 영업을 청소년고용금지업소로 규정한 취지

청소년보호법이 '일반음식점 영업 중 음식류의 조리 · 판매보다는 주로 주류의 조리 · 판매를 목적으로 하는 소주방 · 호프 · 카페 등의 영업형태로 운영되는 영업'을 청소년고용금지업소의 하나로 규정하고 있는 이유는 그러한 업소에 청소년이 고용되어 근로할 경우 주류에 쉽게 접촉되어 고용청소년의 건전한 심신발달에 장애를 유발할 우려가 있고 또한 고용청소년에게 유해한 근로행위의 요구가 우려되므로 이를 방지하기 위한 데 있다.[59]

---

58) 대법원 2005. 11. 25. 선고 2005도6455 판결.
59) 대법원 2004. 2. 12. 선고 2003도6282 판결.

⑤ 청소년유해업소에 청소년고용, 접객행위 대기중 적발

청소년유해업소인 단란주점의 업주가 청소년들을 고용하여 영업을 한 이상 그 중 일부가 대기실에서 대기중이었을 뿐 실제 접객행위를 한 바 없다 하더라도 구 청소년보호법 제49조 제1항 규정에 따른 이익을 취득하지 아니한 것이라고 볼 수 없다.[60]

⑥ 주간에는 주로 음식류를, 야간에는 주로 주류를 조리·판매하는 형태의 영업행위를 한 경우, 청소년보호법상의 청소년고용금지업소에 해당하는지 여부

식품위생법 제21조 제2항, 식품위생법시행령 제7조 제8호 (나)목은 일반음식점 영업을 '음식류를 조리·판매하는 영업으로서 식사와 함께 부수적으로 음주행위가 허용되는 영업'이라고 규정하고 있지만, 청소년보호법 제2조 제5호는 청소년고용금지업소 등 청소년유해업소의 구분은 그 업소가 영업을 함에 있어서 다른 법령에 의하여 요구되는 허가·인가·등록·신고 등의 여부에 불구하고 실제로 이루어지고 있는 영업행위를 기준으로 하도록 규정하고 있으므로, 음식류를 조리·판매하면서 식사와 함께 부수적으로 음주행위가 허용되는 영업을 하겠다면서 식품위생법상의 일반음식점 영업허가를 받은 업소라고 하더라도 실제로는 음식류의 조리·판매보다는 주로 주류를 조리·판매하는 영업행위가 이루어지고 있는 경우에는 청소년보호법상의 청소년고용금지업소에 해당하며, 나아가 일반음식점의 실제의 영업형태 중에서는 주간에는 주로 음식류를 조리·판매하고 야간에는 주로 주류를 조리·판매하는 형태도 있을 수 있는데, 이러한 경우 음식류의 조리·판매보다는 주로 주류를 조리·판매하는 야간의 영업형태에 있어서의 그 업소는 위 청소년보호법의 입법취지에 비추어 볼 때 청소년보호법상의 청소년고용금지업소에 해당한다.[61]

5) 행정처분의 감경

식품접객업의 경우 위반사항 중 그 위반의 정도가 경미하거나 사소한 부주의로 인한

---

60) 대법원 2002. 7. 12. 선고 2002두219 판결.
61) 대법원 2004. 2. 12. 선고 2003도6282 판결.

경우, 행정처분의 기준이 영업정지인 경우에는 정지처분 기간의 2분의 1 이하의 범위에서 영업허가 취소 또는 영업장 폐쇄의 경우에는 영업정지 3월 이상의 범위에서 각각 그 처분을 감경할 수 있다. 또한, 해당 위반사항에 관하여 검사로부터 기소유예의 처분을 받거나 선고유예의 판결을 받은 경우로서 그 위반사항이 고의성이 없거나 국민건강상 인체의 건강을 해할 우려가 인정되지 않는 경우, 행정처분의 기준이 영업정지인 경우에는 정지처분 기간의 2분의 1 이하의 범위에서 영업허가 취소 또는 영업장 폐쇄의 경우에는 영업정지 3개월의 범위에서 각 그 처분을 경감할 수 있다.

마. 청소년 출입·고용 금지업소에 청소년을 출입시키는 행위

1) 금지의무

식품의약품안전처장 또는 특별자치시장·특별자치도지사·시장·군수·구청장은 영업자가 청소년출입·고용금지업소에 청소년을 출입시키는 행위를 할 경우 영업허가 또는 등록을 취소하거나 6개월 이내의 기간을 정하여 그 영업의 전부 또는 일부를 정지하거나 영업소 폐쇄를 명할 수 있다.

2) 행정처분

영업자가 법 제75조의 의무를 위반하여 청소년출입·고용금지업소에 청소년을 출입시키는 행위를 할 경우 아래의 표와 같은 행정처분을 받게된다.

의무위반 유형	1차	2차	
영업자가 청소년유해업소에 청소년을 출입하게 하는 행위	영업정지 1개월	영업정지 2개월	영업정지 3개월

3) 구체적인 사례

① 청소년보호법 제24조 제2항 소정의 '출입'의 의미

구 청소년보호법(2001. 4. 7. 법률 제6460호로 개정되기 전의 것)은 청소년이 유해한 업소에 출입하는 것을 규제하는 등으로 그들이 건전한 인격체로 성장할 수 있도록 한

다는 입법목적(제1조)을 달성하기 위하여 청소년출입 · 고용금지업소의 업주로 하여금 당해 업소에 청소년을 출입하거나 이용하지 못하게 하도록 규정하고(제24조 제2항), 나아가 위 규정의 실효성을 확보하기 위하여 이를 위반한 업주를 처벌하는 규정(제51조 제7호)까지 두고 있는바, 위에서 본 같은 법의 입법목적과 이를 달성하기 위한 제 규정들을 둔 취지, 그리고 제24조 제2항이 유해업소의 출입과 이용을 병렬적으로 규제하고 있는 입법형식을 취하고 있는 점 등 제반 사정에 비추어 볼 때, 같은 법 제24조 제2항의 '출입'은 '이용'과는 별개의 개념으로서 위 규정에 의하여 금지되는 '출입'은 청소년이 유해업소의 시설을 이용하기 위한 것인지를 묻지 아니하고 청소년이 법령이 허용하는 경우 이외에 유해업소의 시설에 출입하는 행위 일체를 의미한다.[62]

② 청소년보호법 제26조의2 제8호 소정의 '청소년 이성혼숙'의 의미

청소년보호법 제26조의2 제8호는 누구든지 "청소년에 대하여 이성혼숙을 하게 하는 등 풍기를 문란하게 하는 영업행위를 하거나 그를 목적으로 장소를 제공하는 행위"를 하여서는 아니된다고 규정하고 있는바, 위 법률의 입법 취지가 청소년을 각종 유해행위로부터 보호함으로써 청소년이 건전한 인격체로 성장할 수 있도록 하기 위한 것인 점 등을 감안하면, 위 법문이 규정하는 '이성혼숙'은 남녀 중 일방이 청소년이면 족하고, 반드시 남녀 쌍방이 청소년임을 요하는 것은 아니다.[63]

③ 비디오물감상실업자가 18세 이상 19세 미만의 청소년을 비디오물감상실에 출입시킨 경우, 청소년보호법위반죄가 성립하는지 여부

구 청소년보호법(2001. 5. 24. 법률 제6479호로 개정되기 전의 것, 이하 '법'이라고 한다) 제2조 제1호는 청소년이라 함은 19세 미만의 자를 말한다고 규정하고 있고, 제5호 (가)목 (2)는 청소년출입금지업소의 하나로 음반 · 비디오물및게임물에관한법률에 의한 비디오물감상실업을 규정하고 있으며, 제6조는 이 법은 청소년유해환경의 규제에

---

62) 대법원 2002. 6. 14. 선고 2002도651 판결.
63) 대법원 2001. 8. 21. 선고 2001도3295 판결.

관한 형사처벌에 있어서는 다른 법률에 우선하여 적용한다고 규정하고 있으므로, 비디오물감상실업자가 18세 이상 19세 미만의 청소년을 비디오물감상실에 출입시킨 경우에는 법 제51조 제7호, 제24조 제2항의 청소년보호법위반죄가 성립한다.[64]

④ 18세 미만자의 당구장출입을 금지시킬 의무가 당구장업자에게 부과되어 있는지 여부

체육시설의설치이용에관한법률 제5조, 제12조, 같은법시행령 제9조, 같은법시행규칙 제5조에 의하면 체육시설업자의 준수사항 공통기준의 규정내용과 당구장이 아직까지 청소년들의 음주, 흡연, 도박, 패싸움 등 탈선과 비행의 장소로 많이 이용되는 시설 중의 하나인 점 등에 비추어 당구장업의 개별기준의 내용은 당연히 18세 미만자의 출입을 금지하는 것을 전제로 이를 표시할 의무를 부과한 것으로 해석하여야 하고 18세 미만자의 출입을 금지하지는 않으면서 출입금지의 표시만을 하도록 한 것이라고 해석할 수는 없다.[65]

⑤ 유흥접객업소의 업주가 경찰당국의 단속에서 제외되어 있어 만 18세 이상의 미성년자는 출입이 허용되는 줄 안 것이 법률의 착오에 해당되는지 여부

유흥접객업소의 업주가 경찰당국의 단속대상에서 제외되어 있는 만 18세 이상의 고등학생이 아닌 미성년자는 출입이 허용되는 것으로 알고 있었더라도 이는 미성년자보호법 규정을 알지 못한 단순한 법률의 부지에 해당하고 특히 법령에 의하여 허용된 행위로서 죄가 되지 않는다고 적극적으로 그릇 인정한 경우는 아니므로 비록 경찰당국이 단속대상에서 제외하였다 하여 이를 법률의 착오에 기인한 행위라고 할 수는 없다.[66]

4) 행정처분의 감경

식품접객업의 경우 위반사항 중 그 위반의 정도가 경미하거나 사소한 부주의로 인한 경우, 행정처분의 기준이 영업정지인 경우에는 정지처분 기간의 2분의 1 이하의 범위

---

64) 대법원 2002. 5. 17. 선고 2001도4077 판결.
65) 대법원 1992. 7. 14. 선고 92누2288 판결.
66) 대법원 1985. 4. 9. 선고 85도25 판결.

에서 영업허가 취소 또는 영업장 폐쇄의 경우에는 영업정지 3월 이상의 범위에서 각각 그 처분을 감경할 수 있다. 또한, 해당 위반사항에 관하여 검사로부터 기소유예의 처분을 받거나 선고유예의 판결을 받은 경우로서 그 위반사항이 고의성이 없거나 국민건강상 인체의 건강을 해할 우려가 인정되지 않는 경우, 행정처분의 기준이 영업정지인 경우에는 정지처분 기간의 2분의 1 이하의 범위에서 영업허가 취소 또는 영업장 폐쇄의 경우에는 영업정지 3개월의 범위에서 각 그 처분을 경감할 수 있다.

[실제 감경례 : 영업정지 2개월 ▶과징금 감경]

광주지방법원 00지원에서 청구인이 비교적 소액의 구약식 벌금형의 선고를 받은 점, 청구인이 가게를 운영하면서 청소년에게 술을 판매하여 적발될 전력이 없는 점, 이 사건 청소년에게 판매한 금액이 소액 29,000원에 불과하였던 점, 청구인의 남편은 희귀난치병 환자로 경제활동이 어려웠던 점, 이 사건 업소의 면적이 47.43㎡로 영세하고, 청구인이 실질적인 가장으로서 창업자금 및 주류 대금 대출상환 등 처분의 집행으로 인하여 가족의 생계곤란이 예상되는 점 등을 종합적으로 고려해 볼 때 청소년을 유해 환경으로부터 보호해야 할 공익목적에 비해 이 사건 처분으로 청구인이 입게 될 불이익이 더 크다고 보여지므로 이 사건 처분은 청구인에게 다소 가혹한 처분이라고 할 것이고, 이 사건 위반사항이 그 정도가 다소 경미하고 공의성이 없는 부주의로 발생한 사안임을 감안하여 청구인의 요청대로 영업정지 기간에 갈음하여 과징금으로 변경하여 처분함이 타당하다고 보여 진다.

[구제 포인트]
위 사건은 영업정지처분시 행정심판위원회의 핵심 감경포인트가 대부분 드러난 사안입니다. 만일 현재 영업정지처분으로 여러 고민이 있으신 분들이라면 한번 쯤 면밀히 살펴보면 관련 절차를 진행할 필요가 있습니다.

위 사건에 관하여 행정심판위원회가 감경사유로 삼은 것은,

‖ 소액의 벌금형의 선고를 받았다는 점
‖ 동종 전과가 없는 초범이었다는 점
‖ 판매수익이 미미하였다는 점
‖ 규모가 영세하였다는 점
‖ 청구인이 경제활동을 하지 아니할 경우 가족의 생계가 위태로웠다는 점
‖ 청소년 주류판매가 부주의로 발생하였다는 점
‖ 기타

사유 등입니다.

위 감경사유를 기초로 행정심판위원회는 처분으로 얻는 공익에 비하여 당사자
의 불이익을 크다고 보아, 즉, 행정의 일반원칙 중 비례의 원칙에 반한다는 이
유로 감경처분을 한 것입니다. 실제 대부분의 감경사유가 바로 이 비례의 원칙
위반 사유입니다. 위 사안 가벼이 보시지 마시고 행정심판위원회의 핵심구제사
유 다시 한번 살펴보시며 관련 절차를 진행하시길 권해드립니다.

5) 행정처분의 면제

가) 식품위생법 시행령 일부개정[시행 2024. 3. 29.] - 행정처분면제

(1) 개정이유 등

종전에는 식품접객영업자가 청소년의 신분증 위조·변조·도용으로 청소년인 사실
을 알지 못했거나 청소년의 폭행·협박으로 청소년임을 확인하지 못한 경우에는 수
사기관이나 사법기관이 이러한 사정을 인정하여 불송치, 불기소 또는 선고유예 판결
을 하는 경우에만 행정처분을 면제하였다.[67]

그러나 본법 시행령 시행 이후로는 행정기관이 조사과정에서 영상정보처리기기 (CCTV 등)에 촬영된 영상정보, 진술 또는 그 밖의 방법으로 이러한 사정을 확인한 경우에도 행정처분을 면제하도록 함으로써 선량한 영업자의 피해를 방지하고 건전한 영업활동을 보장하려는 것이다.

---

67) 제75조(허가취소 등)

① 식품의약품안전처장 또는 특별자치시장·특별자치도지사·시장·군수·구청장은 영업자가 다음 각 호의 어느 하나에 해당하는 경우에는 영업허가 또는 등록을 취소하거나 6개월 이내의 기간을 정하여 그 영업의 전부 또는 일부를 정지하거나 영업소 폐쇄(제37조 제4항에 따라 신고한 영업만 해당한다.)를 명할 수 있다. 다만, 식품접객영업자가 제13호(제44조 제2항에 관한 부분만 해당한다)를 위반한 경우로서 청소년의 신분증 위조·변조 또는 도용으로 식품접객영업자가 청소년인 사실을 알지 못하였거나 폭행 또는 협박으로 청소년임을 확인하지 못한 사정이 인정되는 경우에는 해당 행정처분을 면제할 수 있다.

1. 제4조부터 제6조까지, 제7조 제4항, 제8조, 제9조 제4항, 제9조의3 또는 제12조의2 제2항을 위반한 경우
2. 삭제
3. 제17조 제4항을 위반한 경우
4. 제22조 제1항(제22조의3에 따라 비대면으로 실시하는 경우를 포함한다)에 따른 출입·검사·수거를 거부·방해·기피한 경우
4의2. 삭제
5. 제31조 제1항 및 제3항을 위반한 경우
6. 제36조를 위반한 경우
7. 제37조 제1항 후단, 제3항, 제4항 후단을 위반하거나 같은 조 제2항에 따른 조건을 위반한 경우
7의2. 제37조 제5항에 따른 변경 등록을 하지 아니하거나 같은 항 단서를 위반한 경우
8. 제38조 제1항 제8호에 해당하는 경우
9. 제40조 제3항을 위반한 경우
10. 제41조 제5항을 위반한 경우
10의2. 제41조의2제1항을 위반한 경우
11. 삭제
12. 제43조에 따른 영업 제한을 위반한 경우
13. 제44조 제1항·제2항 및 제4항을 위반한 경우
14. 제45조 제1항 전단에 따른 회수 조치를 하지 아니한 경우
14의2. 제45조 제1항 후단에 따른 회수계획을 보고하지 아니하거나 거짓으로 보고한 경우
15. 제48조 제2항에 따른 식품안전관리인증기준을 지키지 아니한 경우
15의2. 제49조 제1항 단서에 따른 식품이력추적관리를 등록하지 아니 한 경우
16. 제51조 제1항을 위반한 경우
17. 제71조 제1항, 제72조 제1항·제3항, 제73조 제1항 또는 제74조 제1항(제88조에 따라 준용되는 제71조 제1항, 제72조 제1항·제3항 또는 제74조 제1항을 포함한다)에 따른 명령을 위반한 경우
18. 제72조 제1항·제2항에 따른 압류·폐기를 거부·방해·기피한 경우
19. 「성매매알선 등 행위의 처벌에 관한 법률」 제4조에 따른 금지행위를 한 경우

(2) 개정내용

식품위생법 시행령 제52조 제3항을 다음과 같이 하고, 같은 조에 제4항을 다음과 같이 신설한다.

식품위생법 제52조 제3항 식품의약품안전처장 또는 특별자치시장·특별자치도지사·시장·군수·구청장은 법 제75조 제1항 각 호 외의 부분 단서에 따라 ⅰ) 식품접객영업자가 청소년(「청소년 보호법」 제2조 제1호에 따른 청소년을 말한다.)의 신분증 위조·변조 또는 도용으로 청소년인 사실을 알지 못한 사정이 영상정보처리기기에 촬영된 영상정보, 진술 또는 그 밖의 방법으로 확인된 경우, ⅱ) 식품접객영업자가 청소년의 폭행 또는 협박으로 청소년임을 확인하지 못한 사정이 영상정보처리기기에 촬영된 영상정보, 진술 또는 그 밖의 방법으로 확인된 경우, ⅲ) 식품접객영업자가 청소년의 신분증 위조·변조 또는 도용으로 청소년인 사실을 알지 못했거나 폭행 또는 협박으로 청소년임을 확인하지 못한 사정이 인정되어 불송치 또는 불기소(불송치 또는 불기소를 받은 이후 해당 사건에 대하여 다시 수사절차가 진행 중인 경우 또는 해당 사건에 대하여 공소가 제기되어 형사재판이 진행 중인 경우는 제외한다)를 받거나 선고유예 판결을 받은 경우의 어느 하나에 해당하는 경우에는 해당 식품접객영업자에 대한 행정처분을 면제한다.

다만, 위 ⅰ) 및 ⅱ)에도 불구하고 식품의약품안전처장 또는 특별자치시장·특별자치도지사·시장·군수·구청장은 ⅰ) 또는 ⅱ)에 해당하는 식품접객영업자가 법원의 판결에 따라 유죄로 확정된 경우(선고유예 판결을 받은 경우는 제외한다)에는 행정처분을 면제하지 아니한다.

나) 청소년 보호법 시행령 일부개정[시행 2024. 3. 29.] - 행정처분면제

(1) 개정이유 등

종전에는 영업자가 청소년의 위조·변조·도용으로 청소년인 사실을 알지 못했거나 청소년의 폭행·협박으로 청소년임을 확인하지 못한 경우에는 수사기관이나 사법기관이 이러한 사정을 인정하여 불송치, 불기소 또는 선고유예 판결을 하는 경우에만 과징금을 부과 · 징수하지 않도록 하였다.

그러나 앞으로는 행정기관이 조사과정에서 영상정보처리기기에 촬영된 영상정보, 진술 또는 그 밖의 방법으로 이러한 사정을 확인한 경우에도 과징금을 부과 · 징수하지 않도록 함으로써 선량한 영업자의 피해를 방지하고 건전한 영업활동을 보장하려는 것이다.

(2) 개정내용

청소년 보호법 제44조 제4항을 다음과 같이 하고, 같은 조에 제5항을 다음과 같이 신설한다.

청소년보호법 제4조 시장 · 군수 · 구청장은 법 제54조 제3항[68]에 따라 ⅰ) 과징금 부과 · 징수 대상자가 청소년의 신분증 위조 · 변조 또는 도용으로 청소년인 사실을 알지 못한 사정이 영상정보처리기기에 촬영된 영상정보, 진술 또는 그 밖의 방법으로 확인된 경우, ⅱ) 과징금 부과 · 징수 대상자가 청소년의 폭행 또는 협박으로 인하여 청소년임을 확인하지 못한 사정이 영상정보처리기기에 촬영된 영상정보, 진술 또는 그 밖의 방법으로 확인된 경우, ⅲ) 과징금 부과 · 징수 대상자가 청소년의 신분증 위조 · 변조 또는 도용으로 청소년인 사실을 알지 못했거나 폭행 또는 협박으로 인하여 청소년임을 확인하지 못한 사정이 인정되어 불송치 또는 불기소(불송치 또는 불기소를 받은 이후 해당 사건에 대하여 다시 수사절차가 진행 중인 경우 또는 해당 사건에 대하여 공소가 제기되어 형사재판이 진행 중인 경우는 제외한다)를 받거나 선고유예 판결을 받은 경우의 어느 하나에 해당하는 경우에는 해당 과징금 부과 · 징수 대상자에 대한 과징금을 부과 · 징수하지 아니한다.

다만, 위 ⅰ) 및 ⅱ)에도 불구하고 식품의약품안전처장 또는 특별자치시장 · 특별자치

---

68) 제54조(과징금) ③ 시장 · 군수 · 구청장은 제58조 제1호 · 제3호 · 제4호 또는 제59조 제6호 · 제8호에 해당하는 행위로 인하여 이익을 취득한 자에 대하여 과징금을 부과하는 경우 청소년이 위 · 변조 또는 도용된 신분증을 사용하여 그 행위자로 하여금 청소년인 사실을 알지 못하게 한 사정 또는 행위자에게 폭행 또는 협박을 하여 청소년임을 확인하지 못하게 한 사정이 인정되면 대통령령으로 정하는 바에 따라 과징금을 부과 · 징수하지 아니할 수 있다.

도지사 · 시장 · 군수 · 구청장은 ⅰ) 또는 ⅱ)에 해당하는 식품접객영업자가 법원의 판결에 따라 유죄로 확정된 경우(선고유예 판결을 받은 경우는 제외한다)에는 행정처분을 면제하지 아니한다.

5. 숙박업관련

가. 숙박업의 개념

"숙박업"이라 함은 손님이 잠을 자고 머물 수 있도록 시설 및 설비등의 서비스를 제공하는 영업을 말한다. 다만, 농어촌에 소재하는 민박 등 대통령령이 정하는 경우를 제외한다(공중위생관리법 제2조 제1항 제2호).

나. 공중위생업업소의 폐쇄 등

1) 요건

공중위생영업자가 「성매매알선 등 행위의 처벌에 관한 법률」, 「풍속영업의 규제에 관한 법률」, 「청소년 보호법」등을 위반할 경우 시장 · 군수 · 구청장은 6월 이내의 기간을 정하여 영업의 정지 또는 일부 시설의 사용중지를 명하거나 영업소폐쇄등을 명할 수 있다(법 제11조 제1항).

2) 처분기준

사용정지, 영업폐쇄 등의 세부적인 기준은 아래 별표와 같다(공중위생관리법 시행규칙 제19조).

■ 공중위생관리법 시행규칙 [별표 7] 〈개정 2023. 11. 24.〉

행정처분기준(제19조관련)

Ⅰ. 일반기준

1. 위반행위가 2 이상인 경우로서 그에 해당하는 각각의 처분기준이 다른 경우에는 그 중 중한 처분기준에 의하되, 2 이상의 처분기준이 영업정지에 해당하는 경우에는 가장 중한 정지처분기간에 나머지 각각의 정지처분기간의 2분의 1을 더하여 처분한다.

2. 행정처분을 하기 위한 절차가 진행되는 기간 중에 반복하여 같은 사항을 위반한 때에는 그 위반횟수마다 행정처분 기준의 2분의 1씩 더하여 처분한다.

3. 위반행위의 차수에 따른 행정처분기준은 최근 1년간(「성매매알선 등 행위의 처벌에 관한 법률」제4조를 위반하여 관계 행정기관의 장이 행정처분을 요청한 경우에는 최근 3년간) 같은 위반행위로 행정처분을 받은 경우에 이를 적용한다. 이 경우 기간의 계산은 위반행위에 대하여 행정처분을 받은 날과 그 처분 후 다시 같은 위반행위를 하여 적발된 날(수거검사에 의한 경우에는 해당 검사결과를 처분청이 접수한 날을 말한다)을 기준으로 한다.

4. 제3호에 따라 가중된 행정처분을 하는 경우 가중처분의 적용 차수는 그 위반행위 전 행정처분 차수(제3호에 따른 기간 내에 행정처분이 둘 이상 있었던 경우에는 높은 차수를 말한다)의 다음 차수로 한다.

5. 행정처분권자는 위반사항의 내용으로 보아 그 위반정도가 경미하거나 해당 위반사항에 관하여 검사로부터 기소유예의 처분을 받거나 법원으로부터 선고유예의 판결을 받은 때에는 Ⅱ. 개별기준에 불구하고 그 처분기준을 다음의 구분에 따라 경감할 수 있다.

　가. 영업정지 및 면허정지의 경우에는 그 처분기준 일수의 2분의 1의 범위안에서 경감할 수 있다.

　나. 영업장폐쇄의 경우에는 3월 이상의 영업정지처분으로 경감할 수 있다.

6. 영업정지 1월은 30일을 기준으로 하고, 행정처분기준을 가중하거나 경감하

는 경우 1일 미만은 처분기준 산정에서 제외한다.

II. 개별기준

1. 숙박업

위반행위	근거 법조문	행정처분기준			
		1차 위반	2차 위반	3차 위반	4차 이상 위반
가. 법 제3조 제1항 전단에 따른 영업신고를 하지 않거나 시설과 설비기준을 위반한 경우	법 제11조 제1항 제1호				
1) 영업신고를 하지 않은 경우		영업장 폐쇄명령			
2) 시설 및 설비기준을 위반한 경우		개선명령	영업정지 15일	영업정지 1월	영업장 폐쇄명령
나. 법 제3조 제1항 후단에 따른 변경신고를 하지 않은 경우	법 제11조 제1항 제2호				
1) 신고를 하지 않고 영업소의 명칭, 상호, 영 제4조 각 호에 따른 숙박업 업종 간 변경을 하였거나 영업장 면적 변경신고 대상임에도 신고하지 않은 경우		경고 또는 개선명령	영업정지 15일	영업정지 1월	영업장 폐쇄명령
2) 신고를 하지 않고 영업소의 소재지를 변경한 경우		영업정지 1월	영업정지 2월	영업장 폐쇄명령	
다. 법 제3조의2제4항에 따른 지위승계신고를 하지 않은 경우	법 제11조 제1항 제3호	경고	영업정지 10일	영업정지 1월	영업장 폐쇄명령
라. 법 제4조에 따른 공중위생영업자의 위생관리의무등을 지키지 않은 경우	법 제11조 제1항 제4호				
1) 객실 및 침구 등의 청결을 유지하지 않거나 욕실 등의 위생관리 및 수질관리에 관한 사항을 준수하지 않은 경우		경고 또는 개선명령	영업정지 5일	영업정지 10일	영업장 폐쇄명령

위반행위	근거 법조문	1차 위반	2차 위반	3차 위반	4차 위반
2) 환기 또는 조명이 불량한 경우		개선명령	영업정지 5일	영업정지 10일	영업장 폐쇄명령
3) 업소내에 숙박업신고증을 게시하지 않거나 접객대에 숙박요금표를 게시하지 않은 경우 또는 게시한 숙박요금과 다른 요금을 받은 경우		경고 또는 개선명령	영업정지 5일	영업정지 10일	영업장 폐쇄명령
마. 법 제5조를 위반하여 카메라나 기계장치를 설치한 경우	법 제11조 제1항 제4호의2	영업정지 3월	영업장 폐쇄명령		
바. 법 제9조에 따른 보고를 하지 않거나 거짓으로 보고한 경우 또는 관계 공무원의 출입, 검사 또는 공중위생영업 장부 또는 서류의 열람을 거부 · 방해하거나 기피한 경우	법 제11조 제1항 제6호	영업정지 10일	영업정지 20일	영업정지 1월	영업장 폐쇄명령
사. 법 제10조에 따른 개선명령을 이행하지 않은 경우	법 제11조 제1항 제7호	경고	영업정지 10일	영업정지 1월	영업장 폐쇄명령
아. 「성매매알선 등 행위의 처벌에 관한 법률」, 「풍속영업의 규제에 관한 법률」, 「청소년 보호법」, 「아동 · 청소년의 성보호에 관한 법률」 또는 「의료법」을 위반하여 관계 행정기관의 장으로부터 그 사실을 통보받은 경우	법 제11조 제1항 제8호				
1) 업소에서 음란한 문서 · 도서 · 영화 · 음반 · 비디오물 그 밖에 물건(이하 "음란한 물건"이라 한다)을 반포 · 판매 · 대여하거나 이를 하게 하는 행위와 음란한 물건을 관람 · 열람하게 하는 행위 및 반포 · 판매 · 대여 · 관람 · 열람의 목적으로 음란한 물건을 진열 또는 보관한 경우		영업정지 2월	영업정지 3월	영업장 폐쇄명령	

2) 숙박자에게 성매알선 등 행위 또는 음란행위를 하게 하거나 이를 알선 또는 제공한 경우		영업정지 3월	영업장 폐쇄명령	
3) 숙박자에게 도박 그 밖에 사행행위를 하게 한 경우		영업정지 1월	영업정지 2월	영업장 폐쇄명령
4) 청소년에 대하여 이성혼숙을 하게 하는 등 풍기를 문란하게 하는 영업행위를 하거나 그를 목적으로 장소를 제공한 경우		영업정지 2월	영업정지 3월	영업장 폐쇄명령
5) 무자격안마사로 하여금 안마사의 업무에 관한 행위를 하게 한 경우		영업정지 1월	영업정지 2월	영업장 폐쇄명령
자. 영업정지처분을 받고 도 그 영업정지 기간에 영업을 한 경우	법 제11조 제2항	영업장 폐쇄명령		
차. 공중위생영업자가 정당한 사유 없이 6개월 이상 계속 휴업하는 경우	법 제11조 제3항 제1호	영업장 폐쇄명령		
카. 공중위생영업자가 「부가가치세법」 제8조에 따라 관할 세무서장에게 폐업신고를 하거나 관할 세무서장이 사업자등록을 말소한 경우	법 제11조 제3항 제2호	영업장 폐쇄명령		
타. 공중위생영업자가 영업을 하지 않기 위하여 영업시설의 전부를 철거한 경우	법 제11조 제3항 제3호	영업장 폐쇄명령		

다. 영리의 목적으로 손님이 잠을 자고 머물 수 있는 시설 및 설비 등의 서비스를 계속적·반복적으로 제공하는 행위가 '숙박업'에 해당하는지 여부

공중위생관리법(이하 '법'이라고 한다)의 목적, 법 제2조 제1항 제1호, 제2호, 구 공중위생관리법 시행령(2011. 12. 30. 대통령령 제23451호로 개정되기 전의 것) 제2조 제1항의 내용을 종합하여 보면, 영리의 목적으로 손님이 잠을 자고 머물 수 있는 시설 및 설비 등의 서비스를 계속적·반복적으로 제공하는 행위는 법령이 정한 제외규정에 해당되지 않는 이상 법 제2조 제1항 제2호에서 규정한 숙박업에 해당하고, 같은 시설 등에서 복합유통게임 등을 제공한다고 하여 위 숙박업에서 제외되는 것은 아니다.[69]

라. 관광숙박업자가 등록한 영업 범위를 벗어나 자신의 업소를 성매매 장소로 제공한 경우에도 관광진흥법 제35조 제7항에 따라 구 공중위생관리법 제11조 제1항의 적용이 배제되는지 여부

관광진흥법 제35조 제1항 제1호 후단은 '관할 등록기관 등의 장은 관광사업의 등록 등을 받은 자가 등록한 영업범위를 벗어난 경우 사업의 전부 또는 일부의 정지를 명하거나 시설·운영의 개선을 명할 수 있다'고 규정하고 있고, 같은 조 제7항은 ' 제1항 각호의 어느 하나에 해당하는 관광숙박업자의 위반행위가 공중위생관리법 제11조 제1항에 따른 위반행위에 해당하면 공중위생관리법의 규정에도 불구하고 이 법을 적용한다'고 규정하고 있다. 이 규정들을 관광진흥법 제3조, 제4조 및 구 공중위생관리법(2010. 1. 18. 법률 제9932호로 개정되기 전의 것, 이하 같다) 제11조 제1항 등 관련 규정과 대비하여 살펴보면, 설령 관광숙박업자가 자신의 업소를 다른 용도로 장기 임대하는 영업행위가 관광진흥법 제35조 제1항 제1호 후단의 '등록한 영업범위를 벗어난 경우'에 해당하여 이에 대해서는 관광진흥법만이 적용되더라도, 관광숙박업자가 이러한 영업행위를 통해 자신의 업소를 성매매 장소로 제공하는 것에 대해서까지 관광진흥법 제35조 제7항에 의해 구 공중위생관리법 제11조 제1항의 적용이 배제된다고 볼 수는 없다.[70]

마. 공중위생관리법 제2조 제1항 제2호 규정에 의한 '숙박업'이 풍속영업의 규제에 관한 법률상 '풍속영업'에 해당하는지 여부

풍속영업의 규제에 관한 법률 제2조 제2호는 " 공중위생관리법 제2조 제1항 제2호 내지 제4호의 규정에 의한 숙박업, 이용업, 목욕장업 중 대통령령으로 정하는 것"을 풍

---

69) 대법원 2013. 12. 12. 선고 2013도7947 판결.
70) 대법원 2012. 5. 10. 선고 2012두1297 판결.

속영업에 포함시키고 있는데, 풍속영업의 규제에 관한 법률 시행령 제2조 제2호는 숙박업, 이용업에 대하여 전혀 규정하지 않고 목욕장업에 대해서만 규정을 하고 있으며, 위 조항의 입법 연혁을 고려할 때에도 '숙박업'은 '대통령령으로 정하는 것'이라는 문구에 걸리지 않는 것으로 해석하는 것이 자연스러운 점에 비추어, 숙박업에 관하여는 풍속영업의 규제에 관한 법률에서 직접 규정하고 그 시행령에 별도로 구체적인 범위를 위임하고 있는 것으로 보이지 않는다. 따라서, 공중위생관리법 제2조 제1항 제2호 규정에 의한 '숙박업'은 풍속영업의 규제에 관한 법률 제2조 제2호의 '풍속영업'에 해당한다.[71]

바. 현실적 행위자가 아닌 법령상 책임자로 규정된 자에게 행정법규 위반에 대한 제재조치를 부과할 수 있는지 여부

행정법규 위반에 대하여 가하는 제재조치는 행정목적의 달성을 위하여 행정법규 위반이라는 객관적 사실에 착안하여 가하는 제재이므로 반드시 현실적인 행위자가 아니라도 법령상 책임자로 규정된 자에게 부과되고 특별한 사정이 없는 한 위반자에게 고의나 과실이 없더라도 부과할 수 있다.[72]

사. 과징금부과

1) 과징금처분

시장·군수·구청장은 제11조 제1항의 규정에 의한 영업정지가 이용자에게 심한 불편을 주거나 그 밖에 공익을 해할 우려가 있는 경우에는 영업정지 처분에 갈음하여 3천만원 이하의 과징금을 부과할 수 있다. 다만, 「성매매알선 등 행위의 처벌에 관한 법률」, 풍속영업의규제에관한법률 제3조 각호의 1 또는 이에 상응하는 위반행위로 인하여 처분을 받게 되는 경우를 제외한다(법 제11조의2 제1항).

---

71) 대법원 2008. 8. 21. 선고 2008도3975 판결.
72) 대법원 2000. 5. 26. 선고 98두5972 판결, 대법원 2003. 9. 2. 선고 2002두5177 판결 등 참조.

2) 과징금의 산정

과징금의 금액은 위반행위의 종별 · 정도 등을 감안하여 보건복지부령이 정하는 영업정지기간에 별표 1의 과징금 산정기준을 적용하여 산정한다(법 시행령 제7조의2).

[별표 1] 〈개정 2016. 8. 2.〉

과징금의 산정기준(제7조의2제1항 관련)

1. 일반기준

가. 영업정지 1개월은 30일을 기준으로 한다.

나. 위반행위의 종별에 따른 과징금의 금액은 영업정지 기간에 다목에 따라 산정한 영업정지 1일당 과징금의 금액을 곱하여 얻은 금액으로 한다. 다만, 과징금 산정금액이 3천만 원을 넘는 경우에는 3천만 원으로 한다.

다. 1일당 과징금의 금액은 위반행위를 한 공중위생영업자의 연간 총매출액을 기준으로 산출한다.

라. 연간 총매출액은 처분일이 속한 연도의 전년도의 1년간 총매출액을 기준으로 한다. 다만, 신규사업 · 휴업 등에 따라 1년간 총매출액을 산출할 수 없거나 1년간 매출액을 기준으로 하는 것이 현저히 불합리하다고 인정되는 경우에는 분기별 · 월별 또는 일별 매출액을 기준으로 연간 총매출액을 환산하여 산출한다.

2. 과징금 기준

등급	연간 총매출액 (단위 : 백만 원)	영업정지 1일당 과징금 금액 (단위 : 원)
1	100 이하	9,400
2	100 초과 ~ 200 이하	41,000
3	200 초과 ~ 310 이하	52,000

4	310 초과 ~ 430 이하	63,000
5	430 초과 ~ 560 이하	74,000
6	560 초과 ~ 700 이하	85,000
7	700 초과 ~ 860 이하	96,000
8	860 초과 ~ 1,040 이하	105,000
9	1,040 초과 ~ 1,240 이하	114,000
10	1,240 초과 ~ 1,460 이하	123,000
11	1,460 초과 ~ 1,710 이하	132,000
12	1,710 초과 ~ 2,000 이하	141,000
13	2,000 초과 ~ 2,300 이하	153,000
14	2,300 초과 ~ 2,600 이하	174,000
15	2,600 초과 ~ 3,000 이하	200,000
16	3,000 초과 ~ 3,400 이하	228,000
17	3,400 초과 ~ 3,800 이하	256,000
18	3,800 초과 ~ 4,300 이하	288,000
19	4,300 초과 ~ 4,800 이하	324,000
20	4,800 초과 ~ 5,400 이하	363,000
21	5,400 초과 ~ 6,000 이하	406,000
22	6,000 초과 ~ 6,700 이하	452,000
23	6,700 초과 ~ 7,500 이하	505,000
24	7,500 초과 ~ 8,600 이하	573,000
25	8,600 초과 ~ 10,000 이하	662,000
26	10,000 초과 ~ 12,000 이하	783,000
27	12,000 초과 ~ 15,000 이하	961,000
28	15,000 초과 ~ 20,000 이하	1,246,000
29	20,000 초과 ~ 25,000 이하	1,602,000
30	25,000 초과 ~ 30,000 이하	1,959,000
31	30,000 초과 ~ 35,000 이하	2,315,000
32	35,000 초과 ~ 40,000 이하	2,671,000
33	40,000 초과	2,849,000

아. 처분의 감경

처분권자는 위반사항의 내용으로 보아 그 위반의 정도가 경미하거나 검사의 기소유예처분 또는 법원의 선고유예 판결을 받은 경우, 영업정지 및 영업취소의 경우 1/2 범위 내에서, 영업장폐쇄의 경우 3월 이상의 영업정지로 감경하여 처분할 수 있다. 이때 영업정지처분기간 1월은 30일로 보며, 1일 미만은 처분기간에서 제외한다.

자. 관련서식

1) 행정심판

가) 신청취지 기재례

피청구인이 20○○. ○. ○. 청구인에 대하여 한 20○○. ○. ○.부터 같은 해 ○. ○.까지(2개월)의 숙박업영업정지처분은 이를 취소한다.
라는 재결을 구합니다.

나) 관련 서식

[서식] 영업정지 처분 취소 심판 청구서

행정심판 청구서

청 구 인　　　　○ ○ ○(주민등록번호)
　　　　　　　　○○시 ○○구 ○○길 ○○ (우편번호 ○○○-○○○)

피청구인　　　　○○시 ○○구청장
　　　　　　　　○○시 ○○구 ○○길 ○○ (우편번호 ○○○-○○○)

영업정지 처분 취소 심판 청구

신 청 취 지

피청구인이 20○○. ○. ○. 청구인에 대하여 한 20○○. ○. ○.부터 같은 해
○. ○.까지(2개월)의 숙박업영업정지처분은 이를 취소한다.
라는 재결을 구합니다.

신 청 이 유

1. 처분의 경위

청구인은 19○○. ○.경 ○○시 ○○구 ○○길 ○○번지 소재 00이라는 상호의
여관을 인수하여 신청외 000으로부터 숙박업 허가를 득한 후 경영해 왔는 바,
피청구인은 청구인이 20○○. ○. ○. 21 : 00경 위 여관에 미성년자를 혼숙하
게 하였다는 이유로, 20○○. ○. ○. 자로 청구인에 대하여 20○○. ○. ○.부
터 같은 해 ○. ○.까지 2개월간 위 여관의 영업을 정지할 것을 명하는 처분을
하였습니다.

2. 처분의 위법성

이 사건 처분은 다음과 같은 점에서 위법하므로 취소되어야 합니다.

가. 청소년보호법상 "청소년을 남녀 혼숙하게 하는 등 풍기를 문란하게 하는 영
업행위를 하거나 이를 목적으로 장소를 제공하는 행위"를 금지하고 있고, 공중
위생관리법에서는 "시장·군수·구청장은 공중위생영업자가 이 법 또는 이 법
에 의한 명령에 위반하거나 또는 「성매매알선 등 행위의 처벌에 관한 법률」·
「풍속영업의 규제에 관한 법률」·「청소년 보호법」·「의료법」에 위반하여 관
계행정기관의 장의 요청이 있는 때에는 6월 이내의 기간을 정하여 영업의 정지
또는 일부 시설의 사용중지를 명하거나 영업소폐쇄등을 명할 수 있다"고 규정하
고 있으나, 원고의 업소에서는 청소년을 남녀혼숙하게 한 사실이 없습니다.

이 사건의 경우는 김00라는 30대 중반의 남자와 이00라는 18세의 여자가 위 여관에 다른 목적을 가지고 잠시 들어왔을 뿐으로, 그들은 성관계를 갖거나 잠을 잔 적이 없으므로, 청소년보호법 제30조 제8호에 정한 "청소년을 남녀 혼숙하게 하는 등 풍기를 문란하게 하는 영업행위를 하거나 이를 목적으로 장소를 제공하는 행위"에 해당하지 아니한다 할 것입니다.

나. 이 사건 당일 21 : 00경 위 김00라는 30대 중반의 남자가 20대 초반으로 보이는 이00라는 여자를 데리고 대실을 요구하여 원고가 여자에게 주민등록증을 요구하였던 바, 위 김00는 "사람을 그렇게 믿지 못하느냐, 미성년자가 아니니 걱정 말라."고 하면서 화를 내었고, 이에 원고가 "숙박계라도 기재하라."고 요구하자 "잠시 쉬어 갈텐데 무슨 숙박계를 쓰느냐."고 화를 내므로 하는 수 없이 동 여관 308호실로 안내하였습니다.

3. 처분의 부당성
설령 위 행위가 명목상 청소년보호법에 반하는 것이라고 하더라도 위와 같은 사정에 비추어 청구인을 비난하기 어렵고, 이 사건의 실체에 비추어 볼 때, 이 사건 처분은 지나치게 형식에만 치우쳐 그 처분으로 달성하려는 원래의 목적에서 일탈하는 결과에 이르게 될 것인 바, 그렇다면 이 사건 처분은 청구인에게 과도한 것으로 부당하다고 아니할 수 없어 마땅히 취소를 면키 어렵다고 할 것입니다. 따라서 위 처분은 위법하고 부당하므로 취소되어야 할 것입니다.

입 증 방 법

1. 갑 제1호증의 1   청소년보호법 위반업소 행정처분
1. 갑 제1호증의 2   행정처분(영업정지)
1. 갑 제2호증   숙박업 신고증
1. 갑 제3호증   사업자 등록증

첨 부 서 류

1. 위 입증방법　　　　　　　각 1통
1. 청구서 부본　　　　　　　1통

　　　　　　　　20○○년 ○월 ○일

　　　　　　　　청구인　○　○　○　　(인)

○○ 광역시 ○○구청장　귀중

2) 행정소송

가) 신청취지 기재례

1. 피고가 20○○. ○. ○. 원고에 대하여 한 20○○. ○. ○.부터 같은 해 ○. ○.까지(2개월)의 숙박업영 업정지 처분은 이를 취소한다.
2. 소송비용은 피고의 부담으로 한다.
라는 판결을 구합니다.

나) 관련 서식

[서식] 숙박업 영업정지 처분 취소 청구의 소

소 장

원 고   박 ○ ○ (○○○○○○-○○○○○○○)

                   ○○시 ○○구 ○○동 ○○○

소송대리인   변호사 ○ ○ ○

                   ○○시 ○○구 ○○동 ○○○(우 :)

                   (전화 : ,팩스 :)

피 고   ○○시장

영업정지 처분 취소 청구의 소

청 구 취 지

1. 피고가 2010. 5. 7. 원고에 대하여 한 ○○시 ○○구 ○○동 123-10 소재 숙박업소 "좋아모텔"에 대한 영업정지처분은 이를 취소한다.
2. 소송비용은 피고의 부담으로 한다.

라는 판결을 구합니다.

청 구 원 인

1. 처분내용

원고는 청구취지 기재의 지번 소재 건물 5층 건물에서 2006. 9. 8. 숙박업의 허가를 받고 "좋아모텔"이라는 상호로 숙박업을 경영해 오던 중, 2010. 4. 13.

23:40경 소외 안ㅇ승이 미성년자인 소외 한ㅇ선과 투숙하는 것을 받아들였다는 이유로, 같은 해 5. 7. 피고로부터 영업정지 2개월(정지기간 : 같은 해 5. 15.부터 7. 14.까지)의 행정처분(이하 "이 사건 처분"이라고 한다)을 받았습니다.

2. 이 사건 처분의 위법성

가. 피고는 영업정지 명령서에서, 위 처분의 사유로 삼은 위 사실이 청소년보호법 제26조의2 제8항에 누구든지 "청소년에게 이성혼숙을 하게 하는 등 풍기를 문란하게 하는 영업행위를 하거나 그를 목적으로 장소를 제공하는 행위"를 위반한 것에 해당한다 하여, 동법 제50조 제4항에 따라 이 사건 처분을 행한 것으로 보여집니다.

그러나 위 처분은 아래에서 보는 바와 같이 사실과 법리를 오해하여 한 위법한 처분입니다.

나. 이 사건에서 문제된 소외 안ㅇ승은 2010. 4. 13. 22:50경 위 모텔에 와서 종업원인 소외 고ㅇ명에게 투숙의사를 밝혀 숙박부에 기재하게 한 후 305호실에 투숙하게 하였는바, 투숙당시 위 고ㅇ명이 동숙자 유무를 물었는데 없다하여 1인 요금만 받은 후 혼자 투숙하게 되었습니다.

그런데 위 안ㅇ승은 투숙 후 30분이 지나 잠시 나갔다오겠다고 하면서 나간 후, 23:40경 만 18세 되었다는 소외 한ㅇ선과 함께 다시 모텔에 돌아와 두 사람이 함께 숙박한 것이 후에 밝혀졌지만, 두 사람이 함께 돌아왔을 때는 위 숙박업소의 업주인 원고나 종업원인 위 고ㅇ명 모두 소외 한ㅇ선은 물론 안ㅇ승이 들어온 것도 보지 못하였습니다.

다. 가사 원고가 이를 알고 있었다고 하더라도 단순히 성년의 남자가 성년에 가까운 성숙한 모습의 여자와 동숙하였는데, 후에 여자의 연령이 만 18세 남짓이라는 것이 밝혀졌다고 하여, 그것이 바로 "풍기문란의 우려가 있는 미성년 남녀의 혼숙"이라고 할 수는 없을 법리일 것이고, 적어도 다수의 사람이 투숙하였는데 그 중 상당수의 투숙자가 미성년자이라든지, 또는 외관상 명백히 미성년자라고 할 수 있을 것입니다. 그렇다면 이 사건에서도 위 한 ○선가 법률상 미성년자임이 후에 밝혀졌다고 하여 이를 "풍기문란의 우려가 있는 미성년 남녀의 혼숙"이라고 볼 수 없을 것입니다.

라. 따라서 이 사건 처분은 사실과 법리를 오해한 위법한 처분으로서 취소되어야 할 것입니다.

입 증 방 법

1. 갑 제1호증의 1행정처분 통보
1. 갑 제1호증의 2영업정지명령서
1. 갑 제2호증숙박업허가증
1. 갑 제3호증사업자등록증

그 밖의 입증서류는 변론에 따라 수시 제출하겠습니다.

첨 부 서 류

1. 위 입증서류 사본각	1통
1. 주민등록초본	1통
1. 소장부본	1통
1. 위임장	1통

20○○. ○. .

위 원고 소송대리인 변호사 ○ ○ ○ (인)

○○행정법원 귀중

[서식] 숙박업 영업정지 처분 취소 청구의 소

소 장

원　　고　　　　○○○ (○○○○○○-○○○○○○)

　　　　　　　　　○○시 ○○구 ○○동 ○○○

소송대리인　　　변호사 ○ ○ ○

　　　　　　　　　○○시 ○○구 ○○동 ○○○(우 :)

　　　　　　　　　(전화 : 　　　　, 팩스 :)

피　　고　　　　○○시 ○○구청장

숙박업 영업정지 처분 취소 청구의 소

청 구 취 지

1. 피고가 20○○. 2. 21.자로 원고에 대하여 한 숙박업영업정지처분은 이를 취
소한다.
2. 소송비용은 피고의 부담으로 한다.
라는 판결을 구합니다.

청 구 원 인

1. 처분내용
원고는 20○○. 7. 26. 피고로부터 숙박업 허가를 받아 ○○시 ○○구 ○○동

123에서 두바이모텔이라는 상호로 숙박업을 경영하여 오다가 20○○. 11. 중순 경부터 사위인 소외 이○형에게 이를 관리하게 하여 왔습니다. 피고는 위 모텔에서 20○○. 1. 23. 18:00경 미성년의 남녀인 소외 김○식과 김○신을 혼숙하게 하였다는 이유로 청소년보호법 제26조2 제8항과 공중위생관리법 제11조 제1항을 적용하여 20○○. 2. 21.자로 원고에 대하여 20○○. 3. 4.부터 같은 해 5. 3.까지 2개월간 위 모텔의 영업을 정지할 것을 명하는 처분을 하였습니다.

2. 처분의 위법

이 사건 처분은 다음과 같은 점에서 위법합니다.

첫째, 위 공중위생법상 미성년자의 혼숙이 금지되는 것은 풍기를 문란하게 하는 경우에 한한다고 보아야 할 것인데, 이 사건의 경우 위 투숙객들은 성년을 불과 몇 개월 앞둔 재수생 및 대학생으로서 장차 결혼을 약속한 애인들이어서 풍기를 문란하게 한 적이 없으므로, 이 사건은 청소년보호법 제26조2 제8항이 정한 풍기를 문란하게 하거나 그를 목적으로 장소를 제공하는 행위를 하려고 한 경우에 해당하지 아니한다 할 것입니다.

즉, 이 사건 당일 18:00경 위 김○식과 김○신이 위 두바이모텔에 와서 방을 요구하므로 당시 위 모텔을 관리하던 위 이○형은 이들에게 성년자인지 여부를 물어 그렇다는 대답을 듣고 이들을 위 305호 객실로 안내한 다음 숙박부에 인적사항을 기재할 것을 요구하였는바, 위 김○식이 숙박부에 성명 김○수, 주민등록번호 ○○○○○○-○○○○○○○으로 기재하고, 위 김○신도 위 김○식과 같은 나이라고 하며 위 김○식은 신장 175㎝, 위 김○신은 신장 160㎝ 정도이고, 외관상 미성년자로 보이지 아니하므로 그들의 주민등록증을 제시할 것은 요구하지 않는 채 그들을 위 객실에거 혼숙하도록 하였던 것입니다. 또한 김○식은 19○○. 8. 5.생으로 재수생, 위 김○은 19○○. 6. 28.생으로 대학에 재학 중인 자로서 서로 결혼을 약속한 사이인 것입니다.

둘째, 가사 위 사실관계가 처분의 요건에 해당한다 하더라도 위와 같은 경위에 비추어 보면 그러한 사유만으로 2개월의 영업정지를 명한 이 사건 처분은 너무 가혹하여 재량권을 남용하였거나 그 범위를 벗어난 것으로서 위법하다 할 것입니다.

따라서 이 사건 처분은 위법한 처분으로서 취소되어야 할 것이므로 원고는 본 소 청구에 이르렀습니다.

입 증 방 법

추후 변론시 제출하겠습니다.

첨 부 서 류

1. 주민등록초본	1통
1. 소장부본	1통
1. 위임장	1통

20○○. ○. .

위 원고 소송대리인 변호사 ○ ○ ○ (인)

○○행정법원 귀중

[서식] 숙박업 영업정지 처분 취소 청구의 소

소 장

원　고　　　　　○○○ (○○○○○○-○○○○○○○)

　　　　　　　　○○시 ○○구 ○○동 ○○○

소송대리인　　　변호사 ○ ○ ○

　　　　　　　　○○시 ○○구 ○○동 ○○○(우 :　)

　　　　　　　　(전화 :　, 팩스 :　)

피　고　　○○시 ○○구청장

숙박업 영업정지 처분 취소 청구의 소

청 구 취 지

1. 피고가 20○○. 2. 21.자로 원고에 대하여 한 숙박업영업정지처분은 이를 취소한다.
2. 소송비용은 피고의 부담으로 한다.

라는 판결을 구합니다.

청 구 원 인

1. 처분내용

원고는 20○○. 7. 26. 피고로부터 숙박업 허가를 받아 ○○시 ○○구 ○○동 123에서 두바이모텔이라는 상호로 숙박업을 경영하여 오다가 20○○. 11. 중순경부터 사위인 소외 이○형에게 이를 관리하게 하여 왔습니다. 피고는 위 모텔에서

20○○. 1. 23. 18:00경 미성년의 남녀인 소외 김○식과 김○신을 혼숙하게 하였다는 이유로 청소년보호법 제26조2 제8항과 공중위생관리법 제11조 제1항을 적용하여 20○○. 2. 21.자로 원고에 대하여 20○○. 3. 4.부터 같은 해 5. 3.까지 2개월간 위 모텔의 영업을 정지할 것을 명하는 처분을 하였습니다.

2. 처분의 위법
이 사건 처분은 다음과 같은 점에서 위법합니다.
첫째, 위 공중위생법상 미성년자의 혼숙이 금지되는 것은 풍기를 문란하게 하는 경우에 한한다고 보아야 할 것인데, 이 사건의 경우 위 투숙객들은 성년을 불과 몇 개월 앞둔 재수생 및 대학생으로서 장차 결혼을 약속한 애인들이어서 풍기를 문란하게 한 적이 없으므로, 이 사건은 청소년보호법 제26조2 제8항이 정한 풍기를 문란하게 하거나 그를 목적으로 장소를 제공하는 행위를 하려고 한 경우에 해당하지 아니한다 할 것입니다.

즉, 이 사건 당일 18:00경 위 김○식과 김○신이 위 두바이모텔에 와서 방을 요구하므로 당시 위 모텔을 관리하던 위 이○형은 이들에게 성년자인지 여부를 물어 그렇다는 대답을 듣고 이들을 위 305호 객실로 안내한 다음 숙박부에 인적사항을 기재할 것을 요구하였는바, 위 김○식이 숙박부에 성명 김○수, 주민등록번호 ○○○○○○-○○○○○○○으로 기재하고, 위 김○신도 위 김○식과 같은 나이라고 하며 위 김○식은 신장 175㎝, 위 김○신은 신장 160㎝ 정도이고, 외관상 미성년자로 보이지 아니하므로 그들의 주민등록증을 제시할 것은 요구하지 않는 채 그들을 위 객실에거 혼숙하도록 하였던 것입니다. 또한 김○식은 19○○. 8. 5.생으로 재수생, 위 김○은 19○○. 6. 28.생으로 대학에 재학 중인 자로서 서로 결혼을 약속한 사이인 것입니다.

둘째, 가사 위 사실관계가 처분의 요건에 해당한다 하더라도 위와 같은 경위에 비추어 보면 그러한 사유만으로 2개월의 영업정지를 명한 이 사건 처분은 너무 가혹하여 재량권을 남용하였거나 그 범위를 벗어난 것으로서 위법하다 할 것입니다.

따라서 이 사건 처분은 위법한 처분으로서 취소되어야 할 것이므로 원고는 본 소청구에 이르렀습니다.

입 증 방 법

추후 변론시 제출하겠습니다.

첨 부 서 류

1. 주민등록초본	1통
1. 소장부본	1통
1. 위임장	1통

20○○. ○. .

위 원고 소송대리인 변호사 ○ ○ ○ (인)

○○행정법원 귀중

소　장

원　고　　　　　○○○(주민등록번호)

　　　　　　　○○시 ○○구 ○○길 ○○ (우편번호 ○○○-○○○)

피　고　　　　　00시 00구청장

　　　　　　　○○시 ○○구 ○○길 ○○ (우편번호 ○○○-○○○)

숙박업 영업정지 처분 취소 청구의 소

신 청 취 지

1. 피고가 20○○. ○. ○. 원고에 대하여 한 20○○. ○. ○.부터 같은 해 ○.
　○.까지(2개월)의 숙박업영업정지 처분은 이를 취소한다.
2. 소송비용은 피고의 부담으로 한다.
라는 판결을 구합니다.

신 청 이 유

1. 원고는 20○○. ○.경 ○○시 ○○구 ○○길 ○○소재 "☆☆여관"이라는 상
　호로 피고로부터 숙박업허가를 받은 후 영업을 하여 왔는 바, 피고는 원고가
　20○○. ○. ○. 00:30경 위 여관에 소외 김ㅁㅁ이 미성년자인 소외 이ㅁㅁ
　과 투숙하는 것을 받아 들였다는 이유로 20○○. ○. ○.자로 원고에 대하여
　20○○. ○. ○.부터 같은 해 ○. ○.까지 2개월간 위 여관의 영업을 정지할
　것을 명하는 처분을 하였습니다.

2. 처분의 위법성

피고는 영업정지 명령서에서 위 처분의 사유로 삼은 위 사실이 공중위생관리법 11조 제1항 "시장·군수·구청장은 공중위생영업자가 「청소년 보호법」에 위반하여 관계행정기관의 장의 요청이 있는 때"로 한다고 하여 동법11조, 동시행규칙19조와 별표7이 정한 처분기준에 따라 이 사건 처분을 행한 것으로 보여집니다. 그러나 위 처분은 아래에서 보는 바와 같이 위법한 처분입니다

가) 이 사건에서 문제된 소외 김ㅁㅁ은 200ㅇ. ㅇ. ㅇ. 22:00경 위 여관에 와서 종업원인 소외 고ㅁㅁ에게 투숙의사를 밝혀 숙박부에 기재하게 한 후 302호실에 투숙하게 하였는 바, 투숙당시의 위 고ㅁㅁ이 동숙자 유무를 물었는데 없다하여 1인 요금만 받은 후 혼자 투숙하게 되었습니다. 그런데 위 김ㅁㅁ은 투숙 후 4-50분 지나 잠시 나갔다 오겠다고 하면서 나간 후 다음날 00:30분경 만 18세 되었다는 소외 이ㅁㅁ와 함께 다시 여관에 들어와 두 사람이 함께 숙박한 것이 후에 밝혀졌지만, 두 사람이 함께 들어 왔을 때는 위 숙박업소의 업주인 원고나 위 고ㅁㅁ 모두 위 소외 이ㅁㅁ은 물론 위 김ㅁㅁ이 다시 들어온 것도 보지 못했습니다.

나) 가사 원고가 이를 알고 있었다고 하더라도 단순히 성년의 남자가 성년에 가까운 성숙한 모습의 여자와 동숙하였는데 후에 여자의 연령이 만 18세 남짓이라는 것이 밝혀졌다고 하여, 그것이 바로 "청소년보호법 위반"이라고 할 수는 없을 것이고, 적어도 다수의 사람이 투숙하였는데 그 중 상당수의 투숙자가 미성년이라든지, 또는 외관상 명백히 미성년자로 보일 때가 바로 제대로 된 법 적용일 것입니다 그렇다면 이 사건에서도 위 이ㅁㅁ이 법률상 미성년임이 후에 밝혀졌다고 하여 이를 "청소년보호법에 위반하여 관계행정기관의 장의 요청이 있는 때"라고는 볼 수 없을 것입니다. 따라서 위 처분은 위법하고 부당하므로 취소되어야 할 것입니다.

입 증 방 법

1. 갑제1호증의 1   공중위생관리법 위반업소 행정처분
1. 갑제1호증의 2   행정처분(영업정지)
1. 갑제2호증   숙박업신고증
1. 갑제3호증   사업자등록증

첨 부 서 류

1. 위 입증방법   각 1통
1. 소장부본   1통
1. 납부서   1통

20○○년 ○월 ○일

원 고 ○ ○ ○ (인)

○ ○ 행 정 법 원 귀중

6. 학원영업정지 및 수강료조정명령취소 등 관련

가. 학원의 설립 · 운영 및 과외교습에 관한 법률의 제정목적 등

이 법은 학원의 설립과 운영에 관한 사항을 규정하여 학원의 건전한 발전을 도모함으로써 평생교육 진흥에 이바지함과 아울러 과외교습에 관한 사항을 규정함을 목적으로 하며(법 제1조), 이 법에서 "학원"이란 사인(私人)이 대통령령으로 정하는 수 이상의 학습자 또는 불특정다수의 학습자에게 30일 이상의 교습과정(교습과정의 반복으로 교습일수가 30일 이상이 되는 경우를 포함한다.)에 따라 지식 · 기술(기능을 포함한다. 이하 같다) · 예능을 교습(상급학교 진학에 필요한 컨설팅 등 지도를 하는 경우와 정보통신기술 등을 활용하여 원격으로 교습하는 경우를 포함한다.)하거나 30일 이상 학습장소로 제공되는 시설을 말한다.

【판시사항】

학원의 설립 · 운영 및 과외교습에 관한 법률상 등록 대상이 되는 '학원'의 의미(대법원 2017. 2. 9. 선고 2014도13280 판결)

【판결요지】

학원의 설립 · 운영 및 과외교습에 관한 법률(2011. 7. 25. 법률 제10916호로 개정된 것, 이하 '학원법'이라 한다) 제2조 제1호, 제6조, 학원의 설립 · 운영 및 과외교습에 관한 법률 시행령(2011. 10. 25. 대통령령 제23250호로 개정된 것, 이하 '학원법 시행령'이라 한다) 제3조의3 제1항, 제2항, 제5조 제2항 제3호, 제3항 제3호의 규정 내용에 따르면, 학원법의 등록 대상이 되는 학원은 학원법 시행령 [별표 2]에 정하여진 교습과정 내지 그와 유사하거나 그에 포함된 교습과정을 가르치거나 위 교습과목의 학습장소로 제공된 시설만을 의미하는 것으로 제한하여 해석함이 타당하다.

위 법리와 2011. 7. 25. 개정된 학원법 제2조의2 제1항 제1호, 2011. 10. 25. 개정된 학원법 시행령 [별표 2] 등 규정의 개정 경과 및 내용 · 취지에 따라 살펴보면, 유아나 장애인을 대상으로 교습하는 학원을 제외한 학원법 소정의 학원, 즉 '30일 이상의 교습과정에 따라 지식 · 기술(기능을 포함한다. 이하 같다) · 예능을 교습하거나 학습장소로 제공되는 시설'이라는 조건을 충족하는 경우, 2011. 7. 25. 학원법이 개정되기 전에는 초 · 중등교육법 제23조에 따른 학교교육과정을 교습하여야만 '학교교과교습학원'의 범주에 포함되어 학원법상 등록의 대상이 되었으나, 2011. 7. 25. 개정된 학원법이 시행된 후에는 초 · 중등교육법 제2조에 따른 학교의 학생을 대상으로 지식 · 기술 · 예능을 교습하기만 하면 학교교

나. 학원설립 · 운영자 등의 책무

1) 학원설립, 운영자의 책무

학원을 설립 · 운영하는 자(이하 "학원설립 · 운영자"라 한다)는 자율과 창의로 학원을 운영하며, 학습자에 대한 편의제공, 적정한 수강료 징수 등을 통한 부담경감 및 교육기회의 균등한 제공 등을 위하여 노력하는 등 평생교육 담당자로서의 책무를 다하여야 한다(법 제4조).

2) 교습소의 설립, 운영자의 책무

교습소를 설립 · 운영하는 자(이하 "교습자"라 한다)와 개인과외교습자는 과외교습을 할 때 학습자에 대한 편의제공, 적정한 수강료 징수 등을 통한 부담경감 및 교육기회의 균등한 제공 등을 위하여 노력하는 등 교습을 담당하는 자로서의 책무를 다하여야 한다.

3) 안전조취 의무

학원설립 · 운영자 및 교습자는 특별시 · 광역시 · 도 및 특별자치도(이하 "시 · 도"라 한다)의 조례로 정하는 바에 따라 학원 · 교습소의 운영과 관련하여 학원 · 교습소의 수강생에게 발생한 생명 · 신체상의 손해를 배상할 것을 내용으로 하는 보험이나 공제사업에 가입하는 등 필요한 안전조치를 취하여야 한다.

【판시사항】

사교육을 담당하는 학원의 설립 · 운영자나 교습자에게도 공교육을 담당하는 교사 등과 마찬가지로 당해 학원 수강생을 보호 · 감독할 의무가 있는지 여부(대법원 2008. 1. 17. 선고 2007다40437 판결)

다. 수강료 등

1) 수강료 등 징수

학원설립·운영자 및 교습자는 학습자로부터 수강료·이용료 또는 교습료(이하 "수강료 등"이라 한다) 를 받을 수 있다(법 제15조).

---

73) 상급 행정기관이 하급 행정기관에 대하여 업무처리지침이나 법령의 해석적용에 관한 기준을 정하여 발하는 이른바 행정규칙은 일반적으로 행정조직 내부에서만 효력을 가질 뿐 대외적

2) 수강료 등의 산정방법 및 표시

수강료등은 교습내용과 교습시간 등을 고려하여 해당 학원설립·운영자 또는 교습자가 정하고, 교육과학기술부령으로 정하는 바에 따라 이를 게시하여야 하며, 학습자를 모집할 목적으로 인쇄물·인터넷 등을 통하여 광고를 하는 경우에는 수강료등을 표시하여야 한다.

3) 수강료 등 초과징수 금지

가) 초과징수 금지

수강료 등은 해당 학원설립·운영자 또는 교습자가 정하고 교육과학기술부령으로 정하는 바에 따라 이를 게시하여야 하며, 학원설립·운영자 및 교습자는 수강료 등을 거짓으로 표시·게시하거나 표시·게시한 수강료등을 초과한 금액을 징수하여서는 아니 된다.

나) 초과징수시 제재

학원법 제17조 제1항, 제21조, 학원법 시행령 제20조 제1항을 종합하면, 교육장은 학원이 제15조 제3항을 위반하여 표시·게시한 수강료 등을 초과하여 징수한 경우(제7호)와 그 밖에 이 법 또는 이 법에 따른 명령을 위반한 경우(제9호)에는 그 등록을 말소하거나 1년 이내 기간을 정하여 교습과정 전부 또는 일부에 대한 교습 정지를 명할 수 있다.

인 구속력을 갖는 것은 아니지만 법령의 규정이 특정 행정기관에게 그 법령 내용의 구체적 사항을 정할 수 있는 권한을 부여하면서 그 권한행사의 절차나 방법을 특정하고 있지 아니한 관계로 수임행정기관이 행정규칙의 형식으로 그 법령의 내용이 될 사항을 구체적으로 정하고 있는 경우, 그러한 행정규칙·규정은 행정조직 내부에서만 효력을 가질 뿐 대외적인 구속력을 갖지 않는 행정규칙의 일반적 효력으로서가 아니라 행정기관에 법령의 구체적 내용을 보충할 권한을 부여한 법령 규정의 효력에 의하여 그 내용을 보충하는 기능을 갖게 되고, 따라서 당해 법령의 위임 한계를 벗어나지 아니하는 한 그것들과 결합하여 대외적인 구속력이 있는 법규명령으로서의 효력을 갖게 된다.

학원(교습소)에 대한 행정처분 기준(성남교육지원청)

위 반 사 항		행 정 처 분 기 준		
		1차 위반	2차 위반	3차 위반
1. 법 제17조 제1항 위반(학원)				
수강료	수강료(이용료포함) 금액 초과 징수	시정명령	정지	말소
	수강료표(이용료포함) 미게시 인쇄물·인터넷 등에 수강료 미표시	시정명령	정지	말소
	수강료(이용료 포함)표 허위 표시·게시 인쇄물·인터넷 등에 수강료 허위 표시	정지	말소	
	수강료(이용료포함) 영수증 미교부	시정명령	정지	말소

○ 정지처분은 7일로 한다.

과태료의 부과금액 기준

위반행위 종류	위 반 사 항	과태료
○ 수강료 등을 표시·게시하지 않거나 허위로 표시·게시한 자	1회	50만원
	2회	100만원
	3회	150만원
	허위로 표시·게시	150만원
○ 시설·설비, 수강료 등 교습에 관한 사항 또 는 각종 통계자료 보고의 명령을 이행하지 않 거나 허위로 보고한 자	1회	30만원
	2회	50만원
	3회	100만원
	허위로 보고한 경우	100만원
○ 수강료, 이용료 또는 교습료를 정당한 사유없 이 반환하지 아니한 자	1회	50만원
	2회	100만원
	3회	150만원

※ 1. 2회, 3회 처분은 직전의 처분을 받은 날부터 1년 이내에 같은 사항을 위반한 경우로 한다.
2. 위 위반행위종류 중 "폐원" 또는 "폐소"라 함은 시설 · 설비의 철거, 폐쇄, 임차권 상실 등으로 학원운영이 불가능한 상태를 말한다.

4) 수강료 등의 조정명령

교육감은 학교교과교습학원 또는 교습소의 수강료 등이 과다하다고 인정되면 대통령령으로 정하는 바에 따라 수강료 등의 조정을 명할 수 있다. 위 규정에 의하여 교육감이 수강료 · 이용료 또는 교습료등의 조정을 명하고자 하는 경우에는 수강료조정위원회의 심의를 거쳐야 한다. 한편, 조정위원회는 지역교육청(「지방교육자치에 관한 법률」 제34조 제1항에 따른 지역교육청을 말한다)별로 설치하되, 구체적인 구성 · 운영 등에 관하여는 교육규칙으로 정한다(법 시행령 제17조).

【판시사항】
학원의 설립 · 운영 및 과외교습에 관한 법률 제15조 제4항에 의한 수강료 등 조정명령의 대상(대법원 2011. 3. 10. 선고 2010두22542 판결)

【판결요지】
학원의 설립 · 운영 및 과외교습에 관한 법률 제15조 제2항, 제4항 및 같은 법 시행령 제5조, 제7조, 제20조의 각 규정에 의하면, 수강료 등은 해당 학원운영자 등이 정하여 교육장에게 통보하기만 하면 되고, 교육장은 학원운영자 등이 통보한 수강료 등이 과다하다고 인정되면 그 수강료 등의 조정을 명할 수 있다고 규정하고 있다. 이와 같은 규정들을 종합해 보면, 위 법 제15조 제4항에 의한 수강료 등 조정명령은 학원운영자 등이 '이미 정하여 통보한' 수강료 등을 그 대상으로 하는 것이라고 보아야 하고, 조정명령 이후 학원운영자 등이 새로 정하여 교육장에게 통보한 수강료 등에 대해서까지 그 조정명령의 효력이 미친다고 볼 수는 없다. 나아가 학원운영자 등이 수강료 등을 새로 정하여 통보한 경우에는, 그에 대한 새로운 조정명령이 내려질 때까지 종전의 수강료 등을 그대로 징수하여야 한다는 등의 별도 규정이 없는 이상, 학원운영자 등은 종전의 수강료 등 조정명령의 효력에 구속되지 않고 새로 정하여 통보한 수강료 등을 징수할 수 있다고 보아야 한다.

가) 수강료 조정명령의 법적성질

학원의 설립 · 운영 및 과외교습에 관한 법률 제15조에 따르면 학원설립 · 운영자 및 교습자는 학습자로부터 수강료·이용료 또는 교습료를 받을 수 있고 원칙적으로 그 금액 역시 교습내용과 교습시간 등을 고려하여 해당 학원설립·운영자 또는 교습자가 정하되, 다만 위와 같이 정한 학교교과교습학원 또는 교습소의 수강료 등이 과다하다고 인정될 경우에는 교육감이 대통령령으로 정하는 바에 따라 수강료 등의 조정을 명할 수 있다. 결국 위와 같은 수강료 조정명령은 지나친 사교육비 부담으로 인한 폐해의 방지라는 공익을 위하여 해당 학원설립·운영자 등에게 의무를 부과하고 그의 영업권 및 재산권을 제한하는 침익적 행정처분에 해당한다.[74]

나) 수강료 등의 조정을 명할 수 있도록 규정한 학원의 설립·운영 및 과외교습에 관한 법률 제15조 제4항이 위헌인지 여부

학원의 설립·운영 및 과외교습에 관한 법률 제15조 제4항에서 규정한 학원 수강료 조정명령 제도는 적정한 수강료의 범위를 벗어난 과다한 수강료를 조정하여 지나친 사교육비 징수로 인한 학부모의 경제적 부담을 덜어주고 국민이 되도록 균등한 정도의 사교육을 받도록 함과 아울러 국가적으로도 비정상적인 교육투자로 인한 인적·물적 낭비를 줄이기 위한 것으로 그 입법 목적의 정당성 및 수단의 적합성이 인정되고, 원칙적으로는 해당 학원설립·운영자 등이 교습내용 등을 고려하여 수강료 금액을 정할 수 있도록 보장하면서, 그 수강료가 적정한 수강료에 비하여 과다하다고 인정될 경우에 한하여 수강료 조정을 명할 수 있도록 하고 있으므로, 학원설립·운영자들의 기본권을 과도하게 제한한 것이라고 볼 수 없으며, 위 제도로 인하여 제한되는 사익은 과다한 수강료를 받지 못하는 불이익인 반면, 이를 통하여 추구하는 공익은 사교육비의 절감, 사교육기회의 차별의 최소화, 교육자원의 합리적인 배분 등으로 그 법익의 균형성도 충족하므로, 학원 수강료 조정제도를 규정한 위 법 제15조 제4항이 학원설립·운영자 등의 재산권이나 직업수행의 자유를 침해하였다거나 시장경제의 원칙에 반하는 위헌적인 법률이라고 볼 수는 없다.[75]

---

74) 서울행정법원 2009. 7. 23. 선고 2009구합3248 판결 : 항소.
75) 서울행정법원 2010. 4. 29. 선고 2009구합55195 판결 : 항소.

다) 수강료가 과다한지 여부에 대한 판단기준

학원의 설립·운영 및 과외교습에 관한 법률 제4조 제1항, 제15조 제1항, 제2항, 제3항, 제4항 등 관련 규정과 그 입법 취지 등을 종합하여 보면, 위 법 제15조 제4항에서 말하는 '수강료 등이 과다하다'라고 함은 적정한 수강료에 비하여 해당 학원의 수강료가 사회적으로 용인할 수 없을 정도로 과다하다는 의미로 해석하여야 하므로, 개별 학원의 수강료가 과다한지 여부는 우리나라의 경제상황, 국민소득수준, 물가수준(소비자물가, 생활물가, 교육물가 등), 우리나라 전체의 사교육현황 및 해당 교육청 관내의 사교육현황 등 일반적인 요소뿐만 아니라 학원의 종류·규모 및 시설수준, 교습내용과 그 수준, 교습시간, 학습자의 정원, 강사료·임대료 등 기타 운영비용, 해당 교육청 관내의 학원 현황 및 수강료 징수실태 등 학원의 수강료 수준에 영향을 미치는 여러 요소를 조사·검토하여 도출한 적정한 수강료 수준을 근거로 판단함이 상당하다.[76]

【판시사항】
수강료 조정명령이 위법하다고 한 사례(서울행정법원 2010. 4. 29. 선고 2009구합55195 판결 : 항소)

【판결요지】
교육감의 위임을 받은 시 교육청교육장이 최근의 물가상승률 등을 참고하여 결정한 교육청 수강료 상한기준을 초과하는 내용으로 수강료를 정하여 교육청에 통보한 학원에 대하여 위 수강료 상한기준 범위 내에서 수강료를 징수하도록 하는 내용의 수강료 조정명령을 한 사안에서, 위 수강료 상한기준은 수강료 수준에 영향을 미치는 여러 요소에 대한 조사·검토 없이 만연히 종래의 수강료 상한기준과 통계청의 물가자료나 다른 관내의 학원 수강료 상한기준만을 근거로 정하였다는 점에서 위 학원의 수강료가 학원의 설립·운영 및 과외교습에 관한 법률 제15조 제4항에서 정한 '수강료 등이 과다하다'라는 요건에 해당하는지 여부를 판단하기 위한 기준으로 삼기에는 적절하다고 볼 수 없고, 위 학원에서 정한 수강료가 교육청 수강료 상한기준보다 최소 20%에서 최고 50%(논술의 경우 첨삭비를 포함할 때 최소 125%에서 최고 200%)를 초과한 사정만으로는 적정한 수강료에 비하여 사회적으로 용인할 수 없을 정도로 과다하고 단정할 수 없어 수강료 조정명령은 위 법 제15조 제4항에서 정한 요건을 충족하지 못한 하자가 있다고 보아야 하므로, 위 조정명령은 위법하다.

---

76) 서울행정법원 2010. 4. 29. 선고 2009구합55195 판결 : 항소.

라) 행정청의 일방적 수강료 조정명령의 위법성

행정절차법 제21조 제1항, 제4항, 제22조 제3항에 정한 처분의 사전통지, 의견제출 제도는 행정청이 당사자에게 침해적 행정처분을 할 때 그 처분의 사유에 관하여 당사자에게 변명과 유리한 자료를 제출할 기회를 부여함으로써 위법사유의 시정가능성을 고려하고 처분의 신중과 적정을 기하려는 데 그 취지가 있으므로, 행정청이 침해적 행정처분을 하는 경우 사전통지 등을 실시하지 않아도 되는 예외적인 경우에 해당하지 않는 한 반드시 위 절차를 거쳐야 하고, 이를 결여한 처분은 위법한 처분으로서 취소사유에 해당한다. 따라서 교육장이 사전에 당해 학원에 내용을 알리고 그에 관한 의견을 제출할 기회를 주지 않은 채 한 학원수강료 개별조정명령은 행정절차법상 처분의 사전통지 및 의견청취 절차를 결여한 것으로서 위법한 처분이다.[77]

라. 지도 · 감독 등

1) 교육감의 지도, 감독

교육감은 학원의 건전한 발전과 교습소 및 개인과외교습자가 하는 과외교습의 건전성을 확보하기 위하여 적절한 지도 · 감독을 하여야 한다(법 제16조).

2) 교습시간 규정

교육감은 학교의 수업과 학생의 건강 등에 미치는 영향을 고려하여 시 · 도의 조례로 정하는 범위에서 학교교과교습학원 및 교습소의 교습시간을 정할 수 있다. 이 경우 교육감은 학부모 및 관련 단체 등의 의견을 들어야 한다.

> **【판시사항】**
> 학원의 교습시간을 제한하는 서울특별시학원의설립 · 운영및과외교습에관한조례 제5조가 법령에 의한 위임이 없는 무효의 규정인지 여부(서울행정법원 2005. 4. 7. 선고 2004구합36557 판결 : 항소)

---

77) 서울행정법원 2008. 8. 13. 선고 2008구합12504 판결 : 확정.

3) 개선명령 등

교육감은 필요하다고 인정하면 학원설립·운영자 및 교습자에 대하여 시설·설비, 수강료등, 교습에 관한 사항 또는 각종 통계자료를 보고하게 하거나 관계 공무원에게 해당 시설에 출입하여 그 시설·설비, 장부, 그 밖의 서류를 검사하게 할 수 있으며, 시설·설비의 개선명령이나 그 밖에 필요한 명령을 할 수 있다. 이에 따라 출입·검사를 하는 관계 공무원은 그 권한을 표시하는 증표를 지니고 이를 관계인에게 내보여야 한다.

4) 신고사항 확인, 조취 등

교육감은 필요하다고 인정하면 개인과외교습자의 교습료 등 각종 신고사항을 확인하거나 그 밖에 필요한 조치를 취할 수 있다.

마. 사회교육을 위하여 설치하는 시설이 학원의 설립·운영에 관한 법률 소정의 학원에 해당하는지 여부

학원의설립·운영에관한법률 제1조, 제2조 제1항, 제3조, 제5조의 각 규정과 사회교육법 제1조, 제2조, 제6조, 제21조, 제22조, 같은법시행령 제13조, 제14조의 각 규정을 대비하여 검토하여 보면, 사회교육법 제2조 제3호 소정의 사회교육시설은 사회교육의 주체가 설치, 운영하는 교육시설을 말하고, 이는 사회교육의 주체를 의미하는 같은 법 제2조 제2호 소정의 사회교육단체와는 서로 다른 것이므로, 사회교육단체라 하더라도 사회교육시설을 설치하려면 다른 사회교육의 주체와 마찬가지로 같은 법 제21조의 규정에 따라 그 목적실현을 위한 시설, 설비를 갖추어 관할 시도교육위원회에 등록하여야 할 것이고, 나아가 사회교육단체이든 개인이든 그들이 사회교육을 위하여 설치하는 시설이 학원의설립·운영에 관한 법률 제2조 제1항 소정의 학원에 해당하는 경우, 그 시설을 설립, 운영하기 위하여는 원칙적으로 같은 법의 관계규정에 따라 주무관청에 등록하거나 주무관청의 인가를 얻어야 하는 것이며, 다만 그 시설이 사회교육법 제21조의 규정에 의하여 설치, 등록된 사회교육시설과 같이 학원의설립·운영에관한법률 제2조 제1항 각 호 소정의 예외조항에 해당하는 시설인 경우에만 같은 법의 규율대상에서 제외되는 것이라고 풀이된다.[78]

바. 권한의 위임 · 위탁

교육감의 권한은 대통령령으로 정하는 바에 따라 그 일부를 교육장에게 위임[79]할 수

---

78) 대법원 1994. 6. 14. 선고 93도1799 판결.
79) 제20조 (권한의 위임 · 위탁)
① 교육감은 법 제21조 제1항에 따라 다음 각 호의 권한을 교육장에게 위임한다.
   1. 법 제5조 제3항에 따른 관계 행정기관의 장과의 협의
   2. 법 제6조에 따른 학원 설립·운영의 등록 및 변경등록의 수리
   3. 법 제7조에 따른 학원 설립·운영의 조건부등록의 수리 및 조건부등록의 말소
   4. 법 제10조에 따른 휴원 및 폐원에 관한 신고의 수리
   5. 법 제14조에 따른 교습소 설립·운영에 관한 신고 및 변경신고의 수리
   6. 법 제14조 제7항에 따른 교습소의 휴소 및 폐소에 관한 신고의 수리
   7. 법 제14조의2에 따른 개인과외교습을 하려는 자의 신고의 수리 및 개인과외교습자의 변경신고의 수리 등
   8. 법 제15조 제6항에 따른 교습비등에 대한 조정명령
   9. 법 제16조 제1항·제3항 및 제4항에 따른 학원, 교습소 및 개인과외교습자에 대한 지도·감독
  10. 법 제16조 제6항에 따른 포상금의 지급
  11. 법 제17조에 따른 학원, 교습소 및 개인과외교습자에 대한 행정처분
  12. 법 제19조 제1항에 따른 학원 또는 교습소의 폐쇄 등을 위한 조치
  13. 법 제20조에 따른 청문
  14. 법 제23조에 따른 과태료의 부과·징수
  15. 제7조 제2항에 따른 변경통보의 접수
  16. 제17조 제3항에 따른 조정위원회 위원의 위촉 또는 임명
  17. 제17조의2에 따른 교습비등의 조정기준 설정과 조정명령
② 삭제 [2001·6·29]

있다(법 제21조).

사. 관련서식

1) 행정심판 – 신청취지 기재례

> 피고가 원고에 대하여 한 2009. 10. 12.자 시정명령 및 2009. 10. 13.자 수강료조정 명령을 각 취소한다.
> 라는 재결을 구합니다.

> 피고가 2009. 1. 22. 원고에 대하여 한 14일의 영업정지처분을 취소한다.
> 라는 재결을 구합니다.

2) 행정소송

가) 신청취지 기재례

> 1. 피고가 원고에 대하여 한 2009. 10. 12.자 시정명령 및 2009. 10. 13.자 수강료조정 명령을 각 취소한다.
> 2. 소송비용은 피고의 부담으로 한다.
> 라는 판결을 구합니다.

> 1. 피고가 2009. 1. 22. 원고에 대하여 한 14일의 영업정지처분을 취소한다.
> 2. 소송비용은 피고의 부담으로 한다.
> 라는 판결을 구합니다.

---

③ 교육감은 법 제21조 제3항에 따라 법 제13조 제3항에 따른 학원설립·운영자 및 강사에 대한 연수 및 연수와 관련된 조사·연구 등의 업무의 일부를 사단법인 한국학원총연합회 및 교육감이 지정·고시하는 연수기관에 위탁한다. 다만, 연수를 위탁할 경우 교육감은 예산의 범위에서 필요한 예산을 지원할 수 있다.

나) 관련 서식

[서식] 수강료 조정명령 등 취소 청구의 소

소　장

원　고　　　　　　김 길 동(주민등록번호)

　　　　　　　　　서울시 양천구 신정동 ○○번지

　　　　　　　　　(전화 000-000, 팩스 000-000)

피　고　　　　　　서울특별시 강서교육청 교육장

수강료 조정명령 등 취소

청 구 취 지

1. 피고가 원고에 대하여 한 2009. 10. 12.자 시정명령 및 2009. 10. 13.자 수
   강료조정 명령을 각 취소한다.
2. 소송비용은 피고의 부담으로 한다.

라는 판결을 구합니다.

청 구 원 인

1. 처분의 경위
(1) 원고는 학원운영업 등을 영위하는 회사로서 서울 양천구 신정동에서 원어민
    강사 등을 채용하여 초·중등학생을 대상으로 영어, 수학을 교육하는 '00보
    습어학원'(이하 '이 사건 학원'이라고 한다)을 운영하고 있습니다.

(2) 원고는 2009. 7. 15. 다음과 같이 학원수강료를 인상하여 인상된 수강료를 학원에 게시하고 관계법령에 따라 피고에게 이를 통보하였습니다.

교습과목	교습시간	학급정원	월 수강료(원)
초등영어	주 330 시간	12	297,200
중등영어	주 550 시간	18	495,400
중등영어	주 825 시간	18	743,000
중등수학	주 550 시간	18	377,600
중등수학	주 825 시간	18	566,500
중등영어 · 수학	주 990시간	18	679,000

(3) 피고는 2009. 7. 21. 원고에게 위 수강료가 교습과정별 학원수강료 기준금액(2007. 9. 23. 수강료조정위원회가 심의하여 조정한 금액으로 보인다, 이하 '2007년 수강료 기준금액'이라고 한다)을 초과하여 수강료 조정의 대상에 해당하고 위 학원의 적정 수강료를 산정하기 위하여 전년도 대차대조표 등 재무관련 서류를 제출하여 줄 것을 통보하였고, 2009. 8. 12. 다시 원고에게 위 재무관련 서류의 제출을 촉구하면서 이를 제출하지 아니할 경우 수강료 조정에 있어 불이익을 받을 수 있음을 통보하였습니다.

(4) 피고는 2009. 9. 15. 서울특별시 강서교육청 학원수강료조정위원회(이하 '이 사건 위원회'라고 한다)를 열어 원고를 포함한 7개 학원에 대한 수강료 인상 여부를 심의하여 종전 결정액으로 동결하기로 결정하고, 2009. 9. 18. 원고에게 이 사건 위원회의 심의결과를 통지하면서 이에 대한 의견서를 2009. 10. 5.까지 제출하도록 하는 처분의 사전통지를 하였습니다. 그러나 이에 대해 원고는 피고에게 아무런 의견제출을 하지 아니하였습니다.

(5) 피고는 2009. 10. 12. 원고에 대하여 학원의 설립 · 운용 및 과외교습에 관한 법률 (이하 '학원법'이라고 한다) 제16조 등에 의하여 '위반사항 : 수강료

초과징수(50% 미만), 처분내용 : 경고(벌점 30점), 시정사항 : 적정수준으로 수강료 또는 수업시수를 조정하여 운영, 증빙자료로 수강생대장, 초과액 환불자료, 조정수업시간안내문, 조정수업시간표, 영수증원부 등 제출'이라는 내용으로 시정명령(이하 '이 사건 시정명령'이라고 한다)을 하였습니다.

(6) 피고는 그 다음날인 2009. 10. 13. 원고에 대하여 "원고가 2008년도 수강료 원가 산출을 위한 회계 관련 증빙자료를 제출하지 아니하여 인상된 수강료의 적정성에 관한 검토가 불가하고, 현재의 대외적인 경제여건과 학부모의 사교육비 부담 완화 등 정부의 시책과 학원법 제4조의 취지에 따라 학습자의 수강료에 대한 부담을 경감시킬 책무가 있다."라는 이유로 학원법 제15조 제4항 등에 의하여 금회 통보된 수강료가 아닌 기존에 통보된 수강료에 의하여 수강료를 징수하도록 하는 내용의 수강료조정명령(이하 '이 사건 조정명령'이라고 한다)을 하였습니다.

2. 처분의 위법성

(1) 절차적 하자

행정절차법 제23조 제1항은 행정청이 처분을 하는 때에는 당사자에게 그 근거와 이유를 제시하여야 한다고 규정하고 있는데, 피고가 이 사건 처분을 하면서 원고에게 위 처분에 대하여 불복신청을 하게 할 수 있을 정도의 이유 제시를 하지 아니하였으므로 그 절차상 위법입니다.

(2) 실체적 하자

1) 헌법 제31조에 의하면, 모든 국민은 능력에 따라 균등하게 교육을 받을 권리를 가지고(제1항), 국가는 평생교육을 진흥하여야 할 의무를 부담한다고 규정되어 있으며(제5항), 이에 따라 학원설립·운영자 및 교습자는 헌법상 사유재산권 및 영업활동의 자유를 보장받고 있습니다. 또한 학원법은 학원의 설립과 운영에 관한 사항을 규정하여 학원의 건전한 발전을

도모함으로써 평생교육 진흥에 이바지함과 아울러 과외교습에 관한 사항을 규정함을 목적으로 한다고 규정하고 있습니다(제1조).

2) 우리의 교육현실에서 사교육은 특히 학교 안에서 이루어지는 공교육이 자율과 경쟁의 원칙을 소홀히 한 채 낡은 평준화 정책의 틀 속에서 만족도 높은 교육서비스를 제공하지 못하는 현실에서 교육소비자인 일반 국민의 학습권을 보장한다는 측면에서 공교육에 못지않은 중요한 역할을 수행하고 있습니다. 따라서 이러한 사교육 시장에 대하여 합리적인 기준도 없이 획일적으로 가격을 통제하는 명령을 내리고 나아가 이에 터잡아 영업정지처분까지 하여 그 영업활동의 자유를 침해하는 것은 위와 같은 헌법과 법률의 기본 원리에 배치되는 것이어서 위법합니다.

3) 또한 수강료 등의 수준에 영향을 미치는 요소는 매우 다양하고, 예를 들자면 학원 등 교습시설의 종류, 규모 및 시설수준, 교습내용과 그 수준, 교습시간, 학습자의 수, 임대료, 강사료 기타 학원 등 교습시설의 운영비용, 교육소비자의 만족도 등의 요소가 수강료 등의 수준에 영향을 미치게 될 터인데, 학원설립·운영자 또는 교습자나 교육수요자에게 헌법상 보장된 기본권을 침해하지 아니하는 선에서 개별 요소를 계량화하여 합리성을 갖춘 산출방식을 도출하는 것이 매우 어려운 일인 만큼 수강료 등은 원칙적으로 교육서비스의 공급자와 수요자 사이에 작동하는 수요·공급의 원칙이라는 시장경제의 원리에 따라 결정되어야 합니다.

4) 따라서 학원설립·운영자 또는 교습자가 정한 수강료 등에 대하여 교육행정권자가 임의로 '과다하다'고 본 다음 그에 갈음할 적정수강료 등의 수액을 정하여 조정명령 등의 제재처분을 하게 된다면, 그 처분은 위와 같은 헌법과 법률의 기본 원리에도 배치되는 것이어서 위법합니다.

3. 결 론

이상과 같이 피고의 처분은 위법한 행정처분이므로, 이의 취소를 구하는 행정소
송에 이르게 되었습니다.

입 증 방 법

1. 갑 제1호증
2. 갑 제2호증

첨 부 서 류

1. 위 각 입증방법   각 1부
2. 송달료 납부서
3. 소장부본

20 . . .

위 원고   (날인 또는 서명)

서울행정법원   귀중

서울특별시 학원의 설립·운영 및 과외교습에 관한 조례

제9조(수강료 금액 통보) ① 영 제7조 제2항 및 영 제14조 제2항의 규정에 의하여 수강료를 변경할 때에는 그 시행일로부터 7일 전에 관할 교육장에게 통보하여야 한다.

② 교육장이 영 제17조 제1항의 규정에 의하여 수강료를 조정할 경우에는 학원 등으로부터 관계 증빙서류를 징구하여 검토할 수 있다.

제10조(지도·감독 등) ① 교육장이 법 제16조에 따라 지도·감독할 때에는 학원설립·운영자, 교습자 및 개인과외교습자에게 필요한 명령을 하거나 조치 등을 취할 수 있다.

행정절차법

제23조 (처분의 이유제시) ① 행정청은 처분을 하는 때에는 다음 각 호의 1에 해당하는 경우를 제외하고는 당사자에게 그 근거와 이유를 제시하여야 한다.

1. 신청내용을 모두 그대로 인정하는 처분인 경우

2. 단순·반복적인 처분 또는 경미한 처분으로서 당사자가 그 이유를 명백히 알 수 있는 경우

3. 긴급을 요하는 경우

② 행정청은 제1항 제2호 및 제3호의 경우에 처분 후 당사자가 요청하는 경우에는 그 근거와 이유를 제시하여야 한다.

2009구합 53779

(1) 절차적 하자의 존부

행정절차법 제23조 제1항은 행정청이 처분을 하는 때에는 당사자에게 그 근거와 이유를 제시하여야 한다고 규정하고 있는데, 이는 행정청으로 하여금 행정처분을 할 때 신중성과 합리성을 담보하여 자의를 억제하고 처분의 상대방에 대하여도 처분의 이유를 알림으로써 불복신청에 편의를 제공하도록 하는데에 그 입법취지가 있다.

학원법 제15조 제4항, 학원법 시행령 제17조 제1항은 수강료가 과다하다고 인정될 경우 수강료조정위원회의 심의를 거쳐 수강료의 조정을 명할 수 있다고 규정하고 있을 뿐 조정명령을 하면서 수강료가 과다하다고 인정되는 이유까지 구체적으로 기재하여야 한다고 규정하고 있지 않다. 따라서 이 사건 처분이 이유 제시의 흠결로 위법한지 여부는 앞에서 본 바와 같은 입법취지를 고려하여 판단하여야 할 것이다.

앞서 본 2009. 7. 21.자 및 2009. 8. 12.자 통보내용, 2009. 9. 18.자 처분의 사전통지 내용, 이 사건 시정명령 및 조정명령의 각 기재내용(갑 2, 3호증, 을 1~3호증 참조) 등을 종합하여 보면, 피고가 이 사건 처분을 하면서 그 자의를 억제하고 처분의 상대방인 원고에게 위 처분에 대하여 불복신청을 하게 할 수 있을 정도의 이유 제시를 하였다고 봄이 상당하므로, 이유 제시의 흠결로 인한 절차적 하자가 존재한다는 원고의 주장은 이유 없다.

(2) 실체적 하자의 존부

헌법 제31조에 의하면, 모든 국민은 능력에 따라 균등하게 교육을 받을 권리를 가지고(제1항), 국가는 평생교육을 진흥하여야 할 의무를 부담한다(제5항). 아울러 학원설립·운영자 및 교습자는 헌법상 사유재산권 및 영업활동의 자유를 보장받는다는 점에 대하여 의문의 여지가 없다. 이러한 헌법정신을 바탕으로 한 학원법은 학원의 설립과 운영에 관한 사항을 규정하여 학원의 건전한 발전을 도모함으로써 평생교육 진흥에 이바지함과 아울러 과외교습에 관한 사항을 규정함을 목적으로 한다(제1조). 우리의 교육 현실을 보면 학원법에 따라 설립·운영되는 학원이나 교습소에서 학교교육의 보충 또는 특기·적성교육을 위하여 지식·기술·예능을 교습하는 형태의 사교육이 광범위하게 이루어지고 있으며, 이러한 사교육은 특히 학교 안에서 이루어지는 공교육이 자율과 경쟁의 원칙을 소홀히 한 채 낡은 평준화 정책의 틀 속에서 만족도 높은 교육서비스를 제공하지 못하는 현실에서 교육소비자인 일반 국민의 학습권을 보장한다는 측면에서 공교육에 못지않은 중요한 역할을 수행하고 있다. 따라서 이러한 사교육 시장에 대하여 합리적인 기준도 없이 획일적으로 가격을 통제하는 명령을 내리고 나아가 이에 터잡아 영업정지처분까지 하여 그 영업활동의 자유를 침해하는 것은 위와 같은 헌법과 법률의 기본 원리에 배치되는 것이어서, 사교육으로 인한 우리 사회의 경제적 부담이 크다는 사정만으로는 쉽게 정당성을 부여받기 어렵다. 수강료 등의 수준에 영향을 미치는 요소는 매우 다양하고, 예를 들자면 학원 등 교습시설의 종류, 규모 및 시설수준, 교습내용과 그 수준, 교습시간, 학습자의 수, 임대료, 강사료 기타 학원 등 교습시설의 운영비용, 교육소비자의 만족도 등의 요소가 수강료 등의 수준에 영향을 미치게 될 터인데, 학원설립·운영자 또는 교습자나 교육수요자에게 헌법상 보장된 기본권을 침해하지 아니하는 선에서 개별 요소를 계량화하여 합리성을 갖춘 산출방식을 도출하는 것이 매우 어려운 일인 만큼 수강료 등은 원칙적으로 교육서비스의 공급자와 수요자 사이에 작동하는 수요·공급의 원칙이라는 시장경제의 원리에 따라 결정되도록 함이 옳다(갑 22호증의 기재에 변론 전체의 취지를 보태어 보면, 서울시 교육청이 고액 학원비를 통제하겠다면서 2008. 9.경 개발한 이른바 '적정수강료 산출 시스템'을 시험가동하여 본 결과 그 시스템에 의하여 산출된 값이 기존 조정명령에 따른 상한액보다 높아 그 시스템의 도입이 유보되고 논란이 이어지고 있는 것으로 보이는데, 이는 기존의 조정명령이 불합리한 것이었다는 반증일 뿐만 아니라, 이른바 '적정수강료'라는 값을 정밀하게 산출하기가 용이하지 않다는 사실을 분명하게 보여준다고 할 수 있을 것이다). 이러한 관점에서 생각해 보면, 학원법 제15조 제4항이 교육행정권자에게 과다수강료 등에 대한 조정명령권을 부여하였다 할지라도, 위와 같은 제반 요소를 구체적이고도 개별적으로 고려하여 판단하여 볼 때 같은 조 제2항에 따라 학원설립·운영자 또는 교습자가 정한 수강료 등이 사회통념에 비추어 용인할 수 없는 폭리적인 수준이라고 단정할 수 있는 예외적인 경우가 아닌 한 위 수강료 등이 '과다하다'고 보아 쉽게 조정명령권을 발동할 수는 없다고 봄이 상당하다. 만약 이와 달리 학원설립·운영자 또는 교습자가 정한 수강료 등에 대하여 교육행정권자가 임의로 '과다하다'고 본 다음 그에 갈음할 적정수강료 등의 수액을 정하여 조정명령 등의 제재처분을 하게 된다면, 그 처분은 위와 같은 헌법과 법률의 기본 원리에도 배치되는 것이어서 위법하다고 보아야 할 것이다. 그리고 수강료 등이 그와 같은 수준에 미치지 못하는 경우에 있어서는 학원법이 허용하는 다른 간접적인 장치, 즉 수강료 등의 게시 및 표시제(제15조 제2항), 허위표시·게시 및 초과징수에 대한 제재(제15조 제3항) 등을 통하여 고액수강료를 규제하는 것에 그쳐야 할 것이다.

이 사건의 경우, 이 사건 학원에서 정한 수강료 등이 사회통념에 비추어 용인할 수 없는 폭리적인 수준이어서 '과다하다'고 인정할 만한 증거가 없는 반면, 오히려 기록에 의하면 피고는 교습시설의 종류, 규모 및 시설수준, 교습내용과 그 수준, 교습시간, 학습자의 수, 임대료, 강사료 기타 학원 등 교습시설의 운영비용, 교육소비자의 만족도 등을 구체적이고도 개별적으로 고려함이 없이 경기침체 등으로 서민가계의 학원비 부담을 완화하여야 한다는 취지의 교육과학기술부 및 서울시 교육청의 방침 등을 근거로 하여 수강료 상한을 일률적으로 2007년 수강료 기준금액으로 동결하기로 결정한 후 이를 근거로 이 사건 처분을 한 것을 알아볼 수 있을 뿐이어서, 이 사건 처분은 실체적으로 하자가 있어 위법하다고 봄이 상당하다.

소　장

원　고　　　　　김 길 동(주민등록번호)

　　　　　　　　서울시 강남구 ○○동 ○번지

피　고　　　　　서울특별시 강남교육청 교육장

영업정지 처분 취소

청 구 취 지

1. 피고가 2009. 1. 22. 원고에 대하여 한 14일의 영업정지처분을 취소한다.
2. 소송비용은 피고의 부담으로 한다.

라는 판결을 구합니다.

청 구 원 인

1. 처분의 경위

(1) 원고는 학원경영업 등을 영위하는 회사로서 서울 강남구 ○○동 ○○○ 소
　재 ○○○에서 원어민 강사를 채용하여 초 · 중등학생 200여 명을 대상으로
　영어를 교육하는 '○○○○어학원'(이하 '이 사건 학원'이라고 한다)을 운영하고
　있습니다.

(2) 피고는 2007. 12. 20. 서울특별시강남교육청 학원수강료조정위원회(이하
　'이 사건 위원회'라고 한다)를 열어 원고를 포함한 246개 학원에 대한 수강

료 인상 여부를 심의하여 종전 결정액에서 4.9%를 일괄 인상하기로 결정하였고, 2007. 12. 28. 이 사건 학원에 위와 같은 내용의 학원수강료 개별조정명령(이하 '이 사건 조정명령'이라고 한다)을 통보하였습니다.

(3) 그럼에도 원고는 2008. 10. 9. 위와 같이 조정된 수강료를 100% 초과하는 수강료 통보서를 피고에게 보내 왔는데, 그 내용은 다음과 같습니다.

교습과목	교습시간	학급정원	월 수강료
초등영어	주 4시간	8	350,000 원
초등영어	주 4시간 20 분	10	370,000 원
중등영어	주 4시간 20 분	10	380,000 원
중등영어	주 2시간 10 분	8	200,000 원

(4) 이에 피고는 2008. 10. 17. 현재 개발·시범운영중인 '적정수강료 산출 시스템'에 의한 수강료 과다 여부에 대한 검토가 완료될 때까지 이 사건 조정명령에 따른 수강료 기준액을 준수해 줄 것을 원고에게 요청하였다. 그러나 원고는 이 사건 학원 내에 위 수강료통보서대로 수강료를 게시하고 이 사건 조정명령에 따른 수강료 기준액을 초과한 수강료를 학원생들로부터 받았습니다.

(5) 피고는 2009. 1. 22. 원고에 대하여 원고가 이 사건 조정명령을 위반하여 초과된 수강료를 징수하였다는 이유로 14일의 영업정지처분(정지기간 : 2009. 1. 25.~2009. 2. 7. 이하 '이 사건 처분'이라고 한다)을 하였습니다.

2. 처분의 위법성
(1) 절차적 하자의 존재
피고가, 이 사건 조정명령을 함에 있어 처분의 내용을 사전에 원고에게 알려 그에 대한 의견 제출의 기회를 주었다는 점에 관하여 피고의 입증이 없을 뿐만 아니라, 수강료 조정의 대상이 되는 학원의 수가 많다는 사정만으로는 이 사건 조정명령이 사전통지 및 의견제출 기회부여의 절차를 거치지 않아도 되는 행정절차법 제22조 제4항, 제21조 제4항 제3호의 예외사유에 해당한다고 보기 어려우므로, 결국 이 사건 조정명령은 적법한 의견청취 절차를 결여한 위법한 처분입니다.

(2) 실체적 하자의 존재

1) 사교육은 공교육에 못지않은 중요한 역할을 수행하고 있음에도 합리적인 기준도 없이 획일적으로 가격을 통제하는 명령을 내리고 나아가 이에 터잡아 영업정지처분까지 하여 그 영업활동의 자유를 침해하는 것은 위와 같은 헌법과 법률의 기본 원리에 배치되는 것이어서, 사교육으로 인한 우리 사회의 경제적 부담이 크다는 사정만으로는 쉽게 정당성을 부여받기 어렵다. 수강료 등의 수준에 영향을 미치는 요소는 매우 다양하고, 예를 들자면 학원 등 교습시설의 종류, 규모 및 시설수준, 교습내용과 그 수준, 교습시간, 학습자의 수, 임대료, 강사료 기타 학원 등 교습시설의 운영비용, 교육소비자의 만족도 등의 요소가 수강료 등의 수준에 영향을 미치게 될 터인데, 학원설립·운영자 또는 교습자나 교육수요자에게 헌법상 보장된 기본권을 침해하지 아니하는 선에서 개별 요소를 계량화하여 합리성을 갖춘 산출방식을 도출하는 것이 매우 어려운 일인 만큼 수강료 등은 원칙적으로 교육서비스의 공급자와 수요자 사이에 작동하는 수요·공급의 원칙이라는 시장경제의 원리에 따라 결정되도록 하는 것이 올바른 길입니다.

2) 따라서 학원법 제15조 제4항이 교육행정권자에게 과다수강료 등에 대한 조정명령권을 부여하였다 할지라도, 위와 같은 제반 요소를 구체적이고도 개별적으로 고려하여 판단하여 볼 때 같은 조 제2항에 따라 학원설립·운영자 또는 교습자가 정한 수강료 등이 사회통념에 비추어 용인할 수 없는 폭리적인 수준이라고 단정할 수 있는 예외적인 경우가 아닌 한 위 수강료 등이 '과다

하다'고 보아 쉽게 조정명령권을 발동할 수는 없다고 봄이 상당하며, 만약 이와 달리 학원설립·운영자 또는 교습자가 정한 수강료 등에 대하여 교육행정권자가 임의로 '과다하다'고 본 다음 그에 갈음할 적정수강료 등의 징수액을 정하여 조정명령 등의 제재처분을 하게 된다면, 그 처분은 위와 같은 헌법과 법률의 기본 원리에도 배치되는 것이어서 위법합니다.

3. 결론

이상과 같은 이유로 피고의 위 처분은 절차적·실체적으로 위법하므로 이의 취소를 구하는 본 건 행정소송에 이르게 되었습니다.

입증방법

1. 갑 제1호증
2. 갑 제2호증

첨부서류

1. 위 각 입증방법   각 1부
2. 송달료 납부서
3. 소장부본

20   .   .   .

위 원고   (날인 또는 서명)

서울행정법원   귀중

학원의 설립 · 운영 및 과외교습에 관한 법률

제17조 (행정처분) ① 교육감은 학원이 다음 각 호의 어느 하나에 해당하면 그 등록을 말소하거나 1년 이내의 기간을 정하여 교습과정의 전부 또는 일부에 대한 교습의 정지를 명할 수 있다. 다만, 제1호에 해당하는 경우에는 그 등록을 말소하여야 한다.

9. 그 밖에 이 법 또는 이 법에 따른 명령을 위반한 경우

제21조 (권한의 위임 · 위탁) ① 이 법에 따른 교육감의 권한은 대통령령으로 정하는 바에 따라 그 일부를 교육장에게 위임할 수 있다.

학원의 설립 · 운영 및 과외교습에 관한 법률 시행령
(2007. 3. 23. 대통령령 제19953호로 개정되기 전의 것)

제17조 (수강료조정위원회) ① 법 제14조의2 제6항 및 법 제15조 제4항의 규정에 의하여 교육감이 수강료 · 이용료 또는 교습료(이하 "수강료등"이라 한다)등의 조정을 명하고자 하는 경우에는 수강료조정위원회(이하 "조정위원회"라 한다)의 심의를 거쳐야 한다.

② 조정위원회는 위원장 1인을 포함한 7인 이상 11인 이내의 위원으로 구성한다.

③ 위원장은 부교육감이 되고, 위원은 교육감소속 공무원, 시 · 도의 물가에 관한 행정을 담당하는 공무원, 학부모, 학원 · 교습소의 설립 · 운영자, 학원 · 교습소의 관련단체 및 소비자 단체의 관계자로서 학식 및 경험이 있는 자중에서 교육감이 임명 또는 위촉한다.

④ 위원장은 조정위원회를 대표하고, 조정위원회 업무를 총괄한다.

⑤ 위원의 임기 기타 조정위원회의 운영에 관하여 필요한 사항은 교육규칙으로 정한다.

제17조 (수강료조정위원회) ① 법 제14조의2 제6항 및 법 제14조의2 제6항 및 제15조 제4항의 규정에 의하여 교육감이 수강료 · 이용료 또는 교습료(이하 "수강료등"이라 한다)등의 조정을 명하고자 하는 경우에는 수강료조정위원회(이하 "조정위원회"라 한다)의 심의를 거쳐야 한다.

② 제1항에 따른 조정위원회는 지역교육청(「지방교육자치에 관한 법률」 제34조 제1항에 따른 지역교육청을 말한다)별로 설치하되, 구체적인 구성 · 운영 등에 관하여는 교육규칙으로 정한다.

③ ~ ⑤ 삭제〈2007.3.23〉

제20조 (권한의 위임 · 위탁) ① 교육감은 법 제21조 제1항의 규정에 의하여 다음 각 호의 권한을 교육장에게 위임한다.

5의4. 법 제14조의2 제6항 및 제15조 제4항에 따른 수강료 · 교습료에 대한 조정명령

제9조(수강료 금액 통보) ① 법 제14조의2 제1항, 법 제15조 제1항 및 영 제7조 제2항의 규정에 의하여 수강료를 변경할 때에는 그 시행일로부터 7일 전에 관할 교육장에게 통보하여야 한다.(개정 2001. 9. 25)

② 교육장이 영 제17조 제1항의 규정에 의하여 수강료를 조정할 경우에는 학원으로부터 관계 증빙서류를 징구하여 검토할 수 있다.

③ 삭제(1999. 9. 27).

제2조(위원회의 설치 및 기능) ① 서울특별시교육청에 본청수강료조정위원회(이하

"본청위원회"라 한다)를, 지역교육청에 지역교육청수강료조정위원회(이하 "지역교육청위원회"라 한다)를 둔다(개정 99. 1. 15. 규540).

② 각 위원회는 다음 각 호의 구분에 따라 관련 업무를 관장한다.

1. 본청위원회

　　가. 수강료 조정을 위한 기본방침 심의

　　나. 기타 위원장이 부의하는 사항 심의

2. 지역교육청위원회(개정 99. 1. 15. 규540)

　　가. 지역 교육청별 수강료 조정기준에 관한 심의(개정 99. 1. 15. 규540)

　　나. 학원별 수강료 조정에 따른 심의

　　다. 기타 위원장이 부의하는 사항

제3조(구성) ① 각 위원회는 위원장을 포함하여 위원 9인으로 구성한다.

② 본청위원회의 위원장은 부교육감, 부위원장은 평생교육국장이 되고 위원은 다음 각 호의 자가 된다. (개정 1999. 1. 15. 2006. 2. 28.)

1. 평생학습진흥과장, 서울특별시물가관련과장(개정 99. 1. 15. 규540)

2. 영 제17조 제3항에 해당하는 자로서 교육감이 위촉하는 자 5인

③ 지역교육청위원회의 위원장은 학무국장이 되고 위원은 다음 각 호의 자가 된다(개정 99. 1. 15. 규540)

1. 평생교육체육과장, 관할지역내 자치구의 물가관련과장(1인에 한함)〈개정2000. 6. 15.〉

2. 영 제17조 제3항에 해당하는 자로서 교육장이 위촉하는 자 6인

행정절차법

제3조 (적용범위) ② 이 법은 다음 각 호의 1에 해당하는 사항에 대하여는 적용하지 아니한다.

9. 병역법에 의한 징집·소집, 외국인의 출입국·난민인정·귀화, 공무원 인사관계 법령에 의한 징계 기타 처분 또는 이해조정을 목적으로 법령에 의한 알선·

조정·중재·재정 기타 처분 등 당해 행정작용의 성질상 행정절차를 거치기 곤란하거나 불필요하다고 인정되는 사항과 행정절차에 준하는 절차를 거친 사항으로서 대통령령으로 정하는 사항

제21조 (처분의 사전통지) ① 행정청은 당사자에게 의무를 과하거나 권익을 제한하는 처분을 하는 경우에는 미리 다음 각 호의 사항을 당사자 등에게 통지하여야 한다.

1. 처분의 제목

2. 당사자의 성명 또는 명칭과 주소

3. 처분하고자 하는 원인이 되는 사실과 처분의 내용 및 법적 근거

4. 제3호에 대하여 의견을 제출할 수 있다는 뜻과 의견을 제출하지 아니하는 경우의 처리방법

5. 의견제출기관의 명칭과 주소

6. 의견제출기한

7. 기타 필요한 사항

④ 다음 각 호의 1에 해당하는 경우에는 제1항의 규정에 의한 통지를 아니할 수 있다.

1. 공공의 안전 또는 복리를 위하여 긴급히 처분을 할 필요가 있는 경우

2. 법령 등에서 요구된 자격이 없거나 없어지게 되면 반드시 일정한 처분을 하여야 하는 경우에 그 자격이 없거나 없어지게 된 사실이 법원의 재판 등에 의하여 객관적으로 증명된 때

3. 당해 처분의 성질상 의견청취가 현저히 곤란하거나 명백히 불필요하다고 인정될 만한 상당한 이유가 있는 경우

제22조 (의견청취) ① 행정청이 처분을 함에 있어서 다음 각 호의 1에 해당하는 경우에 청문을 실시한다.

1. 다른 법령 등에서 청문을 실시하도록 규정하고 있는 경우

2. 행정청이 필요하다고 인정하는 경우

② 행정청이 처분을 함에 있어서 다음 각 호의 1에 해당하는 경우에 공청회를 개최한다.

1. 다른 법령 등에서 공청회를 개최하도록 규정하고 있는 경우

2. 당해 처분의 영향이 광범위하여 널리 의견을 수렴할 필요가 있다고 행정청이 인정하는 경우

③ 행정청이 당사자에게 의무를 과하거나 권익을 제한하는 처분을 함에 있어서 제1항 또는 제2항의 경우 외에는 당사자등에게 의견제출의 기회를 주어야 한다.

④ 제1항 내지 제3항의 규정에 불구하고 제21조 제4항 각 호의 1에 해당하는 경우와 당사자가 의견진술의 기회를 포기한다는 뜻을 명백히 표시한 경우에는 의견청취를 아니할 수 있다.

제23조 (처분의 이유제시) ① 행정청은 처분을 하는 때에는 다음 각 호의 1에 해당하는 경우를 제외하고는 당사자에게 그 근거와 이유를 제시하여야 한다.

1. 신청내용을 모두 그대로 인정하는 처분인 경우

2. 단순·반복적인 처분 또는 경미한 처분으로서 당사자가 그 이유를 명백히 알 수 있는 경우

3. 긴급을 요하는 경우

② 행정청은 제1항 제2호 및 제3호의 경우에 처분 후 당사자가 요청하는 경우에는 그 근거와 이유를 제시하여야 한다.

당해판례

2009구합 3248

(1) 절차적 하자의 존재

(가) 의견청취절차 흠결

살피건대, 학원의 설립·운영 및 과외교습에 관한 법률(이하 '학원법'이라고 한다)에 따르면 학원설립·운영자 및 교습자는 학습자로부터 수강료·이용료 또는 교습료(이하 '수강료 등'이라고 한다)를 받을 수 있고 원칙적으로 그 금액 역시 교습내용과 교습시간 등을 고려하여 해당 학원설립·운영자 또는 교습자가 정하되(제15조 제1항, 제2항), 다만 위와 같이 정한 학교교과교습학원 또는 교습소의 수강료 등이 과다하다고 인정될 경우에는 교육감이 대통령령으로 정하는 바에 따라 수강료 등의 조정을 명할

수 있다(제15조 제4항). 결국 위와 같은 수강료 조정명령은 지나친 사교육비 부담으로 인한 폐해의 방지라는 공익을 위하여 해당 학원설립·운영자 등에게 의무를 부과하고 그의 영업권 및 재산권을 제한하는 침익적 행정처분에 해당한다 할 것이다.

한편 행정절차법 제21조 제1항, 제4항, 제22조 제3항에 의하면, 행정청이 당사자에게 의무를 과하거나 권익을 제한하는 처분을 하는 경우에는 미리 처분하고자 하는 원인이 되는 사실과 처분의 내용 및 법적 근거, 이에 대하여 의견을 제출할 수 있다는 뜻과 의견을 제출하지 아니하는 경우의 처리 방법 등의 사항을 당사자 등에게 통지하여야 하고, 다른 법령 등에서 필요적으로 청문을 실시하거나 공청회를 개최하도록 규정하고 있지 아니한 경우에도 당사자 등에게 의견 제출의 기회를 주어야 하며, 다만 행정절차법 제21조 제4항에서 정하는 예외사유에 해당하는 경우에 한하여 이를 하지 아니할 수 있도록 규정하고 있는바, 이러한 처분의 사전통지 및 의견제출제도는 행정청이 당사자에게 침익적 행정처분을 함에 있어 그 처분의 사유에 대하여 당사자에게 변명과 유리한 자료를 제출할 기회를 부여함으로써 위법사유의 시정가능성을 고려하고 처분의 신중과 적정을 기하려는 데 그 취지가 있는 것이므로 행정청이 침익적 행정처분을 함에 있어 사전통지 등을 실시하지 않아도 되는 예외적인 경우에 해당하지 않는 한 반드시 위 절차를 거쳐야 하고, 이를 결여한 처분은 위법한 처분으로서 취소대상에 해당한다.

그런데 피고가, 이 사건 조정명령을 함에 있어 처분의 내용을 사전에 원고에게 알려 그에 대한 의견 제출의 기회를 주었다는 점에 관하여 피고의 입증이 없을 뿐만 아니라, 수강료 조정의 대상이 되는 학원의 수가 많다는 사정만으로는 이 사건 조정명령이 사전통지 및 의견제출 기회부여의 절차를 거치지 않아도 되는 행정절차법 제22조 제4항, 제21조 제4항 제3호의 예외사유에 해당한다고 보기 어려우므로, 결국 이 사건 조정명령은 적법한 의견청취 절차를 결여한 위법한 처분이라 할 것이다.

(나) 이 사건 위원회 구성의 위법성

살피건대, 이 사건 위원회가 구성될 당시 시행되던 구 학원법 시행령(2007. 3. 23. 대통령령 제19953호로 개정되기 전의 것)에 따르면, 수강료조정명령을 하기 위하여는 부교육감을 위원장으로 하고, 교육감 소속 공무원, 시·도의 물가에 관한 행정을 담당하는 공무원, 학부모, 학원·교습소의 설립·운영자, 학원·교습소의 관련단체 및 소비자 단체의 관계자로서 학식 및 경험이 있는 자 중에서 교육감이 임명 또는 위촉한 위원들로 이루어진 교육청 산하 수강료조정위원회의 심의를 거쳐야 하도록 되어 있었고(제17조 제3항), 다만 수강료조정위원의 임기와 조정위원회의 운영에 관하여 필요한 사항을 교육규칙에 정하도록 하고 있었는데(제17조 제5항), 을 10호증의 기재에 변론 전체의 취지를 모아 보면 이 사건 위원회는 2006. 4.경 당연직 위원장으로 ㅇㅇㅇ, 당연직 위원으로 ㅇㅇㅇ과 ㅇㅇㅇ, 그리고 피고에 의하여 위촉된 위원 6인 등으로 구성되었던 사실을 알 수 있고 이는 당시 시행되던 교육규칙(서울특별시 학원수강료 조정위원회 운영에 관한 규칙, 교육규칙 제679호) 제2조, 제3조의 규정에 따른 것으로 보인다. 그러나 구 학원법 시행령의 위임 범위를 넘는 내용을 규정하고 있는 위 교육규칙에 따라 설치, 구성된 이 사건 위원회는 구 학원법 시행령 규정에 의하여 설치된 수강료조정위원회라고 볼 수 없으므로 수강료조정명령의 심의 권한이 없다 할 것이고, 한편 학원법 시행령이 2007. 3. 23. 대통령령 제19953 호로 개정되면서 학원법 제15조 제4항에 의한 수강료에 관한 조정명령권한이 교육장에게 위임됨에 따라 수강료조정위원회를 지역교육청별로 설치하고, 그 구성과 운영 등에 관한 사항을 교육규칙에 위임하여 이 사건 위원회와 같은 지역교육청별 수강료조정위원회를 설치할 근거가 마련되기는 하였으나, 달리 학원법 시행령 개정 후 수강료조정위원회의 구성(위원 재위촉 등)이 적법하게 다시 이루어졌다고 볼 만한 아무런 증거가 없으므로, 결국 이 사건 조정명령은 법령에 따른 수강료조정위원회의 심의를 거치지 아니한 것으로서 위법하다 할 것이다.

(2) 실체적 하자의 존재

헌법 제31조에 의하면, 모든 국민은 능력에 따라 균등하게 교육을 받을 권리를 가지고(제1항), 국가는 평생교육을 진흥하여야 할 의무를 부담한다(제5항). 아울러 학원설립·운영자 및 교습자는 헌법상 사유재산권 및 영업활동의 자유를 보장받는다는 점에 대하여 의문의 여지가 없다. 이러한 헌법정신을 바탕으로 한 학원법은 학원의 설립과 운영에 관한 사항을 규정하여 학원의 건전한 발전을 도모함으로써 평생교육 진흥에 이바지함과 아울러 과외교습에 관한 사항을 규정함을 목적으로 한다(제1조). 우리의 교육 현실을 보면 학원법에 따라 설립·운영되는 학원이나 교습소에서 학교교육의 보충 또는 특기·적성교육을 위하여 지식·기술·예능을 교습하는 형태의 사교육이 광범위하게 이루어지고 있으며, 이러한 사교육은 특히 학교 안에서 이루어지는 공교육이 자율과 경쟁의 원칙을 소홀히 한 채 낡은 평준화 정책의 틀 속에서 만족도 높은 교육서비스를 제공하지 못하는 현실에서 교육소비자인 일반 국민의 학습권을 보장한다는 측면에서 공교육에 못지않은 중요한 역할을 수행하고 있다. 따라서 이러한 사교육 시장에 대하여 합리적인 기준도 없이 획일적으로 가격을 통제하는 명령을 내리고 나아가 이에 터잡아 영업정지처분까지 하여 그 영업활동의 자유를 침해하는 것은 위와 같은 헌법과 법률의 기본 원리에 배치되는 것이어서, 사교육으로 인한 우리 사회의 경제적 부담이 크다는 사정만으로는 쉽게 정당성을 부여받기 어렵다. 수강료 등의 수준에 영향을 미치는 요소는 매우 다양하고, 예를 들자면 학원 등 교습시설의 종류, 규모 및 시설수준, 교습내용과 그 수준, 교습시간, 학습자의 수, 임대료, 강사료 기타 학원 등 교습시설의 운영비용, 교육소비자의 만족도 등의 요소가 수강료 등의 수준에 영향을 미치게 될 터인데, 학원설립·운영자 또는 교습자나 교육수요자에게 헌법상 보장된 기본권을 침해하지 아니하는 선에서 개별 요소를 계량화하여 합리성을 갖춘 산출방식을 도출하는 것이 매우 어려운 일인 만큼 수강료 등은 원칙적으로 교육서비스의 공급자와 수요자 사이에 작동하는 수요공급의 원칙이라는 시장경제의 원리에 따라 결정되도록 함이 옳다(2009. 6. 18.자 참고자료로 제출된 언론보도자료에 의하면, 서울시교육청이 고액 학원비를 통제하겠다며 2008. 9.경 개발한 이른바 '적정수강료 산출 시스템'을 시험가동하여 본 결과 그 시스템에 의하여 산출된 값이 기존 조정명령에 따른 상한액보다 높아 그 시스템의 도입이 유보되고 논란이 이어지고 있다고 하는데, 이는 기존의 조정명령이 불합리한 것이었다는 반증일 뿐만 아니라, 이른바 '적정수강료'라는 값을 정밀하게 산출하기가 용이하지 않다는 사실을 분명하게 보여준다고 할 수 있을 것이다). 이러한 관점에서 생각해 보면, 학원법 제15조 제4항이 교육행정권자에게 과다수강료 등에 대한 조정명령권을 부여하였다 할지라도, 위와 같은 제반 요소를 구체적이고도 개별적으로 고려하여 판단하여 볼 때 같은 조 제2항에 따라 학원설립·운영자 또는 교습자가 정한 수강료 등이 사회통념에 비추어 용인할 수 없는 폭리적인 수준이라고 단정할 수 는 예외적인 경우가 아닌 한 위 수강료 등이 '과다하다'고 보아 쉽게 조정명령권을 발동할 수는 없다고 봄이 상당하다. 만약 이와 달리 학원설립·운영자 또는 교습자가 정한 수강료 등에 대하여 교육행정권자가 임의로 '과다하다'고 본 다음 그에 갈음할 적정수강료 등의 수액을 정하여 조정명령 등의 제재처분을 하게 된다면, 그 처분은 위와 같은 헌법과 법률의 기본 원리에도 배치되는 것이어서 위법하다고 보아야 할 것이다. 그리고 수강료 등이 그와 같은 수준에 미치지 못하는 경우에 있어서는 학원법이 허용하는 다른 간접적인 장치, 즉 수강료 등의 게시 및 표시제(제15조 제2항), 허위표시.게시 및 초과징수에 대한 제재(제15조 제3항) 등을 통하여 고액수강료를 규제하는 것에 그쳐야 할 것이다.

이 사건의 경우, 이 사건 학원에서 정한 수강료 등이 사회통념에 비추어 용인할 수 없는 폭리적인 수준이어서 '과다하다'고 인정할 만한 증거가 없는 반면, 오히려 기록에 의하면 피고가 이 사건 조정명령을 함에 있어 교습시설의 종류, 규모 및 시설수준, 교습내용과 그 수준, 교습시간, 학습자의 수, 임대료, 강사료 기타 학원 등 교습시설의 운영비용, 교육소비자의 만족도 등을 구체적이고도 개별적으로 고려함이 없이 2007. 11. 경 생활물가지수가 전년 대비 4.9% 상승하였다는 통계청 발표자료만을 근거로 원고를 비롯한 피고 관내의 모든 학원의 수강료를 일률적으로 종전 결정액에서 4.9% 인상하여 결정한 점, 피고가 이 법원의 명령에도 불구하고 2007. 11. 소비자물가동향에 대한 통계청 보도자료(을 11호증) 이외에 원고에 대한 조정명령상의 '적정수강료' 산정시 고려한 요소들이 무엇인지를 확인할 수 있는 기초자료를 전혀 제출하지 못하고 있는 점을 알아볼 수 있을 뿐이어서, 이 사건 조정명령은 실체적으로도 하자가 있어 위법하다고 봄이 상당하다.

(3) 소결론
따라서 이 사건 조정명령이 위법한 이상 원고가 이 사건 조정명령을 위반하였음을 이유로 원고에 대하여 영업정지를 명한 이 사건 처분도 위법하다.

V. 기타 서식

1. 영업정지 처분 효력정지 신청

가. 신청취지 기재례

> ● 영업정지처분효력정지신청(대중음식점)
>
> 1. 피신청인이 2011. 10. 20.자로 신청인에 대하여 한 영업정지 1월의 집행은 귀원 2010구 0000호 영업
>   정지취소처분 청구사건의 본안판결 확정시까지 그 집행을 정지한다.
> 2. 신청비용은 피신청인의 부담으로 한다.

나. 관련서식

[서식] 영업정지 처분 효력정지 신청서

행정처분 효력정지 가처분 신청서

신 청 인   주 ○○

　　　　　　　　　　　　　　　　서울 00구 003동 000-11

신청인의 대리인 변호사   최 ○○

　　　　　　　　　　　　　　　　서울 00구 00동 0000-1 신성빌딩 305호

　　　　　　　　　　　　　　　　(우 : 137-070, 전화 : 536-4500)

피신청인   서울시 강북구청장

신 청 취 지

피신청인이 2001. 12. 26.자로 신청인에게 한 영업정지 처분은 서울행정법원

2001 구   호 영업정지처분취소 청구사건의 본안판결확정시까지 그 효력을 정지한다.

라는 결정을 구합니다.

신 청 이 유

1. 이 사건 처분의 내용

피신청인은 2001. 12. 26.자로 신청인에 대하여, 신청인이 청소년보호법을 위반한 것으로 보고 공중위생관리법 제11조 및 같은 법 시행규칙 제19조에 의하여 영업정지 2월의 처분을 하였습니다(소갑제 1호증의 1 행정처분통보, 같은호증의 2 행정처분명령서 각 참조).

2. 이 사건의 기초사실관계

가. 신청인은 좌성요통 등으로 치료를 받고 계신 어머니(소갑제 2호증의 1,2 각 진단서 참조)를 모시고 살면서 2000. 5.경 서울 00구 003동 229의 51 소재 000모텔을 보증금 300,000,000원, 매달 5,000,000원씩에 세를 얻어 은행에서 145,000,000원을 대출까지 받아(소갑제 3호증의 1,2 각 대출통장 사본 참조) 내부시설에 투자하여 운영하고 있습니다.

나. 신청인은 평소 자식을 키우는 입장에서 청소년을 나쁜 길로 빠지지 않도록 어른들이 노력을 해야 된다는 신념을 갖고 있었기 때문에 숙박업을 오랫동안 해왔어도 한번도 청소년보호법을 위반한 사실이 없고, 더욱이 이건 업소를 임차하여 1억 원이 넘게 은행 융자까지 받아 내부시설을 새로 하여 영업을 해왔기 때문에, 혹시라도 종업원들이 잘 모르고 청소년을 투숙시켰다가 영업정지라는 처분을 받을 경우 은행 이자조차 낼 수 없어 신청인과 종업원 및 그 가족들의 생계조차 유지할 수 없게 될 사실을 너무나 잘 알고 있어 종업원들에게 청소년인지 조금이라도 의심스러우면 반드시 나이를 확인하

라고 철저히 당부하는 등 평소 신념대로 청소년들이 나쁜길로 빠지지 않도록 더욱 성실히 노력해 왔던 것입니다.

다. 그런데 2001. 9.말경 24-5세로 보이는 남자(이○○)가 여자(최○○)와 함께 일반 손님과 달리 옷가지 등이 들어 있는 것으로 보이는 큰 가방을 양손에 들고 위 ○○○모텔로 와서 종업원 양○○에게 "이 여자(최○○)와 결혼할 사이라며 방을 얻을 동안만 있으려고 한다"고 해서, 신청인이 자세히 보니 그 여자(최○○)의 옷차림도 정장차림이고, 체격도 보통보다 크고 화장도 짙게하여 나이가 최소한 23~4세정도 들어 보이기에(소갑제4호증의 1, 2 각 사진, 소갑제9호증 인증 사실확인서 각 참조) 진짜 결혼할 신랑 신부로 믿었기 때문에 청소년이라고는 상상도 못해 연령을 확인할 생각 자체가 나지 않아 주민등록을 확인하지 않고 투숙을 시켰던 것입니다(소갑제5호증 피의자신문조서 참조, 위 이○○도 자신이나 위 최○○이 외관상 나이가 들어 보인다고 하고 있음, 소갑제 6호증 이○○에 대한 피의자신문조서 참조).

라. 실제로 종업원이 청소를 하러 가보니 위 이○○과 최○○은 다른 투숙객들과는 달리 옷가지와 화장품과 전기밥솥까지 갖다 놓고 밥을 지어먹으면서 투숙하는 것을 목격하였고, 위 최00과 원조교제를 한 송○○도 위 최○○이 투숙한 방에는 살림도구를 갖추어 놓고 있었다고 진술하고 있습니다(소갑제7호증 송○○에 대한 피의자신문조서, 소갑제9호증 인증 사실확인서 각 참조).

마. 위 이○○과 최○○이 투숙한지 10일여가 지난 어느 날 신청인은 동인들에게 방을 얻었는지를 묻자, 위 이○○이 이제야 방을 얻었는데 보일러공사를 하고 있으니 당분간 더 있어야 한다고 하여 다시 연장해 주었습니다.

바. 신청인은 경찰에서 조사받는 과정에서 위 이○○이 만 19세가 조금 넘었고,

위 최○○이 만 16세 청소년이라고 하였지만 지금도 도저히 믿겨지지 않습니다.

사. 위와 같이 신청인으로서는 위 이○○과 위 최○○이 외모나 차림 등 외관상만으로도 주민등록증을 보자는 말 자체를 꺼낼 수가 없을 정도로 나이가 들어 보여 청소년이라고는 상상도 못했기 때문에 청소년 이성 혼숙이라는 인식 자체를 할 수가 없었던 것입니다.

3. 이 사건 처분의 적법 여부

가. 청소년보호법위반 여부

이건에 있어서 과연 신청인의 행위에 대하여 당시의 제반사정에 비추어 청소년보호법을 위반했느냐가 이건의 쟁점이라고 할 것인바,

◆ 당시 위 이00이 "최○○과는 결혼할 사이라며 방을 얻을 동안만 있으려고 한다."고 한 점(소갑제5호증 주00에 대한 피의자신문조서, 소갑제9호증 인증 사실확인서 각 참조),

◆ 위 최○○은 외관상으로만 보아도 체격도 보통보다 크고, 화장도 짙게하였으며, 옷차림도 항상 나이가 들어 보이는 정장차림을 하고 다녔기 때문에 누가보더라도 성년자로 보인점(소갑제9호증 인증 사실확인서 참조, 위 이○○도 자신이나 위 최○○이 외관상 나이가 들어 보인다고 하고 있음, 소갑제6호증 이○○에 대한 피의자신문조서 참조),

◆ 위 최○○과 원조교제를 한 송○○도 위 최○○이 18세라고 하자 그렇게 어려 보이지 않는다고 하고 있는 점(소갑제 8호증 최○○에 대한 피의자신문조서 참조),

◆ 위 이○○과 위 최○○은 실제로 위 이○○의 부모님이 계신 위 이○○의 집에서 위 ○○○모텔에 투숙하기 전까지 약 한달 동안 동거한 전력도 있는 점,

◆ 그와 같이 위 이○○과 위 최○○은 동거하다가 계속 동거할 곳을 찾기 위해 옷가지 등이 들어 있는 것으로 보이는 큰 가방을 양손에 들고 와 신청인에게 결혼할 사이라고 한 점(소갑제5호증 주을성에 대한 피의자신문조서, 소갑제9호증 인증 사실확인서 각 참조),

◆ 결혼할 사이라고 하면 성년자인 것으로 아는 것이 일반적인 통념인 점,

◆ 위 최○○은 집을 나와 갈 곳이 없자 숙박업소에서 연령을 확인할 것에 대비하여 남의 주민등록증을 훔쳐 2000년생으로 주민등록증을 변조까지 해서 소지하고 다닌 점에 비추어, 만약 신청인이 당시 의심을 갖고 연령을 확인하고자 하였더라도 위 최○○은 모든 수단방법을 동원하여 신청인을 속일려는 여자였기 때문에 신청인은 위 최○○이 성년자라고 믿었을 것인 점,

◆ 신청인으로서는 위 이○○과 위 최○○이 외모나 차림 등 외관상만으로도 연령을 확인할 생각 자체가 나지 않을 정도로 나이가 들어 보여 청소년이라고는 상상도 못했기 때문에 청소년 이성 혼숙이라는 인식은 전혀 없었던 점(소갑제9호증 인증 사실확인서 참조),

◆ 신청인은 지금까지 한 번도 자신이 운영하는 숙박업소에 청소년을 출입시킨 사실이 없고, 위 최○○이 청소년인줄 알았다면 혼숙을 시키거나 혼숙을 하도록 내버려두지는 않았을 것인 점, 등 제반사정을 종합하면, 사회통념상 위 최00을 성년자로 믿을 만한 충분한 이유가 있다 할 것이어서, 그와 같이 외관상 청소년으로 의심될 수 없음이 명백하다고 할 것이고, 달리 신청인이 위

최정은을 성년자로 믿고 주민등록증을 확인하지 않은채 투숙시킨 것을 가지고 청소년보호법상 연령확인의무를 위반했다고 단정하기는 어렵다 할 것입니다.

그렇다면 그러한 신청인에게 이성 청소년을 혼숙시킬 의사나 인식이 있었다고 단정하기는 어렵다 할 것입니다.

※ 참고로 서울고등법원 판결도, 개인이 유흥주점에 출입함은 출입자의 비밀이 보장되어야 하는 개인적 사생활의 영역이므로 영업자라도 모든 출입자에게 증명서의 제시를 요구할 수는 없겠으나, 미성년자를 풍속상 유해한 환경으로부터 격리시켜 미성년자의 비행을 방지하고 건전한 심신의 육성을 꾀하고자 유흥주점 영업자에게 미성년자의 출입을 막기 위한 연령조사의무를 부과하고 그로 하여금 출입자의 연령에 관한 증명서의 제시를 요구하여 그 연령을 확인한후 미성년자임이 밝혀지면 그 출입을 거부할 수 있도록 하는 한편, 출입자의 연령을 증명서로 조사하지 아니한채 미성년자를 출입시킨 경우에는 그에 관한 주의의무를 다하였다고 할 수 없도록 한 것으로서 그로 인한 개인적 사생활 영역의 침해는 미성년자 보호에 필요한 최소한에 그치도록 하여야 하고, 이를 기계적, 획일적으로 적용할 것은 아니므로 영업자라도 외관상 미성년자로 의심될 수 없음이 명백한 출입자에게까지 미성년자임을 확인한다는 명목으로 획일적으로 증명서의 제시를 요구할 수 없음은 물론 달리 출입자가 외관상 또는 객관적으로 보아 미성년자로 의심되거나 개별적으로 증명서로서 미성년자 인지의 여부를 확인하여야 할 별단의 사정이 없는 한 영업자의 연령조사의무를 다하지 못한 것은 아니라고 봄이 상당하다고 판시하고 있습니다(첨부 서울고등법원 1986. 2. 13. 선고 85노 452 판결).

나. 공중위생관리법위반 여부

가사 백보를 양보하여 신청인이 위 이규상과 위 최정은에게 속아 결과적으로 청소년 이성 혼숙 장소를 제공하였다고 하더라도, 위에서 본바와 같이 신청인으로서는 위 이규상과 위 최정은이 외모나 차림 등 외관상만으로도 미성년자라고 상상도 못했고, 신청인이 위 최정은이 청소년인줄 알았다면 혼숙을 시키거나 혼숙을 하도록 내버려두지는 않았을 것이므로, 신청인에게 청소년보호법상 청소년 출입금지 의무 위반의 책임이나 청소년보호법 제24조 제2항 숙박업소의 청소년 출입금지 규정 의무를 위반한 책임을 물어 동법 제49조, 동법 시행령 별표 6에 따라 과징금 3,000,000원을 부과할 수 있을지언정, 공중위생관리법 제11조, 제12조, 동법 시행규칙 제19조 별표 7 청소년이성혼숙 장소 제공 금지 의무를 위반한 책임을 물어 영업정지 2월의 처분을 할 수는 없다 할 것입니다.

4. 결 론

그렇다면 신청인에게 청소년을 유해업소에 출입시킨다는 인식이나 의사가 있었다고 단정 할 수 없어 신청인을 청소년보호법 제24조 제2항 청소년을 유해업소에 출입시킨 자라고 단정하여 동법 제 51조 제7호로 의율해서는 안될 것이고, 따라서 그러한 인식이 있었다고 단정할 수 없는 이상, 결과적으로 위 이규상과 위 최정은을 투숙시켰다는 이유만으로 이성 청소년을 혼숙시킬 의사나 인식이 없는 신청인에게 이성 청소년을 혼숙시킨 자로 단정하여 동법 제50조 제4호, 동법 제26조의2 제8호로 의율하거나, 동법 제49조, 동법 제51조 제7호, 동법 시행령 제9조 제1항 별표 6 제4호, 제9호로 의율하여 과징금에 처해서는 안될 것이고, 더욱이 공중위생관리법 제11조, 제12조, 동법 시행규칙 제19조 별표 7로 의율하여 영업정지 2월에 처해서는 안될 것입니다.

따라서 이 사건 처분은 위법, 부당한 처분으로서 취소되어야 마땅할 것입니다. 그리하여 신청인은 피신청인을 상대로 귀원 2001 구   호로 영업정지처분취소청구 소송을 제기하였는바(소갑제 10호증 소장접수증명원 참조), 위 본안 소송이 확정되기까지는 상당한 기간이 소요될 것이며, 만약 신청인이 본안판결에서 승소할 경우 이 사건 처분이 집행되어 버리면 신청인은 회복할 수 없는 피해를 입을 것이 명백하므로, 이 사건 신청에 이르렀습니다.

소 명 방 법

1. 소갑제 1호증의 1   행정처분통보
1.   ″   2   행정처분명령서
1. 소갑제 2호증의 1, 2   각 진단서
1. 소갑제 3호증의 1, 2   각 대출통장 사본
1. 소갑제 4호증의 1, 2   각 사진(최정은)
1. 소갑제 5호증   피의자신문조서(000)
1. 소갑제 6호증   피의자신문조서(000)
1. 소갑제 7호증   피의자신문조서(000)
1. 소갑제 8호증   피의자신문조서(000)
1. 소갑제 9호증   인증 사실확인서(000)
1. 소갑제 10호증   소장접수증명원

첨 부 서 류

1. 위 소명서류   각 1통
1. 판례(서울고등법원 1986.2.13. 선고 85노 452호 판결)   1통
1. 소송위임장   1통
1. 송달료 영수증   1통

2000. 00.

신청인의 대리인

변호사 ○○○

서 울 행 정 법 원 귀 중

[서식] 영업정지 처분 효력정지 신청서

영업정지 처분 효력정지 신청

신 청 인 　　　　○ ○ ○(주민등록번호)

　　　　　　　　○○시 ○○구 ○○길 ○○ (우편번호 ○○○-○○○)

피신청인 　　　　○○시 ○○구청장

　　　　　　　　○○시 ○○구 ○○길 ○○ (우편번호 ○○○-○○○)

신 청 취 지

피신청인이 2000. 00. 00. 신청인에 대하여 한 영업정지처분(2000. 00. 00. ~2000. 00. 00.)은 귀원 2000구단0000호 영업정지처분취소청구 사건의 판결 확정시까지 그 효력을 정지한다.

라는 재판을 구합니다.

신 청 이 유

1. 이 사건 처분의 경위

신청인의 업소는 000에 소재한 약 20평 규모에 손님이 직접 음식을 가져다 먹는 형태의 셀프식당입니다. 위 식당은 신청인의 부친인 소외 김00이 실제 운영하고 있고, 평소 식당에는 위 김00을 포함 주방아주머니 1명 등 2명이 상근하였으며, 주말이나 식당일이 바쁠땐 아르바이트생 1명을 임시로 고용하였습니다. 그런데 이 사건이 발생한 2000. 00. 00. 손님이 많은 토용일임에도 주방아주머니가 예고 없이 결근하게 되어, 부득이 위 김00과 아르바이트생 1명이 식당에서 일을 하게 되었습니다. 이날 최00외 5명은 생일파티를 위하여 식당에 오게 되었는데, 이때 김00은 서비스의 의미로 무료 음료수 2병을 제공한 후, 이들이 음식점을 나갈때까지 주방에서 계속 근무하였습니다. 이들이 술을 마시게 된 것은, 아마도 토요일 오후에 손님이 많은 상태에서 평소에 근무하던 주방아주머니가 결근하여 김00이 식당관리를 제대로 할 수 없는 틈을 이용하여, 식당 홀의 냉장고 안에서 임의로 술을 가져다 마신 것으로 추측됩니다. 별지도면에서 보는 것처럼 주방과 홀은 분리되어 있어 주방에 있는 김00이 홀을 일일이 관리할 수 없었고, 또 아르바이트생 혼자서 홀 내에 있는 14개의 테이블 손님 모두를 살펴볼 수도 없었습니다. 더구나 위 식당은 손님 1사람당 1만원을 받고 음식을 손님 재량껏 손수 가져다 먹을 수 있으며, 술이나 음료수 역시 종업원에게 주문하지 않고 직접 가져다 먹는 방식을 운영되면서, 식당을 나가면서 손님 수와 테이블에 놓인 병을 확인하여 식사비를 계산합니다. 이 때문에 아마도 이들이 음료수와 술이 함께 보관된 냉장고에서 술을 몰래 꺼내 먹을 수 있었을 것입니다.

2. 신청인은 청소년에게 직접 주류를 제공한 사실이 없습니다

전설한 바와 같이, 이 사건 당일 어느 누구도 청소년들에게 주류를 제공한 사실이 없습니다. 청소년들이 신청인 몰래 주류를 가져다 마셨을 뿐입니다. 따라서 청소년들에게 주류를 제공한 것을 전제로 한 이 사건 처분은 취소되어야 마땅합니다.

3. 설령, 신청인이 청소년들에게 주류를 제공한 사실이 인정된다 하더라도, 이 사건 처분은 재량권을 일탈한 것으로 위법합니다.

신청인이 청소년들의 음주사실을 알게된 것은 식사비를 계산하는 과정이었습니다. 그때는 이미 청소년들이 술을 마신 이후였기 때문에 신청인은 어쩔 수 없이 술값을 포함하여 계산할 수 밖에 없었습니다. 가사 이러한 행위가 식품위생법규정의 청소년에게 주류를 제공하는 행위에 해당한다 하더라도, 피신청인의 처분은 다음과 같은 이유로 재량권을 일탈 또는 남용하였습니다.

위에서 본바와 같은 청소년들의 음주경위, 신청인에게는 지금까지 단 한차례도

로 식품위생법을 위반한 사실이 없으며, 이 사건 식당의 영업을 2개월이나 정지하게 될 경우 가족들의 생계에 중대한 영향을 미치는 점, 그 외 영업정지기간이 년 중 최고의 성수기인 점 등을 고려할 때 이 사건 처분은 재량권을 일탈 또는 남용한 처분으로써 당연히 취소되어야 할 것입니다.

4. 결 론

이에 신청인은 피신청인을 상대로 이 사건 처분의 취소를 구하기 위하여, 현재 영업정지처분취소청구소송을 제기하여, 귀원 2000구단0000호로 심리중에 있습니다. 위 재판이 확정될 때 까지는 상당한 시일이 소요되며, 업무정지간인 3개월을 경과할 것이 명백하여, 신청인이 재판에서 승소하더라도, 재판의 실이 없게 될 가능성이 크고, 이 사건 처분의 집행으로 인하여 신청인의 생업수단을 상실하게 되어 그 기간이 장기화될수록 신청인으로서는 회복하기 어려운 손해를 입을 우려가 상당합니다. 이 사건 연유로 신청인은 신청취지와 같은 결정을 구하고자 이 사건 신청에 이르게 되었습니다.

입 증 방 법

1. 소갑 제1호증   처분사전통지서
1. 소갑 제2호증   의견제출서

2000. 00. 00.
신청인 ○○○

서울행정법원 귀중

2. 영업허가 명의변경 절차 이행청구의 소(영업양도)

가. 기재례 - 신청취지

1. 피고는 원고에게 별지 목록 기재 영업허가에 관하여 200 ㅇ. ㅇ. ㅇ. 영업양도를 원인으로 한 명의변경절차를 이행하라.
2. 소송비용은 피고의 부담으로 한다.
라는 판결을 구합니다.

나. 관련서식

[서식] 영업허가 명의변경 절차 이행청구의 소

소 장

원   고   ㅇㅇㅇ (주민등록번호)

ㅇㅇ시 ㅇㅇ구 ㅇㅇ길 ㅇㅇ(우편번호 ㅇㅇㅇ-ㅇㅇㅇ)

전화 · 휴대폰번호 :

팩스번호, 전자우편(e-mail)주소 :

피   고   ㅇㅇㅇ (주민등록번호)

ㅇㅇ시 ㅇㅇ구 ㅇㅇ길 ㅇㅇ(우편번호 ㅇㅇㅇ-ㅇㅇㅇ)

전화 · 휴대폰번호 :

팩스번호, 전자우편(e-mail)주소 :

영업허가명의변경절차 이행청구의 소

청 구 취 지

1. 피고는 원고에게 별지 목록 기재 영업허가에 관하여 20ㅇㅇ. ㅇ. ㅇ. 영업양도를 원인으로 한 명의변경절차를 이행하라.
2. 소송비용은 피고의 부담으로 한다.

라는 판결을 구합니다.

청 구 원 인

1. 원고는 20ㅇㅇ. ㅇ. ㅇ. 피고로부터 피고가 운영하는 "ㅇㅇㅇ"라는 상호의 단란주점을 양도받았으나 피고는 정당한 이유 없이 지금까지 영업허가의 명의변경절차에 협력해주지 않고 있습니다.
2. 따라서 원고는 영업양도를 원인으로 하여 피고에게 별지 목록 기재 영업허가의 명의변경절차의 이행을 구하기 위하여 이 사건 청구에 이르게 된 것입니다.

입 증 방 법

1. 갑 제1호증	영업양도계약서
1. 갑 제2호증	양도대금영수증

첨 부 서 류

1. 위 입증서류	각 2통
1. 소장부본	1통
1. 송달료납부서	1통

20ㅇㅇ. ㅇ. ㅇ.

위 원고 ㅇㅇㅇ (서명 또는 날인)

ㅇㅇ지방법원 귀중

목 록

허가번호	제500호
대표자	○○○
주민등록번호	111111 − 1111111
주소지	○○시 ○구 ○○길 ○○
명칭	○○○
소재지	○○시 ○○구 ○○길 ○○
영업의 종류	단란주점영업
허가년월일	20○○. ○. ○.
허가자	○○구청장. 끝.

3. 건설업 영업정지 처분 무효확인 청구의 소

가. 기재례 - 신청취지

1. 피고가 20○○. ○. ○. 원고에 대하여 건설업 영업을 정지한 처분은 무효임을 확인한다.
2. 소송비용은 피고의 부담으로 한다.
라는 판결을 구합니다.

나. 관련서식

[서식] 건설업 영업정지 처분 무효확인 청구의 소

소 장

원   고   ○ ○ ○(주민등록번호)

　　　　　　　　○○시 ○○구 ○○길 ○○ (우편번호 ○○○ － ○○○)

피   고   △△시 △△구청장

　　　　　　　　○○시 ○○구 ○○길 ○○ (우편번호 ○○○ － ○○○)

건설업 영업정지 처분 무효확인 청구의 소

청 구 취 지

1. 피고가 20○○. ○. ○. 원고에 대하여 건설업 영업을 정지한 처분은 무효임
   을 확인한다.
2. 소송비용은 피고의 부담으로 한다.
라는 판결을 구합니다.

청 구 원 인

1. 피고는 20○○. ○. ○. 원고에 대하여 건설업영업을 정지한다라는 처분을
   하였습니다. 즉, 피고는 원고가 소외 김ㅁㅁ에게 원고의 상호를 사용하여 건
   설공사를 시공하게 하였다는 이유로 건설산업기본법 제82조 제1항 제2호,
   제21조의 2 건설업면허등의 대여금지규정을 위반하였다면서 위처분을 하였
   습니다.

2. 그러나 원고는 소외 김ㅁㅁ에게 원고의 상호를 사용하여 건설공사를 시공하게 한 일이 없습니다. 그러므로 피고의 위 처분은 내용 및 절차상 흠이 있는 위법한 처분이므로 당연히 무효라고 할 것입니다.

첨 부 서 류

1. 소장부본	1통
1. 법인등기사항증명서	1통
1. 납부서	1통

20○○. ○. ○.

원 고 ○ ○ ○ (인)

○ ○ **행정법원 귀중**

4. 건축사 업무정지처분 취소청구의 소

가. 기재례 - 청구취지

1. 피고가 20○○. ○. ○. 원고에 대하여 한 건축사업무정지 61일(20○○. ○. ○. - 20○○. ○. ○.) 명령처분을 취소한다.
2. 소송비용은 피고의 부담으로 한다.
라는 판결을 구합니다.

나. 관련서식

소   장

원   고   ○ ○ ○(주민등록번호)

○○시 ○○구 ○○길 ○○ (우편번호 ○○○-○○○)

피   고   △△시 △△구청장

○○시 ○○구 ○○길 ○○ (우편번호 ○○○-○○○)

건축사업무정지처분 취소청구의 소

청 구 취 지

1. 피고가 20○○. ○. ○. 원고에 대하여 한 건축사업무정지 61일(20○○. ○. ○. - 20○○. ○. ○.) 명령처분을 취소한다.
2. 소송비용은 피고의 부담으로 한다.
라는 판결을 구합니다.

청 구 원 인

1. 피고는, 원고가 ○○시 ○○구 ○○동 ○○ 대지상에 ○○○의 근린생활시설 및 주택건축공사 등을 감리함에 있어서 옥외주차장폭이 2.3m이어야 하는데도 2.1m만 확보하는 등의 위반사항이 발생하였음에도 시정지시와 보고를 하지 아니하는 등 건축법에 의한 공사감리자로서의 의무를 이행하지 아니하였다는 이유로 건축사법 제28조, 동법시행령 제29조의 2에 의거하여 2월간의 건축사업무정지명령을 하였습니다.

2. 그러나, 원고는 지적도상 그 주차장 너비가 2.3m 이상이었기 때문에 준공처리를 하여 주었던 것이고, 피고의 지적에 따라 실측하여 본 결과 그 주차장 대부분의 너비가 2.3m이상이었으나 단지 입구쪽의 일부분만이 그 인접 건물 담장과의 거리가 2.1m임을 알게 되었습니다. 이에 원고는 대한지적공사에 의뢰하여 재측량하여 본 결과 그 지적도상의 너비는 분명 2.3m이상이고 그 인접건물담장이 위 건물대지쪽으로 20㎝ 침범하여 축조한 탓으로 인접 건물 담장과의 거리가 2.1m로 된 것임이 판명되었습니다. 그렇다면 원고로서는 그 감리상의 성실의무에 위반된바가 없는 것이므로 위 처분은 위법함을 면치 못할 것입니다.

3. 가사, 주차장 입구쪽의 현황상 너비가 2.1m인 것을 조사하지 아니한 것이 성실의무위반으로 의율된다 하더라도 그것은 주차장의 극히 일부분에 지나지 아니하는 점, 그로 인해 승용차 출입에 전혀 지장이 없는 점, 20cm가 부족하게 된 원인은 인접 건물의 침범으로 인한 것인 점 등을 참작할 때, 위와 같은 이유로 원고에 대하여 업무정지 61일의 처분을 함은 너무나 가혹한 것으로서 재량권의 일탈 내지 남용에 해당한다 할 것입니다.

4. 따라서 피고가 원고에 대하여 한 건축사업무정지명령처분을 취소해 주시기 바랍니다.

입 증 방 법

1. 갑 제1호증   위반건축사 행정처분서
1. 갑 제2호증   건축사업무정지 명령서
1. 갑 제3호증   행정심판접수증

첨 부 서 류

1. 위 입증방법   각 1통
1. 소장부본   1통
1. 납부서   1통

20○○년 ○월 ○일

원 고 ○ ○ ○ (인)

○ ○ 행 정 법 원 귀중

---

5. 석유판매업 허가신청서 반려처분 취소청구의 소

가. 기재례 - 청구취지

> 1. 피고가 20○○. ○. ○. 원고에 대하여 한 석유판매허가신청 반려처분을 취소한다.
> 2. 소송비용은 피고가 부담한다.
> 라는 판결을 구합니다.

나. 관련서식

소　　장

원　고　　　　　ㅇ　ㅇ　ㅇ(주민등록번호)

　　　　　　　　ㅇㅇ시 ㅇㅇ구 ㅇㅇ길 ㅇㅇ (우편번호 ㅇㅇㅇ-ㅇㅇㅇ)

피　고　　　　　△△시 △△구청장

　　　　　　　　ㅇㅇ시 ㅇㅇ구 ㅇㅇ길 ㅇㅇ (우편번호 ㅇㅇㅇ-ㅇㅇㅇ)

석유판매허가신청서반려처분 취소청구의 소

청 구 취 지

1. 피고가 20ㅇㅇ. ㅇ. ㅇ. 원고에 대하여 한 석유판매허가신청 반려처분을 취소한다.
2. 소송비용은 피고가 부담한다.

라는 판결을 구합니다.

청 구 원 인

1. 처분의 경위

원고는 ㅇㅇ시 ㅇㅇ구 ㅇㅇ길 ㅇㅇ번지에다 주유소를 설치하여 석유판매업을 하고자 20ㅇㅇ. ㅇ. ㅇ. 피고에게 석유판매허가신청서를 제출하였는바, 피고는 주민들의 민원을 이유로 20ㅇㅇ. ㅇ. ㅇ. 자로 석유허가판매허가신청서를 원고에게 반려하는 처분을 하였습니다. 그러므로 피고의 처분은 원고의 석유판매업허가를 거부한 처분이라 할 것입니다.

2. 처분의 위법

원고는 법률 및 법령의 규정에 따라 적법하게 석유판매업허가신청을 하였는데도 피고는 지역주민들의 민원을 이유로 석유판매업허가를 거부한 것은 적절한 재량권의 범위를 벗어난 위법한 처분이라 할 것입니다.

3. 결론

이상에서 살펴본 바와 같이 피고의 처분은 법률상 근거 없는 위법한 처분이므로 원고는 직업선택 및 재산권을 보호하고자 이 사건 청구에 이른 것입니다.

입 증 방 법

변론시 수시 제출하겠습니다.

첨 부 서 류

1. 소장 부본	1통
1. 납부서	1통

20○○년 ○월 ○일

원 고 ○ ○ ○ (인)

○ ○ 행 정 법 원 귀 중

6. 자동차 정비 사업 허가 취소 처분 취소청구의 소

가. 기재례 - 청구취지

1. 피고가 20ㅇㅇ. ㅇ. ㅇ. 원고에 대하여 한 자동차정비사업허가취소처분을 취소한다.
2. 소송비용은 피고의 부담으로 한다.
라는 재판을 구합니다.

나. 관련서식

소   장

원   고   ㅇ ㅇ   ㅇ(주민등록번호)

　　　　　　　ㅇㅇ시 ㅇㅇ구 ㅇㅇ길 ㅇㅇ (우편번호 ㅇㅇㅇ-ㅇㅇㅇ)

피   고   △ △ 시장

　　　　　　　ㅇㅇ시 ㅇㅇ구 ㅇㅇ길 ㅇㅇ (우편번호 ㅇㅇㅇ-ㅇㅇㅇ)

자동차 정비 사업 허가 취소 처분 취소청구의 소

청 구 취 지

1. 피고가 20ㅇㅇ. ㅇ. ㅇ. 원고에 대하여 한 자동차 정비 사업 허가 취소처분을
   취소한다.
2. 소송비용은 피고의 부담으로 한다.
라는 재판을 구합니다.

청 구 원 인

1. 원고는 20○○. ○. ○. 자동차정비사업허가를 득하였으나 20○○. ○. ○. 피고는 원고에 대한 영업허가는 인근 주민의 생활에 많은 불편을 줄 가능성이 있다는 이유로 위 면허를 취소하였습니다.

2. 그러나 원고가 운영하려는 정비소는 인근 주택가와는 다소 떨어진 외딴 지점에 자리잡을 예정이므로 인근 주민의 생활에 아무런 불편을 주지 않을 것입니다.

3. 따라서 피고의 원고에 대한 사업허가 취소처분은 합리적인 근거 없이 재량권을 일탈한 위법한 행위로서 취소되어야 한다고 사료되어 본 청구에 이릅니다.

첨 부 서 류

1. 소장 부본   1통
1. 납부서   1통

20○○년 ○월 ○일

원   고   ○ ○ ○   (인)

○ ○ 행 정 법 원 귀중

7. 해임처분 취소 청구

가. 기재례 - 신청취지

피청구인이 1994. 12. 27. 결정한 청구인에 대한 해임처분은 이를 취소한다.

나. 관련서식

행정심판청구

원   고   ○ ○ ○(주민등록번호)

○○시 ○○구 ○○길 ○○ (우편번호 ○○○-○○○)

피   고   노동부장관

○○시 ○○구 ○○길 ○○ (우편번호 ○○○-○○○)

해임처분취소청구

신 청 취 지

피청구인이 2000.00. 00. 결정한 청구인에 대한 해임처분은 이를 취소한다.

신 청 이 유

가. 본건 징계의결 이유서에서 심판청구인○○○은 1994년 8월경 ○○지방 노
    동사무소 사무실에서, (주)○○직업훈련 담당직원 "○○"으로부터 식사비로

20만원을 받고, 1994년 9월경같은 장소에서 동 "OOO"으로부터 책 속에 30만원을 두고 가 이를 받고, 1994년 10월경같은 장소에서 위 "OOO"으로부터 식사비로 20만원을 주어 받았고, 1994년 11월경 위와같은 장소에서 위 "OOO"으로부터 식사비 30만원을 주어 받는 등 총 4회에 걸쳐 합계 금 100만원을 직무에 관하여 금품을 수수하였다고 하는바, 이는 사실과 전혀 다른 내용이며 또한 의결내용도 청구인에게는 심히 과다하여 재량권을 일탈한 행위라 아니할 수 없습니다.

나. 청구인이 이 건과 관련하여 대검찰청 중앙수사부에서 조사 받을 당시는 금품수수에 관하여만 진술토록 요구받아, 그에 대한 경위만을 진술하였던 것입니다. 그러나 청구인은 이건금품수수에 관하여는 위 "OOO"으로부터 직무와 관련하여 직·간접적으로 어떠한 대가도 요구받은 사실이 없으며, 또한 동 금원에 대하여 식사대접만을 받은 것이며, 개인적으로 이를 유용할 목적으로 동 금원을 수수한 사실이 전혀 없었던 것입니다.

입 증 자 료

1. 자술서   1통
1. 사실확인서   1통

2000년 0월 0일

청구인 ○ ○ ○   (인)

노동부 귀중

8. 개발부담금부과처분취소 청구의 소

가. 기재례 - 청구취지

1. 피고가 20○○. ○. ○. 원고에 대하여 한 개발부담금부과처분을 취소한다.
2. 소송비용은 피고의 부담으로 한다.
라는 재판을 구합니다.

나. 관련서식

소　　장

원　고　　　　○○○(주민등록번호)

　　　　　　　○○시 ○○구 ○○길 ○○ (우편번호 ○○○-○○○)

피　고　　　　서울특별시장

　　　　　　　○○시 ○○구 ○○길 ○○ (우편번호 ○○○-○○○)

개발부담금부과처분취소청구의 소

청 구 취 지

1. 피고가 20○○. ○. ○. 원고에 대하여 한 개발부담금부과처분을 취소한다.
2. 소송비용은 피고의 부담으로 한다.
라는 재판을 구합니다.

청 구 원 인

1. 원고는 서울 서대문구 홍은3동 120-103 토지 3,475 평방미터를 소유하고 있습니다.

2. 원고는 위 토지에 건물을 짓고자 피고에게 근린생활시설부지조성을 위한 개발행위 신고를 하였고, 피고로부터 (1) 건축법에 의한 건축허가 및 신고절차를 거치고, (2) 도로점용허가를 받되 일정한 도로부지를 피고에게 기부채납하고, (3) 현 도로에서 10미터 이상의 거리를 이격하여 건축하고, (4) 개발행위신고에 따른 대지조성비 빛 전용부담금을 납부할 것 등을 사전조건으로 하여 개발행위허가를 받아 위 사전조건들을 모두 충족한 뒤 사업을 시행하여- 1 -20○○. 5. 건물 한동의 건축을 마쳤습니다.

3. 그런데 피고는 20○○. 2. 18. 원고에 대하여 금107,499,000원의 개발부담금부과처분을 하였는바, 이는 그 개발부담금부과액 산정의 전제가 되는 사업착수 시점 및 종료시점의 지가산정이 합리적 기준없이 이루어 졌고, 원고가 기부채납 한 도로부지의 가액을 그 비용에서공제하지 않은 잘못이 있으며, 원고가 지출한 개발비용을 피고의 임의로 그 공제대상에서 누락시킨 잘못이 있어 위법부당 하므로 취소되어야 마땅하다고 하겠습니다.

4. 처분일 : 20○○. 2. 18.행정심판청구일 : 20○○. 7. 21.이건 소제기 일 현재 행정심판 결정이 내려지지 않고 있습니다.

첨 부 서 류

1. 소장 부본   1통
1. 납부서   1통

                    20○○년 ○월 ○일

                    원 고   ○ ○ ○   (인)

    ○ ○ 행 정 법 원   귀 중

9. 건축허가거부처분취소 청구의 소

가. 기재례 - 청구취지

1. 피고가 20○○. ○. ○. 원고에 대하여 한 건축허가거부처분을 취소한다.
2. 소송비용은 피고의 부담으로 한다.
라는 재판을 구합니다.

나. 관련서식

소   장

원   고   ○ ○ ○(주민등록번호)

            ○○시 ○○구 ○○길 ○○ (우편번호 ○○○-○○○)

피   고   △ △ 시장

            ○○시 ○○구 ○○길 ○○ (우편번호 ○○○-○○○)

건축허가거부처분취소청구의 소

청 구 취 지

1. 피고가 20○○. ○. ○. 원고에 대하여 한 건축허가거부처분은 이를 취소한
   다.
2. 소송비용은 피고의 부담으로 한다.
라는 재판을 구합니다.

청 구 원 인

1. 원고는 피고에게 20○○. 8. 29. 원고의 소유인 경기시 포천군 도율면 내촌
   리 430 준농림지역 대 625평방미터(이하 이사건 토지라고 함) 위에 숙박시
   설, 주차장, 2종 근린생활시설을 위한 지하 1층, 지상5층, 연건평 933평방미
   터의 건축허가 신청을 하였으나 피고는 같은 해 10.14 이사건 토지가 하천법
   제2조 제2항 소정의 하천구역에, 도로법 제50조 소정의 접도구역에 각 해당
   하여 건축물 기타의 공작물 신축등을 할 수 없다는 사유를 들어서 원고의 이
   사건 건축허가 신청에 대한 거부처분을 하였습니다.

2. 그러나 이사건 토지의 인근에 위치하고 있는 하천은 용석산 계곡을 따라 흘
   러내리는 물줄기- 1 -에 지나지 아니한 개울로서 유속도 느리고 그 유량도
   미미한데다 계속하천의 폭과 유속및 유량이 줄어들고 있어 그 하안과 이사
   건 토지와의 간격이 점차적으로 벌어지고 있고이 같은 사정에다가 이사건
   토지를 포함한 인근의 지형, 지고 등을 함께 고려해 보면 위 하천을 따라 흐
   르는 물이 이사건 토지에 까지는 미칠 수 없으며 현재보다 위 하천의 폭과
   유속이 크고 유량도 많았던 1930년대부터 이 사건 토지의 주된 사용목적 내
   지 용도를 건축물 등의 신축사용에 적합한 대지로 평가하고 공부상 지목을
   줄곧 "대"로 분류해 현재에 이르고 있어서 하천구역으로 지정 고시될 수도
   없으려니와 지정고시 된 사실조차 없으므로 이 사건 토지는 하천법의 적용

을 받을 대상이 아니며, 또한 이사건 토지가 접도구역으로 지정고시 된 사실도 없어 도로법이 적용될 수도 없습니다.

여기서 피고는 이사건 토지가 상습범람으로 재해위협이 상존하고 지형상 유수가 직접 수충되는 위치에 있으며 옹벽(공작물)을 설치하여 건물을 신축하게 되면 하천 홍수위가 상승되면서 유로의 변경이 예상된다는 취지로 주장하나, 이는 현상을 무시한 피고의 억지 논리이고 이사건 거부처분을 합리화시키기 위한 가장에 지나지 않습니다. 이 사건 토지 인근에 이미 피고로부터 허가를 받아 수동의 건축물이 신축되어 있으나 현재까지 그 건축물이 위 하천의 유수범람에 의해서 피해를 받은 사실이 없고 위 건축물 또한하천의 수위나 유로 등에 영향을 미친바도 없으며 이사건 토지에 연해서 설치하고자 하는 옹벽은 만일의 대홍수에 대비키 위한 것일 뿐 평상시나 어지간한 홍수에도 그 하천율 흐르는 물이 위 옹벽까지는 미치지 못할 것이므로 하천수위가 상승되거나 유로의 변경이 될 턱이 없고 이사건 토지가 수충되는 위치에 있지도 않습니다. 다만 민간인 소외 김00, 같은 박00 명의의 확인서 내용에 이사건 토지 인근이 범람지역이라는 취지의 기재부분이 있으나 소외인들은 현재 이사건 토지인근에서 음식점 및 숙박업등을 경영하고 있고, 만일 원고의 건축물이 들어서게 되면 혹시 영업상 불이익이라도 발생하지 않을까 하는 노파심과 이해관계에서 사실과 달리 작성한 것으로 형사의 책임이 뒤따르게 되는 절차에서는 진실대로 밝힐 수밖에 없을 것이며 앞으로 현장검증이나 관련증거자료, 객관적 위치에 있는 증언 등을 통해서 피고의 위 주장이 부당하고 진실에 반하는 것으로 드러날 것입니다. 이렇듯 이사건 토지위에 건축물을 신축키 위하여 허가를 구하는 원고의 신청이 거부될 어떠한 정당한 사유도 없으며 더욱이 이사건 거부처분에 의하여 달성하려고 하는 공익목적은 미미하거나 없는데 반해 원고의 불이익은 지나치게 크다고 할 것입니다.

3. 따라서 피고의 이사건 거부처분은 위법부당한 처분이라 할 것이어서 취소되어야 할 것이므로 원고는 이사건 거부처분통지를 20○○. 10. 14 수령하여 같은 달 16 경기도지사에게 행정심판청구를 제기하였으며, 같은해 12. 20 경기도지사는 원고의 행정심판청구를 기각하는 결정이 있었고 그 결정을 원고는 같은 해 12. 22 수령한 후 이에 불복하고서 이사건 소송에 이른 것입니다

첨 부 서 류

1. 소장 부본   1통
1. 납부서   1통

20○○년 ○월 ○일

원 고 ○ ○ ○ (인)

○ ○ 지방법원 귀중

10. 변상금부과처분 취소청구의 소

가. 기재례 - 청구취지

1. 피고가 20○○. ○. ○. 원고에 대하여 한 변상금 00,000,000원의 부과처분을 취소한다.
2. 소송비용은 피고의 부담으로 한다.
라는 재판을 구합니다.

나. 관련서식

소　　장

원　고　　　　○○○(주민등록번호)

　　　　　　　○○시 ○○구 ○○길 ○○ (우편번호 ○○○-○○○)

피　고　　　　△△구청

　　　　　　　○○시 ○○구 ○○길 ○○ (우편번호 ○○○-○○○)

　　　　　　　위 법률상 대표자 구청장 ○○○

변상금 부과처분 취소청구의 소

청 구 취 지

1. 피고가 20○○. ○. ○. 원고에 대하여 한 변상금 00,000,000원의 부과처분을 취소한다.
2. 소송비용은 피고의 부담으로 한다.

라는 재판을 구합니다.

청 구 원 인

1. 부과처분경위피고는 200 . 4. 2. 원고가 서울 00구 00동 1197-4 체비지를 무단점용 하였다는 이유로 동년 4. 4.과 동년 5. 3. 위 체비지상 무단점유물을 자진 이전토록 촉구하였으나 원고가 이를 이행치 않아 20○○. 10. 18. 체비지 무단점용방지시설을 설치하고 동년 11.7. 원고에게 체비지 54.3㎡를

20○○. 4. 2.부터 20○○. 10. 17.까지 무단점용 하였다며 변상금 00,000,000원을 부과처분고지를 하였습니다.

2. 전치절차

원고는 위와 같은 피고의 부과처분에 대하여 20○○. 12. 일자 미상경, 행정심판청구를 한 결과, 행정심판위원에서 20○○. 1. 29. 원고의 심판 청구를 기각하였고, 원고는 동년 2. 1. 재결서정본을 송달받았습니다.

3. 이 사건 과세처분의 부당성가. 원고는 20○○. 4월경, 서울 00구 00동 1197-4 지상에 각종 산업폐기물과 생활폐기물들이 산적해 있어 당시 구청 담당자와 책임자인 담당국장이 현장에 나와 이를 조사하고, 적치물이 2.5톤 차량으로 약 10대분이나 되는 쓰레기를 제거하고 기존에 설치된 펜스(울타리)를 철거하였습니다.

가. 원고는 이건 체비지의 앞자리인 서울 00구 00동 1197-5 소재에서 렌트카 영업을 하였는데, 피고구청 담장자와 책임자인 국장이 원고에게 펜스(울타리)를 설치하게 되면 인근에서 쓰레기집하장이 될 것이니 펜스를 치지 말고 쓰레기를 버리는 사람을 단속해달라고 부탁을 하여 원고는 나름대로 쓰레기 투하자들을 색출하여 다른 곳에 버리도록 권고를 하는 등, 환경정화사업에 많은 공을 들였습니다.

나. 원고의 거래처 손님들이 체비지 길 옆으로 1~2대의 차량을 주정차하는 것을 적발하고, 20○○. 4월경 일자미상경, 피고구청의 담당자가 원고를 찾아와서 앞으로 문제가 될 것이니 펜스를 치고 그 부분에 해당하는 사용료를 내고 쓰라고 하여 그 말에 따라 원고가 체비지 앞 부분에 말뚝을 박고 길 옆으로 18㎡를 쓰게 되었고, 18㎡에 대한 사용료 12만원씩을 부과하기로 하였습니다.

다. 그 후로 서울특별시 감사과로부터 지적을 당하였다는 이유로 말을 바꾸어 원고와 약속한 부분 18㎡에 대한 사용료12만원씩을 정하였던 것을 증거없음을 내세워 이제 와서 전체부분54㎡에 대한 변상금을 부과하는 것은 부당하므로 이건 청구에 이르렀습니다.

첨 부 서 류

1. 소장 부본   1통
1. 납부서   1통

20○○년 ○월 ○일

원 고 ○ ○ ○ (인)

○ ○ 행 정 법 원 귀중

Ⅵ. 기타 분쟁사례

1. 일반음식점 영업정지처분 취소청구(2015-1058) - 일부인용(주류제공)

재결 요지

청구인이 청소년 주류제공으로 1차 2회 적발되어 영업정지 3개월 처분한 것과 관련하여, 1차 1회 위반행위는 서울ㅇㅇ지방검찰청으로부터 벌금 50만원의 구약식 처분을 받았고, 1차 2회 위반행위에 대해서는 서울ㅇㅇ지방검찰청으로부터 기소유예 처분을 받았다면, 이를 고려하여 이 사건 처분을 감경할 필요성이 인정된다.

주문

피청구인이 2015. 8. 20. 청구인에 대하여 한 3개월의 영업정지 처분을 1개월15일의 영업정기 처분으로 변경한다.

청구 취지

피청구인이 2015. 8. 20. 청구인에 대하여 한 3개월의 영업정지처분을 취소한다.

이유

1. 사건개요

피청구인은 청구인이 서울 ㅇㅇ구 ㅇㅇ로ㅇㅇ길 ㅇㅇ 소재 일반음식점 'ㅇㅇ
ㅇㅇ'(이하 '이 사건 업소'라 한다)를 운영하면서 2015. 5. 1. 및 같은 해 5.

4. 청소년에게 주류를 제공한 사실을 확인하고, 청구인에 대하여 2015. 8. 20. 영업정지 3개월 처분(이하 '이 사건 처분'이라 한다)을 하였다.

2. 청구인 주장

청구인은 서울 ○○구 ○○로 ○○길 ○○ 소재 일반음식점 '○○○○'를 운영하면서 2014. 5. 1. 및 5. 4. 청소년 주류제공으로 적발되어 2015. 8. 20. 피청구인으로부터 영업정지 3월의 행정처분을 받았으나, 1차 적발 당일은 8명의 손님이 방문하여 그 중 7명의 신분증을 확인하였고 1명은 신분증을 분실하였다고 하여 휴대폰 성인인증을 통해 성인임을 확인한 후 주류를 제공하였는데, 그 후 위 1명이 청소년으로 밝혀져 적발된 것이고, 2차 적발일은 화장을 짙게 하여 성인으로 보이는 손님에게 주류를 제공하였는데 후에 청소년으로 밝혀져 적발된 것으로, 청구인은 청소년의 적극적 기망에 의해 성인으로 착각하고 주류를 제공하게 된 것이므로, 적발경위에 비추어 볼 때 청구인에 대한 영업정지 3개월 처분은 지나치게 가혹하며 이 사건 처분으로 생계에 어려움이 있는 점을 감안하여 이 사건 처분을 취소하여 주기 바란다. 또한 청구인의 2차 적발과 관련하여 서울○○지방검찰청으로부터 기소유예처분을 받은 사실이 있으므로 이를 고려하여 이 사건 처분을 일부 감경하여 주기 바란다.

3. 피청구인 주장

식품접객영업자는 식품위생법 제44조 제2항에 의하여 청소년에게 주류를 제공하여서는 아니 되나 청구인은 2015. 5. 1. 및 같은 해 5. 4. 이 사건 업소에 출입한 청소년의 신분증을 정확히 확인하지 아니하고 주류를 제공하여 서울○○경찰서에 적발, 통보되었으며, 이에 피청구인이 확인한 결과 식품위생법 위반사항이 명백하여 영업정지 3개월의 처분을 한 것으로 청구인의 주장은 이유 없다.

식품위생법 시행규칙 제89조[별표23] Ⅰ. 일반기준, 4호는 위반행위에 대하여 행정처분을 하기 위한 절차가 진행되는 기간 중에 반복하여 같은 사항을 위반하는 경우에는 그 위반 횟수마다 행정처분 기준의 2분의1씩 더하여 처분한다고 정하고 있으며, 따라서 피청구인은[별표23]Ⅱ의 3. 식품접객업 처분기준 제11호에 의거 영업정지 3개월의 처분을 한 것으로, 이 사건 처분은 적법 타당하다.

4. 관계법령
식품위생법 제44조 제2항, 제75조, 제1항
식품위생법 시행규칙 제89조 별표23

5. 인정사실
청구인과 피청구인이 제출한 행정심판 청구서, 답변서 등의 기재 내용을 종합하여 보면 다음과 같은 사실을 각각 인정할 수 있다.

가. 청구인은 이 사건 업소를 '영업소 명칭 ○○○○, 영업장 면적 24.63㎡, 영업의 종류 일반음식점'으로 신고하고 2012. 8. 13.부터 현재까지 운영하고 있다.

나. 서울○○경찰서장은 2015. 5. 1. 06:03경 이 사건 업소에서 청소년에게 주류를 제공한 행위를 적발하고, 2015. 5. 7. 피청구인에게 이 사실을 통지하였다.

다. 피청구인은 2015. 5. 11. 청구인에게 영업정지 2개월 처분에 대한 사전통지와 의견제출 안내를 하였고, 이에 청구인은 2015. 5. 22. 피청구인에게 검찰 처분 확정시까지 행정처분 유보를 원한다는 내용의 의견을 제출하였다.

라. 또한, 서울○○경찰서장은 2015. 5. 4. 00:00경 이 사건 업소에서 청소년에게 주류를 제공한 행위를 적발하고, 2015. 7. 27. 피청구인에게 이 사실을 통지하였다.

마. 피청구인은 2015. 7. 30. 청구인에게 영업정지 3개월 처분에 대한 사전통지를 하였다.

바. 한편, 청구인의 1차 1회 청소년보호법 위반과 관련하여 서울○○지방검찰청은 2015. 6. 30. 벌금 50만원의 구약식 처분을 하였고, 청구인의 1차 2회 청소년보호법 위반과 관련하여 서울○○지방검찰청은 2015. 7. 15. 기소유예 처분을 하였다.

사. 피청구인은 2015. 8. 20. 청구인에 대하여 이 사건 처분을 하였다.

6. 이 사건 처분의 위법·부당여부

가. 「식품위생법」제44조, 제75조 및 같은 법 시행규칙 제89조 별표 23의 규정에 의하면, 식품접객영업자는 「청소년보호법」제2조에 따른 청소년에게 주류를 제공하는 행위를 하여서는 아니 되고, 같은 법 시행규칙 제89조 [별표 23] Ⅰ. 일반기준, 4호는 위반행위에 대하여 행정처분을 하기 위한 절차가 진행되는 기간 중에 반복하여 같은 사항을 위반하는 경우에는 그 위반 횟수마다 행정처분 기준의 2분의1씩 더하여 처분한다고 정하고 있으며, Ⅱ.개별기준 3. 식품접객업, 11호 라목에 의하면 청소년에게 주류를 제공하는 행위를 한 경우 행정처분의 기준은 1차 위반의 경우 영업정지 2개월, 2차 위반의 경우 영업정지 3개월로 되어 있다.
또한 같은 법 시행규칙 제89조 별표 23, Ⅰ.일반기준 제15호 '바'목은 해당 위반 사항에 관하여 검사로부터 기소유예의 처분을 받거나 법원으로부터 선고유예 판결을 받은 경우에는 영업정지처분 기간의 2분의 1 이하의 범위에서 그 처분을 경감할 수 있다고 정하고 있다.

나. 이 사건 처분에 관하여 본다.

위 인정사실과 제출된 기록 등에 의하면, 청구인이 운영하는 이 사건 업소에서 2015. 5. 1. 06:03경 및 같은 해 5. 4. 00:00경 청소년에게 주류를 제공함으로써 식품위생법을 위반한 사실이 인정되며, 이러한 법 위반 사실에 대하여 피청구인이 청구인에게 한 이 사건 처분은 위법하다고 할 수 없다.

그러나 청구인에게 동종의 법 위반 전력이 없는 점, 청구인의 1차 1회 법규 위반과 관련하여 청구인이 2015. 6. 30. 서울ㅇㅇ지방검찰청으로부터 벌금 50만원의 구약식 처분을 받은 점과 청구인의 1차 2회 위반과 관련하여 서울ㅇㅇ지방검찰청으로부터 2015. 7. 15. 기소유예 처분을 받은 점 등을 볼 때 청구인의 법 위반 정도가 중하다고 할 수 없고, 규모가 영세한 업소를 어렵게 운영하던 중에 이러한 사건이 발생한 점 등을 종합적으로 고려하면, 이 사건 처분으로 인하여 달성하고자 하는 공익적 목적에 비하여 이 사건 처분으로 인하여 청구인이 입게 될 불이익이 크다 할 것이어서 이 사건 처분을 감경할 필요성이 인정된다.

7. 결 론

그렇다면, 청구인의 주장을 일부 인정할 수 있으므로 이 사건 처분을 1개월15일의 영업정지 처분으로 변경하기로 하여 주문과 같이 재결한다.

2. 단란주점 영업정지처분 취소청구(2015-561) - 기각(유흥접객원 알선)

재결 요지

청구인은 손님의 거듭된 요구에 따라 유흥접객원을 알선하였을 뿐인데 피청구인은 유흥접객원을 고용한 사유로 한 이 사건 처분의 위법을 주장하나, 식품위생법 제75조에서 허가처분의 취소 및 6개월 이내의 영업정지사유로 "식품접객영업자의 유흥종사자 고용·알선행위"를 명시하고 있으므로 고용과 알선행위를 반드시 구분하여 판단할 필요는 없다.

주문

청구인의 청구를 기각한다.

청구 취지

피청구인이 2015. 4. 17. 청구인에 대하여 한 1개월의 영업정지 처분을 취소한다.

이유

1. 사건개요

피청구인은 2015. 3. 3. 01:00경 서울 ○○구 ○○○로○○길 ○○(○○동) 소재 건물에 위치한 청구인 운영 '○○○○○○'(이하 '이 사건 업소'라 한다)에서 유흥접객원을 고용한 사실을 적발하여 청구인에게 2015. 3. 9. 행정처분할 것을 사전통지한 후 2015. 4. 17. 1개월의 영업정지 처분(이하 '이 사건 처분'이라 한다, 2015.5.15.~6.13.)을 하였다.

2. 청구인주장

청구인 업소는 소규모 업소로서 유흥접객원을 고용할만한 상황이 되지 아니하며 단순히 손님의 거듭된 요구에 따라 유흥접객원을 알선하였을 뿐인데 피청구인은 유흥접객원을 고용하였다고 판단하여 이 사건 처분을 하였으므로 사실오인의 위법이 있다.

3. 피청구인주장

이 사건의 경우 피청구인의 단속 시 유흥접객원 고용에 대하여 소명할 수 있는 상황이었음에도 단속기관의 강요에 의해 이의제기를 하지 못하였다고 청구인이 주장하나, 청구인은 유흥접객원 또는 손님 측의 진술서 등을 첨부하지 않고 청구인의 일방적인 주장을 할 뿐이므로 청구인의 주장은 이유가 없다.

4. 관계법령

식품위생법 제44조, 제75조

식품위생법 시행규칙 제57조 별표 17, 제89조 별표 23

5. 인정사실

청구인과 피청구인이 제출한 행정심판 청구서, 답변서 등의 기재 내용을 종합하여 보면 다음과 같은 사실을 각각 인정할 수 있다.

가. 청구인은 이 사건 업소를 영업소 명칭 'ㅇㅇㅇㅇㅇㅇ', 영업장 면적 100.35㎡, 영업의 종류 '단란주점'으로 신고하여 영업하고 있다.

나. 피청구인은 2015. 3. 3. 01:00경 서울 ㅇㅇ구 ㅇㅇㅇ로ㅇㅇ길 ㅇㅇ(ㅇㅇ동) 소재 건물에 위치한 청구인 운영 단란주점 'ㅇㅇㅇㅇㅇㅇ'(이하 '이 사건 업소'라 한다)에서 유흥접객원을 고용한 사실을 적발하였다.

다. 피청구인은 2015. 3. 9. 청구인에 대하여 영업정지 1개월의 행정처분 사전통지 및 청문의 기회를 부여하였고, 청구인은 2015. 3. 26. 청문에 참석하여 피청구인에게 의견을 제출하였다.

라. 피청구인은 2015. 4. 17.자 청구인에 대하여 이 사건 처분을 하였다.

마. 이 사건과 관련하여 서울○○지방법원은 2015. 5. 21. 청구인에게 유흥접객원을 알선한 사유로 벌금 100만원의 형 약식명령처분을 하였다.

6. 이 사건 처분의 위법 · 부당여부

가. 「식품위생법」 제44조 제1항 및 제75조의 규정에 의하면, 식품접객영업자 등 대통령령으로 정하는 영업자와 그 종업원은 영업의 위생관리와 질서 유지, 국민의 보건위생 증진을 위하여 총리령으로 정하는 사항을 지키도록 되어 있고, 이를 위반한 때에는 대통령령이 정하는 바에 따라 영업허가 또는 등록을 취소하거나 6개월 이내의 기간을 정하여 그 영업의 전부 또는 일부를 정지하거나 영업소 폐쇄를 명할 수 있도록 되어 있다.

또한 같은 법 시행규칙 제57조 별표17 제6호 '타'목 1)호 및 제89조 별표 23의 Ⅱ.개별기준 3.식품접객업 제10호 '가'목 1)호의 규정에 의하면 식품접객영업자의 준수사항으로 휴게음식점영업자 · 일반음식점영업자 또는 단란주점영업자가 유흥접객원을 고용하여 유흥접객행위를 하게 하거나 종업원의 이러한 행위를 조장하거나 묵인하는 행위를 하여서는 아니 된다고 되어 있고, 이를 위반할 경우에는 1차 위반 시 영업정지 1개월, 2차 위반시 영업정지 2개월의 처분을 한다고 규정하고 있으며, 같은 별표 Ⅲ.과징금 제외 대상 제3호 '다'목에 '제10호 가목 1)에 해당하는 경우'를 들고 있다.

나. 이 사건 처분에 관하여 본다.

위 인정사실 및 제출된 기록에 의하면 청구인이 2015. 3. 3. 01:00경 이 사건 업소에서 유흥종사자로 하여금 이 사건 업소를 찾아온 손님에게 유흥접객행위를 함으로써 「식품위생법」을 위반한 사실을 인정할 수 있다.

청구인은 본인은 단순히 손님의 거듭된 요구에 따라 유흥접객원을 알선하였을 뿐인데 피청구인은 유흥접객원을 고용한 사유로 이 사건 처분을 하였으므로 사실오인의 위법이 있다고 주장한다. 그러나 청구인의 유흥접객원을 고용·알선한 행위는 양벌규정의 적용을 받으므로, 형사별 처분기준으로 판단할 경우 유흥접객원을 고용한 행위와 알선한 행위는 양형기준이 달라지므로 청구인의 주장대로 구분이 필요하다고 보여지나, 행정처분의 기준을 적용함에 있어서는 식품위생법 제75조에서 허가처분의 취소 및 6개월 이내의 영업정지사유로 "식품접객영업자의 유흥종사자 고용·알선행위"를 명시하고 있으므로 반드시 구분되어 판단할 필요는 없다. 그러므로 피청구인이 「식품위생법」제44조3항(유흥접객원의 알선금지)위반에 따른 6개월 이내의 영업정지처분을 하면서 「식품위생법」44조 제1항(유흥접객원의 고용)의 행정처분기준을 준용하였다할지라도 행정청의 재량권내의 처분이며 위법한 처분이라 볼 수 없다. 또한 청구인은 식품위생법 제44조3항(유흥접객원의 알선금지)위반을 사유로 벌금형 100만원의 약식명령처분을 받은바, 피의사실이 명확하고 피청구인이 이와 같은 법 위반 사실에 대하여 관련 법령에서 정한 절차에 따라 청구인에 대하여 한 이 사건 처분을 위법하다거나 부당하다고 할 수 없다.

7. 결 론

그렇다면, 청구인의 주장을 인정할 수 없으므로 청구인의 청구를 받아들이지 않기로 하여 주문과 같이 재결한다.

3. 노래연습장영업정지처분 취소청구(2015-555) - 기각(주류제공)

재결 요지

청구인은 이 사건 업소에서 발견된 캔맥주는 개인 취식용이므로 처분요건에 해당하지 않음을 주장하나 「음악산업진흥에 관한 법률」에서는 주류의 용도를 불문하고 "영업소 안에 주류를 보관할 경우" 영업정지를 할수 있음을 규정하고 있는바, 청구인의 주장은 이유없다.

주문

청구인의 청구를 기각한다.

청구 취지

피청구인이 2015. 4. 22. 청구인에 대하여 한 10일의 영업정지처분을 취소한다.

이유

1. 사건개요

피청구인은 2015. 3. 26. 서울○○경찰서장으로부터 서울 ○○구 ○○로 ○○길 ○○, 2층에 위치한 청구인 운영 '○○○ 노래연습장'(이하 '이 사건 업소'라 한다)에서 2015. 3. 7. 03:15경 손님에게 주류를 보관한 사실이 적발되었음을 통보받고, 청구인에 대하여 행정처분 사전통지 및 의견 진술기회를 부여한 후, 2015. 4. 22. 10일(2015. 6. 10.~ 6. 20.)의 영업정지처분(이하 '이 사건 처분'이라 한다)을 하였다.

2. 청구인 주장

영업시간이 끝난 후 취객이 난동을 피우다가 경찰에 신고하여 거짓말을 하였고, 경찰이 증거를 찾는다는 명목으로 개인 취식용으로 보관한 캔맥주를 발견하여 노래연습장업자의 준수사항을 위반하였다하여 이 사건 처분을 한 것은 과잉수사이므로 이 사건 처분은 취소되어야 한다.

3. 피청구인 주장

청구인은 노래연습장을 운영하면서 관련법률에 따라 노래연습장업자의 준수사항을 성실히 이행하여야함에도 불구하고 명백하게 주류를 보관한 사실이 적발되었고 이러한 법 위반 사실을 이유로 피청구인이 관련법령에서 정한 절차에 따라 청구인에게 한 이 사건 처분은 적법하다.

4. 관계법령

음악산업진흥에 관한 법률 제22조 제1항 제6호, 제27조
음악산업진흥에 관한 법률 시행규칙 제15조 별표 2

5. 인정사실

청구인과 피청구인이 제출한 행정심판 청구서, 답변서 등의 기재 내용을 종합하여 보면 다음과 같은 사실을 각각 인정할 수 있다.

가. 청구인은 2001. 5. 11. 이 사건 업소를 영업소 명칭 '○○○ 노래연습장', 영업장 면적 278.59㎡, 영업의 종류 '노래연습장업'으로 등록하고 현재까지 운영하고 있다.

나. 서울○○경찰서장은 2015. 3. 7. 03:15경 청구인이 운영하는 이 사건 업소에서 주류를 보관한 사실을 적발하고, 2015. 3. 26. 피청구인에게 이

사실을 통지하였다.

다. 피청구인은 2015. 3. 27. 청구인에 대하여 주류를 보관한 사유로 영업정지 10일의 행정처분을 사전 통지하고 의견 제출 기회를 부여하였다.

라. 피청구인은 2015. 4. 22. 청구인에게 이 사건 처분을 하였다.

6. 이 사건 처분의 위법·부당 여부

가. 「음악산업진흥에 관한 법률」제22조, 제27조 및 같은 법 시행규칙 제15조 별표 2에 의하면 노래연습장업자는 주류를 판매·제공하는 행위를 하지 말아야 하고, 이를 위반한 때에는 그 영업의 폐쇄명령, 등록의 취소처분, 6개월 이내의 영업정지명령, 시정조치 또는 경고조치를 할 수 있다고 정하면서 주류를 판매·제공한 경우 1차 위반 시 영업정지 10일의 행정처분을 할 수 있고 있으며, 위반사항의 내용으로 보아 그 위반의 정도가 경미하거나 위반행위가 고의·과실이 아닌 사소한 부주의나 오류로 인한 것으로 인정되는 경우에는 영업정지처분에 해당되는 경우에 한하여 그 처분기준의 2분의 1의 범위에서 감경하여 처분할 수 있다고 정하고 있다. 한편, 같은 법 제28조는 노래연습장업자가 노래연습장 시설기준을 갖추지 못한 경우, 대통령령이 정하는 출입시간외에 청소년이 출입시킨 경우, 건전한 영업질서의 유지 등에 관하여 대통령령이 정하는 사항을 준수하지 않은 경우에 해당하여 영업정지처분을 하여야 하는 때에는 대통령령이 정하는 바에 따라 그 영업정지처분에 갈음하여 3천만원 이하의 과징금을 부과할 수 있다고 규정하면서 같은 법 시행규칙 제15조 별표2에서 영업정지등 행정처분기준으로 "업소 안에 주류를 보관한 때" 1차위반에 한하여 영업정지 10일을 정하고 있다.

같은 법 시행령 제9조 별표 에서 "대통령령으로 정하는 노래연습장업자의 준수사항"으로 다음을 규정하고 있다.

1. 법 제20조에 따른 등록증을 출입자가 쉽게 볼 수 있는 곳에 붙여야 한다.
2. 청소년실 외의 객실에 청소년을 출입하게 하여서는 아니 된다. 다만, 부모 등 보호자를 동반하는 경우에는 그러하지 아니하다.
3. 영업소 안에 주류를 보관하거나, 이용자의 주류 반입을 묵인하여서는 아니 된다.

나. 이 사건 처분에 관하여 본다.

위 인정사실 및 서울○○경찰서장의 위반 업소 통보 공문 등에 의하면, 청구인이 운영하는 이 사건 업소에서 2015. 3. 7. 03:15경 이 사건 업소내에 주류를 보관한 사실이 인정되므로, 피청구인이 위와 같은 위반사실에 대하여 적법한 절차를 거쳐 청구인에게 한 이 사건 처분은 위법하다고 할 수 없다. 청구인은 이 사건 업소에서 발견된 캔맥주는 개인 취식용이므로 처분요건에 해당하지 않음을 주장하나 「음악산업진흥에 관한 법률」에서는 주류의 용도를 불문하고 "영업소 안에 주류를 보관할 경우" 영업정지를 할 수 있음을 규정하고 있는바, 청구인의 주장은 이유 없다.

7. 결 론

그렇다면, 청구인의 주장을 인정할 수 없으므로 청구인의 청구를 기각하기로 한다.

4. 일반음식점 영업정지처분 취소청구(2014-1294) - 인용(영업장 벽을 없애고 셔터 대체 사용)

재결 요지

식품접객업의 영업장 벽을 없애고 셔터로 대체 사용하면서, 본래 건축물 면적에서 약 1m 정도 '도로' 쪽으로 확장하여 비닐 천막을 설치한 행위에 대해 본 영업장소는 식품접객영업시설 이외의 다른 시설이 포함되어 있지 않고, 다만 영업장의 벽을 셔터로 대체·사용하여 평상시 셔터를 올린 개방상태에서 영업을 하고 있음에도 '영업장을 다른 용도와 미분리한 행위'라는 이유로 시설개수명령 및 영업정지15일 처분한 것은 위법 부당하다.

주 문

피청구인이 2014. 12. 23. 청구인에 대하여 한 15일의 영업정지 처분을 취소한다.

청구 취지

주문과 같다.

이 유

1. 사건개요

피청구인은 서울 ○○구 ○○○로○○길 ○○-○에 위치한 청구인 운영 일반음식점 '○○○○○○○'(이하 '이 사건 업소'라 한다)에서 2014. 10. 15. 영업장을 다른 용도와 미분리(벽, 층 등)한 사실을 적발(2차)하고, 2014. 12. 23. 청구인에 대하여 15일의 영업정지 처분(이하 '이 사건 처분'이라 한다)을 하였다.

2. 청구인 주장

청구인은 식당 벽 일부를 고정식 천막으로 만들고 셔터를 이용하여 문으로 사용하고 있는데 피청구인은 이런 형태는 문이 아니라고 하였고, 청구인은 1차 시설개수 명령에 대하여 식약청 및 서울시에 질의를 하여 답변을 기다리고 있는 중에 피청구인의 위생과에서 업소에 방문하여 임의로 영업정지 처분을 하였고, 이미 시정된 사항을 가지고 적발일 기준으로 영업정지를 한 것은 위법한 처분이므로 취소되어야 한다.

3. 피청구인 주장

가. 식품위생법 제36조, 제37조, 제75조 및 동법 시행규칙 제36조 별표14, 제89조에 따르면, 식품접객업 영업장 시설은 "독립된 건물이거나 식품접객업의 영업허가 또는 영업신고를 한 업종 외의 용도로 사용되는 시설과 분리되어야 한다."고 규정하고 있고, 이를 위반할 경우 1차 시설개수명령, 2차 영업정지 15일의 처분을 하도록 규정하고 있다. 피청구인은 2014. 8. 12. 20:40경 청구인이 이 사건 업소의 벽을 없애고 본래 건축물 면적에서 약 1m정도 도로 쪽으로 확장하여 비닐 천막을 설치하여 영업함에 따라 영업장을 다른 용도와 분리하지 않은 사실이 있고 이에 피청구인이 1차 시설개수 명령을 하였으나 청구인은 이를 이행하지 않고 계속 영업을 하다가 2014. 10. 15. 동일 위반으로 적발되었다.

나. 피청구인은 청구인에 대하여 2014. 10. 22. 행정처분을 사전통지하였고, 청구인은 2014. 10. 27. 국민인권위원회에 질의하였으니 답변이 오면 즉시 처리하겠다는 의견서를 제출하여 행정처분을 보류하고 있었으나 청구인으로부터 아무런 서류제출이 없어 확인한 바, 서울시에서는 1차 시설개수명령 처분은 적법한 처분으로 통보하였고 다른 기관에 질의했다는 내용은 확인할 수 없어 업소에 방문하여 일주일의 여유를 주고 서류제출 또는 행정처분 처리방법(영업정지 또는 과징금)을 선택할 기회를 부여하고

기간 내 아무런 통보가 없을시 2015. 1. 2.부터 영업정지를 하겠다는 내용을 알린 뒤 위반내용에 대하여 2014. 12. 23. 이 사건 처분을 하였으므로, 이 사건 처분은 행정절차상 하자없는 적법한 처분이다.

4. 관계법령

식품위생법 제36조, 제75조

식품위생법 시행규칙 제36조 별표 14, 제89조 별표 23

5. 인정사실

청구인과 피청구인이 제출한 행정심판 청구서, 답변서 등의 기재 내용을 종합하여 보면 다음과 같은 사실을 각각 인정할 수 있다.

가. 청구인은 이 사건 업소를 '영업소 명칭 ○○○○○○○, 영업장 면적 66.34㎡, 영업의 종류 일반음식점'으로 신고하고 현재까지 운영하고 있다.

나. 청구인은 이 사건 업소의 영업장을 다른 용도와 미분리(벽, 층 등)한 행위를 이유로 피청구인으로부터 2014. 9. 5. 시설개수 명령(1차)을 받은 바 있다.

다. 피청구인은 2014. 10. 15. 청구인이 이 사건 업소의 영업장을 다른 용도와 미분리(벽, 층 등) 및 영업장을 무단확장 한 사실을 적발하고, 청구인으로부터 위 위반사실에 대한 확인서를 받았다.

라. 피청구인은 2014. 10. 22. 청구인에 대하여 이 사건 업소의 영업장을 다른 용도와 미분리(벽, 층 등)한 행위를 이유로 영업정지 15일의 행정처분 및 이 사건 업소에서 영업장 외의 장소에서 영업한 행위를 이유로 시정명령을 사전통지하고 의견제출 기회를 부여하였다.

마. 피청구인은 2014. 12. 23. 청구인에 대하여 이 사건 처분을 하였다.

6. 이 사건 처분의 위법·부당여부

가. 「식품위생법」제36조, 제75조 및 같은 법 시행규칙 제36조 별표 14. 업종
   별시설기준 8. 식품접객업의 시설기준 가. 공통시설기준 1) 영업장 가)에
   따르면, 식품접객업 영업장은 독립된 건물이거나 식품접객업의 영업허가
   또는 영업신고를 한 업종 외의 용도로 사용되는 시설과 분리되어야 하며
   이를 위반할 경우 대통령령으로 정하는 바에 따라 영업허가 또는 등록을
   취소하거나 6개월 이내의 기간을 정하여 그 영업의 전부 또는 일부를 정
   지하거나 영업소 폐쇄를 명할 수 있다고 규정하고 있다.

   같은 법 시행규칙 제89조 별표 23 Ⅱ.개별기준 3.식품접객업 제8호 다목
   에 따르면 영업장의 면적을 변경하고 변경신고를 하지 아니한 경우 1차
   위반시 시정명령을 규정하고 있으며, 아목에 따르면, 법 제36조 또는 법
   제37조를 위반한 경우 가목부터 사목까지 외의 허가 또는 신고사항을 위
   반한 경우로서 시설기준을 위반한 경우 1차 위반시 시설개수 명령을, 2차
   위반시 영업정지 15일의 행정처분을 규정하고 있다.

나. 이 사건 처분에 관하여 본다.
   위 인정사실과 제출된 기록 등에 의하면, 청구인은 이 사건 업소를 운영
   하면서 신고된 영업장면적을 초과(영업장외 영업)하여 영업함에 따라 「식
   품위생법」을 위반한 사실이 인정된다.

   한편 피청구인은 청구인이 이 사건 업소의 벽을 없애고 본래 건축물 면
   적에서 약 1m정도 도로 쪽으로 확장하여 비닐 천막을 설치하고 영업한
   행위에 대하여 '영업장을 다른 용도와 미분리' 하였음을 이유로 2014.
   12. 23. 청구인에 대하여 이 사건 처분 등을 하였다.

그러나 식품위생법 제36조 및 같은 법 시행규칙 제36조 별표 14. 업종별 시설기준에서는 식품접객업 영업장은 독립된 건물이거나 식품접객업의 영업허가 또는 영업신고를 한 업종 외의 용도로 사용되는 시설과 분리되어야 한다고 규정하고 있을 뿐이고, 가사 이 사건 영업장소에 다른 시설이 설치되어 있고 그 시설과 식품접객영업장소의 시설이 구분되어 있지 아니하다면 각 시설별로 구분되도록 구획하라는 시설개수 명령 등을 할 수 있을 것이나 이 사건 영업장소는 식품접객영업시설 이외의 다른 시설이 포함되어 있지 않고, 다만 영업장의 벽을 셔터로 대체·사용하여 평상시 셔터를 올린 개방상태에서 영업을 하고 있는 바, 이러한 사실만으로는 식품위생법 제36조, 같은 법 시행규칙 제36조 별표 14. 및 제89조 별표 23 Ⅱ. 개별기준 3. 식품접객업 제8호 아목에 의한 시설개수 명령의 대상을 되지 않는다 할 것이므로 청구인의 주장은 이유 있다.

(위 법 규정의 취지는 식품접객업 영업장을 식품접객업이 아닌 다른 업종이나 용도 외의 시설과 분리하여야 한다는 취지이고, 청구인 영업장의 미분리 대상인 '도로'를 '식품접객업의 영업허가 또는 영업신고업종 외의 용도로 사용되는 시설'이라고 해석하는 것은 이 법 규정의 취지와 부합하지 아니하므로, 결국 이 사건 영업장이 다른 용도로 사용되는 시설과 미분리되었다고 볼 수 없다.)

7. 결 론

그렇다면, 청구인의 주장을 인정할 수 있으므로 청구인의 청구를 받아들이기로 하여 주문과 같이 재결한다.

5. 일반음식점영업정지처분 취소청구(2014-1157) - 인용(영업장확장)

재결 요지

이 사건의 경우 청구인은 영업장을 3층까지 확장하는 영업장면적변경신고를 하였으나, 피청구인은 위 신고에 대하여 이 사건 건물의 4층에 건축법 위반 사실이 있음을 이유로 이를 반려하였다. 그러나 건축법 위반사유가 있는 위법건축물이라 하더라도 위법행위 당해 부분이 아닌 한 공용부분을 막론하고 신고수리가 가능하다고 보아야 할 것이므로, 결국 이 사건 건물의 4층과 구조적으로 완전히 분리된 3층 부분에 대하여 피청구인이 청구인의 영업장면적 변경신고를 수리하지 않은 것은 위법하다.

주문

피청구인이 2014. 11. 17. 청구인에 대하여 한 7일의 영업정지처분을 취소한다.

청구 취지

주문과 같다.

이유

1. 사건개요

피청구인은 2014. 10. 15. 15:28분 서울시 ○○○구 ○○로 ○○길에 위치한 청구인 운영 일반음식점 '○○정육식당'(이하 '이 사건 업소'라 한다)에서 영업장을 무단으로 확장한 사실을 적발(2차 위반)하고 2014. 10. 20. 청구인에 대하여 행정처분 사전통지 및 의견진술의 기회를 부여한 후 2014. 11. 17. 7일의 영업정지처분(이하 '이 사건 처분'이라 한다)을 하였다.

※ 영업개시일 2014. 8. 12.　　※ 영업장 면적 : 283.21㎡

2. 청구인 주장

가. 피청구인은 청구인이 최초 영업신고를 할 당시부터 식품위생법상 있지도 않은 각서를 작성할 것을 요구하였으며, 해당 각서를 이유로 폐업사유가 존재하지 않음에도 영업장을 폐업할 것을 요구해 왔으며 이 사건 행정처분에 앞서 시정명령과 그 이전의 문제를 해결하기 위해 변경신고를 계속 제출해 왔으나 접수를 거절하였다.

나. 변경신고만 하면 즉시 처리해야 하는 신고사항임에도 계속하여 그 신청조차 받아주지 않았고, 수십 차례 방문 및 전화를 하여도 변경신고를 받아줄 수 없는 이유에 대해 제대로 설명을 해주지도 않은 채 '해줬다'라고만 주장하고 있으며, 가족 모두가 옥상의 쪽방 같은 곳에서 쪽잠을 자며 기거하고 있다.

다. 식품위생법 제36조 및 제37조 규정을 위반한 사실이 없으며 오히려 피청구인이 제37조의 규정을 위반하였으므로 청구인의 변경신청서를 수리함과 동시에 피청구인의 영업정지 7일의 행정처분은 취소되어야 마땅할 것이다.

3. 피청구인 주장

가. 청구인은 ○○○동 ○○번지 건물전체를 사용하는 것을 목적으로 임대차계약을 맺었으나 최초 신규 영업신고 과정에서 3층이 누락되었고, 영업장 확장 역시 신고사항이기 때문에 3층을 추가하는 변경신고만 하면 즉시 수리되어야 한다고 주장하지만, 옥상의 3층 건물(경량철골조 60㎡)은 무단증축으로 위법건축물로 등재되어 있다.

나. 현재 건축물대장상 3층 옥상이 위법건축물로 등재되어 있는 건축물에 청구인(업주)이 거주하고 있음을 확인하였고, 3층 영업장을 통해 옥상으로 왕래하도록 되어 있어 3층 영업장과는 명확히 분리된 시설이 아니었기에 이는 위법건축물의 안전 및 원상복구의 입법취지를 감안하여 3층 일부는 영업신고가 가능하며, 3층 전부에 대해서는 불가능하다고 통보하였던 것이다.

다. 청구인에게 3층 전부를 영업신고로 내준다면 건물 전체를 내주는 것으로 위법건축물등재의 의미가 없어지고, 3층 전부에 대하여 불가하다는 통보는 위법건축물의 관리감독기관으로서 입법취지를 살리고자하는 최소한의 제한이었으므로, 3층에 무단으로 설치된 조리시설물의 철거를 이행하지 않은 상태에서 2차 적발로 인한 행정처분을 무력화 시키려는 청구인의 주장은 마땅히 기각되어야 한다.

라. 「건축법」제79조의 규정에서 위반건축물을 이용한 허가를 제한하고 있는 것은 위법한 건축물에 대하여 제재를 가하기 위한 방편으로 보아야하기 때문에 식품접객업 중 일반·휴게음식점이 비록 신고만으로 가능하다 할지라도 위반건축물에서의 영업을 제한하려고 하는 「건축법」제79조의 입법취지에 비추어 영업신고 수리거부가 타당할 것이다.

4. 관계법령

건축법 제79조

식품위생법 제36조, 제37조

식품위생법 시행규칙 제89조 별표 23

5. 인정사실

청구인과 피청구인이 제출한 행정심판 청구서, 답변서 등의 기재 내용을 종합하여 보면 다음과 같은 사실을 각각 인정할 수 있다.

가. 청구인은 이 사건 업소를 영업소 명칭 '○○정육식당', 영업장 면적 '283.21㎡', 영업의 종류 '일반음식점'으로 신고하고 2014. 8. 12.부터 현재까지 운영하고 있다.

나. 피청구인은 2014. 10. 15. 15:28경 이 사건 업소에서 불법으로 조리시설물 등 설치하여 무단 영업장확장 영업을 한 사실을 적발하였다.

다. 피청구인은 2014. 10. 20. 청구인에게 7일의 영업정지 처분에 대한 사전통지 및 의견제출의 기회를 부여하였다.

라. 청구인은 2014. 10. 23. 영업장을 3층까지 확장하는 변경신고를 피청구인에게 접수하였다.

마. 피청구인은 2014. 11. 17. 청구인에 대하여 이 사건 처분을 하였다.

6. 이 사건 처분의 위법·부당여부 등
가. 「건축법」 제79조에 따르면, 건축법령에 위반된 건축물은 상당한 기간을 정하고 필요한 조치를 명하여야 하고, 이를 이행하지 아니한 건축물은 다른 법령에 따른 영업이나 그 밖의 행위를 허가·면허·인가·등록·지정 등을 하지 아니하도록 요청할 수 있도록 되어 있다.
이에 따라, 「식품위생법」 제75조에서 구청장은 영업자가 제36조의 시설기준을 위반하거나 허가받은 사항 중 경미한 사항을 변경하지 아니할 때는 영업허가 또는 등록을 취소하거나 6개월 이내의 기간을 정하여 그 영업의 전부 또는 일부를 정지하거나 영업소 폐쇄(제37조 제4항에 따라 신고한 영업만 해당한다.)를 명할 수 있도록 되어 있으며, 같은 법 시행규칙 제89조 별표 23 Ⅱ.개별기준 3.식품접객업 8.법 제36조 또는 법 제37조를 위반한 경우 다. 영업장의 면적을 변경하고 변경신고를 하지 아니한 경우에는 1차 시정명령, 2차 영업정지 7일에 처하도록 규정되어 있다.

나. 이 사건 처분에 관하여 본다.

우선 피청구인이 이 사건 처분에 이르게 된 경위를 살펴보면, 청구인이 최초로 영업장면적변경신고를 어느 시점에서 하였는지는 기록상 불분명하나, 적어도 2014. 10. 15. 무단영업사실이 적발된 이후 이 사건 처분이 있은 같은 해 11. 17. 사이의 시점(같은 해 10. 23.)에는 영업장면적변경신고를 하였음을 알 수 있다. 위 신고에 대하여 피청구인은 이 사건 건물의 4층에 건축법위반사실이 있음을 이유로 이를 반려하였는데, 증거로 제출된 서울특별시의 민원조사 결과 회신 등에 따르면 위반건축물이라고 할지라도 위법행위 당해 부분이 아닌 한 공용부분을 막론하고 신고수리가 가능한 것으로 볼 것이다. 그렇다면 이 사건 건물의 4층과 구조적으로 완전히 분리된 3층 부분에 대하여 위 2014. 10. 23. 의 시점에서 피청구인이 청구인의 영업장면적변경신고를 수리하지 않은 것은 위법하다.

한편 이 사건 청구의 경우, 위 변경신고에 대한 수리거부처분을 다투는 것이 아니라, 2014. 11. 17. 자 영업정지처분을 그 소송물로 하고 있고, 적어도 같은 해 10. 15. 에는 청구인이 영업장면적변경신고를 하지 아니한 상태에서 영업을 하고 있었다는 점에서 볼 때 피청구인의 이 사건 처분이 위법한 것이라고 단정하기는 어렵다. 그러나 청구인이 영업장면적변경신고를 적법하게 할 경우 피청구인으로서는 이를 수리할 의무가 있고, 그럼에도 불구하고 위법한 사유를 들어 청구인의 영업장면적변경신고를 거부한 상태에서 미신고영업을 이유로 영업정지처분을 하는 것은, 영업장면적이 변경될 경우 허가보다 간이

한 신고절차만을 거치도록 하는 점 및 위 신고에 대해서는 형식적 심사만을 하도록 되어 있는 점 등으로 알 수 있는 신고제도의 취지에 부합하지 않는 것으로 보인다. 그렇다면 이 사건 처분은 (그 위법성 여부에 대한 판단은 별론으로 하더라도) 행정행위의 합목적성을 갖추지 못한 부당한 행정행위에 해당하는 것으로서 취소의 대상이 되고, 이와 달리 신고수리거부가 적법하다는 피청구인의 주장은 이유 없는 것이다.

7. 결 론

그렇다면, 청구인의 주장을 인정할 수 있으므로 청구인의 청구를 받아들이기로 하여 주문과 같이 재결한다.

6. 일반음식점영업정지처분취소 청구(2014-1057)
– 인용(사전통지절차 하자)

재결 요지

행정청이 침익적 행정처분을 함에 있어 사전통지 등을 실시하지 않아도 되는 예외적인 경우에 해당하지 않는 한 반드시 위 절차를 거쳐야 하고, 이를 결여한 처분은 위법한 처분으로서 취소대상에 해당(대법원 2013. 1. 16. 선고 2011두30687 판결)한다고 할 것인바, 피청구인은 이 사건 처분을 하면서 청구인의 2014. 8. 3. 유흥접객행위에 대해 2014. 8. 12. 1개월의 영업정지 처분 사전통지를 하였을 뿐, 행정처분 절차가 진행되는 기간 중인 2014. 9. 10. 및 9. 24. 청구인의 위반행위에 대하여는 별도의 사전통지 없이 이 사건 처분을 하였고 이러한 처분은 행정절차법상 사전통지 절차를 이행하지 아니하였다는 점에서 위법하다고 할 수밖에 없다.

주문

피청구인이 2014. 10. 22. 청구인에 대하여 한 2개월의 영업정지 처분을 취소한다.

청구 취지

주문과 같다.

이유

1. 사건개요

피청구인은 2014. 8. 7. 서울○○경찰서장으로부터 ○○구 ○○로○○○에 위치한 청구인 운영 일반음식점 '○○○호프'(이하 '이 사건 업소'라 한다)에서 2014. 8. 03. 00:30경에 유흥주점 영업허가를 받지 아니하고 유흥접객원을 고용하여 유흥접객행위를 하였다는 사실을 통보받고 2014. 8. 12. 청구인에 대하여 1개월의 영업정지 처분 사전통지를 하였고, 위 경찰서장으로부터 이 사건 업소에서 2014. 9. 10. 18:10경 및 2014. 9. 24. 18:30경 재차 유흥접객행위를 하였다는 사실을 추가로 통보받아 2014. 10. 22. 청구인에 대하여 2개월(2014. 11. 6.부터 2014. 1. 4.까지)의 영업정지 처분(이하 '이 사건 처분'이라 한다)을 하였다.

2. 청구인 주장

청구인은 중국 교포로 어렵게 살아오다 2013. 2월경 빚을 얻어 이 사건 업소를 운영하게 되었는데 2014. 9. 24.경 친구가 부산에서 놀러와 커피를 마시던 중 한 손님이 청구인에게 시비를 걸고 욕설을 하고 갔는데 얼마 지나지 않아 경찰이 와서 막무가내로 진술서를 작성케 하여 이 사건 처분에 이르게 된 것으로, 청구인의 어려운 사정을 감안하면 이 사건 처분은 위법·부당하여 취소되어야 한다.

3. 피청구인 주장

청구인의 업소에서 유흥접객원을 고용하여 유흥접객 행위를 하게 한 사실이 서울○○경찰서장으로부터 3회 적발되어 통보되었고, 서울○○지방법원에서 벌금형의 약식명령을 받은 점을 볼 때 청구인이 「식품위생법」제44조를 위반한 사실이 명백한바, 관련 법령에 따라 피청구인이 청구인에 대하여 한 이 사건 처분은 적법하다.

4. 관계법령

식품위생법 제44조 제1항, 제75조 제1항 제13호
식품위생법 시행규칙 제57조 별표 17, 제89조 별표23
행정절차법 제21조 제1항 및 제4항, 제22조

5. 인정사실

청구인과 피청구인이 제출한 행정심판 청구서, 답변서 등의 기재 내용을 종합하여 보면 다음과 같은 사실을 각각 인정할 수 있다.

가. 청구인은 이 사건 업소를 영업소 명칭 '○○○호프', 영업장 면적 124.20㎡, 영업의 형태 '일반음식점'으로 신고하여 영업하고 있다.

나. 서울○○경찰서장은 2014. 8. 3. 00:30경 이 사건 업소에서 종업원이 남자 손님과 동석하여 함께 술을 마시는 등 유흥접객행위를 하게 한 사실을 적발하고 2014. 8. 7. 피청구인에게 이를 통보하였다.

다. 피청구인은 2014. 8. 12. 청구인에 대하여 1개월의 영업정지 처분 사전통지 및 의견제출의 기회를 부여하였고, 청구인은 2014. 8. 19. 피청구인에게 '청구인은 중국 교포로 법을 몰라 생긴 일이므로 선처해 달라'는 의견을 제출하였다.

라. 서울○○경찰서장은 2014. 9. 10. 18:10경 및 2014. 9. 24. 18:30경 이 사건 업소에서 유흥접객원을 고용하여 유흥접객행위를 하게 한 사실을 각각 적발하고, 2014. 10. 20. 및 2014. 10. 6. 피청구인에게 이를 통보하였다.

마. 이 사건과 관련하여 서울○○지방법원은 2014. 9. 16. 청구인에게 벌금 300만원의 형으로 약식명령을 하였다.

바. 피청구인은 2014. 10. 22. 이 사건 처분을 하였다.

6. 이 사건 처분의 위법·부당 여부

가. 「식품위생법」 제44조 제1항에 의하면 식품접객영업자 등은 영업의 위생관리과 질서유지, 국민의 보건위생 증진을 위하여 총리령으로 정하는 사항을 지켜야 하며 같은 법 시행규칙 제57조 제1항 별표17 제6호 타목1)은 식품접객영업자 등의 준수사항으로서 일반음식점영업자가 유흥접객원을 고용하여 유흥접객행위를 하게 하거나 종업원의 이러한 행위를 조장하거나 묵인하는 행위를 하여서는 아니 된다고 되어 있다.

또한, 같은 법 제75조 제1항 제13호에 의하면 이를 위반할 경우 영업허가를 취소하거나 6개월 이내의 기간을 정하여 그 영업의 전부 또는 일부를 정지할 수 있도록 규정하고 있고, 같은 법 시행규칙 제89조 별표23 Ⅱ.개별기준 3.식품접객업 위반사항 10.가.1)에 의하면 일반음식점영업자가 별표17 제6호 타목1)을 위반한 경우 1차 위반시 영업정지 1개월, 2차 위반시 영업정지 2개월의 행정처분을 정하고 있다.

아울러, 같은 법 시행규칙 제89조 제1항 별표 23 Ⅰ.일반기준 4에 의하면 행정처분을 하기 위한 절차가 진행되는 기간 중에 반복하여 같은 사항을 위반하는 경우에는 그 위반횟수마다 행정처분 기준의 2분의 1씩 더하여 처분한다고 되어있다.

한편, 「행정절차법」제21조 제1항에 의하면 행정청은 당사자에게 의무를 부과하거나 권익을 제한하는 처분을 하는 경우에는 미리 처분의 제목, 당사자의 성명 또는 명칭과 주소, 처분하려는 원인이 되는 사실과 처분의 내용 및 법적 근거, 당해 처분에 대하여 의견을 제출할 수 있다는 뜻과 의견을 제출하지 아니하는 경우의 처리방법, 의견제출기관의 명칭과 주소, 의견제출기한, 그 밖에 필요한 사항을 당사자등에게 통지하여야 한다고 되어 있고, 같은 조 제4항에 의하면 공공의 안전 또는 복리를 위하여 긴급히 처분을 할 필요가 있는 경우, 법령 등에서 요구된 자격이 없거나 없어지게 되면 반드시 일정한 처분을 하여야 하는 경우에 그 자격이 없거나 없어지게 된 사실이 법원의 재판 등에 의하여 객관적으로 증명된 경우, 해당 처분의 성질상 의견청취가 현저히 곤란하거나 명백히 불필요하다고 인정될 만한 상당한 이유가 있는 경우에는 제1항에 따른 통지를 하지 아니할 수 있다고 되어 있다.

또한, 같은 법 제22조 제1항에 의하면, 행정청이 처분을 할 때 다른 법령 등에서 청문을 하도록 규정하고 있는 경우, 행정청이 필요하다고 인정하는 경우 등에 해당하는 경우에는 청문을 한다고 되어 있으며, 같은 조 제2항에 의하면, 다른 법령 등에서 공청회를 개최하도록 규정하고 있는 경우, 해당 처분의 영향이 광범위하여 널리 의견을 수렴할 필요가 있다고 행정청이 인정하는 경우에는 공청회를 개최한다고 되어 있으며, 같은 조 제3항에는 행정청이 당사자에게 의무를 부과하거나 권익을 제한하는 처분을 할 때 제1항 또는 제2항의 경우 외에는 당사자등에게 의견제출의 기회를 주어야 한다고 되어 있다.

나. 이 사건 처분에 관하여 본다.

위 인정사실 및 서울○○경찰서의 적발 통보서 등 제출된 기록에 의하면, 청구인이 운영하는 이 사건 업소에서 2014. 8. 3. 00:30경, 2014. 9. 10. 18:10경 및 2014. 9. 24. 18:30경 유흥접객원을 고용하여 유흥접객 행위를 하게 함으로써 「식품위생법」을 위반한 사실이 명백하다 할 것이다.

그러나, 피청구인은 이 사건 처분을 하면서 청구인의 2014. 8. 3. 유흥접객행위에 대해 2014. 8. 12. 1개월의 영업정지 처분 사전통지를 하였을 뿐, 행정처분 절차가 진행되는 기간 중인 2014. 9. 10. 및 9. 24. 청구인의 위반행위에 대하여는 별도의 사전통지 없이 이 사건 처분을 한 사실이 인정되는바, 「행정절차법」에 따르면, 처분의 당사자에게 의무를 부과하거나 권익을 제한하는 처분을 할 때에는 청문 또는 공청회를 거치지 않는 경우 외에는 처분의 사전통지 및 의견제출 절차를 거치도록 정하고 있음에도 이를 거치지 않은 사실이 인정된다.

살피건대, 처분의 사전통지 및 의견제출제도는 행정청이 당사자에게 침익적 행정처분을 함에 있어 그 처분의 사유에 대하여 당사자에게 변명과 유리한 자료를 제출할 기회를 부여함으로써 위법사유의 시정가능성을 고려하고 처분의 신중과 적정을 기하려는 데 그 취지가 있으므로, 행정청이 침익적 행정처분을 함에 있어 사전통지 등을 실시하지 않아도 되는 예외적인 경우에 해당하지 않는 한 반드시 위 절차를 거쳐야 하고, 이를 결여한 처분은 위법한 처분으로서 취소대상에 해당(대법원 2013. 1. 16. 선고 2011두30687 판결)한다고 할 것인바, 2014. 9. 10. 및 9. 24. 청구인의 위반행위에 대하여 청구인에게 변명과 유리한 자료를 제출할 기회를 부여하지 않았던 이상, 이 사건 처분은 행정절차법상 사전통지 절차를 이행하지 아니하였다는 점에서 위법하다고 할 수밖에 없다.

7. 결 론

그렇다면, 청구인의 주장을 인정할 수 있으므로 청구인의 청구를 받아들이기로 하여 주문과 같이 재결한다.

7. 일반음식점영업정지처분취소 청구(2014-729) – 인용(신고되지 않은 장소 영업)

재결 요지

청구인이 2014. 7. 22. 피청구인으로부터 2차 행정처분을 받기 이전인 2014. 7. 4. 영업장소로 신고 되지 않은 장소에서 영업행위를 한 사실이 적발되었고, 행정처분의 차수 적용은 「식품위생법 시행규칙」제89조 별표23 Ⅰ.일반기준 제5호 및 제6호의 규정에 따라 같은 위반사항에 대한 행정처분일과 그 처분 후 재적발일을 기준으로 판단하여야 하는바, 청구인에 대한 2차 행정처분일인 2014. 7. 22.을 기점으로 그 이전인 2014. 7. 4. 적발된 사항은 2차 위반으로 보아야 함이 상당하다 할 것이므로 피청구인이 이를 3차 위반으로 판단하고 청구인에 대하여 한 이 사건 처분은 위법하다.

주문

피청구인이 2014. 7. 31.자 청구인에 대하여 한 15일의 영업정지 처분을 7일의 영업정지 처분에 갈음하는 84만원의 과징금 부과처분으로 변경한다.

청구 취지

피청구인이 2014. 7. 31.자 청구인에 대하여 한 15일의 영업정지 처분을 취소한다.

이유

1. 사건개요

피청구인은 2014. 7. 9. 서울○○경찰서장으로부터 ○○구 ○○○○길 ○ 소재 청구인 운영 일반음식점 '(주)○○○○○○'(이하 '이 사건 업소'라 한 다)에서 2014. 7. 4. 19:50경 신고된 영업장소 이외의 장소에서 영업을 한 사실이 적발(3차 위반)되었음을 통보받고, 청구인이 동일 위반 행위로 1차 시 정명령, 2차 영업정지 7일에 갈음하는 84만원의 과징금 부과처분을 받은 사 실을 확인한 후, 2014. 7. 31.자 청구인에 대하여 동일 위반 행위 3차를 이유 로 15일의 영업정지처분(이하 '이 사건 처분'이라 한다)을 하였다.

2. 청구인 주장

이 사건 업소는 영업장외 영업이 사실상 실시되는 지역이어서 특정인이 이 사건 업소를 지목하여 민원을 제기할 때마다 이 사건 업소만을 적발하는 것 은 차별적인 단속이고, 이 사건 업소 입구 공간은 주간에 이륜차 주차장으로 이용되지만 야간에는 공터로 사용되므로 이곳에서 영업을 하더라도 통행인의 불편이 야기되지 않는 바, 이러한 정황을 감안하여 영업정지 기간을 감경하 거나 과징금 부과처분으로 대체하여 달라.

3. 피청구인 주장

청구인의 개인적 제반사정을 고려하더라도 이 사건 처분으로 영업질서를 유 지함으로써 실현되는 공익목적이 더 크다고 할 수 있고, 서울○○경찰서 적 발통보서에 따르면 청구인이 영업장외 장소에서 영업을 한 사실이 명백한 바, 관련 법령에서 정한 절차에 따라 청구인에 대하여 한 이 사건 처분은 적 법하다.

4. 관계법령

식품위생법 제36조, 제37조, 제75조
식품위생법 시행규칙 제36조 별표14, 제89조 별표23

5. 인정사실

청구인과 피청구인이 제출한 행정심판 청구서, 답변서 등의 기재 내용을 종합하여 보면 다음과 같은 사실을 각각 인정할 수 있다.

가. 청구인은 이 사건 업소를 영업소 명칭 '(주)○○○○○○', 영업장 면적 159.83㎡, 영업의 종류 '일반음식점'으로 신고하여 영업하고 있다.

나. 청구인은 2014. 6. 9. 피청구인으로부터 2014. 5. 16. 영업장 외의 장소에서 영업한 행위(1차 위반)로 1차 행정처분(시정명령)을 받았고, 2014. 7. 22. 피청구인으로부터 2014. 5. 26. 영업장 외의 장소에서 영업한 행위(2차 위반)로 2차 행정처분(영업정지 7일에 갈음하는 84만원의 과징금 부과처분)을 받았다.

다. 서울○○경찰서장은 2014. 7. 4. 19:50경 영업장 외의 장소에서 영업을 한 행위(3차 위반)를 다시 적발하고, 2014. 7. 9. 피청구인에게 이 사실을 통지하였다.

라. 청구인이 2014. 5. 26.자 적발(2차)된 사건과 관련하여 서울○○지방법원은 2014. 7. 8. 청구인에게 「식품위생법」 등의 위반 혐의로 벌금 150만원의 형으로 약식명령을 하였다.

마. 피청구인은 2014. 7. 14. 청구인에 대하여 15일의 영업정지 처분 사전통지 및 의견제출의 기회를 부여하였다.

바. 서울○○지방검찰청은 2014. 7. 21. "청구인이 2014. 5. 26.자 적발(2차)된 사건과 관련하여 2014. 7. 8. 서울○○지방법원으로부터 150만원

약식명령을 받았는바, 2014. 5. 16. 및 2014. 7. 4. 적발된 사건 모두 청
구인이 미신고 상태에서 동일한 장소에서 영업행위를 한 것으로 포괄일
죄의 관계이므로 위 약식명령의 효력이 미친다"는 사유로 공소권 없음
결정을 하였다.

사. 피청구인은 2014. 7. 31.자 청구인에 대하여 이 사건 처분을 하였다.

6. 이 사건 처분의 위법 · 부당 여부

가. 「식품위생법」 제36조, 제37조 및 제75조의 규정에 의하면, 식품접객업
등의 영업을 하려는 자는 총리령으로 정하는 시설기준에 맞는 시설을 갖
추고 대통령령으로 정하는 바에 따라 영업 종류별 또는 영업소별로 식품
의약품안전처장 또는 특별자치도지사 · 시장 · 군수 · 구청장의 허가를 받
아야 하며, 이를 위반할 경우 영업허가 또는 등록을 취소하거나 6개월
이내의 기간을 정하여 그 영업의 전부 또는 일부를 정지하거나 영업소
폐쇄를 명할 수 있도록 되어 있다.

또한 같은 법 시행규칙 제36조 별표14 제8호 식품접객업 시설기준 '가'목
공통시설기준 1)영업장 '가)'에 의하면 영업장은 독립된 건물이거나 식품
접객업의 영업허가 또는 영업신고를 한 업종 외의 용도로 사용되는 시설
과 분리되어야 한다고 규정되어 있고, 같은 법 시행규칙 제89조 별표23
Ⅱ.개별기준 3.식품접객업 제8호 '아'목 2)는 그 밖의 사항을 위반한 경
우로서 1차 위반 시 시정명령, 2차 위반 시 영업정지 7일, 3차 위반시 영
업정지 15의 행정처분을 한다고 규정하고 있다.

아울러 같은 별표 Ⅰ.일반기준 제5호 및 제6호는 위반행위의 횟수에 따
른 행정처분의 기준은 최근 1년간 같은 위반행위를 한 경우에 적용하되,
제5호에 따른 처분 기준의 적용은 같은 위반사항에 대한 행정처분일과
그 처분 후 재적발일을 기준으로 한다고 규정하고 있다.

마지막으로 같은 별표 Ⅲ.과징금 제외 대상 제3호는 식품접객업자가 같은 법 제82조에 따라 영업정지 등의 처분에 갈음하여 부과하는 과징금 처분을 받을 수 없는 경우를 규정하고 있고, 그 각 호의 규정으로 '가. 법 제4조를 위반하여 썩거나 상하여 인체의 건강을 해칠 우려가 있는 것, 설익어서 인체의 건강을 해칠 우려가 있는 것, 영업자가 아닌 자가 제조·가공·소분(소분 대상이 아닌 식품 및 식품첨가물을 소분·판매하는 것을 포함한다)한 것을 판매하거나 판매할 목적으로 채취·제조·수입·가공·사용·조리·저장·소분·운반 또는 진열한 경우, 나. 법 제37조 제2항에 따른 조건을 위반한 경우, 다. 법 제44조 제1항을 위반하여 휴게음식점영업자·일반음식점영업자 또는 단란주점영업자가 유흥접객원을 고용하여 유흥접객행위를 하게 하거나 종업원의 이러한 행위를 조장하거나 묵인하는 경우, 라. 법 제44조 제2항을 위반하여 청소년유해업소에 청소년을 고용하는 행위를 하거나 청소년유해업소에 청소년을 출입하게 하는 행위를 하거나 또는 청소년에게 주류를 제공하는 행위(출입하여 주류를 제공한 경우 포함)를 한 경우, 마. 3차 위반사항에 해당하는 경우, 바. 과징금을 체납중인 경우, 사. 「성매매알선 등 행위의 처벌에 관한 법률」 제4조에 따른 금지행위를 한 경우'를 들고 있다.

나. 이 사건 처분에 관하여 본다.
1) 위 인정사실 및 제출된 기록에 의하면 청구인이 이 사건 업소 앞 노상 주차장을 무단으로 점거하여 붉은색 플라스틱 테이블 20개, 의자 80개, 대형스크린 1대, 생맥주 기계 1대를 설치하고 이 사건 업소를 찾은 손님을 상대로 생맥주를 제공·판매하는 영업행위를 함으로써 「식품위생법」을 위반한 사실을 인정할 수 있으므로, 피청구인이 이에 대하여 청구인에게 영업정지 처분을 한 것 자체를 위법하다고 할 수 없다.

2) 그러나 청구인이 2014. 7. 22. 피청구인으로부터 2차 행정처분을 받기 이전인 2014. 7. 4. 영업장소로 신고 되지 않은 장소에서 영업행위를 한 사실이 적발되었고, 행정처분의 차수 적용은 「식품위생법 시행규칙」 제89조 별표23 Ⅰ.일반기준 제5호 및 제6호의 규정에 따라 같은 위반사항에 대한 행정처분일과 그 처분 후 재적발일을 기준으로 판단하여야 하는바, 청구인에 대한 2차 행정처분일인 2014. 7. 22.을 기점으로 그 이전인 2014. 7. 4. 적발된 사항은 2차 위반으로 보아야 함이 상당하다 할 것이므로 피청구인이 이를 3차 위반으로 판단하고 청구인에 대하여 한 이 사건 처분은 위법하다.

3) 아울러 청구인은 이 사건 처분을 이 사건 처분에 갈음하는 과징금 부과처분으로 변경하여 줄 것을 요구하고 있는바, 청구인의 「식품위생법」 위반사항은 같은 법 시행규칙 제89조 별표 23 Ⅲ.과징금 제외 대상에 해당하지 않으므로 이를 받아들이기로 한다.

4) 따라서 위와 같은 제반사정을 고려하여 볼 때, 청구인이 「식품위생법」을 위반하여 영업장소로 신고 되지 않은 장소에서 영업행위를 한 사실은 인정할 수 있으나, 이 사건 처분의 근거가 되는 2014. 7. 4.자 적발된 사항을 3차 위반으로 판단한 위법이 있으므로, 피청구인이 청구인에 대하여 한 이 사건 처분을 2차 위반에 해당하는 7일의 영업정지 처분으로 변경하되, 변경된 7일의 영업정지 처분은 84만원의 과징금 부과처분으로 갈음할 필요가 있다고 할 것이다.

7. 결론

그렇다면, 청구인의 주장을 일부 인정할 수 있으므로 이 사건 처분을 2차 위반에 해당하는 7일의 영업정지 처분으로 변경하되, 변경된 7일의 영업정지 처분은 84만원의 과징금 부과처분으로 갈음하기로 하여 주문과 같이 재결한다.

8. 유흥주점 영업정지처분취소청구(행심 2014-223) - 기각(청소년 주류판매)

재결 요지

피청구인은 청구인이 영업장에서 청소년들에게 주류를 판매한 사실을 확인하고「식품위생법 시행규칙」제89조 별표 23에서 정하고 있는 행정처분의 기준에 따라 이 사건 처분을 하였다. 청구인은 가족 간호를 위해 잠시 가게를 지인에게 맡기면서 청소년을 출입시키지 말라고 당부하였는데도 불구하고 이런 일이 생기게 되어 억울하다고 주장하나, 행정법규 위반에 대한 제재조치는 행정목적 달성을 위하여 행정법규 위반이라는 객관적 사실에 대해 가해지는 제재이므로 종업원의 위반행위에 대하여 영업자를 탓할 수 없는 정당한 사유가 있는 등 특별한 사정이 없는 한 영업자는 그로 인한 '행정'책임을 져야 하고 종업원의 법규 위반행위를 알지 못하였다 하여 달리 볼 것은 아니라고 할 것이고, 특히「식품위생법」에서는 청소년에게 주류를 제공하는 행위를 한 경우 행위자 개인에 대한 처벌규정을 두고 있지 않고, 위반사실에 대하여 영업정지 등 행정상 제재만을 규정하고 있는데, 행정처분의 상대방은 영업주가될 수밖에 없어 그 주체를 식품접객영업자라고 규정한 것이지 종업원의 위반행위는 식품접객영업자를 행정처분의 적용대상에서 배제하려는 것은 아니라고 할 것이므로 종업원의 법규 위반행위에 대해 해당 업소의 영업주를 대상으로 행정제재 처분을 하는 것은 위법·부당하다 할 수 없고, ○○지방법원 ○○지원이 이 업소 종업원에 대해「청소년보호법」위반을 근거로 벌금 100만원의 약식명령한 점을 볼 때「식품위생법」제44조 제2항을 위반한 것이 명백히 인정되며, 청소년들의 연령이 16세 이하로 너무 어린 점은 별 달리 재고의 여지가 없고, 청구인이 운영하는 업소는 유흥주점으로 청소년의 출입 자체를 엄격히 제한하고 있는 점 등을 보면 그 위반행위가 사소한 부주의에 의한 단순 실수로 보기 어려우므로 청구인이 입게 될 불이익보다는 청소년을 유해환경으로부터 보호해야 할 공익상 목적이 훨씬 크다 할 것이므로 피청구인이 청구인에 대하여 한 이 사건 처분은 적법·타당하다.

주문

청구인의 청구를 기각한다.

청구 취지

피청구인이 2014. 5. 1. 청구인에 대하여 한 영업정지 2개월의 처분은 이를 취소한다.

이유

1. 사건개요

청구인은 2011. 6. 28. 영업자 지위승계 신고를 하여 ○○시 ○○로 46(○○동) 소재 '○○○'라는 상호의 유흥주점을 운영하던 중, 2013. 12. 7. 20:30경 업소에 청소년인 조○○(16세) 등 7명의 연령을 확인하지 않은 채 출입하게 하고, 청소년 유해약물인 소주, 맥주 등을 판매한 것이 ○○경찰서에 적발되어 2013. 9. 6. 피청구인에게 통보되었고, 청구인이 처분 전 의견으로 형사사건 종결 후 행정처분을 바람에 따라 처분을 유예하였다가 2014. 3. 28. ○○지방법원 ○○지원에서 청구인 업소의 일일 종업원 권○○에게 벌금 100만원을 처분함에 따라 2014. 5. 1. 「식품위생법」제44조 제2항의 규정을 위반한 청구인에 대하여 같은 법 제75조 및 같은 법 시행규칙 제89조의 규정에 의거 영업정지 2개월(2014. 5. 19. ~ 2014. 7. 17.)의 처분을 하였다.

2. 청구인 주장

청구인은 다음과 같이 주장한다.

가. 사건당일 친정 부모님 간호를 위해 청구인이 친정에 가 있는 동안 가게를
   지인에게 맡기면서 미성년자는 출입시키지 말라고 분명히 말했는데 이런
   일이 발생하게 된 것에 대해 깊이 반성하고 있다.

나. 청구인의 남편은 직장암 선고를 받아 얼마 남지 않은 시한부 생활을 가정
   에서 하고 있고, 청구인의 딸(28세)은 정신지체 3급 장애인으로 청구인이
   이 업소 운영을 통해 얻은 수익으로 남편과 딸의 병원비, 약값을 대며 겨
   우 생활하고 있는데 영업정지 2개월은 너무나 가혹하므로 선처를 바란
   다.

3. 피청구인 주장

이에 대하여 피청구인은 다음과 같이 주장한다.

가. 정신적 · 육체적으로 미성숙한 청소년들에게 신분증이나 연령을 확인하지
   않고 주류를 판매한 것은 소정의 위생교육을 받은 일반음식점 영업자로
   서 당연히 준수해야 할 법규를 명백한 위반하여 사회의 도덕적 · 법률적
   규범을 흔든 범법행위이다.

나. 청구인은 지인의 불찰로 이번 사건이 발생하였다고 주장하나, 유흥주점
   은 청소년 유해업소로 지정되어 출입자체가 금지되어 있고, 16세의 어린
   청소년이 외모를 아무리 성인의 흉내를 내었다 하더라도 언어와 행동에
   서 구분할 수 있었을 것으로 보여 지는데도 불구하고, 16세의 청소년을
   유흥주점에 출입시키고 주류를 제공한 것은 단순 부주의로 보기 어렵고,

이 사건과 관련 없는 청구인 가정형편의 어려움을 이유로 행정심판을 청구한 청구인의 행위를 이해하기 어렵다.

다. 대다수 일반음식점 영업주들이 어려운 경제여건 하에서도 관계법령 등을 준수하면서 성실히 영업하고 있는 것과 비교하면 피청구인이 행한 행정처분은 식품위생법 관련규정에 의거 적법하게 처분되었으므로 청구인의 청구는 이유 없는 것으로 기각하여 주시기 바란다.

4. 이 사건 처분의 위법·부당 여부
가. 관계법령
(1) 식품위생법 제44조(영업자 등의 준수사항), 제75조(허가취소 등)
(2) 식품위생법 시행규칙 제89조(행정처분의 기준)

나. 판 단
(1) 청구인과 피청구인이 제출한 청구서 및 답변서, 기타 증거자료 등에 의하면 다음과 같은 사실을 인정할 수 있다.

(가) 청구인은 2011. 6. 28. 영업자 지위승계 신고를 하여 ○○시 ○○로 46 (○○동) 소재 '○○○'라는 상호의 유흥주점을 운영하는 자이다.

(나) 청구인이 2013. 12. 7. 20:30경 업소에 청소년인 조○○(16세) 등 7명의 연령을 확인하지 않은 채 출입하게 하고, 청소년 유해약물인 소주, 맥주 등을 판매한 것이 ○○경찰서에 적발되어 2013. 9. 6. 피청구인에게 통보되었고, 청구인이 처분 전 의견으로 형사사건 종결 후 행정처분을 바람에 따라 처분을 유예하였다.

(다) ○○지방법원 ○○지원은 2014. 3. 28. 청소년보호법을 위반한 청구인 업소의 일일 종업원 권○○에게 벌금 100만원을 처분하였다.

(라) 이에 피청구인은 2014. 5. 1. 식품위생법 제44조 제2항의 규정을 위반한 청구인에 대하여 같은 법 제75조 및 같은 법 시행규칙 제89조의 규정에 의거 영업정지 2개월(2014. 5. 19. ~ 2014. 7. 17.)의 처분을 하였다.

(2) 살피건대, 「식품위생법」 제44조 제2항에서는 "식품접객영업자는 「청소년보호법」 제2조 제5호가목3에 따른 청소년출입·고용금지업소에 청소년을 출입시키거나 고용하는 행위를 하여서는 아니 되며, 또한 청소년에게 주류를 제공하는 행위를 하여서는 아니 된다."고 규정하고 있고, 제75조 제1항에서는 "식품의약품안전처장 또는 특별자치도지사·시장·군수·구청장은 영업자가 같은 법 제44조 제2항을 위반한 경우에는 대통령령으로 정하는 바에 따라 영업허가 또는 등록을 취소하거나 6개월 이내의 기간을 정하여 그 영업의 전부 또는 일부를 정지하거나 영업소 폐쇄를 명할 수 있다."고 규정하고 있으며, 같은 법 시행규칙 제89조에서는 "행정처분의 기준은 [별표23]과 같다."고 규정하고 있고, 그 [별표23] 행정처분 기준 Ⅱ.개별기준 3.식품접객업 제11호 '라'목에서는 청소년에게 주류를 제공하는 행위를 한 경우는 1차 위반 시 영업정지 2개월로 명시하고 있다. 청구인은 가족 간호를 위해 잠시 가게를 지인에게 맡기면서 청소년을 출입시키지 말라고 당부하였는데도 불구하고 이런 일이 생기게 되어 억울하다고 주장하나, 행정법규 위반에 대한 제재조치는 행정목적 달성을 위하여 행정법규 위반이라는 객관적 사실에 대해 가해지는 제재이므로 종업원의 위반행위에 대하여 영업자를 탓할 수 없는 정당한 사유가 있는 등 특별한 사정이 없는 한 영업자는 그로 인한 '행정'책임을 져야 하고 종업

원의 법규 위반행위를 알지 못하였다 하여 달리 볼 것은 아니라고 할 것이고, 특히 「식품위생법」에서는 청소년에게 주류를 제공하는 행위를 한경우 행위자 개인에 대한 처벌규정을 두고 있지 아니하고, 위반사실에 대하여 영업정지 등 행정상 제재만을 규정하고 있는데, 행정처분의 상대방은 영업주가 될 수밖에 없어 그 주체를 식품접객영업자라고 규정한 것이지 종업원의 위반행위는 식품접객영업자를 행정처분의 적용대상에서 배제하려는 것은 아니라고 할 것이므로 종업원의 법규 위반행위에 대해 해당 업소의 영업주를 대상으로 행정제재 처분을 하는 것은 위법·부당하다 할 수 없고, 위 인정사실과 관계법령에서 보는 바와 같이, ○○지방법원 ○○지원이 이 업소 종업원 권○○에 대해 청소년보호법」위반을 근거로 벌금 100만원의 약식명령한 점을 볼 때 식품위생법 제44조 제2항을 위반한 것이 명백히 인정되며, 청소년들의 연령이 16세 이하로 너무 어린점은 별 달리 재고의 여지가 없고, 청구인이 운영하는 업소는 유흥주점으로 청소년의 출입 자체를 엄격히 제한하고 있는 점 등을 보면 그 위반행위가 사소한 부주의에 의한 단순 실수로 보기 어려우므로 청구인이 입게될 불이익보다는 청소년을 유해환경으로부터 보호해야 할 공익상 목적이훨씬 크다 할 것으로서 「식품위생법」제44조 제2항을 명백히 위반한 행위로 피청구인이 관련법에 의거 청구인에게 한 이 건 처분은 적법·타당하다고 할 것이다.

5. 결 론
그렇다면, 이 사건 영업정지 2개월의 처분에 대해 취소를 구하는 청구인의 청구는 이유 없어 이를 기각하기로 하여 주문과 같이 재결한다.

9. 유흥주점영업정지처분취소청구(2014경행심380) – 기각(유흥종사자 고용)

재결 요지

이 사건 업소는 '유흥주점'으로서 유흥종사자와 유흥시설을 두어 손님들에게 노래와 춤 등의 유흥을 돋우는 행위가 허용되는 형태로 영업이 이루어지므로 성매매 및 성매매 알선 등이 더욱 일어나기 쉬운바 영업주로서는 그러한 위반행위가 일어나지 않도록 더욱더 주의를 기울였어야 하고, 이 사건 처분으로 인해 청구인이 다소간의 경제적 손실을 입더라도 성매매 등의 행위를 근절하여 유흥주점의 영업질서와 건전한 유흥 및 놀이문화를 정착시키려는 공익이 결코 작다고 할 수 없으므로 이 사건 처분이 사실오인 및 법리오해가 있다거나 재량권을 일탈·남용하여 위법·부당하다고 할 수 없는 바, 이 사건 심판청구는 이유 없다

주 문

청구인의 청구를 기각한다.

청구 취지

피청구인이 2014. 3. 26. 청구인에게 한 1개월의 영업정지처분을 취소한다.

이 유

1. 사건개요

청구인은 ○○시 ○○동 88-6에서 '○○○'이라는 상호로 유흥주점(이하 '이 사건 업소'라 한다)을 운영하는 자로, 2013. 11. 13. 00:18경 성매매을 알선

한 사실(이하 '이 사건 위반행위'라 한다)이 ○○경찰서에 적발되어 피청구인에게 통보되었고, 피청구인은 이 사건 위반행위가 「성매매 알선 등 행위의 처벌에 관한 법률」(이하 '성매매 처벌법'이라 한다) 제4조를 위반하였다는 이유로 「행정절차법」제21조 및 제22조에 따라 처분사전통지와 의견제출절차를 거쳐, 「식품위생법」제75조 및 같은 법 시행규칙 제89조별표23에 따라 1개월(2014. 4. 11.~2014. 5. 10.)의 영업정지처분(이하 '이 사건 처분'이라 한다)을 하였다.

2. 당사자 주장

가. 청구인 주장

1) 이 사건 업소는 영업부진과 과도한 선불금 및 유흥종사자들이 스스로 꺼린다는 이유로 유흥종사자를 직접 고용하지 않고 손님들의 유흥접객원 요구가 있을 때마다 유흥종사자를 외부에서 공급받아 유흥접객행위를 하는 형태로 영업이 이루어지고 있다. 따라서 청구인은 이 사건 당일 손님들의 요구에 따라 손님들에게 청구외 김○○(유흥접대부)을 불러 접객행위를 할 수 있도록 알선하고 접대비를 지급하였을 뿐 손님들과 청구외 김○○이 사건 업소에 나간 이후 그들 스스로 성매매 행위를 하였는지의 여부에 대해서는 전혀 알지 못한다. 그럼에도 불구하고 이 사건 당일 ○○경찰청 합동단속반원이 성매매 현장을 단속하였다고 위 김○○를 다시 이 사건 업소로 데리고 와 성매매 알선 여부에 대하여 추궁하자 종업원 전○○은 겁에 질려 성매매를 알선하였다고 거짓으로 자백하였고 이러한 사실을 근거로 하여 피청구인의 이 사건 처분이 이루어진 것이다.

2) 이 사건 위반행위는 ○○경찰청합동단속반이 이 사건 업소에서 출입하는 손님들과 유흥접객원을 감시하다가 성매매현장을 적발하지 못하자 근처 모텔을 불심 검문하여 청구 외 김○○를 추궁하여 이 사건 업소에서 손님

을 접대하였다는 진술을 받아낸 뒤 종업원 전○○ 또한 추궁하여 자백을 받아낸 것으로 함정수사에 의한 강제자백이며 이러한 사실관계에 근거하여 이 사건 처분을 할 수는 없다 할 것이다.

3) 피청구인은 「식품위생법」 제44조 제2항에 근거하여 이 사건 처분을 하였다고 하지만 위 법 조항은 일반음식점, 휴게음식점 등에 대한 처벌조항이지 유흥주점에 대한 처벌조항이 아니므로 이에 근거한 이 사건 처분은 위법·부당하다. 나아가, 이 사건 처분의 기준이 된 같은 법 시행령 제89조별표23은 행정기관의 내부사무처리 준칙을 규정한 것으로 처분의 적법여부는 위 기준 뿐만 아니라 관련 사정 및 법령의 취지를 종합적으로 고려하여 그 적법 여부를 판단하여야 할 것인바, 이 사건 업소는 청구인의 유일한 생계수단이므로 이 사건 처분이 그대로 집행된다면 부채를 상환할 수 없게 된다는 점, 이 사건 처분 외에는 지금까지 관련 법규를 위반한 적이 없다는 점, 이 사건 위반행위는 경기경찰청합동단속반의 함정수사 또는 강제수사에 의한 것임을 고려한다면 이 사건 처분은 지나치게 과도하여 재량권을 일탈·남용한 위법이 있으므로 취소되어야 한다.

나. 피청구인 주장

1) 청구인은 이 사건 위반행위가 단속기관의 함정수사에 따라 강제로 받아낸 자백에 의한 것으로 위법사항이 없다고 주장하지만, 식품접객업자는 「식품위생법」에 의한 허가를 얻은 이상 종업원에 대한 관리·감독을 소홀히 한 부분에 대해 책임을 져야하고, ○○지방검찰청으로부터 벌금 700만 원(구약식) 처분을 받은 점을 본다면 청구인의 법규 위반행위가 확인된 것으로서 이 사건 처분은 적법·타당하다.

2) 청구인은 이 사건 처분이 잘못된 법령에 근거하여 이루어졌다고 주장하지

만, 「식품위생법」제44조 제2항을 위반하였다는 것은 단순한 오기에 불과한 것이고, 이 사건 처분의 내용인 1개월의 영업정지는 같은 법 시행규칙 제89조별표23에 따라 성매매 처벌법 제4조에서 규정한 금지사항을 위반한 경우의 기준에 따른 것으로 적정하며, 청구인의 이 사건 위반행위는 같은 법 제75조에 따라 영업정지사유에도 해당하는 것이므로 단순히 행정기관 내부의 사무처리준칙에 따라 이 사건 처분이 이루어진 것이라는 청구인의 주장은 타당하지 않다.

3) 또한, 청구인은 이 사건 업소를 적자 운영을 하는 등 경제적 사정이 어렵다는 점을 호소하고 있으나, 식품접객영업자는 「식품위생법」에 따른 영업신고를 한 이상, 관련 법규에 따른 준수사항을 엄격히 준수하여야 할 의무가 있는 것이어서 이 사건 위반행위가 경미하다고 볼 수 없고, 이 사건 처분에 따른 제재로서 달성하고자 하는 공익이 결코 작다고 할 수 없으므로 이 사건 처분은 위법·부당하지 않다. 따라서 청구인의 이 사건 심판청구는 기각되어야 한다.

3. 이 사건 처분의 위법·부당여부

가. 관계법령

【식품위생법】

제36조(시설기준) ① 다음의 영업을 하려는 자는 총리령으로 정하는 시설기준에 맞는 시설을 갖추어야 한다. 〈개정 2010.1.18., 2013.3.23.〉

    1. 식품 또는 식품첨가물의 제조업, 가공업, 운반업, 판매업 및 보존업

    2. 기구 또는 용기·포장의 제조업

    3. 식품접객업

    ② 제1항 각 호에 따른 영업의 세부 종류와 그 범위는 대통령령으로 정한다.

제44조(영업자 등의 준수사항) ① 식품접객영업자 등 대통령령으로 정하는 영업자와 그 종업원은 영업의 위생관리와 질서유지, 국민의 보건위생 증진을 위하여 총리령으로 정하는 사항을 지켜야 한다. 〈개정 2010.1.18., 2013.3.23.〉

② 식품접객영업자는 「청소년 보호법」 제2조에 따른 청소년(이하 이 항에서 "청소년"이라 한다)에게 다음 각 호의 어느 하나에 해당하는 행위를 하여서는 아니 된다. 〈개정 2011.9.15.〉

1. 청소년을 유흥접객원으로 고용하여 유흥행위를 하게 하는 행위

2. 「청소년 보호법」 제2조 제5호가목3)에 따른 청소년출입·고용 금지업소에 청소년을 출입시키거나 고용하는 행위

3. 「청소년 보호법」 제2조 제5호나목3)에 따른 청소년고용금지업소에 청소년을 고용하는 행위

4. 청소년에게 주류(酒類)를 제공하는 행위

③ 누구든지 영리를 목적으로 제36조 제1항 제3호의 식품접객업을 하는 장소(유흥종사자를 둘 수 있도록 대통령령으로 정하는 영업을 하는 장소는 제외한다)에서 손님과 함께 술을 마시거나 노래 또는 춤으로 손님의 유흥을 돋우는 접객행위(공연을 목적으로 하는 가수, 악사, 댄서, 무용수 등이 하는 행위는 제외한다)를 하거나 다른 사람에게 그 행위를 알선하여서는 아니 된다.

④ 제3항에 따른 식품접객영업자는 유흥종사자를 고용·알선하거나 호객행위를 하여서는 아니 된다.

⑤ 주문자 상표부착방식으로 수출국에 제조·가공을 위탁하여 제19조에 따라 식품등(이하 "주문자상표부착식품등"이라 한다)을 수입·판매하는 영업자는 다음 각 호의 사항을 지켜야 한다. 〈개정 2013.3.23.〉

1. 주문자상표부착식품등을 제조·가공하는 업체에 대하여 식품의약품 안전처장이 정하는 위생점검에 관한 기준에 따라 대통령령으로 정

한 기관 또는 단체로 하여금 현지 위생점검 등을 실시하여야 한다.

2. 주문자상표부착식품등에 대하여 제31조에 따른 검사를 실시하고, 그 기록을 2년간 보관하여야 한다.

제75조(허가취소 등) ① 식품의약품안전처장 또는 특별자치도지사·시장·군수·구청장은 영업자가 다음 각 호의 어느 하나에 해당하는 경우에는 대통령령으로 정하는 바에 따라 영업허가 또는 등록을 취소하거나 6개월 이내의 기간을 정하여 그 영업의 전부 또는 일부를 정지하거나 영업소 폐쇄(제37조 제4항에 따라 신고한 영업만 해당한다. 이하 이 조에서 같다)를 명할 수 있다. 〈개정 2010.2.4., 2011.6.7., 2013.3.23., 2013.7.30.〉

1.~ 17. 생략

18. 「성매매알선 등 행위의 처벌에 관한 법률」 제4조에 따른 금지행위를 한 경우

② 식품의약품안전청장 또는 특별자치도지사·시장·군수·구청장은 영업자가 제1항에 따른 영업정지 명령을 위반하여 영업을 계속하면 영업허가를 취소하거나 영업소 폐쇄를 명할 수 있다.

③ 식품의약품안전청장 또는 특별자치도지사·시장·군수·구청장은 다음 각 호의 어느 하나에 해당하는 경우에는 영업허가를 취소하거나 영업소 폐쇄를 명할 수 있다.

1. 영업자가 정당한 사유 없이 6개월 이상 계속 휴업하는 경우

2. 영업자(제37조 제1항에 따라 영업허가를 받은 자만 해당한다)가 사실상 폐업하여 「부가가치세법」 제5조에 따라 관할세무서장에게 폐업신고를 하거나 관할세무서장이 사업자등록을 말소한 경우

④ 제1항 및 제2항에 따른 행정처분의 세부기준은 그 위반 행위의 유형과 위반 정도 등을 고려하여 보건복지부령으로 정한다.

【성매매 알선 등 행위의 처벌에 관한 법률】

제4조(금지행위) 누구든지 다음 각 호의 어느 하나에 해당하는 행위를 하여
　　서는 아니 된다.
　　1. 성매매
　　2. 성매매알선 등 행위
　　3. 성매매 목적의 인신매매
　　4. 성을 파는 행위를 하게 할 목적으로 다른 사람을 고용·모집하거나
　　　성매매가 행하여진다는 사실을 알고 직업을 소개·알선하는 행위
　　5. 제1호, 제2호 및 제4호의 행위 및 그 행위가 행하여지는 업소에 대
　　　한 광고행위

【식품위생법 시행령】
제21조(영업의 종류) 법 제36조 제2항에 따른 영업의 세부 종류와 그 범위는
　　다음 각 호와 같다.
　　1.~7. 생략
　　8. 식품접객업
　　　가. 휴게음식점영업 : 주로 다류(茶類), 아이스크림류 등을 조리·판
　　　　매하거나 패스트푸드점, 분식점 형태의 영업 등 음식류를 조
　　　　리·판매하는 영업으로서 음주행위가 허용되지 아니하는 영업.
　　　　다만, 편의점, 슈퍼마켓, 휴게소, 그 밖에 음식류를 판매하는 장
　　　　소(만화가게 및 「게임산업진흥에 관한 법률」 제2조 제7호에 따
　　　　른 인터넷컴퓨터게임시설제공업을 하는 영업소 등 음식류를 부
　　　　수적으로 판매하는 장소를 포함한다)에서 컵라면, 일회용 다류
　　　　또는 그 밖의 음식류에 물을 부어 주는 경우는 제외한다.
　　　나. 일반음식점영업 : 음식류를 조리·판매하는 영업으로서 식사와

함께 부수적으로 음주행위가 허용되는 영업

    다. 단란주점영업 : 주로 주류를 조리·판매하는 영업으로서 손님이 노래를 부르는 행위가 허용되는 영업

    라. 유흥주점영업 : 주로 주류를 조리·판매하는 영업으로서 유흥종사자를 두거나 유흥시설을 설치할 수 있고 손님이 노래를 부르거나 춤을 추는 행위가 허용되는 영업

    마. 위탁급식영업 : 집단급식소를 설치·운영하는 자와의 계약에 따라 그 집단급식소에서 음식류를 조리하여 제공하는 영업

    바. 제과점영업 : 주로 빵, 떡, 과자 등을 제조·판매하는 영업으로서 음주행위가 허용되지 아니하는 영업

【구 식품위생법 시행규칙】(2013. 12. 13. 총리령 제1047호로 일부 개정되기 전의 것)

제89조(행정처분의 기준) 법 제71조, 법 제72조, 법 제74조부터 법 제76조까지 및 법 제80조에 따른 행정처분의 기준은 별표 23과 같다.

[별표 23] 〈개정 2013. 3. 23.〉

행정처분 기준(제89조 관련)

Ⅰ. 일반기준

15. 다음 각 목의 어느 하나에 해당하는 경우에는 행정처분의 기준이, 영업정지 또는 품목·품목류 제조정지인 경우에는 정지처분 기간의 2분의 1 이하의 범위에서, 영업허가 취소 또는 영업장 폐쇄인 경우에는 영업정지 3개월 이상의 범위에서 각각 그 처분을 경감할 수 있다.

 바. 해당 위반사항에 관하여 검사로부터 기소유예의 처분을 받거나 법원으로부터 선고유예의 판결을 받은 경우로서 그 위반사항이 고의성이 없거

나 국민보건상 인체의 건강을 해할 우려가 없다고 인정되는 경우

II. 개별기준

3. 식품접객업

영 제21조 제8호의 식품접객업을 말한다.

위반사항	근거 법령	행정처분기준		
		1차 위반	2차 위반	3차 위반
14.「성매매알선 등 행위의 처벌에 관한 법률」제4조에 따른 금지행위를 한 경우	법 제75조	영업정지 1개월	영업정지 2개월	영업허가취소 또는 영업소 폐쇄

나. 판 단

1) 인정사실

이 사건 청구서 및 답변서, 행정처분 사전통지서, 의견제출서, 행정처분서, 위반업소 통보서, ○○지방검찰청 사건처리결과 회신서 등을 살펴보면 다음과 같은 사실이 인정된다.

가) 청구인은 ○○시 ○○동 88-6에서 '○○○'이라는 상호로 유흥주점을 운영하는 자로, 2013. 11. 13. 00:18경 성매매를 알선한 사실이 ○○동부경찰서에 적발되었다.

나) 피청구인은 이 사건 위반행위가 성매매 처벌법 제4조를 위반하였다는 이유로 「행정절차법」제21조 및 제22조에 따라 처분사전통지와 의견제출절차를 거쳐, 「식품위생법」제75조 및 같은 법 시행규칙 제89조별표23에 따라 1개월(2014. 4. 11.~2014. 5. 10.)의 영업정지처분을 하였다.

다) 청구인은 2013. 12. 26. ○○지방검찰청으로부터 성매매 처벌법 위반 혐의로 벌금 700만 원(구약식) 처분을 받았다.

2) 「식품위생법」제75조 제1항 제18호에 따르면 식품접객업자가 성매매 처벌법 제4조에 따른 금지행위를 위반한 경우 영업허가 또는 등록을 취소하거나 6개월 이내의 기간을 정하여 영업의 전부 또는 일부를 정지하거나 영업소 폐쇄를 명할 수 있도록 규정하고 있고, 같은 법 시행규칙 제89조별표23에서는 위와 같은 위반행위를 한 경우로 법 제75조 제1항 제18호에 해당하는 경우 1차위반의 경우 영업정지 1개월, 2차 위반의 경우 영업정지 2개월, 3차 위반의 경우 영업허가 취소 또는 영업소 폐쇄를 할 수 있도록 규정하고 있으며, 성매매 처벌법 제4조에 따르면 누구든지 '성매매 알선 등의 행위'를 하여서는 아니된다고 규정하고 있다.

3) 청구인은 손님에게 유흥종사자를 소개시켜 주었을 뿐 추후의 성매매행위에 대해서는 관여하지 않은 점, 이 사건 위반행위는 경기경찰청 합동단속반의 함정수사로 인해 종업원 전○○의 허위 자백에 근거한 점, 이 사건 업소는 청구인의 유일한 생계수단으로 이 사건 처분으로 인해 경제적 손실이 크다는 점을 들어 이 사건 처분의 취소를 주장한다.

4) ○○동부경찰서의 행정처분 업소통보 및 ○○지방검찰청의 사건처리결과 회신서에 따르면 이 사건 위반행위로 인해 청구인에게 벌금 700만 원(구약식)을 부과 받은 것으로 확인되었고, 청구인은 성매매 알선이라는 이 사건 위반행위에 대해 관여하지 않았고 종업원의 진술은 함정수사에 기인한 허위라고 주장하지만, 종업원의 진술이 기망이나 강박을 통해 이루어졌다거나 그 외에 청구인의 주장을 입증할 수 있는 특별한 근거가 없는 상황에서 피청구인이 수사기관의 수사 및 기소 내용을 근거로 행한 이 사건 처분이 위법하다고 볼 수 없다.

설령, 이 사건 위반행위가 청구인이 아닌 종업원이 행한 것이라고 하더라도 「식품위생법」 소정의 식품접객영업 허가자로서는 업소의 종업원들이 행정법규 위반행위를 하지 않도록 지도·감독하여야 하고 법규위반행위에 대한 책임을 져야 하는바, 청구인이 종업원의 위반행위를 인지하지 못한다고 해서 이를 달리 볼 것은 아니다.

5) 청구인은 이 사건 처분의 기준이 된 「식품위생법 시행규칙」제89조별표23은 행정기관 내부의 사무처리준칙일 뿐이라고 주장하나, 위 규정이 대외적으로 국민이나 법원을 기속하는 것은 아니지만 행정청 및 식품접객업자들에게 위반행위에 대한 처분의 수위를 가늠할 수 있는 유력한 잣대로 인식되고 「식품위생법」위반행위에 대한 처분들의 일관성 및 형평성 등을 고려하면, 이 사건 위반행위에 관련하여 특별한 사정이 없는 한 위 별표23의 기준에 따라 피청구인이 이 사건 처분을 한 것이 합리적인 이유 없이 재량권을 일탈·남용하였다고 보기 어렵다.

6) 청구인은 행정처분서에 이 사건 위반행위가 「식품위생법」제44조 제2항에 해당한다고 기재된 것은 이 사건 처분이 잘못된 법규에 근거함을 보여주는 것으로 위법하다고 주장하지만, 피청구인은 처분의 이유로서 이 사건 위반행위가 청구인이 개별기준 14.성매매 처벌법을 위반한 것이라고 적시하고 있고 이 사건 처분인 1개월의 영업정지 또한 같은 법 시행규칙 제89조별표23에 따라 성매매 처벌법을 위반하였을 경우의 행정처분기준에 해당한다는 점을 보면, 처분서에 기재된 '「식품위생법」제44조 제2항'이라는 부분은 단순한 오기로 보이고, 「행정절차법」제25조에 따르면 행정청은 처분의 오기·오산 기타 이에 준하는 명백한 잘못이 있는 경우에는 직권 또는 신청에 의하여 이를 정정하고 당사자에게 통지해야 한다고 규정하고 있는바, 이에 따라 위의 오기는 정정의 대상은 될지언정 이 사건 처분을 취소해야 하는 하자라고는 볼 수 없다.

7) 청구인은 이 사건 처분으로 인해 영업정지가 이루어진다면 부채를 상환할
   수 없는 등 경제적 어려움에 직면한다고 주장하지만, 「식품위생법」상 허
   가를 얻어 영업을 하는 청구인으로서는 위 법의 준수사항을 엄격히 지켜
   야 하는 의무가 있는 것이고, 특히 이 사건 업소는 '유흥주점'으로서 유흥
   종사자와 유흥시설을 두어 손님들에게 노래와 춤 등의 유흥을 돋우는 행
   위가 허용되는 형태로 영업이 이루어지므로 성매매 및 성매매 알선 등이
   더욱 일어나기 쉬운바 영업주로서는 그러한 위반행위가 일어나지 않도록
   더욱더 주의를 기울였어야 하고, 이 사건 처분으로 인해 청구인이 다소간
   의 경제적 손실을 입더라도 성매매 등의 행위를 근절하여 유흥주점의 영
   업질서와 건전한 유흥 및 놀이문화를 정착시키려는 공익이 결코 작다고
   할 수 없으므로 이 사건 처분이 사실오인 및 법리오해가 있다거나 재량권
   을 일탈·남용하여 위법·부당하다고 할 수 없다.

4. 결 론
그렇다면 청구인의 이 사건 심판청구는 이유 없다고 인정되므로 주문과 같이
재결한다.

10. 노래연습장 영업정지처분 취소청구(2014경행심430) - 일부인용
(영업장 주류판매)

재결 요지

피청구인은 청구인이 영업장에서 주류를 판매한 사실을 확인하고 「음악산업 진흥에 관한 법률 시행규칙」제15조 별표 2에서 정하고 있는 행정처분의 기준에 따라 이 사건 처분을 하였다. 청구인은 이 사건 업소를 양수하면서, 피청구인으로부터 최근 1년 이내에 「음악산업 진흥에 관한 법률」을 위반하여 행정처분을 받았다는 사실과 위 사실로 인해 추후 동일한 위법사항으로 재 적발될 경우에는 행정처분의 효과가 소급 적용됨에 따라 가중처벌 된다는 사실을 인지하였고, 이를 확인한다는 내용이 포함된 양도·양수에 관한 확약서에 자필 서명·날인하였는바, 전 업주가 행정처분을 받은 사실을 몰랐고 주류 판매 행위가 사회통념상 용인되는 것으로만 알았다는 청구인의 주장은 이유 없고, 이 사건 위반행위로 인해 2014. 3. 31. ○○지방검찰청으로부터 「음악산업 진흥에 관한 법률」 위반을 사유로 구약식(벌금 70만 원) 처분을 받는 등 주류를 제공한 사실이 명백한바, 피청구인의 이 사건 처분은 위법하다고 할 수 없다. 그러나, 청구인이 영업을 시작한지 3개월도 되지 않은 시점에 발생하였다는 점, 이 사건이 비록 2차 위반에 해당하나 1차 위반은 전 영업주에 의해 발생한 것이라는 점, 손님 4명에게 제공한 주류량이 캔맥주 4개로 소량인 점 등에 비춰보면 이 사건 처분은 청구인에게 다소 과중하다 할 것이므로 청구인의 청구는 일부 이유 있다 하여 이를 변경한다.

주문

피청구인이 2014. 4. 25. 청구인에 대하여 한 영업정지 1개월 처분을 영업정지 15일 처분으로 변경한다.

청구 취지

피청구인이 2014. 4. 25. 청구인에 대하여 한 영업정지 1개월 처분을 취소한다.

이유

1. 사건개요

청구인은 ○○시 ○○구 ○○로 116에서 '○○노래연습장'(이하 '이 사건 업소'라 한다)을 운영하는 자로서, 2014. 1. 8. 손님 4명에게 주류(맥주 4캔)를 판매한 사실이 ○○○○경찰서에 의해 적발되었고, 같은 해 1. 23. 위 사실이 피청구인에게 통보되었다.

이에 피청구인은 2014. 1. 28. 청구인에게 처분사전통지 하고, 2014. 4. 25. 「음악 산업 진흥에 관한 법률」 제22조를 위반하여 주류를 판매(2차)하였다는 이유로 청구인에 대해 영업정지 30일(2014. 5. 1. ~ 2014. 5. 30.) 처분(이하 '이 사건 처분'이라 한다)을 하였다.

2. 당사자 주장

가. 청구인 주장

1) 청구인은 평범한 가정주부인데, 이 사건 업소에서 노래연습장을 운영하던 자(전 업주)와 채권채무관계가 있었다. 채무자인 전 업주에게 채무변제독촉을 하였더니 전 업주는 자신이 노래방을 운영하고 있는데 영업이 잘 되니 채무 대신 이를 양수받으면 어떻겠느냐고 제의를 하기에 청구인은 고민 끝에 이 사건 업소를 양수받기로 하고 양도양수 일을 2013. 11. 말경으로 하여 양수를 받았다. 그런데 양수를 받고 보니 사실은 전 업주가 영업정지 기간중임에도 청구인을 속이고 양도 한 것을 알게 되었고, 이에 계약 해지를 요구하였더니, 전 업주는 연락을 끊고 잠적을 해버렸다. 할 수 없이 2013. 11. 말경부터 이 사건 업소의 영업을 시작하게 되었다.

2) 그런데 영업을 시작한 지 한 달가량 되는 2014. 1. 8. 경찰관이 불시에 단속을 나왔고(신고를 받고 나왔다고 하였음), 캔맥주를 손님들에게 제공한 사실이 적발되었다. 단속 현장에서 청구인은 노래연습장을 운영한 경험이 없어 겁이 나고 당황스러워 술을 제공한 사실이 없다고 부인하였지만, 경찰관은 노래방에서 술을 팔지 않는 곳이 어디 있으며 도우미를 불러주지 않는 곳이 어디 있느냐 하였고, 다행히 도우미는 적발이 되지 않았지만 술을 파는 것에 대하여는 인정을 하라고 하여 겁에 질린 청구인은 이를 인정하고야 말았다. 청구인은 가정주부로서 사회경험이 전혀 없었기에 노래방에서 술을 제공한 것이 법에 위반된다는 사실을 알지 못하였다. 청구인이 노래방을 운영하기 전에 모든 노래방에서 술을 팔고 있었기에 이러한 행위가 사회통념상 용인되는 것으로만 생각하였다. 불법을 알지 못하고 한 행위에 대하여 피청구인은 사실관계를 확인하지 않고 수사기관에서 처벌을 받았다는 이유로 이 사건 처분을 하였는바, 이는 위법하다 아니할 수 없다.

3) 피청구인은 「음악 산업 진흥에 관한 법률」 제22조 제1항 제3호, 같은 법 제27조 제1항 제5호 규정에 따라 이 사건 처분을 하였는데, 관계 사정을 종합하여 법령의 규정 및 그 취지에 적합한 것인지에 따라 달리 판단하여야 할 것이다. 청구인은 이 사건 업소를 운영하면서 적자를 내고 있는 상태이고, 이 사건 처분이 집행된다면 경제적으로 어려운 처지에 놓이게 된다. 이 사건 업소는 청구인의 유일한 생계수단이자 전 재산과 다름없기에 업소 영업을 통해 갚아오던 부채를 더 이상 해결할 수 없게 된다. 게다가 청구인은 이 사건 처분 외에 달리 법규를 위반한 사실이 없다. 위와 같은 사실을 종합하면 이 사건 처분은 청구인에게 지나치게 무거운 제재라 아니할 수 없다. 따라서 이 사건 처분은 재량권을 일탈하거나 남용한 것으로서 위법하여 취소되어야 할 것이다.

나. 피청구인 주장

1) 피청구인은 노래연습장 변경등록신청 접수 시 양도인과 양수인에게 최근 1년간 「음악 산업 진흥에 관한 법률」을 위반하여 행정처분을 받은 내역과 가중처분 대상 업소 여부를 반드시 알려줌과 동시에 양도·양수에 관한 확약서에도 당사자 모두에게 자필 서명하도록 하고 있다. 청구인은 2013. 10. 11. 위 확약서에 양도자와 함께 명의변경을 사유로 확인 서명 후 2013. 10. 14. 노래연습장업 등록을 하게 되었다. 이처럼 청구인은 노래연습장 명의 변경 시 전 소유주가 주류 판매 등으로 행정처분을 받았다는 사실을 분명히 확인하였음에도 주류 판매가 불법이라는 사실을 알지 못하였다고 명백한 거짓 주장을 하고 있다.

2) 또한, 노래연습장은 가족이나 직장 모임 등에서 삶의 활력증진 장소로 널리 이용되고 있다. 이처럼 대다수 국민들은 노래연습장을 여가를 즐길 수 있는 문화공간으로 인식하고 있으며, 유흥업소와는 달리 주류를 판매하는 행위가 위법이라는 사실 또한 널리 알려져 있으므로, 노래연습장에서의 주류 판매 행위가 사회통념상 용인되는 일인 줄 알았다는 청구인의 주장은 억측에 불과할 뿐만 아니라 노래연습장업자로서의 의무를 다하지 못한 행위라 아니할 수 없다.

3) 청구인은 현재의 경제적 어려움, 이 사건 외에는 법규 위반 사실이 없다는 점, 전 업주의 꼬임에 넘어가 이 사건 노래연습장을 양수하여 잘못을 저지른 점, 법에 대한 무지의 소치 등을 종합하면 이 사건 처분은 지나치게 무거워 재량권을 일탈하거나 남용한 위법한 처분이라고 주장하나, 노래연습장은 관할 행정청에 등록만 하면 영업을 할 수 있고 불특정 대다수가 여가를 즐기는 문화공간으로 인식하고 있다. 이처럼 누구나 쉽게 접근할 수 있는 장소에서 주류를 판매하는 영업행위를 한다면 건전한 여가활동과 여흥을 통해 삶의 질을 높이고자 노래연습장을 찾는 많은 국민

들의 정서에 반할 뿐만 아니라 특히 청소년에게 매우 나쁜 영향을 끼치는 한편, 노래와 술 등을 함께 판매하는 유흥업소와 동일한 행태의 영업행위를 노래연습장에서도 행하게 된다면 그에 편승하여 향락문화가 범람하게 되고, 결국에는 가정과 사회에 큰 해악을 끼치게 될 것이므로 「음악산업 진흥에 관한 법률」은 노래연습장업자에게 주류를 판매·제공하는 것을 엄격하게 금지하고 있다.

4) 이러한 법 취지에 비추어 볼 때, 노래연습장에서 주류 판매를 금지하여 건전한 영업질서를 유지하고 미풍양속을 권장함으로써 가정과 사회를 보호할 공익상의 목적이 매우 크기에, 청구인이 노래연습장에서 주류를 판매한 행위는 결코 가볍다고 볼 수 없고, 이 사건 처분은 위 법률과 그 시행규칙에서 정한 행정처분 기준에 부합하므로 재량권 범위 내에서 행해진 적법한 처분이다. 또한, 법에 대한 무지의 소치로 잘못을 저질렀다는 청구인의 주장은 위에서 밝힌 바와 같이 거짓임이 명백하고, 전 업주의 꼬임에 속아 노래연습장을 양수하여 잘못을 저질렀다는 주장 또한 이 사건과는 전혀 무관한 주장일 뿐이다.

청구인이 관련 법률을 위반한 사실이 명백하기에 피청구인은 관련 규정에 따라 이 사건 처분을 하였으며, 이로 인해 청구인이 침해받는 사익보다 그로 인해 실현되는 공익이 더 크다고 할 수 있으므로 이 사건 처분은 재량권의 범위 내에서 행해진 적법한 처분이라 할 것이다. 따라서 청구인의 청구는 마땅히 기각되어야 한다.

3. 이 사건 처분의 위법·부당여부
  가. 관계법령

【음악산업진흥에 관한 법률】
제22조(노래연습장업자의 준수사항 등) ① 노래연습장업자는 다음 각 호의

사항을 지켜야 한다.

  3. 주류를 판매·제공하지 아니할 것

  4. 접대부(남녀를 불문한다)를 고용·알선하거나 호객행위를 하지 아니할 것

  5. 「성매매알선 등 행위의 처벌에 관한 법률」 제2조 제1항의 규정에 따른 성매매 등의 행위를 하게 하거나 이를 알선·제공하는 행위를 하지 아니할 것

  6. 건전한 영업질서의 유지 등에 관하여 대통령령이 정하는 사항을 준수할 것

② 누구든지 영리를 목적으로 노래연습장에서 손님과 함께 술을 마시거나 노래 또는 춤으로 손님의 유흥을 돋우는 접객행위를 하거나 타인에게 그 행위를 알선하여서는 아니 된다.

제27조(등록취소 등) ① 시·도지사 또는 시장·군수·구청장은 제2조 제8호 내지 제11호 및 제13호의 규정에 따른 영업을 영위하는 자가 다음 각 호의 어느 하나에 해당하는 때에는 그 영업의 폐쇄명령, 등록의 취소처분, 6개월 이내의 영업정지명령, 시정조치 또는 경고조치를 할 수 있다. 다만, 제1호 또는 제2호에 해당하는 때에는 영업을 폐쇄하거나 등록을 취소하여야 한다.

5. 제22조의 규정에 따른 노래연습장업자 준수사항을 위반한 때

② 제1항의 규정에 따라 영업의 폐쇄명령 또는 등록의 취소처분을 받은 자는 그 처분의 통지를 받은 날부터 7일 이내에 신고증 또는 등록증을 반납하여야 한다.

③ 제1항의 규정에 따른 행정처분의 기준 등에 관하여 필요한 사항은 문화체육관광부령으로 정한다.

【음악산업진흥에 관한 법률 시행규칙】

제15조(행정처분의 기준 등) ① 법 제27조 제3항에 따른 행정처분의 기준은 별표 2와 같다.

　② 시·도지사 또는 시장·군수·구청장은 제1항에 따른 행정처분을 하는 경우에는 별지 제14호서식의 행정처분기록대장에 그 처분내용 등을 기록·관리하여야 한다.

　③ 법 제23조에 따라 영업자의 지위를 승계하려는 자는 담당 공무원에게 해당영업소의 행정처분기록대장의 열람을 청구할 수 있다.

[별표 2] 〈개정 2009.2.19.〉

행정처분의 기준(제15조 관련)

1. 일반기준

가. 위반행위가 2 이상인 경우로서 그에 해당하는 각각의 처분기준이 다른 경우에는 그 중 무거운 처분기준에 따른다. 다만, 둘 이상의 처분기준이 영업정지인 경우에는 6개월의 범위에서 무거운 처분기준의 2분의 1 이내에서 가중할 수 있다. 이 경우 그 행정처분은 각 위반행위별 처분기준을 합산한 기간을 초과할 수 없다.

나. 어떤 위반행위에 대하여 그 행정처분을 하기 위한 절차가 진행되는 기간 중에 추가로 다른 위반행위를 한 때에도 가목에 따라 처분한다.

라. 위반행위의 횟수에 따른 행정처분의 기준은 최근 1년간 같은 위반행위로 행정처분을 받은 경우에 적용한다. 이 경우 위반횟수별 처분기준의 적용일은 위반행위에 대하여 처분을 한 날과 다시 같은 위반행위(처분 후의 위반행위만 해당한다)를 적발한 날로 한다.

바. 영업정지처분기간 1개월은 30일로 보며, 감경처분하려는 경우 그 영업정지기간을 산정할 때 1일 미만은 처분기간에서 제외한다.

2. 개별기준

위반사항	근거 법령	행정처분기준			
		1차위반	2차위반	3차위반	4차위반
마. 법 제22조에 따른 노래연습장업자의 준수사항을 위반한 때 3) 주류를 판매·제공한 때	법 제27조 제1항 제5호	영업정지 10일	영업정지 1월	영업정지 3월	등록취소 영업폐쇄

나. 판 단

1) 인정사실

이 사건 청구서 및 답변서, 이 사건 처분 전 행정처분서, 양도·양수에 관한 확인서, 행정처분대상업소 통보서, 처분사전 통지서, 의견제출서, 사건 처분결과 회신서, 이 사건 처분서 등 기재내용에 따르면 다음과 같은 사실이 인정된다.

가) 청구외 최○○는 2013. 5. 25. 이 사건 업소 내에서 손님에게 접대부를 알선하고 주류를 판매한 사실이 적발(2차 적발)되었고, 이에 피청구인은 2013. 7. 22. 위 최○○에 대해 영업정지 3개월 처분을 하였다.

나) 청구인은 이 사건 업소를 청구외 최○○로부터 양수하면서, 청구외 최○○가 피청구인으로부터 최근 1년 이내에 「음악산업 진흥에 관한 법률」을 위반하여 행정처분을 받았다는 사실과 위 사실로 인해 추후 동일한 위법사항으로 재 적발될 경우에는 행정처분의 효과가 소급 적용됨에 따라 가중처벌 된다는 사실을 인지하였고, 이를 확인한다는 내용이 포함된 양도·양수에 관한 확약서에 자필 서명·날인하였다.

다) 청구인은 이 사건 업소 내에서 2014. 1. 8. 손님 4명에게 주류(맥주 4캔)

를 판매한 사실이 ㅇㅇㅇㅇ경찰서에 의해 적발되었고, 같은 해 1. 23. 위 사실이 피청구인에게 통보되었다.

라) 이에 피청구인은 2014. 1. 28. 청구인에게 처분사전통지 하고, 2014. 4. 25. 「음악 산업 진흥에 관한 법률」 제22조를 위반하여 주류를 판매(2차) 하였다는 이유로 청구인에 대해 이 사건 처분을 하였다.

마) 청구인은 2014. 3. 31. ㅇㅇㅇㅇ검찰청으로부터 「음악 산업 진흥에 관한 법률」 위반을 사유로 구약식(벌금 70만 원) 처분을 받았다.

2) 「음악산업진흥에 관한 법률」 제22조 및 제27조에 따르면 노래연습장업자는 손님에게 주류를 판매·제공할 수 없고, 건전한 영업질서의 유지 등에 관하여 대통령령이 정하는 사항을 준수하여야 하고, 위 사항을 위반한 때에는 그 영업의 폐쇄명령, 등록의 취소처분, 6개월 이내의 영업정지 명령, 시정조치 또는 경고조치를 할 수 있다고 규정하고 있다.

이에 같은 법 시행규칙 제15조별표2를 살펴보면, 주류를 판매·제공한 경우 영업정지 30일(2차 위반)의 처분을 할 수 있다고 규정하고 있다.

3) 청구인은 사회경험이 없었기에 주류를 제공하는 행위가 법에 위반된다는 사실을 알지 못하였고 사회통념상 용인되는 것으로 생각하고 주류를 제공한 것인데 이 사건 처분을 한 것은 지나치게 무거워 재량권을 일탈·남용한 것이며, 생계곤란이 예상된다는 점 등을 들어 이 사건 처분의 취소를 주장한다.

인정사실과 기록에 따르면, 청구인은 이 사건 업소를 청구외 최ㅇㅇ로부터 양수하면서, 청구외 최ㅇㅇ가 피청구인으로부터 최근 1년 이내에 「음악산업 진흥에 관한 법률」을 위반하여 행정처분을 받았다는 사실과 위 사실로 인해 추후 동일한 위법사항으로 재 적발될 경우에는 행정처분의 효과가 소급 적용됨에 따라 가중처벌 된다는 사실을 인지하였고, 이를 확인한다는 내용이 포함된 양도·양수에 관한 확약서에 자필 서명·날인하였는바, 전 업주가 행정처분을 받은 사실을 몰랐고 주류 판매 행위가 사회통념상 용인되는 것으로만 알았다는 청구인의 주장은 이유 없다.

또한, 「음악산업진흥에 관한 법률」은 노래연습장의 질서를 유지하고 건전한 영업을 통하여 국민의 여가장소로 활용될 수 있도록 노래연습장업자에게 주류를 판매·제공하지 말아야 하는 의무를 부과하고 있는데, 청구인은 이 사건 위반행위로 인해 2014. 3. 31. ○○○○검찰청으로부터 「음악산업 진흥에 관한 법률」 위반을 사유로 구약식(벌금 70만 원) 처분을 받는 등 주류를 제공한 사실이 명백한바, 피청구인의 이 사건 처분은 위법하다고 보이지 않는다.

그러나, 청구인은 이 사건 업소를 2013. 10. 14. 인수 받아 영업을 하고 있는데, 이 사건 위반 행위는 청구인이 영업을 시작한지 3개월도 되지 않은 시점에 발생하였다는 점, 이 사건이 비록 2차 위반에 해당하나 1차 위반은 전 영업주에 의해 발생한 것이라는 점, 손님 4명에게 제공한 주류량이 캔맥주 4개로 소량인 점 등에 비춰보면, 청구인의 사정을 살펴 영업정지 1개월의 이 사건 처분을 영업정지 15일로 변경처분 함이 타당하다고 판단된다.

4. 결 론

그렇다면 이 사건 행정심판 청구는 일부 이유 있다고 인정되므로 주문과 같이 재결한다.

11. 노래연습장 영업정지처분 취소청구(2014경행심375) - 일부인용 (주류+접대부고용)

재결 요지

피청구인은 청구인이 영업장에서 주류판매와 접대부를 고용·알선한 사실을 확인하고 「음악산업 진흥에 관한 법률 시행규칙」제15조 별표 2에서 정하고 있는 행정처분의 기준에 따라 이 사건 처분을 하였다. 청구인은 접대부를 요구하는 손님들이 이 사건 업소를 신고할 목적으로 끈질기게 불법행위를 유도하였다고 주장하나, 손님들이 불법행위를 신고할 목적으로 주류제공 및 유흥접객원 알선을 요구하였다고 해서 청구인의 책임이 면해진다고 볼 수 없으며 청구인은 이 사건 위반행위로 인해 수원지방검찰청안양지청으로부터 「음악산업 진흥에 관한 법률」위반을 사유로 구약식(벌금 70만 원) 처분을 받는 등 주류를 제공한 사실이 명백한바, 피청구인이 한 이 사건 처분은 위법하다고 할 수 없으나, 이 사건 위반행가 청구인이 업소를 개업한 이래 최초 위반이라는 점, 이 사건 손님들이 신고를 위하여 계획적으로 불법행위를 유도하여 사건이 발생했다는 점, 이 사건 업소가 청구인의 유일한 생계수단이어서 이 사건 처분의 집행으로 청구인 가정에 생계곤란이 예상된다는 점 등을 고려할 때, 이 사건 처분으로 인하여 청구인이 입을 피해가 과중하다 할 것이므로 청구인의 청구는 일부 이유 있다 하여 이를 변경한다.

주문

피청구인이 2014. 4. 4. 청구인에게 한 노래연습장 영업정지 40일 처분을 영업정지 20일 처분으로 변경한다.

청구 취지

피청구인이 2014. 4. 4. 청구인에게 한 노래연습장 영업정지처분을 취소한다.

이유

1. 사건개요

청구인은 ○○시 ○○구 ○○로 137에서 '○○노래연습장'(이하 '이 사건 업소'라 한다)을 운영하는 자로서, 2013. 12. 31. 20:56경 손님 2명에게 시간당 25,000원을 받고 접대부(1명)를 알선하고 주류(맥주 4캔)를 판매한 사실이 적발되었고,

이에 피청구인은 2014. 2. 26. 청구인에게 처분사전통지 하고, 2014. 4. 4. 청구인에 대해 「음악산업진흥에 관한 법률」제22조 위반을 이유로 영업정지 40일(2014. 4. 10. ~ 2014. 5. 19.) 처분(이하 '이 사건 처분'이라 한다)을 하였다.

2. 당사자 주장

가. 청구인 주장

1) 청구인은 위법 행위를 저지른 죄인으로, 잘못을 하고도 이렇게 이 사건 심판을 청구하게 되었다. 청구인은 잘못에 대하여 깊이 반성하고 뉘우치고 있다. 다시는 이러한 일이 발생하지 않도록 할 것임을 우선 맹세한다. 다만 이 사건 처분은 청구인에게 있어 사형선고나 다름없는 처분이고, 청구인과 가족의 생계가 걸려 있는 사안이라서 이 사건 심판을 청구하기에 이르렀다. 청구인은 생계유지를 위해 소규모 영업을 하고 있는 평범한 시민이다. 태어나서 단 한 번도 남을 원망해 보거나 남을 탓하지 않고 성실하게 살아가며 일한 만큼의 수익만을 내고 욕심 없이 살아가고 있었다.

2) 그러던 중 2013. 12. 31. 08:30경 남자손님들이 찾아와 룸으로 안내를 하였다. 그런데 그 중 한 손님이 태연하게 '한 시간만 놀다 갈게 도우미를 불러줄 수 없느냐?' 하기에, '죄송합니다. 저희는 도우미가 없습니다.' 라고 말하자, '그러면 조금 기다릴 테니 불러줄 수 있으면 불러 달라'고 끈질기게 요구하여 마침 알고 지내던 지인을 호출해 함께 노래 부르면서 놀아 드리라는 취지로 주선 한 것은 사실이다. 그러나 청구인은 상습적으로 도우미를 알선하거나 하는 일은 하지 않았다. 2013. 1. 21. 개업을 하여 영업을 시작한 후 처음 발생한 일이고, 도우미를 부를 줄도 모른다. 손님들이 끈질기게 도우미를 불러줄 것을 강요하여 장사도 되지 않는 상황에서 한 푼이라도 더 매출을 올려 보고자 지인에게 1시간만 놀아 달라고 부탁을 했던 것이 이렇게 엄청난 대가를 치르게 될 줄은 상상도 하지 못했다.

3) 청구인의 전 재산을 투자하여 어렵게 한 생계를 위한 노력이 자칫 반사회적인 범법행위나 퇴폐영업장처럼 오인 받고 있는 점에 대하여 부끄럽고, 이런 일이 발생하도록 한 점에 대하여 이유 불문하고 깊이 반성하고 뉘우치고 있다. 그러나 나중에 확인된 사실이지만 이 사건 영업장에서 주류와 도우미를 부르도록 강요한 손님은 다름 아닌 노래연습장만을 찾아다니는 전문 파파라치였던 것이다. 청구인의 가게를 포함하여 안양시내 여러 군데를 돌아다니면서 같은 수법으로 노래연습장 업주들을 유인하여 함정고발을 하였으며, 이로 인해 ○○시내 노래연습장 모두가 어려움에 처해 있다. 특히 집요하게 눈이 나쁘다면서 노래책을 검색할 수 없다고 노래도우미를 불러 줄 것을 요구하거나, 서울에서 친구가 내려와 접대를 해야 한다면서 도우미가 없다고 거절하는 노래방업주들에게 작정하고 일을 꾸몄다. 그리고 도우미가 도착하면 몰래카메라로 촬영하여 구청과 경찰에 신고하는 등 악의적으로 불법행위를 하여 함정단속을 하였다.

4) 신고자는 수차에 걸쳐 거절하는 청구인에게 여자 혼자 영업을 하고 있는 것을 알고 좁은 입구에서 영업을 방해하면서 집요하게 도우미를 요구하고, 거절하는 청구인에게 눈을 흘기면서 위협적인 행동을 서슴지 않았다. 손님은 처음부터 불순한 동기를 가지고 청구인의 불법행위를 유도하였으며, 타인의 사생활을 불법적인 방법을 동원하여 몰래카메라로 촬영한 것으로, 이는 불법적인 방법으로 수집한 증거로서 그 효력이 없다 할 것이므로 이 사건 처분은 위법하거나 부당하므로 마땅히 취소되어야 할 것이다.

5) 과거 유사한 사례가 사회적 주목을 받았던 사실과 판례를 말하고자 한다. 노래연습장영업주가 함정고발의 횡포로 인하여 2008. 10.부터 2009. 2.까지 신고자(김○○)의 함정고발로 인해 4번의 고발을 당하자 삶의 의지를 잃고 목매 자살한 경우도 있다. 또한 공공의 이익을 위해 행해지는 것이라고 볼 수 없을 정도의 집요한 범법유도행위가 사회 불신을 조장하고 있으며, 영세한 업소만을 주로 택하여 수많은 자영업자의 생계의지마저 말살시키고 있다. 이 사건 처분으로 달성하고자 하는 공익목적보다 청구인이 이로 인해 입게 될 불이익이 현저하게 커 이익교량의 원칙에도 위배된 과중한 처분으로 이는 부당하다 할 것이며, 집요하고도 계획적으로 범법행위를 유도하고 마치 청구인이 상습적으로 법을 위반한 것처럼 호도한 것 또한 너무 가혹하다고 생각된다.

6) 법이란 서민의 편에 있어야 할 것이다. 2008년에는 함정단속을 통해 서민을 핍박한 것은 용서받지 못한다는 기사도 있었다. 당시 ○○지방검찰청은 단속실적을 높이기 위해 노래방을 상대로 함정 단속을 벌인 혐의 등으로 전 경찰 초급간부 강모씨를 구속했다. 강씨는 평소 알고 지내던 사람들을 노래방에 들여보내 술을 주문하게 한 뒤 업주가 술을 판매하면 자신에게 연락하는 방법으로 10여 차례에 걸쳐 함정단속을 벌인 혐의 등을 받았

다는 기사가 있다.

7) 노래방을 규율하는 법률이 「음악산업진흥에 관한 법률」인 것으로 알고 있다. 위 법률 제22조에 따르면 노래연습장업자는 주류를 판매·제공하거나 접대부(남녀를 불문함)를 고용·알선하거나 호객행위를 해서는 안 되며, 누구든지 영리를 목적으로 노래연습장에서 손님과 함께 술을 마시거나 노래 또는 춤으로 손님의 유흥을 돋우는 접객행위를 하거나 타인에게 그 행위를 알선하여서는 아니 되도록 되어 있다는 것을 알고 있다. 어쨌든 행정당국으로서는 이와 같은 손쉬운 행정단속의 유혹에서 벗어나지 못하고 있고, 앞으로도 상당기간 파파라치가 설칠 수 있는 공간이 마련될 것이다.

8) 그러나 이런 식으로 함정단속을 하는 것이 정당하다고 할 수 없을 것이다. 형사법상 함정수사의 위법성에 대하여는 논외로 하더라도 어딘지 찜찜하다는 생각을 지울 수 없다. 전에 교통법규 위반 차량을 신고한 사람에게 포상금을 주는 '카파라치'제도가 돈벌이 수단으로 악용되는 폐단 때문에 시행된 지 2년도 못되어 2003. 1. 폐지된 바 있다. 시민들의 건전한 신고, 준법정신과는 거리가 먼 전문적인 돈벌이 수단으로 변질된 파파라치 제도는 분명히 문제가 있기 때문이다. 시민들의 자발적인 신고정신이나 준법정신에 입각한 범법행위 신고가 아니라 덫을 놓고 범법행위를 기다리는 식의 파파라치에 의한 신고는 우리 사회의 불신을 더욱 조장할 우려가 있다. 이 문제는 투명사회를 만들기 위한 내부 고발자에 의한 비리신고와는 차원을 달리해야 한다. 파파라치가 악취를 내며 윙윙거릴 수 있도록 할 것이 아니라 시민들로 하여금 자발적으로 법규를 준수할 수 있도록 하는 사회시스템을 확보할 방안은 없을까 생각하게 된다.

9) 또한, 이 사건 처분은 지나치게 가혹하다. 「음악산업진흥에 관한 법률 시행규칙」 별표2 행정처분의 기준에 따르면 '위반행위가 2이상인 경우로서 그에 해당하는 각각의 처분기준이 다른 경우에는 그 중 무거운 처분기준에 따른다. 다만, 둘 이상의 처분기준이 영업정지인 경우에는 6개월의 범위에서 무거운 처분기준의 2분의 1 이내에서 가중할 수 있다. 이 경우 그 행정 처분은 각 위반 행위별 처분기준을 합산한 기간을 초과할 수 없다.'고 되어 있다. 따라서 이 사건 처분은 위법·부당하다. 같은 법 시행규칙 별표2를 적용하면 주류 판매·제공한 때(1차 영업정지 10일)와 접대부를 고용 알선한 때(1차 영업정지 1개월)로 그 중 무거운 처분기준은 1개월이다. 2분의1 이내에서 가중할 수 있다 하지만, 청구인의 위반행위가 처음이고 사건정황을 살펴보더라도 가중처분 한 것은 지나치게 가혹하다는 점을 정상 참작하여 주기 바란다.

10) 청구인이 이 사건 업소를 시작한 것은 2013. 1. 21.부터이며, 지금까지 약 1년 정도 경영하고 있다. 그동안 노래연습장으로서 가족 간, 직장인들 간의 여가공간으로 자리 잡아 왔으며, 그동안 단 한 번도 부당한 영업행위를 하지 않았다. 그러던 중 신고를 목적으로 한 손님들의 집요한 유도에 의해 불법을 저지르게 되었다. 하지만 청구인이 처음부터 위법행위를 하려고 했던 것이 아니라는 점을 정상 참작하여주기 바란다.

청구인은 1998년 결혼을 하여 남매를 두었다. 그러나 행복은 잠시였으며, 2009년 무능력하고 술만 마시면 폭력을 행사하는 남편과 이혼을 한 후에 청구인 홀로 남매를 키워 왔다. 무능력했던 남편으로부터는 양육비를 한 푼도 받지 못하여 중학교 3학년, 1학년인 2명의 자녀를 청구인 혼자 힘으로 키워 왔고, 부양하고 있다. 아직까지는 아이들에게 엄마인 청구인의 손길이 필요한 상황임에도 자녀들과 먹고 살기위해서는 늦은 밤에서 새벽까지 일을 해야 했으며, 몸이 힘들고 지칠 때마다 자식들을 생각하며 용기를 냈다. 그렇게 어렵게 하루하루를 살아가고 있는 현실에서 이 사건으로 인한 벌금과 영업정지 처분은 청구인에게 있어 사형선고나 다름없는 처분이라 할 것이다. 청구인의 힘으로 살아보고자 전 재산을 투자하고도 모자라서 이곳저곳에서 대출을 받아 어렵게 영업을 시작하였는데, 영업을 시작한지 불과 1년 만에 청구인 가족은 최악의 상황에 처하게 된 것이다.

11) 작금의 경기침체가 장기화 되면서 영업은 더욱더 어려워졌고, 1억 원이 넘는 초기 투자비용도 아직 회수하지 못한 상황이며, 상가 임대보증금 1,000만 원에 매월 월세 80만 원을 감당하기도 어려운 형편이다. 이 사건 업소는 생계형 영업장으로 운영을 하지 못하면 다른 생계수단이 없기 때문에 이 사건 처분은 가혹함을 넘어 위법·부당하다. 청구인 혼자의 고통이라면 얼마든지 감수할 수 있으나 이 모든 고통이 가족들에게 전해진다는 것이 너무 암담하여 단 하루도 편히 잠을 청한 적이 없다. 이번 사건 이후 눈물로, 뜬눈으로 잠을 지새운 적이 하루 이틀이 아니며, 수면제를 먹어야만 잠을 청할 수 있을 정도로 심한 불면증과 우울증에 시달리고 있다.

12) 영업을 하지 못하여 발생하는 손해는 청구인의 잘못으로 인한 것이기에 어쩔 수 없다지만, 이 사건 처분으로 수입을 얻지 못하게 되어 매월 고정적으로 지출되는 상가 임대료는 물론 청구인이 거주하고 있는 월세집이 걱정이다. 월세 보증금 5백만 원에 매월 40만 원의 월세를 지불하는 단칸방에서 3식구가 살고 있다. 이러한 상황에서 친정어머니까지 암진단을 받고 항암치료를 받고 있는 절체절명의 순간에 이번 사건까지 겹치게 되었으며, 당장의 채무이행은 물론이고 생계유지도 힘든 형편이다. 또한,

○○○행정심판위원회에서 위법행위가 처음이고 깊이 반성하고 있는 점, 도우미 접객알선을 하도록 한 유도행위가 있었던 점, 현재 우리사회가 처해있는 경제적 어려움과 생계형 업소인 점 등을 종합적으로 고려할 때 이 사건 처분으로 얻으려는 공익보다는 청구인이 입게 될 손해가 크다고 봄이 상당하다는 이유로 감경처분을 한 사례가 있는 줄 알고 있다 (2000-26, 28호).

13) 경위가 어찌되었건 이 사건 처분이 있게 된 점에 대하여는 깊이 반성하고 뉘우치고 있다. 모든 것은 처신을 바로하지 못한 청구인에게 있다 할 것이다. 다만, 이 사건 처분이 사건 경위에 비하여 가혹하다는 점, 전문 파파라치의 불법행위 유도에 의한 함정단속과 위법하게 채증한 결과라는 점, 한 부모 가정의 가장으로 이 사건 업소 이외에는 다른 생계수단이 없다는 점, 생계유지를 위한 사업장으로 공익을 실현하고자 하는 목적보다 청구인이 입는 피해가 현저하게 커서 비례의 원칙에도 위배된다는 점 등을 고려하면 이 사건 처분은 지나치게 무거워 재량권을 일탈하거나 남용한 것으로서 위법하여 취소되어야 할 것이다.

나. 피청구인 주장

1) 청구인은 노래연습장을 등록하여 영업하는 자로 위법사항이 불순한 의도를 가진 전문 신고자(손님)의 신고에 따른 것이고, 신고자의 끈질긴 요구에 못 이겨 지인을 알선하였으며, 영업정지 기간을 가중하여 처분한 피청구인의 행위가 위법·부당하다고 주장하나, 신고서 내용과 동영상 CD를 확인한 결과 청구인은 손님의 주류 판매와 도우미 알선 요구에 자연스럽게 응하여 「음악산업진흥에 관한 법률」 제22조를 명백히 위반하여 주류를 판매하고 접대부를 알선하였으며, 안양경찰서 수사과의 수사결과 공문에도 '기소의견'으로 검찰에 송치하였다고 통보되었다.

2) 시민 개개인이 경제적, 심리적으로 안정적인 생활을 영위할 수 있도록 최선을 다하여 보살피는 것이 행정청으로서의 의무이지만 불법영업을 방지하여 법질서를 확립하고 영업질서를 유지하며 건전한 놀이문화 정착 및 청소년 유해 환경 확산 금지 등 공공의 이익과 안전을 지켜내야 하는 것 또한 행정청이 해야 할 일이다. 따라서 위 법률을 명백히 위반한 청구인에 대해 피청구인이 한 이 사건 처분은 적법·타당하므로 청구인의 청구는 기각되어야 할 것이다.

3. 이 사건 처분의 위법·부당여부
  가. 관계법령

【음악산업진흥에 관한 법률】
제22조(노래연습장업자의 준수사항 등) ① 노래연습장업자는 다음 각 호의 사항을 지켜야 한다.
    3. 주류를 판매·제공하지 아니할 것
    4. 접대부(남녀를 불문한다)를 고용·알선하거나 호객행위를 하지 아니할 것
    5. 「성매매알선 등 행위의 처벌에 관한 법률」 제2조 제1항의 규정에 따른 성매매 등의 행위를 하게 하거나 이를 알선·제공하는 행위를 하지 아니할 것
    6. 건전한 영업질서의 유지 등에 관하여 대통령령이 정하는 사항을 준수할 것
    ②누구든지 영리를 목적으로 노래연습장에서 손님과 함께 술을 마시거나 노래 또는 춤으로 손님의 유흥을 돋우는 접객행위를 하거나 타인에게 그 행위를 알선하여서는 아니 된다.

제27조(등록취소 등) ① 시 · 도지사 또는 시장 · 군수 · 구청장은 제2조 제8호 내지 제11호 및 제13호의 규정에 따른 영업을 영위하는 자가 다음 각 호의 어느 하나에 해당하는 때에는 그 영업의 폐쇄명령, 등록의 취소처분, 6개월 이내의 영업정지명령, 시정조치 또는 경고조치를 할 수 있다. 다만, 제1호 또는 제2호에 해당하는 때에는 영업을 폐쇄하거나 등록을 취소하여야 한다.

5. 제22조의 규정에 따른 노래연습장업자 준수사항을 위반한 때

② 제1항의 규정에 따라 영업의 폐쇄명령 또는 등록의 취소처분을 받은 자는 그 처분의 통지를 받은 날부터 7일 이내에 신고증 또는 등록증을 반납하여야 한다.

③ 제1항의 규정에 따른 행정처분의 기준 등에 관하여 필요한 사항은 문화체육관광부령으로 정한다.

【음악산업진흥에 관한 법률 시행규칙】

제15조(행정처분의 기준 등) ① 법 제27조 제3항에 따른 행정처분의 기준은 별표 2와 같다.

②시 · 도지사 또는 시장 · 군수 · 구청장은 제1항에 따른 행정처분을 하는 경우에는 별지 제14호서식의 행정처분기록대장에 그 처분내용 등을 기록 · 관리하여야 한다.

③법 제23조에 따라 영업자의 지위를 승계하려는 자는 담당 공무원에게 해당영업소의 행정처분기록대장의 열람을 청구할 수 있다.

[별표 2] 〈개정 2009.2.19.〉

행정처분의 기준(제15조 관련)

1. 일반기준

가. 위반행위가 2 이상인 경우로서 그에 해당하는 각각의 처분기준이 다른

경우에는 그 중 무거운 처분기준에 따른다. 다만, 둘 이상의 처분기준이 영업정지인 경우에는 6개월의 범위에서 무거운 처분기준의 2분의 1 이내에서 가중할 수 있다. 이 경우 그 행정처분은 각 위반행위별 처분기준을 합산한 기간을 초과할 수 없다.

나. 어떤 위반행위에 대하여 그 행정처분을 하기 위한 절차가 진행되는 기간 중에 추가로 다른 위반행위를 한 때에도 가목에 따라 처분한다.

다. 위반사항의 내용으로 보아 그 위반의 정도가 경미하거나 위반행위가 고의·과실이 아닌 사소한 부주의나 오류로 인한 것으로 인정되는 경우에는 영업정지처분에 해당되는 경우에 한하여 그 처분기준의 2분의 1의 범위에서 감경하여 처분할 수 있다.

라. 영업정지처분기간 1개월은 30일로 보며, 감경처분하려는 경우 그 영업정지기간을 산정할 때 1일 미만은 처분기간에서 제외한다.

2. 개별기준

위반사항	근거 법령	행정처분기준			
		1차위반	2차위반	3차위반	4차위반
마. 법 제22조에 따른 노래연습장업자의 준수사항을 위반한 때	법 제27조 제1항 제5호				
3) 주류를 판매·제공한 때		영업정지 10일	영업정지 1월	영업정지 3월	등록취소 영업폐쇄
4) 접대부(남녀를 불문한다)를 고용·알선한 때		영업정지 1월	영업정지 2월	등록취소 영업폐쇄	

가. 판 단

1) 인정사실

이 사건 청구서 및 답변서, 수사결과통보서, 처분 사전 통지서, 의견제출서, 이 사건 처분서 등의 기재내용에 따르면 다음과 같은 사실이 각각 인정된다.

가) 이 사건 업소에서 주류를 판매하고 접대부를 알선한 사실을 신고하는 내용으로 사건현장을 촬영한 CD가 첨부된 진정서가 2014. 1. 2. 피청구인에게 접수되었다.

나) 청구인은 ○○시 ○○구 ○○로 137에서 이 사건 업소를 운영하는 자로서, 2013. 12. 31. 20:56경 손님 2명에게 시간당 25,000원을 받고 접대부(1명)를 알선하고 주류(맥주 4캔)를 판매한 사실이 적발되었다.

다) 피청구인은 2014. 2. 26. 청구인에게 처분사전통지 하고, 2014. 4. 4. 청구인에 대해 「음악산업진흥에 관한 법률」제22조 위반을 이유로 이 사건 처분을 하였다.

라) 한편, 청구인은 2014. 4. 15. ○○지방검찰청안양지청으로부터 「음악산업진흥에 관한 법률」 위반을 사유로 구약식(벌금 70만 원) 처분을 받았다.

2) 「음악산업진흥에 관한 법률」제22조 및 제27조에 따르면 노래연습장업자는 손님에게 주류를 판매·제공 및 접대부(남녀를 불문한다)를 고용·알선할 수 없고, 건전한 영업질서의 유지 등에 관하여 대통령령이 정하는 사항을 준수하여야 하고, 위 사항을 위반한 때에는 그 영업의 폐쇄명령, 등록의 취소처분, 6개월 이내의 영업정지 명령, 시정조치 또는 경고조치를

할 수 있다고 규정하고 있다.

이에 같은 법 시행규칙 제15조별표2를 살펴보면, 주류를 판매·제공한 경우 영업정지 10일(1차위반), 접대부(남녀를 불문한다)를 고용·알선한 경우 영업정지 1개월(1차 위반)의 처분을 할 수 있다고 규정하고 있다.

3) 청구인은 접대부를 요구하는 손님들의 요구를 여러 차례 거절했음에도 불구하고 위 손님들이 이 사건 업소를 신고할 목적으로 끈질기게 불법행위를 유도하여 사건이 발생되었다는 점, 지인을 호출해 이 사건 손님들과 함께 놀도록 주선한 것은 사실이나 상습적으로 접대부를 알선한 사실이 없다는 점, 생계유지를 위한 소규모영업장으로서 공익을 실현하고자 하는 목적보다 청구인이 입는 피해가 현저하게 커서 이 사건 처분은 비례의 원칙에도 위배된다는 점 등을 고려하면 이 사건 처분은 재량권을 일탈·남용한 것으로서 위법하여 취소되어야 한다고 주장하나,

「음악산업진흥에 관한 법률」은 노래연습장의 질서를 유지하고 건전한 영업을 통하여 국민의 여가장소로 활용될 수 있도록 노래연습장업자에게 주류를 판매·제공하거나 접대부를 고용·알선하지 말아야 하는 의무를 부과하고 있고, 이 사건의 경우처럼 손님들이 불법행위를 신고할 목적으로 주류제공 및 유흥접객원 알선을 요구하였다고 해서 청구인의 책임이 면해진다고 볼 수 없다. 또한, 기록 어디에도 청구인이 지인으로 하여금 이 사건 손님들과 합석하도록 한 정황이 보이지 않아 달리 이를 인정할 만한 근거가 없으며, 청구인은 이 사건 위반행위로 인해 2014. 4. 15. ◯◯지방검찰청안양지청으로부터 「음악 산업 진흥에 관한 법률」 위반을 사유로 구약식(벌금 70만 원) 처분을 받는 등 주류를 제공한 사실이 명백한바, 피청구인이 한 이 사건 처분은 위법하다고 판단되지 않는다.

그러나 이 사건 위반행가 청구인이 업소를 개업한 이래 최초 위반이라는 점, 이 사건 손님들이 신고를 위하여 계획적으로 불법행위를 유도하여 사건이 발생했다는 점, 이 사건 업소가 청구인의 유일한 생계수단이어서 이 사건 처분의 집행으로 청구인 가정에 생계곤란이 예상된다는 점 등을 고려할 때, 이 사건 처분으로 인하여 청구인이 입을 피해가 과중하다고 판단되므로 영업정지 40일 처분을 영업정지 20일 처분으로 변경함이 타당하다고 판단된다.

3. 결 론

그렇다면 이 사건 행정심판 청구는 일부 이유있다고 인정되므로 주문과 같이 재결한다.

12. 공중위생관리법위반 영업정지처분 취소청구(2014경행심362)
- 기각(음란물방영)

재결 요지

피청구인은 청구인이 운영하는 영업장에서 음란물을 TV를 통해 숙박을 하는 고객에게 관람하게 한 사실 확인하고 「공중위생관리법 시행규칙」제19조 별표 7에서 정하고 있는 행정처분의 기준에 따라 이 사건 처분을 하였다. 청구인과 같이 숙박업과 같은 풍속영업을 하는 자는 「공중위생법」제11조 제1항 및 「풍속영업의 규제에 관한 법률」(이하'풍속법'이라 한다.) 제3조 제3호 등의 관련 법 규정을 숙지하여 위법한 행위가 발생되지 않도록 미연에 방지를 해야 할 의무가 있는 점, 이 사건 코인기계 또한 일정 금액을 기계에 넣고 텔레비전을 통해 음란물을 손님들이 시청할 수 있는 시설이므로 음란물을 관람·열람케 하는 행위에 해당된다고 보여 지는 점 및 풍속영업을 하는 자로서 영업장에 설치되는 시설의 기능을 명확히 확인 하고 위법한 시설물을 설치하지 말아야 함에도 코인기계가 음란물이 아닌 일반 영화를 상영하는 것으로 알았다는 주장을 하나 이를 믿기 어려운 점을 종합하면, 청구인이 이 사건 위반행위를 한 사실은 명백하다. 또한 청구인은 이 사건 처분인 영업정지 2개월을 과징금으로 변경을 요청하고 있으나 「공중위생관리법」제11조의2(과징금처분)에 의거 「풍속영업의 규제에 관한 법률」제3조 각호의 1 위반행위는 과징금 처분 대상이 되지 않으므로 피청구인의 이 사건 처분은 위법·부당하지 않다.

주 문

청구인의 청구를 기각한다.

청구 취지

 피청구인이 2014. 3. 31. 청구인에 대하여 한 공중위생관리법 위반 영업정지처분을 취소한다.

이 유

1. 사건개요

청구인은 ○○시 ○○로 1671 (○○동) 소재 '○○○'(이하 '이 사건 업소'라 한다)라는 숙박업을 운영하는 자로 2014. 2. 5. 음란물을 TV를 통해 숙박을 하는 고객에게 관람하게 한 사실로 포천경찰서에 적발되었다.

이에 피청구인은 2014. 3. 31. 청구인이 「공중위생관리법」제11조를 위반하였다는 이유로 같은 법 시행규칙 제19조에 따라 영업정지 2개월(2014.4.10.~2014.6.8.)의 처분(이하 '이 사건 처분'이라 한다)을 하였다.

2. 당사자 주장

가. 청구인 주장

1) 청구인이 건강이 좋지 않아 오래 전부터 ○○도에 거주하고 있으며 임○○을 총지배인으로 고용하여 영업을 하고 있던 중 경찰의 단속으로 성인방송이 적발되었으나, 성인방송은 코인기계로 시청하는 것으로 이 사건 업소와 상관이 없다. 손님이 직접 동전을 넣고 시청하는 것으로 수익금 일체도 기계업체가 가져가므로 코인기계로 시청하는 성인방송이 모텔 특성상 불법인지 몰랐다.

2) 경찰서에서 성인방송 자체가 불법이라 하여 코인기계는 즉시 철거하였으나, 영업정지 2개월이라는 중징계를 내리는 것은 매우 가혹한 조치라고

생각되기에 '과징금'으로 완화해 주기를 부탁한다. 이 사건 업소는 ○○시청, 소방서의 점검 시 한 번도 위반한 사실이 없으며 ○○시청에서 주관하는 대회, 공연 등 공공행사에도 많은 협조를 했으며 앞으로 ○○의 방문객들은 어찌 하며, 이 사건 업소 직원들의 생계가 막막하다.

3) 법을 몰랐다는 말은 변명이 되지 않는다는 것을 잘 알고 있으나, 이 사건은 성인방송을 시청할 수 있었다는 사실 자체를 몰라 억울한 것이며, 객실에서 일반 영화를 상영하는 것으로 알아 왔던 사례로 지적 받은 즉시 모든 시설을 철거한 지 오래 된 점과 여성 지배인이었다는 점 등을 신중히 고려해 주기 바란다.
앞으로 다시는 이런 일이 없도록 할 것이며 청구인의 잘못임을 알기에 영업정지 2개월을 과징금 처분으로 부탁한다.

나. 피청구인 주장
1) 청구인의 질환으로 이 사건 업소에 근무하지 못하여 대인인 임○○을 총지배인으로 선임하여 업무를 처리하고 있고, 업소에 설치된 코인기계는 그 수익금을 기계 설치 업체가 가져가기 때문에 불법인지 몰랐으므로 영업정지 2개월을 과징금으로 변경처분을 요구하나,
청구인은 「공중위생관리법」의 가장 기초적인 내용을 위반한 것으로 이 사건에 대해 과징금으로 처분해 달라는 이유에 대해 위반사항이 사회적 성행위 문란과 우리민족의 건전한 고유문화를 저해하는 행위로서 선처를 바랄 사항이 아니다.

2) 따라서, 피청구인의 이 사건 처분은 「공중위생관리법」에 의거 적법한 절차에 따른 것으로 청구인의 위반사항은 과징금처분 제외대상으로 규정되어 있어 기각하여야함이 타당하다.

3. 이 사건 처분의 위법·부당 여부

가. 관계법령

【공중위생관리법】

제11조(공중위생영업소의 폐쇄등) ① 시장·군수·구청장은 공중위생영업자가 이 법 또는 이 법에 의한 명령에 위반하거나 또는 「성매매알선 등 행위의 처벌에 관한 법률」·「풍속영업의 규제에 관한 법률」·「청소년 보호법」·「의료법」에 위반하여 관계행정기관의 장의 요청이 있는 때에는 6월 이내의 기간을 정하여 영업의 정지 또는 일부 시설의 사용중지를 명하거나 영업소폐쇄 등을 명할 수 있다. 다만, 관광숙박업의 경우에는 당해 관광숙박업의 관할행정기관의 장과 미리 협의하여야 한다. 〈개정 2002.8.26. , 2007.5.25. , 2011.9.15. 〉

② 제1항의 규정에 의한 영업의 정지, 일부 시설의 사용중지와 영업소 폐쇄명령 등의 세부적인 기준은 보건복지부령으로 정한다. 〈개정 2008.2.29. , 2010.1.18. 〉

제11조의2(과징금처분) ① 시장·군수·구청장은 제11조 제1항의 규정에 의한 영업정지가 이용자에게 심한 불편을 주거나 그 밖에 공익을 해할 우려가 있는 경우에는 영업정지 처분에 갈음하여 3천만원 이하의 과징금을 부과할 수 있다. 다만, 풍속영업의규제에관한법률 제3조 각 호의 1 또는 이에 상응하는 위반행위로 인하여 처분을 받게 되는 경우를 제외한다.

【공중위생관리법 시행규칙】

제19조(행정처분기준) 법 제7조 제2항 및 법 제11조 제2항의 규정에 의한 행정처분의 기준은 별표 7과 같다.

[별표 7] 〈개정 2012.12.11.〉

행정처분기준(제19조관련)

Ⅱ. 개별기준

1. 숙박업

위반사항	근거법령	행정처분기준			
		1차위반	2차위반	3차위반	4차위반
2.「성매매알선 등 행위의 처벌에 관한 법률」·「풍속영업의 규제에 관한 법률」·「청소년보호법」·「의료법」에 위반하여 관계행정기관의 장의 요청이 있는 때 가. 업소에서 음란한 문서·도서·영화·음반·비디오물 그 밖에 물건(이하 "음란한 물건"이라 한다)을 반포·판매·대여하거나 이를 하게 하는 행위와 음란한 물건을 관람·열람하게 하는 행위 및 반포·판매·대여·관람·열람의 목적으로 음란한 물건을 진열 또는 보관한 때	법 제11조 제1항	영업정지 2월	영업정지 3월	영업장 폐쇄 명령	

【풍속영업의 규제에 관한 법률】

제3조(준수 사항) 풍속영업을 하는 자(허가나 인가를 받지 아니하거나 등록이나 신고를 하지 아니하고 풍속영업을 하는 자를 포함한다. 이하 "풍속영업자"라 한다) 및 대통령령으로 정하는 종사자는 풍속영업을 하는 장소(이하 "풍속영업소"라 한다)에서 다음 각 호의 행위를 하여서는 아니 된다.

　3. 음란한 문서·도화(圖畵)·영화·음반·비디오물, 그 밖의 음란한 물건에 대한 다음 각 목의 행위

　가. 반포(頒布)·판매·대여하거나 이를 하게 하는 행위

나. 관람·열람하게 하는 행위

　　다. 반포·판매·대여·관람·열람의 목적으로 진열하거나 보관하는
　　　행위

　나. 판 단

　1) 인정사실

○○경찰서 행정처분 의뢰서, 행정심판청구서 및 답변서, 행정처분 사전통지
서, 의견제출서, 이 사건 처분서 등에 따르면, 청구인은 2014. 2. 5. 음란물
을 TV를 통해 숙박을 하는 고객에게 관람하게 한 사실로 ○○경찰서에 적발
되었고, 이에 피청구인은 2014. 3. 31. 청구인이「공중위생관리법」제11조를
위반하였다는 이유로 같은 법 시행규칙 제19조에 따라 영업정지 2개월을 처
분한 사실이 인정된다.

2)「풍속영업의 규제에 관한 법률」의 입법목적은 풍속영업을 하는 장소에서
　선량한 풍속을 해치거나 청소년의 건전한 성장을 저해하는 행위 등을 규
　제하여 미풍양속을 보존하고 청소년을 유해한 환경으로부터 보호함을 목
　적으로 하고 있는바, 풍속영업에 해당하는 숙박업자에게 풍속영업 장소에
　서 음란한 문서·도화·영화·비디오물, 그 밖의 음란한 물건에 대한 반포
　·판매·대여 또는 관람·열람케 하는 등의 행위를 금지하는 것이고,「공
　중위생관리법」제11조에 의하면 풍속영업의 규제에 관한 법률 위반 시 6월
　이내의 영업 정지를 명할 수 있으며, 같은 법 시행규칙 제19조 별표7에 의
　하면 숙박업소에서 음란한 문서·도서·영화·음반·비디오물 그 밖에 물
　건(이하 "음란한 물건"이라 한다)을 반포·판매·대여하거나 이를 하게 하
　는 행위와 음란한 물건을 관람·열람하게 하는 행위 및 반포·판매·대
　여·관람·열람의 목적으로 음란한 물건을 진열 또는 보관한 때에는 1차
　위반 시 영업정지 2개월의 처분을 규정하고 있다.

3) 텔레비전방송프로그램은 사물의 순간적 영상과 그에 따르는 음성·음향 등을 기계나 전자장치로 재생하여 송신할 수 있게 제작된 방송내용물로서 영화 또는 비디오물과는 저장이나 전달의 방식이 다른 별개의 매체물이므로, 그 방송프로그램이 기억·저장되어 있는 테이프 또는 디스크 등의 유형물은 「풍속영업의 규제에 관한 법률」(이하 '풍속법'이라 한다.) 제3조 제2호에서 규정하는 '기타 물건'에 해당된다. 한편 전기통신설비에 의하여 송신되는 방송프로그램은 그 전달 과정에서 신호의 변환이나 증폭 등의 단계를 거치더라도 그 내용을 이루는 영상이나 음성·음향 등이 그대로 텔레비전 등의 장치를 통하여 재현되는 것이므로, 방송 시청자가 관람하는 대상은 유형물에 고정된 방송프로그램 그 자체라고 할 수 있다. 따라서 풍속영업소인 숙박업소에서 음란한 외국의 위성방송프로그램을 수신하여 투숙객 등으로 하여금 시청하게 하는 행위는 풍속법 제3조 제2호에 규정된 '음란한 물건'을 관람하게 하는 행위에 해당된다. 이러한 법리에 비추어 보면, 풍속영업소인 숙박업소의 업주들과 공모하여 위성방송수신기 등을 이용하여 일본의 음란한 위성방송프로그램을 수신하여 숙박업소의 손님들로 하여금 시청하게 한 행위는 풍속법 제3조 제2호에 위반된다(대법원 2010.7.15. 선고. 2008도11679. 판결).

4) 청구인은 건강상의 이유로 제주도에 거주하며 임○○을 총지배인으로 고용하여 이 사건 업소를 운영 중에 코인기계를 통한 음란물 상영으로 적발된 사항에 대해 청구인은 코인기계 업체가 별도로 있고 수익금 또한 해당업체에서 가져가므로 코인기계로 시청하는 성인방송이 모텔의 특성상 불법인지 몰랐으니 이 사건 처분을 영업정지에서 과징금으로 변경하여 줄 것을 주장하고 있으나, 숙박업과 같은 풍속영업을 하는 자는 「공중위생법」 제11조 제1항 및 「풍속영업의 규제에 관한 법률」(이하 '풍속법'이라 한다.) 제3조 제3호 등의 관련 법 규정을 숙지하여 위법한 행위가 발생되지 않도록

미연에 방지를 해야 할 의무가 있는 점, 이 사건 코인기계 또한 일정 금액을 기계에 넣고 텔레비전을 통해 음란물을 손님들이 시청할 수 있는 시설이므로 음란물을 관람·열람케 하는 행위에 해당된다고 보여 지는 점 및 풍속영업을 하는 자로서 영업장에 설치되는 시설의 기능을 명확히 확인하고 위법한 시설물을 설치하지 말아야 함에도 코인기계가 음란물이 아닌 일반 영화를 상영하는 것으로 알았다는 주장을 하나 이를 믿기 어려운 점을 종합하면, 청구인이 이 사건 위반행위를 한 사실은 명백하다고 할 것이다.

또한, 청구인이 이 사건 처분인 영업정지 2개월을 과징금으로 변경을 요청하고 있으나 「공중위생관리법」제11조의2(과징금처분)에 의거 「풍속영업의 규제에 관한 법률」제3조 각호의 1 위반행위는 과징금 처분 대상이 되지 않으므로 피청구인의 이 사건 처분은 위법·부당하다 판단되지 않는다.

4. 결론

그렇다면 청구인의 이 사건 심판청구는 이유 없다고 인정되므로 주문과 같이 재결한다.

13. 숙박업소 영업정지처분 취소청구(2014경행심319) - 기각(음란동영상)

재결 요지

피청구인은 청구인이 영업소에서 업소 카운터 컴퓨터에 음란 동영상을 다운로드 한 후 공유기를 이용하여 각 객실로 전송시키는 방법으로 손님이 관람할 수 있게 하여 풍속업자 준수 사항을 위반 사실을 확인하고 「공중위생관리법 시행규칙」제19조 별표 7에서 정하고 있는 행정처분의 기준에 따라 이 사건 처분을 하였다. 업주인 청구인은 위 업소의 종업원을 감독하여 영업자의 의무를 준수하도록 할 의무가 있는 것이므로 청구인은 이 사건 업소의 운영자로서 종업원 등의 법규위반행위에 대하여도 책임을 져야 할 것임은 관련법 규정상 명백하므로 영업과정에 있어서 고용한 종업원에 대한 감독 통제의 책임을 면할 수 없다는 점, 풍속영업을 하는 영업자는 선량한 풍속을 보존할 사회적 책임과 법령준수의 의무를 강하게 부여받고 있는 점, 피청구인이 이 사건 업소 종업원이 ○○지방법원에서 풍속영업의 규제에 관한 법률 위반으로 벌금 100만 원의 선고유예 처분을 받은 점을 감안하여 영업정지 2개월 처분을 1개월로 감경하여 처분한 점, 풍속영업의 규제에 관한 법률 위반인 경우 과징금 부과처분을 할 수 없는 점에 비추어 볼 때 피청구인의 이 사건 처분은 위법·부당하지 않다.

주 문

청구인의 청구를 기각한다.

청구 취지

피청구인이 2014.3.12. 청구인에게 한 공중위생관리법 위반 영업정지 1개월 처분을 취소한다.

이 유

1. 사건개요

청구인은 ○○시 ○○구 ○○○로 190번길 3-14에서 '○○○'이라는 상호로 숙박업(이하 '이 사건 업소'라 한다)을 하는 자로, 2013. 6. 3. 17:20경 이 사건 업소 카운터 컴퓨터에 음란 동영상을 다운로드 한 후 공유기를 이용하여 각 객실로 전송시키는 방법으로 손님이 관람할 수 있게 하여 「풍속영업의 규제에 관한 법률」제3조 제3호다목을 위반한 사실이 ○○○○경찰서에 적발되어 피청구인에게 2013. 6. 18. 통보되었다.

이에 피청구인은 청구인이 「공중위생관리법」제11조에 따라 2014. 3. 12. 영업정지 1개월(2014. 4. 1.~2014. 4. 30.) 처분(이하 '이 사건 처분'이라 한다)을 하였다.

2. 당사자 주장

가. 청구인 주장

1) 2013. 6. 3. 17:20경 ○○○○경찰서에서 청구인이 운영하는 이 사건 업소에 단속을 나와서 객실을 점검하던 중 음란 동영상이 저장되어 있는 사실이 적발되어 이 사건 업소의 종업원 이○○가 법원의 선고유예 판결을 받았고, 2014. 3. 12. ○○시로부터 풍속영업의 규제에 관한 법률 제3조 제3호다목 및 공중위생관리법 제11조 위반으로 이 사건 처분을 통지받았다.

2) ○○○○경찰서 단속 당시 컴퓨터에 음란 동영상이 저장되어 있었던 것은 사실이나, 청구인은 음란 동영상을 손님에게 관람시키거나 관람시킬 목적으로 음란 동영상을 보관하지 않았음을 ○○시 ○○시 일관되게 주장하였고, 종업원 이○○도 경찰 조사 과정에서 이 업소에 취직한지 몇 개월이 되지 않아 컴퓨터에 음란 동영상이 저장되어 있는 줄도 모르고 있었다고 진술하였음에도 경찰이 일방적으로 수사를 종결하고 적발 통지한 것이므로 본 사건의 단속과정에서 적용한 풍속영업의 규제에 관한 법률 제3조 제3호다목이 규정한 행위에 해당하지 않으며, 공중위생법 시행규칙 제19조별표7이 규정한 음란한 물건을 관람·열람하게 하거나 관람·열람의 목적으로 진열·보관한 자의 지위에 있다고 보기 어려워 형법 제13조의 죄의 성립 요소인 사실을 인식하지 못한 행위는 벌하지 아니한다 및 같은 법 제17조 어떤 행위라도 죄의 요소 되는 위험 발생에 연결되지 아니한 경우 벌하지 아니한다는 규정에 따라 범죄 혐의가 없으므로 행정처분의 요건을 충족하지 않는다.

3) 청구인은 이 사건 업소를 운영하기 위해 2004. 1. 28. 인수하였으나 공사업자와 계약이 이행되지 않아 소송을 하느라 2008년 초부터 영업을 시작하였다. 당시 청구인은 직접 영업에 관여하지 않았고 2009. 9. 1.부터 2010. 6. 17.까지는 타인에게 임대하였다. 그 후에도 종업원을 고용하여 운영하다가 2013. 3. 7.부터 직접 운영하였는데 3개월이 채 지나지 않아 2013. 6. 3. 적발되었다. 이 사건 업소 주변에는 최신 설비를 갖춘 모텔이 10여 개 있는데다가 건물도 30년 가까이 노후되고 주차면적도 6개로 열악한 상황이다. 2004년 당시 29억 원(17억 원 부채 포함)에 모텔을 인수하여 지금까지 버텨왔으나 현재 부채가 37억 원 정도로 한 달 이자만 약 2,000만 원에 달하고 작년 9월경에는 자택에 화재까지 발생하여 절반 가까이 소실돼 청구인의 처 황○○는 충격으로 쓰러져 현재까지 거동이 불

편한 상황이다. 상기 내용과 같이 극히 어려운 형편임에도 종업원의 고의
성 없는 부주의를 이유로 한 이 사건 처분은 너무 과중한 처분이다.

나. 피청구인 주장

1) 청구인은 단속 시 컴퓨터에 음란 동영상이 저장은 되어 있었으나 손님들에
   게 관람시킬 목적이 아니었고, 심지어 종업원 이○○도 컴퓨터에 음란 동
   영상이 저장되어 있는 줄 몰랐다고 경찰 조사에 진술하였음에도 불구하고
   경찰이 일방적으로 조사를 마무리한 것이라는 주장이나 ○○지방법원 판
   결결과 종업원 이○○이 벌금 100만 원의 선고유예를 받았으므로 이 사건
   업소에서 위법행위가 발생한 것은 명백하다.

2) 피청구인은 이 사건 당사자 이○○에 대해 ○○지방법원의 '선고유예' 재
   판 결과를 반영하여 이 사건 처분을 영업정지 2월에서 1개월로 감경 처분
   하였다. 이 사건 처분은 피청구인에게 어떠한 처분내용에 대한 재량권 또
   는 판단의 여지를 남겨두지 않는 기속적 행정행위로서, 생계가 어렵다는
   이유로 청구인의 행정처분이 면제될 수 없으며, 설사 그렇게 된다면 이와
   유사한 위반사항으로 적발된 타 업소에도 영향을 끼쳐 사회질서 유지에
   혼란을 초래할 것이므로 행정의 실효성은 무너지고 단속 행위는 법적 기
   능을 상실할 것이다.

3. 이 사건 처분의 위법 · 부당여부

가. 관계법령

【공중위생관리법】

제11조(공중위생영업소의 폐쇄등) ① 시장 · 군수 · 구청장은 공중위생영업자
   가 이 법 또는 이 법에 의한 명령에 위반하거나 또는 「성매매알선 등
   행위의 처벌에 관한 법률」 · 「풍속영업의 규제에 관한 법률」 · 「청소년

보호법」・「의료법」에 위반하여 관계행정기관의 장의 요청이 있는 때에는 6월 이내의 기간을 정하여 영업의 정지 또는 일부 시설의 사용중지를 명하거나 영업소폐쇄등을 명할 수 있다. 다만, 관광숙박업의 경우에는 당해 관광숙박업의 관할행정기관의 장과 미리 협의하여야 한다.

② 제1항의 규정에 의한 영업의 정지, 일부 시설의 사용중지와 영업소폐쇄명령등의 세부적인 기준은 보건복지부령으로 정한다.

제11조의2(과징금처분) ① 시장・군수・구청장은 제11조 제1항의 규정에 의한 영업정지가 이용자에게 심한 불편을 주거나 그 밖에 공익을 해할 우려가 있는 경우에는 영업정지 처분에 갈음하여 3천만원 이하의 과징금을 부과할 수 있다. 다만, 풍속영업의규제에관한법률 제3조 각호의 1 또는 이에 상응하는 위반행위로 인하여 처분을 받게 되는 경우를 제외한다.

② 제1항의 규정에 의한 과징금을 부과하는 위반행위의 종별・정도 등에 따른 과징금의 금액 등에 관하여 필요한 사항은 대통령령으로 정한다.

제12조(청문) 시장・군수・구청장은 제7조의 규정에 의한 이용사 및 미용사의 면허취소・면허정지, 제11조의 규정에 의한 공중위생영업의 정지, 일부 시설의 사용중지 및 영업소폐쇄명령등의 처분을 하고자 하는 때에는 청문을 실시하여야 한다.

【풍속영업의 규제에 관한 법률】
제2조(풍속영업의 범위) 이 법에서 "풍속영업"이란 다음 각 호의 어느 하나에 해당하는 영업을 말한다.

　　4. 「공중위생관리법」 제2조 제1항 제2호부터 제4호까지의 규정에 따른 숙박업, 목욕장업(沐浴場業), 이용업(理容業) 중 대통령령으로

정하는 것

제3조(준수 사항) 풍속영업을 하는 자(허가나 인가를 받지 아니하거나 등록이
나 신고를 하지 아니하고 풍속영업을 하는 자를 포함한다. 이하 "풍속
영업자"라 한다) 및 대통령령으로 정하는 종사자는 풍속영업을 하는 장
소(이하 "풍속영업소"라 한다)에서 다음 각 호의 행위를 하여서는 아니
된다.

  1. 「성매매알선 등 행위의 처벌에 관한 법률」 제2조 제1항 제2호에 따
른 성매매알선등행위

  2. 음란행위를 하게 하거나 이를 알선 또는 제공하는 행위

  3. 음란한 문서·도화(圖畵)·영화·음반·비디오물, 그 밖의 음란한
물건에 대한 다음 각 목의 행위

    가. 반포(頒布)·판매·대여하거나 이를 하게 하는 행위

    나. 관람·열람하게 하는 행위

    다. 반포·판매·대여·관람·열람의 목적으로 진열하거나 보관하
는 행위

  4. 도박이나 그 밖의 사행(射倖)행위를 하게 하는 행위

제6조(위반사항의 통보 등) ① 경찰서장은 풍속영업자나 대통령령으로 정하
는 종사자가 제3조를 위반하면 그 사실을 허가관청에 알려야 한다.
② 제1항에 따른 통보를 받은 허가관청은 그 내용에 따라 허가취소·
영업정지·시설개수 명령 등 필요한 행정처분을 한 후 그 결과를 경찰
서장에게 알려야 한다.

【공중위생관리법 시행규칙】
제19조(행정처분기준) 법 제7조 제2항 및 법 제11조 제2항의 규정에 의한 행

정처분의 기준은 별표 7과 같다.

[별표 7]

행정처분기준(제19조 관련)

Ⅰ. 일반기준

1. 위반행위가 2 이상인 경우로서 그에 해당하는 각각의 처분기준이 다른 경우에는 그 중 중한 처분기준에 의하되, 2 이상의 처분기준이 영업정지에 해당하는 경우에는 가장 중한 정지처분기간에 나머지 각각의 정지처분기간의 2분의 1을 더하여 처분한다.

2. 행정처분을 하기 위한 절차가 진행되는 기간 중에 반복하여 같은 사항을 위반한 때에는 그 위반횟수마다 행정처분 기준의 2분의 1씩 더하여 처분한다.

3. 위반행위의 차수에 따른 행정처분기준은 최근 1년간 같은 위반행위로 행정처분을 받은 경우에 이를 적용한다. 이때 그 기준적용일은 동일 위반사항에 대한 행정처분일과 그 처분후의 재적발일(수거검사에 의한 경우에는 검사결과를 처분청이 접수한 날)을 기준으로 한다.

4. 행정처분권자는 위반사항의 내용으로 보아 그 위반정도가 경미하거나 해당위반사항에 관하여 검사로부터 기소유예의 처분을 받거나 법원으로부터 선고유예의 판결을 받은 때에는 Ⅱ. 개별기준에 불구하고 그 처분기준을 다음의 구분에 따라 경감할 수 있다.

　가. 영업정지의 경우에는 그 처분기준 일수의 2분의 1의 범위안에서 경감할 수 있다.

　나. 영업장폐쇄의 경우에는 3월 이상의 영업정지처분으로 경감할 수 있다.

Ⅱ. 개별기준

 1. 숙박업

위반사항	관련법규	행정처분기준			
		1차 위반	2차 위반	3차 위반	4차 위반
2. 「성매매알선 등 행위의 처벌에 관한 법률」·「풍속영업의 규제에 관한 법률」·「청소년보호법」·「의료법」에 위반하여 관계행정기관의 장의 요청이 있는 때 가. 업소에서 음란한 문서·도서·영화·음반·비디오물 그 밖에 물건(이하 "음란한 물건"이라 한다)을 반포·판매·대여하거나 이를 하게 하는 행위와 음란한 물건을 관람·열람하게 하는 행위 및 반포·판매·대여·관람·열람의 목적으로 음란한 물건을 진열 또는 보관한 때	법 제11조 제1항	영업정지 2월	영업정지 3월	영업장 폐쇄명령	

나. 판 단

1) 인정사실

이 사건 ○○지방법원 판결서, ○○○○경찰서장의 위반행위 업소 통보공문, 행정처분 통지서, 숙박업 신고 관리대장의 기록을 종합하여 살펴보면, 다음과 같은 사실이 인정된다.

가) 청구인은 ○○시 ○○구 ○○○로 190번길 3-14(○○○동)에서 '○○○'이라는 상호로 숙박업을 하는 자로, 2013. 6. 3. 17:20경 이 사건 업소 종업원 이○○(78년, 남)가 카운터의 컴퓨터에 음란 동영상을 다운로드한 후 공유기를 이용, 각 객실로 전송시키는 방법으로 손님들이 관람할 수 있게 하여 풍속업자 준수 사항을 위반한 것이 ○○○○경찰서에 적발

되어 피청구인에게 통보되었다.

나) 이 사건 업소 종업원인 이ㅇㅇ(78년, 남)가 ㅇㅇ지방법원으로부터 선고유예 판결을 받았다.

다) 피청구인은 2014. 3. 12. 이 사건 업소에 영업정지 1개월의 처분을 하였다.

2) 「공중위생관리법」제11조 제1항 및 같은 법 시행규칙 제19조별표7에 따르면, 공중위생영업자가 「풍속영업의 규제에 관한 법률」에 위반하여 관계행정기관의 장의 요청이 있는 때에는 6개월 이내의 기간을 정하여 영업의 정지 또는 일부 시설의 사용중지를 명하거나 영업소폐쇄 등을 명할 수 있고, 업소에서 음란한 문서·도서·영화·음반·비디오물 그 밖에 물건을 반포·판매·대여·관람·열람의 목적으로 진열 또는 보관하는 때에는 1차 위반의 경우 영업정지 2개월의 처분을 할 수 있다고 규정하고 있으며, 「풍속영업의 규제에 관한 법률」제3조에 따르면 풍속영업자 및 대통령령으로 정하는 종사자는 풍속영업소에서 음란한 문서·도서·영화·음반·비디오물 기타 물건(이하 '음란한 물건'이라 한다)을 반포·판매·대여하거나 이를 하게 하는 행위와 음란한 물건을 관람·열람하게 하는 행위 및 반포·판매·대여·관람·열람의 목적으로 음란한 물건을 진열 또는 보관하여서는 아니 된다고 규정하고 있다.

또한 「공중위생관리법」제11조의2에 따르면 제11조 제1항의 규정에 의한 영업정지가 이용자에게 심한 불편을 주거나 그 밖에 공익을 해할 우려가 있는 경우에는 영업정지 처분에 갈음하여 3천만 원 이하의 과징금을 부과할 수 있다. 다만, 「풍속영업의 규제에 관한 법률」제3조 각호의1 또는 이에 상응하는 위반행위로 인하여 처분을 받게 되는 경우를 제외한다고 규정하고 있다.

3) 청구인은 첫째, 이 사건 종업원 이○○이 근무한지 몇 개월 되지 않아 컴퓨터에 음란 동영상이 저장되어 있는 줄 몰랐기 때문에 음란한 물건을 관람·열람의 목적으로 진열·보관한 자의 지위에 있다고 보기 어렵다는 점, 둘째, 청구인도 74세의 고령으로 컴퓨터를 다룰 줄 모르고 2013. 3. 7.부터 직접 운영하고 그 이전에는 종업원에게 맡겨 운영한 점, 첫째 및 둘째의 이유로 범죄혐의가 없어 행정처분의 요건이 충족되지 않는다는 점, 막대한 부채로 영업정지 처분 시 영업을 포기해야 한다는 점을 들어 행정처분을 취소하거나 과징금으로 변경하여 주기를 주장한다.

음란한 물건을 보관하는 등 잘못이 종업원에게 있다 하더라도, 이 사건 업소의 업주인 청구인은 위 업소의 종업원을 감독하여 영업자의 의무를 준수하도록 할 의무가 있는 것이므로 청구인은 이 사건 업소의 운영자로서 종업원 등의 법규위반행위에 대하여도 책임을 져야 할 것임은 관련법 규정상 명백하다.

따라서, 영업주는 이 사건 업소의 영업과정에 있어서 고용한 종업원에 대한 감독 통제의 책임을 면할 수 없다는 점, 풍속영업을 하는 영업자는 선량한 풍속을 보존할 사회적 책임과 법령준수의 의무를 강하게 부여받고 있는 점, 피청구인이 이 사건 업소 종업원 이○○가 ○○지방법원에서 풍속영업의 규제에 관한 법률 위반으로 벌금 100만 원의 선고유예 처분을 받은 점을 감안하여 영업정지 2개월 처분을 1개월로 감경하여 처분한 점, 풍속영업의 규제에 관한 법률 위반인 경우 과징금 부과처분을 할 수 없는 점에 비추어 볼 때 이 사건 처분은 위법·부당하지 않다.

4. 결 론

그렇다면 청구인의 이 사건 심판청구는 이유 없다고 인정되므로 주문과 같이 재결한다.

14. 노래연습장 영업정지처분 취소청구(2014경행심253) - 일부인용 (주류+접대부)

재결 요지

피청구인은 청구인이 영업장에서 주류판매와 접대부를 고용·알선한 사실을 확인하고 「음악산업 진흥에 관한 법률 시행규칙」제15조 별표 2에서 정하고 있는 행정처분의 기준에 따라 이 사건 처분을 하였다. 청구인은 노래방 영업을 시작한 이후 단 한번도 법규를 위반한 사실이 없었고, 이번 사건은 손님으로 위장한 자들이 계획적으로 꾸민 것이고 도우미도 그들의 일행이며 맥주도 자기들이 가지고 온 것이라 주장하나, 검찰 처분결과 및 진정인의 동영상 자료 등을 볼 때 청구인이 주류를 판매하고 접대부를 알선한 사실이 인정되어 피청구인의 이 사건 처분은 위법하지 않으나, 청구인이 이 사건 업소의 개업 이후 최초위반인 점, 주류제공량이 적은 점, 손님이 신고를 위하여 계획적으로 유도한 점 등을 고려할 때 이 사건 처분으로 인하여 청구인이 입을 피해가 과중하다 할 것이므로 청구인의 청구는 일부 이유 있다 하여 이를 변경한다.

주 문

피청구인이 2014. 2. 25. 청구인에 대하여 한 영업정지 40일 처분을 영업정지 20일 처분으로 변경한다.

청구 취지

피청구인이 2014. 2. 25. 청구인에 대하여 한 영업정지 40일 처분을 취소한다.

이 유

1. 사건개요

청구인은 ○○시 ○○구 ○○로560 지층에서 '○○노래연습장'(이하 '이 사건 업소'라 한다)을 운영하는 사람으로, 2014.1.32 23:00경 이 사건 업소에서 손님에게 주류(캔맥주 1캔)를 판매하고 노래도우미를 알선하였다는 신고가 접수되어 ○○경찰서로부터 기소의견 송치되었고 2014. 1. 29 ○○○지방검찰청 ○○지청으로부터 구약식 벌금150만원의 처분을 받았다.

피청구인은 청구인이 「음악산업 진흥에 관한 법률」제22조 제1항 제3호 및 제4호를 위반하였다는 이유로 사전통지 절차를 거쳐 2014. 2. 25. 영업정지 40일 처분을 하였다.

2. 당사자 주장

가. 청구인 주장

청구인은 본 노래방 영업을 시작한 이후 단 한 번도 법규를 위반한 사실이 없었다. 이번 사건도 당시 영상제작판매에 관련된 자들이 계획적으로 손님으로 위장하여 영업정지 처분을 받게끔 도우미를 가장한 일행과 자기들이 카스맥주를 갖고 와서 동영상 촬영을 하여 이 사건 처분을 받게 된 것으로 청구인은 너무나 억울하다.

어느 날 영상제작판매자들이 찾아와서 영상제작으로 영업허가를 바꾸면 유흥주점 형식으로 영업을 할 수 있으며 돈을 쉽게 벌 수 있다고 하며 노래방 기기당 4백만 원(10대, 4천만 원 예상)을 투자하여 설치하라고 설득한 적이 있었으나 청구인의 남편은 건강이 매우 좋지 않아 가게를 팔려고 한다고 편지를 보냈는데도 또 2차례나 찾아와서 허가를 바꾸지 않으면 장사하기 어려울 것이라는 등 공갈과 협박을 하였다.

그런 일이 있은 후 영상기기 판매자들이 자기들 뜻대로 되지 않자 계획적으로 이 사건을 꾸민 것으로 추측된다. 또한 1월 2일 경은 어디를 가도 도우미를 부를 수 없을 뿐만 아니라 모두가 쉬는 때라서 청구인이 도우미를 알선하였다는 주장은 사실이 아니다. 그날도 청구인의 남편은 건강이 좋지 않아 가게문을 닫을까 하는데 손님이 와서 어쩔 수 없이 영업을 한 것이다. 청구인은 16년 전부터 몇십만명에 한명 걸린다는 헬파름바이러스에 걸렸다. 바이러스가 뇌에 침투하여 뇌속을 헤집어 온몸을 떨게 하는 정신질환으로 살아있으면서도 죽은 몸과 같이 고통속에 살고 있는 실정이다.

더욱이 청구인의 남편 성○○는 이전에 전과 28범에 15년이 넘는 수감생활을 하였다. 그런 남편은 몸을 다쳐 지체장애(상지기능) 3급이고 신경퇴행성 뇌질환 두부전증으로 인하여 정상적인 사회활동을 할 수 없는 상태임에도 남편은 가장의 역할을 하기 위해 막노동, 대리운전 등 몸이 허락하는 한 일을 하였고 다시는 죄를 짓지 않으려고 노력했지만 뜻대로 되지 않는 경우가 많아 모두 삶을 포기하고 죽으려고까지 한 적이 있다. 그때 남편에게 희망과 용기를 갖도록 은혜를 베풀어 준 남편의 동생뻘 되는 유○○이라는 분이 계셔서 이 사건 업소를 운영할 수 있게 된 것이다. 남편은 은행에 블랙리스트에 올라 있어 어쩔 수 없이 환자상태인 청구인 명의로 사업자등록을 하였지만 영업이 신통치 않아 매월 260만원씩 지불해야 하는 월세마저 내지 못하여 건물주인에게 온갖 수모를 당할 때가 많으며 또한 청구인의 남편은 건강마저 악화되어 도저히 가게를 운영할 수 없어 업소를 매매하려고 부동산에 매매를 의뢰하였는데 이 사건 처분으로 인하여 매매 또한 안 될 것 같아 너무 억울하다.

 남편은 15년간의 수감생활을 청산하고 이제는 사람답게 착하게 살겠다고 신체장기를 모두 기증하였으며, 사랑의 집, 무의탁 노인들을 돌보며 남은 여생을 사회봉사에 헌신하고 있다. 이 사건 처분을 받으면 월세, 남편의 병원비, 자녀 뒷바라지는 물론 의식주 해결마저도 어려우므로 영업정지만은 면할 수 있도록 선처를 바란다.

나. 피청구인 주장

피청구인은 진정인(박○○)로부터 행신동 소재 ○○노래연습장에서 2014. 1. 2. 23:00경 손님에게 주류판매 및 접대부를 제공했다는 진정서를 동영상CD와 함께 접수한 후 ○○경찰서 수사과에 수사를 의뢰하였고 혐의가 입증됨에 따라 청구인에게 의견제출 기회를 주었다. 그러나 청구인은 '본인 및 운영자 성○○는 위반사실을 인정할 수 없다. 검찰의 처분에 대해서도 법원에 재판을 청구중에 있다'라는 의견을 제출하였다.

이에 피청구인은 2014. 2. 25. 청구인에게 음악산업진흥법 제22조 제1항 제3호 및 제4호를 위반한 이유로 영업정지 40일 처분을 하였다. 청구인은 위반사실을 부인하고 있으나 진정인이 제출한 CD를 보면 성○○ 본인이 주류를 제공하고 접대부를 알선한 사실이 입증되므로 이 사건 처분은 적법하다. 나아가 청구인은 노래연습장업자의 영업범위를 준수하여 공정한 상거래질서를 유지하고 유익한 여가문화가 정착될 수 있도록 하여야 함에도 불구하고 오로지 자신의 생계 등을 이유로 영업이익만을 추구하였으므로 타 업소와의 형평성 차원에서도 법 규정을 엄격하게 적용할 필요가 크다고 할 것이므로 이 사건 처분을 기각하여야 한다.

3. 이 사건 처분의 위법 · 부당 여부

가. 관계법령

【음악산업진흥에 관한 법률】[시행 2011.7.20.] [법률 제10629호, 2011.5.19., 타법개정]

제22조(노래연습장업자의 준수사항 등) ① 노래연습장업자는 다음 각 호의 사항을 지켜야 한다.

    1. 영업소 안에 화재 또는 안전사고 예방을 위한 조치를 할 것

    2. 당해 영업장소에 대통령령이 정하는 출입시간외에 청소년이 출입하지 아니하도록 할 것. 다만, 부모 등 보호자를 동반하거나 그의 출

입동의서를 받은 경우 그 밖에 대통령령이 정하는 경우에는 그러하지 아니하다.

3. 주류를 판매·제공하지 아니할 것

4. 접대부(남녀를 불문한다)를 고용·알선하거나 호객행위를 하지 아니할 것

5. 「성매매알선 등 행위의 처벌에 관한 법률」제2조 제1항의 규정에 따른 성매매 등의 행위를 하게 하거나 이를 알선·제공하는 행위를 하지 아니할 것

6. 건전한 영업질서의 유지 등에 관하여 대통령령이 정하는 사항을 준수할 것

② 누구든지 영리를 목적으로 노래연습장에서 손님과 함께 술을 마시거나 노래 또는 춤으로 손님의 유흥을 돋우는 접객행위를 하거나 타인에게 그 행위를 알선하여서는 아니 된다.

【음악산업진흥에 관한 법률 시행규칙】[시행 2014.1.1.] [문화체육관광부령 제162호, 2013.12.31., 타법개정]

제15조(행정처분의 기준 등) ① 법 제27조 제3항에 따른 행정처분의 기준은 별표 2와 같다.

[별표 2] 〈개정 2013.11.29.〉

행정처분의 기준(제15조 관련)

1. 일반기준

가. 위반행위가 2 이상인 경우로서 그에 해당하는 각각의 처분기준이 다른 경우에는 그 중 무거운 처분기준에 따른다. 다만, 둘 이상의 처분기준이

영업정지인 경우에는 6개월의 범위에서 무거운 처분기준의 2분의 1 이내에서 가중할 수 있다. 이 경우 그 행정처분은 각 위반행위별 처분기준을 합산한 기간을 초과할 수 없다.

나. 어떤 위반행위에 대하여 그 행정처분을 하기 위한 절차가 진행되는 기간 중에 추가로 다른 위반행위를 한 때에도 가목에 따라 처분한다.

다. 어떤 위반행위에 대하여 그 행정처분을 하기 위한 절차가 진행되는 기간 중에 반복하여 같은 위반행위(개별기준의 위반사항이 동일한 경우의 위반행위를 말한다. 이하 같다)를 하는 경우로서 처분기준이 영업정지인 때에는 위반횟수마다 처분기준의 2분의 1씩 더하여 처분한다. 이 경우 처분을 합산한 기간이 6개월을 초과할 수 없다.

라. 위반행위의 횟수에 따른 행정처분의 기준은 최근 1년간 같은 위반행위로 행정처분을 받은 경우에 적용한다. 이 경우 위반횟수별 처분기준의 적용일은 위반행위에 대하여 처분을 한 날과 다시 같은 위반행위(처분 후의 위반행위만 해당한다)를 적발한 날로 한다.

마. 같은 위반행위로 4차 행정처분까지 받은 후 다시 5차 이상 위반행위를 한 경우 4차 위반 시의 처분기준이 영업정지 1개월인 경우에는 영업정지 3개월, 영업정지 2개월인 경우에는 영업정지 4개월, 영업정지 3개월인 경우에는 영업정지 6개월로 처분한다.

바. 위반사항의 내용으로 보아 그 위반의 정도가 경미하거나 위반행위가 고의·과실이 아닌 사소한 부주의나 오류로 인한 것으로 인정되는 경우에는 영업정지처분에 해당되는 경우에 한하여 그 처분기준의 2분의 1의 범위에서 감경하여 처분할 수 있다.

사. 영업정지처분기간 1개월은 30일로 보며, 감경처분하려는 경우 그 영업정지기간을 산정할 때 1일 미만은 처분기간에서 제외한다.

2. 개별기준

위반사항	근거 법령	행정처분기준			
		1차위반	2차위반	3차위반	4차위반
마. 법 제22조에 따른 노래연습장업자의 준수사항을 위반한 때	법 제27조 제1항 제5호				
3) 주류를 판매 · 제공한 때		영업 정지 10일	영업 정지 1월	영업 정지 3월	등록 취소 영업 폐쇄
4) 접대부(남녀를 불문한다)를 고용 · 알선한 때		영업 정지 1월	영업 정지 2월	등록 취소 영업 폐쇄	

나. 판단

1) 인정사실

이 사건 청구서 및 답변서, 진정서, 수사결과 보고서, 사전통지 및 처분서, 의견제출서, 검찰처분결과, 업소관리대장 등의 기재내용에 따르면 다음과 같은 사실이 각각 인정된다.

가) ○○시 ○○구 ○○로560 지층에서 '○○노래연습장'을 운영하는 사람으로, 2014.1.32 23:00경 이 사건 업소에서 손님에게 주류(캔맥주 1캔)를

판매하고 노래도우미를 알선하였다는 신고가 접수되었고, 피청구인의 수사의뢰 결과 2014. 1. 29 ㅇㅇㅇ지방검찰청 ㅇㅇ지청으로부터 구약식 벌금150만원의 처분을 받았다.

나) 피청구인은 청구인이 「음악산업 진흥에 관한 법률」제22조 제1항 제3호 및 제4호를 위반하였다는 이유로 사전통지 절차를 거쳐 2014. 2. 25. 영업정지 40일 처분을 하였다.

2) 「음악산업진흥에 관한 법률」제22조 제1항에 따르면 노래연습장업자는 손님에게 주류를 판매·제공하거나 접대부(남녀를 불문한다)를 고용·알선해서는 아니되며 이를 위반하였을 경우 같은 법 시행규칙 [별표 2]에 따른 행정처분의 기준은 주류를 판매·제공한 때에는 1차위반시 영업정지 10일, 접대부를 고용·알선한 때에는 1차위반시 영업정지 1개월에 해당한다. 한편, 행정처분의 기준 1. 일반기준에 따르면 위반행위가 2 이상인 경우로서 그에 해당하는 각각의 처분기준이 다른 경우에는 그 중 무거운 처분기준에 따르고, 다만 둘 이상의 처분기준이 영업정지인 경우에는 6개월의 범위에서 무거운 처분기준의 2분의 1 이내에서 가중할 수 있으며 이 경우 그 행정처분은 각 위반행위별 처분기준을 합산한 기간을 초과할 수 없다.

3) 청구인은 본 노래방 영업을 시작한 이후 단 한번도 법규를 위반한 사실이 없었고, 이번 사건은 손님으로 위장한 자들이 계획적으로 꾸민 것이고 도우미도 그들의 일행이며 맥주도 자기들이 가지고 온 것이라 주장하나, 검찰 처분결과 및 진정인의 동영상자료 등을 볼 때 청구인이 주류를 판매하고 접대부를 알선한 사실이 인정되고 따라서 피청구인이 「음악산업진흥에 관한 법률 시행규칙」[별표 2] 에 따라 한 이 사건 처분은 위법하지 않다. 그러나 청구인이 이 사건 업소의 개업 이후 최초위반인 점, 주류제공량이

적은 점, 손님이 신고를 위하여 계획적으로 유도한 점 등을 고려할 때 이 사건 처분으로 인하여 청구인이 입을 피해가 과중하다고 판단되므로 영업 정지 40일 처분을 영업정지 20일 처분으로 변경한다.

4. 결론

그렇다면 이 사건 행정심판 청구는 일부 이유있다고 인정되므로 주문과 같이 재결한다.

15. 노래연습장 영업정지처분 취소청구(2013경행심1324) - 기각(접객행위 알선+주류제공+주류반입 묵인)

재결 요지

피청구인은 청구인 영업장에서 접객행위를 알선하고 주류를 제공, 손님들이 주류를 반입하여 술을 마시는 것을 묵인한 사실을 확인하고 「음악산업진흥에 관한 법률」 제22조, 「음악산업 진흥에 관한 법률 시행규칙」 제15조 별표 2에서 정하고 있는 행정처분의 기준에 따라 이 사건 처분을 하였다. 청구인은 접대부 알선 및 주류를 판매한 행위로 행정절차가 진행 중에 있음에도 불구하고 이 사건 업소에 주류를 반입하는 행위를 묵인하는 노래연습장업자의 준수사항을 위반한 바, 청구인의 위반사항의 내용으로 보아 그 위반의 정도가 경미하거나 고의·과실이 아닌 사소한 부주의로 볼 수도 없다고 할 것이므로 피청구인이 한 이 사건 처분은 재량권을 일탈·남용하지 아니한 적법한 처분이다.

주 문

청구인의 청구를 기각한다.

청구 취지

피청구인이 2013. 12. 12. 청구인에게 한 노래연습장 영업정지처분을 취소한다.

이 유

1. 사건개요

청구인은 ○○시 ○○구 ○○로 292에서 '○○○노래연습장'(이하 '이 사건

업소'라 한다)을 운영하는 자로서, 2013. 9. 21. 손님에게 시간당 25,000원
을 받고 접대부를 알선하고 주류(맥주 12~14캔)를 판매한 사실이 ○○○○경
찰서에 적발되었고, 이후 2013. 10. 28. 손님에게 주류반입을 묵인하는 행위
가 부천원미경찰서에 적발되었다.

이에 피청구인은 2013. 11. 15. 청구인에게 처분사전통지 후, 2013. 12. 5.
「음악산업진흥에 관한 법률」제22조 위반을 이유로 영업정지 45일(2014. 1.
1. ~ 2014. 2. 14.)의 행정처분(이하 '이 사건 처분'이라 한다)을 하였다.

2. 당사자 주장

가. 청구인 주장

1) 청구인의 노래연습장에 체격이 건장한(100kg이 넘어 보임) 손님 1명이 들
   어와 혼자서 약 2시간 정도 놀다가 노래방 안 바닥에서 잠을 자고 그냥 가
   버린 뒤, 이틀 후에 다시 업소로 와서 죄송하다면서 사과를 못사와 배를
   가지고 왔다면서 놀다 가겠다고 하였다. 아가씨를 불러달라고 하였으나,
   청구인이 거절하니 결국 혼자서 2~3시간 노래를 부르며 놀다가 협박을
   하면서 아가씨를 안 불러주면 새벽까지 기다리겠다고 하여 3시간 정도가
   지난 뒤, 수소문 끝에 여자 1명을 불러주게 되었고, 이 여성은 병원비를
   마련하기 위해 청구인의 업소에 들어오게 되었다.

   청구인은 손님에게 노래방비용 2만원만 받았고, 남자 손님이 여성에게 직
   접 3만원을 건네주었다. 사건 당시 남자 손님이 1시간 같이 놀고 여자가
   노래방을 나가지 못하게 손목을 잡고 있으면서 경찰에 계획적으로 신고하
   였고, 청구인은 신고를 받고 출동한 경찰로부터 단속되었다.

2) 청구인이 이 사건 업소에 주류판매 및 접대부알선과 주류반입묵인을 하였
   다는 이유로 당시 정황도 정확히 알아보지 아니하고 일방적으로 영업정지
   처분을 받게 되었는데, 영업을 하다보면 도우미알선은 손님에게 절대 해

서는 안 된다는 것을 알고 수입이 없어도 도우미 알선만큼은 금지하도록 하면서 업소를 운영하고 있었으나, 당시 손님이 너무 협박조로 이야기 하여 불가피하게 도우미를 알선하였던 것이다.

청구인이 2009. 1. 1. 이 사건 업소 개업 후, 지금까지 법률 위반사항 없이 성실하고 모범적으로 운영하였고, 당시 청구인의 실수로 주류판매, 접대부알선, 주류반입묵인이 되었던 것으로 당시 정황을 이번 영업정지 처분과 비교하면 너무나 가혹한 처분이라 할 것이다.

3) 청구인은 자궁의평활근종과 빈혈로 통원치료 중에 있고, 청구인의 남편은 2009년 교통사고로 발목 및 어깨, 무릎 등 전신을 다쳐 재활 통원치료 중이다. 2명의 아이들에 대한 학비를 마련하기 위해 빚을 내어 이 사건 업소를 운영하고 있으며, 3,500만원의 부채가 있으나 형편이 어려워 원금 상환은 생각하지도 못하고 매월 이자 상환도 어려운 실정이다.

이 사건 처분이 이루어진다면 청구인은 수입원이 없어 가족들의 생계유지가 매우 어렵게 되는 바, 선처하여 주시길 부탁드린다.

4) 청구인이 영업장 운영 중 법 위반을 할 의도는 전혀 없었으며, 사건 당시 손님이 왔을 때 도우미를 요구하였지만 약 3시간 정도 손님과 다투다가 손님의 협박과 강요에 못이겨 사소한 부주의로 도우미를 불렀고, 도우미는 원하지 않은 임신으로 병원을 가기 위해 병원비 2만원이 없어 청구인의 노래방에 들어오게 되었는데, 무조건 형사처벌에 행정처분까지 받아야 한다는 것은 가혹하다.

청구인은 100kg이 넘는 손님의 협박적이고 강압적인 도우미 요청에 겁이 나서 도우미를 불렀으며, 남자 손님이 도우미 손목을 잡고 나가지도 못하게 하고 경찰에 의도적으로 신고를 한 점, 청구인이 이 사건 처분을 받게 되면 수입이 없어 모친의 병원비와 생활비 지원이 어렵고 2명의 아이들에 대한 대학등록금과 생활비 마련을 할 수 없는 점, 남편의 병원비와 부채상환, 이 사건 업소의 월세 지불이 어려워 생계가 곤란한 점 등을 고려하여 최대한 관대한 처분을 하여 주시길 부탁드린다.

나. 피청구인 주장

1) 청구인은 2013. 9. 21. 이 사건 업소를 찾아온 손님에게 보도업체를 통하여 여성접대부를 불러 시간당 25,000원을 받고 접객행위를 알선하고 동일 손님에게 주류를 제공한 사실이 있으며, 2013. 10. 28. 손님들이 주류를 반입하여 술을 마시는 것을 묵인한 사실이 있다.

이 사건 피의자 신문조서에 따르면, 청구인이 직접 보도업체를 통해 접대부를 불러 주었으며, 주류제공은 청구인의 남편이 직접 캔맥주를 사와서 손님에게 제공하였다고 진술하였다. 아울러, 접대부로 일했던 이○○은 보도방 소개로 이 사건 업소에 갔으며 시간당 25,000원을 받기로 하고 6번 방에서 1시간 가량 접객행위를 했다고 진술하였다.

청구인은 이러한 위반 사실이 인정되어 ○○지방법원 ○○지원으로부터 「음악산업진흥에 관한 법률」위반으로 벌금 150만원의 구약식 처분을 받았다.

2) 청구인은 피의자 신문조서에서 손님이 2013. 9. 21. 00:00경 노래연습장을 찾아와 청구인의 남편과 함께 6번방에서 캔맥주 12~14개를 마셨으며, 01:00~02:00경 도우미를 불러 달라하여 보도업체를 통해 도우미를 불러 주었다고 진술하였고, 손님은 맥주와 과일안주를 업주가 제공하였으며 도우미도 업주가 불러주었다고 진술하였다.

도우미로 온 이○○은 보도방에 소속되어 있으며, 보도방을 통해 이 사건 업소에 갔을 때 청구인 남편과 손님이 같이 있었으며 캔맥주 15개 정도가 있었다고 진술하였다. 경찰 피의자 신문조서 및 진술서 어디에도 손님의 협박과 강요에 의해 접대부를 알선하였다는 내용은 없으며, 손님과 청구인의 남편이 함께 맥주를 마시다가 접대부를 부른 것으로 보아 청구인의 주장은 신빙성이 없으며 오갈 데 없는 여자를 수소문하여 불렀다는 것 또한 진술내용과 맞지 않는다.

또한, 청구인은 피의자 신문조서에서 남편이 손님에게 맥주를 제공한 것이라 진술하였고, 2호실 손님은 자주 오는 단골로 업소를 방문할 때 맥주를 사가지고 오며 이 사건 당일에도 맥주를 반입한 것을 알고 서비스로 안주를 제공하였다고 진술하였다.

3) 청구인은 2010. 8. 11.과 2010. 8. 19. 2회에 걸쳐 손님에게 주류를 판매하다가 경찰단속에 적발되어 ○○지방법원 ○○지원에서 각 벌금 700,000원의 구약식 처분을 받았으며, 피청구인은 영업정지 15일의 행정처분을 한 바 있다. 또한, 청구인은 2013. 9. 21. 위 사건으로 경찰에 적발되었음에도 2013. 10. 28. 노래연습장 준수사항 위반으로 재차 적발되었다.

이와 같은 사실을 종합하여 볼 때, 청구인은 상습적으로 노래연습장 준수사항을 위반하여 업소운영을 해왔음에도 한번도 법률위반 없이 모범적으로 업소를 운영하였다고 거짓 진술을 하면서 영업정지 45일의 이 사건 처분은 가혹하다는 진술을 하고 있어 그 내용에 신빙성이 있다고 볼 수 없다. 따라서 이 사건 처분은 기각되어야 할 것이다.

3. 이 사건 처분의 위법·부당여부

가. 관계법령

【음악산업진흥에 관한 법률】

제22조(노래연습장업자의 준수사항 등) ① 노래연습장업자는 다음 각 호의 사항을 지켜야 한다.

3. 주류를 판매·제공하지 아니할 것

4. 접대부(남녀를 불문한다)를 고용·알선하거나 호객행위를 하지 아니할 것

5. 「성매매알선 등 행위의 처벌에 관한 법률」 제2조 제1항의 규정에 따른 성매매 등의 행위를 하게 하거나 이를 알선·제공하는 행위를 하지 아니할 것

6. 건전한 영업질서의 유지 등에 관하여 대통령령이 정하는 사항을 준수할 것

② 누구든지 영리를 목적으로 노래연습장에서 손님과 함께 술을 마시거나 노래 또는 춤으로 손님의 유흥을 돋우는 접객행위를 하거나 타인에게 그 행위를 알선하여서는 아니 된다.

제27조(등록취소 등) ① 시·도지사 또는 시장·군수·구청장은 제2조 제8호 내지 제11호 및 제13호의 규정에 따른 영업을 영위하는 자가 다음 각 호의 어느 하나에 해당하는 때에는 그 영업의 폐쇄명령, 등록의 취소처분, 6개월 이내의 영업정지명령, 시정조치 또는 경고조치를 할 수 있다. 다만, 제1호 또는 제2호에 해당하는 때에는 영업을 폐쇄하거나 등록을 취소하여야 한다.

5. 제22조의 규정에 따른 노래연습장업자 준수사항을 위반한 때

② 제1항의 규정에 따라 영업의 폐쇄명령 또는 등록의 취소처분을 받은 자는 그 처분의 통지를 받은 날부터 7일 이내에 신고증 또는 등록증을 반납하여야 한다.

③ 제1항의 규정에 따른 행정처분의 기준 등에 관하여 필요한 사항은 문화체육관광부령으로 정한다.

【음악산업진흥에 관한 법률 시행령】
제9조(노래연습장업자의 준수사항) 법 제22조 제1항 제6호에 따라 노래연습

장업자가 준수하여야 할 사항은 별표 1과 같다.

【음악산업진흥에 관한 법률 시행규칙】
제15조(행정처분의 기준 등) ① 법 제27조 제3항에 따른 행정처분의 기준은
별표 2와 같다.
② 시·도지사 또는 시장·군수·구청장은 제1항에 따른 행정처분을
하는 경우에는 별지 제14호서식의 행정처분기록대장에 그 처분내용 등
을 기록·관리하여야 한다.
③ 법 제23조에 따라 영업자의 지위를 승계하려는 자는 담당 공무원에
게 해당영업소의 행정처분기록대장의 열람을 청구할 수 있다.

[별표 2] 〈개정 2009.2.19.〉
행정처분의 기준(제15조 관련)

1. 일반기준
가. 위반행위가 2 이상인 경우로서 그에 해당하는 각각의 처분기준이 다른
경우에는 그 중 무거운 처분기준에 따른다. 다만, 둘 이상의 처분기준이
영업정지인 경우에는 6개월의 범위에서 무거운 처분기준의 2분의 1 이내
에서 가중할 수 있다. 이 경우 그 행정처분은 각 위반행위별 처분기준을
합산한 기간을 초과할 수 없다.

나. 어떤 위반행위에 대하여 그 행정처분을 하기 위한 절차가 진행되는 기간
중에 추가로 다른 위반행위를 한 때에도 가목에 따라 처분한다.

바. 영업정지처분기간 1개월은 30일로 보며, 감경처분하려는 경우 그 영업정
지기간을 산정할 때 1일 미만은 처분기간에서 제외한다.

2. 개별기준

위반사항	근거 법령	행정처분기준			
		1차위반	2차위반	3차위반	4차위반
마. 법 제22조에 따른 노래 연습장업자의 준수사항 을 위반한 때	법 제27조 제1항 제5호				
3) 주류를 판매·제공한 때		영업정지 10일	영업정지 1월	영업정지 3월	등록취소 영업폐쇄
4) 접대부(남녀를 불문한 다)를 고용·알선한 때		영업정지 1월	영업정지 2월	등록취소 영업폐쇄	
10) 이용자의 주류 반입을 묵인한 때		영업정지 10일	영업정지 20일	영업정지 1월	영업정지 3월

나. 판 단

1) 인정사실

이 사건 청구서 및 답변서, 행정처분 의뢰 공문, ○○지방법원 ○○지원 약식 명령서, 처분 사전 통지서, 의견제출서, 이 사건 처분서 등 기타자료의 기재 내용에 의하면 다음과 같은 사실이 인정된다.

가) 청구인은 이 사건 업소를 운영하는 자로서, 2013. 9. 21. 손님에게 시간 당 25,000원을 받고 접대부를 알선하고 주류(맥주 12~14캔)를 판매한 사실이 ○○○○경찰서에 적발되었고, 이후 2013. 10. 28. 손님에게 주 류반입을 묵인하여 영업자 준수사항을 위반한 행위가 부천원미경찰서에 적발되었다.

나) 이에 피청구인은 2013. 11. 15. 청구인에게 처분사전통지 후, 2013. 12. 5. 「음악산업진흥에 관한 법률」제22조 위반을 이유로 영업정지 45일 (2014. 1. 1. ~ 2014. 2. 14.)의 행정처분을 하였다.

다) 한편, ○○지방법원 ○○지원은 2013. 11. 15. 청구인에게 「음악산업진흥에 관한 법률」의 위반 사실을 인정하여 구약식 벌금 150만원의 처분을 하였다.

2) 「음악산업진흥에 관한 법률」 제22조 및 제27조에 따르면 노래연습장업자는 손님에게 주류를 판매·제공 및 접대부(남녀를 불문한다)를 고용·알선할 수 없고, 건전한 영업질서의 유지 등에 관하여 대통령령이 정하는 사항을 준수하여야 하고, 위 사항을 위반한 때에는 그 영업의 폐쇄명령, 등록의 취소처분, 6개월 이내의 영업정지 명령, 시정조치 또는 경고조치를 할 수 있다고 규정하고 있다.

이에 같은 법 시행규칙 제15조 별표2를 살펴보면, 주류를 판매·제공한 경우 영업 정지 10일(1차 위반), 접대부(남녀를 불문한다)를 고용·알선한 경우 영업정지 1월(1차 위반), 이용자의 주류반입을 묵인한 경우 영업정지 10일(1차 위반)의 처분을 할 수 있다고 규정하고 있다.

3) 청구인은 체격이 건장한 손님의 협박과 강요로 인하여 접대부를 알선한 점, 손님이 경찰에 의도적으로 신고한 점, 이 사건 업소를 시작한 이래 관련 법을 위반한 사실이 없는 점 등 청구인의 사정을 고려하지 아니하고 피청구인이 한 이 사건 처분은 가혹하다고 주장하고 있어 살펴본다.

이 사건 피의자 신문조서에 따르면 청구인은 이 사건 업소에서 손님과 함께 캔맥주를 마셨고, 손님이 도우미를 불러달라고 하여 보도방을 통해 도우미를 불러주었다고 진술하고 있는 점을 고려할 때, 손님의 협박과 강요로 접대부를 알선하였다는 청구인의 주장은 이유 없고, 보도방을 통해 접대부를 알선한 사실로 미루어 보아 「음악산업진흥에 관한 법률」 제22조에서 규정하고 있는 노래연습장업자의 준수사항을 위반한 사실이 분명하다 할 것이다.

또한, 청구인은 2010. 8. 11., 2010. 8. 19. 2차례에 걸쳐 손님에게 주류를 판매하여 각 위반사실이 대해 ○○지방법원 ○○지원으로부터 벌금 70만원의 약식명령 처분을 받은 바, 이 사건 위반행위가 처음이라는 청구인의 주장 또한 이유 없다.

따라서 청구인의 이 사건 위반행위가 손님의 요청에 의한 것이고 손님이 의도적으로 경찰에 신고한 것이라 하더라도 「음악산업진흥에 관한 법률」 제22조에서 규정하고 있는 노래연습장업자의 준수사항인 주류 판매 및 접대부를 알선하지 아니하여야 할 의무가 면책되는 것은 아니라 할 것이고, 2013. 9. 21. 접대부 알선 및 주류를 판매한 행위로 ○○○○경찰서에 적발된 후 행정절차가 진행 중에 있음에도 2013. 10. 28. 이 사건 업소에 주류를 반입하는 행위를 묵인하는 노래연습장업자의 준수사항을 위반한 바, 청구인의 위반사항의 내용으로 보아 그 위반의 정도가 경미하거나 고의·과실이 아닌 사소한 부주의로 볼 수도 없다고 할 것이므로 피청구인이 한 이 사건 처분은 재량권을 일탈·남용하지 아니한 적법한 처분이라 할 것이다.

4. 결 론

그렇다면, 청구인의 이 사건 심판청구는 이유 없다고 인정되므로 주문과 같이 재결한다.

16. 노래연습장 영업정지처분 취소청구(2013행심886) – 일부인용(접대부 고용)

재결 요지

피청구인은 청구인이 영업장에서 접대부를 고용·알선한 사실을 확인하고「음악산업 진흥에 관한 법률 시행규칙」제15조 별표 2에서 정하고 있는 행정처분의 기준에 따라 이 사건 처분을 하였다. 청구인은 평소 알소 지내던 지인을 불러 노래연습장업자는 남녀를 불문한 접대부를 고용·알선하거나 호객행위를 하지 말아야 하는 법령을 위반한 사실이 명백하나, 청구인이 이 사건 업소를 운영하면서 위반 전력이 없는 점, 업소가 영세하고 정신질환을 앓고 있는 딸을 포함한 가족들의 생계수단으로 행정처분의 집행으로 생계곤란이 예상되는 점, 청구인이 접대부 알선에 대한 거부의사를 밝혔음에도 고객의 강요에 의하여 위반행위를 하게 된 점, 일명 보도방을 통한 접대부가 아닌 지인을 알선한 점 등을 보면 이 사건 처분은 청구인에게 다소 과중하다 할 것이므로 청구인의 청구는 일부 이유 있다 하여 이를 변경한다.

주문

피청구인이 2013. 8. 19. 청구인에게 한 음악산업진흥에 관한 법률 위반 영업정지 1개월 처분을 15일로 변경한다.

청구 취지

피청구인이 2013. 8. 19. 청구인에게 한 음악산업진흥에 관한 법률 위반 영업정지 1개월 처분을 취소한다.

이유

1. 사건개요

청구인은 ○○시 ○○구 ○○동 35-2 지하1층에서 '○○노래연습장'이라는 상호로 노래연습장(이하 '이 사건 업소'라 한다)을 운영하는 자로, 2013. 7. 22. 21:30경 이 사건 업소를 방문한 김○○외 1명의 손님 요구에 따라 여성 접객원 2명을 불러 접객행위를 하도록 알선하였다가 적발되어, 피청구인으로부터 「음악산업진흥에 관한 법률」(이하 '음산법'이라 한다) 제22조 제1항 제4호 위반으로 의견제출 절차를 거쳐 2013. 8. 19. 영업정지 1개월의 처분(이하 '이 사건 처분'이라 한다)을 받았다.

2. 당사자 주장

가. 청구인 주장

1) 이 사건 당일인 2013. 7. 22. 21:30경 김○○외 1명의 손님이 이 사건 업소에 방문하여 접대부를 요구하여 없다고 하니 "접대부 올 때까지 기다리겠다."며 30~40분가량 기다렸다. 기다리는 동안 맥주를 달라고 하여 캔맥주 2개를 주었으며, 이렇게 접대부가 올 때까지 맥주를 마시면서 버티고 있었다. 청구인은 아는 접대부가 없어 부득이 접대부가 아닌 동네에서 친하게 지내는 동생들(이혼녀)에게 "사정이 딱하니 와서 놀아 달라."고 부탁하여 문○○ 외 1명이 22:00경부터 50분간 돈을 받지 않고 놀아주었다.

2) 문○○ 외 1명이 22:50경 돌아간 뒤 김○○ 외 1명이 시간을 연장하겠다고 하여 계산을 하라고 하니 14만 원 중 10만 원만 계산하였다. 계산을 다하라고 하니까 돈을 주기 싫었는지 접대부를 고용한 사실을 종이에 쓰라고 하여 '동생들이 놀아준 사실'을 써 주었는데 김○○이 경찰에 신고한 것이다.

3) 경찰관이 23:00경 이 사건 업소에 왔는데, 문○○ 외 1명이 이 사건 업소에 없었으며, 김○○과 놀아준 동생들(문○○ 외 1명)이 접대부도 아니고 보도방에 소속되지 않았다고 진술하였음에도 위 김○○의 진술만 믿고 청구인을 유죄인으로 만들었다. 위 김○○은 상습적으로 노래방을 다니면서 주류와 접대부를 요구하며, 접대부를 데려오지 않으면 버티고 있다가 놀러온 여자들과 놀고 노래방비를 지불하지 않으려고 업주에게 확인서를 받은 후 신고하는 자이며, 노래방협회에서도 위 김○○을 알고 있고 여러 업체에서 피해를 입고 있다.

4) 청구인은 정신병을 앓고 있는 딸과 함께 살며, 생계를 위하여 노래방을 운영하고 있으나, 불경기에 겨우 생계유지할 정도의 돈을 벌고 있으며, 남편의 사업 부진에 마이너스 통장에 빚이 2,000만 원 있고, 이 사건 업소 임차료나 관리비도 부담이다. 접대부를 고용했다는 증거들이 부족한데도 도우미를 고용한 혐의로 이 사건 처분을 한 것은 엄청난 경제적 타격을 주는 것이다.

나. 피청구인 주장

1) 청구인은 손님이 끈질기고 강압적으로 접대부를 요구하여 지인을 손님들과 동석케 한 것이라 하나 청구인이 거절 의사를 분명히 하여 손님의 요구에 따르지 아니 할 수 있는 상황임에도 경제적 이득을 위하여 지인을 동석케 한 것이고,

2) 음산법 제22조 제1항 제4호는 그 대가에 관계없이 손님과 함께 술을 마시거나 노래 또는 춤으로 손님의 유흥을 돋우는 접객행위를 하지 말도록 규정하고 있는 것이므로 청구인이 관련법을 위반한 것이 인정된다.

3. 이 사건 처분의 위법·부당여부

가. 관계법령

【음악산업진흥에 관한 법률】

제22조(노래연습장업자의 준수사항 등) ① 노래연습장업자는 다음 각 호의
    사항을 지켜야 한다.

    4. 접대부(남녀를 불문한다)를 고용·알선하거나 호객행위를 하지 아
       니할 것

    ② 누구든지 영리를 목적으로 노래연습장에서 손님과 함께 술을 마시
    거나 노래 또는 춤으로 손님의 유흥을 돋우는 접객행위를 하거나 타인
    에게 그 행위를 알선하여서는 아니 된다.

제27조(등록취소 등) ① 시·도지사 또는 시장·군수·구청장은 제2조 제8호
    내지 제11호 및 제13호의 규정에 따른 영업을 영위하는 자가 다음 각
    호의 어느 하나에 해당하는 때에는 그 영업의 폐쇄명령, 등록의 취소
    처분, 6개월 이내의 영업정지명령, 시정조치 또는 경고조치를 할 수
    있다. 다만, 제1호 또는 제2호에 해당하는 때에는 영업을 폐쇄하거나
    등록을 취소하여야 한다.

    5. 제22조의 규정에 따른 노래연습장업자 준수사항을 위반한 때
    ② 제1항의 규정에 따라 영업의 폐쇄명령 또는 등록의 취소처분을 받
    은 자는 그 처분의 통지를 받은 날부터 7일 이내에 신고증 또는 등록
    증을 반납하여야 한다.
    ③ 제1항의 규정에 따른 행정처분의 기준 등에 관하여 필요한 사항은
    문화체육관광부령으로 정한다.

【음악산업진흥에 관한 법률 시행규칙】

제15조(행정처분의 기준 등) ① 법 제27조 제3항에 따른 행정처분의 기준은

별표 2와 같다.

② 시·도지사 또는 시장·군수·구청장은 제1항에 따른 행정처분을 하는 경우에는 별지 제14호서식의 행정처분기록대장에 그 처분내용 등을 기록·관리하여야 한다.

③ 법 제23조에 따라 영업자의 지위를 승계하려는 자는 담당 공무원에게 해당영업소의 행정처분기록대장의 열람을 청구할 수 있다.

[별표2]

행정처분의 기준(제15조 관련)

1. 일반기준

가. 위반행위가 2 이상인 경우로서 그에 해당하는 각각의 처분기준이 다른 경우에는 그 중 무거운 처분기준에 따른다. 다만, 둘 이상의 처분기준이 영업정지인 경우에는 6개월의 범위에서 무거운 처분기준의 2분의 1 이내에서 가중할 수 있다. 이 경우 그 행정처분은 각 위반행위별 처분기준을 합산한 기간을 초과할 수 없다.

나. 어떤 위반행위에 대하여 그 행정처분을 하기 위한 절차가 진행되는 기간 중에 추가로 위반행위를 한 때에도 가목에 따라 처분한다.

다. 위반행위의 횟수에 따른 행정처분의 기준은 최근 1년간 같은 위반행위로 행정처분을 받은 경우에 적용한다. 이 경우 행정처분 기준의 적용은 같은 위반행위에 대하여 최초로 행정처분을 한 날을 기준으로 한다.

라. 같은 위반행위로 4차 행정처분까지 받은 후 다시 5차 이상 위반행위를 한 경우 4차 위반 시의 처분기준이 영업정지 1개월인 경우에는 영업정지 3개월, 영업정지 2개월인 경우에는 영업정지 4개월, 영업정지 3개월인

경우에는 영업정지 6개월로 처분한다.

마. 위반사항의 내용으로 보아 그 위반의 정도가 경미하거나 위반행위가 고의·과실이 아닌 사소한 부주의나 오류로 인한 것으로 인정되는 경우에는 영업정지처분에 해당되는 경우에 한하여 그 처분기준의 2분의 1의 범위에서 감경하여 처분할 수 있다.

바. 영업정지처분기간 1개월은 30일로 보며, 감경처분하려는 경우 그 영업정지기간을 산정할 때 1일 미만은 처분기간에서 제외한다.

2. 개별기준

위반사항	근거법령	행정처분기준			
		1차위반	2차위반	3차위반	4차위반
마. 법 제22조에 따른 노래연습장업자의 준수사항을 위반한 때					
3) 주류를 판매·제공한 때		영업정지 10일	영업정지 1월	영업정지 3월	등록취소 영업폐쇄
4) 접대부(남녀를 불문한다)를 고용·알선한 때		영업정지 1월	영업정지 2월	등록취소 영업폐쇄	등록취소 영업폐쇄

나. 판단

1) 인정사실

이 사건 청구서 및 답변서, 행정처분 사전통지 및 의견서, 보충서면 등을 보면, 청구인은 이 사건 업소를 운영하는 자로, 2013. 7. 22. 21:30경 이 사건 업소를 방문한 김○○ 외 1명의 손님 요구에 따라 여성접객원 2명을 불러 접객행위를 하도록 알선하였다가 적발되어, 피청구인으로부터 음산법 제22조 제1항 제4호 위반으로 의견제출 절차를 거쳐 2013. 8. 19. 영업정지 30일의 처분을 받은 사실이 인정된다.

2) 음산법 제22조, 제27조에 의하면 노래연습장업자는 손님에게 주류 판매·제공과 접대부(남녀를 불문한다)를 고용·알선하거나 호객행위를 할 수 없다고 규정하고 있고, 같은 법 시행규칙 제15조 별표2에 따르면 위반사항이 주류를 판매·제공한 경우 1차 위반 시 영업정지 10일, 접대부를 고용·알선 한 경우 1차 위반 시 영업정지 1개월의 처분을 할 수 있다고 규정하고 있으며, 위반행위가 2 이상인 경우로서 그에 해당하는 각각의 처분기준이 다른 경우에는 그 중 무거운 처분기준에 따르되, 둘 이상의 처분기준이 영업정지인 경우에는 6개월의 범위에서 무거운 처분 기준의 2분의 1 이내에서 가중할 수 있다. 이 경우 그 행정처분은 각 위반행위별 처분기준을 합산한 기간을 초과할 수 없다고 규정하고 있다.

3) 청구인은 사건 당일 이 사건 업소에 찾아온 김○○외 1명이 접대부를 요구하며 접대부를 불러줄 때까지 기다리며 버티다가 청구인이 지인을 불러 50분 가량 같이 놀게 하였다. 지인인 문○○외 1명이 접대부도 아니고 일명 보도방에 소속되지 않은 자이며, 대가도 받지 않았고, 위 김○○은 상습적으로 노래방을 다니며 불법을 조장하도록 유도한 후 신고하여 피해를 입히는 자로 이 사건 처분이 억울하다고 주장하고 있다.

4) 인정사실과 기록에 의하면, 청구인은 사건 당일인 2013. 7. 22. 21:30경 이 사건 업소를 방문한 김○○ 외 1명의 요구에 의하여 평소 개인적으로 알고 지내는 문○○ 외 1명을 불러 위 손님들과 함께 놀도록 알선하여 노래연습장업자는 남녀를 불문한 접대부를 고용·알선하거나 호객행위를 하지 말아야 하는 법령을 위반한 사실이 명백하다.

5) 음산법은 노래연습장의 질서를 유지하고 건전한 영업을 통하여 국민의 여가장소로 활용될 수 있도록 노래연습장업자에게 접대부를 고용·알선하지 말아야 할 의무를 부과하고 있는 바, 설령 이 사건의 경우처럼 불순한 동기를 가지고 불법을 유도하여 이 사건 위반행위를 하였다하여 그 행위가 정당화 된다고 볼 수 없으며, 또한 청구인은 ○○○○검찰청 ○○지청에서 성명 불상의 남자일행으로부터 접대부를 불러달라는 요구를 받고 성명 불상의 여자접대부 2명을 불러 불상의 금액을 받고 접대행위를 하도록 하여 접대를 알선한 행위로 2013. 8. 7. 구약식 벌금 200만 원의 처분을 받은바 있어 청구인이 노래연습장업자로서의 준수의무를 다하지 아니하였다는 이유로 피청구인이 음산법 관련규정에 따라 청구인에 대하여 한 이 사건 처분은 사실관계를 오인하였다거나 재량권을 일탈·남용한 처분이라고 할 수 없다.

6) 다만, 청구인이 이 사건 업소를 운영하면서 위반 전력이 없는 점, 업소가 영세하고 정신질환을 앓고 있는 딸을 포함한 가족들의 생계수단으로 행정처분의 집행으로 생계곤란이 예상되는 점, 청구인이 접대부 알선에 대한 거부의사를 밝혔음에도 고객의 강요에 의하여 위반행위를 하게 된 점, 일명 보도방을 통한 접대부가 아닌 지인을 알선한 점 등을 보면, 영업정지 1개월의 이 사건 처분은 지나치다고 보이므로 영업정지 15일로 변경 처분함이 타당하다고 판단된다.

4. 결론
그렇다면 청구인의 이 사건 심판청구는 일부 이유 있다고 인정되므로 주문과 같이 재결한다.

17. 노래연습장 영업정지처분 취소 심판청구사건(2013행심1250) – 기각(주류+접대부 고용, 알선)

재결 요지
피청구인은 청구인이 영업장에서 주류판매와 접대부를 고용·알선한 사실을 확인하고 「음악산업 진흥에 관한 법률 시행규칙」 제15조 별표 2에서 정하고 있는 행정처분의 기준에 따라 이 사건 처분을 하였다. 청구인이 노래연습장에서 주류를 판매하고 접대부를 고용·알선한 사실은 노래연습장 영업자에게 요구되는 준수사항을 위반하였음이 명백하게 인정되어 피청구인이 청구인에게 한 이 사건 처분에 있어 위법·부당함은 없다 할 것이며, 달리 재량권의 일탈이나 남용이 있다고 보기도 어렵다.

주 문

청구인의 청구를 기각한다.

청구 취지

피청구인이 청구인에 대하여 2013. 12. 6.자로 한 노래연습장 영업정지 40일 처분은 이를 취소한다.

이 유

1. 사건개요

가. 청구인은 ○○○구 ○○○○○로 7(○○동)에서 '○○노래연습장'(이하 "이 사건 업소"라 한다)이라는 노래연습장을 2009. 5. 1. 영업자지위승

계를 하여 영업하고 있는 자로, 이 사건 업소에서 2013. 7. 20. 01:00경 불상의 남자손님에게 맥주피처 1병을 2만원에 재공하고, 손님과 함께 술을 마시며 춤을 추고 노래를 부르는 40대 여자 도우미 1명을 알선하였다는 진정서가 접수되어 피청구인이 수사의뢰 하였고, 같은 해 11. 21. ○○○○경찰서장으로부터 위반사실을 통보받았다.

나. 이에 피청구인은 처분사전통지 후 2013. 12. 6. 음악산업진흥에 관한 법률 제22조(노래연습장업자의 준수사항 등) 등에 근거하여 영업정지 40일(2013. 12. 23.~ 2014. 1. 31.)의 처분(이하 "이 사건 처분"이라 한다)을 하였다.

2. 청구인 주장

가. 사건당일 남자손님 2명이 미리 맥주 1병을 갖고 들어와서 자기들끼리 1시간가량 노래를 부르다가 청구인에게 도우미를 불러달라고 하였다. 청구인은 도우미가 없는 업소라고 하였더니 계속 불러달라고 하는 중 마침 아는 동생 김○○이 들렀는데 이 광경을 보고 김○○이 청구인에게는 아무런 말도 하지 않고 손님과 같이 약1시간가량 놀다가 간 사실이 있었다.

나. 청구인은 손님에게 접대부를 알선한 사실이 없고 주류를 판매·제공한 사실도 없다. 위 손님들이 청구인을 함정에 빠트려 허위고발 한 것으로 현재 정식재판 청구중에 있다. 고발에 2013. 7. 20. 18시경이라고 적혀 있으나, 그날 손님이 한명도 없었으며 경찰서에 여러 번 가는 것이 너무 힘들고 몸이 아파서 마음대로 적으라 했던 것이다. 고발자들은 이러한 사실들을 숨기고 거짓으로 사람을 농락했고 회사에 낸다고 영수증 한 장 달라고 하여 주었을 뿐인데 고발자가 그것을 임의대로 적어서 다시 낸 것이다. 요즘 노래방에 하루에 손님 한 분도 잘 들어오지 않으며, 월세도

못내고 보증금도 전부 깎아 먹고 접는 실정이므로 부디 기간만이라도 많이 줄여주기를 간곡히 바란다.

3. 피청구인 주장

가. 청구인은 위반사실에 대하여 억울하다고 주장하나, 서부경찰서 수사결과 통보에 보면 2013.7.20. 01:00경 성명불성의 남자손님들에게 맥주(피처)1병을 20,000원에 제공하고 손님과 함께 술을 마시며 춤을 추고 노래를 부르는 40대 여자 도우미 1명을 알선하여 영업한 행위가 명백하게 기재되어 있음에도 청구인은 억지 주장을 하고 있다.

나. 청구인은 이번 위반사항 외에도 2009.7.27. 주류보관, 2010.5.3. 접대부 고용알선2차 및 주류판매, 2012.9.14. 화재안전사고예방 미조치로 경고의 처분을 받은 것으로 볼 때 청구인은 평소 관련법규를 준수할 의지가 없는 영업자로 볼 수밖에 없으므로 청구인의 청구는 기각되어야 한다.

4. 이 사건 처분의 위법·부당여부

가. 관계법령
• 음악산업진흥에 관한 법률 제22조, 제27조, 같은법 시행규칙 제15조
  – 주류 판매·제공 1차 : 영업정지 10일
  – 접대부 고용·알선 1차 : 영업정지 1월

나. 판 단
(1) 청구인과 피청구인이 제출한 문서와 제반 관련 자료에 의하면 다음 사실을 인정할 수 있다.

(가) 청구인은 ○구 ○○○○○로 7(○○동)에서 이 사건 업소를 2009. 5. 1.

영업자 지위승계를 하여 영업하고 있다.

(나) ○○○○경찰서장은 이 사건 업소에서 2013. 7. 20. 01:00경 불상의 남자손님에게 맥주피처 1병을 2만원에 재공하고, 손님과 함께 술을 마시며 춤을 추고 노래를 부르는 40대 여자 도우미 1명을 알선한 사실을 적발하고, 같은 해 11. 21. 피청구인에게 통보하였다.

(다) 이에 피청구인은 2013. 11. 22. 처분사전통지 하였고, 청구인은 "고발인이 청구인을 함정에 빠트려 고발한 것인데, 주류는 고발인이 갖고 온 것이고 도우미는 현장에 있던 청구인의 아는 여동생이 고발인의 사술에 걸려 스스로 도우미를 한 것이다."는 취지의 의견을 제출하여, 같은 해 12. 6. 이 사건 처분을 하였다.

(2) 살피건대, 음악산업진흥에 관한 법률 제22조 및 같은법 시행령 제9조의 규정에 의하면 노래연습장에서는 접대부를 고용·알선하는 행위와 주류의 판매·제공은 물론 영업장내에 주류를 보관하거나 고객이 주류를 반입하는 행위의 묵인까지도 금지하고 있고, 같은법 시행규칙 제15조에 노래연습장업자가 손님에게 주류 판매·제공한 때 1차 위반시 영업정지 10일, 접대부를 고용·알선하여 영업한 때 1차 위반시 영업정지 1월 처분토록 규정되어 있다.

청구인과 피청구인이 제출한 자료, ○○○○경찰서장의 수사결과 통보서 등을 볼 때 이 사건 업소에서 2013. 7. 20. 01:00경 불상의 남자손님에게 맥주피처 1병을 2만원에 재공하고 여자 도우미 1명을 알선한 사실이 인정되고, 이는 노래연습장 영업자에게 요구되는 준수사항을 위반한 점, 청구인은 맥주는 손님이 가지고 온 것이고, 도우미는 청구인의 맺은 동생 김○○이 이 사건 업소에 들렀다가 청구인에게 아무런 말도 하지 않고 손

님과 같이 1시간가량 놀다가 나갔다고 주장하나 청구인의 주장 외 달리
이를 인정할 증거가 없는 점 등을 볼 때 피청구인이 청구인에게 한 이 사
건 처분에 있어 위법·부당함은 없다 할 것이며, 달리 재량권의 일탈이나
남용이 있다고 보기도 어렵다 할 것이다.

5. 결 론
　그렇다면, 청구인의 청구는 이유 없다고 인정되므로 이를 기각하기로 하여
주문과 같이 재결한다.

18. 일반음식점 영업정지처분 취소청구(2014행심666) − 기각(청소년 주류판매)

재결 요지

피청구인은 청구인이 영업장에서 청소년에게 주류를 판매한 사실을 확인하고 「식품위생법 시행규칙」제89조 별표 23에서 정하고 있는 행정처분의 기준에 따라 이 사건 처분을 하였다. 청구인은 과거 2012. 1. 14. 청소년 주류제공으로 적발되어 영업정지 2개월의 행정처분을 받았으나 행정심판 재결로 2012. 12. 7. 영업정지 1개월로 감경 받은 사실이 있고, 2013. 10. 4. 23:30경 청소년 5명에게 주류를 판매한 사실이 명백하다. 따라서 청구인이 업소 관리를 소홀히 하여 청소년에게 주류가 제공된 점, ○○지방법원 ○○지원이 벌금 100만원의 약식명령을 내린 점 등은 「식품위생법」제44조 제2항을 위반한 것으로 명백히 인정되며, 청구인이 이 사건 외 청소년 주류제공으로 2012. 12. 7. 영업정지 1월(○○행심 2012-455 재결)을 받은 후 또 다시 적발된 점으로 볼 때 별달리 감경 등 선처의 여지가 없어 보이므로 피청구인이 청구인에 대하여 한 이 사건 처분은 적법·타당하다.

주 문

청구인의 청구를 기각한다.

청구 취지

피청구인이 2013. 12. 16. 청구인에 대하여 한 영업정지 2개월의 처분은 이를 취소한다.

<h1>이 유</h1>

1. 사건개요

청구인은 2010. 5. 13. 영업자 지위승계 신고를 하여 ○○시 ○구 ○○동 19-8번지 소재 '○○○○○점'이라는 상호의 일반음식점을 운영하던 중, 2012. 1. 14. 청소년 주류제공으로 적발되어 영업정지 2개월의 행정처분을 받았으나 행정심판 재결로 2012. 12. 7. 영업정지 1개월로 감경 받은 사실이 있고, 2013. 10. 4. 23:30경 청소년 김○○(17세) 등 5명에게 청소년 유해약물인 소주 3병 등을 판매한 것이 ○○남부경찰서에 적발되어 2013. 10. 22. 피청구인에게 통보되었고, 2013. 12. 2. ○○지방법원 ○○지원은 벌금 100만원의 약식명령을 하였으며, 이에 피청구인은 2013. 12. 16. 식품위생법 제44조 제2항을 위반한 청구인에 대하여 같은 법 제75조 및 같은 법 시행규칙 제89조의 규정에 의거 영업정지 2개월(2014. 1. 1. ～ 2014. 3. 1.)의 처분을 하였다.

2. 청구인 주장

청구인은 다음과 같이 주장한다.

가. 사건 당일 청구인의 업소에 찾아온 손님 8명이 술과 안주를 주문하기에 청구인은 신분증을 요구하였고, 손님 3명은 주민등록번호를 불러주면서 조회해보라 하는데 청구인 입장에서는 마땅히 조회할 방법이 없었으며, 손님 5명은 대학교 학생증을 보여주었으나 청구인은 나이가 많아 눈도 어둡고 돋보기를 안 쓰면 안보이고 하니, 그냥 믿고 꼼꼼하게 잘 확인하지 못한 채 술을 제공하였는데 나중에 확인해보니 청소년이었다.

나. 청구인은 33세에 남편과 사별하고 농아2급 장애가 있는 딸(이○○, 69년생)을 포함한 3남매를 혼자 키우다 빚보증까지 잘못서 재산까지 모두 날

리고 힘겹게 살아오다가 2010년부터 생계유지를 위해 '○○○○○점'을 운영하고 있는데, 요즘은 장사도 잘 안되는 불경기라 항상 월세가 2달씩 밀려있는 상황에서 단 한번의 실수로 처음 적발당한 것으로 인해 영업정지 2개월의 처분을 받는 것은 가혹하다고 사료되므로 선처를 바란다.

3. 피청구인 주장

이에 대하여 피청구인은 다음과 같이 주장한다.

○○남부경찰서의 청소년보호법 등 위반업소 입건 통보 공문의 위반내용을 보면 청구인의 업소가 청소년에게 주류를 제공하여 청소년 보호법을 위반한 사실이 인정되며, 불법으로 청소년에게 주류를 판매한 행위는 식품접객업 업주로서 그 책임이 막중하다 할 것이므로 업계의 질서유지 및 건전한 영업풍토 조성을 위해서라도 청구인의 청구는 이유 없는 것으로 기각하여 주시기 바란다.

4. 이 사건 처분의 위법·부당 여부

가. 관계법령

식품위생법 제44조(영업자 등의 준수사항), 제75조(허가취소 등) 및 같은 법 시행규칙 제89조(행정처분의 기준)

나. 판 단

(1) 청구인과 피청구인이 제출한 청구서 및 답변서, 기타 증거자료 등에 의하면 다음과 같은 사실을 인정할 수 있다.

(가) 청구인은 2010. 5. 13. 영업자 지위승계 신고를 하여 ○○시 ○구 ○○동 19-8번지 소재 '○○○○○점'이라는 상호의 일반음식점을 운영하던 중, 2012. 1. 14. 청소년 주류제공으로 적발되어 영업정지 2개월의 행정

처분을 받았으나 행정심판 재결로 2012. 12. 7. 영업정지 1개월로 감경받은 사실이 있고, 2013. 10. 4. 23:30경 청소년 김○○(17세) 등 5명에게 청소년 유해약물인 소주 3병 등을 판매한 것이 ○○남부경찰서에 적발되어 2013. 10. 22. 피청구인에게 통보되었다.

(나) ○○지방법원 ○○지원은 2013. 12. 2. 청구인에 대해 청소년보호법 위반으로 벌금 100만원의 약식명령을 하였다.

(다) 피청구인은 2013. 12. 16. 식품위생법 제44조 제2항을 위반한 청구인에 대하여 같은 법 제75조 및 같은 법 시행규칙 제89조의 규정에 의거 영업정지 2개월(2014. 1. 1. ~ 2014. 3. 1.)의 처분을 하였다.

(2) 살피건대, 「식품위생법」 제44조 제2항에서는 "식품접객영업자는 청소년에게 주류를 제공하는 행위를 하여서는 아니 된다."고 규정하고 있고, 제75조 제1항에서는 "식품의약품안전처장 또는 특별자치도지사·시장·군수·구청장은 영업자가 같은 법 제44조 제2항을 위반한 경우에는 대통령령으로 정하는 바에 따라 영업허가 또는 등록을 취소하거나 6개월 이내의 기간을 정하여 그 영업의 전부 또는 일부를 정지하거나 영업소 폐쇄를 명할 수 있다."고 규정하고 있으며, 같은 법 시행규칙 제89조에서는 "행정처분의 기준은 [별표23]과 같다."고 규정하고 있고, 그 [별표23] 행정처분 기준 Ⅱ.개별기준 3.식품접객업 제11호 '라'목에서는 청소년에게 주류를 제공하는 행위를 한 경우는 1차 위반 시 영업정지 2개월로 명시하고 있다. 위 인정사실과 관계법령에서 보는 바와 같이, 청구인이 업소 관리를 소홀히 하여 청소년에게 주류가 제공된 점, ○○지방법원 ○○지원이 벌금 100만원의 약식명령을 내린 점 등은 「식품위생법」 제44조 제2항을 위반한 것으로 명백히 인정되며, 청구인이 이 사건 외 청소년 주류제공으로

2012. 12. 7. 영업정지 1월(○○행심 2012-455 재결)을 받은 후 또 다시 적발된 점으로 볼 때 별달리 감경 등 선처의 여지가 없어 보이고 피청구인이 관련규정에 의거 청구인에게 한 이 건 처분은 적법·타당하다고 할 것이다.

5. 결 론

그렇다면, 이 사건 영업정지 2개월의 처분에 대해 취소를 구하는 청구인의 청구는 이유 없어 이를 기각하기로 하여 주문과 같이 재결한다.

19. 휴게음식점 영업정치처분 취소청구(2013행심1189) – 기각(유흥 접대원 고용)

재결 요지

신고인이 제출한 촬영 CD를 살펴보면, 신고인이 이 사건 업소의 여성 종업원에게 한 시간 티켓이 얼마냐고 물어보았을 때 카운터를 보는 여성 종업원은 이 근처 다방은 대부분 25,000원이라고 답변하고 주변에 식사할 수 있는 곳을 적극적으로 안내한 점을 고려하여 볼 때, 신고인과 식사를 함께한 여성이 카운터를 보는 종업원의 친구라는 청구인의 주장은 받아들이기 어렵다 할 것이다. 따라서 이 사건 업소에서 종업원이 영업장을 벗어나 시간적 소요의 대가로 금품을 수수한 행위를 하였음이 분명하고, 이에 피청구인이 청구인에게 식품위생법 제89조 별표23 행정처분 기준에 따라 영업정지 2개월의 처분을 한 것은 적법하다 할 것인 바, 청구인의 이 사건 심판청구는 이유 없다

주 문

청구인의 청구를 기각한다.

청구 취지

피청구인이 2013. 11. 11. 청구인에게 한 휴게음식점 영업정지처분을 취소한다.

이 유

1. 사건개요

청구인은 ○○시 ○○읍 ○○리 270-14번지에서 '○○다방'(이하 '이 하건 업

소'라 한다)이라는 휴게음식점을 운영하는 자로서, 2013. 10. 10. 주방을 관리하는 종업원이 혼자 출입한 손님에게 냉커피 3잔(7,500원), 1시간 티켓(25,000원)을 제공하였고, 이에 피청구인은 2013. 11. 11. 「식품위생법」제44조 제1항을 위반하여 식품접객업소의 종업원이 영업장을 벗어나 시간적 소요의 대가로 금품을 수수(티켓영업)한 이유로 청구인에게 영업정지 2월(2013. 12. 2. ~ 2014. 1. 30.)의 행정처분(이하 '이 사건 처분'이라 한다)을 하였다.

2. 당사자 주장

가. 청구인 주장

1) 청구인은 중국여성과 결혼하여 이 사건 업소를 운영하였으나, 아내가 중국으로 도망갔고 이에 주방 종업원을 고용하였다. 주방 종업원이 혼자 가게를 보고 있는데 친구가 와서 손님의 식사제공을 받은 것 같다. 그 여자는 이 사건 업소의 직원이 아니다. 청구인은 2013. 6. 19. 교통사고를 당하여 지금까지 치료 중이고, 허리수술 3번, 심장수술 1번을 하였다. 장애가 있는데다 교통사고로 안면장애자까지 되었다. 선처 바란다.

2) 신고인은 노래방 주인으로 동네 건달이다. 청구인이 사고가 생겨서 병원에 있는 동안 전화를 안받으니 앙심을 품고 다른 사람을 시켜서 커피를 먹고 고의적으로 밥 사주겠다고 하며 데리고 나가 모텔에 가자고 하였다. 주방 종업원의 친구가 안간다고 하니 식당에 가서 식사를 하고 고의적으로 사진을 촬영하여 신고하였다.

청구인은 5급 척추장애가 있고, 심장수술도 하였다. 이번 사고로 인해 뇌출혈에 기질성 정신장애까지 치료 중에 있다. 이 사건에 대해서는 너무나 죄송하며 앞으로 이러한 일이 없도록 노력하겠다.

나. 피청구인 주장

1) 청구인이 운영하는 업소는 단란주점으로 「식품위생법」제44조 제1항에 따라 휴게음식점 영업자가 종업원이 영업장을 벗어나 시간적 소요의 대가로 금품을 수수하는 이러한 행위를 조장하거나 묵인하는 행위금지가 규정되어 있고, 영업자에게는 엄격한 주의와 의무가 있음에도 청구인은 적극적으로 거부하지 아니하고 영업자로서의 주의와 의무를 다하지 않았다 할 것이다.

2) 식품접객업자는 해당 업종에 대한 영업신고를 필한 이상 관련 법규에 따른 준수사항을 엄격히 지켜야 하고, 적극적으로 불법행위를 하지 말아야 할 책임이 청구인에게도 있다 할 것이므로 청구인의 위반행위가 경미하거나 고의성이 없는 사소한 부주의에서 기인하였다고 볼 수 없고, 위반 횟수가 1회에 불과하여 법규위반의 정도가 그렇게 심각한 것이 아니라고 하더라도 이에 대한 제재로서 달성하고자 하는 공익목적이 결코 적다고 할 수 없을 것이므로 이 사건 식품위생법 제44조 제1항 위반행위에 대하여 같은 법 제75조 및 시행규칙 제89조에 따른 이 사건 처분은 적법·타당할 것이다.

3. 이 사건 처분의 위법·부당여부

가. 관계법령

【식품위생법】

제44조(영업자 등의 준수사항) ① 식품접객영업자 등 대통령령으로 정하는 영업자와 그 종업원은 영업의 위생관리와 질서유지, 국민의 보건위생 증진을 위하여 보건복지가족부령으로 정하는 사항을 지켜야 한다.

제75조(허가취소 등) ① 식품의약품안전청장 또는 특별자치도지사·시장·군

수·구청장은 영업자가 다음 각 호의 어느 하나에 해당하는 경우에는 대통령령으로 정하는 바에 따라 영업허가를 취소하거나 6개월 이내의 기간을 정하여 그 영업의 전부 또는 일부를 정지하거나 영업소 폐쇄(제37조 제4항에 따라 신고한 영업만 해당한다. 이하 이 조에서 같다)를 명할 수 있다.

13. 제44조 제1항·제2항 및 제4항을 위반한 경우

④ 제1항 및 제2항에 따른 행정처분의 세부기준은 그 위반 행위의 유형과 위반 정도 등을 고려하여 보건복지가족부령으로 정한다.

【식품위생법 시행규칙】

제89조(행정처분의 기준) 법 제71조, 법 제72조, 법 제74조부터 법 제76조까지 및 법 제80조에 따른 행정처분의 기준은 별표 23과 같다.

〔별표 23〕〈개정 2011.4.7.〉

행정처분기준(제89조 관련)

Ⅰ. 일반기준

15. 다음 각 목의 어느 하나에 해당하는 경우에는 행정처분의 기준이, 영업정지 또는 품목·품목류 제조정지인 경우에는 정지처분 기간의 2분의 1 이하의 범위에서, 영업허가 취소 또는 영업장 폐쇄인 경우에는 영업정지 3개월 이상의 범위에서 각각 그 처분을 경감할 수 있다.

마. 위반사항 중 그 위반의 정도가 경미하거나 고의성이 없는 사소한 부주의로 인한 것인 경우

바. 해당 위반사항에 관하여 검사로부터 기소유예의 처분을 받거나 법원으로

부터 선고유예의 판결을 받은 경우로서 그 위반사항이 고의성이 없거나 국민보건상 인체의 건강을 해할 우려가 없다고 인정되는 경우

II. 개별기준

3. 식품접객업

영 제21조 제8호의 식품접객업을 말한다.

위 반 사 항	근거법령	행 정 처 분 기 준		
		1차 위반	2차 위반	3차 위반
10. 법 제44조 제1항을 위반한 경우 가. 2) 별표17 제6호타목5) 식품접객업소의 영업자 또는 종업원이 영업장을 벗어나 시간적 소요의 대가로 금품을 수수하거나, 영업자가 종업원의 이러한 행위를 조장하거나 묵인하는 행위	법 제75조	영업정지 2월	영업정지 3월	영업허가 취소 또는 영업소 폐쇄

나. 판 단

1) 인정사실

이 사건 청구서 및 답변서, 진정서, 처분 사전 통지서, 의견제출서, 이 사건 처분서 등 기타자료의 기재내용에 의하면 다음과 같은 사실이 인정된다.

가) 청구인은 이 사건 업소를 운영하는 자로서, 주방을 관리하는 종업원이 2013. 10. 10. 혼자 출입한 손님에게 냉커피 3잔(7,500원), 1시간 티켓(25,000원)을 제공하였고, 청구외 신고인은 2013. 10. 14. 피청구인에게 청구인의 이러한 위반행위에 대해 촬영 CD와 함께 처분을 원한다는 진정서를 제출하였다.

나) 이에 피청구인은 2013. 11. 11. 청구인에게 「식품위생법」제44조 제1항을 위반하여 식품접객업소의 종업원이 영업장을 벗어나 시간적 소요의 대가로 금품을 수수(티켓영업)한 이유로 영업정지 2월(2013. 12. 2. ~ 2014. 1. 30.)의 행정처분을 하였다.

다) 신고인이 제출한 촬영CD를 살펴보면, 이 사건 업소에서는 카운터에서 일하는 여성과 신고인이 티켓을 구입한 후 함께 식사를 한 여성이 근무 중임을 확인할 수 있다.

2) 「식품위생법」 제44조 제1항에 따르면 식품접객영업자 등 대통령령으로 정하는 영업자와 그 종업원은 영업의 위생관리와 질서유지, 국민의 보건위생 증진을 위하여 보건복지부령으로 정하는 사항을 지켜야 한다고 규정하고 있고, 같은 법 시행규칙 제89조 별표23 Ⅱ. 3. 10. 가. 2)에 따르면 식품접객업소의 영업자 또는 종업원이 영업장을 벗어나 시간적 소요의 대가로 금품을 수수하거나, 영업자가 종업원의 이러한 행위를 조장하거나 묵인하는 행위를 한 경우 영업정지 2월(1차위반), 영업정지 3월(2차위반), 영업허가 취소 또는 영업소 폐쇄(3차위반)를 명할 수 있다.

3) 청구인은 이 사건 업소에서 청구인의 종업원이 아닌 종업원의 친구가 영업장을 벗어나 식사제공을 받았고, 주변 상인이 고의적으로 신고한 것으로 이 사건 처분은 부당하다고 주장하고 있으나, 신고인이 제출한 촬영CD를 살펴보면, 신고인이 이 사건 업소의 여성 종업원에게 한 시간 티켓이 얼마냐고 물어보았을 때 카운터를 보는 여성 종업원은 이 근처 다방은 대부분 25,000원이라고 답변하고 주변에 식사할 수 있는 곳을 적극적으로 안내한 점을 고려하여 볼 때, 신고인과 식사를 함께한 여성이 카운터를 보는 종업원의 친구라는 청구인의 주장은 받아들이기 어렵다 할 것이다.

따라서 이 사건 업소에서 종업원이 영업장을 벗어나 시간적 소요의 대가로 금품을 수수한 행위를 하였음이 분명하고, 이에 피청구인이 청구인에게 식품위생법 제89조 별표23 행정처분 기준에 따라 영업정지 2개월의 처분을 한 것은 적법하다 할 것이다.

4. 결 론
그렇다면, 청구인의 이 사건 심판청구는 이유 없다고 인정되므로 주문과 같이 재결한다.

20. 일반음식점영업정지처분취소(2013서행심711) - 변경(청소년 주류판매, 신분증 미확인)

재결 요지

청구인이 이 사건 업소에서 2013. 6. 2. 청소년의 신분 확인을 소홀히 하고 주류를 제공하였음이 명백한 바, 피청구인이 이와 같은 법 위반 사실에 대하여 적법한 절차를 거쳐 청구인에게 한 이 사건 처분은 위법하다고 할 수 없다. 그러나 청구인에게 동종의 위반 전력이 없는 점, 이 사건과 관련하여 청구인의 종업원 신ㅇㅇ이 서울동부지방검찰청으로부터 벌금 500,000원의 비교적 관대한 형으로 구약식 기소된 점 등을 볼 때 청구인의 법 위반의 정도가 중하다고 할 수 없고, 청구인이 가족의 생계를 위해 어렵게 가게를 운영하던 중에 이러한 사건이 발생한 점 등을 종합적으로 고려하면, 이 사건 처분으로 인하여 달성하고자 하는 공익적 목적에 비하여 이 사건 처분으로 인하여 청구인이 입게 될 불이익이 크다 할 것이어서 이 사건 처분을 감경할 필요성이 인정된다.

주문

피청구인이 2013. 8. 12. 청구인에 대하여 한 2개월의 영업정지처분을 40일의 영업정지 처분으로 변경한다.

청구 취지

피청구인이 2013. 8. 12. 청구인에 대하여 한 2개월의 영업정지 처분을 취소한다.

21. 일반음식점영업정지처분취소(2013서행심610) - 변경(청소년 주류판매, 신분증 미확인)

재결 요지

청구인이 운영하는 이 사건 업소에서 2013. 4. 10. 청소년 2명의 신분증을 제대로 확인하지 않고 주류를 제공하였음이 명백한 바, 피청구인이 이와 같은 법 위반 사실에 대하여 적법한 절차를 거쳐 청구인에게 한 이 사건 처분은 위법하다고 할 수 없다. 그러나 적발된 청소년 2명이 ○○○○년 ○월, ○월생으로 성년에 가까운 나이인 점, 청구인이 가족의 생계를 위해 어렵게 가게를 운영하던 중에 이러한 사건이 발생한 점 등을 고려하면, 이 사건 처분으로 인하여 달성하고자 하는 공익적 목적에 비하여 이 사건 처분으로 인하여 청구인이 입게 될 불이익이 크다 할 것이어서 이 사건 처분을 감경할 필요성이 인정된다.

주문

피청구인이 2013. 7. 3. 청구인에 대하여 한 3개월의 영업정지 처분을 2개월의 영업정지 처분으로 변경한다.

청구 취지

피청구인이 2013. 7. 3. 청구인에 대하여 한 3개월의 영업정지 처분을 취소한다.

22. 일반음식점영업정지처분취소(2013서행심643) – 변경(유흥접객원 고용, 비례의 원칙에 반함)

재결 요지

청구인이 유흥접객원을 고용하여 2012. 10. 2. 이 사건 업소에 찾아온 손님에게 접객행위를 하게 한 사실이 명백한바, 피청구인이 이와 같은 법 위반 사실에 대하여 적법한 절차를 거쳐 청구인에게 한 이 사건 처분은 위법하다고 할 수 없다. 그러나 청구인에게 동종의 법 위반전력이 없는 점, 이 사건과 관련하여 청구인이 2013. 3. 29. 서울남부지방법원으로부터 벌금 70만원의 처분을 받은 점으로 볼 때 청구인의 법 위반의 정도가 중하다고 할 수 없고, 청구인이 영세한 업소를 어렵게 운영하고 있는 점 등을 종합적으로 고려하면, 이 사건 처분으로 인하여 달성하고자 하는 공익적 목적에 비하여 이 사건 처분으로 인하여 청구인이 입게 될 불이익이 크다 할 것이어서 이 사건 처분을 감경할 필요성이 인정된다.

주문

피청구인이 2013. 6. 27. 청구인에 대하여 한 1개월의 영업정지처분을 15일의 영업정지처분으로 변경한다.

청구 취지

피청구인이 2013. 6. 27. 청구인에 대하여 한 1개월의 영업정지처분을 취소한다.

23. 일반음식점영업정지처분취소(2013서행심643) - 변경(청소년 주류제공, 비례의 원칙에 반함)

재결 요지

청구인이 운영하는 이 사건 업소에서 2012. 7. 14. 청소년에게 주류를 제공하였음이 명백한바, 피청구인이 이와 같은 법 위반 사실에 대하여 적법한 절차를 거쳐 청구인에게 한 이 사건 처분은 위법하다고 할 수 없다. 그러나 청구인에게 동종의 법 위반전력이 없는 점, 이 사건과 관련하여 청구인이 2013. 3. 21. 서울남부지방법원으로부터 벌금 50만원 처분을 받은 점으로 볼 때 청구인의 법 위반의 정도가 중하다고 할 수 없는 점 등 제반사정을 고려하면, 이 사건 처분으로 인하여 달성하고자 하는 공익적 목적에 비하여 이 사건 처분으로 인하여 청구인이 입게 될 불이익이 크다 할 것이어서 이 사건 처분을 감경할 필요성이 인정된다.

주문

피청구인이 2013. 6. 25. 청구인에 대하여 한 2개월의 영업정지처분을 40일의 영업정지처분으로 변경한다.

청구 취지

피청구인이 2013. 6. 25. 청구인에 대하여 한 2개월의 영업정지처분을 취소한다.

24. 일반음식점영업정지처분취소(2013서행심669) - 변경(청소년 주류제공, 비례의 원칙에 반함)

재결 요지

청구인이 이 사건 업소에서 2013. 6. 2. 19:00경 청소년 전기태(16세)외 2명의 연령을 확인하지 않고 주류를 제공함으로써 식품위생법을 위반한 사실이 명백한 바, 피청구인이 이와 같은 법 위반 사실에 대하여 적법한 절차를 거쳐 청구인에게 한 이 사건 처분은 위법하다고 할 수 없다. 그러나 이 사건과 관련하여 청구인이 2013. 7. 1. 서울북부지방법원으로부터 벌금 50만원의 형에 처하는 약식명령을 받은 점으로 볼 때 청구인의 법 위반의 정도가 중하다고 할 수 없고, 청구인이 가족의 생계를 위해 어렵게 가게를 운영하던 중에 이러한 사건이 발생한 점 등을 종합적으로 고려하면, 이 사건 처분으로 인하여 달성하고자 하는 공익적 목적에 비하여 이 사건 처분으로 인하여 청구인이 입게 될 불이익이 크다 할 것이어서 이 사건 처분을 감경할 필요성이 인정된다.

주문

피청구인이 2013. 7. 26. 청구인에 대하여 한 60일의 영업정지처분을 40일의 영업정지처분으로 변경한다.

청구 취지

피청구인이 2013. 7. 26. 청구인에 대하여 한 2개월의 영업정지 처분을 취소한다.

25. 일반음식점영업정지처분취소(2013경행심79) - 인용(유통기간경과 제품)

재결 요지

피청구인은 청구인이 영업장에서 유통기간이 경과한 제품을 사용한 사실을 확인하고 「식품위생법 시행규칙」제89조 별표 23에서 정하고 있는 행정처분의 기준에 따라 이 사건 처분을 하였다. 피청구인은 ○○도 합동단속반으로부터 청구인이 유통기간이 경과한 제품(연겨자 등 3종)을 사용하였다는 통보에 따라 청구인에게 이 사건 처분을 하였는데, ○○도 합동단속반의 확인서에 따르면 "적발된 제품들을 유통기한이 경과하지 않은 다른 식품들과 같이 실수로 식자재 창고 및 냉장고에 보관"하였다고 적시되어 있을 뿐 청구인이 조리·판매의 목적으로 사용하였다는 내용이 적시되어 있지 않고, 청구인이 증거자료로 제출한 물품구매 영수증 내역에도 청구인이 적발된 물품을 구입하였다는 사실을 확인할 수 없는 점 등으로 미루어 볼 때 청구인의 주장대로 사은품으로 받은 것을 보관하던 중 적발되었다고 보아야 할 것이지, 조리·판매의 목적으로 보관하였다고 보기 어렵다 할 것이므로 청구인의 주장을 인정할 수 있으므로 청구를 받아들인다.

주 문

청구인의 청구를 인용한다.

청구 취지

피청구인이 2013. 7. 24. 청구인에 대하여 한 일반음식점 영업정지 처분은 이를 취소한다.

이 유

1. 사건개요

청구인은 ○○시○○로 ○○○번길 19 소재에서 "○○○○"이라는 일반음식점을 운영하여 오던 중 2013. 7. 9. ○○도 합동단속반으로부터 유통기간이 경과한 제품 사용[연겨자(35g×16개, 2012.12.21.까지), 생강분(60g×1개, 2012.1.6.까지), 모카본(60g×10개, 2013.6.19.까지)]으로 적발되었고, 피청구인은 2013. 7. 24. 청구인에 대하여 영업정지 15일(2013.8.5.~8.19.) 처분을 하였다.

2. 청구인 주장

가. 청구인 업소는 연간 매출이 국세청에 신고되는 액수가 20억 원 정도, 1일 평균 매출이 550~600만 원 정도, 주말에는 1,000만 원 이상 되는 횟집이며 직원이 평균 25명으로 하절기인 현재는 30명이 일하고 있는 횟집으로, 자연산 활어 및 양식어류, 냉동식품 및 냉동수산품도 매일 입고하여 선입선출이 기본이고 식자재는 일주일에 2~3회, 야채는 매일 아침에 입고하므로 상식적으로 유통기한이 지난 물품이 나올 수가 없을 뿐만 아니라, 유통기한이 넘도록 물건이 출고되지 않아 유통기한을 넘겼다면 청구인 업소는 벌써 파산되었다고 생각한다.

나. 청구인 업소에서는 영업을 시작한 이후에 20년 동안 와사비(파란색)을 사용하였고, 적발 당한 겨자(노란색)는 중국집이나 막국수집에서 사용하는 제품으로 식자재 납품업체에서 사은품(샘플)으로 준 것이나 창고에 처박혀 있어 미처 발견치 못하였고, 분말가루 생강도 사은품으로 들어왔던 것인데, 청구인 업소는 생강을 직접 갈아서 사용하고 있기에 이 또한 미처 발견치 못한 것에 대하여는 죄송한 마음이 있지만 청구인이 진짜로

큰 실수를 하였거나 어떤 부정을 했다던가 무슨 큰 식중독 사고를 내서 영업정지를 당했다면 겸허히 받아들이겠으나 쓰지도 않는 물건이 적발되어 유통기한 경과라는 명분으로 행정처분(영업정지 15일)을 받는 것은 도저히 받아들일 수 없다.

3. 피청구인 주장

가. 청구인의 식자재 창고와 냉장고에 보관되어 있는 식재료가 납품업체에서 사은품(샘플)으로 준 것으로 사용하지 않는 재료라 할지라도 유통기한이 상당기간 경과한 상태로 영업소내의 냉장고와 식자재창고에 방치되어 있었다는 것은 청구인이 업소 위생관리 의무를 게을리 한 것은 물론 청구인의 업소를 찾는 손님들의 건강권을 위협하는 것이다.

나. 청구인은 적발된 재료가 청구인의 업소에서 사용하지 않는 것으로 단순히 보관되어 있었다는 이유로 행정처분을 받는 것은 억울하다고 주장하나 피청구인의 이 사건 처분은 국민의 건강을 지키기 위한 공익목적 달성을 위하여 피청구인의 재량권의 범위 안에서 적법하게 이루어진 처분이라 할 것이다.

4. 관계법령

「식품위생법」 제3조, 제44조, 제75조
「식품위생법 시행규칙」 제2조[별표1], 제57조[별표17], 제89조[별표23]
「식품위생법 질의답변집(2012.12.)」

5. 인정사실

양 당사자간 다툼이 없는 사실, 청구인과 피청구인이 제출한 청구서, 답변서 및 증거자료 등 제출된 각 사본의 기재에 의하면 다음 사실을 인정할 수 있다.

가. ○○도 하절기 위해식품 합동단속반은 위 1. 사건개요에 적시한 바와 같이 2013. 7. 9. 청구인의 업소에서 유통기한이 경과한 제품을 보관하고 있는 것을 확인하고 청구인으로부터 확인서 징구한 후 2013. 7. 15. 처분 사전통지를 하였다.

나. 청구인은 유통기한이 경과한 제품을 보관한 것은 사실이나 식품제조에 사용하는 것이 아니라 사은품으로 받은 것이라는 의견을 제출하였는데, 피청구인은 2013. 7. 24. 청구인에게 영업정지 15일(2013. 8. 5.~ 8. 19.) 처분을 하였다.

6. 판 단

가. 「식품위생법」 제3조 제3항, 같은 법 시행규칙 제2조[별표1]은 "유통기한이 경과된 식품 등을 판매하거나 판매의 목적으로 진열·보관하여서는 아니 된다."라고 규정되어 있고, 같은 법 제44 제1항 및 같은 법 시행규칙 제57조[별표17]은 "유통기한이 경과된 원료 또는 완제품을 조리·판매의 목적으로 보관하거나 이를 음식물의 조리에 사용하여서는 아니 된다."라고 규정되어 있고, 이를 위반하였을 경우 같은 법 제75조 제1항 및 같은 법 시행규칙[별표23]에 따라 1차 위반시 영업정지 15일의 처분을 하도록 규정되어 있으며,

나. 2012. 12월 발행된 보건복지부의 "식품위생법 민원 질의답변집"과 식품의약품안전처 홈페이지 상담결과(2008. 5. 7. 등록)에 따르면 "유통기한 경과제품을 사용하지 아니하였거나, 조리·판매의 목적이 아닌 단순 보관인 경우에는 「식품위생법」 위반으로 보기는 어렵다."라고 적시되어 있다.

다. 살펴보건대, 피청구인은 ○○도 합동단속반으로부터 청구인이 유통기간
이 경과한 제품(연겨자 등 3종)을 사용하였다는 통보에 따라 청구인에게
이 사건 처분을 하였는데, ○○도 합동단속반의 확인서에 따르면 "적발
된 제품들을 유통기한이 경과하지 않은 다른 식품들과 같이 실수로 식자
재 창고 및 냉장고에 보관"하였다고 적시되어 있을 뿐 청구인이 조리·
판매의 목적으로 사용하였다는 내용이 적시되어 있지 않고, 청구인이 증
거자료로 제출한 물품구매 영수증 내역에도 청구인이 적발된 물품을 구
입하였다는 사실을 확인할 수 없는 점 등으로 미루어 볼 때 청구인의 주
장대로 사은품으로 받은 것을 보관하던 중 적발되었다고 보아야 할 것이
지, 조리·판매의 목적으로 보관하였다고 보기 어렵다 할 것이다.

7. 결 론
그렇다면, 청구인의 주장을 인정할 수 있으므로 청구인의 청구를 받아들이기
로 하여 주문과 같이 재결한다.

26. 일반음식점영업정지처분취소(서행심2013-583) - 변경(청소년 주류판매)

재결 요지

이 사건 업소에서 2013. 5. 3. 청소년에게 주류를 제공함으로써 식품위생법을 위반한 사실이 인정되므로, 이와 같은 법 위반 사실에 대하여 피청구인이 관련 법령에 의하여 행한 이 사건 처분은 위법하다고 할 수 없다.

그러나 이 사건과 관련하여 청구인이 2013. 6. 3. 서울북부지방법원으로부터 비교적 관대한 벌금 50만원의 형으로 약식명령을 받은 점, 동종 위반 전력이 없는 점 등을 감안할 때 청구인의 법 위반 정도가 중하다고 할 수 없고, 기타 제반 사정을 고려하면 이 사건 처분으로 인하여 달성하고자 하는 공익적 목적에 비하여 이 사건 처분으로 인하여 청구인이 입을 불이익이 크다 할 것이어서 이 사건 처분에 대한 감경의 필요성이 인정된다.

주문

피청구인이 2013. 6. 11. 청구인에 대하여 한 2개월의 영업정지 처분을 40일의 영업정지처분으로 변경한다.

청구 취지

피청구인이 2013. 6. 11. 청구인에 대하여 한 2개월의 영업정지 처분을 취소한다.

27. 식품위생법위반업소 영업정지 2개월 처분 취소청구(제특행심 2013-12) - 일부인용(청소년 주류제공)

재결 요지

청소년에게 주류를 제공한 법위반 사실이 명백하여 이 사건 처분이 위법·부당하지는 않으나, 1. 업소가 소규모이고 해당 영업이 유일한 생계수단인 점, 2. 동종의 처벌 전력이 없는 점, 3. 고의성이 있다고 보여지지 않는 점, 4. 반성하고 있는 점 등을 고려할 때, 다소 가혹하므로 행정처분기준 별표23. Ⅰ. 일반기준 15. 마.에 의하여 처분을 경감하는 것이 공익목적·사익침해 정도에 부합하다. 또한, 청구인이 이 사건 업소의 영업을 계속할 수 있도록 영업정지에 갈음한 과징금으로 선처를 바라고 있는 점을 고려하여 2개월의 영업정지 처분을 1/2감경하여 1개월로 갈음한 과징금으로 변경한다.

주 문

피청구인이 2013. 02. 25. 청구인에 대하여 한 2개월의 영업정지 처분은 1/2감경하여 1개월로 갈음한 과징금으로 변경한다.

청구 취지

피청구인이 2013. 4. 29. 청구인에 대하여 한 「식품위생법」 위반(청소년 주류제공)에 따른 영업정지 2개월처분(2013. 5. 6. ~ 2013. 7. 4.)은 이를 취소한다.

이 유

1. 사건개요

청구인은 2012. 6. 28. 피청구인에게 제주시 ○○로 48(○동)에 소재한 상호 "○○치킨 ○○○○점"(이하 '이 사건 업소'라 한다) 일반음식점 영업허가를 받아 운영해 오고 있다. 2012. 11. 7. 23:40 경 남자 4명과 여자 2명이 신분증 확인 없이 이 사건 업소에 들어와 치킨과 소주 2병, 맥주 1병을 주문하였으며, 청구인의 남편 방○○은 이 사건 업소에서 그들에게 19,500원 상당의 치킨과 주류를 제공하였다. 제주서부경찰서장은 2013. 3. 27. 피청구인에게 이 사건 업소가 손님 6명 중 4명이 청소년이고 청소년유해약물인 소주와 맥주 등 주류를 제공하여 「청소년보호법」 위반업소로 통보하였으며, 피청구인은 2013. 4. 24. 청구인에게 「식품위생법」 제44조 제2항, 같은 법 제75조 및 같은 법 시행규칙 제89조에 따라 영업정지 2개월처분(이하 '이 사건 처분'이라 한다)을 하였다.

2. 청구인 주장

가. 청구인은 청소년들에게 술을 제공할 당시 20대 초·중반으로 보일만큼 건장하며 사복 입은 모습과 파마머리, 염색머리 등으로 미성년자로 의심할 수가 없었다.

나. 청구인은 제주지방검찰청에서 무혐의로 판결 받았으나, 청구인 남편(방○○)은 300,000원의 약식기소를 받았다. 청구인은 이번 법규위반 행위가 처음이고 청소년에게 술을 판매할 고의성이 없으므로 경고조치(과징금 등) 등으로 관대한 선처를 바란다.

3. 피청구인 주장

피청구인은 정당하게 「식품위생법」 위반업소 영업정지 2개월 처분을 청구인에게 하였으며, 같은 위반사례 재발 방지를 위해서도 정당한 법 집행이 이루어지는 것은 당연한 것으로서 청구인의 위반사실이 명백한 사항에 대하여 피청구인이 한 영업정지 2개월 처분은 재량권의 한계를 남용하거나 일탈하였다고 볼 수 없다.

4. 관계법령

　가. 「식품위생법」 제44조, 제75조

　나. 「식품위생법 시행규칙」 제89조, 〔별표 23〕 Ⅰ. 일반기준 Ⅱ. 개별기준

5. 인정사실

청구인과 피청구인이 제출한 자료에 따르면 다음과 같은 사실을 인정할 수 있다.

가. 청구인은 2012. 6. 28. 피청구인에게 일반음식점 영업허가를 받고 제주시 ○○로 48(○동)에서 "○○치킨 ○○○○점"의 상호로 운영해 오고 있다.

나. 제주서부경찰서장은 2013. 3. 27. 피청구인에게 이 사건 업소가 2012. 11. 8. 00:14 경 신분증을 확인하지 않고 손님으로 들어온 청소년 현○○(17세, 남) 등 또래 일행 3명에게 청소년유해약물인 소주 2병, 맥주1병을 안주와 함께 20,500원에 판매하여 「청소년보호법」을 위반하였다는 내용의 문서를 통보하였다.

다. 청구인의 남편 방○○은 2013. 4. 18. 피청구인에게 의견제출서를 제출하였고 의견제출서의 내용은 아래와 같다.

> 청구인은 고혈압과 간수치 질환으로 몸이 안 좋아 청구인의 남편인 제가 가게를 운영하게 되었으며, 2012. 11. 7. 23:40 경 20대로 보이는 건장한 남자손님 4명과 여자손님 2명이 들어와 치킨과 소주, 맥주를 주문해서 제공하게 되었는데 30분 후에 단속경찰관이 현장에 출동하여 손님 6명에게 신분을 확인하였고 그 중 4명이 17세로 적발되어 미성년자임을 확인하게 되었다. 이번 일이 처음 있는 일이고 2개월의 영업정지 처분은 가혹하므로 선처를 바란다.

라. 피청구인은 2013. 4. 24. 청구인에게 이 사건업소에서 청소년에게 주류를 제공(판매)하여 「식품위생법」 위반 영업정지 2개월(2013. 5. 6. ~ 2013. 7. 4)의 행정처분을 통보하였다.

마. 청구인은 이에 불복하여 2013. 5. 2. 행정심판 청구 및 집행정지 신청을 하였으며 집행정지는 '인용' 결정을 받았다.

6. 판 단

가. 이 사건 관계법령 등에 대해서 살펴보면, 「식품위생법」(시행 2012.9.16. 법률 제10787호, 2011.6.7. 타법개정 이전의 것) 제44조 제2항 제4호에 따르면 "식품접객영업자는 「청소년보호법」 제2조에 따른 청소년에게 주류를 제공하는 행위를 하여서는 아니 된다."라고 되어 있고, 같은 법 제75조 제1항에는 "특별자치도지사·시장·군수·구청장은 영업자가 법 제44조 제2항을 위반한 경우에는 대통령령으로 정하는 바에 따라 영업허가를 취소하거나 6개월 이내의 기간을 정하여 그 영업의 전부 또는 일부를 정지하거나 영업소 폐쇄를 명할 수 있다."라고 되어 있으며, 같은 법 시행규칙 제89조에는 "법 제75조에 따른 행정처분의 기준은 별표 23과 같다."고 하고 있고, [별표 23] Ⅰ. 일반기준 제15호 '마목'에는 "식품접객업소의 위반사항 중 그 위반의 정도가 경미하거나 고의성이 없는 사소한 부주의로 인한 것인 경우에는 행정처분의 기준이 영업정지인 경우에는 정

지처분 기간의 2분의 1 이하의 범위에서 그 처분을 경감할 수 있다."고 하고 있으며, Ⅱ. 개별기준 3. 식품접객업 제11호에는 "법 제44조 제2항을 위반한 경우로써, 청소년에게 주류를 제공하는 행위를 한 경우, 1차 위반 시 영업정지 2개월의 행정처분"을 하도록 되어 있다. 또한, Ⅲ.과징금 제외 대상에는 "식품접객업에서 청소년에게 주류를 제공하는 경우"에 해당된다고 하고 있으나 Ⅰ. 일반기준 제15호에 따른 경감대상에 해당하는 경우에는 과징금 처분을 할 수 있다.

나. 이 사건 처분의 위법·부당 여부에 대하여 위 인정사실에서 보는바와 같이 청구인의 업소에서 청소년에게 주류를 제공하여 「식품위생법」 위반으로 청구인 남편이 제주지방법원으로부터 벌금형을 선고받은 적이 있는 사실은 명백하다 할 것이며, 피청구인이 청구인에게 한 이 사건 처분은 위법하거나 부당하지 않다고 할 것이나, 대법원에서는 "제재적 행정처분이 사회통념상 재량권의 범위를 일탈하였거나 남용하였는지 여부는 처분사유로 된 위반행위의 내용과 당해 처분행위에 의하여 달성하려는 공익목적 및 이에 따르는 제반 사정 등을 객관적으로 심리하여 공익침해의 정도와 그 처분으로 인하여 개인이 입게 될 불이익을 비교·교량하여 판단하여야 한다.(대법원 2000. 4. 7. 선고 98두11779 판결)"고 판시하고 있다.

이 사건인 경우, 청구인 남편은 청소년들에게 신분증을 확인 없이 이 사건 업소에 출입시켜 주류 등 제공한 사실을 인정하면서도 이번일은 처음이므로 영업정지 2개월은 가혹하다고 하고 있고, 제주지방법원으로부터 300,000원의 약식기소를 받은 정황으로 볼 때, 「식품위생법」 위반이 명백하다고 할 것이나, 1. 청구인의 업소가 소규모이고 해당 영업이 유일한 생계수단으로 처분의 집행으로 생계곤란이 예상되어 지는 점. 2. 이 사건 업소를 운영하면서 청구인은 동종의 처벌을 받은 전력이 없는 점. 3. 청구인의 경우 이 사건 업소에서 청구인 남편이 가게 운영을 직접 도와주면서 청소년에게 일일이 신분증을 확인하지 못해 벌금을 받은 점으로 보아 청소년이라는 사실을 알면서 고의적으로 주류를 판매하였다고 보여 지지 않는 점, 4. 청구인이 이 사건 계기로 반성을 하고 있는 점 등을 고려해 볼 때, 피청구인이 청구인에게 한 처분은 다소 가혹하다고 볼 수 있으므로 「식품위생법 시행규칙」 [별표 23]의 경감기준에 따라 이 처분은 경감하는 것이 공익목적·사익침해 정도에 부합하다 할 것이다. 또한, 청구인은 이 사건 업소의 영업을 계속할 수 있도록 영업정지에 갈음한 과징금으로 선처를 바라고 있는 점을 헤아려 피청구인은 청구인에 대하여 한 2개월의 영업정지 처분을 1/2감경하여 1개월로 갈음한 과징금으로 변경하여도 크게 무리가 없다 할 것이다.

7. 결 론

그렇다면, 이 사건 영업정지 2개월의 처분에 대해 취소를 구하는 청구인의 청구는 일부 이유가 있다고 인정되므로 주문과 같이 재결한다.

청소년보호법

제1장 총칙

제1조(목적) 이 법은 청소년에게 유해한 매체물과 약물 등이 청소년에게 유통되는 것과 청소년이 유해한 업소에 출입하는 것 등을 규제하고 청소년을 유해한 환경으로부터 보호·구제함으로써 청소년이 건전한 인격체로 성장할 수 있도록 함을 목적으로 한다.

제2조(정의) 이 법에서 사용하는 용어의 뜻은 다음과 같다.

1. "청소년"이란 만 19세 미만인 사람을 말한다. 다만, 만 19세가 되는 해의 1월 1일을 맞이한 사람은 제외한다.
2. "매체물"이란 다음 각 목의 어느 하나에 해당하는 것을 말한다.
   가. 「영화 및 비디오물의 진흥에 관한 법률」에 따른 영화 및 비디오물
   나. 「게임산업진흥에 관한 법률」에 따른 게임물
   다. 「음악산업진흥에 관한 법률」에 따른 음반, 음악파일, 음악영상물 및 음악영상파일
   라. 「공연법」에 따른 공연(국악공연은 제외한다)
   마. 「전기통신사업법」에 따른 전기통신을 통한 부호·문언·음향 또는 영상정보
   바. 「방송법」에 따른 방송프로그램(보도 방송프로그램은 제외한다)
   사. 「신문 등의 진흥에 관한 법률」에 따른 일반일간신문(주로 정치·경제·사회에 관한 보도·논평 및 여론을 전파하는 신문은 제외한다), 특수일간신문(경제·산업·과학·종교 분야는 제외한다), 일반주간신문(정치·경제 분야는 제외한다), 특수주간신문(경제·산업·과학·시사·종교 분야는 제외한다), 인터넷신문(주로 보도·논평 및 여론을 전파하는 기사는 제외한다) 및 인터넷뉴스서비스
   아. 「잡지 등 정기간행물의 진흥에 관한 법률」에 따른 잡지(정치·경제·사회·

시사 · 산업 · 과학 · 종교 분야는 제외한다), 정보간행물, 전자간행물 및 그 밖의 간행물

자. 「출판문화산업 진흥법」에 따른 간행물, 전자출판물 및 외국간행물(사목 및 아목에 해당하는 매체물은 제외한다)

차. 「옥외광고물 등의 관리와 옥외광고산업 진흥에 관한 법률」에 따른 옥외광고 물과 가목부터 자목까지의 매체물에 수록 · 게재 · 전시되거나 그 밖의 방법 으로 포함된 상업적 광고선전물

카. 그 밖에 청소년의 정신적 · 신체적 건강을 해칠 우려가 있어 대통령령으로 정하는 매체물

3. "청소년유해매체물"이란 다음 각 목의 어느 하나에 해당하는 것을 말한다.

가. 제7조 제1항 본문 및 제11조에 따라 청소년보호위원회가 청소년에게 유해한 것으로 결정하거나 확인하여 여성가족부장관이 고시한 매체물

나. 제7조 제1항 단서 및 제11조에 따라 각 심의기관이 청소년에게 유해한 것으 로 심의하거나 확인하여 여성가족부장관이 고시한 매체물

4. "청소년유해약물등"이란 청소년에게 유해한 것으로 인정되는 다음 가목의 약물 (이하 "청소년유해약물"이라 한다)과 청소년에게 유해한 것으로 인정되는 다음 나목의 물건(이하 "청소년유해물건"이라 한다)을 말한다.

가. 청소년유해약물

1) 「주세법」에 따른 주류

2) 「담배사업법」에 따른 담배

3) 「마약류 관리에 관한 법률」에 따른 마약류

4) 「화학물질관리법」에 따른 환각물질

5) 그 밖에 중추신경에 작용하여 습관성, 중독성, 내성 등을 유발하여 인체에 유해하게 작용할 수 있는 약물 등 청소년의 사용을 제한하지 아니하면 청소 년의 심신을 심각하게 손상시킬 우려가 있는 약물로서 대통령령으로 정하는 기준에 따라 관계 기관의 의견을 들어 제36조에 따른 청소년보호위원회(이 하 "청소년보호위원회"라 한다)가 결정하고 여성가족부장관이 고시한 것

나. 청소년유해물건

1) 청소년에게 음란한 행위를 조장하는 성기구 등 청소년의 사용을 제한하지 아니하면 청소년의 심신을 심각하게 손상시킬 우려가 있는 성 관련 물건으로서 대통령령으로 정하는 기준에 따라 청소년보호위원회가 결정하고 여성가족부장관이 고시한 것

2) 청소년에게 음란성·포악성·잔인성·사행성 등을 조장하는 완구류 등 청소년의 사용을 제한하지 아니하면 청소년의 심신을 심각하게 손상시킬 우려가 있는 물건으로서 대통령령으로 정하는 기준에 따라 청소년보호위원회가 결정하고 여성가족부장관이 고시한 것

3) 청소년유해약물과 유사한 형태의 제품으로 청소년의 사용을 제한하지 아니하면 청소년의 청소년유해약물 이용습관을 심각하게 조장할 우려가 있는 물건으로서 대통령령으로 정하는 기준에 따라 청소년보호위원회가 결정하고 여성가족부장관이 고시한 것

5. "청소년유해업소"란 청소년의 출입과 고용이 청소년에게 유해한 것으로 인정되는 다음 가목의 업소(이하 "청소년 출입·고용금지업소"라 한다)와 청소년의 출입은 가능하나 고용이 청소년에게 유해한 것으로 인정되는 다음 나목의 업소(이하 "청소년고용금지업소"라 한다)를 말한다. 이 경우 업소의 구분은 그 업소가 영업을 할 때 다른 법령에 따라 요구되는 허가·인가·등록·신고 등의 여부와 관계없이 실제로 이루어지고 있는 영업행위를 기준으로 한다.

가. 청소년 출입·고용금지업소

1) 「게임산업진흥에 관한 법률」에 따른 일반게임제공업 및 복합유통게임제공업 중 대통령령으로 정하는 것

2) 「사행행위 등 규제 및 처벌 특례법」에 따른 사행행위영업

3) 「식품위생법」에 따른 식품접객업 중 대통령령으로 정하는 것

4) 「영화 및 비디오물의 진흥에 관한 법률」 제2조 제16호에 따른 비디오물감상실업·제한관람가비디오물소극장업 및 복합영상물제공업

5) 「음악산업진흥에 관한 법률」에 따른 노래연습장업 중 대통령령으로 정하는 것

6) 「체육시설의 설치·이용에 관한 법률」에 따른 무도학원업 및 무도장업

7) 전기통신설비를 갖추고 불특정한 사람들 사이의 음성대화 또는 화상대화를 매개하는 것을 주된 목적으로 하는 영업. 다만, 「전기통신사업법」등 다른 법률에 따라 통신을 매개하는 영업은 제외한다.

8) 불특정한 사람 사이의 신체적인 접촉 또는 은밀한 부분의 노출 등 성적 행위가 이루어지거나 이와 유사한 행위가 이루어질 우려가 있는 서비스를 제공하는 영업으로서 청소년보호위원회가 결정하고 여성가족부장관이 고시한 것

9) 청소년유해매체물 및 청소년유해약물등을 제작·생산·유통하는 영업 등 청소년의 출입과 고용이 청소년에게 유해하다고 인정되는 영업으로서 대통령령으로 정하는 기준에 따라 청소년보호위원회가 결정하고 여성가족부장관이 고시한 것

10) 「한국마사회법」 제6조 제2항에 따른 장외발매소

11) 「경륜·경정법」 제9조 제2항에 따른 장외매장

나. 청소년고용금지업소

1) 「게임산업진흥에 관한 법률」에 따른 청소년게임제공업 및 인터넷컴퓨터게임시설제공업

2) 「공중위생관리법」에 따른 숙박업, 목욕장업, 이용업 중 대통령령으로 정하는 것

3) 「식품위생법」에 따른 식품접객업 중 대통령령으로 정하는 것

4) 「영화 및 비디오물의 진흥에 관한 법률」에 따른 비디오물소극장업

5) 「화학물질관리법」에 따른 유해화학물질 영업. 다만, 유해화학물질 사용과 직접 관련이 없는 영업으로서 대통령령으로 정하는 영업은 제외한다.

6) 회비 등을 받거나 유료로 만화를 빌려 주는 만화대여업

7) 청소년유해매체물 및 청소년유해약물등을 제작·생산·유통하는 영업 등 청소년의 고용이 청소년에게 유해하다고 인정되는 영업으로서 대통령령으로 정하는 기준에 따라 청소년보호위원회가 결정하고 여성가족부장관이 고시한 것

6. "유통"이란 매체물 또는 약물 등을 판매·대여·배포·방송·공연·상영·전시·진열·광고하거나 시청 또는 이용하도록 제공하는 행위와 이러한 목적으로 매체물 또는 약물 등을 인쇄·복제 또는 수입하는 행위를 말한다.

7. "청소년폭력·학대"란 폭력이나 학대를 통하여 청소년에게 신체적·정신적 피해를 발생하게 하는 행위를 말한다.

8. "청소년유해환경"이란 청소년유해매체물, 청소년유해약물등, 청소년유해업소 및 청소년폭력·학대를 말한다.

제3조(가정의 역할과 책임) ① 청소년에 대하여 친권을 행사하는 사람 또는 친권자를 대신하여 청소년을 보호하는 사람(이하 "친권자등"이라 한다)은 청소년이 청소년유해환경에 접촉하거나 출입하지 못하도록 필요한 노력을 하여야 하며, 청소년이 유해한 매체물 또는 유해한 약물 등을 이용하고 있거나 유해한 업소에 출입하려고 하면 즉시 제지하여야 한다.

② 친권자등은 제1항에 따른 노력이나 제지를 할 때 필요한 경우에는 청소년 보호와 관련된 상담기관과 단체 등에 상담하여야 하고, 해당 청소년이 가출하거나 비행 등을 할 우려가 있다고 인정되면 청소년 보호와 관련된 지도·단속 기관에 협조를 요청하여야 한다.

제4조(사회의 책임) ① 누구든지 청소년 보호를 위하여 다음 각 호의 조치 등 필요한 노력을 하여야 한다.

1. 청소년이 청소년유해환경에 접할 수 없도록 하거나 출입을 하지 못하도록 할 것

2. 청소년이 유해한 매체물 또는 유해한 약물 등을 이용하고 있거나 청소년폭력·학대 등을 하고 있음을 알게 되었을 때에는 이를 제지하고 선도할 것

3. 청소년에게 유해한 매체물과 유해한 약물 등이 유통되고 있거나 청소년유해업소에 청소년이 고용되어 있거나 출입하고 있음을 알게 되었을 때 또는 청소년이 청소년폭력·학대 등의 피해를 입고 있음을 알게 되었을 때에는 제21조 제3항에 따른 관계기관등에 신고·고발하는 등의 조치를 할 것

② 매체물과 약물 등의 유통을 업으로 하거나 청소년유해업소의 경영을 업으로 하는 자와 이들로 구성된 단체 및 협회 등은 청소년유해매체물과 청소년유해약물등이 청소년에게 유통되지 아니하도록 하고 청소년유해업소에 청소년을 고용하거나 청소년이 출입하지 못하도록 하는 등 청소년을 보호하기 위하여 자율적인 노력을 다하여야 한다.

제5조(국가와 지방자치단체의 책무) ① 국가는 청소년 보호를 위하여 청소년유해환경

의 개선에 필요한 시책을 마련하고 시행하여야 하며, 지방자치단체는 해당 지역의 청소년유해환경으로부터 청소년을 보호하기 위하여 필요한 노력을 하여야 한다.

② 국가와 지방자치단체는 전자 · 통신기술 및 의약품 등의 발달에 따라 등장하는 새로운 형태의 매체물과 약물 등이 청소년의 정신적 · 신체적 건강을 해칠 우려가 있음을 인식하고, 이들 매체물과 약물 등으로부터 청소년을 보호하기 위하여 필요한 기술개발과 연구사업의 지원, 국가 간의 협력체제 구축 등 필요한 노력을 하여야 한다.

③ 국가와 지방자치단체는 청소년 관련 단체 등 민간의 자율적인 유해환경 감시 · 고발 활동을 장려하고 이에 필요한 지원을 할 수 있으며 민간의 건의사항을 관련 시책에 반영할 수 있다.

④ 국가와 지방자치단체는 청소년을 보호하기 위하여 청소년유해환경을 규제할 때 그 의무를 충실히 수행하여야 한다.

제6조(다른 법률과의 관계) 이 법은 청소년유해환경의 규제에 관한 형사처벌을 할 때 다른 법률보다 우선하여 적용한다.

제2장 청소년유해매체물의 결정 및 유통 규제

제7조(청소년유해매체물의 심의 · 결정) ① 청소년보호위원회는 매체물이 청소년에게 유해한지를 심의하여 청소년에게 유해하다고 인정되는 매체물을 청소년유해매체물로 결정하여야 한다. 다만, 다른 법령에 따라 해당 매체물의 윤리성 · 건전성을 심의할 수 있는 기관(이하 "각 심의기관"이라 한다)이 있는 경우에는 예외로 한다.

② 청소년보호위원회는 매체물이 청소년에게 유해한지를 각 심의기관에서 심의하지 아니하는 경우 청소년 보호를 위하여 필요하다고 인정할 때에는 심의를 하도록 요청할 수 있다.

③ 청소년보호위원회는 제1항 단서에도 불구하고 다음 각 호의 어느 하나에 해당하는 매체물에 대하여는 청소년에게 유해한지를 심의하여 유해하다고 인정하는 경우에는 그 매체물을 청소년유해매체물로 결정할 수 있다.

1. 각 심의기관이 심의를 요청한 매체물
2. 청소년에게 유해한지에 대하여 각 심의기관의 심의를 받지 아니하고 유통되는 매체물

④ 청소년보호위원회나 각 심의기관은 매체물 심의 결과 그 매체물의 내용이 「형법」 등 다른 법령에 따라 유통이 금지되는 내용이라고 판단하는 경우에는 지체 없이 관계 기관에 형사처벌이나 행정처분을 요청하여야 한다. 다만, 각 심의기관별로 해당 법령에 따로 절차가 있는 경우에는 그 절차에 따른다.

⑤ 청소년보호위원회나 각 심의기관은 다음 각 호의 어느 하나에 해당하는 매체물에 대하여는 신청을 받거나 직권으로 매체물의 종류, 제목, 내용 등을 특정하여 청소년유해매체물로 결정할 수 있다.

1. 제작·발행의 목적 등에 비추어 청소년이 아닌 자를 상대로 제작·발행된 매체물
2. 매체물 각각을 청소년유해매체물로 결정하여서는 청소년에게 유통되는 것을 차단할 수 없는 매체물

⑥ 청소년보호위원회 심의·결정의 절차 등에 필요한 사항은 대통령령으로 정한다.

제8조(등급 구분 등) ① 청소년보호위원회와 각 심의기관은 제7조에 따라 매체물을 심의·결정하는 경우 청소년유해매체물로 심의·결정하지 아니한 매체물에 대하여는 그 매체물의 특성, 청소년 유해의 정도, 이용시간과 장소 등을 고려하여 이용 대상 청소년의 나이에 따른 등급을 구분할 수 있다. [개정 2015.6.22]

② 제1항에 따른 등급 구분의 종류 및 방법 등에 필요한 사항은 대통령령으로 정한다. [개정 2015.6.22]

제9조(청소년유해매체물의 심의 기준) ① 청소년보호위원회와 각 심의기관은 제7조에 따른 심의를 할 때 해당 매체물이 다음 각 호의 어느 하나에 해당하는 경우에는 청소년유해매체물로 결정하여야 한다.

1. 청소년에게 성적인 욕구를 자극하는 선정적인 것이거나 음란한 것
2. 청소년에게 포악성이나 범죄의 충동을 일으킬 수 있는 것
3. 성폭력을 포함한 각종 형태의 폭력 행위와 약물의 남용을 자극하거나 미화하는 것
4. 도박과 사행심을 조장하는 등 청소년의 건전한 생활을 현저히 해칠 우려가 있는 것
5. 청소년의 건전한 인격과 시민의식의 형성을 저해(沮害)하는 반사회적·비윤리적인 것
6. 그 밖에 청소년의 정신적·신체적 건강에 명백히 해를 끼칠 우려가 있는 것

② 제1항에 따른 기준을 구체적으로 적용할 때에는 사회의 일반적인 통념에 따르며

그 매체물이 가지고 있는 문학적 · 예술적 · 교육적 · 의학적 · 과학적 측면과 그 매체물의 특성을 함께 고려하여야 한다.

③ 청소년 유해 여부에 관한 구체적인 심의 기준과 그 적용에 필요한 사항은 대통령령으로 정한다.

제10조(심의 결과의 조정) 청소년보호위원회는 청소년 보호와 관련하여 각 심의기관이 동일한 매체물을 심의한 결과에 상당한 차이가 있을 경우 그 심의 결과의 조정을 요구할 수 있으며 요구를 받은 각 심의기관은 특별한 사유가 없으면 그 요구에 따라야 한다.

제11조(청소년유해매체물의 자율 규제) ① 매체물의 제작자 · 발행자, 유통행위자 또는 매체물과 관련된 단체는 자율적으로 청소년 유해 여부를 결정하고 결정한 내용의 확인을 청소년보호위원회나 각 심의기관에 요청할 수 있다.

② 제1항에 따른 확인 요청을 받은 청소년보호위원회 또는 각 심의기관은 심의 결과 그 결정 내용이 적합한 경우에는 이를 확인하여야 하며, 청소년보호위원회는 필요한 경우 이를 각 심의기관에 위탁하여 처리할 수 있다.

③ 제2항에 따라 청소년보호위원회나 각 심의기관이 확인을 한 경우에는 해당 매체물에 확인 표시를 부착할 수 있다.

④ 매체물의 제작자 · 발행자, 유통행위자 또는 매체물과 관련된 단체는 청소년에게 유해하다고 판단하는 매체물에 대하여 제13조에 따른 청소년유해표시에 준하는 표시를 하거나 제14조에 따른 포장에 준하는 포장을 하여야 한다.

⑤ 청소년보호위원회나 각 심의기관은 제4항에 따라 청소년유해표시 또는 포장을 한 매체물을 발견한 경우 청소년 유해 여부를 결정하여야 한다.

⑥ 매체물의 제작자 · 발행자, 유통행위자 또는 매체물과 관련된 단체가 제4항에 따라 청소년유해표시 또는 포장을 한 매체물은 청소년보호위원회나 각 심의기관의 최종 결정이 있을 때까지 이 법에 따른 청소년유해매체물로 본다.

⑦ 정부는 자율 규제의 활성화를 위하여 매체물의 제작자 · 발행자, 유통행위자 또는 매체물과 관련된 단체에 청소년유해매체물 심의 기준 등에 관한 교육 및 관련 정보와 자료를 제공할 수 있다.

⑧ 제1항부터 제6항까지에 따른 청소년 유해 여부의 결정과 확인의 절차 및 방법

등에 필요한 사항은 대통령령으로 정한다.

제12조(청소년유해매체물의 재심의) ① 매체물의 제작자·발행자나 유통행위자는 제7조에 따른 청소년보호위원회의 심의·결정에 이의가 있는 경우 심의·결정의 결과를 통지받은 날부터 30일 이내에 청소년보호위원회에 재심의를 청구할 수 있다.

② 제1항에 따른 재심의 청구는 제7조에 따른 심의·결정의 효력 및 제21조에 따른 청소년유해매체물 고시 절차의 진행에 영향을 주지 아니한다.

③ 청소년보호위원회는 제1항에 따른 재심의 청구를 받은 날부터 30일 이내에 심의·결정하여 그 결과를 청구인에게 통보하여야 한다. 다만, 30일 이내에 재심의 결정을 하기 어려운 경우에는 청소년보호위원회의 의결을 거쳐 30일의 범위에서 그 기간을 연장할 수 있다.

④ 제1항에 따른 재심의 청구 및 결정 등에 필요한 사항은 여성가족부령으로 정한다.

제13조(청소년유해표시 의무) ① 다음 각 호의 구분에 따른 자는 청소년유해매체물에 대하여 청소년에게 유해한 것임을 나타내는 표시(이하 "청소년유해표시"라 한다)를 하여야 한다. 다만, 다른 법령에서 청소년유해표시를 하여야 할 자를 따로 정한 경우에는 해당 법령에서 정하는 바에 따른다.

1. 청소년유해매체물이 「영화 및 비디오물의 진흥에 관한 법률」에 따른 영화인 경우 : 「영화 및 비디오물의 진흥에 관한 법률」 제2조 제9호라목에 따른 영화상영업자

2. 청소년유해매체물이 「영화 및 비디오물의 진흥에 관한 법률」에 따른 비디오물인 경우 : 해당 비디오물을 제작·수입·복제한 자 또는 제공하는 자

3. 청소년유해매체물이 「게임산업진흥에 관한 법률」에 따른 게임물인 경우 : 해당 게임물을 제작·수입·복제한 자 또는 제공하는 자

4. 청소년유해매체물이 「음악산업진흥에 관한 법률」에 따른 음반, 음악파일, 음악영상물 및 음악영상파일인 경우 : 해당 음반, 음악파일, 음악영상물 및 음악영상파일을 제작·수입·복제한 자 또는 제공하는 자

5. 청소년유해매체물이 「공연법」에 따른 공연(국악공연은 제외한다)인 경우 : 「공연법」 제2조 제3호에 따른 공연자 중 공연을 주재(主宰)하는 자

6. 청소년유해매체물이 「전기통신사업법」에 따른 전기통신을 통한 부호·문언·음

향 또는 영상 정보인 경우: 해당 부호 · 문언 · 음향 또는 영상 정보를 제공하는 자

7. 청소년유해매체물이 「방송법」에 따른 방송프로그램인 경우 : 「방송법」 제2조 제3호에 따른 방송사업자

8. 청소년유해매체물이 「신문 등의 진흥에 관한 법률」에 따른 신문, 인터넷신문인 경우 : 「신문 등의 진흥에 관한 법률」 제2조 제7호에 따른 발행인

9. 청소년유해매체물이 「잡지 등 정기간행물의 진흥에 관한 법률」에 따른 잡지, 정보간행물, 전자간행물, 기타간행물인 경우 : 해당 잡지, 정보간행물, 전자간행물, 기타간행물을 제작 · 수입 · 발행한 자 또는 제공하는 자

10. 청소년유해매체물이 「출판문화산업 진흥법」에 따른 간행물, 전자출판물, 외국간행물인 경우 : 해당 간행물, 전자출판물, 외국간행물을 제작 · 수입 · 발행한 자 또는 제공하는 자

11. 청소년유해매체물이 광고선전물 중 간행물에 포함된 것인 경우 : 해당 간행물의 표시의무자

② 제1항에 따른 청소년유해표시의 종류와 시기 · 방법, 그 밖에 필요한 사항은 대통령령으로 정한다.

제14조(포장 의무) ① 청소년유해매체물은 포장하여야 한다. 이 경우 매체물의 특성으로 인하여 포장할 수 없는 것은 포장에 준하는 보호조치를 마련하여 시행하여야 한다.

② 제1항에 따라 포장을 하여야 할 매체물의 종류, 포장에 준하는 보호조치, 포장의무자, 포장방법, 그 밖에 포장에 필요한 사항은 대통령령으로 정한다.

제15조(표시 · 포장의 훼손 금지) 누구든지 제13조에 따른 청소년유해표시와 제14조에 따른 포장을 훼손하여서는 아니 된다.

제16조(판매 금지 등) ① 청소년유해매체물로서 대통령령으로 정하는 매체물을 판매 · 대여 · 배포하거나 시청 · 관람 · 이용하도록 제공하려는 자는 그 상대방의 나이 및 본인 여부를 확인하여야 하고, 청소년에게 판매 · 대여 · 배포하거나 시청 · 관람 · 이용하도록 제공하여서는 아니 된다.

② 제13조에 따라 청소년유해표시를 하여야 할 매체물은 청소년유해표시가 되지 아니한 상태로 판매나 대여를 위하여 전시하거나 진열하여서는 아니 된다.

③ 제14조에 따라 포장을 하여야 할 매체물은 포장을 하지 아니한 상태로 판매나

대여를 위하여 전시하거나 진열하여서는 아니 된다.

④ 제1항에 따른 상대방의 나이 및 본인 여부의 확인방법, 그 밖에 청소년유해매체물의 판매 금지 등에 필요한 사항은 대통령령으로 정한다.

제17조(구분 · 격리 등) ① 청소년유해매체물은 청소년에게 유통이 허용된 매체물과 구분 · 격리하지 아니하고서는 판매나 대여를 위하여 전시하거나 진열하여서는 아니 된다.

② 청소년유해매체물로서 제2조 제2호가목부터 다목까지 및 사목부터 자목까지에 해당하는 매체물은 자동기계장치 또는 무인판매장치를 통하여 유통시킬 목적으로 전시하거나 진열하여서는 아니 된다. 다만, 다음 각 호의 어느 하나에 해당하는 경우에는 예외로 한다.

1. 자동기계장치나 무인판매장치를 설치하는 자가 이를 이용하는 청소년의 청소년유해매체물 구입 행위 등을 제지할 수 있는 경우

2. 청소년 출입 · 고용금지업소 안에 설치하는 경우

③ 제1항 및 제2항에 따른 구분 · 격리의 방법 등에 필요한 사항은 대통령령으로 정한다.

제18조(방송시간 제한) 청소년유해매체물로서 제2조 제2호바목에 해당하는 매체물과 같은 호 차목 · 카목에 해당하는 매체물 중 방송을 이용하는 매체물은 대통령령으로 정하는 시간에는 방송하여서는 아니 된다.

제19조(광고선전 제한) ① 청소년유해매체물로서 제2조 제2호차목에 해당하는 매체물 중「옥외광고물 등의 관리와 옥외광고산업 진흥에 관한 법률」에 따른 옥외광고물을 다음 각 호의 어느 하나에 해당하는 장소에 공공연하게 설치 · 부착 또는 배포하여서는 아니 되며, 상업적 광고선전물을 청소년의 접근을 제한하는 기능이 없는 컴퓨터 통신을 통하여 설치 · 부착 또는 배포하여서도 아니 된다.

1. 청소년 출입 · 고용금지업소 외의 업소

2. 일반인들이 통행하는 장소

② 청소년유해매체물로서 제2조 제2호차목에 해당하는 매체물(「옥외광고물 등의 관리와 옥외광고산업 진흥에 관한 법률」에 따른 옥외광고물은 제외한다)은 청소년을 대상으로 판매 · 대여 · 배포하거나 시청 · 관람 또는 이용하도록 제공하여서는

아니 된다.

③ 제1항과 제2항에 따른 광고선전의 제한 방법과 제한 장소, 그 밖에 광고 제한에 필요한 사항은 대통령령으로 정한다.

제20조(청소년유해매체물의 결정 취소) 청소년보호위원회와 각 심의기관은 청소년유해매체물이 더 이상 청소년에게 유해하지 아니하다고 인정할 때에는 제7조에 따른 청소년유해매체물의 결정을 취소하여야 한다.

제21조(청소년유해매체물 결정 등의 통보·고시) ① 각 심의기관은 청소년유해매체물의 결정, 확인 또는 결정 취소를 한 경우 청소년유해매체물의 목록과 그 사유를 청소년보호위원회에 통보하여야 한다.

② 여성가족부장관은 청소년보호위원회와 각 심의기관이 결정, 확인 또는 결정 취소한 청소년유해매체물의 목록과 그 사유 및 효력 발생 시기를 구체적으로 밝힌 목록표(이하 "청소년유해매체물 목록표"라 한다)를 고시하여야 한다.

③ 여성가족부장관은 청소년유해매체물 목록표를 각 심의기관, 청소년 또는 매체물과 관련이 있는 중앙행정기관, 지방자치단체, 청소년 보호와 관련된 지도·단속기관, 그 밖에 청소년 보호를 위한 관련 단체 등(이하 "관계기관등"이라 한다)에 통보하여야 하고, 필요한 경우 매체물의 유통을 업으로 하는 개인·법인·단체에 통보할 수 있으며, 친권자등의 요청이 있는 경우 친권자등에게 통지할 수 있다.

④ 제2항 및 제3항에 따른 청소년유해매체물 목록표의 고시 및 통보 등에 필요한 사항은 여성가족부령으로 정한다.

제22조(외국 매체물에 대한 특례) 누구든지 외국에서 제작·발행된 매체물로서 제9조의 심의 기준에 해당하는 청소년유해매체물(번역, 번안, 편집, 자막삽입 등을 한 경우를 포함한다)을 영리를 목적으로 청소년을 대상으로 유통하게 하거나 이와 같은 목적으로 소지하여서는 아니 된다.

제23조(정보통신망을 통한 청소년유해매체물 제공자 등의 공표) ① 여성가족부장관은 「정보통신망 이용촉진 및 정보보호 등에 관한 법률」 제2조 제1항 제1호에 따른 정보통신망을 이용하여 청소년유해매체물을 제작·발행하거나 유통하는 자가 다음 각 호의 어느 하나에 해당하는 경우 해당 청소년유해매체물의 제작자·발행자나 유통행위자 등의 업체명·대표자명·위반행위의 내용 등을 공표할 수 있다.

1. 청소년유해매체물임을 표시하지 아니하고 청소년유해매체물을 청소년에게 제공한 경우

2. 청소년유해매체물의 광고를 청소년에게 전송하거나 청소년 접근을 제한하는 조치 없이 공개적으로 전시한 경우

② 여성가족부장관은 제1항에 따라 정보를 공표하기 전에 정보 공표 대상자에게 의견제출의 기회를 주어야 한다.

③ 제1항에 따른 공표의 방법과 절차 등에 필요한 사항은 대통령령으로 정한다.

제3장 청소년의 인터넷게임 중독·과몰입 예방

제24조(인터넷게임 이용자의 친권자등의 동의) ① 「게임산업진흥에 관한 법률」에 따른 게임물 중 「정보통신망 이용촉진 및 정보보호 등에 관한 법률」 제2조 제1항 제1호에 따른 정보통신망을 통하여 실시간으로 제공되는 게임물(이하 "인터넷게임"이라 한다)의 제공자(「전기통신사업법」 제22조에 따라 부가통신사업자로 신고한 자를 말하며, 같은 조 제1항 후단 및 제4항에 따라 신고한 것으로 보는 경우를 포함한다. 이하 같다)는 회원으로 가입하려는 사람이 16세 미만의 청소년일 경우에는 친권자등의 동의를 받아야 한다.

② 제1항의 친권자등의 동의에 필요한 사항은 「게임산업진흥에 관한 법률」에서 정하는 바에 따른다.

제25조(인터넷게임 제공자의 고지 의무) ① 인터넷게임의 제공자는 16세 미만의 청소년 회원가입자의 친권자등에게 해당 청소년과 관련된 다음 각 호의 사항을 알려야 한다.

1. 제공되는 게임의 특성·등급(「게임산업진흥에 관한 법률」 제21조에 따른 게임물의 등급을 말한다)·유료화정책 등에 관한 기본적인 사항

2. 삭제

3. 인터넷게임 이용 등에 따른 결제정보

② 제1항에 따른 고지에 필요한 사항은 「게임산업진흥에 관한 법률」에서 정하는 바에 따른다.

제26조 삭제 [2021.12.7] [[시행일 2022.1.1]]

제27조(인터넷게임 중독·과몰입 등의 예방 및 피해 청소년 지원) ① 여성가족부장관은 관계 중앙행정기관의 장과 협의하여 인터넷게임 중독·과몰입(인터넷게임의 지나친 이용으로 인하여 인터넷게임 이용자가 일상생활에서 쉽게 회복할 수 없는 신체적·정신적·사회적 기능 손상을 입은 것을 말한다) 등 매체물의 오용·남용을 예방하고 신체적·정신적·사회적 피해를 입은 청소년과 그 가족에 대하여 상담·교육 및 치료와 재활 등의 서비스를 지원할 수 있다.

② 제1항에 따른 지원에 관하여 구체적인 사항은 대통령령으로 정한다.

제4장 청소년유해약물등, 청소년유해행위 및 청소년유해업소 등의 규제

제28조(청소년유해약물등의 판매·대여 등의 금지) ① 누구든지 청소년을 대상으로 청소년유해약물등을 판매·대여·배포(자동기계장치·무인판매장치·통신장치를 통하여 판매·대여·배포하는 경우를 포함한다)하거나 무상으로 제공하여서는 아니 된다. 다만, 교육·실험 또는 치료를 위한 경우로서 대통령령으로 정하는 경우는 예외로 한다.

② 누구든지 청소년의 의뢰를 받아 청소년유해약물등을 구입하여 청소년에게 제공하여서는 아니 된다.

③ 누구든지 청소년에게 권유·유인·강요하여 청소년유해약물등을 구매하게 하여서는 아니 된다.

④ 청소년유해약물등을 판매·대여·배포하고자 하는 자는 그 상대방의 나이 및 본인 여부를 확인하여야 한다.

⑤ 다음 각 호의 어느 하나에 해당하는 자가 청소년유해약물 중 주류나 담배(이하 "주류등"이라 한다)를 판매·대여·배포하는 경우 그 업소(자동기계장치·무인판매장치를 포함한다)에 청소년을 대상으로 주류등의 판매·대여·배포를 금지하는 내용을 표시하여야 한다. 다만, 청소년 출입·고용금지업소는 제외한다.

1. 「주류 면허 등에 관한 법률」에 따른 주류소매업의 영업자

2. 「담배사업법」에 따른 담배소매업의 영업자

3. 그 밖에 대통령령으로 정하는 업소의 영업자

⑥ 여성가족부장관은 청소년유해약물등 목록표를 작성하여 청소년유해약물등과

관련이 있는 관계기관등에 통보하여야 하고, 필요한 경우 약물 유통을 업으로 하는 개인·법인·단체에 통보할 수 있으며, 친권자등의 요청이 있는 경우 친권자등에게 통지할 수 있다.

⑦ 다음 각 호의 어느 하나에 해당하는 자는 청소년유해약물등에 대하여 청소년유해표시를 하여야 한다.

1. 청소년유해약물을 제조·수입한 자

2. 청소년유해물건을 제작·수입한 자

⑧ 제6항에 따른 청소년유해약물등 목록표의 작성 방법, 통보 시기, 통보 대상, 그 밖에 필요한 사항은 여성가족부령으로 정한다.

⑨ 제5항에 따른 표시의 문구, 크기와 제7항에 따른 청소년유해표시의 종류와 시기·방법, 그 밖에 필요한 사항은 대통령령으로 정한다.

⑩ 청소년유해약물등의 포장에 관하여는 제14조 및 제15조를 준용한다. 이 경우 "청소년유해매체물" 및 "매체물"은 각각 "청소년유해약물등"으로 본다.

제29조(청소년 고용 금지 및 출입 제한 등) ① 청소년유해업소의 업주는 청소년을 고용하여서는 아니 된다. 청소년유해업소의 업주가 종업원을 고용하려면 미리 나이를 확인하여야 한다.

② 청소년 출입·고용금지업소의 업주와 종사자는 출입자의 나이를 확인하여 청소년이 그 업소에 출입하지 못하게 하여야 한다.

③ 제2조 제5호나목2)의 숙박업을 운영하는 업주는 종사자를 배치하거나 대통령령으로 정하는 설비 등을 갖추어 출입자의 나이를 확인하고 제30조 제8호의 우려가 있는 경우에는 청소년의 출입을 제한하여야 한다.

④ 청소년유해업소의 업주와 종사자는 제1항부터 제3항까지에 따른 나이 확인을 위하여 필요한 경우 주민등록증이나 그 밖에 나이를 확인할 수 있는 증표(이하 이 항에서 "증표"라 한다)의 제시를 요구할 수 있으며, 증표 제시를 요구받고도 정당한 사유 없이 증표를 제시하지 아니하는 사람에게는 그 업소의 출입을 제한할 수 있다.

⑤ 제2항에도 불구하고 청소년이 친권자등을 동반할 때에는 대통령령으로 정하는 바에 따라 출입하게 할 수 있다. 다만, 「식품위생법」에 따른 식품접객업 중 대통령

령으로 정하는 업소의 경우에는 출입할 수 없다.

⑥ 청소년유해업소의 업주와 종사자는 그 업소에 대통령령으로 정하는 바에 따라 청소년의 출입과 고용을 제한하는 내용을 표시하여야 한다.

제29조(청소년 고용 금지 및 출입 제한 등) ① 청소년유해업소의 업주는 청소년을 고용하여서는 아니 된다. 청소년유해업소의 업주가 종업원을 고용하려면 미리 나이를 확인하여야 한다.

② 청소년 출입·고용금지업소의 업주와 종사자는 출입자의 나이를 확인하여 청소년이 그 업소에 출입하지 못하게 하여야 한다.

③ 제2조제5호나목2)의 숙박업을 운영하는 업주는 종사자를 배치하거나 대통령령으로 정하는 설비 등을 갖추어 출입자의 나이를 확인하고 제30조제8호의 우려가 있는 경우에는 청소년의 출입을 제한하여야 한다. 〈신설 2016. 12. 20.〉

④ 청소년유해업소의 업주와 종사자는 제1항부터 제3항까지에 따른 나이 확인을 위하여 필요한 경우 주민등록증(모바일 주민등록증을 포함한다)이나 그 밖에 나이를 확인할 수 있는 증표(이하 이 항에서 "증표"라 한다)의 제시를 요구할 수 있으며, 증표 제시를 요구받고도 정당한 사유 없이 증표를 제시하지 아니하는 사람에게는 그 업소의 출입을 제한할 수 있다. 〈개정 2016. 12. 20., 2023. 12. 26.〉

⑤ 제2항에도 불구하고 청소년이 친권자등을 동반할 때에는 대통령령으로 정하는 바에 따라 출입하게 할 수 있다. 다만, 「식품위생법」에 따른 식품접객업 중 대통령령으로 정하는 업소의 경우에는 출입할 수 없다. 〈개정 2016. 12. 20.〉

⑥ 청소년유해업소의 업주와 종사자는 그 업소에 대통령령으로 정하는 바에 따라 청소년의 출입과 고용을 제한하는 내용을 표시하여야 한다. 〈개정 2016. 12. 20.〉

[시행일 : 2024. 12. 27.] 제29조

제30조(청소년유해행위의 금지) 누구든지 청소년에게 다음 각 호의 어느 하나에 해당하는 행위를 하여서는 아니 된다.

1. 영리를 목적으로 청소년으로 하여금 신체적인 접촉 또는 은밀한 부분의 노출 등 성적 접대행위를 하게 하거나 이러한 행위를 알선·매개하는 행위

2. 영리를 목적으로 청소년으로 하여금 손님과 함께 술을 마시거나 노래 또는 춤

등으로 손님의 유흥을 돋우는 접객행위를 하게 하거나 이러한 행위를 알선·매개하는 행위

3. 영리나 흥행을 목적으로 청소년에게 음란한 행위를 하게 하는 행위

4. 영리나 흥행을 목적으로 청소년의 장애나 기형 등의 모습을 일반인들에게 관람시키는 행위

5. 청소년에게 구걸을 시키거나 청소년을 이용하여 구걸하는 행위

6. 청소년을 학대하는 행위

7. 영리를 목적으로 청소년으로 하여금 거리에서 손님을 유인하는 행위를 하게 하는 행위

8. 청소년을 남녀 혼숙하게 하는 등 풍기를 문란하게 하는 영업행위를 하거나 이를 목적으로 장소를 제공하는 행위

9. 주로 차 종류를 조리·판매하는 업소에서 청소년으로 하여금 영업장을 벗어나 차 종류를 배달하는 행위를 하게 하거나 이를 조장하거나 묵인하는 행위

제31조(청소년 통행금지·제한구역의 지정 등) ① 특별자치시장·특별자치도지사·시장·군수·구청장(구청장은 자치구의 구청장을 말하며, 이하 "시장·군수·구청장"이라 한다)은 청소년 보호를 위하여 필요하다고 인정할 경우 청소년의 정신적·신체적 건강을 해칠 우려가 있는 구역을 청소년 통행금지구역 또는 청소년 통행제한구역으로 지정하여야 한다.

② 시장·군수·구청장은 청소년 범죄 또는 탈선의 예방 등 특별한 이유가 있으면 대통령령으로 정하는 바에 따라 시간을 정하여 제1항에 따라 지정된 구역에 청소년이 통행하는 것을 금지하거나 제한할 수 있다.

③ 제1항과 제2항에 따른 청소년 통행금지구역 또는 통행제한구역의 구체적인 지정기준과 선도 및 단속 방법 등은 조례로 정하여야 한다. 이 경우 관할 경찰관서 및 학교 등 해당 지역의 관계 기관과 지역 주민의 의견을 반영하여야 한다.

④ 시장·군수·구청장 및 관할 경찰서장은 청소년이 제2항을 위반하여 청소년 통행금지구역 또는 통행제한구역을 통행하려고 할 때에는 통행을 막을 수 있으며, 통행하고 있는 청소년은 해당 구역 밖으로 나가게 할 수 있다.

제32조(청소년에 대하여 가지는 채권의 효력 제한) ① 제30조에 따른 행위를 한 자가

그 행위와 관련하여 청소년에 대하여 가지는 채권은 그 계약의 형식이나 명목에 관계없이 무효로 한다.

② 제2조 제5호가목3) 및 나목3)에 따른 업소의 업주가 고용과 관련하여 청소년에 대하여 가지는 채권은 그 계약의 형식이나 명목에 관계없이 무효로 한다.

제5장 청소년 보호 사업의 추진

제33조(청소년보호종합대책의 수립 등) ① 여성가족부장관은 3년마다 관계 중앙행정기관의 장 및 지방자치단체의 장과 협의하여 청소년유해환경으로부터 청소년을 보호하기 위한 종합대책(이하 이 조에서 "종합대책"이라 한다)을 수립·시행하여야 한다.

② 여성가족부장관은 종합대책의 추진상황을 매년 점검하여야 하고, 이를 위하여 관계 기관 점검회의를 운영할 수 있다.

③ 여성가족부장관은 종합대책 수립 및 제2항에 따른 점검회의 운영을 위하여 필요한 자료를 관계 기관의 장에게 요청할 수 있다. 이 경우 관계 기관의 장은 정당한 사유가 없으면 이에 따라야 한다.

④ 여성가족부장관은 종합대책의 효과적 수립·시행을 위하여 청소년의 유해환경에 대한 접촉실태 조사를 정기적으로 실시하여야 하고, 관계 중앙행정기관 또는 지방자치단체의 장과 협력하여 청소년유해환경에 대한 종합적인 점검 및 단속 등을 실시할 수 있다.

⑤ 종합대책의 수립·시행과 제2항에 따른 점검회의의 운영 등에 필요한 사항은 대통령령으로 정한다.

제34조(청소년의 유해환경에 대한 대응능력 제고 등) ① 여성가족부장관은 관계 중앙행정기관의 장과 협의하여 청소년의 유해환경에 대한 대응능력 제고와 청소년의 매체물 오용·남용으로 인한 피해의 예방 및 해소 등을 위하여 다음 각 호의 사업을 추진할 수 있다.

1. 청소년의 유해환경에 대한 대응능력 제고를 위한 교육 및 프로그램의 개발과 보급
2. 청소년의 유해환경에 대한 대응능력 제고와 관련된 전문인력의 양성
3. 청소년의 매체물 이용과 관련한 상담 및 안내

4. 매체물 오용·남용으로 피해를 입은 청소년에 대한 전문적 상담과 치료 등

5. 청소년유해약물 피해 예방 및 피해를 입은 청소년에 대한 치료와 재활

② 여성가족부장관은 제1항 각 호의 사업을 청소년 보호를 목적으로 하는 법인 또는 단체에 위탁하여 실시할 수 있다. 이 경우 여성가족부장관은 예산의 범위에서 사업 수행에 필요한 경비의 전부 또는 일부를 지원할 수 있다.

제34조의2(환각물질 중독치료 등) ① 여성가족부장관은 다음 각 호의 사항을 지원하기 위하여 중독정신의학 또는 청소년정신의학 전문의 등의 인력과 관련 장비를 갖춘 시설 또는 기관을 청소년 환각물질 중독 전문 치료기관(이하 "청소년 전문 치료기관"이라 한다)으로 지정·운영할 수 있다. 이 경우 판별 검사, 치료와 재활에 필요한 비용의 전부 또는 일부를 지원할 수 있다.

1. 환각물질 흡입 청소년의 중독 여부 판별 검사

2. 환각물질 중독으로 판명된 청소년에 대한 치료와 재활

② 여성가족부장관은 환각물질 흡입 청소년에 대하여 본인, 친권자 등 대통령령으로 정하는 사람의 신청, 「소년법」에 따른 법원의 보호처분결정 또는 검사의 조건부기소유예처분 등이 있는 경우 청소년 전문 치료기관에서 중독 여부를 판별하기 위한 검사를 받도록 지원할 수 있다. 이 경우 검사 기간은 1개월 이내로 한다.

③ 여성가족부장관은 환각물질 중독자로 판명된 청소년에 대하여 본인, 친권자 등 대통령령으로 정하는 사람의 신청, 「소년법」에 따른 법원의 보호처분결정 또는 검사의 조건부기소유예처분 등이 있는 경우 청소년 전문 치료기관에서 치료와 재활을 받도록 지원할 수 있다. 이 경우 치료 및 재활 기간은 6개월 이내로 하되, 3개월의 범위에서 연장할 수 있다.

④ 여성가족부장관은 제2항 및 제3항에 따른 결정을 하는 경우에 정신과 전문의 등에게 자문할 수 있다.

⑤ 청소년 전문 치료기관의 장과 그 종사자 또는 그 직에 있었던 사람은 직무상 알게 된 비밀을 누설하여서는 아니 된다.

⑥ 제1항부터 제4항까지의 규정에 따른 청소년 전문 치료기관의 지정·운영, 중독 판별 검사 및 치료와 재활, 친권자 등의 신청 및 자문, 그 밖에 필요한 사항은 대통령령으로 정한다.

제35조(청소년 보호·재활센터의 설치·운영) ① 여성가족부장관은 청소년유해환경으로부터 청소년을 보호하고 피해 청소년의 치료와 재활을 지원하기 위하여 청소년 보호·재활센터(이하 "청소년 보호·재활센터"라 한다)를 설치·운영할 수 있다.

② 여성가족부장관은 청소년 보호·재활센터의 설치·운영을 청소년 보호를 목적으로 하는 법인 또는 단체에 위탁할 수 있다. 이 경우 청소년 보호·재활센터의 설치·운영에 필요한 경비의 전부 또는 일부를 지원할 수 있다.

③ 청소년 보호·재활센터의 설치·운영에 필요한 세부사항은 대통령령으로 정한다.

제6장 청소년보호위원회

제36조(청소년보호위원회의 설치) 다음 각 호의 사항에 관하여 심의·결정하기 위하여 여성가족부장관 소속으로 청소년보호위원회(이하 이 장에서 "위원회"라 한다)를 둔다.

1. 청소년유해매체물, 청소년유해약물등, 청소년유해업소 등의 심의·결정 등에 관한 사항
2. 제54조 제1항에 따른 과징금 부과에 관한 사항
3. 여성가족부장관이 청소년보호를 위하여 필요하다고 인정하여 심의를 요청한 사항
4. 그 밖에 다른 법률에서 위원회가 심의·결정하도록 정한 사항

제37조(위원회의 구성) ① 위원회는 위원장 1명을 포함한 11명 이내의 위원으로 구성하되, 고위공무원단에 속하는 공무원 중 여성가족부장관이 지명하는 청소년 업무 담당 공무원 1명을 당연직 위원으로 한다.

② 위원회의 위원장은 청소년 관련 경험과 식견이 풍부한 사람 중에서 여성가족부장관의 제청으로 대통령이 임명하고, 그 밖의 위원은 다음 각 호의 어느 하나에 해당하는 사람 중에서 위원장의 추천을 받아 여성가족부장관의 제청으로 대통령이 임명하거나 위촉한다.

1. 판사, 검사 또는 변호사로 5년 이상 재직한 사람
2. 대학이나 공인된 연구기관에서 부교수 이상 또는 이에 상당하는 직에 있거나 있었던 사람으로서 청소년 관련 분야를 전공한 사람
3. 3급 또는 3급 상당 이상의 공무원이나 고위공무원단에 속하는 공무원과 공공기

관에서 이에 상당하는 직에 있거나 있었던 사람으로서 청소년 관련 업무에 실무
경험이 있는 사람

4. 청소년 시설 · 단체 및 각급 교육기관 등에서 청소년 관련 업무를 10년 이상 담당한 사람

제38조(위원장의 직무 및 회의) ① 위원장은 위원회를 대표하고 위원회의 업무를 총괄한다.

② 위원장이 부득이한 사유로 직무를 수행할 수 없을 때에는 위원장이 지명한 위원이 그 직무를 대행한다.

③ 위원장은 위원회의 회의를 소집하고 그 의장이 된다.

④ 위원회의 회의는 재적위원 과반수의 출석으로 개의하고, 출석위원 과반수의 찬성으로 의결한다.

제39조(위원의 임기) ① 위원의 임기는 2년으로 하며, 연임할 수 있다. 다만, 당연직 위원의 임기는 그 재임기간으로 한다.

② 당연직 위원이 아닌 위원에 결원이 생겼을 때에는 결원된 날부터 30일 이내에 보궐위원을 임명하거나 위촉하여야 하며, 보궐위원의 임기는 전임자 임기의 남은 기간으로 한다. 다만, 전임자 임기의 남은 기간이 3개월 미만이고 재임 중인 위원의 수가 8명 이상인 경우에는 보궐위원을 선임하지 아니할 수 있다.

제40조(위원의 직무상 독립과 신분보장) ① 위원은 직무와 관련하여 외부의 지시나 간섭을 받지 아니한다.

② 위원은 다음 각 호의 어느 하나에 해당하는 경우가 아니면 본인의 의사에 반하여 면직되지 아니한다.

1. 금고 이상의 형을 선고받은 경우

2. 장기간의 심신쇠약으로 직무를 수행할 수 없게 된 경우

제41조(회의 및 운영) 이 법에서 정한 사항 외에 위원회의 운영에 필요한 사항은 대통령령으로 정한다.

제41조의2(유해매체물 심의 분과위원회) ① 여성가족부장관은 청소년보호위원회의 청소년유해매체물 심의 · 결정을 지원하기 위하여 유해매체물 심의 분과위원회를 둘 수 있다.

② 제1항에 따른 분과위원회의 구성과 운영 등에 필요한 사항은 대통령령으로 정한다.

제7장 보칙

제42조(보고 등) 여성가족부장관 또는 시장·군수·구청장은 이 법에서 정하고 있는 사항의 이행 및 위반 여부를 확인하기 위하여 필요하다고 인정하면 청소년유해매체물과 청소년유해약물등을 유통하는 자와 청소년유해업소의 업주 등에게 대통령령으로 정하는 바에 따라 필요한 보고와 자료 제출을 요구할 수 있다.

제43조(검사 및 조사 등) ① 여성가족부장관 또는 시장·군수·구청장은 이 법에서 정하고 있는 사항의 이행 및 위반 여부를 확인하기 위하여 필요하다고 인정하면 소속 공무원으로 하여금 청소년유해매체물 및 청소년유해약물등의 유통과 청소년의 청소년유해업소 고용 및 출입 등에 관련된 장부, 서류, 장소, 그 밖에 필요한 물건을 검사·조사하게 할 수 있으며, 대통령령으로 정하는 장소에서 당사자·이해관계인 또는 참고인의 진술을 듣게 할 수 있다.

② 여성가족부장관 또는 시장·군수·구청장은 필요하다고 인정하면 특별한 학식·경험이 있는 자에게 감정을 의뢰할 수 있다.

③ 제1항에 따라 업무를 수행하는 공무원은 그 권한을 표시하는 증표를 지니고 이를 관계인에게 보여주어야 한다.

제44조(수거·파기) ① 여성가족부장관 또는 시장·군수·구청장은 청소년유해매체물 및 청소년유해약물등이 다음 각 호의 어느 하나에 해당하면 소유자나 유통에 종사하는 자에게 그 청소년유해매체물 또는 청소년유해약물등의 수거를 명할 수 있다.

  1. 제13조 제1항 및 제28조 제7항에 따른 청소년유해표시가 되어 있지 아니하거나 제14조(제28조 제10항에서 준용하는 경우를 포함한다)에 따라 포장되지 아니하고 유통되고 있는 경우

  2. 청소년에게 유해한지에 대하여 각 심의기관의 심의를 받지 아니하고 유통되고 있는 매체물로서 청소년유해매체물로 결정된 경우

② 여성가족부장관 또는 시장·군수·구청장은 제1항에 따른 수거명령을 받을 자를 알 수 없거나 수거명령을 받은 자가 이에 따르지 아니할 경우에는 대통령령으로 정하는 바에 따라 청소년유해매체물 또는 청소년유해약물등을 직접 수거하거나 파

기할 수 있다.

③ 여성가족부장관, 시장·군수·구청장 또는 관할 경찰서장은 청소년이 소유하거나 소지하는 청소년유해약물등과 청소년유해매체물을 수거하여 폐기하거나 그 밖에 필요한 처분을 할 수 있다.

④ 여성가족부장관, 시장·군수·구청장 또는 관할 경찰서장은 제3항에 따른 처분을 한 경우에는 그 품명·수량·소유자 또는 소지자 및 그 처분 내용 등을 관계 장부에 적어야 한다.

⑤ 제1항부터 제3항까지에 따른 수거·파기 등에 필요한 사항은 대통령령으로 정한다.

제45조(시정명령) ① 여성가족부장관 또는 시장·군수·구청장은 다음 각 호의 어느 하나에 해당하는 자에게 그 시정을 명할 수 있다.

1. 제13조 제1항 및 제28조 제7항을 위반하여 청소년유해매체물 또는 청소년유해약물등에 청소년유해표시를 하지 아니한 자

2. 제14조(제28조 제10항에서 준용하는 경우를 포함한다)를 위반하여 청소년유해매체물 또는 청소년유해약물등을 포장하지 아니한 자

3. 영리를 목적으로 제16조 제2항을 위반하여 청소년유해매체물을 청소년유해표시가 되지 아니한 상태에서 판매나 대여를 위하여 전시하거나 진열한 자

4. 영리를 목적으로 제16조 제3항을 위반하여 청소년유해매체물을 포장하지 아니한 상태에서 판매나 대여를 위하여 전시하거나 진열한 자

5. 영리를 목적으로 제17조 제1항을 위반하여 청소년유해매체물을 구분·격리하지 아니하고 판매나 대여를 위하여 전시하거나 진열한 자

6. 영리를 목적으로 제17조 제2항을 위반하여 청소년유해매체물로서 제2조 제2호 가목부터 다목까지 및 사목부터 자목까지에 해당하는 매체물을 자동기계장치나 무인판매장치를 통하여 유통시킬 목적으로 전시하거나 진열한 자

7. 제19조 제1항을 위반하여 청소년유해매체물로서 제2조 제2호차목에 해당하는 매체물 중 「옥외광고물 등의 관리와 옥외광고산업 진흥에 관한 법률」에 따른 옥외광고물을 청소년 출입·고용금지업소 외의 업소나 일반인들이 통행하는 장소에 공공연하게 설치·부착 또는 배포한 자 또는 상업적 광고선전물을 청소년의

접근을 제한하는 기능이 없는 컴퓨터 통신을 통하여 설치·부착 또는 배포한 자

7의2. 제28조 제5항을 위반하여 주류등의 판매·대여·배포를 금지하는 내용을 표시하지 아니한 자

8. 제29조 제6항을 위반하여 청소년유해업소에 청소년의 출입과 고용을 제한하는 내용을 표시하지 아니한 자

② 제1항에 따른 시정명령의 종류·절차 및 그 이행 등에 필요한 사항은 대통령령으로 정한다.

관련 행정규칙

제46조(처분의 이유 명시) 여성가족부장관 또는 시장·군수·구청장은 제44조와 제45조에 따른 처분을 할 때에는 대통령령으로 정하는 바에 따라 처분의 이유를 구체적으로 밝혀야 한다.

제47조(관계 행정기관의 장의 협조) ① 여성가족부장관은 이 법의 시행을 위하여 필요하다고 인정할 때에는 관계 행정기관의 장의 의견을 들을 수 있다.

② 여성가족부장관은 이 법에 따른 의무를 반드시 이행하도록 하기 위하여 필요하다고 인정할 때에는 관계 행정기관의 장에게 필요한 협조를 의뢰할 수 있다.

제48조(민간단체에 대한 행정적 지원 등) ① 여성가족부장관 또는 지방자치단체의 장은 청소년유해환경 개선활동을 수행하는 민간단체에 행정적·재정적 지원을 할 수 있으며, 지방자치단체의 장은 필요한 경우 효율적인 업무 수행을 위하여 대통령령으로 정하는 바에 따라 청소년유해환경으로부터 청소년을 보호하는 활동을 하고 있음을 나타내는 증표를 발급할 수 있다.

② 제1항에 따른 민간단체의 구체적인 종류 등은 여성가족부령으로 정한다.

제49조(신고) ① 다음 각 호의 어느 하나에 해당하는 경우에는 누구든지 그 사실을 시장·군수·구청장에게 신고하여야 한다.

1. 청소년에게 유해하다고 생각되는 매체물과 약물 등이 청소년에게 유통되고 있는 것을 발견하였을 때

2. 청소년에게 유해한 업소에 청소년이 고용되어 있거나 출입하고 있는 것을 발견하였을 때

3. 그 밖에 이 법을 위반하는 사실이 있다고 인정할 때

② 시장·군수·구청장은 제1항에 따른 신고의 활성화를 위하여 필요한 시책을 시행하여야 하며 필요한 경우 신고자 포상 등을 할 수 있다.

제50조(선도·보호조치 대상 청소년의 통보) ① 여성가족부장관, 시장·군수·구청장 및 관할 경찰서장은 제16조 제1항, 제28조 제1항, 제29조 제1항·제2항, 제30조 제1호부터 제3호까지 및 제7호부터 제9호까지를 위반하는 행위를 적극적으로 유발하게 하거나 나이를 속이는 등 그 위반행위의 원인을 제공한 청소년에 대하여는 친권자등에게 그 사실을 통보하여야 한다.

② 여성가족부장관, 시장·군수·구청장 및 관할 경찰서장은 제1항의 청소년 중 그 내용·정도 등을 고려하여 선도·보호조치가 필요하다고 인정되는 청소년에 대하여는 소속 학교의 장(학생인 경우만 해당한다) 및 친권자등에게 그 사실을 통보하여야 한다.

제51조(지방청소년사무소의 설치 등) 특별시장·광역시장·특별자치시장·도지사 또는 특별자치도지사는 그 관할 구역의 청소년을 보호하기 위하여 조례로 정하는 바에 따라 지방청소년사무소를 설치하거나 그 밖에 필요한 조치를 할 수 있다. [개정 2013.3.22] [[시행일 2013.9.23]]

제52조(권한의 위탁) 여성가족부장관은 이 법에 따른 권한의 일부를 대통령령으로 정하는 바에 따라 청소년 보호, 매체물 또는 약물 등과 관련된 비영리법인 또는 단체에 위탁할 수 있다.

제53조(벌칙 적용 시의 공무원 의제) 청소년보호위원회의 사무에 종사하는 사람 중 공무원이 아닌 위원 또는 직원은 「형법」 제129조부터 제132조까지 및 「특정범죄 가중처벌 등에 관한 법률」 제2조를 적용할 때에는 공무원으로 본다.

제54조(과징금) ① 여성가족부장관은 제2조 제2호사목·아목에 따른 매체물을 발행하거나 수입한 자가 제9조 제1항 각 호의 심의 기준에 저촉되는 매체물을 제13조 및 제14조에 준하는 청소년유해표시 또는 포장을 하지 아니하고 해당 청소년유해매체물의 결정·고시 전에 유통하였거나 유통 중일 때에는 그 매체물을 발행하거나 수입한 자에게 2천만원 이하의 과징금을 부과·징수할 수 있다.

② 시장·군수·구청장은 제58조 각 호의 어느 하나 또는 제59조 각 호의 어느 하나에 해당하는 행위로 인하여 이익을 취득한 자에게 대통령령으로 정하는 바에 따

라 1천만 원 이하의 과징금을 부과·징수할 수 있다. 다만, 다른 법률에 따라 영업허가 취소, 영업소 폐쇄, 영업정지 또는 과징금 부과 등의 처분이 이루어진 경우에는 과징금을 부과·징수하지 아니한다.

③ 시장·군수·구청장은 제58조 제1호·제3호·제4호 또는 제59조 제6호·제8호에 해당하는 행위로 인하여 이익을 취득한 자에 대하여 과징금을 부과하는 경우 청소년이 위·변조 또는 도용된 신분증을 사용하여 그 행위자로 하여금 청소년인 사실을 알지 못하게 한 사정 또는 행위자에게 폭행 또는 협박을 하여 청소년임을 확인하지 못하게 한 사정이 인정되면 대통령령으로 정하는 바에 따라 과징금을 부과·징수하지 아니할 수 있다. [신설 2016.3.2]

④ 제1항 또는 제2항에 따른 과징금을 기한까지 납부하지 아니한 경우에는 여성가족부장관 또는 시장·군수·구청장이 국세 체납처분의 예 또는 「지방행정제재·부과금의 징수 등에 관한 법률」에 따라 징수한다.

⑤ 여성가족부장관 또는 시장·군수·구청장은 「행정기본법」 제29조 각 호 외의 부분 단서에 따라 과징금 납부기한을 연기하거나 과징금을 분할 납부하게 할 수 있다.

⑥ 제1항, 제2항 및 제4항에 따라 과징금으로 징수한 금액은 징수 주체가 사용하되, 다음 각 호의 용도로 사용하여야 한다.

1. 청소년유해환경 개선을 위한 프로그램의 개발과 보급

2. 청소년에게 유익한 매체물의 제작과 지원

3. 민간의 청소년 선도·보호사업 및 청소년유해환경 개선을 위한 시민운동 지원

4. 그 밖에 청소년 선도·보호를 위한 사업으로서 대통령령으로 정하는 사업

⑦ 제1항, 제2항, 제4항 및 제5항에 따른 과징금의 부과기준, 과징금의 부과 및 납부방법, 그 밖에 과징금의 부과·징수에 필요한 사항은 대통령령으로 정한다. [개정 2016.3.2]

제8장 벌칙

제55조(벌칙) 제30조 제1호의 위반행위를 한 자는 1년 이상 10년 이하의 징역에 처한다.

제56조(벌칙) 제30조 제2호 또는 제3호의 위반행위를 한 자는 10년 이하의 징역에 처

한다.

제57조(벌칙) 제30조 제4호부터 제6호까지의 위반행위를 한 자는 5년 이하의 징역에 처한다.

제58조(벌칙) 다음 각 호의 어느 하나에 해당하는 자는 3년 이하의 징역 또는 3천만원 이하의 벌금에 처한다. [개정 2016.3.2, 2016.12.20] [[시행일 2017.6.21]]

1. 영리를 목적으로 제16조 제1항을 위반하여 청소년에게 청소년유해매체물을 판매·대여·배포하거나 시청·관람·이용하도록 제공한 자

2. 영리를 목적으로 제22조를 위반하여 청소년을 대상으로 청소년유해매체물을 유통하게 한 자

3. 제28조 제1항을 위반하여 청소년에게 제2조 제4호가목4)·5)의 청소년유해약물 또는 같은 호 나목1)·2)의 청소년유해물건을 판매·대여·배포(자동기계장치·무인판매장치·통신장치를 통하여 판매·대여·배포한 경우를 포함한다)한 자

4. 제29조 제1항을 위반하여 청소년을 청소년유해업소에 고용한 자

5. 제30조 제7호부터 제9호까지의 위반행위를 한 자

6. 제44조 제1항을 위반하여 청소년유해매체물 또는 청소년유해약물등을 수거하지 아니한 자

제59조(벌칙) 다음 각 호의 어느 하나에 해당하는 자는 2년 이하의 징역 또는 2천만원 이하의 벌금에 처한다.

1. 제13조 제1항 및 제28조 제7항을 위반하여 청소년유해매체물 또는 청소년유해약물등에 청소년유해표시를 하지 아니한 자

2. 제14조(제28조 제10항에서 준용하는 경우를 포함한다)를 위반하여 청소년유해매체물 또는 청소년유해약물등을 포장하지 아니한 자

3. 제18조를 위반하여 청소년유해매체물을 방송한 자

4. 제19조 제1항을 위반하여 청소년유해매체물로서 제2조 제2호차목에 해당하는 매체물 중 「옥외광고물 등의 관리와 옥외광고산업 진흥에 관한 법률」에 따른 옥외광고물을 청소년 출입·고용금지업소 외의 업소나 일반인들이 통행하는 장소에 공공연하게 설치·부착 또는 배포한 자 또는 상업적 광고선전물을 청소년의

접근을 제한하는 기능이 없는 컴퓨터 통신을 통하여 설치·부착 또는 배포한 자

5. 삭제 [2021.12.7] [[시행일 2022.1.1]]

6. 제28조 제1항을 위반하여 청소년에게 제2조 제4호가목1)·2)의 청소년유해약물 또는 같은 호 나목3)의 청소년유해물건을 판매·대여·배포(자동기계장치·무인판매장치·통신장치를 통하여 판매·대여·배포한 경우를 포함한다)하거나 영리를 목적으로 무상 제공한 자

7. 제28조 제2항을 위반하여 청소년의 의뢰를 받아 제2조 제4호가목1)·2)의 청소년유해약물을 구입하여 청소년에게 제공한 자

7의2. 영리를 목적으로 제28조 제3항을 위반하여 청소년에게 청소년유해약물등을 구매하게 한 자

7의3. 제28조 제5항을 위반하여 주류등의 판매·대여·배포를 금지하는 내용을 표시하지 아니한 자 [[시행일 2015.3.25.: 주류등의 판매·대여·배포를 금지하는 내용의 표시에 관한 사항]]

8. 제29조 제2항을 위반하여 청소년을 청소년 출입·고용금지업소에 출입시킨 자

9. 제29조 제6항을 위반하여 청소년유해업소에 청소년의 출입과 고용을 제한하는 내용을 표시하지 아니한 자

제60조(벌칙) 제15조(제28조 제10항에서 준용하는 경우를 포함한다)를 위반하여 청소년유해매체물이나 청소년유해약물 등의 청소년유해표시 또는 포장을 훼손한 자는 500만 원 이하의 벌금에 처한다.

제61조(벌칙) ① 제34조의2제5항을 위반하여 직무상 알게 된 비밀을 누설한 사람은 2년 이하의 징역 또는 2천만원 이하의 벌금에 처한다. [개정 2015.6.22]

② 제43조를 위반하여 관계 공무원의 검사 및 조사를 거부·방해 또는 기피한 사람은 300만원 이하의 벌금에 처한다.

제62조(양벌규정) 법인의 대표자나 법인 또는 개인의 대리인, 사용인, 그 밖의 종업원이 그 법인 또는 개인의 업무에 관하여 제55조부터 제57조까지의 어느 하나에 해당하는 위반행위를 하면 그 행위자를 벌하는 외에 그 법인 또는 개인을 5천만원 이하의 벌금에 처하고, 제58조부터 제61조까지의 어느 하나에 해당하는 위반행위를 하면 그 행위자를 벌하는 외에 그 법인 또는 개인에게도 해당 조문의 벌금형을 과(科)

한다. 다만, 법인 또는 개인이 그 위반행위를 방지하기 위하여 해당 업무에 관하여 상당한 주의와 감독을 게을리하지 아니한 경우에는 그러하지 아니하다.

제63조(형의 감경) 제59조의 죄를 범한 자가 제45조에 따른 시정명령을 받고 이를 이행하면 그 형을 감경할 수 있다.

제64조(과태료) ① 제45조 제1항 제1호·제2호·제7호·제7호의2·제8호에 대한 시정명령을 이행하지 아니한 자에게는 500만 원 이하의 과태료를 부과한다.

② 다음 각 호의 어느 하나에 해당하는 자에게는 100만 원 이하의 과태료를 부과한다.

1. 제42조에 따른 보고와 자료 제출을 요구받고도 요구에 따르지 아니한 자 또는 거짓으로 보고하거나 자료를 제출한 자

2. 제45조 제1항 제3호부터 제6호까지에 따른 시정명령을 이행하지 아니한 자

③ 제1항 및 제2항에 따른 과태료는 대통령령으로 정하는 바에 따라 여성가족부장관 또는 시장·군수·구청장이 부과·징수한다.

찾아보기

판례색인

저자 약력

법학박사
행 정 사   김 동 근

숭실대학교 법학과 졸업

숭실대학교 대학원 법학과 졸업(행정법박사)

[대한민국 법률전문서적 출간 1위 - 한국의 기네스북 KRI 한국기록원 공식인증]

현 : 숭실대학교 법학과 겸임교수

     대한행정사회 중앙연수교육원 교수

     행정심판학회 학회장

     국가전문자격시험 출제위원

     경기대학교 탄소중립협력단 전문위원

     YMCA병설 월남시민문화연구소 연구위원

     내외일보 · 내외경제신문 논설위원

저서 : 사건유형별 행정소송 이론 및 실무(법률출판사)

     사건유형별 행정심판 이론 및 실무(진원사)

     한권으로 끝내는 운전면허 취소 · 정지구제 행정심판(법률출판사)

     한권으로 끝내는 영업정지 · 취소구제 행정심판(법률출판사)

     핵심재개발 · 재건축분쟁실무(진원사)

     건축법 이론 및 실무(진원사)

     주택법 이론 및 실무(진원사)

     국토계획법 이론 및 실무(진원사)

     도시개발법 이론 및 실무(진원사)

감수 변호사 김요한

고려대학교 법학과 졸업

서울대학교 법과대학원 석사과정 수료

서울시립대학교 도시과학대학원 도시계획학 석사학위취득

서울시립대학교 세무대학원 석사과정 수료

건국대학교 일반대학원 부동산학과 박사학위 취득

〈주요경력〉

제37회 사법시험 합격

사법연수원 제27기 수료

수원지방법원 판사

서울중앙지방법원 판사

법무법인 세종 기업자문파트너 변호사

현 법무법인 태한 대표변호사

[개정3판]
한권으로 끝내는 **영업정지 · 취소구제 행정심판**

2024년 6월 10일 개정3판 1쇄 인쇄
2024년 6월 20일 개정3판 1쇄 발행

저   자   김 동 근
감   수   김 요 한
발 행 인   김 용 성
발 행 처   법률출판사

서울시 동대문구 휘경로 2길3. 4층
☎ 02) 962-9154   팩스 02) 962-9156
등 록 번 호   제1-1982호
ISBN   978-89-5821-437-3   13360
e-mail :   lawnbook@hanmail.net

정 가   47,000원